中国隧道及地下工程修建关键技术研究书系

隧道与地下工程防排水指南

第二版

SuiDao Yu DiXia GongCheng FangPaiShui ZhiNan

吕康成 编著

人民交通出版社
China Communications Press

内 容 提 要

本书内容涵盖了山岭隧道、连拱隧道、寒区隧道、岩溶隧道、城市地铁、沉管隧道等不同类型隧道及地下工程的防排水设计、施工的要点、疑点、难点;书中还汇总了国内外隧道渗流水的治理措施,全面介绍了可用于隧道防排水工程的材料。本书内容全面,资料翔实。

本书可供从事隧道与地下工程设计、施工、科研工作的工程技术人员使用,亦可供相关专业的本科生、研究生学习参考。

图书在版编目(CIP)数据

隧道与地下工程防排水指南/吕康成编著. —2 版. —北京:人民交通出版社,2012.3
ISBN 978-7-114-09605-1

Ⅰ.①隧… Ⅱ.①吕… Ⅲ.①隧道工程—防水—指南②隧道工程—排水—指南③地下工程—防水—指南④地下工程—排水—指南 Ⅳ.①U453.6-62②TU96-62

中国版本图书馆 CIP 数据核字(2012)第 009231 号

书　　　名:	隧道与地下工程防排水指南
著 作 者:	吕康成
责任编辑:	王　霞（wxccpress@126.com）
出版发行:	人民交通出版社
地　　　址:	（100011）北京市朝阳区安定门外外馆斜街3号
网　　　址:	http://www.ccpress.com.cn
销售电话:	（010）59757969，59757973
总 经 销:	人民交通出版社发行部
经　　销:	各地新华书店
印　　　刷:	北京交通印务实业公司
开　　　本:	787×1092　1/16
印　　　张:	26.75
字　　　数:	650千
版　　　次:	2012年3月　第2版
印　　　次:	2012年3月　第1次印刷
书　　　号:	ISBN 978-7-114-09605-1
定　　　价:	68.00元

（有印刷、装订质量问题的图书由本社负责调换）

前 言

改革开放以来,我国经济的发展带动了交通的发展,交通的发展又促进了经济的发展。在此过程中,作为交通基础设施重要组成部分的各种隧道也迅速发展。隧道愈建愈多,隧道愈建愈长,隧道的建设条件和结构形式愈来愈复杂,我国各种隧道的数字纪录不断被刷新。但是,在我国隧道建设取得巨大成就的同时,也应该看到,许多隧道也不同程度地出现了各种质量问题,其中尤以隧道渗漏水这一通病最为突出。隧道渗漏水不仅直接影响行车安全,而且还降低隧道通风、照明系统的工作效率,诱发运营设施的锈蚀,影响隧道结构的耐久性。在寒冷地区,隧道的渗漏水还与冰冻互为因果,危害更大,使防治更难。因此,不论是公路隧道、铁路隧道,还是地铁隧道,都对防排水工程十分重视。为了及时总结我国在隧道防排水方面的成功经验,促进各种隧道防排水技术的发展,减轻乃至避免渗漏水对隧道的种种危害,我们编写了此书。

本书是在大量收集资料的基础上,去粗取精,并融入了我们多年的教学、科研实践的体会而完成的。书中主要介绍我国山岭隧道防排水技术的研究成果、设计与施工经验;对目前工程界普遍关心的热点问题——连拱隧道的防排水、寒冷地区隧道的防排水和岩溶地区隧道的防排水也设专章进行重点讨论。考虑到我国有大量的已建隧道需要日常养护与进行渗漏水治理,书中还对隧道渗漏水产生的原因、治理方法、适用的材料和施工工艺等也作了介绍。

本书编写分工是:第三章由徐爱民、吕康成执笔;第四章由王新华、李创军、吕康成执笔;第五章由崔凌秋执笔;第六章由吕康成、伍毅敏执笔;第七、八、十章由伍毅敏、王飞执笔;其余章节由吕康成执笔。全书由吕康成统稿。

在编写本书过程中,得到了郑颖人院士的悉心指导,在此深表谢意。另外,在编写过程中,引用、参考了大量的有关资料,在此对原作者也顺致谢忱。

水平所限,书中错误难免,敬请读者批评指正。

编 者
2004 年 12 月

第二版前言

改革开放以来,我国经济的发展带动了交通的发展,交通的发展又促进了经济的发展。在此过程中,作为交通基础设施重要组成部分的各种隧道也迅速发展。隧道越建越多,隧道越建越长,隧道的建设条件和结构形式越来越复杂,我国各种隧道的纪录不断被刷新。但是,在我国隧道建设取得巨大成就的同时,也应该看到,许多隧道也不同程度地出现了各种质量问题,其中尤以隧道渗漏水这一通病最为突出。隧道渗漏水不仅直接影响安全行车,而且还降低隧道通风、照明系统的工作效率,诱发运营设施的锈蚀,影响隧道结构的耐久性。在寒冷地区,隧道的渗漏水还与冰冻互为因果,危害更大,使防治技术更难奏效。因此,不论是公路隧道、铁路隧道,还是地铁隧道,都应对防排水工程十分重视。为了及时总结我国在隧道防排水方面的成功经验,促进各种隧道防排水技术的发展,减轻乃至避免渗漏水对隧道的种种危害,作者编写了此书。

本书是在大量收集资料的基础上,去粗取精,并融入了作者多年的教学、科研实践的体会而完成的。特别是受西部交通建设科技项目"寒冷地区公路隧道冻害雪害防治技术研究"的支持,作者对山岭隧道的防排水技术进行了系统试验研究,取得了以下创新性成果,并收集于书中:

1. 开发了防水层 LV 铺设法。该法将塑料组件在工厂或隧道洞外按适当间隔固定在防水层上,施工时用射钉固定塑料组件,借此铺设防水层。LV 铺设法施工方便,施工质量可靠,减少了防水层工间损伤机会。

2. 通过防水层工后力学性态试验,揭示了防水层在服务期间的受力变形规律,据此提出了保护防水层长期完好性的工程措施。

3. 开发了防止隧道衬砌施工缝(包括伸缩缝、沉降缝)渗漏水的可排水中埋式止水带。可排水中埋式止水带给止水带增加了排水功能,在施工缝防水中实现了先排后堵的"无压止水"。

4. 开发了施工缝蝶形中埋式止水带。通过巧妙造型,蝶形中埋式止水带解决了中埋式止水带不易安装的问题。

5. 开发了施工缝梯形背贴式排水止水带。该止水带给背贴式止水带也增加了排水功能,通过采用梯形断面与适宜的几何参数,使背贴式止水带不论在隧道两侧还是在洞顶,其防水可靠性均明显提高。

6. 为了扬背贴式止水带易于安装之长,避其在洞顶周围难以密实之短,开发了辅助背贴式止水带在洞顶安装的人工假顶技术。

7. 开发了施工缝止水带无接头施工工艺,避免了因接头不严而造成的隧道施工缝渗漏水问题。

  8. 探讨了寒冷地区隧道的冻胀问题，明确指出发生在衬砌壁后的冻胀现象不会对隧道结构安全构成严重威胁，发生在衬砌结构内的因渗漏水而引发的冻融现象会对隧道长期稳定产生不利影响。

  9. 在地表温度按正弦规律变化，地层一定深度处温度为恒温，地层为单一介质条件下，导出了地面表层温度随时间与深度变化的解析解，为寒冷地区隧道冻结深度估算提供了依据。

  10. 基于寒冷地区隧道冻害机理分析，提出了设置直通中央排水管的隧道环向排水通道，并在必要时采用条带保温法防冻。

  11. 开发了寒冷地区隧道衬砌设置电伴热防冻技术，若隧道因冰冻而导致环向排水不畅并诱发冻害时，启用该技术形成的解冻预案，能使隧道衬砌壁后冰冻融解并形成环向排水通道。

  12. 基于对寒冷地区隧道冻害的系统分析与研究，提出了"严密防水、妥善排水、酌情保温、急时供热"的寒冷地区隧道冻害设防理念，并编写了《寒冷地区隧道防冻设计指南》。

  13. 开发了隧道施工缝渗漏水结构微创伤处治技术。基于研制的衬砌混凝土专用割缝机具，该技术能在可靠处治施工缝渗漏水的前提下，减少对隧道衬砌结构的损伤，并使处治效果可工间检测，处治部位可工后维护。

  渗漏水一直困扰着我国隧道与地下工程的安全运营，如果作者的上述工作及前期的其他研究成果能通过本书介绍给同行，并能对提高我国隧道与地下工程渗漏水防治水平有些许贡献，作者将十分慰藉。

  在编写本书过程中，得到了郑颖人院士的悉心指导，在此深表谢意。另外，书中引用、参考了大量的有关资料，在此对原作者也顺致谢忱。研究生伍毅敏、吉哲和马超超等参加了计算分析和编排校对等工作，在此也表示感谢。

  受水平所限，书中错误难免，敬请广大读者批评指正。

吕康成

2011 年 11 月于长安大学

目　　录

第一章　绪论 ··· 1
第一节　我国隧道建设的发展 ··· 1
第二节　我国隧道防排水技术的发展 ·· 2
第三节　我国隧道防排水工程存在的问题 ·· 4

第二章　隧道地下水环境 ··· 8
第一节　地下水的贮存形式 ··· 8
第二节　地下水的运动规律 ··· 14
第三节　地下水对隧道工程的不良影响 ··· 18
第四节　隧道涌水量估算 ·· 21
第五节　隧道衬砌水压力 ·· 23
参考文献 ·· 28

第三章　一般山岭隧道防排水 ·· 30
第一节　概述 ··· 30
第二节　山岭隧道防排水体系的组成 ·· 31
第三节　围岩注浆 ·· 34
第四节　喷射混凝土与隧道防排水 ··· 53
第五节　隧道排水系统 ··· 59
第六节　隧道防水层 ·· 62
第七节　衬砌混凝土防水 ·· 72
第八节　衬砌施工缝与变形缝 ··· 82
第九节　隧道分区防水 ··· 94
第十节　一般山岭隧道防排水实例 ··· 96
参考文献 ··· 109

第四章　连拱隧道防排水 ··· 110
第一节　连拱隧道的分类与特点 ··· 110
第二节　整体浇筑直中墙连拱隧道防排水 ······································ 112
第三节　整体浇筑直中墙连拱隧道的防排水改进 ···························· 117
第四节　地铁连拱隧道综合防排水技术 ··· 120
第五节　分次浇筑曲中墙连拱隧道防排水 ······································ 128
第六节　分次浇筑直中墙连拱隧道的应用 ······································ 132
参考文献 ··· 135

第五章　寒冷地区隧道防排水及冻害预防 ································ 136
第一节　早期铁路隧道保温防冻设计 ································ 136
第二节　寒区隧道温度场和渗流场 ································ 141
第三节　寒冷地区隧道春融期渗漏水原因及预防 ···················· 156
第四节　寒冷地区隧道冻融问题 ································ 160
第五节　隧道衬砌裂缝成因及预防 ································ 168
第六节　寒冷地区隧道防水与排水 ································ 175
第七节　寒冷地区隧道保温与供热 ································ 184
第八节　寒冷地区隧道防冻设计指南 ································ 193
参考文献 ································ 196

第六章　岩溶地区隧道防排水 ································ 198
第一节　岩溶地下水 ································ 198
第二节　岩溶地下水对隧道工程的影响 ································ 200
第三节　岩溶隧道涌水超前地质预报 ································ 207
第四节　岩溶地区隧道防排水的要求 ································ 216
第五节　岩溶地区隧道防排水工程实例 ································ 218
参考文献 ································ 227

第七章　城市地铁工程防排水 ································ 228
第一节　城市地铁工程简介 ································ 228
第二节　城市地铁构造特点与防排水要求 ································ 238
第三节　明挖法与新奥法施工的地铁工程防排水 ···················· 241
第四节　盾构法施工的地铁隧道防排水 ································ 252
第五节　盾尾间隙注浆 ································ 259
第六节　地铁工程细节构造防排水 ································ 262
第七节　城市地铁防排水实例 ································ 274
参考文献 ································ 291

第八章　沉管隧道防排水 ································ 292
第一节　概述 ································ 292
第二节　沉管隧道构造及防排水特点 ································ 294
第三节　沉管隧道防水设计与施工 ································ 298
第四节　广州珠江沉管隧道防水措施 ································ 309
参考文献 ································ 312

第九章　隧道渗漏水治理 ································ 313
第一节　概述 ································ 313
第二节　隧道与地下工程防水等级 ································ 314
第三节　渗漏现象及其发生原因 ································ 315
第四节　渗漏治理要点 ································ 317

第五节　混凝土衬砌渗漏常用治理技术…………………………………………… 322
　第六节　隧道衬砌渗漏水微创处治技术…………………………………………… 336
　第七节　隧道细部结构渗漏治理…………………………………………………… 342
　第八节　寒区隧道渗漏治理………………………………………………………… 344
　第九节　隧道与地下工程渗漏水治理技术方案的制订…………………………… 348
　参考文献………………………………………………………………………………… 354
第十章　隧道防排水材料………………………………………………………………… 356
　第一节　注浆材料…………………………………………………………………… 356
　第二节　防水涂料…………………………………………………………………… 371
　第三节　高分子特性与防水材料…………………………………………………… 385
　第四节　防水卷材…………………………………………………………………… 388
　第五节　我国对复合防水板的研究………………………………………………… 394
　第六节　防水卷材检测……………………………………………………………… 398
　第七节　止水材料…………………………………………………………………… 403
　第八节　堵漏材料…………………………………………………………………… 406
　参考文献………………………………………………………………………………… 416

第一章 绪论

第一节 我国隧道建设的发展

隧道是以交通为目的的地下通道。按通行车辆的种类,隧道可分为铁路隧道、公路隧道和地铁隧道。按所处的地理位置,隧道可分为山岭隧道、水下隧道和城市隧道。

改革开放之前,由于经济、技术和指导思想等方面的原因,我国的隧道建设规模小,技术落后,运营效益差。在当时的一些越岭铁路线上,有为数不多的铁路隧道,这些隧道绝大多数是长度小于1km的中短隧道,且都是单线隧道。据统计,1979年全国共有公路隧道374座,累计长度52km。这些公路隧道也多是长度从几十米到几百米的短隧道,隧道断面小,其内部不设置任何运营设施。到20世纪70年代末,在全国的大城市中,仅北京有里程有限的地铁线路,修筑地铁隧道的施工方法也十分落后。在我国内地,当时水下隧道的建设尚属空白。

改革开放之后,随着经济的发展和技术的进步,特别是国家对交通基础设施建设的高度重视,我国各类隧道的建设均取得了长足的进步。在铁路隧道建设中,首先是原有的单洞隧道长度纪录不断被打破。20世纪80年代末在京广线上建成的大瑶山隧道,长度达14.295km,突破了长大铁路隧道设计与施工中的许多技术难题,为后续特长隧道的建设积累了丰富的经验。2001年建成通车的西康铁路秦岭隧道长度达18.2km,使我国铁路隧道单洞长度在世界最长铁路隧道排列中榜上有名。2006年建成的兰新线上的乌鞘岭隧道长度达20.05km,取代秦岭隧道成为中国第一长隧。继大瑶山隧道之后,大断面的复线隧道也开始在铁路隧道建设中大量应用,技术上的进步使铁路隧道的建设投资与运营费用大为降低。在秦岭特长隧道施工中,铁道系统还首次在我国应用TBM技术进行隧道开挖并取得了可喜的成绩,使我国隧道施工技术水平上了一个新台阶。

在公路隧道建设中,20世纪80年代建设的深圳梧桐山隧道使我国公路隧道长度超过2km。90年代初建成的重庆中梁山隧道长度超过3km,2000年建成的四川二郎山隧道长度超过4km,2003年建成的山西雁门关隧道长度超过5km。2007年建成的西康公路秦岭隧道长度突破18km,成为亚洲第一长公路隧道、世界第二长公路隧道。在隧道长度纪录不断被突破的同时,单洞隧道的跨度也不断增加。单洞三车道隧道,如北京的潭峪沟隧道、浙江的黄鹤山隧道等已在多条交通量较大的线路上出现。值得一提的是,在沈大高速公路改扩建工程中遇到了单洞四车道隧道,创造了我国公路隧道单洞跨度的新纪录。隧道的结构形式也有了新的发展,接线方便和节省用地的连拱隧道在地质条件适宜的一些线路上被广泛应用。在一些交通量较大的线路上,还出现了三跨连拱隧道和多跨连拱隧道。随着单洞隧道长度的不断增加和隧道在整个线路上重要性的提高,对隧道运营管理水平的要求也日渐提高。隧道内不仅要设置可靠的通风和照明设施,而且还要提供火灾探测与救援系统,这些都极大地促进了我国公路隧道建设的技术进步。

地铁隧道建设方面,在北京继续扩展通车线路的同时,上海第一条地铁线路于1994年全线开通,并且在施工中引入了软土隧道盾构施工技术,解决了我国在软土中建造地铁隧道的技术难题。20世纪90年代末,在借鉴了上海地铁隧道建设经验的基础上,广州也采用盾构法建设地铁隧道,并在1999年成为我国内地第三座拥有运营地铁线路的大城市。此后,我国多座城市上报了城市轨道交通规划,规划至2015年底将建设近百条轨道交通线路,总里程约300km;估计至2020年底我国将有40多个城市会有轨道交通。值得一提的是,重庆轨道交通的临江门地下车站,其最大开挖断面积达420m^2,采用复杂的分部开挖法施工并达到了预期的施工效果,为我国大断面岩石隧道施工积累了宝贵经验。

改革开放之后,我国内地的水下隧道建设也从无到有,取得了较大的发展。目前,我国已经建成和正在建设的水下公路隧道有30余条。其中,已建成通车的跨越长江的大型隧道有武汉长江隧道、南京长江隧道、上海长江隧道等;已建成的跨海峡隧道有厦门翔安海底隧道,香港红磡海底隧道和香港东区、西区海底隧道,青岛胶州湾海底隧道等。从地理方面讲,我国地处亚洲东部,海岸线漫长,岛屿众多,河川纵横,修建水下公路隧道是社会经济发展的客观需要。厦门翔安海底隧道,工程全长8.695km,其中海底隧道长6.05km,跨越海域宽约4200m,是我国内地第一座海底隧道。设计采用三孔隧道方案,两侧为行车主洞,各设置3条车道,中孔为服务隧道。主洞隧道建筑限界净宽13.50m,净高5.0m。服务隧道建筑限界净宽6.5m,净高6m。主洞隧道测设线间距为52m,服务隧道与主洞隧道净间距为22m。计算行车速度80 km/h。隧道最深处位于海平面下约70m,最大纵坡3%。左、右线隧道各设通风竖井1座,隧道全线共设12处行人横通道和5处行车横通道,横通道间距为300m。该隧道采用钻爆法与暗挖法施工,它的顺利建成和安全运营,对我国海底隧道建设技术的进步和发展,缩小与世界先进水平的差距起到了里程碑式的作用。

我国幅员辽阔,山多水多,经济健康快速发展,在未来的铁路和公路建设中,还将有更多更难的各种隧道需要建设。我国正在全面建设小康社会,人口城镇化成为一种必然趋势,我国的许多大城市都需要建设先进的轨道交通系统,为此需要修建大量的地铁隧道。因此,我国的各类隧道建设方兴未艾。

第二节 我国隧道防排水技术的发展

各类隧道在设计、施工和管理方面各有其特点,但所有的隧道都有一个共性——构筑在地表之下。地层中存在各种地下水,因而隧道在建成后总是处在各种地下水的包围之中。地下水无孔不入,由于隧道设计、施工或使用过程中的有害扰动而造成的隧道防排水体系的任何破坏,都可能引起隧道渗漏水。这就是隧道渗漏水防不胜防,各类隧道都可能发生渗漏水的原因。

我国铁路隧道建设起步较早。20世纪70年代之前的铁路隧道都采用矿山法修建,采用料石衬砌，由于没有采取任何防水措施，隧道的渗漏水量完全取决于地下水本身的大小及其渗流方式。70年代之后，新奥法逐渐引入我国，一些隧道开始采用混凝土衬砌，由于在衬砌的施工缝处没有采取任何防水措施，加上衬砌上各种裂缝比比皆是，隧道的渗漏状况较以前没有多大改善。80年代之后，电气化机车的广泛使用对铁路隧道的防水提出了新的要求。在大规模采用整体式混凝土衬砌的同时，开始在施工缝内采用各种止水带，使隧道的渗漏水状况有了一定的改善。80年代后期，随着一些长大铁路隧道的出现，铁路隧道的防渗漏问题才受到普遍重视。1986年7月1日开始实行的《铁道隧道设计规范》(TBJ—85)规定，隧道防水应遵循"防、排、截、堵结合，因地制宜，综合治理"的原则。一些重要隧道开展了隧道防水试验研究，国外隧道的防排水技术与材料也引入国内。目前，在铁路隧道设计中采用的防排水措施有：根据隧道的水文地质条件，设计由环向排水管、纵向排水管和隧道两侧的排水边沟或隧道路面之下的中央排水沟构成的完整排水系统；在复合式衬砌之间设置防水卷材加土工布构成的防水层。其中，环向排水管采用透水性好、可弯曲、耐碾压的弹簧排水管，防水卷材多为工程性能较好的高分子复合材料。这些都极大地改善了铁路隧道的渗漏状况。

自20世80年代起，我国的公路隧道逐渐增多。由于当时公路隧道的建设经验不足，对公路隧道的特点缺乏认识，公路隧道的设计理念和施工方法都照搬铁路隧道的经验。值得一提的是，由于公路隧道断面大且形状扁平，按当时的技术水平，公路隧道的施工难度要较铁路隧道的施工难度大，因而先拱后墙施工法在当时的公路隧道施工中相当盛行，这种方法在拱墙接茬处会形成水平施工缝，成为隧道渗漏的主要发生点。在经历了天山二号隧道因渗漏水浸蚀和冻胀破坏而报废、七道梁隧道因渗漏水和冰冻而被迫向隧道内送暖气、八盘岭隧道和密江隧道等因渗漏水在路面结冰而被迫在混凝土衬砌内加复衬的工程教训后，工程界才对公路隧道渗漏水问题有了正确的认识。渗漏水使路面湿滑，威胁安全行车，并诱发各种冻胀，破坏隧道结构，渗漏水侵蚀隧道运营的各种设施并降低隧道的通风和照明效率。从80年代中后期起，工程界对公路隧道的防排水技术提出了更高的要求，不仅提出了与铁路隧道相似的防排水系统和施工工艺，还对防排水材料提出了比铁路隧道更为严格的要求。因此，从总体上讲，公路隧道的防排水效果较之铁路隧道要好。

地铁隧道大多位于地下水位之下，由于不宜大量抽排地下水，因而要求采用全封闭的防水方式，隧道防渗漏的难度很大。在80年代中期之前，我国地铁隧道的防水主要依赖于衬砌结构自防水，采用刚性防水，即采用抗渗混凝土衬砌，并在施工缝处设置止水带，这种方法防水效果不够理想。80年代后期，通过借鉴铁路隧道复合式衬砌防水技术，在初期支护和二次衬砌之间设置高分子卷材防水层。由于当时卷材幅宽仅为1m左右，幅间采用热楔缝焊，焊缝多且焊接质量不易保证，加之采用有钉铺设工艺，施工后高分子防水卷材已经千疮百孔。因此，尽管通过加设柔性防水层，防水效果较以往有所改进，但仍难以满足电气化地铁线路对隧道防水的要求。90年代初期，在北京地铁的修建中，采用了幅宽达2m以上的防水卷材，减少了拼幅时焊缝的数目；拼幅时采用了可进行工间检测的双缝热合焊接工艺，给焊缝质量以双保险；为了保证防水卷材在施工期间的完好性，开发了防水层免钉穿热合铺设工艺。这些方法和措施使地铁隧道的防水效果有了很大的改善。90年代后期以来，软土中的地铁隧道主要用盾构法施工。盾构法施工的地铁隧道衬砌管片工厂化制作、精度高，管片机械化安装误差小，管片间有形状规整、质地优良的橡胶止水材料，整个衬砌的密封效果较好，加上衬砌壁厚注浆堵水，所以，从我国已建的地铁隧道总体上看，用盾构法施工的地铁隧道防水效果较好。

水下隧道完全位于水体之下,防水对水下隧道的重要性不言而喻。1994年建成通车的广州珠江隧道,除了管段本身采用自防水结构外,该隧道重点做好了管段柔性接头的防水。具体解决了以下几个关键问题:Ω形橡胶止水带的安装与堵漏;硅酸铝防火毡的制作与安装;填塞遇水膨胀橡胶条和弹性密封胶;钢水平剪切键的制作与焊装;钢垂直剪切键的制作与焊装;钢连接板与Ω形钢板的加工与焊装。在此基础上,该隧道采用注沙回填后,结合稳定性水泥浆回填和EAA浆材封孔抗渗处理,配以适宜的施工工艺,使该隧道取得了较好的防水效果。新近建成的上海黄浦江隧道的防水技术更为完备,其防水效果更好。

总的来说,经过近几十年来的不断努力,通过提高防排水设计水平,开发性能优良的防排水材料和研究科学的防排水施工工艺,我国在隧道防排水技术方面取得了令人瞩目的成绩。

第三节　我国隧道防排水工程存在的问题

近年来,尽管我国在隧道建设方面取得了可喜的成绩,在隧道防排水技术上取得了长足的进步,但绝大部分隧道仍有不同程度的渗漏,有些隧道的渗漏状况相当严重,对安全行车构成极大威胁。目前,渗漏是隧道最常见的病害,隧道防排水和渗漏治理已经成为隧道工程建设的一大难题。实践证明,隧道及地下工程的防排水是一项系统工程,它与工程地质及水文地质勘察、防排水设计、防排水材料选择、施工技术与工艺、管理水平等都密切相关。在勘测、设计、选材、施工和管理等任一方面的不足都可能引起隧道渗漏问题。

一、勘测

勘测是设计的基础,只有清楚地掌握了隧道所在地区的水文地质条件,才能使隧道的防排水体系设计合理。由于经费和其他方面的原因,我国目前在隧道设计前,绝大部分隧道的水文地质勘测工作都做得不是十分细致,获取的水文地质资料不够充分、准确,以致一些隧道选址在水文条件不良的位置,造成隧道建成后渗漏严重,例如新疆的天山二号隧道。

二、设计

设计是施工的依据,没有科学的隧道防排水设计,就不可能获得良好的防排水效果。目前我国在隧道防排水设计方面还没有引起足够重视或还没有做好的工作有:

1. 施工期间的围岩注浆堵水

山岭隧道的防排水体系为圈层构造。第一层为注过浆的围岩,第二层为由高分子卷材构成的防水层,第三层为衬砌混凝土。由于指导思想和经济上的原因,在富水区段用围岩注浆进行堵水的方法常常被放弃。隧道修建之前,山体地下水渗流场处于一个动态平衡的状态。随着隧道开挖和临空面的形成,地下水向隧道区域汇集、渗出,形成隧道渗水。由于隧道围岩中存在大量的裂隙、节理、断层破碎带等,它们与地下水有着复杂而又密切的联系,一般来说,隧道开挖会加快地下水的渗出。如果对地下水以排为主,将造成地下水大量外泄,地下水位下降,地下水资源大量流失,影响植被生长和生态平衡,造成局部环境破坏,对当地工农业生产造成长期不良影响。地下水向隧道区域汇集、渗出,将浸泡、侵蚀隧道围岩,使围岩强度和稳定性降低,冲掏衬砌背后围岩形成空洞,影响围岩和衬砌的长期稳定,形成巨大水压力,威胁衬砌安全。此外,渗水携带有大量的泥沙,这些泥沙在排水管道中淤积,堵塞排水管路,引发隧道渗漏。因此,施工期间的围岩注浆堵水作为隧道防水的第一道防线,应当摆在最重要的位置。

2. 施工缝、变形缝的处理

工程实践和室内试验均证明防水层在施工期间和服务期间会受到各种损伤,当地下水压较大时,渗水会穿过防水层。在这种情况下,混凝土衬砌的防水就成为整个隧道工程防水的关键。纵观隧道衬砌的渗漏点可以发现,隧道的渗漏主要发生在施工缝上。目前,工程上常用的衬砌施工缝防水构造主要有两种:一是在衬砌厚度的中部沿环向设置中埋式止水带,二是在同样的位置设置遇水膨胀橡胶条。两种方法的防水效果均不甚理想。

3. 连拱隧道的防排水技术

连拱隧道结构复杂,施工工艺也复杂。连拱隧道的渗漏水主要发生在中隔墙的顶部,中隔墙顶部的设计方法与施工工艺是连拱隧道研究的热点问题。目前连拱隧道顶部的防排水工程,有的设计上存在缺陷,有的施工中质量无法保证,致使连拱隧道的渗漏水成为隧道工程中难以解决的一个顽症。

4. 寒区隧道的防渗防冻技术

由于渗漏至今仍是隧道与地下工程界尚未很好解决的难题,在寒区隧道的渗漏与冰冻还会相互影响,互为因果,使消除隧道冻寒的问题极为复杂。一些隧道虽然采取了种种防排水和保温措施,使隧道的冻害有所缓解,但至今仍鲜有不漏不冻的隧道范例。春融期是隧道渗漏与冰冻的主要发生期,其原因是隧道横断面上的冻结线与防水层重合,渗水与防水层接触但下排不畅。

三、材料

设计的隧道防排水体系要靠各种防排水材料来构建,只有用合格的材料才能建成合格的工程。目前我国隧道用防排水材料品种繁多,生产厂家众多,质量良莠不齐,给隧道防排水工程设计选材造成了很大的困难。

1. 防水层性能指标要求不明确

防水层被认为是山岭隧道防水技术的核心,其工程造价也很高。可用作防水层的材料种类很多,由于隧道设计规范中对防水层的性能指标缺乏具体的规定,设计人员往往不知如何从众多的材料中选出合适的材料。比如有的材料的伸长率被标为500%~600%,如此大的伸长率其工程意义何在?又如臭氧老化试验等只能区分材料的相对抗老化能力,但针对不同的隧道,如何确定不同的防水材料的抗老化指标,也是一个有待于进一步明确的问题。

2. 检测项目与工程关系不密切

防水层的力学性能试验主要包括:拉伸强度试验、撕裂强度试验、刺破强度试验和挤破强度试验。分析防水层寿命的全过程可知,防水层在施工过程中会受拉和撕裂,在使用期间会受压受剪。施工过程是短暂的,备受重视的材料抗拉和抗撕裂能力仅仅服务于为时不长的施工过程;材料的抗刺破和抗挤破能力也只能在施工过程中找到相近的场景,而防水层的长期使用性能却没有匹配的试验来测试。

四、施工

精心施工是搞好隧道防排水工程的关键,只有在隧道施工中完全贯彻设计思想,隧道的防

排水体系才有可能完备而没有缺陷。由于隧道施工的复杂性和其他种种原因,目前我国隧道防排水施工的常见问题有:

1. 排水系统衔接不畅

一般山岭隧道的排水系统由环向排水管、纵向排水管、横向排水管、排水边沟或中央排水管等组成。每个环节都要汇集上游来水并将其顺利排至下游。施工中容易出现排水管上下部没有衔接或中间断开、三通管连接不畅、纵向排水管反坡设置和排水管中间淤堵等现象,使隧道在运营过程中不能将本应排出的地层渗水畅通排出,造成衬砌壁后水压增高而引发隧道渗漏。

2. 防水层基面粗糙

防水层在服务期间,一侧是喷射混凝土,另一侧是二次衬砌混凝土。两侧虽然同是混凝土,但由于施工方法的不同,它们与防水层相邻表面的粗糙程度大不相同。喷射混凝土表面十分粗糙,局部还会呈"葡萄状"与"泼粥状"。二次衬砌混凝土与防水层的接触面相当光滑,这是因为浇注时混凝土混合料呈流动态,隧道建成后,由于隧道围岩的流变而使围岩内的应力与位移逐渐调整。围岩变形带动初期支护喷射混凝土发生变形,而二次衬砌作为人工结构,其整体性较好,相对变形也较小。喷射混凝土与二次衬砌间的变形不协调,造成局部范围内喷射混凝土对二次衬砌的压力过大,介于两个承载结构之间的防水层也要承受极大的压力。在围岩应力重分布过程中,喷射混凝土与二次衬砌之间还可能出现相对错动;另外,二次衬砌还会因季节变化出现纵向伸缩,也会引发二次衬砌与喷射混凝土之间出现相对错动。这些错动会使防水层承受较大的剪力。不论是两承载结构之间的压力还是其间的剪力,都会在应力值达到一定限度时,因喷射混凝土表面的粗糙不平,导致防水板损伤,引发渗漏水。

3. 防水层接茬不严且易受损伤

防水层由防水板与土工布组成,防水层的损伤主要是防水板的损伤。防水板损伤可分为施工期损伤和运营期损伤。众所周知,施工期损伤主要来自两个方面:一是防水卷材拼幅时的粘结或焊结质量欠佳,造成接缝不严;二是二次衬砌混凝土施工时,因绑扎钢筋或振捣混凝土而造成防水板局部破损,并且这些局部破损或者未被发现,或者虽被发现但修补不当。

4. 防水层铺设工艺有缺陷

目前,防水层的铺设多采用吊挂工艺,吊带的挂钉为射于喷射混凝土上的射钉。射钉的尾端通常要出露喷射混凝土的表面1cm左右,出露部分本应进行细致的处理,使其不成为防水层与喷射混凝土表面的尖锐接触点,保证该点在防水层施工或运营期间不损伤防水层的完好性。事实上,射钉的出露部分在施工的过程中通常不做任何处理,从而给防水层的完好服务埋下了隐患。

5. 止水带安装有待改进

(1)渗水下排不畅

衬砌施工缝渗水下排不畅有两种情况:一是沿施工缝环向下排不畅,二是施工缝下部下排不畅。

在衬砌基础以上,穿过防水板的渗水常向施工缝汇聚。施工缝虽然具有一定的宽度和一定的渗水下排能力,但此排水能力往往较小,不能满足渗水的下排要求。特别是在雨季,洞内气温仍然相对较高,由于衬砌线膨胀的原因,施工缝的宽度较小,渗水下排阻力较大,造成施工缝止水带外侧水压增高,从而引发渗漏。

在全断面一次衬砌情况下,衬砌基础总是先于衬砌施工。衬砌基础施工的分段位置往往与上部衬砌的分段位置不重合,因此常常在衬砌施工缝的下部没有与隧道排水系统相连通的衬砌基础施工缝。设想上部衬砌施工缝中已经饱水,水便很难下排,从而在止水带或膨胀橡胶条与防水板之间形成较高的水压,该水压可能会引发施工缝渗漏。即使在基础混凝土与防水板之间存在缝隙,但缝隙极小,难以满足上部施工缝渗水下排的要求。忽视施工缝渗水的下排是目前隧道防排水设计中普遍存在的问题。

(2)止水带、膨胀橡胶条周围不密实

造成止水带周围不密实的原因主要是混凝土的干缩和端头模板漏浆。前者在混凝土浇筑时,混合料与止水带虽然紧密接触,但在混凝土凝结硬化过程中,混凝土会产生一定量的干缩,使止水带与其周围混凝土的界面出现间隙,此间隙便为渗水提供了外渗的通道。特别是在止水带固定钢筋的周围,这种间隙更大,渗水更容易绕过止水带。后者则由于衬砌端头模板构造复杂,一些隧道衬砌的端头模板由木板拼装而成,端头模板在止水带两侧不够严密,混凝土浇注时容易漏浆,使止水带周围混凝土不密实,导致隧道建成后渗水绕过止水带从混凝土中渗出。

6. 衬砌混凝土不密实

混凝土衬砌是隧道防水的最后一道防线。施工中由于混凝土配比不当、衬砌配筋的影响、端头模板的移动、振捣不充分等原因,造成衬砌混凝土不密实、抗渗能力差的缺陷。尤其在隧道洞顶,施工难度加大,充填和振捣更不容易,每段衬砌的封口部位更是不易密实,从而成为隧道渗漏的另一常见部位。

五、管理

隧道的管理可分为施工管理和运营管理,在不同的阶段对隧道的渗漏水状况有不同的影响。

1. 施工管理不严

在隧道的施工阶段,存在的主要问题是管理不严。具体表现在对隧道防排水工程重视不够,对施工过程缺乏检测手段。隧道的防排水工程多为隐蔽工程,如果不能在施工过程中发现并纠正存在的问题,则在隧道建成后很难发现这些问题且极难予以弥补。另外一种较为普遍的现象是,越是施工过程中围岩出水量大的区段,越应该做好隧道的防排水工程,可是往往在这些区段,由于作业环境较差,防排水工程质量难以保证。工程界对桥梁和路面工程的技术与管理总是精益求精,而对隧道的防排水工程仍是粗放管理。

2. 运营管理不当

一些隧道的渗漏水也与隧道的运营管理有关。隧道的防排水工程构成了一个完整的体系,防水与排水相互影响。如果隧道在运营过程中,使某一排水环节封堵,就会使上游渗水难以下排,从而增大上游防水体系的压力,可能造成上游防水体系失效而引发隧道渗漏。在寒区经常出现因保温出水口封冻,使隧道内的渗水无法排出,进一步造成水在纵向排水管或衬砌壁后结冰,引发隧道在春融期渗漏。

本书将围绕着以上问题展开讨论,结合我国隧道工程的施工技术现状,提出隧道渗漏水的防范措施和建议。

第二章 隧道地下水环境

埋藏在地表下面土中空隙、岩石空隙和裂隙中的水,称为地下水。地下水广泛存在于地下岩土体中,与人类工程活动(尤其是隧道与地下工程)关系密切。地下水与岩土体的相互作用会使岩土体的强度和稳定性降低,产生各种不良自然地质现象和工程地质现象,如滑坡、岩溶、潜蚀、地基沉陷、道路冻胀和翻浆等,给公路工程建筑的正常使用造成危害。地下水的存在不仅可能造成施工困难,还会不同程度地降低围岩强度,留下安全隐患,而地下水的侵入和渗出造成的隧道渗漏,已经成为隧道运营期间的主要病害。此外,在地下水的大量化学成分中,侵蚀性 CO_2 或 SO_4^{2-}、Cl^- 等的存在,可能对混凝土、钢筋产生不同程度的腐蚀作用。腐蚀性地下水在隧道内的渗出,不仅对隧道衬砌和路面造成影响,还将影响到隧道内机电设施的运营安全和运营效率。因此,了解隧道地下水环境,对隧道工程,尤其是隧道工程防排水设计与施工具有重要的作用。

第一节 地下水的贮存形式[1,4]

岩土体中的水有气态、液态、固态三种形式,其中液态水又可分为吸着水、薄膜水、毛细水和重力水。吸着水、薄膜水受静电引力作用,不受重力和表面张力的驱动。在毛细作用下运动的水叫毛细水,毛细水可逆重力方向运动,并可达到自由水面以上一定高度。在重力作用下流动的水叫重力水,重力水总是向下流动。

岩土体中地下水的分布如图 2-1 所示:岩土体空隙充满水的地带称为饱和带,这个带的地

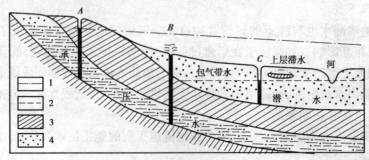

图 2-1 地下水埋藏示意图
1-承压水位;2-潜水位;3-隔水层;4-含水层;A-承压水井;B-自流水井;C-潜水井

下水称为饱和带水;在饱和带以上,未被水充满的地带叫包气带或未饱和带,包气带中的地下水叫包气带水;有时在包气带内夹有局部隔水层,可形成局部饱和带水,叫上层滞水。

根据地下水的埋藏条件,可以把地下水划分为包气带水、潜水和承压水三类(图2-1)。根据含水层空隙性质的不同,可将地下水划分为孔隙水、裂隙水和岩溶水三类。按这两种分类,可以组合成九种不同类型的地下水(图2-2)。

下面分别介绍地下水的主要类型——上层滞水、潜水、承压水、裂隙水。

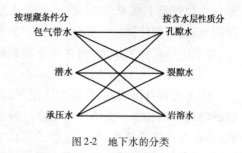

图2-2 地下水的分类

一、上层滞水

在包气带内局部隔水层上形成的饱和带水,称为上层滞水。

上层滞水是一种局部的、暂时性的地下水。当透水层中夹有不透水层或弱透水层的透镜体时,地表水便可下渗聚于透镜体上,而称为上层滞水。

上层滞水多位于距地表不深的地方,分布区与补给区一致,分布范围一般不大。其分布范围和存在时间取决于隔水层的厚度和面积的大小。隔水层的厚度小、面积小,则上层滞水的分布范围较小,而且存在时间较短;相反,如果隔水层的厚度大、面积大,则上层滞水的分布范围就较大,而且存在时间也较长。

由于上层滞水接近地表且分布范围有限,故受气候因素的影响很大,动态变化极不稳定。雨季或融雪期时水量增大,水位升高,并且会有一部分水向隔水层边缘流去,补给潜水;旱季则水量大幅度减少,水位迅速降低,甚至可能被全部蒸发和下渗掉。

上层滞水的存在,可使地基土强度减弱。在寒冷的北方地区,则易引起道路的冻胀和翻浆。此外,由于其水位变化幅度较大,故常给工程的设计、施工带来困难。

二、潜水

潜水是地表下面第一个连续隔水层之上具有自由水面的重力水(图2-3)。潜水一般是存在于第四纪松散堆积物的空隙中(空隙潜水)及出露于地表的基岩裂隙和溶洞中(裂隙潜水和岩溶潜水)。

参看图2-3,潜水的自由水面称为潜水面。潜水面的标高称为潜水位,潜水面至地面的垂直距离称为潜水埋藏深度。由潜水面往下到隔水层顶板之间充满重力水的部分为含水层深度。

1. 潜水的特征

潜水的分布极广,与道路工程、桥梁工程和隧道工程的关系也最为密切。潜水的埋藏条件决定了潜水具有以下特征:

(1)大气降水和地表水直接渗入为补给源

潜水通过包气带与地表相通,所以大气降水和地表水可以直接渗入补给潜水,成为潜水的主要补给来源。在大多数情况下,潜水的分布区与补给区是一致的。某些气象水文要素的变化可直接影响潜水的变化。

(2) 气候、地形和地质条件对潜水的埋藏深度和含水层的厚度影响很大

潜水的埋藏深度和含水层的厚度受气候、地形和地质条件的影响,变化很大。在强烈切割的山区,埋藏深度可达几十米甚至更深,含水层厚度差异也大;而在平原地区,埋藏深度较浅,通常为数米至十余米,有时可为零,含水层厚度差异也小。潜水的埋藏深度和含水层的厚度不仅因地而异,即使同一个地区,也随季节不同而有显著变化。在雨季,潜水面上升,埋藏深度变小,含水层厚度随之加大;而在旱季则相反。

(3) 潜水具有自由表面

潜水具有自由表面,在重力作用下,自水位高处向水位较低处渗流,流动快慢取决于含水层的渗透性能和潜水面的水力坡度。潜水面的形状与地形有一定程度的一致性,地面坡度越大,潜水面的坡度越大,但比地形的起伏要平缓得多(图2-3)。当潜水流向冲沟、河谷等排泄区时,其水位逐渐下降,形成倾向于排泄区的曲面(图2-3)。但当高水位河水补给潜水时,则潜水面可以变成从河水倾向潜水的曲面(图2-4)。

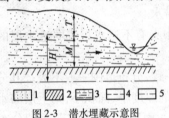

图2-3 潜水埋藏示意图
1-沙层;2-隔水层;3-含水层;4-潜水面;5-基准线
T-潜水埋藏深度;M-含水层厚度;H-潜水位

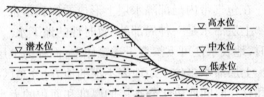

图2-4 河流水位变化时沿岸地下水位的动态

(4) 潜水排泄的两种方式——垂直排泄和水平排泄

在埋藏浅和气候干燥的条件下,潜水通过上覆岩层不断蒸发而排泄时,称为垂直排泄。垂直排泄是平原地区与干旱地区潜水排泄的主要方式。潜水以地下径流的方式补给相邻地区含水层,或出露地表直接补给地表水时,称为水平排泄。水平排泄方式在地势比较陡峭的河流中、上游地区最为普遍。由于水平排泄可使溶解于水中的盐分随水一同带走,不容易引起地下水矿化度的显著变化,所以山区潜水的矿化度一般较低。而垂直排泄时,因只有水分蒸发,并不排泄水中的盐分,结果便导致水量消耗,潜水矿化度升高。因此,在干旱和半干旱的平原地区,潜水矿化度一般较高。若潜水矿化度高,而埋藏又很浅时,则往往导致土壤盐渍化的发生。盐渍土对筑路是不利的,它常使路基出现盐胀和吸湿软化等问题,因此在盐渍土地区必须重视排水工作,并采用隔离层等办法以防因垂直排泄而引起的盐分集中。

2. 潜水等水位线图

潜水等水位线图是以地形图为底图绘制的。绘制潜水等水位线图时,需要利用大量钻孔、水井、试坑和泉,在同一时间内测出各处的潜水位高程,并标注在地形图上,然后可用和绘制地形等高线同样的方法,将潜水位高程相同的各点连接起来,即可得到潜水等水位线图(图2-5)。

根据潜水等水位线图,可以解决下列实际问题:

(1) 确定潜水的流向和坡度

潜水在重力作用下总是从高处向低处流动,因而流向总是与潜水等水位线垂直。潜水流的坡度,即两等水位线的标高差与该两等水位线间水平距离的比值。等水位线排列越密,等水位线的间距越小,潜水流的坡度就越大。

（2）确定任何一点或任何一个地段中的潜水埋藏深度

任何一点的潜水埋藏深度,可以根据该点地面等高线的标高与潜水等水位线标高之差确定。任何一个地段的潜水埋藏深度,可以根据类似的方法来确定。在潜水等水位线图中,如果将潜水按一定的埋藏深度划分成不同的小区,则这样的图即为潜水埋藏深度图。

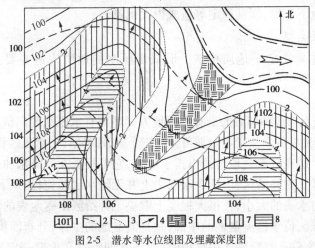

图2-5　潜水等水位线图及埋藏深度图

1-地形等高线；2-等水位线；3-等埋深线；4-潜水流向；5-埋深为零区；6-埋深0~2m区；7-埋深2~4m区；8-埋深大于4m区

（3）确定潜水与地表水的关系

图2-6a)表示潜水补给河水。图2-6b)表示河流补给潜水,图2-6c)河流一侧是潜水补给河水,而另一侧是河水补给潜水。

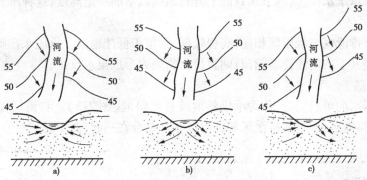

图2-6　潜水与地表水之间的关系

由于潜水等水位线图能够表明潜水的埋藏条件、埋藏深度、流向、含水层厚度及其动态变化等,所以在工程上有很大的实用价值,是评价工程所在地区水文地质条件的重要图件。应当指出,潜水位是在不断变化的,潜水等水位图只能反映某一特定时间的潜水位情况,因此当我们利用潜水等水位线图来确定潜水埋藏深度、流向等时,应当注意该图是根据什么时间的实测资料绘制的。不过一般只绘制两种潜水等水位线图：一种是根据湿季潜水最高水位的测量资料绘制的,称为潜水最高等水位线图；一种是根据干季最低水位的测量资料绘制的,称为潜水最低等水位线图。显然,其他时间潜水位的变化,是在最高与最低潜水等水位线之间。

三、承压水

充满于两个隔水层之间的含水层中承受压力的地下水,称为承压水。

承压水必须充满两个隔水层之间的含水层,如果没有充满,则地下水仍具有自由水面,其性质和潜水相同。而当地下水充满两个隔水层之间的含水层时,则地下水在高水头补给的情况下,具有明显的承压特征,如果钻孔穿过含水层的上覆隔水层,水便会沿钻孔显著上升,甚至喷出地表。所以,承压水又常称为自流水。由于承压水具有这一点特征,因而是良好的水源。承压水有时也会给地下工程、坝基稳定等造成很大困难。

1. 承压水的埋藏类型

承压水的形成主要决定于地质构造。形成承压水的地质构造主要是向斜构造和单斜构造。

（1）向斜构造

向斜构造是承压水形成和埋藏的最有利的地方。埋藏有承压水的向斜构造,有称为承压地盆或自流地盆。一个完整的自流地盆一般可分为三个区,即补给区、承压区和排泄区(图2-7)。

①补给区。含水层在自流盆地边缘出露于地表,它可接受大气降水和地表水的补给,所以称为承压水的补给区。在补给区,由于含水层之上并无隔水层覆盖,故地下水具有与潜水相似的性质。承压水压力水头的大小,在很大程度上取决于补给区出露地表的标高。

②承压区。承压区位于自流盆地的中部,是自流盆地的主体,分布面积较大。这里地下水由于承受水头压力,当钻孔打穿隔水层顶板时,地下水即沿钻孔上升一定的高度,这个高度称为承压水位。承压水位至隔水层顶板底面的距离,为该处的压力水头。承压区压力水头的大小各处不一,这取决于含水层隔水顶板与承压水位间的高差,隔水顶板的相对位置越低,压力越高。当水头高出地面高程时,水便沿钻孔涌出地表,这种压力水头称为正水头(图2-7)。如果地面高程高于承压水位,则地下水只能上升到地面以下的一定高度,这种压力水头称为负水头(图2-7)。

③排泄区。排泄区与承压区相连,高程较低,常位于低洼地区。承压水在此处或补给潜水含水层或向流经其上的河流排泄,有时则直接出露地表形成泉水流走。

（2）单斜构造

埋藏有承压水的单斜构造,称为承压斜地或自流斜地(图2-8)。自流同样也可以分为补给区、承压区和排泄区,不过其排泄区和补给区往往结合在一起,而不易截然分开来。

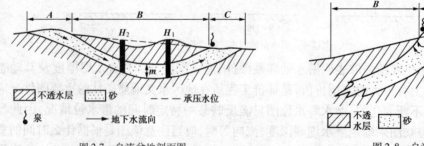

图2-7 自流盆地剖面图
A-补给区；B-承压区；C-排泄区；H_1-负水头；H_2-正水头；m-承压水层厚度

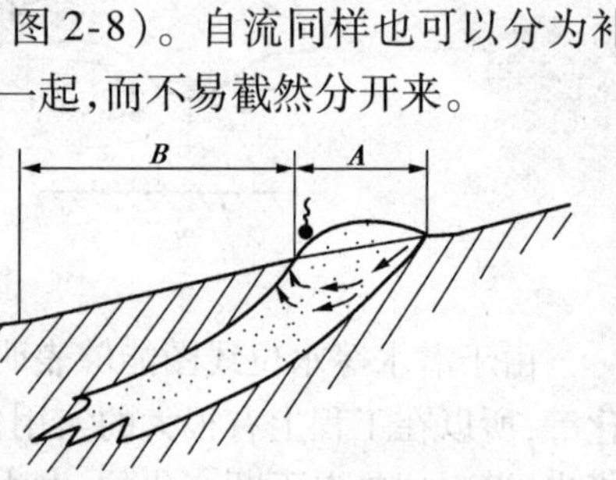

图2-8 自流斜地
A-补给排泄区；B-承压区

我国自流盆地和自流斜地分布相当广泛。根据含水层的性质可以分为两类:一类为疏松沉积物所构成的自流盆地和自流斜地；另一类为第四纪以前坚硬基岩所构成的自流盆地和自流斜地。

2. 承压水的补给和排泄

承压区的上部由于有连续隔水层的覆盖,大气降水和地表水不能直接补给整个含水层,只有在含水层直接出露的补给区,方能接受大气降水或地表水的补给,所以承压水的分布区和补给区是不一致的,一般补给区远小于分布区。另一方面,由于受隔水层的覆盖,所以受气候及水文因素的影响也较小,故其水量变化不大,且不易蒸发,因此地下水的动态也是比较稳定的。此外,由于承压水具有水头压力,所以它不仅可以由补给区流向自流盆地或自流斜地的低处,而且可以由低处向上流至排泄区,并以上升泉的形式出露地表,或者通过补给该区的潜水和地表水而得到排泄。

3. 承压水等压线图

如上所述,在承压区用钻孔揭露含水层时,承压水会上升到一定高度,承压水头系指从上覆隔水层顶板的底面到钻孔中承压水位的垂直距离。如果在承压区打许多钻孔,并把测得的承压水头绝对相等的点连结起来,即可得到承压水的等水压线图(图2-9)。

等水压线图反映了打钻孔后,该地区所能形成的等压水面。该等压水面所在的高程,就是该处打钻孔后水头所能达到的高度。当深挖隧道或桥基时,如果穿透了承压水含水层的上覆隔水层,水就会大量涌出,给工程造成困难和危害。

根据等水压线图可以确定承压含水层的下列重要指标:①承压水位距地表的深度;②承压水头的大小;③承压水的流向。

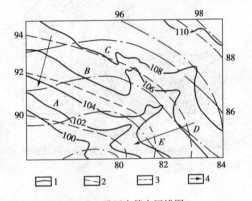

图2-9 承压水等水压线图
1-地形等高线;2-含水层顶层板等高线;3-等水压线;4-地下水流向

四、裂隙水

裂隙水是埋藏于基岩裂隙中的地下水。岩石裂隙的发育情况决定地下水的分布情况和能否富集。在裂隙发育的地方,含水丰富;在裂隙不发育的地方,含水甚少。所以在同一构造单元或同一地段内,含水性和富水性有很大变化,形成裂隙水聚集的不均匀性。裂隙,特别是构造裂隙的发育具有方向性,在某些方向上裂隙的张开程度和连通性比较好,在这些方向上导水性强、水力联系好,常成为地下水径流的主要通道。在另一些方向上裂隙闭合,导水性差,水力联系也差,径流不畅通,所以裂隙岩石的导水性呈现出明显的各向异性。裂隙水是山区广泛分布的地下水类型,与道路工程、隧道工程、桥梁工程关系密切。

1. 裂隙水的埋藏类型

根据埋藏情况,可将裂隙水划分为面状裂隙水、层状裂隙水和脉状裂隙水三种。

（1）面状裂隙水

面状裂隙水埋藏在各种基岩表层的风化裂隙中,又称风化裂隙水。风化裂隙水含水性和透水性的强弱,视岩石风化程度、风化层物质组成等而异,极不均匀。有些强风化带,因富含黏土物质,含水性和透水性反而减弱。

风化裂隙水的水量,随岩性、地形等而变。同一地区,砂岩地段比泥岩地段水量多;同一岩性地区,由分水岭至河谷,水量逐渐增加。风化裂隙水分布的下界取决于分化带的深度。风化裂隙的数量及张开程度随深度而减少,一般在微风化带其性质近似于隔水层。风化带深度各地不同,一般为 10～50m。

(2)层状裂隙水

层状裂隙水是埋藏在成岩裂隙和构造裂隙中的地下水,其分布一般与岩层的分布一致,因而常有一定的成层性。层状裂隙水的在不同的部位和不同的方向上,因裂缝的密度、张开程度和连通性有差异,其透水性和涌水量有较大的差别,具有不均匀的特点。

层状裂隙水的分布受岩层产状的控制,在岩层出露的浅部可形成潜水,在地下深处埋藏在隔水层之间可形成承压水。层状裂隙水的水质,受埋深控制。一般在浅部主要为重碳酸盐型,向下逐渐过渡为硫酸盐型,到深部为氯化物型。总矿化度也随深度增加而增高。

(3)脉状裂隙水

脉状裂隙水埋藏于构造裂隙中,主要特征为:①沿断裂带呈脉状分布,长度和深度远比宽度大,具有一定的方向性;②可切穿不同时代、不同岩性的地层,并可通过不同的构造部位,因而导致含水带内地下水分布的不均匀性;③地下水的补给源较远,循环深度较大,水量、水位较稳定,有些地段具有承压性(图2-10)。

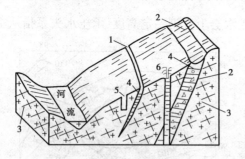

图 2-10 脉状承压水示意图
1-大裂隙;2-断层破碎带;3-闭合裂隙;4-脉状承压水水面;5-干孔;6-喷水孔

脉状裂隙水一般水量比较丰富,常常是良好的供水水源,但对隧道工程往往造成危害,如产生突然涌水事故等。

2. 裂隙水的富集条件

某些部位地下水聚集,形成水量较丰富的富集区,而在另一些部位地下水相对分散,形成水量较少的贫水区。地下水富集区的形成,必须具备三个条件:①有较多的储水空间;②有充足的补给水源;③有良好的汇水条件。

形成裂隙水富集的三个条件主要受岩性、构造、地貌等因素的影响。不同岩性,裂隙发育程度有差异,因而富水性不同。不同构造部位,裂隙发育程度有差异,因而导水性和富水性也不同。褶曲轴部裂隙较其他部位发育,往往是富水的地方。断裂多次活动的部位,岩石破碎、裂隙发育,有利于地下水的富集。不同地貌部位,地下水的补给、汇聚条件不同,岩石裂隙发育程度不同,因而富水性不同。盆地、洼地、谷地常常构成富水的有利条件。

第二节 地下水的运动规律

重力地下水的运动有层流和紊流两种形式。地下水在土(岩石)空隙中运动,称为渗透或渗流。地下水的渗流速度远比地表水慢,除在宽大裂隙或空洞中具有较大速度外,一般均以层流为主要运动形式。

一、层流的基本定律

1. 达西实验

法国水力学家达西于 1852～1855 年通过大量实验工作,发现渗透层流运动的基本定律。

其实验装置如图 2-11 所示。

圆筒中装满砂,筒上有两根导管,水通过导管 1 注入筒中,并经筒中砂向下渗透,最后经导管 2 流出,注入量杯 3 中。调节导管 1 和 2 的开关,使砂上的水面位置保持不变,以达到稳定流状态。圆筒侧面装有测压管 4 和 5,可观察圆筒中水头的变化和损失。水自测压管 4 的位置渗流至测压管 5 的位置时,需要克服沿途所受的阻力,故测压管 5 中的水位必定较 4 中的水位为低,二者的水位差 h 即为水流经长度为 l 段砂的水头损失。通过砂柱的水量可用量杯 3 测定,其时间可用秒表测定。

2. 达西定律

达西用上述装置做了大量实验后,获得结论如下:水在单位时间内通过圆筒中砂柱的流量 Q 与渗透长度 l 成反比,而与圆筒的横断面 F、上下两测压管的水头差 h 以及视土(岩石)的物理性质而定的渗透系数成正比,即

$$Q = FK\frac{h}{l} \quad (2-1)$$

或

$$Q = FKI \quad (2-2)$$

$$v = KI \quad (2-3)$$

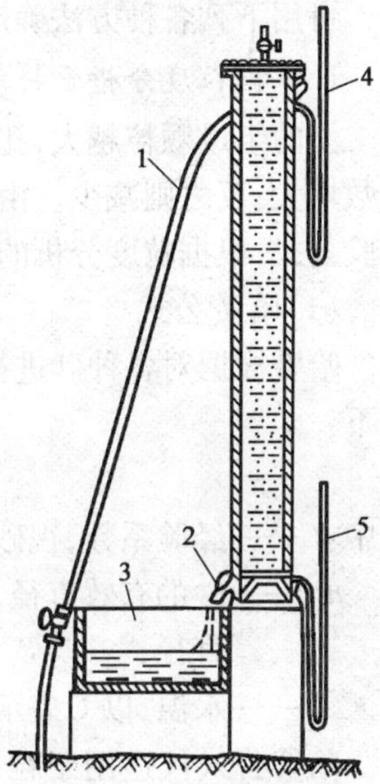

式中:$I = \dfrac{h}{l}$,称为水头梯度,代表渗透流程中单位长度的水头损失。

公式(2-3)表明,渗透速度 v 与水头梯度 I 成正比,说明水的运动是层流运动,这就是达西渗透层流运动的定律。

3. 达西定律的适用范围

达西用砂进行实验发现此定律,但其结论不仅适用于砂,而且对于其他类型的透水土(岩石),当水的运动速度不大时,也均适用。故达西定律为地下水动力学的基本定律。

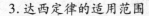

图 2-11 达西实验装置
1、2-导管;3-量杯;4、5-测压管

达西定律不仅适用于水在垂直方向的运动,而且也适用于任何方向的运动,其中包括水平方向。当地下水在较大的空隙中运动时,由于流速大,则服从紊流运动的定律,即水的渗透速度与水头梯度的平方根成正比,这就是哲才定律,其表达式如下:

$$v = KI^{\frac{1}{2}} \quad (2-4)$$

有时水的运动形式介于上述两种形式之间,则称为混流运动,可用下式表达:

$$v = KI^{\frac{1}{m}} \quad (2-5)$$

式中:m 值变化范围为 1~2。

4. 渗透系数与渗流速度

由公式(2-3)可得

$$K = \frac{v}{I} \quad (2-6)$$

因此,当 $I=1$ 时,$K=v$ 即渗透系数等于单位水头梯度时的渗流速度。渗透系数和渗流速度一样,用米/日(m/d)或厘米/秒(cm/s)来表示。

注意,渗流速度 v 并非水在空隙中运动的真正速度 u。两者的关系如下:

$$Q = Fv = Fnu \tag{2-7}$$

式中：n——土（岩石）的孔隙度。

因为土（岩石）的空隙度 n 永远小于 1，故渗流速度 v 永远小于水在孔隙中运动的实际流速 u。

二、渗透系数的确定

可用下列各种方法确定土（岩石）的渗透系数。

1. 根据粒度分析资料计算渗透系数

土的组成颗粒越大，孔隙直径也越大。所以，随着组成颗粒的增大，土的透水性增强，渗透系数增大；反之则减少。由于土的渗透系数与其粒度成分之间存在密切的依存关系，故可利用经验公式，根据粒度分析的资料，进行渗透系数的计算。

（1）哈赞公式

哈赞根据对各种砂进行的实验，于 1982 年确定渗透系数与土颗粒的有效直径间的关系如下：

$$K = Cd_{10}^2(0.7 + 0.03t) \tag{2-8}$$

式中：C——经验系数，视砂的均匀性与孔隙度而定，变化介于 400~1200 之间；

d_{10}——砂的有效直径，在砂的颗粒成分累积曲线上，颗粒累积含量等于 10% 处的颗粒直径；

t——水温，以℃表示。

哈赞公式仅适用于粒径为 0.1~3mm 的砂，而且不均匀系数（表征砂粒大小不均匀的程度，以累积含量 60% 处的颗粒直径 d_{60} 与有效直径 d_{10} 之比表示）不超过 5 的情况。

（2）斯利哈吉尔公式

斯利哈吉尔除去考虑有效直径外，还考虑了土的孔隙度和水的黏滞性的影响，其公式如下：

$$K = Ad_{10}^2 m \frac{1}{\mu} \tag{2-9}$$

式中：A——与渗透系数单位有关的系数。当 K 的单位为 m/d 时，$A = 88.3$；

m——与孔隙度有关的系数；

μ——与水的温度有关的黏滞性系数。

斯利哈吉尔公式也仅适用于粒径比较均匀的砂。

（3）克留盖尔公式

对不等粒的和细粒的砂、无结构的黏土，常常采用克留盖尔公式计算渗透系数 K(m/d)。其公式如下：

$$K = 1.44 \times 10^6 \frac{n}{\omega^2} \tag{2-10}$$

式中：n——孔隙度；

ω——1cm³ 土中全部颗粒的表面积（cm²）。

按以上各经验公式或其他类似公式计算渗透系数简单、方便，一般对砂的效果最好，但有时误差较大，故只宜在初步工作中作概略的估算用。

2. 在室内用仪器测定渗透系数

利用达西仪,可以测定松砂的渗透系数。利用齐姆—卡明斯基仪(图2-12),可以测定原状土的渗透系数。

利用室内实验的方法测定渗透系数,其精确性虽然有所提高,但自然界地层的岩性变化很大,而试样的体积很小,因而仍然常常不能代表自然界的实际情况。

3. 野外用试验方法测定渗透系数

在野外天然条件下测定土(岩石)的渗透系数是最准确的方法,所以在水文地质调查中被广泛使用。野外测定土(岩石)的渗透系数,在非饱水土(岩石)层内,可以采用渗水试验的方法进行;而在饱水土(岩石)层内,则多采用抽水试验的方法进行。

(1) 渗水试验

在地表掘试坑,坑底达到需要进行试验的土(岩石)层,在坑底再掘一平底方形小坑,边长35~40cm,坑深10cm。小坑底铺以2cm厚的小砾石,以防坑底在注水时受到冲刷。注水入坑,使水位保持固定,水层厚3~4cm。通过测定时间和水量的消耗,可以确定单位时间渗入的水量q。小坑的面积ω可以量出,因此可以计算渗透速度v。

当试验时间较长,水渗入地下相当深时,小坑中水层厚度z与渗透深度h之和与渗透深度h很接近,即水头梯度I接近于1,$I = \dfrac{z+h}{h} \approx 1$,此时$v \approx K$。

实际上,试验开始时,单位时间消耗的水量很大,也就是渗透速度较快。随着时间的延续,单位时间消耗的水量和渗透速度逐渐减少,而接近于某一常数。此时的渗透速度与渗透系数近似相等。

(2) 抽水试验

在测定地区打一个钻孔(井),穿过饱水土(岩石)层,达到其下的隔水层,这种情况称为完整井,如图2-13所示。地下水具有自由水面,其下的隔水层是水平的,含水层是均质的,厚度

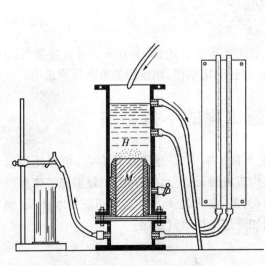

图2-12 齐姆—卡明斯基仪

M-原状土样;H-防止土样受冲刷的砂

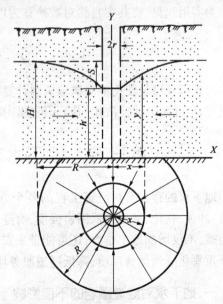

图2-13 潜水完整井抽水试验示意图

为 H。井的半径为 r，井壁可以使水自由流通。自井中抽水时，井中水位降低，与周围含水层产生水位差，水即向井内运动。如抽出的水量大于向井内运动的水量时，井中水位继续下降，水位差加大，随之加大了向井内运动的水量。当向井内运动的水量与自井内抽出的水量相等时，则井中水位保持不变，设此时井中的水位高度为 h。抽水开始阶段，与井中水位下降相适应，井周围含水层中的水位也由于水不断流向井中而相应降低。其下降幅度随远离井壁而逐渐减少，水面形成以井为中心的漏斗状，称为下降漏斗。下降漏斗随井中水位的不断降低而扩大其范围。当井中水位稳定不变之后，下降漏斗也逐渐稳定此时漏斗所达到的范围，即为抽水时的影响范围。自井壁至影响范围边界的距离，称为影响半径，以 R 表示。

以井的轴线为纵坐标，隔水层的表面为横坐标，则距离井轴 x 处任意断面上的流量为：

$$Q = K \cdot F \cdot I$$

由于

$$F = 2\pi xy \quad I = \frac{dy}{dx}$$

所以

$$Q = 2\pi xy K \frac{dy}{dx}$$

分离变数并积分得

$$Q \frac{dx}{x} = 2\pi K y dy$$

$$Q \int_r^R \frac{dx}{x} = 2\pi K \int_h^H y dy$$

$$Q \ln \frac{R}{r} = 2\pi K \frac{H^2 - h^2}{2} \tag{2-11}$$

利用方程式(2-11)可计算渗透系数 K：

$$K = \frac{Q \ln \frac{R}{r}}{\pi (H^2 - h^2)} \tag{2-12}$$

为实用起见，将其中自然对数换算为以 10 为底的常用对数，并将 π 的数值代入，得：

$$K = \frac{0.733 Q \lg \frac{R}{r}}{H^2 - h^2} \tag{2-13}$$

公式(2-13)是使用抽水试验资料计算渗透系数的裘布依公式，其中 H、h、r 可直接量得，Q 可测定，R 可在距试验钻孔（井）不同的距离上打观测孔测定水位，用绘图的方法外推求出。

第三节 地下水对隧道工程的不良影响

地下水的存在会对隧道工程的各个方面产生不良影响[2-3]。地下水的存在，可以使围岩溶解、冲蚀、软化，从而降低围岩强度，对隧道结构构成威胁；地下水的存在，给隧道施工带来巨大困难，不仅增加施工难度，还可能带来安全隐患；另外，如果地下水穿透隧道防排水体系，则会严重恶化隧道运营环境，降低隧道服务质量，增加隧道维护运营费用。

一、地下水对隧道围岩的不良影响

地下水的存在可能引起隧道围岩发生溶解、溶蚀、冲刷、软化，或产生静水压力，或引起膨胀压力,改变围岩的物理、化学性质,降低围岩的强度和稳定性,进而引发一系列的问题。下面介绍地下水对隧道围岩的几种典型影响。

1. 地下水对软弱围岩的影响

地下水对软弱围岩的影响,比对完整性较好的硬岩的影响更为显著。软岩在地下水的冲刷或进入细微裂隙时,使岩石产生软化或泥化,从而降低岩石(体)的强度,使岩石呈非常不稳定的状态,易产生塑性变形或崩解,引起塌方。对破碎的围岩来说,由于围岩中饱含地下水而裂隙水压力增大,增加了围岩(尤其是拱部围岩)的自重荷载,更促进了破碎围岩发生塌方的可能性。在弱胶结的砂岩和断层带的糜棱岩中,由于地下水的活动,可能产生流沙和潜蚀,易形成泥砂石流状的坍方,对施工影响很大。

2. 地下水对膨胀性围岩的影响

在含膨胀性矿物的膨胀岩或含岩盐、石膏盐等的膨胀岩中,如无地下水的影响,则岩石(体)的膨胀变形不显著,对围岩稳定性的影响相对要小的多。但在这些岩石中,如遇地下水,则产生吸水膨胀现象,含水越多,围岩产生膨胀越严重。膨胀性围岩具有膨胀速度快、破坏性大、延续时间长和整治困难的特点,由此造成的几种常见的破坏情况有:

①由于临空面岩体风干脱水而产生收缩裂缝。
②由于膨胀性围岩吸水,强度显著下降而造成的隧道支护结构下沉。
③隧道洞周围岩膨胀突出和坍塌。
④隧道底部浸水膨胀、强度降低,在膨胀压力和围岩压力作用下发生底膨现象。
⑤由于膨胀压力的作用而产生的支护结构破坏。

3. 地下水对软弱结构面的影响

在大多数情况下,软弱结构面的强度决定着岩体整体强度和稳定性。地下水活动能使软弱结构面发生多种不良作用:

①地下水活动将软弱结构面中的物质软化或泥化,使结构面的抗剪强度降低(c、φ 值减小),摩阻力和内聚力减小。
②存在裂隙水压力的围岩中,由于水压力抵消了部分法向力,导致内摩擦力减小,围岩抵抗滑动的阻力也随之减小,围岩产生滑动的可能性增大。
③裂隙中的地下水会将软弱结构面中的填充物带走或使其饱水,这就使结构面的黏聚力降低,减小软弱夹层两侧围岩的联系,促使有滑塌趋势的块体发生沿软弱结构面滑塌坍方。

4. 地下水对湿陷性黄土的影响

在湿陷性黄土地区修建隧道,地下水活动的影响更为显著。一方面,黄土中存在的溶洞、陷穴可能使隧道发生基础下沉或冒顶危险;另一方面,黄土在干燥时很坚固,承载力很高,隧道施工可以顺利进行,而一旦浸水,将呈现不同程度的湿陷性,会突然发生下沉现象,使开挖后的围岩迅速丧失自稳能力,如果支护措施满足不了变化后的情况,极容易造成坍塌。

二、侵蚀性地下水及其对隧道结构的影响

地下水对隧道结构的影响除了包括地下水可能产生较大的静水压力、动水压力之外,侵蚀性地下水对隧道结构的影响也不可忽视。由于混凝土是多孔的、固液气三相共存的非均质材料,其所处环境的某些侵蚀性物质很容易进入混凝土内部,与混凝土、钢筋发生各种物理、化学

反应，从而引发混凝土的破坏，影响混凝土结构的耐久性。这些侵蚀性物质进入混凝土内部的主要途径就是地下水。溶入侵蚀性物质的地下水（侵蚀性地下水）对隧道结构的强度和耐久性具有十分重要的影响。

侵蚀性地下水所含的侵蚀性物质多种多样，其对隧道结构的侵蚀作用和侵蚀机理也各不相同，按照不同的分类依据，侵蚀性地下水的分类也不同。通常，从侵蚀性地下水与混凝土和钢筋混凝土之间的化学反应的特征出发，把地下水的化学侵蚀作用分为出溶性侵蚀、分解性侵蚀、盐类析晶侵蚀和有机物质侵蚀等四大类；从地下水对建筑结构的腐蚀作用特征的角度，将侵蚀性地下水分为分解类腐蚀、结晶类腐蚀和结晶分解复合类腐蚀等三种类型。此外，马建秦在《地下工程侵蚀性地下水的类型及其产出环境》一文中还提出了按照侵蚀性地下水产出环境进行分类的方法，这种方法结合了地下工程勘测设计、施工的特点，具有较好的适用性。按照这种方法，侵蚀性地下水分为以下几种：

1. 硫化物型

硫化物型侵蚀性地下水是指地下工程围岩中存在的硫化物及其组合，与溶解于地下水中的氧气作用，产生的侵蚀性地下水。其形成机理是：硫化物 + 汽 + 水 → 金属氧化物 + 硫酸。其中，硫酸是具有侵蚀性的，硫酸也可以与混凝土和钢筋混凝土中的水泥水化物反应，生成新的盐类，其体积比原体积大，即生成具有膨胀性的盐类。

2. 硫酸盐型

硫酸盐型侵蚀性地下水是指地下工程围岩中存在的硫酸盐及其组合，与地下水作用，通过直接或间接侵蚀两种途径对地下工程产生侵蚀作用。①直接侵蚀作用：当硫酸盐的溶解度较大，其溶解产物与水泥的水化物反应，生成膨胀性盐类，引起侵蚀作用，或所生成的盐类与其他水泥水化产物反应，生成新的膨胀性盐类，如含芒硝的岩层。对于溶解度较小的硫酸盐，其侵蚀作用主要表现为与水泥水化产物反应，生成膨胀性盐类，如（含）石膏、泻利盐的岩层。②间接侵蚀作用：主要指硬石膏盐层或含硬石膏岩层，由于隧道等地下工程的开挖使其周围压力减小，并与围岩中的地下水作用，生成石膏而体积增大，对隧道等地下工程结构混凝土和钢筋混凝土产生间接侵蚀作用。

3. 氯化物型

氯化物型侵蚀性地下水是指地下工程围岩中存在的氯化物及其组合，通过两种途径对地下工程的混凝土和钢筋混凝土产生侵蚀作用：①氯化物中的镁离子与水泥的水化产物氢氧化钙反应，生成难溶的氢氧化镁，从而降低混凝土的碱度，加速混凝土的其他形式侵蚀作用；②氯化物中的氯离子加速钢筋混凝土中钢筋的锈蚀作用。

4. 碳酸型

碳酸型是指由于地下工程围岩中二氧化碳的浓度较高，二氧化碳溶于水生成的碳酸与已经发生碳化的混凝土作用，生成易溶的碳酸氢钙，从而降低混凝土的碱度，加速混凝土的其他形式侵蚀作用。

5. 组合型

组合型侵蚀性地下水是指地下工程围岩中存在两种或两种以上上述类型的矿物及其组合。从理论上讲，可以出现多种形式的组合，但是最常见的是硫化物—硫酸盐型、氯化物—硫酸盐型和硫化物—碳酸型。

三、地下水对隧道运营环境的影响

地下水除了影响隧道围岩的强度和稳定性,对隧道衬砌结构产生腐蚀作用之外,地下水通过混凝土损伤部位、施工缝、变形缝甚至是混凝土本身的孔隙渗入到隧道内,也会对隧道运营环境造成不良影响。

1. 造成隧道内潮湿

地下水的存在是造成隧道内潮湿的根本原因。地下水主要通过以下途径进入隧道内部,使隧道环境潮湿:①混凝土本身的吸湿作用;②隧道混凝土多孔结构所产生的毛细作用;③隧道衬砌结构不可避免的裂隙;④隧道广泛存在的施工缝、变形缝极容易引发渗漏现象。潮湿环境给人带来不舒适的感觉,长期在隧道内工作,还可能引起身体疾患。

2. 恶化隧道行车环境

在公路隧道中,地下水可以造成路面湿滑,摩阻力降低,空气中的水雾降低了空气的能见度,给行车造成威胁;在铁路、地铁隧道中,地下水也会对轨道系统产生一定的影响,留下安全隐患。当隧道地下水引发冻害时,地下水对行车环境的影响更为严峻。

3. 对隧道内电气设施造成不良影响

无论是公路隧道还是铁路、地铁隧道,都安装有大量的电气设施。这些电气设施对水的存在都非常敏感,渗漏、潮湿的环境给电气设施带来多方面的影响:①降低电气设施的使用效率;②腐蚀、损坏电气设备,增加维护费用;③降低电气设备的使用寿命;④水的存在还可能造成火灾等其他灾害性事故。

第四节 隧道涌水量估算[6]

在隧道的防排水系统设计中,对隧道的总涌水量有个基本估计是必需的。隧道施工遇到的水文地质条件千变万化,根据地下水的类型,可以将隧道渗流涌水分为潜水渗流涌水、承压水渗流涌水、降水渗流涌水和集中涌水四类。

一、潜水渗流涌水量预测

潜水渗流是指隧道穿越潜水层时由地层渗到隧道排水系统的水流(图2-14)。这是公路隧道修建中最常见的一种渗流,其特点是地下水位相对比较稳定,且水位面高于隧道纵向排水管标高。

隧道建成后,地下水流向隧道,隧道两侧一定范围内水面不断下降,在隧道两侧形成对称于隧道轴线的浸润曲线,这种渗流属于非恒定流。但若含水层的体积很大,经过隧道一段时间排水后,可近似地看成无压恒定渐变流,隧道衬砌外保持某一恒定水深h,两侧浸润曲线的形状与位置不变,在一定长度范围内所有垂直隧道轴线的剖面上渗流情况相近,可近似看作平面渗流问题。因此,这类渗流的计算方法与集水廊道的渗流计算类似,可导出隧道单位长度涌水量q计算公式为:

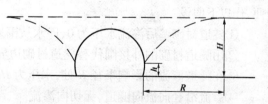

图2-14 潜水渗流涌水量计算模型

$$q = \frac{k(H^2 - h^2)}{R} \tag{2-14}$$

式中：k——地层的渗透系数；
　　　H——自然水位高度；
　　　h——衬砌后水深；
　　　R——隧道渗流影响范围（水平距离）。

隧道衬砌后的水深 h，一般远小于含水层厚度 H（从隧道纵向排水管标高算起），若略去 h 不计，上式可简化为：

$$q = \frac{kH^2}{R} \tag{2-15}$$

R 与地质条件有关，应由抽水试验确定，或近似地用浸润曲线的平均坡度进行估算。

对于长隧道及特长隧道，沿隧道纵向地下水位有一定的坡度，这时可将隧道沿纵向分段（图2-15），确定各段的平均水位 H_i，分段计算 q_i，各段的涌水量为：

$$Q_i = q_i L_i \tag{2-16}$$

若隧道渗水区有 n 段，则总涌水量 Q 为：

$$Q = \sum_{i=1}^{n} Q_i \tag{2-17}$$

二、承压水渗流涌水量预测

承压水渗流是指隧道穿越承压水层时由地层渗到隧道排水系统的水流（图2-16），其特点是地下水承压并且压力较为稳定，这类地下水易造成隧道路面溢水。

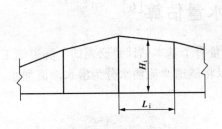
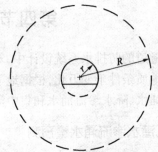

图2-15　渗流区段划分　　　　图2-16　承压水涌水计算模型

隧道建成后，地下水向隧道渗流，隧道周围岩层中的水压逐渐降低。这种渗流亦属不稳定渗流。如果水体较大，经过一段时间后压力基本稳定，可视为平面稳定渗流问题。为了求解方便，作以下假设：

①隧道衬砌壁后渗流水压为0，即水从围岩渗出后便被排走。
②用隧道衬砌的外接圆代替隧道衬砌边界进行计算，外接圆半径为 r_0。
③在隧道渗流的影响半径 R 处，水压为 H，并保持恒定。
④渗流沿径向流向隧道，无切向渗流。
⑤隧道围岩渗透系数为 k，各向同性。

解算过程与普通完全井的类似，沿隧道纵向单位长度的涌水量公式为：

$$q = \frac{2\pi k H}{\ln R - \ln r_0} \tag{2-18}$$

估算时，R 可按经验酌情选用，H 可取隧道形心处的初始水头值。若承压水区段长为 L，则该段隧道的渗水量 Q 为：

$$Q = qL \qquad (2\text{-}19)$$

三、降水下渗涌水量预测

降水下渗涌水量是指隧道设置在地下水位之上，地表降水在下渗过程中遇隧道而从排水系统排出的水量。这类渗流的特点是渗流为铅垂向下或沿岩层主导裂隙方向向下渗流，渗流线被隧道所截的从隧道排出，未截的则不受隧道影响（图 2-17）。

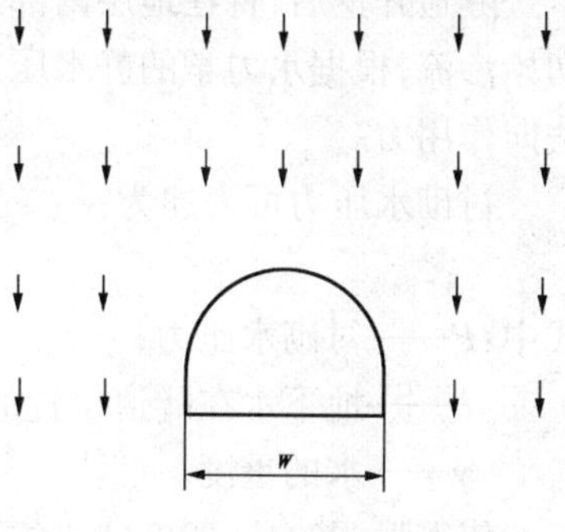

降水下渗速度为：

$$v = kJ \qquad (2\text{-}20)$$

式中：k——渗透系数；
　　　J——水力坡度。

图 2-17　降水渗流涌水量计算模型

若隧道衬砌宽度为 W，隧道单位长度为涌水量 q 为：

$$q = Wv = WkJ \qquad (2\text{-}21)$$

值得说明的是，如果隧道围岩裂隙发育，地表降水量又较大，隧道较长时，应考虑到降水下渗引起的涌水量。估算中，水力坡度 J 和渗透系数 k 可通过试验或用经验方法选取，考虑到隧道开挖会使围岩出现一定范围的松动，W 的计算值可在衬砌宽度基础上适当加大。

四、集中涌水处涌水量预测

集中涌水是指隧道穿越地下暗河及与地表河流、水库等有水力联系的断层破碎带而流入下渗隧道排水系统的水量。这类涌水的特点是出水点集中，出水量大。一般来说，这类涌水在施工期间都会做妥善处理，对建成后的隧道涌水量来说，只需考虑少量的渗漏。估算中，对每个出水点根据经验估算涌水量 Q_i，若隧道有 n 个集中涌水点，则总涌水量为：

$$Q = \sum_{i=1}^{n} Q_i \qquad (2\text{-}22)$$

第五节　隧道衬砌水压力

保护地下水资源使人们对"以排为主，排堵结合"的隧道防排水设计理念产生了质疑，并提出了"以堵为主，限量排放"的地下水处治原则。在这种背景下，不可避免地遇到高水压力问题。高水压力可能会引起隧道衬砌水压力增加，导致隧道发生渗漏，并降低隧道衬砌结构的安全度。"以堵为主，限量排放"的地下水处治原则能否在工程上推广应用，首先取决于具体工程条件下衬砌水压力的大小。由于问题的复杂性，工程界对衬砌水压力的确定方法还有不同的观点，王建宇、张有天等学者对不同条件下隧道衬砌水压力的计算方法进行了阐明与讨论。

一、两种极端情况的衬砌水压力

在隧道与地下工程中，把由围岩地下水引起的作用在衬砌结构外缘的荷载称为衬砌水压力。衬砌水压力除了取决于围岩水文地质条件外,还与衬砌的渗透性有很大关系。首先考虑以下两种极端情况。

1. 衬砌"完全"不透水(衬砌的渗透系数 $k_1 = 0$)

隧道开挖后,将在地层内部形成一个不透水的界面,如果忽略隧道开挖前围岩中已存在的初始渗流,根据水力学的静水压力传递原理,在这种情况下衬砌将承受同初始静力水头相应的法向作用力。

衬砌水压力可表述为:

$$P = \gamma h \quad (2\text{-}23)$$

式中:P——衬砌水压力;

h——地下水在隧道位置的静水头;

γ——水的重度。

值得强调的是,(2-23)式的运用条件为 $k_1 = 0$,而与岩体的渗透系数 k_r 无关。

2. 衬砌"完全"透水(衬砌的渗透系数 $k_1 = \infty$)

在这种情况下按达西定理表达式,衬砌中的水力梯度为0,衬砌外缘的水压力应该等于衬砌内缘的水压力,即:

$$P = 0 \quad (2\text{-}24)$$

将式(2-23)、式(2-24)统一表达为:

$$P = \beta \gamma h \quad (2\text{-}25)$$

式中:β——衬砌水压力的"折减系数",当 $k_1 = 0$ 时,$\beta = 1$;$k_1 = 1$ 时,$\beta = 0$。

地铁隧道、铁路隧道和公路隧道现行设计中,衬砌水压力的计算正是分别以这两种极端情况出发的。

二、矿山法修建地铁隧道的衬砌水压力

1. 基本理论

在地铁的修建中,有人提出采用"半包"方案,即隧底不设置防水层,通过排水沟排导地下水。这种"半包"衬砌会在隧道底部造成一个开放的水力边界,在营运期间长年排水所引起的地下水流失和地表沉降等对环境的负面效应不会亚于施工期间的井点降水。因此,对于城市中用浅埋矿山法修建的地铁隧道仍然要像盾构隧道那样,将衬砌做成全封堵型的"全包衬砌",在衬砌背后不设地下水排导系统。在这种情况下,作用在衬砌上的水压力有多大呢?

文献[7]以一段地铁隧道为例分析了衬砌水压力,计算表明水头高度为60m的地下水形成的水压力是致使隧底裂损的主要原因。这一段隧道采用浅埋矿山法修建,全封堵衬砌,未设置排水系统。设计时,没有考虑水压力的作用,认为地层渗透系数很小,水压力传到衬砌已经折减到可以忽略不计的程度。

前面已指出,只要 $k_1 = 0$,即衬砌完全不透水,传到衬砌上的水压力是不会因岩土体渗透系数较小而有所折减(除非岩土体完全不透水,$k_r = 0$)。其实这一点用静水压力的传递规律也是很容易得到说明的——静水压力的传递与途径的曲折程度无关。

当然,说"不折减"也不是绝对的,事实上在隧道开挖以前地下水并不是"死水一潭"。同时,用矿山法修建的隧道要做到衬砌完全不透水,即 $k_1 = 0$,也十分困难。所谓水压力的"不折

"不扣"的假定前提是不计初始渗流场的影响以及认为衬砌"完全"不透水。在地铁盾构隧道设计中对水压力"不折不扣"的考虑正是基于这两种假定。对于用矿山法修建的地铁隧道,大多数情况下,采用这两种假定也不至于引起与实际情况太大的偏差。

2. 模型试验[10]

模型试验的目的是为了说明:无论围岩的渗透性多么小,只要采用全封堵衬砌,作用在衬砌上的水压力荷载就不会折减,在这种情况下,围岩注浆圈并不能分担水压力荷载。

分别用粗砂、中砂和水泥砂浆模拟不同渗透性的围岩,将其装入容器中。介质高度取1m,相当于原型地层厚14m。顶部注入稳定水位的水,在容器底部用水压计和测压管测量水压(图2-18)。

试验表明,选取渗透系数从 285×10^{-4} cm/s 到 1.9×10^{-4} cm/s 的不同介质,可以看到,对于各种介质,作用在衬砌结构上的水压力最终均达到同原始水头(4m)相应的量值。所不同的是衬砌压力形成的时间有所不同。这说明对于全封堵情况,静水压力的传递不会折减(图2-19,表2-1)。

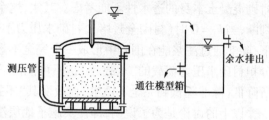

图2-18 模型试验示意图

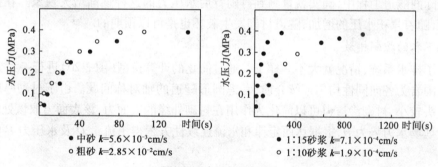

图2-19 水压力形成过程

压力形成时间 表2-1

材 料	粗 砂	中 砂	砂 浆		
			1:22	1:15	1:10
渗透系数(cm/s)	2.85×10^{-2}	2.85×10^{-2}	2.85×10^{-2}	2.85×10^{-2}	2.85×10^{-2}
时间(s)	104	147	2120	2265	12625

三、高水头深埋山岭隧道

1. 地层注浆的作用

深埋山岭隧道的相对地下水位较高。例如,渝怀铁路圆梁山隧道的水头高达500m以上。从环境和地下水资源保护出发,要求摒弃"以排为主"的设计原则。但是,如果像盾构隧道那样做成全封堵型衬砌,衬砌将承受巨大的水压力,致使结构设计变得十分困难。

目前解决的办法是实施地层注浆,降低围岩的透水性。问题是实施了注浆以后,能不能期望在围岩中形成一个所谓的"承载环"来分担衬砌的水压力,从而使全封堵衬砌的设计成为可能。

例如,在渝怀铁路上有一座隧道,围岩地下水发育,开挖后出现涌水现象,经地层注浆及施作初期支护(锚喷支护)后,壁面上仅有渗水及局部滴水。在这种情况下,在二次衬砌背后还要不要设置地下水排导系统,如果不设置,这种不透水的全封堵衬砌是否可按照《水工隧洞设计规范》(SD 134—84)第5.2.6条外水压力折减系数表2-2中的折减系数计算衬砌水压力。

这涉及如何结合铁路或公路隧道实际来理解《水工隧洞设计规范》。与水工隧洞不同,铁路和公路隧道为了保持干燥无水的营运环境,常常须在衬砌背后设置橡胶或塑料防水层,因此衬砌混凝土本身的透水性不能考虑。其实,这个问题从静水压力的传递原理可以直观地加以判断,当 $k_1 = 0$ 时(衬砌全封堵),衬砌水压力不会因围岩渗透系数的减小而降低。在这种情况下,除非通过注浆能在围岩中形成一个完全不透水($k_r = 0$)的全封堵圈,要在围岩中形成一个分担衬砌水压力荷载的"承载环"是不可能的。地下水静水压力并不因岩土介质的渗透性有所降低(除非降低到完全不透水)而改变其"不折不扣"的传递规律。

以上的讨论是为了说明,即使实施了地层注浆,对于高水头深埋山岭隧道,也决不能做成全封堵衬砌,而仍然要在衬砌背后设置地下水排导系统。在这种情况下,在防水层背后设置的无纺布透水垫层和盲管排水系统就显得格外重要,不但要精心施作,而且要在营运期间保持畅通,一旦堵塞,将诱发衬砌水压力。因此,尽管在隧道开挖后看到围岩表面只有少量的水渗出,而一旦做成全封堵衬砌,衬砌背后的水压力仍会逐渐增大,达到同初始地下水位相应的程度。

在实际的隧道工程中,确实就量测到衬砌背后水压力的这种逐渐增大现象。在排水通道被堵塞后,随着累积水压的增加,隧道衬砌发生破坏也是可以预期的。

2. 地下水的控制排放

设置了排水系统,情况就大不一样了。通过简化的计算模型(图2-20)进行一番分析。

假定围岩为各向同性均匀连续介质,考虑圆形隧道的轴对称问题。由于衬砌厚度相对于地下水水头较小,衬砌渗透力可以简化为作用在衬砌外缘的表面力,该表面力取该处的孔隙水压力。设远场水力势为 H,根据达西定律和水流连续性方程得出流量 Q 及水压力 P 的如下方程式:

$$Q = \frac{2\pi H k_r}{\ln \dfrac{H}{r_g} + \dfrac{k_r}{k_g} \ln \dfrac{r_g}{r_1} + \dfrac{k_r}{k_1} \ln \dfrac{r_1}{r_0}} \tag{2-26}$$

$$P = \frac{\gamma H \ln \dfrac{r_1}{r_0}}{\dfrac{k_1}{k_r} \ln \dfrac{H}{r_g} + \dfrac{k_1}{k_g} + \ln \dfrac{r_1}{r_0}} \tag{2-27}$$

式中:k_1——衬砌渗透系数;
k_g——注浆体渗透系数;
k_r——围岩渗透系数;
r_0——衬砌内径;
r_1——衬砌外径;
r_g——注浆圈半径。

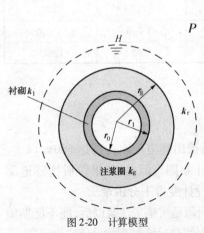

图2-20 计算模型

从式(2-26)、式(2-27)可知,当 r_g 增大或 k_g 减小时,式(2-26)中的 Q 及式(2-27)中的 P 值均减小。这就是说,考虑衬砌的排水性能(只有在考虑衬砌排水性能的情况下),采用围岩注浆既可以减小地下水排放流量,又可以降低衬砌水压力。这样,通过地层注浆和衬砌背后的排导系统,就实现了地下水的控制排放。

但是,从式(2-26)、式(2-27)同时可以看出,当 $k_1=0$ 时,无论取 k_g 或 r_g 为何值(除非 $k_{g=0}$),恒有 $Q=0$,$P=\gamma h$。

这就又一次证明了对全封堵型衬砌,注浆圈并不能分担作用在衬砌上的水压力。

3. 衬砌水压力与围岩渗透系数 k_r 及衬砌渗透系数 k_1 的关系

不考虑注浆,令式(2-26)、式(2-27)中 $k_g=k_r$,则:

$$Q=\frac{2\pi H}{\frac{1}{k_r}\ln\frac{H}{r_1}+\frac{1}{k_r}\ln\frac{r_1}{r_0}} \tag{2-28}$$

$$P=\frac{\gamma H\ln\frac{r_1}{r_0}}{\frac{k_1}{k_r}\ln\frac{H}{r_1}+\ln\frac{r_1}{r_0}}=\beta\gamma H \tag{2-29}$$

$$\beta=\frac{\ln\frac{r_1}{r_0}}{\frac{k_1}{k_r}\ln\frac{H}{r_1}+\ln\frac{r_1}{r_0}}=f\left(\frac{k_1}{k_r}\right) \tag{2-30}$$

从式(2-30)可知,衬砌水压力 P 是衬砌渗透系数和围岩渗透系数比值 k_1/k_r 的函数。铁路东北勘测设计院及有关单位曾经提出了按围岩渗透系数和混凝土衬砌渗透系数的比值来确定衬砌水压力的折减系数 β(表2-2)。

衬砌水压力折减系数　　　　　表2-2

k_r/k_1		0	∞	500	50～500	5～10	1
折减系数 β					东勘院建议值		
		0	1	1	0.86～0.94	0.3～0.6	0.03～0.08
					按式(2-30)计算值		
	$H=500$m	0			0.47～0.90	0.08～0.16	0.018
	$H=100$m	0			0.59～0.93	0.13～0.23	0.0284
	$H=50$m	0			0.66～0.95	0.17～0.28	0.03173

根据式(2-30)可知,折减系数 β 值还应该同隧道半径、衬砌厚度和远场水力势(地下水水位)有关。文献[9]假定隧道内径为6m,衬砌厚度为0.5m,对于地下水相对水位分别为500m、100m及50m时算得的折减系数 β 值一并表示于表2-2中。

《水工隧洞设计规范》规定折减系数 β 值按表2-3选用。β 值原则上是按衬砌与围岩相对渗透性而拟定的。众所周知,水工隧洞混凝土衬砌是在围岩面上直接浇筑而形成的,受到岩石的约束,混凝土衬砌均会出现裂缝。表中 β 值就是按混凝土衬砌出现裂缝的条件下规定的。如果衬砌(如钢衬)完全不透水,则显然有 $\beta=1$。文献[8]认为,铁路、公路及地下铁道等隧道,在混凝土与衬砌之间常有一层PVC防水膜,大大减小了岩石对衬砌的约束作用,混凝土衬砌较少出现裂缝。对少裂隙衬砌 β 值显然应选得大一些。

水工隧洞设计规范的外水压力折减系数　　　　表 2-3

级别名称	地下水活动状态	地下水对围岩稳定的影响	建议的 β 值
1（无）	洞壁干燥或潮湿	无影响	0
2（微弱）	沿结构面有渗水或滴水	风化结构面充填物质，降低结构面的抗剪强度，对软弱岩体有软化作用	0～0.4
3（显著）	沿裂隙或软弱结构面有大量滴水、线状流水或喷水	泥化软弱结构面充填物质，加速岩体风化，对中硬岩体有软化作用	0.25～0.6
4（强烈）	严重股状流水，沿软弱结构面有少量涌水	冲刷结构面中充填物质。加速岩体风化，对断层等软化带软化泥化，并使其膨胀崩解，以及产生机械管涌。有渗透压力，能鼓开较薄的软弱层	0.4～0.8
5（剧烈）	严重滴水或流水，断层等软弱带有大量涌水	冲刷携带结构面充填物质，分离岩体，有渗透压力，能鼓开一定厚度的断层等软弱带，能导致围岩塌方	0.65～1.0

文献[7]认为，表 2-3 中对"地下水活动状态"的描述实际上定性地给出了围岩的渗透性，如果认为普通混凝土的渗透系数是某个既定值，根据两者的比值关系即可得出表中建议的折减系数的大致范围。如果采用犹如地铁盾构隧道那样的全封堵型衬砌，对应于表 2-2 中的 $k_r/k_1 = \infty$ 的情况，应取 $\beta = 1$，即水压力不折减。

对于复合式衬砌防水板背后设置无纺布渗透层和盲管排水系统的情况，地下水虽然不能经由衬砌混凝土本身渗出，但仍然可以通过衬砌背后设置的排导系统排出，从而可以等效地认为衬砌是透水材料。但是必须指出，在这种情况下地下水的排出毕竟同自由排放不同，衬砌将仍然承受一定的水压力，在分析中仍可采用"等效渗透系数"来反映复合式衬砌地下水排导特性。然而，"等效渗透系数"的确定又是一个值得研究的课题。

4. 结论

在以上的分析中，视介质为均匀连续、各向同性并采用了轴对称简化，并不计及初始渗流场。对于高地下水头深埋山岭隧道，实际工程的情况是比较复杂的，但是以上的分析从定性的意义上仍然适用于一般情况：

（1）对地层注浆有助于减小地下水排放的流量，实现限量排放或控制排放。

（2）虽然进行了地层注浆，仍然要在衬砌背后设置地下水排导系统，并且确保排导系统在隧道营运期间的畅通。

（3）在进行了地层注浆，又在衬砌背后设置了地下水排导系统，仍然要考虑衬砌承受水压力荷载。

参 考 文 献

[1] 李斌.公路工程地质[M].2 版.北京：人民交通出版社,2002.
[2] 鞠建英.实用地下工程防水手册[M].北京：中国计划出版社,2002.
[3] 马建秦.地下工程侵蚀性地下水的类型及其产出环境[J].现代隧道技术,2001(1).

[4] 蒋爵光.隧道工程地质[M].北京:中国铁道出版社,1991.
[5] 于书翰,杜谟远.隧道施工[M].北京:人民交通出版社,1999.6.
[6] 吕康成,等.公路隧道渗流分析与涌水量预测[J].全国公路隧道学术会论文集.2001.
[7] 王建宇.再谈隧道衬砌水压力[J].现代隧道技术,2003,40(3):5-9.
[8] 张有天.岩石隧道衬砌外水压力问题的讨论[J].现代隧道技术,2003,40(3):1-4.
[9] 王建宇,胡元芳.对岩石隧道衬砌结构防水问题的讨论[J].现代隧道技术,2001,38(1):5-9.
[10] 王建宇.对隧道衬砌水压力荷载的讨论[J].现代隧道技术,2006 增刊:67-73.

第三章　一般山岭隧道防排水

第一节　概　　述

目前我国修建的隧道绝大多数是山岭隧道,渗漏水是山岭隧道运营期间的常见病害。为了改善我国山岭隧道渗漏水状况,提高我国隧道防排水水平,我国交通运输部、铁道部等部门都针对本行业内隧道防水状况,提出了相应的防排水要求。

交通运输部颁布的《公路隧道设计规范》(JTJ 026—2004)对隧道防排水规定如下:

(1)隧道防排水应遵循"防、排、截、堵结合,因地制宜,综合治理"的原则,保证隧道结构物和运营设备的正常使用和行车安全。隧道防排水设计应对地表水、地下水妥善处理,洞内外应形成一个完整通畅的防排水系统。

(2)高速公路、一级公路、二级公路隧道防排水应满足下列要求:

①拱部、边墙、路面、设备箱洞不渗水。

②有冻害地段的隧道衬砌背后不积水,排水沟不冻结。

③车型横通道、人行横通道等服务通道拱部不滴水,边墙不淌水。

(3)三级公路、四级公路隧道应做到:

①拱部、边墙不滴水,路面不积水,设备箱洞不渗水。

②有冻害地段的隧道衬砌背后不积水,排水沟不冻结。

(4)当采取防排水工程措施时,应注意保护自然环境。当隧道内渗漏水引起地表水减少,影响居民生产、生活用水时,应对围岩采取堵水措施,减少地下水渗漏。

我国铁道部颁布的《铁路隧道设计规范》(TB 10003—2005)规定,隧道防水应遵循"防、排、截、堵结合,因地制宜,综合治理"的原则。为了表述方便,需对"防、排、截、堵"四字的含义作简要说明:"防",是指衬砌抗渗和衬砌外围防水,包括衬砌外围防水层和压浆;"排",是指使衬砌背后空隙及围岩不积水,减少衬砌背后的渗水压力和渗水量;"截",是在地下采取导坑、泄水洞、井点降水等截水措施,将水从地面截走,减少地面水下渗,减少地下水流向衬砌周围;"堵",是采用注浆、喷涂、嵌补抹面等方法堵住渗水裂缝、空隙。

隧道防水是指防止水流向隧道内。隧道排水是指将可能流向隧道内的水排至洞口以外。工程技术人员常说的隧道防水,其概念有狭义和广义之分:狭义隧道防水,是指由衬砌混凝土、防水层和壁后压浆所构成的隧道防渗屏障;广义隧道防水则泛指上述的"防、排、截、堵"水四个方面。有时也将隧道防排水的概念与广义防水的概念等同起来。从本质来看,洞内、洞外防排水系统是有机联系的,设计施工中的任何疏漏都将对隧道渗漏水设防产生不良影响。

尽管在近些年修建的山岭隧道中都采用了新材料与新技术进行防水,但是仍有相当多的山岭隧道在建成后不久便出现严重渗漏,这表明目前工程上的流行防水技术措施还存在一定的问题。山岭隧道根据结构形式的不同可分为独立隧道和连拱隧道;根据隧道是否会受到冻害影响可分为寒区隧道和非寒区隧道。由于连拱隧道和寒区隧道的防排水技术各有其特点,连拱隧道和寒区隧道的防排水技术将在第四章和第五章讨论。本章重点讨论非寒区独立隧道——一般山岭隧道的防排水工程问题。

第二节 山岭隧道防排水体系的组成

随着隧道工程数量的增多,隧道防水新材料和新技术的应用,我国隧道的防排水技术有了长足的进步。一般山岭隧道的防排水体系具有圈层构造,可用"一堵两排两防"来概括,即一圈围岩注浆堵水,喷射混凝土与防水层间、防水层与衬砌间两圈排水,专用防水层和衬砌混凝土两层防水(图3-1)。

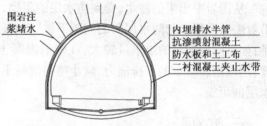

图3-1 一般山岭隧道的防水体系

一、围岩注浆堵水

围岩注浆堵水,即在隧道围岩的富水区段向地层灌注浆液,封堵地层中的渗水裂隙,减少围岩流向隧道的渗水。围岩注浆堵水既可在隧道开挖前从地表钻孔实施,也可在隧道开挖后通过径向或超前向围岩钻孔注浆来完成。在我国,由于指导思想和经济上的原因,在有水区段用向围岩注浆的方法进行堵水常常被放弃。放弃围岩注浆堵水,放任地下水外泄可能造成以下三点不良后果:

(1)洞内排水会破坏地下水的原有平衡,造成地下水资源流失。隧道在施工过程中会遇到各种各样的水文地质条件,出水量较大的区段多为裂隙发育的岩层或断层破碎带,它们与地下水有着不同的复杂联系。如果对地下水以排为主,则会造成当地地下水位下降,影响植被生长和生态平衡,对当地工农业生产造成长期不良影响,使地下水资源大量无谓流失。

(2)地下水外泄可能冲蚀围岩裂隙和软弱夹层,不利于围岩稳定。一般来说,隧道的修建加快了地下水的流速,地下水渗流会夹带着泥沙或岩层中的微细填充物。这些填充物的流失,造成围岩黏聚力下降,围岩强度和自稳能力降低,使围岩对衬砌的压力增加,威胁衬砌的安全。

(3)地下水携带大量泥沙,不利于隧道排水通畅。流速较快的地下水携带大量的泥沙进入隧道排水系统,泥沙在流动过程中淤积在管道的低凹处,天长日久造成排水管路堵塞,使衬背水压增大,导致隧道渗漏。

采用围岩注浆堵水的好处在于:

(1)围岩注浆充填围岩裂隙,封堵渗水通道,在隧道周围形成隔水保护圈,防止地下水外泄并减轻隧道结构外水压力。在渗流水量较大或达到一定标准的区段,采用各种注浆方法可使围岩中的裂隙被充填,渗流通路堵塞,最终使地下水在围岩之外寻求通路并建立新的平衡,使地下水水位得以恢复并长期得以保持。围岩注浆在隧道外形成一个环型保护圈层,大大增强围岩抗渗能力,减少地下水向隧道区域汇集、渗出,可以显著地减轻隧道外水压力。

(2)注浆是较锚喷更为积极主动的加固围岩措施。经过围岩注浆,岩层中的裂隙被浆液充填,浆液固化后变成了岩块之间的胶结材料,从而使围岩的力学性质得到改善,抵御地压的能力增加,减小了作用在衬砌结构上的永久荷载。在某种程度上,注浆加固围岩较锚喷加固围岩更为积极主动。例如,注浆加固围岩可在开挖之前进行,注浆使整个围岩内部得以胶结与密实。而锚杆仅在开挖后随围岩变形才起到加固作用,况且锚杆在安装多年后还可能失效。喷射混凝土也只是在围岩表面加固围岩。

因此,在隧道中的有水区段,尽量采用注浆法对地下水进行封堵,同时借此加固围岩。对于局部的小出水点,当其对施工无碍时,可考虑将其排出。这样才能真正体现层层设防,综合治理的思想。

二、喷射混凝土与防水层间的排水

从围岩中出来的渗水,受到防水层的阻挡,不能沿径向渗向隧道,而只能在重力的作用下沿着喷射混凝土与防水层间的间隙下渗。如果隧道围岩的渗水量不大,则此间隙足以将其下排;如果隧道围岩的渗水量较大,在喷射混凝土与防水层的间隙还每隔数米设计有环向排水管,用以增加渗水的下排能力,减小喷射混凝土与防水层间隙内的水压,进而减小渗水穿越防水层的可能。

三、防水层

在山岭隧道建设中,隧道防水技术的核心是在复合式衬砌中设置防水层。防水层由防水板及其垫层组成。防水板的作用是将地层渗水拒于二次衬砌之外,以免水与二次衬砌接触并通过二次衬砌中的薄弱环节渗入隧道。垫层的主要作用是保护防水板,使防水板免遭尖锐物的刺伤,同时充当喷射混凝土与二次衬砌间的渗水下排通道。近年来,我国的隧道防水材料发展很快,尤其是防水板种类繁多,其中以PVC用量最大,EVA和LDPE次之。防水层的铺设工艺也在不断改进,其中以双缝焊接和免钉穿防水板铺设工艺最具代表性。这些新材料、新工艺的推广应用,使我国公路隧道的防水技术有了长足的进步,并取得了较好的防水效果。但是,值得指出,由于隧道防水工程的复杂性,尽管新建隧道都采用了上述的新材料、新工艺,但仍有不少隧道出现了一定程度的渗漏,并且随着时间的推移,渗漏量有不断增加的趋势。这表明,置于复合式衬砌中的防水板在其服务期间会受到一定程度的损伤,并使地下水经防水板损伤处与二次衬砌接触,导致隧道渗漏。

四、防水层与二次衬砌间的排水

由于防水层在隧道施工期间和运营期间均有可能受到损伤,一旦防水层出现缺陷,防水层外的有压水就会穿过防水层渗流到二次衬砌混凝土。由于二次衬砌混凝土与防水层之间空隙极小,又缺乏土工织物充当排水通道,二次衬砌混凝土与防水层之间的渗水下排到纵向排水管的阻力很大。这种情况下,渗水就容易沿隧道纵向扩散,通过混凝土衬砌的缺陷部位,尤其是衬砌施工缝,向隧道内空渗漏。因此,防水层与二次衬砌间的排水也很重要,而目前在隧道防排水体系设计中一般都不考虑采取防水层与混凝土衬砌间的排水措施,这是一个普遍存在的问题。

五、衬砌混凝土防水

混凝土衬砌是隧道防水的最后一道防线。根据结构受力的不同,混凝土衬砌的厚度一般在 30~60cm 之间。目前一般在衬砌混凝土设计中都要求其抗渗等级达到 S6。如果混凝土的配比得当,施工中振捣充分,不出现漏浆和走模等意外情况,完工后的衬砌不出现裂缝,在壁后水压不是特别大的情况下,渗水是不易从衬砌的外侧渗至衬砌的内侧的。然而,事实上目前许多隧道在建成后,衬砌的一些部位仍出现了渗漏水现象,特别是在衬砌的施工缝处更是容易发生渗漏。这表明目前隧道的混凝土衬砌在设计、施工等方面仍有待改进,通过合理设计和精心施工,使混凝土密实不裂,使施工缝的防排水构造合理,保证整个混凝土衬砌防水可靠。

六、隧道排水系统

隧道的排水与隧道的防水具有同样重要的地位。对于已从围岩渗出的地下水,如果只堵不排,造成水压升高,渗水会以两层防水构造的细微缺陷为通道渗至衬砌表面。现代的隧道排水都有一个完整的体系,一般由隧道衬砌外排水系统和隧道内排水系统两大部分组成。衬砌外排水系统的作用是将围岩渗水、穿过初期支护被二次衬砌阻挡的渗水疏导、汇集并引排到排水管沟;隧道内排水系统的作用则是将衬砌外排水系统汇集的地下渗水、路面运营清洗水、消防污水和其他废水排到隧道外。

1. 隧道衬砌外排水系统

关于隧道衬砌外排水系统,《公路隧道设计规范》(JTG D70—2004)作出如下规定:

(1) 在衬砌两侧边墙背后底部应设沿隧道的纵向排水盲管(沟),其孔径不应小于 80mm。

(2) 沿衬砌背后环向应设置导水盲管其纵向间距不应大于 20m,遇水量较大时,环向盲管应加密。对有集中出水处,应单独设竖向盲管。环向盲管、竖向盲管的直径不应小于 50mm。

(3) 环向盲管、竖向盲管应与边墙底部的纵向排水盲管(沟)连通;纵向排水盲管(沟)应与横向导水管连通,以形成完整的纵横向排水系统。环向盲管、竖向盲管、纵向排水盲管应用无纺布包裹。

2. 隧道内排水系统

从围岩渗出的地下水,经疏导后进入隧道的纵向排水盲管,再经与纵向盲管相通的横向盲管流入路面两侧的排水沟或路面下部的中心排水管,最后经隧道出水口排出隧道。为了使水能顺畅地完成整个流程,《公路隧道设计规范》(JTG D70—2004)规定隧道内排水应符合如下规定:

(1) 路面两侧应设纵向排水沟,引排营运清洗水、消防水和其他废水。

(2) 隧道纵向排水坡宜于隧道纵坡一致。

(3) 路测边沟可设置为开口式明沟或暗沟。当边沟为暗沟时,应设沉砂池、滤水箅,其间距宜为 25~30m。

(4) 检修道或人行道的道面应考虑排水,可酌情设 0.5%~1.5% 的横坡,亦可在墙角与检修道处设宽 50mm、深 30mm 的纵向凹槽,以利道面清洁排水。

关于路面结构底部排水设施,《公路隧道设计规范》(JTG D70—2004)规定如下:

(1) 路面结构下宜设纵向中心水沟(管),集中引排地下水。

(2) 中心水沟(管)断面积应根据隧道长度、纵坡、地下水渗流量,通过水力计算确定。

(3) 中心水沟(管)纵向应按间距50m设沉砂池,并根据需要设检查井。检查井的位置、构造不得影响行车安全,并应便于清理和检查。

(4) 隧底应设横向导水管,以连接中心水沟(管)与衬砌墙背排水盲管。横向导水管的直径不宜小于100mm,横向坡度不应小于2%,其纵向间距应根据地下水量确定,一般可按30~50m设置。当不设隧底中心水沟(管)时,横向导水管的纵向间距不宜小于10m。

(5) 路面底部应设不小于1.5%的横向排水坡度。

(6) 寒冷和严寒地区有地下水的隧道,最冷月份平均气温低于-10℃时,应采用深埋中心水沟;最冷月份平均气温低于-25℃时,应在隧道下设防寒泄水隧洞。

目前常见的隧道排水系统的主要设计差别在于,南方的隧道多用边沟将水从隧道排出,而北方的隧道则多用中心水沟将水从隧道排出(图3-2)。隧道的横向排水盲管一般用PVC排水管或波纹排水管做成;位于路面中央下方的中心水沟多用钢筋混凝土管做成。

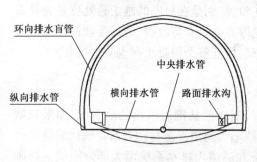

图3-2 一般隧道排水系统

第三节 围岩注浆

注浆是将注浆材料按一定的配比制成的浆液,通过一定的方式压入隧道围岩或衬砌壁后的空隙中,经凝结、硬化后起导堵水和加固围岩作用的一种施工方法。它是深入地层内部直接阻止地下水流向隧道的一种施工方法。搞好隧道围岩注浆,不仅有利于防止隧道在运营期间渗漏,而且有利于改善隧道施工环境,实现"干施工",保证隧道各道施工工序的施工质量。下面从注浆材料、注浆浆液、注浆参数和注浆施工四个方面对隧道围岩注浆作以介绍。

一、注浆材料

1. 主要注浆材料的分类

注浆材料的分类情况如图3-3。

2. 注浆材料的选择

注浆材料在很大程度上直接影响到堵水防渗和固结的效果,并关系到压浆工艺、工期及工程费用。选择压浆材料时,主要应注意下列各点:

(1) 浆液在受压的岩层中应具有良好的渗入性,即在一定的压力下,能渗到一定宽度的裂隙或孔洞中去。

(2) 浆液凝结成结石后,应具有一定强度和黏结力。

(3) 为便于施工和增大浆液的扩散范围,浆液须具有良好的流动性。

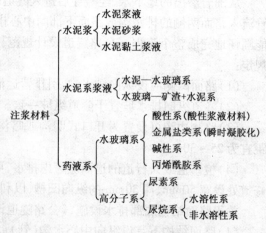

图3-3 注浆材料分类

(4)浆液具有良好的稳定性,以免过早地产生沉淀,影响浆液的压注。

(5)一般情况下应尽可能采用固体颗粒材料(水泥浆液、水泥玻璃浆液)。水泥类浆液可以压入颗粒不小于 0.60mm 的粗砂;水玻璃类可压入 0.10mm 的粉砂;木质素类可压入颗粒不小于 0.03mm 的泥土;丙烯酰胺类黏度近似水,可压入 0.013mm 的泥土。只有在固粒材料浆不能达到压浆处理的要求,如岩层裂隙细微注浆困难或涌水量大、流速大时,才考虑采用化学浆液。

(6)压浆所用材料应根据地层条件选择,具体要求如下:

①断层破碎带和砂卵石地层,当裂隙宽度(或粒径)大于1mm,或渗透系数 $K \geqslant 5 \times 10^{-4}$m/s 时,加固或堵水压浆宜优先选用料源广、价格便宜的单液水泥浆和水泥—水玻璃浆。

②断层泥带,当裂隙宽度(或粒径)小于1mm,或渗透系数 $K \geqslant 1 \times 10^{-5}$m/s 时,加固压浆宜优先选用水玻璃类。

③中、细、粉砂层及细小类型岩层,断层泥段堵水压浆宜选用渗透性好、低毒、遇水膨胀的化学浆液,如聚氨酯类。对于颗粒更小的黏土层,采用水泥浆、水泥—水玻璃类,可在水泥浆中加入膨润土、粉煤灰等填料,将使浆液具有触变性能,并能防止材料的分离和水泥颗粒的沉淀。具有触变性能的浆液,其水分不易析出,始终保持很好的流动性,能够有效地扩散浆液。浆液的配方应根据地层情况和凝胶时间要求经试验而定。

④岩溶地段突泥、突水和裂隙较大的地质构造中,为堵塞突泥、涌水通道,在适应压浆设备条件下,可用劈裂法代替渗透注浆。劈裂法对注浆材料种类、黏度、颗粒性等要求,不如静压渗透注浆严格。

(7)浆液的压注性和应用范围,不仅取决于浆液本身性能(渗透性、黏度、固体颗粒的粒径和含量、凝胶时间等)和岩层的渗透系数、裂隙大小或岩体颗粒尺寸(如砂层),还和注浆压力、泵量和压注方式等注浆工艺有关。因此,选择时应根据各种因素综合考虑,选用一种或几种最合适的注浆材料和配方配合使用,以充分发挥各种材料的特点,达到合理的技术经济指标。

二、注浆浆液

常用的注浆浆液有水泥浆液、水泥—水玻璃浆液以及各种化学浆液,如铬木素、丙凝浆液等。

1. 水泥浆液

水泥浆液具有结石体强度高、工艺简单、浆液配制容易、材料来源丰富、成本较低等优点,也存在颗粒较粗、易沉淀析水、稳定性差、浆液凝结时间较长、易被水冲失、早期强度较低和结石率低等不足。

一般常用水泥浆液的水灰比为 4:1~0.5:1。稀浆黏度低,易于压注,但强度也低、凝结时间长、稳定性和结石率都不好;浓浆则相反。因此,在满足注浆工艺和岩层压注性需要的前提下,应尽量使用浓液。

(1)改善水泥浆液性能的措施

①采用极细的(细度比表面积达 5000cm^2/g)水泥和各种快硬水泥。

②水泥浆中加入各种速凝剂、早强剂,缩短其凝结时间,提高结石体的早期强度。

③水泥浆中掺加塑化剂,降低浆液的黏度,增加其流动性。

④掺加悬浮剂和分散剂,防止水泥颗粒聚合和沉降,增加浆液的稳定性。

⑤掺加各种惰性材料或先压入惰性材料后压入水泥浆,用来处理冒浆,填充大溶洞、大裂隙,节省材料消耗。

(2) 水泥浆液适用范围

①粗砂和裂隙宽度大于 0.15~0.2mm(或大于水泥粒径的 3 倍以上)的岩层。

②单位吸水量大于 0.01L/min·m² 的岩石或渗透系数大于 1~10m/d 的岩层。

③地下水流速不大于 80~100m/d,若超过时,可在浆液中掺加速凝剂。

④地下水的化学成分不妨碍水泥浆的凝结和硬化。

2. 水玻璃浆液

水玻璃注浆是将水玻璃溶液和胶凝剂同时灌入地层,混合后产生化学胶凝反应,充填岩石孔隙,生成固结体,以达到防渗的目的。

(1) 水玻璃的成分和性质

水玻璃亦称硅酸钠,是由二氧化硅和氧化钠组成。它的主要物理参数有:模数、浓度(波美度)和黏度。

模数描述水玻璃中二氧化硅与碱金属氧化物物质的量之比,可用下式表示:

$$n = \frac{S}{R} \times K \tag{3-1}$$

式中:n——水玻璃模数(克分子比);

S——二氧化硅的百分含量;

R——碱金属氧化物的百分含量;

K——碱性金属氧化物与二氧化硅分子量之比,当为氧化钠时,$K = 1.032$;当为氧化钾时,$K = 1.570$,作为注浆材料用的水玻璃通常是钠水玻璃。

上式说明:从水玻璃模数的大小可直接看出其二氧化硅含量的多少,也可以从模数的不同,看出水玻璃中硅酸钠的种类不同,其主要种类有正硅酸钠、偏硅酸钠、二硅酸钠、硅胶等。水玻璃通常是上述几种硅酸钠的混合物,只不过是各种硅酸钠所占的比例不同而已,其值大小是由水玻璃自身的结构决定的。此外,还可以从模数的大小看出其黏结性、胶凝性等。水玻璃模数越小,SiO_2 含量越低,结石体强度越低,甚至不凝固;模数越大,强度越大,且黏结度也越高,并难以溶解。因此模数是表示水玻璃物理化学性质的一个重要参数。所以在使用水玻璃配制水泥—水玻璃浆液时,应充分重视其模数指标对水泥—水玻璃浆液工艺性能所产生的影响。

水玻璃的浓度用波美度(°Bé)表示,一般水玻璃的出厂浓度通常为 50~56°Bé,注浆使用的水玻璃浓度为 30~45°Bé。因此,注浆前必须按要求稀释或溶解水玻璃。

黏度是表示浆液流动时,因分子间相互作用而产生的阻碍运动的内摩擦力,所以水玻璃的黏度与模数、波美度及温度有关。一般来说,黏度随模数或波美度的增加而增大,随温度的升高而降低。当水玻璃溶液的波美度超过 50°Bé 时,黏度增加显著。

(2) 水玻璃胶凝剂

水玻璃胶凝剂主要有金属离子类、酸类和有机类。主要的胶凝剂见表 3-1。

(3) 影响水玻璃浆液注浆性能的主要因素

①影响浆液起始黏度的因素。影响浆液黏度的因素主要是水玻璃溶液的黏度和温度,因

为水玻璃溶液是浆液的主要成分,其黏度将直接影响浆液的黏度,而水玻璃溶液的黏度与其模数、波美度及温度有关。

常用水玻璃胶凝剂　　　　　　　　表3-1

名　称		分子式	名　称		分子式
金属离子类	氯化钙	$CaCl_2$	无机酸类	硫酸	H_2SO_4
	偏铝酸钠	$NaAlO_2$		磷酸	H_3PO_4
	硫酸铝	$Al_2(SO_4)_3$		碳酸	$CO_2 \cdot H_2O$
	氯化镁	$MgCl_2$		硫酸铵	$(NH_4)_2SO_4$
	石膏	$CaSO_4$		氯化铵	NH_4Cl
	碳酸氢钠	$NaHCO_3$	有机物类	草酸	$(COOH)_2$
	碳酸氢钾	$KHCO_3$		醋酸	CH_3COOH
	高锰酸钾	$KMnO_4$		亚砜	$(CH_3)_2CO$
	亚硫酸氢钠	$NaHSO_3$		乙二醛	$(CHO)_2$
	磷酸二氢钠	NaH_2PO_4		碳酸乙烯	$C_3H_4O_3$

②影响浆液胶凝时间的因素。水玻璃浆液的胶凝时间是指从水玻璃溶液和胶凝剂溶液相混合时起到浆液不再流动的这一段时间间隔。条件不同,胶凝时间也不同。胶凝时间主要受水玻璃溶液的浓度、胶凝剂的性能和用量、浆液的温度的影响。使用相同浓度、不同性能的胶凝剂时,浆液的凝胶时间差异很大,如用氯化钙时,凝胶迅速;而用乙二醛时,则非常缓慢。同一种胶凝剂,随着浓度的增大,凝胶速度加快。

3. 水泥—水玻璃浆液

(1)水泥—水玻璃浆液注浆具有以下优点:

①料源丰富,结石率高,强度高。水泥、水玻璃材料来源广泛,价格低廉。水泥—水玻璃浆液结石率可达100%,结石体抗压强度可达 $10\sim20MPa$,结石体渗透系数为 $10^{-3}cm/s$。

②无毒、不污染环境,可灌性好,易于配制,注浆设备简单。

③浆液的凝固时间,可以准确调节,因此可控制浆液的扩散范围。在水泥—水玻璃浆液中加入少量(小于3%)的磷酸或磷酸氢二钠,浆液即缓凝;加入少量(小于15%)白灰或增加浆液温度,浆液即速凝。

④条件适应性强。对于0.2mm以上裂隙和1mm以上粒径的砂层,改变水玻璃与水泥的配合比或改变水泥稠度,均能适用。在动水条件下注浆,被水冲走或稀释或排挤变位的程度很小,不至于对注浆浆液的凝固产生大的影响。结石体在地层中因不与空气接触,不会受温度影响。在地下水中不含腐蚀性物质,浆液结石体不会因失水而干裂,不产生强度下降问题。水泥浆和水玻璃溶液混合后立即发生反应,很快形成具有一定强度的固结体。随着反应连续进行,结石体强度不断增加,早期强度主要是水玻璃反应的结果,后期强度主要是水泥水化反应的结果。

(2)水泥—水玻璃浆液的应用

①浆液的常用配方

水泥—水玻璃浆液除含水泥、水玻璃、水等主要原料外,为了调节浆液的胶凝时间、结石体强度以及施工操作等,还需要在混合液中掺入其他原料。如要求速凝时,除改变水泥浆与水玻璃的体积比和增高温度外,还可以掺加速凝剂白灰,掺量一般不超过水泥用量的15%。若要延长凝结时间,可掺缓凝剂磷酸氢二钠,掺量一般为水泥质量的1%,但不得超过水泥质量的3%。

②影响浆液胶凝时间的因素

浆液凝结时间主要根据岩层与涌水情况、扩散半径、温度和施工技术等确定,影响浆液施工速度的主要因素有:

a. 水泥品种和有效时间:含硅酸三钙多的水泥和存放时间短的水泥活性高、凝结时间短。

b. 水泥浆的水灰比:水灰比越小,凝结时间越短。

c. 水玻璃浓度:在 $30 \sim 50°Bé$ 之间,浓度越低凝结时间越短。

d. 水泥浆和水玻璃的体积比:在 $1:0.3 \sim 1:1$ 的范围内,水玻璃用量越少,凝结时间越短。

e. 温度:温度越高,凝结时间越短。

③影响结石体抗压强度的因素

a. 水泥品种、水泥浆和水玻璃模数:水泥强度等级越高,水泥浆越浓,水玻璃模数越大,结石体强度也越大。

b. 水玻璃浓度:在使用水灰比小于1的浓水泥浆时,水玻璃浓度越大,结石体强度越高;而在使用稀水泥浆时,由于水泥和水玻璃化学反应有适宜的配合比,故相应地使用低浓度的水玻璃也能得到一定的强度。水玻璃的适宜浓度需进行试验确定。

c. 水泥浆和水玻璃的体积比:在适宜的体积比下,反应完全,强度高。适宜的体积比随水泥浆浓度而定。当水灰比大于1时,为 $1:0.4 \sim 1:0.6$;当水灰比小于1时,为 $1:0.6 \sim 1:0.8$。在此范围内,不仅强度增加,凝结时间缩短,而且可以节省水玻璃,降低浆液成本。

4. 化学浆液

化学浆液由各种化学物质配置而成。各种化学药品一般都具有一定毒性,在配制和操作时必须注意安全,特别是不要使浆液伤害眼镜和皮肤。操作人员必须有防护用具,如防护眼镜、胶手套、口罩等,并注意加强通风,工作人员应在上风处操作,每次工作完毕均应洗澡。化学药品的储藏、保管应有专门库房,并由专人负责。

(1) 铬木素浆液

铬木素浆液是由亚硫酸盐法造纸的纸浆废液(主要成分是木质素磺酸盐)、固化剂重铬酸钠和促凝剂氯化物、硫酸盐等(其中以三氯化铁效果最好)组成。浆液黏度低,凝胶时间可以控制在十几秒到几十分钟之间,凝胶体化学性能稳定、浸水膨胀、抗渗性好,固砂体强度较高、材料来源广、成本低。

①浆液的组成及配方

废液浓度分析:

废液固体物含量一般在50%左右,未经浓缩的稀废液的固体物总含量约为15%。其计算式为:

$$固体物总量 = \frac{烘干后固体物质量(g)}{烘干前废液总质量(g)} \times 100\% \tag{3-2}$$

将废液中水溶性的木质素磺酸盐,转变为非水溶性的木质素沉淀物来进行质量分析,可按下列公式计算木质素含量:

$$木质素含量 = \frac{W_1 - W_2(\text{g})}{\text{吸取浓液的体积}(\text{ml})} \times 100\% \tag{3-3}$$

式中：W_1——木质素在105℃±1℃烘干至恒重的质量；

W_2——已恒重的沉淀物（木质素）在800℃±10℃的质量。

一般浓缩后的废液（比重1.25）中，木质素含量约为16g/100ml。未经浓缩的废液木质素含量约为4g/100ml。各种浓度废液的物理性能见表3-2。

不同浓度废液的组成 表3-2

固体物含量(%)	木质素含量(g/100ml)	pH值	相对密度	黏度(MPa·s)	备 注
15	4.6	4.05	1.0625	1.635	比重和黏度测定温度28.5℃
20	6.2	3.98	1.0844	3.215	
30	9.2	2.4	1.1243	3.54	
40	12.32	1.78	1.1544	6.119	

固体物含量在35%以下时，其黏度小于4MPa·s，有很好的压注性，可压入0.013~0.1mm的细裂隙，但强度低。固体物含量越高，则黏度和强度都增高。影响浆液强度的因素，除废液浓度外，还有固化剂用量和促凝剂种类及用量。固化剂用量越多，则强度越高。促凝剂对强度也有影响，氯化物提高强度的效果比硫酸盐要好。

浆液胶凝时间：废液浓度越高，固化剂和促凝剂用量越多，胶凝时间越短；温度越高，水的pH值越低，则胶凝时间越短。

②浆液的配制

为使用方便，配浆前预先将重铬酸钠配成浓度为1g/ml的溶液，将三氯化铁配成浓度为0.5g/ml的溶液。配浆时，根据配方按下列各式计算，量取各溶液用量（体积）。

$$V_{\text{LS}} = \frac{V \times C_{\text{LS}}}{C_{\text{LSO}}} \quad (\text{L}) \tag{3-4}$$

$$V_{\text{Cr}} = \frac{V \times C_{\text{Cr}}}{1} \quad (\text{L}) \tag{3-5}$$

$$V_{\text{Fe}} = \frac{V \times C_{\text{Fe}}}{0.5} \quad (\text{L}) \tag{3-6}$$

$$V_{\text{水}} = V - (V_{\text{LS}} + V_{\text{Cr}} + V_{\text{Fe}}) \quad (\text{L}) \tag{3-7}$$

式中：V——每批配浆体积；

V_{LS}——纸浆废液用量；

V_{Cr}——浓度为1g/ml的重铬酸钠溶液用量；

V_{Fe}——浓度为0.5g/ml的三氯化铁溶液用量；

$V_{\text{水}}$——水的用量；

C_{LS}——配方中纸浆废液的固体物含量；

C_{LSO}——纸浆废液的固体物含量；

C_{Cr}——配方中的重铬酸钠含量；

C_{Fe}——配方中的三氯化铁含量。

铬木素浆液一般按照表3-3配制而成，表3-4是纸浆废液—三氯化铁—重铬酸钠浆液组成及性能。

铬木素浆液的配方用量 表3-3

组成	作用	原料名称	成分或分子式	性质	用量
甲液（主液）	主剂	亚硫酸盐纸浆废液	主要成分是木质素磺酸盐	黑色黏液固体,含量30%~50%	25%~45%
乙液（副液）	固化剂	重铬酸钠	$Na_2Cr_2O_7 \cdot 2H_2O$	棕红色固体,剧毒	废液浓度8%~20%
	促凝剂	氯化物或硫酸盐	$AlCl_3$、$Al_2(SO_4)_3$、$CuCl_2$、$CuSO_4$、$FeCl_3$		

注：甲液与乙液体积比为1:1。

纸浆废液—三氯化铁—重铬酸钠浆液组成及性能 表3-4

体系	原料	作用	分子式	浓度（%）	用量（体积比）	注入方式	凝胶时间	抗压强度（MPa）
甲液	纸浆废液	主剂		20~45	1	双液	十几秒至几十秒	0.4~1.0
乙液	重铬酸钠	固化剂	$Na_2Cr_2O_7$	100	0.1~0.5			
	三氯化铁	促凝剂	$FeCl_3$	100	0.1~0.5			

注：1. 甲、乙两液等体积注入,乙液不足部分加水。
    2. $FeCl_3$量增加会降低强度。

（2）丙凝浆液

丙凝浆液是以丙烯酰胺为主剂,配以其他材料,以水溶液压入岩层,通过氧化—还原体系的引发作用,发生聚合反应,形成具有弹性的、不溶于水的高分子硬性凝胶,达到堵水和固结岩体的作用。缺点是目前料源少、成本高,而且凝固体的强度低。较好的办法是先压入水泥、水玻璃类浆液,使孔隙达到一定程度的闭塞,然后再用丙烯酰胺等化学浆液压注,这样,可以减少化学浆液用量,降低成本并提高凝固的强度。

①浆液的性能特点

a. 压注性好,浓度10%的浆液20℃时黏度为1.2MPa·s。与水相似,丙烯酰胺类具有良好的可灌性,凡是水能流到之处,都能压入。在聚合前,浆液黏度一直保持不变；聚合时,由液体变成凝胶体几乎是瞬间完成的,因此能压入极细微裂隙。

b. 浆液的聚合时间,由几秒到数小时均可准确控制。浆液聚合后,短时间内达到极限强度。利用其速凝性,可堵住大的集中渗漏；利用其缓凝性,适合于较长时间地压注细微裂缝。

c. 稳定性好,在未加入过硫酸铵（AP）时,是比较稳定的,在阴凉处、低温下可以存放。但如温度过高,仍能发生聚合。

d. 浆液与铁质起化学作用,具有腐蚀性。同时,浆液与铁质接触时,在铁壁处易产生速凝现象。

e. 浆液在聚合前具有毒性。

f. 其聚合体不溶于水、不易侵蚀,凝胶失水收缩,浸水可还原,抗挤力高,抗渗性好,但强度较低。

②浆液的使用

丙凝浆液一般用双液法压注,也可用单液法压注。双液法压注：将配好的甲液、乙液分批混合，根据管容、孔容和一定的进浆量确定第一批混合浆量；待第一批压注快完时，再混合第二批，直至压注完毕。但单液法只适用于吃浆量不大，压浆历时较短的情况。

丙凝浆液能与水泥等材料合用。加入适量的水泥可配成丙凝—水泥浆液。

③浆液的组成

配制丙凝浆液时，一般常用浆液浓度为10%（即100L总浆量中丙烯酰胺（AAM）与甲基双丙烯酰胺（MBAM）的质量占10kg），当水量大、速度快时，可用12%～20%的浓度。甲液、乙液体积用量相等为1∶1。

浆液中AAM和MBAM用量越多，即浆液越浓，在相同催化剂掺量情况下，聚合时间便越缩短。相同配比的浆液，温度高聚合时间短；反之，则较长。浆液的pH值越低，聚合时间越长；反之，则越短。当pH值小于7时，其聚合时间大大延长，且不稳定。T（三乙醇胺）或AP（过硫酸铵）的掺量越多，聚合时间越短；反之，则越长。在较小范围内调节聚合时间，可以改变T或AP的用量，但T的用量不宜低于0.3%，AP的用量不宜低于0.4%，否则影响聚合体的强度，甚至不凝固。在进行较大幅度调节时，控制聚合时间的主要因素是铁氰化钾或硫酸亚铁的掺用量。

④浆液的配制

欲配制浓度为 $n\%$ 的丙凝浆液 V L，甲液∶乙液 $= m∶1$（体积比，以乙液体积为1计），甲液中 AAM∶MBAM $= a\%∶b\%$（一般 AAM∶MBAM $= 95\%∶5\%$，此时 $a = 95$，$b = 5$）配料计算公式如下：

甲液：

$$AAM 的用量 W_A = V_\gamma \times n\% \times a\% \quad (kg) \quad (3-8)$$

$$体积 V_A = W_A/\gamma_A \quad (L) \quad (3-9)$$

$$MBAM 的用量 W_M = V_\gamma \times n\% \times b\% \quad (kg) \quad (3-10)$$

$$体积 V_M = W_M/\gamma_M \quad (L) \quad (3-11)$$

$$T 的用量 W_T = V_\gamma \times 0.4\% \quad (kg) \quad (3-12)$$

$$KFe 的用量 W_K = V_\gamma \times (0 \sim 0.05)\% \quad (kg) \quad (3-13)$$

$$水的用量 W_1 = \frac{m}{m+1}V - (V_A + V_M) \quad (L) \quad (3-14)$$

乙液：

$$AP 的用量 W_{AP} = V_\gamma \times (0.5 \sim 1.0)\% \quad (kg) \quad (3-15)$$

$$水的用量 W_2 = \frac{V}{m+1} \quad (L) \quad (3-16)$$

式中：γ——依规定浓度配好的浆液重度（或相对密度）；

γ_A——丙烯酰胺的相对密度；

γ_M——N—N′—亚甲基双丙烯酰胺的相对密度。

浓度较稀（如10%～15%）的丙凝浆液，其相对密度接近于1。为计算方便多将其值假定为1，即上式中 $\gamma = 1$。如果甲、乙液的比例关系为甲液∶乙液 $= 1∶1$，即上式中 $m = 1$。

配制甲液：先将MBAM用部分热水（50～60℃）充分溶解，再加入部分冷水，并溶入AAM，充分搅拌、过滤，最后加入所有剩余水量。再加入T，然后加入适量的KFe（铁氰化钾）。

配制乙液：将称量好的AP放入预先装好计划水量的乙液桶中，即成乙液。

(3) 聚氨酯浆液

聚氨酯浆液由异氰酸酯与聚醚树脂反应生成的端基为异氰酸根的氨基甲酸酯预聚体、稀释剂、匀泡剂(硅油)和催化剂(叔胺和有机锡)组成。浆液压入岩层遇水立即反应,放出 CO_2,发泡膨胀,最后生成聚氨酯泡沫状固结体,达到防渗堵漏和加固岩体的目的。

①浆液的性能

a. 抗渗性能较好,强度较高,其固砂体的抗压强度在 3MPa 以上。

b. 遇水迅速反应,体积膨胀,产生二次渗透的作用。其膨胀体积可达原体积的 5~10 倍,因而有较大的扩散半径,并不易被地下水稀释和冲走。

c. 单液压注,工艺设备简单,但凝固时间不易控制。

②浆液的组成

浆液材料的组成及配方见表3-5。

聚氨酯浆液组成及配方   表3-5

材料名称	规格	作用	配方(质量比)			
			1	2	3	4
预聚体	TT-1 TT-2 TM-1	主体材料	100	70~30 30~70	100	30~70
邻苯二甲酸	工业用	增塑剂	0~10	0~10	0~10	0~10
丙酮	工业用	稀释剂	10~20	10~20	10~20	10~20
硅油	201-50	表面活性剂(匀泡剂)	1	1	1	1
吐温—80	工业用	乳化剂	1	1	1	1
三乙胺或二甲基环乙胺或二甲基乙醇胺	化学试剂	催化剂	0.3~3	0.3~3	0.3~3	0.7~3

注:1. 丙酮用量一般为预聚体质量的 5%~30%,要求含水量低,如含水量高将使存放时间减短,并影响压浆。
2. 三乙胺用量一般为预聚体质量的 0.3%~3%。
3. 在特殊情况下,可加有机锡,如要求浆液瞬间凝固时,用量一般为浆量的 0.05% 左右。
4. 邻苯二甲酸二丁酯也可用其他二甲酸酯类代替。
5. 对于大孔洞堵水,最好采用水溶性硅油,可使泡沫体更稳定,并可不用吐温—80。
6. 预聚体的型号及性能见表3-6。

预聚体的型号及性能   表3-6

性能 型号	成分	异氰酸酯 NCO(%)	外观	黏度 (MPa·s,28℃)
TT-1 (原 TN_{52})	甲苯二异氰酸酯聚醚三醇 (分子量 300±30)	28±2	黄色透明 黏稠液体	400~600
TT-2 (原 TN_{53})	甲苯二异氰酸酯聚醚二醇 (分子量 400±40)	23±2	黄色透明 黏稠液体	300~500
TM-1 (原 MN_{69})	粗二苯甲烷二异氰酸酯聚醚二醇 (分子量 400±40) 邻苯二甲 酸二丁酯	11±1	棕黑色半 透明液体	1500~2500

TT-1 黏度较高,生成的固结物抗压强度较好,但较脆;TT-2 黏度较小,生成的固结物韧性较好,但抗压强度和抗渗性较差;TM-1 黏度较大,生成的固结物韧性较好,但反应较慢。一般 TT-1、TM-1 可单独使用,TT-2 不单独使用,而与 TT-1 配合使用以降低浆液黏度。必要时,如对大空洞结构堵漏,可将 TT-1 与 TM-1 配合使用。

浆液相对密度为 1.036~1.125。黏度随用的稀释剂种类和用量不同而变化,稀释剂越多,黏度越低。试验表明,浆液初始黏度可配制成低于 10MPa·s 或高于 100MPa·s,根据压浆的需要选用配制。浆液的凝胶时间,随催化剂用量加多而增大,随温度升高而缩短。水的 pH 值越大,凝胶时间越短,酸性水则延缓凝胶。

浆液存放过程中稳定,但当催化剂超过 3% 时,浆液在密封瓶内黏度也增加较快,故催化剂用量宜在 3% 以下。

③浆液的配制

浆液各材料可于压浆时按预聚体、增塑剂、稀释剂、乳化剂、匀泡剂(表面活性剂)、催化剂的顺序称量,加入容器搅匀使用。也可将材料预先配成两部分,即将预聚体、增塑剂和一部分稀释剂混合配成甲液,把乳化剂、匀泡剂、催化剂和一部分稀释剂混合配成乙液,使用时再将甲、乙液混合。

非水溶性 PM 型浆液,其特点是遇水开始反应,因此不易被地下水冲稀和冲失,固砂体抗压强度高,扩散均匀,注浆效果好。PM-311 型和 PM-21 型浆液配方分别见表 3-7、表 3-8。

PM-311 浆液配方　　　　表 3-7

原　料	用量(质量比)(%)	发泡灵用量(占总体系质量)	三乙胺用量(占总体系质量)
甲苯二异氰酸酯	3		
丙二醇聚醚 N-204	1		
丙三醇聚醚 N-303	1	0.1%~0.5%	0.1%~3.0%
邻苯二甲酸二丁酯	1		
丙酮	1		

PM-21 浆液配方　　　　表 3-8

原　料	用量(质量比)(%)	发泡灵用量(占总体系质量)	三乙胺用量(占总体系质量)
甲苯二异氰酸酯	2		
丙三醇聚醚 N-303	1	0.1%~0.5%	0.1%~3.0%
邻苯二甲酸二丁酯	0.4		
丙酮	0.4		

(4)糖醛树脂类浆液

糖醛是非水溶性油状液体,略有刺激性气味,用酸性催化剂固化,对设备有腐蚀性,对人体不安全,糖醛与吐温(山梨醇酐油酸酯聚氧化乙烯)作用形成稳定的乳浊液,浆液黏度低,可灌性好,在酸性催化剂作用下与尿素反应,生成树脂状固体。糖醛树脂浆液的组成、配方、主要性能见表 3-9。

糖醛树脂浆液组成、配方及主要性能   表3-9

原料	状态	浓度(%)	用量（体积比）	黏度(MPa·s)	凝胶时间	抗压强度(MPa)
糖醛	浅黄色油状液体	100	15%~35%	<2	几十秒至几十分钟	1~6
尿素	白色晶体	50(水溶液)	45%~55%			
硫酸	无色透明液体	20(水溶液)	2%~15%			

三、注浆参数

1. 注浆扩散半径 R(m)

浆液扩散半径(浆液的有效范围)与岩石裂隙大小、浆液黏度、凝固时间、注浆速度和压力、压注量等因素有关,在孔隙性岩层比较规则、均匀,在岩层裂隙中是不规则的。在其有效扩散范围内浆液充塞、水化后的固体能有效地封堵涌水。浆液的扩散半径随岩层渗透系数、压浆压力、压入时间的增加而增大;随浆液浓度和黏度的增加而减少。施工中对压浆压力、浆液浓度、压入量等参数可以人为控制与调整,对控制扩散范围可以起到一定作用。

以水玻璃为主剂的浆液,其实际有效扩散半径见表3-10;水泥浆液在裂隙岩石中的有效扩散半径见表3-11。

水玻璃浆液在不同岩层中的有效扩散半径   表3-10

岩层类别	砂砾	粗砂	中砂	细砂	淤泥	黏土
实际有效扩散半径 R(m)	1.75~2.00	1.20~1.45	0.80~1.00	0.50~0.70	0.50	0.50

水泥浆液裂隙岩层中的有效扩散半径   表3-11

裂隙宽度(mm)	<5	3~30	>30
有效扩散半径 R(m)	2	4	6

2. 注浆压力

注浆压力大小影响注浆效果,其大小决定于涌水压力(开挖工作面静水压力、突水的动压力)、裂隙大小和粗糙程度、浆液的性质和浓度、要求的扩散半径等。一般压力越高,浆液充填饱满,结石体强度高、不透水性好,并能增大扩散半径以减少注浆孔数。但压力过高,会使裂缝扩大,浆液流失过远以及工作面冒浆等。注浆最大压力(终压)通常根据经验确定,一般比水压高 0.2~0.4MPa。

如量测水压有困难或不要求准确的终压值,也可参考下列压浆压力经验公式:

地表注浆 $P = (0.2 \sim 0.5)H_1$ (3-17)

洞内注浆 $P = (0.2 \sim 0.5)H_1 K$ (3-18)

式中:H_1——孔位至静水位高度(m);

K——洞内修正系数,$K = 1.2 \sim 2.0$;

P——注浆压力(MPa)。

3. 浆液浓度

围岩裂隙越大,用浆也越浓。在每段每次压浆时应先稀后浓,同一分段多次压浆时,则先浓后稀。浆液浓度的选择根据岩层的吸水率 q 来确定。吸水率越大，岩层透水层越强，则浆液宜浓，吸水率 $q(\text{L/min} \cdot \text{m}^2)$ 为单位时间内每米钻孔在每米水压作用下的吸水量，可通过压水试验按下式计算：

$$q = \frac{Q}{H \cdot h} \tag{3-19}$$

式中：Q——单位时间内钻孔吸水量(L/min)；

H——试验时所使用的压力(m)；

h——试验钻孔长度(m)。

一般水泥浆液起始浓度较高，特别在初期压浆阶段，因稀释浆液结石率低，并增大扩散半径，延长压浆时间。常用的水泥浆液浓度为 1.5∶1~0.5∶1。采用浓浆、高压力，堵水效果好，并能缩短压浆时间。

水泥浆液压浆过程中，某一种浓度级的吸浆率约为吸水率的 80%~85% 时，可以认为浓度适宜。在某一种浓度级压浆压力保持不变，稀浆量随压浆时间延长逐渐减少时，或当稀浆量不变而压力却逐渐升高时，均属浓度适中，不需改变浆液浓度。如果当一种浓度级连续压入 20~30min 后，压浆压力和吸浆量均无改变和改变不大，即可换用较浓一级的浆液。遇有冒浆或岩层破碎带、大裂隙、岩溶发育地层时，应越级加浓，或采用间歇压浆、水泥—水玻璃双液压浆等措施。

在岩溶发育的石灰石岩层压浆，可利用表 3-12 所列数据进行选择。

石灰石岩层注浆时的浆液浓度　　　　　　　　表 3-12

$q(\text{L/min} \cdot \text{m}^2)$	<0.1	0.1~0.5	0.5~1.0	>1.0
浆液起始浓度(水∶灰)	>4∶1	2∶1~1∶1	2∶1~1∶1	<1∶1

4. 压力的控制及浆液配比的变换

注浆工程中，合理地选择与控制注浆压力，选用合宜的浆液，适合地变换浆液配合比，并使它们之间很好地配合，是保证注浆质量的重要因素。

(1) 注浆压力的选择与控制

以水泥浆为例，注浆过程中控制注浆压力一般有两种方法。

①一次升压法

注浆一开始就在短时间内将压力升到设计规定值，并一直保持到注浆结束。在规定压力下，每一级浓度浆液的累计吸浆率到达一定限度后，调换浆液配比，逐渐加浓；随着浆液浓度的逐级增加，裂缝逐渐被填充，稀浆率逐渐减少，直至到达结束标准时，即结束注浆。此法适用于透水性不大、裂隙不甚发育的较坚硬岩层。

②分级升压法

注浆过程中，将压力分为几个阶段，逐级升到设计规定值。注浆开始时，使用最低一级的压力压注，当单位稀浆量减少到一定限度(下限)，则将压力升高一级，当单位稀浆率又减少到下限，再升高一级压力；如此直到在规定压力下，压至单位稀浆率减少到结束标准时，即结束注浆。

在注浆过程中，在某一级压力下，如果单位稀浆率超过一定限度(上限)，则应降低一级压力进行压注，待单位稀浆率减少到下限值，再提高到原来一级压力继续压注。

压力分级不宜过多,可以分为两个或三个阶段。采用三个阶段时,可选为 $0.4P$、$0.7P$、$1P$(P 为设计规定压力),或 $0.5P$、$0.8P$、$1P$,或其他不同分级。至于单位稀浆量的上、下限,则根据岩层透水性和压浆质量而定。

此法适用于岩层透水性大、难于很快达到规定压力值,或者虽能达到规定压力值,但由于单位稀浆率极大,超过上限甚至更多的情况。可减少浆液的过度流失,节省压浆材料。

一般多采用一次升压法,因在正常情况下,一直处于高压注浆状态效果较好。只在一些渗漏大、稀浆率也大的情况下,才采用分级升压法。

水泥—水玻璃浆液和化学浆液的胶凝、充塞过程不同于水泥浆液,压力控制通常根据该段所需浆量,以最大允许压力尽快压注。

(2)浆液浓度的选择与变换

由于各孔段裂隙大小、分布情况和疏密程度都不一样,每一注浆段中各种宽度的裂隙所占的比例也不相同,合理的注浆浓度需适应上述两种情况。为适应大小不同的裂隙,一般是先压稀浆后压浓浆。先将较细的裂隙充填压好,而后将浆液逐级变浓,将中等和较大的裂隙压注密实。为适应各种宽度裂隙的比例不同,可以通过控制每一种浆液浓度的注浆时间来达到。如细裂隙比值大,则稀浆压注时间应长些;反之若粗裂隙比值大,则应尽快地换成较浓的浆液,使压注浓浆的时间长些。

浆液浓度的变换,是在同一浓度下注浆持续一定时间后,或压入量达到一定数量,而注浆压力、稀浆量均无显著改变时,即可加浓一级。若加浓后压力显著增大,或稀浆率突减时,均说明浓度变换可能不当,应立即换回原来浓度。

5. 浆液注入量

为获得良好的堵水效果,必须注入足够的浆液量,确保一定的有效扩散范围。但浆液注入量过大,扩散范围太远,就浪费浆液材料。

浆液压入量 $Q(m^3)$,可根据扩散半径及岩层裂隙率进行粗略估算,作为施工参考。

$$Q = \pi r^2 H \eta \beta \tag{3-20}$$

式中:r——浆液扩散半径(m);

H——压浆段长度(m);

η——岩层裂隙率,一般取 $1\% \sim 5\%$;

β——浆液裂隙内的有效充填系数,约 $0.3 \sim 0.9$,视岩层性质而定。

对于大的溶裂、大的溶洞,当 η(裂隙率)$>5\%$ 时,浆液注入量难以计算。因此,在这种情况下,宜用注浆压力控制注浆量,注浆量只能按注浆终压规定值时的注浆总量来决定。

6. 注浆结束标准

注浆结束标准,一般以两个指标表示:一是最终吸浆率;另一个是达到预定设计压力(即终压)时的持续时间。从理论上讲最终吸浆率是越小越好,最理想的情况是压至完全不吸浆,但在实际施工中,特别在高压注浆的情况下,是难以做到的,也无此必要。一般结束标准是:注浆压力达到设计终压;双液(水泥—水玻璃浆液)吸浆率为 $18 \sim 35$L/min,单液(水泥浆)为 $7 \sim 20$L/min,稳定约 20min 即可结束。

在正常的情况下,一般采用定压注浆,当注浆压力达到或接近设计终压时结束注浆,而当压力接近终压或达到终压的 80% 时,如出现较大的跑浆,经间歇注浆后达到或接近终压也可结束注浆。

整治涌水突泥，其终压值根据客观条件的变化，可选择合理的上限值和下限值与导坑突水量作为终止标准。

四、注浆堵水施工

1. 注浆孔的布置

注浆孔数目及其布置直接影响注浆效果和成本。布孔时应根据地下水情况、岩层裂隙状态、设备能力、浆液有效扩散半径、注浆孔密度和偏斜率等条件，采用计算和作图相结合的方法，反复比较确定。

注浆孔宜长短结合并呈伞形辐射状，其倾斜角度随注浆段长度而异，在孔的终端断面，注浆孔距开挖轮廓距离一般为隧道开挖高度的0.5～1.0倍，如图3-4所示。具体布置时，应根据涌水方向及地质情况进行调整。一般在水流方向及岩层倾斜上方，钻孔可距隧道远些，孔适当密些，其他方向应距隧道近些，孔距大些（在注浆顺序上也应首先压注水流方向和岩层倾斜上方的钻孔）。裂隙越密小，孔数应增多；反之，可减少。注浆泵压力低，孔数也应适当增多。采用大功率注浆泵，提高注浆压力和采用压注性好的注浆材料，以及提高钻孔质量，降低钻孔偏斜率，可减少注浆孔数。

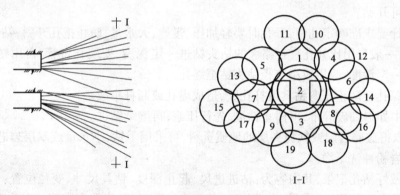

图3-4 注浆管布置图

2. 注浆孔的钻进

（1）钻机及钻头

钻机及钻头选型应根据注浆孔深度、围岩条件等来确定。在土层进行地面注浆，可以采用冲击钻进、回转钻进的方法；在岩层中进行钻孔，一般采用硬质合金或金刚石回转钻进或冲击回转钻进。

（2）钻孔

钻孔必须按孔眼方向和结构设计要求进行，否则容易造成钻孔的过大偏斜而影响注浆质量。为缩短钻孔时间，可采用多机同时作业。为防止串浆，钻进顺序应按上、中、下、左、右孔错开，长短孔错开。

①钻孔形式：钻孔形式要力求简单、不宜过多改变钻孔直径。孔径宜尽可能大些，因孔径越大，钻孔与岩层接触面大，揭露岩石裂隙的几率也越多，对注浆越有利。钻孔构造如图3-5所示。

孔口管的作用是为钻进导向并防塌孔。一般用与钻孔的钻头直径相同的钢管制成，一端焊上卡盘。装管前缠 1~2mm 厚的麻丝或麻袋片，并用 22 号铁丝缠紧，用手锤打入或用钻机压入钻孔中。管口外露出 10~15cm，用塑胶泥固结在岩壁上。在石质较好的情况下，也可以不用孔口管。

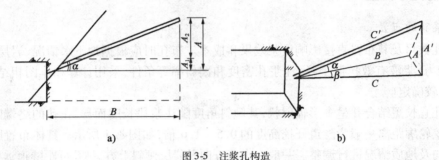

图 3-5 注浆孔构造
a)带倾角的钻孔图；b)有倾角、偏角钻孔图

②钻孔技术要求

a. 钻机定位是决定钻进速度的重要因素。一般可将钻机高度和到作业面的距离定为常数，钻机在机高的水平面上呈辐射状分布。将钻孔方位计算好，在支撑梁上相应定好位置，固定好钻机即可开钻。

b. 按设计要求准确定孔位，开孔时要轻加压、慢速、大水量，防止把孔开斜，钻错方向。

c. 钻进，一般先用比开孔直径略大的钻头钻进一定深度，安装孔口管，再用钻机开孔直径的钻头钻进一定深度，改用较小直径钻头钻至终孔。

d. 钻凿深孔应防止压弯钻具甩打孔壁，造成塌孔或断杆事故。

e. 钻孔中如遇到破碎带，可停止钻进，先行压浆，再继续钻进。

f. 为了取得破碎岩层或软泥夹层的地质资料，可采用干钻、小水量或双层岩芯管钻进。钻孔后必须将岩粉冲洗干净。

g. 详细做好钻孔记录，其内容为：钻进进尺、起止深度、钻具尺寸、变径位置、岩石名称、裂隙发育程度及分布位置、出水量、出水位置、处理事故和时间、终孔深度等。岩芯应按顺序做好编号并记录。

3. 注浆方式

注浆方式有分段注浆和全段注浆。分段注浆的顺序有上行式和下行式。施工时应根据钻孔涌水情况、裂隙发育程度和注浆设备能力等确定注浆方式。

(1) 分段注浆

①分段上行式注浆：注浆孔一次钻到设计全深，使用止浆塞由孔底分段向外注浆。其优点是无需重复钻孔，能加快注浆进度；但须使用性能良好、工作可靠的止浆塞。一般在岩层较稳定和裂隙、节理不甚发育的条件下采用。

②分段下行式注浆：注浆孔钻进一段压一段，由外向里反复交替，直至全深。其优点是上段注浆后，下段注浆时获得复压，堵水效果较好。但交替进行，加大了钻孔工作量，影响注浆速度。一般在岩层破碎或裂隙极发育的条件下采用。

(2) 全段一次注浆

注浆孔一次钻至设计全深，一次完成注浆。其优点是工艺简单，由于减少装拔止浆塞的工作，因而可缩短注浆施工时间。其缺点是由于一次注浆孔段增长，难于保证质量，因而要求严格掌握注浆技术;岩层吸浆量大时,要求能力大的注浆设备;易出现不均匀扩散,影响堵水效果。一般在注浆孔不太深,且岩层裂隙较均匀的条件下采用。全段一次注浆较分段注浆简易,条件适宜时应优先考虑采用。

4. 注浆工艺系统及流程

(1)双液注浆工艺系统如图3-6所示。

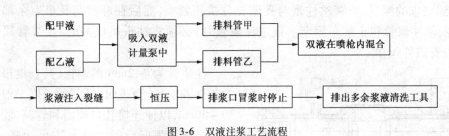

图3-6 双液注浆工艺流程

(2)单液注浆工艺流程如图3-7所示。

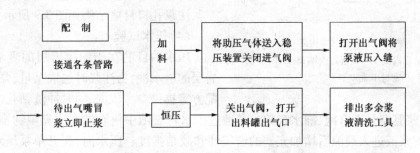

图3-7 单液注浆工艺流程

5. 注浆施工

注浆施工前,除根据注浆工艺要求(单液或双液)配备应有的机具设备外,应视工作条件,做好注浆站的选址与布置,进行试泵与注水试验,安装注浆管路和止浆塞、止浆岩盘,然后制浆,开始压注。

(1)注浆站的选址与布置

注浆泵站应尽量靠近工作面。泵站布置不仅要考虑紧凑、操作方便,并应加强通风、防尘,其场地布置参见图3-8。若在隧道内进行,场地狭窄,应采用移动式的注浆站。

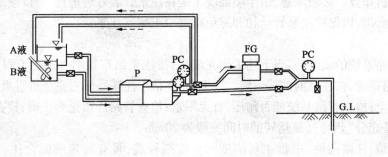

图3-8 地表双液注浆场地布置

(2)试泵

开泵前先将三通转芯阀调到回浆位置,待泵吸水正常时,将三通回浆口慢慢调小,泵压徐徐上升,当泵压达到预定注浆压力时,持续两、三分钟不出故障,即可结束。

(3)安装注浆管和止浆塞

钻孔完毕,应进行掏孔检查。在确认没有坍孔和探头石的情况下,方可下管。如有坍孔或探头石,必须用钻机进行扫孔。注浆管的安装方法是:根据确定的注浆方式确定止浆塞位置。用沾有 CS 胶泥的麻丝绳绕成不小于钻孔直径的纺锤形柱塞,把管子插入孔内,再用台车把管顶入孔内到要求的深度,使麻丝柱塞与孔壁充分挤压紧实,然后在麻丝与孔口空余部分填充 CS 塑胶泥,使注浆管和止浆塞固定。顶进注浆管时,必须将钻头换成冲套,注浆管须带护丝箍,以保护管口外丝扣。

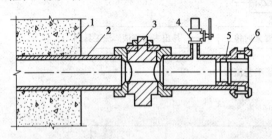

图 3-9 注浆孔封堵构造
1-止浆墙(岩层或混凝土);2-密封胶圈;3-放水闸门;4-转芯阀;5-孔口管;6-密封压盖

注浆管为 $\phi 42mm$ 的钢管(其长度根据岩层的条件确定)。顶进时,外露的长度一般不小于 30~40cm,以便连接孔口阀门和管路,胶泥凝固到有足够的强度后(2~4h),方可注浆,这样才能有效地注浆。

注浆孔口封堵结构如图 3-9 所示。

(4)压水试验

压水的目的在于测定岩层的吸水性,核实岩层的透水性,为注浆时选取泵量、泵压及浆液配方等提供参考依据,同时冲洗钻孔,检查止浆塞效果和注浆管路是否有跑、漏水现象。并通过压水将裂隙中松软的泥质充填物推送到注浆范围以外,使浆液进入裂隙后增加充塞的密实性和胶结强度。压水时,先开单泵压水,然后再开另一单泵压水,测定混合器是否串水。混合器工作正常,即可双泵压水。压水压力应由小逐渐增大到预定注浆压力,并持续几分钟。压水时间,视岩层破碎程度和裂隙大小而异,对于破碎岩层及大裂隙约需 10~20min,对中小裂隙约需 15~30min。

(5)止浆盘范围外的加固

止浆盘的作用是防止未注浆地段地下水涌向作业面及防止下段注浆时跑浆。根据注浆终压和岩层的情况,可在预留的岩盘,加喷 15~25mm 厚 C20 混凝土加固岩壁。喷混凝土的范围是整个开挖面 3m 地段,特别是在注浆孔周围 3m 范围以内及钢拱和有管棚出露处附近,必须反复加喷,保证喷射厚度。喷混凝土前,先清理落在作业面的松动岩石,然后分层喷,最好使用机械手和三联机作业。必须注意,由于喷混凝土是在注浆管装好后进行,所以喷混凝土时注浆管应戴上防护套帽,以保护注浆管丝扣和避免喷混凝土堵塞注浆管。

(6)注浆

①注浆管路系统的试运转:当上述工作完成后,按注浆站布置图和工艺流程图,安排设备就位,接好管路系统,作注浆前的试运转。用 1.5~2 倍于注浆终压对系统进行吸水试验检查,并接好风、水、电;检查管路系统能否耐压,有无漏水;检查管路连接是否正确;检查设备机况是否正常;使设备充分"热身",试运转的时间一般为 20min。

②注浆药液:注浆药液,根据主材浓度和反应剂种类,具有特定的配合比。一般可按每 1000L 混合液的标准配合比,注浆作业是分盘进行混合。分成 A、B 液的配合比按总量 200L 或 400L 进行混合。为实现连续注浆,必须配备 1~2 个贮浆桶。

③注浆顺序:一般先压注内圈孔,后压注外圈孔(在双排孔或多排孔的条件下),先压注无

水孔,后压注有水孔。根据降水漏斗的原理,一般是从拱顶顺序向下压注,如遇串浆或跑浆,则间隔一孔或几孔灌压。

④注浆压力的控制:由于注浆管路一般都短于20m,且弯头少,进出浆口的高差也在6m以内,因此,注浆压力的管路损失很小(在0.1MPa以内),可以认为注浆压力就是显示的泵压值,由注浆泵的油压控制调节。

具体调节方法是:启动注浆泵,正常运转后关闭泵口阀门,泵停止运转后,旋转压力调节旋钮,将油压调在要求的油压刻度值上。随着注浆阻力的增大,泵压随之增高,当达到调定值时,会自动停泵,十分安全,不至于发生超压。注浆泵的排量由调节控制按钮和排量记录仪加以监控。为防止由于压注速度过大,造成上压过快返浆、漏浆等异常现象,影响注浆质量,再压注3min的单液水泥浆,检查止浆情况,测定钻孔吸浆率,再行确定双液压入速度进行双液注浆。

⑤浆液配比的控制:浆液的配比受胶凝时间的直接控制,它的控制原则一般是先稀后浓,逐级变换。若在断层中,可采用 W:C = 1:1 的浆,因其稠度适中,利于泵压,能压入较小的裂隙,也具有足够的结石体强度。水泥浆与水玻璃浆的体积比 C:S 一般取 1:1、1:0.8、1:0.6,多用 C:S = 1:1。在跑浆或封孔结束时,为进行间歇注浆,缩短胶凝时间,用 C:S = 1:0.6,甚至用到 1:0.3,以阻止跑浆和加速孔口阀门的周转使用,但必须注意应在保证钻孔有足够的进浆量和不堵管的前提下,来确定水泥浆与水玻璃浆的比例。

⑥胶凝时间的控制:通过配比调节两台注浆泵的流量控制系数,胶凝时间的变化由 C:S 来控制,它与用调节浆液浓度来控制胶凝时间的方法相比具有快速、简单、容易、有效的特点,只需操作泵上的两个按钮就可实现,如需2min以上的胶凝时间,再掺加缓凝剂来控制。为了确保胶凝时间的准确,在注浆过程中,需经常测试,一般每拌一筒浆或变换一级浓度或配比时,需要取样实配,测定胶凝时间。同时,在泄浆口接浆测定通过混合器混合后的浆液实注胶凝时间,通过对比,检查配浆是否准确,泵的操作是否正常,吸浆是否正常,混合器的混合是否均匀,从而有助于监控注浆情况(如压力变化),避免异常故障的发生。

⑦按注浆结束标准,结束注浆。

6. 注浆设备

注浆设备见表3-13、表3-14。

工作面预注浆主要设备及材料一览表　　　　表3-13

序号	名称	规格型号	单位	数量
1	注浆泵	YSB-250/120	台	2
2	泥浆泵	TBW-250/40	台	1
3	搅拌机	有效容积1m³	套	2
4	止浆塞	双管型	套	12
5	混合器	T型	个	2
6	轴流式抽风机		个	2
7	高压球阀	D50mm、D100mm 耐压均为16MPa	个	16,12
8	抗振压力表	YK-(0.1~16)MPa	块	5
9	高压胶管	D25mm 耐压16MPa	根	6
10	无缝钢管	D50×4mm	m	800
11	导向管	D108×6mm 无缝钢管	m	46

续上表

序 号	名 称	规 格 型 号	单 位	数 量
12	电话	防爆型	个	2
13	电铃		个	2
14	法兰盘			若干
15	快速接头			若干
16	导向管闷盖法兰	与导向管配置	个	12
17	钻机	TXU-200	台	3
18	钻杆	D42mm	m	150
19	钻杆接头	D42mm	个	75
20	芯心管	D89×1.5m/节	个	20
		D75×1.5m/节	个	20
		D58×1.5m/节	个	20
21	钻头	筒状		
		D89mm	个	20
		D75mm	个	20
		D58mm	个	20
		三翼状		
		D89mm	个	10
		D75mm	个	10
		D58mm	个	10
22	套管	D89mm	m	156
23	套管接头	与D89mm配套制作	个	86
24	螺丝头	D89mm	个	4
		D75mm	个	4
		D58mm	个	4
25	水葫芦	D42mm	个	4~6
26	输水胶管	D50mm 长10m	根	3
27	供水管	D50mm	m	350

注浆施工所需设备品一览表 表3-14

序号	名 称	规 格 型 号	数 量	备 注
1	钻机	TXB-1000A	2台	包括钻塔、钻具等配套
2	泥浆机	TBW-250/40	4台	其中一台搅拌水玻璃
3	注浆泵	HFV-C 或 YSB-250/120	2台	缸套、活塞和拉杆备用
4	搅拌机	1.5m³	2套	自制,包括计量水桶
5	异径止浆机		10套	自制,胶塞有备用
6	三爪止浆机		10套	自制

续上表

序号	名 称	规格型号	数 量	备 注
7	混合室		3个	自制（单液浆不需要）
8	快速接头		10个	自制
9	逆止阀		5个	自制
10	泄压阀		5个	自制
11	高压胶管接头	与泵连接配套	5个	自制
12	输浆管	D63.5×6mm		
13	套管	D159mm、D127mm		视需要确定
14	水管			视需要确定
15	轴流式抽风机		2台	视需要确定
16	测斜仪	JJX-3	1套	抽水用
17	压风机	W9/7-1	1台	
18	汽水分离器		1个	抽水用
19	三角堰箱		1个	
20	抗振压力表	YK-1,0160	2块	抽水用
21	车床	普通	1台	
22	砂轮机		1台	
23	电气焊		1套	
24	钳工台		1张	
25	高压阀门	D50mm	3个	
26	电铃		2个	
27	开口滑轮	3t	2个	
28	记录台		1张	

第四节 喷射混凝土与隧道防排水

喷射混凝土是山岭隧道初期支护基本组成部分。喷射混凝土的基本作用是加固和支护围岩，事实上，喷射混凝土与隧道的防排水也有密切关系。下面从抗渗喷射混凝土、半管排水、复合式衬砌防水层工后力学形态模拟试验三个方面阐述喷射混凝土与隧道防排水的关系。

一、抗渗喷射混凝土

一般的喷射混凝土密实度较差，强度低，在围岩变形过程中容易产生大量裂缝，因而其抗渗性也较差，所以工程中通常不考虑喷射混凝土的抗渗性。随着工程界对隧道及地下工程防渗漏的重视，一些工程也尝试在喷射混凝土中添加抗渗剂，以提高喷射混凝土的抗渗能力。具体做法是：在喷射混凝土的过程中，对围岩表面有少量渗水的部位，在喷射混凝土中掺入BR-2型防水剂，掺量为水泥质量的3%～4%。在渗水量较大的部位，先找准出水点，钻10～20cm深集水孔，孔内插入导水管排水，然后在该渗水区域，围绕导水管，由远到近喷射混凝土，最终将水集中于导水管。待喷射混凝土达到其强度的70%左右时,用BR-1型防水剂堵水。在喷射混凝土时采取上述措施,施工难度不大,造价也不高,对减少地下水的无谓流失和隧道渗漏的机会很有意义。

二、半管排水

1. 结构排水新方法

所谓半管,即断面呈Ω状的弹簧排水管,弹簧断面弦侧开口,弧侧粘贴有塑料膜。要求其强度能承受喷射混凝土的冲击力而不损坏、不变形,且纵向具有柔软可弯折的特点,以适应围岩变形及喷射混凝土表面不平整的要求。用这种特殊的弹簧排水管,可以方便地实现喷层内排水。

根据地下水大小及围岩量测变形速度,将设计的喷射混凝土总厚度分2~4层喷射,每层厚不小于5cm。当围岩开挖断面符合要求后,围岩中的地下水会沿裂隙大面积流出,这时应立即喷射第一层混凝土(厚5cm)封闭围岩。随着围岩的变形,第一层喷射混凝土产生裂缝渗漏水。这时,凡漏水处均敷设半管,接着向半管面喷射混凝土(厚约1~2cm)包裹。然后,检查第一层喷射混凝土表面有无渗水现象,在有渗水的部位打眼引水,并设半管,同样在其表面喷混凝土包裹。再依据围岩变形量测情况,完成第二层喷射混凝土。待围岩继续变形裂缝漏水,按上述方法在第二层喷射混凝土表面渗漏水处再设半管,直到围岩变形稳定,直到最后一层喷射混凝土完成以后不再出现渗漏水现象为止(图3-10)。如此,可将隧道外围地下水通过大量暗埋式半管引入纵向排水管排出洞外,可满意地达到"排水通畅,不渗漏水"的要求。

这种暗埋式排水管,分层分批埋设,具有能适应围岩逐渐变形的特点;避免围岩泥沙直接流入排水管造成堵塞;由于"排水通畅"消除了隧道外围水压力作用,改善了衬砌结构受力状况,可以减少裂缝的产生;由于其深埋在隧道衬砌内部,在一般寒冷地区能有效防止排水管内冰冻及对结构物冻胀损害;暗埋式排水管由于竖向设置,管内水流流速大,每根排水管一般排水量不少于$50m^3/h$,能适应各种地质条件下地下水的排泄。

此外,在同一层排水管内,排水管可以沿裂缝呈树枝状布置,即排水管顺裂缝分岔,干管上面分支管(图3-11)。这种布置方式是半管的一大优势,它机动灵活,连接方便。

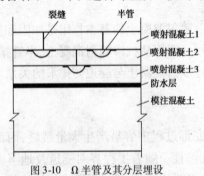

图3-10 Ω半管及其分层埋设

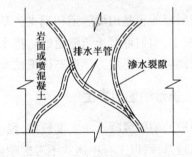

图3-11 半管的树枝状布置

2. 半管安装

(1)砂浆喷埋法

砂浆喷埋法的操作步骤是:

①用长柄钢叉将半管下端安在待装位置,钢叉前端与半管断面相适应。
②调整砂浆的喷射压力与含水量等,在半管两侧试喷。
③分层将砂浆在半管两侧堆积,然后由下向上逐段埋没半管。
④用普通喷射混凝土将半管周围填平。

经试验,砂浆喷埋法存在问题:一是当喷射压力较大时,高速喷出的砂粒会击破半管的塑料膜,使半管失效;二是水量调整不妥时,砂浆与半管塑料膜不粘合,造成喷层反复脱落。

(2)射钉固定法

射钉固定法的操作步骤是:
①用带小塑料垫片的射钉将半管固定在待装位置,射钉在半管两侧交错布置。
②用灰浆给半管封边,并在塑料膜上抹一薄层灰浆,以增加与喷射砂浆的黏结力。
③用低风压喷砂浆封闭半管。
④用普通喷射混凝土整平半管周围。

试验表明,射钉固定法比较可靠、可行。但是这种方法也存在明显的不足,即安装工艺复杂,工效低,费用高。

3. 几点看法

(1)喷层内排水应与防水喷射混凝土并用。根据新的排水原理,排水管沿先前喷层的裂缝铺设,当然希望地下水渗流只从裂缝流出,如果裂缝周围的喷射混凝土为抗渗能力较强的防水喷射混凝土,则排水管的排水作用可以得到充分发挥。

(2)喷层内排水适用于渗水量较大的区段。由于排水管分层铺设,可能在某区段排水管密度很大,从而造成排水管造价剧增,经济上不合理。所以,半管在布设过程中,一定要有的放矢,在水量较大的区段多设半管,在水量较小或无水区段,少设半管或不设半管。

(3)每根排水管均应有排水出路。在隧道施工过程中,地下水随季节等不断变化,喷层裂缝也随地压等不断变化。因此,经常出现下部基础已经作好,而上部出现喷射混凝土渗水裂缝,这样若要利用半管封缝,则半管无法与纵向排水管相连。因此,若设计中采用半管进行环向排水应用在施工下部衬砌基础时,每间隔一定距离预留半管接口。

(4)喷层内半管分层排水宜用于以锚喷为永久支护结构的隧道。有些短隧道,围岩条件较好,锚喷可以用作永久支护,这类隧道使用若干年后,喷层便会出现裂缝,并且引起隧道渗漏。维修时,可沿喷层裂缝布设排水管,并用喷射混凝土封闭。如此反复,经过若干次维修后,喷层内排水管纵横交织,排水畅通,从而可避免或减轻隧道的渗漏。

三、复合式衬砌防水层工后力学形态模拟试验[13-14]

在复合式衬砌中设置防水夹层是隧道防水技术的核心。隧道防水层通常由防水板(膜)及其垫层组成,防水板的作用是将隧道围岩渗水拒于二次衬砌之外;垫层主要对防水板起保护作用,以免防水板被喷射混凝土或初期支护留下的尖锐物刺伤。目前工程上应用的防水板及其垫层材料种类繁多,为了检验其性能与质量,可以在设计前和施工前对防水材料进行拉伸强度、撕裂强度、顶破强度、断裂伸长率和抗渗性等试验。然而,这些试验虽然可以从不同角度反映防水材料的性能与质量,但不能反映防水层在工程上的实际工作情况,不能反映防水层在长期服务期间可能受到的种种损伤。此外,在隧道二次衬砌设计中,虽然从定性上已经认识到,在径向防水层具有缓冲围岩压力的作用;在切向和隧道纵向防水层具有减小初期支护对二次衬砌变形的约束作用;但是在设计中如何量化相应参数仍不得而知。为了回答上述问题,吕康成在进行隧道防渗漏防冻胀试验研究中对隧道复合式衬砌防水夹层的工作性态进行了模拟试验。

1. 试件与设备

(1)试件

试件组成如图 3-12 所示。试件下部为喷射混凝土试块。在现场用喷大板法取样,要求喷射混凝土模板直立分层喷射,表面不压光,与实际喷射表面保持一致,在洞内养生。然后沿垂直长度方向将混凝土大方锯开,使其一分为二,即成图 3-12 所示尺寸。剪取 330mm×210mm 的土工布块,铺在喷射混凝土试块表面上,再剪取与土工布块同样大小的 EVA 或 PVC 防水板,铺在土工布上。土工布与防水板构成了实际工程上的防水层。最后设木模板,在防水层上浇筑混凝土,模拟二次衬砌混凝土。现浇混凝土在室温条件下养护 28d。

试验中,共作成上述组合试件 11 块。为了进行对比试验,其中防水层用了两种材料:一种为土工布加 EVA;另一种为土工布加 PVC,后者土工布与 PVC 由厂家复合在一起。试件中,用 EVA 防水板的 7 块,用 PVC 防水板的 4 块。

(2)加载设备

加载设备是自制的,其特点是可同时对试件施加垂直荷载 P 和水平推力 T(图 3-13)。

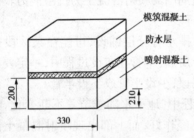

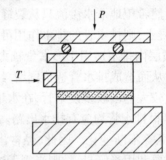

图 3-12 衬砌防水层力学性能试验试件模型(尺寸单位:mm)　　图 3-13 衬砌防水层力学性能试验加载设备

无论是垂直方向还是水平方向,加载均由液压系统完成。其中垂直荷载最大可达 2000kN,水平推力最大可达 1000kN。试验台底座为厚钢板,垂直加载油缸设在底座下部,在底座上,焊有防止试块水平滑移的钢板。试验时,先将试件按图 3-13 所示方向置于试验台上,喷射混凝土块在下,现浇混凝土块在上。为了防止因现浇混凝土块上表面不平而引起上部加载不均匀,试验中在试件上表面敷薄层细砂,然后放置厚钢板,钢板上放两根 F40 钢辊,再向上是垂直荷载的支承板。水平推力通过钢垫板加在现浇混凝土块上,推力来自水平液压加载系统。

(3)监测仪器

试验中需要监控的物理量是加在试件上的压力和试件产生的变形。压力通过设在垂直支架上和水平推杆上的应变型压力传感器测得,压力传感器通过接口电路与计算机相连。该压力监控系统可进行压力调零、温度调整、屏幕显示和自动打印。变形由人工从百分表上读取。法向变形由设在试件两个大侧面上的百分表测量,每个大侧面布置两只,共 4 只(布置如图 3-14)。竖向加载后竖向变形主要发生在防水层上,混凝土本身的变形很小,可忽略不计,因此可以认为 4 只百分表上的平均读数即是防水层的竖向变形。位于防水层上下的两块混凝土的水平错动由设在试件两个小侧面上的百分表测量。

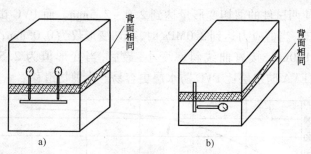

图 3-14 衬砌防水层力学性能试验加载设备
a)法向变形百分表布置；b)切向变形百分表布置

2. 防水层压缩变形试验

防水层压缩变形试验的方法是：分级对试件施加竖向荷载，并对每级荷载分别记录防水层的法向变形值。用于压缩变形试验的试块中，EVA 防水层试块三块，PVC 防水层试块一块。试验结果如图 3-15 所示。

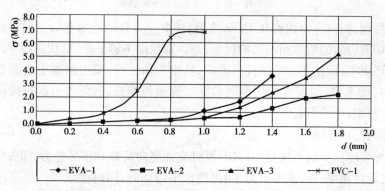

图 3-15 防水层压缩变形试验结果

从图中可看出几组 EVA 试件的变形特征比较接近。在 $d=0.8$mm 之前，EVA 试件的变形与压应力基本呈线性关系；之后，三个试件的变形曲线开始分离，但均呈现上凹特征，EVA 试件的最大变形量在 1.4～1.8mm 之间，试验时作用在防水层上的压力在 2.4～5.5MPa 之间。PVC 试件在 $d=0.4$mm 之前，压力与变形基本呈线性关系，之后，随变形增加，压力上升较快；当变形 $d=0.8$mm 时，压力已达 $\sigma=6.5$MPa。比较两种防水层的压缩变形曲线可知，EVA 防水层与 PVC 防水层比较，前者更容易产生法向变形。产生这种现象的原因是 EVA 防水层的防水板与土工布为现场复合，其间存在间隙，防水层本身层厚较大。从工程角度看，EVA 防水层给围岩压力的释放提供了较大的空间，有利于二次衬砌上的压力均衡。

试验后从试块中取出 EVA 防水板和 PVC 防水板，观察到防水板上有明显的压痕，几近压透，但经渗漏水试验，所有压痕处均未出现渗漏。

3. 防水层剪切变形试验

防水层剪切变形试验的方法是：先给试件施加 2MPa（左右）的竖向压力，然后分级向试件施加水平推力，分别记录剪应力与切向变形值。试验过程中不再人为地调整竖向压力值，而只保持与初始竖向压力对应的法向变形值。试件中，有两块 EVA 试件和一块 PVC 试件，试验结果如图 3-16 所示。

由图 3-16 可以看出，两条 EVA 防水层的剪切变形曲线十分接近。在试验条件下，剪应力仅为1MPa左右,就使两试件的剪切变形量达到2.0～2.5mm。而PVC试件的变形曲线特征是:加载初期变形较难,当剪应力达到2.0MPa时,剪切变形仅为0.05mm;之后,当剪应力达到4.7MPa时,变形为1.0mm,接着曲线斜率变小;最后,当变形值为2.5mm,剪应力达到了5.5MPa。比较而言,EVA防水层比PVC防水层更容易产生剪切滑移。

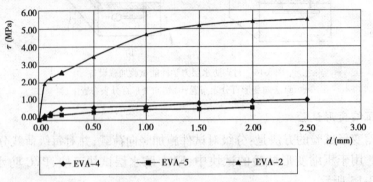

图3-16　防水层剪切变形试验结果

试验中还发现,在剪应力达到0.4MPa之后,法向应力自动地随剪应力的增加而增加。这种法向应力随切向应力的增加而增加的现象,是因剪切面不够平整,剪切过程中出现剪胀现象而引起的。这还表明,即使在一个试件范围内,从细观角度看,喷射混凝土表面仍是凹凸不平的。对于隧道衬砌来说,因温度变化引起的纵向收缩与伸长,进而可引起衬砌横向受力的变化,而且在此过程中,可能引起防水层的破坏。

4. 防水层压剪强度试验

防水层压剪强度试验的方法是:分级对试件施加竖向荷载和水平推力,即先加第一级竖向荷载,变形稳定后再加第一级水平推力,当出现水平错动时,同时记录第一级竖向荷载与水平推力值;之后加第二级竖向荷载、第二级水平推力;余类推。用于进行压剪强度试验的试件共4块,EVA防水层和PVC防水层的各两块,试验结果如图3-17所示。

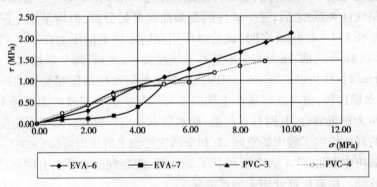

图3-17　防水层压剪试验结果

由图3-17可见,在压应力为$\sigma = 4.0$MPa以前,EVA防水层的抗剪能力小于PVC防水层的;此后,两种防水层的抗剪强度曲线走势趋于一致。试验曲线可用直线$t = ks$来拟合。对于EVA防水层在$k = 0.1 \sim 0.21$;对于PVC防水层,$k = 0.17 \sim 0.23$。

试验后打开试件,取出防水板观察,发现防水板上均有明显擦痕。与压缩试验的压痕相比,压剪试验的擦痕斑点要大很多。由于压应力和剪应力均较大,防水板经渗漏试验均出现了渗漏。这表明,压剪组合比单压对防水层更具有破坏性。

5.试验结论

(1)喷射混凝土表面粗糙度对防水层的完好性影响很大。防水板在服务期间的压痕和擦痕的严重程度,在很大程度上取决于喷射混凝土表面的粗糙度。设计中通常仅对喷射混凝土表面的宏观平整度做了规定,而对细观粗糙度未提具体指标,建议通过进一步试验,确定喷射混凝土表面的细观粗糙度指标。

(2)碎石不宜用作设有防水层的复合式衬砌的喷射混凝土粗骨料。试验中发现,碎石棱角锋利,极易刺破或划破防水板。如果工程当地无小卵石来源,而必须用碎石作喷射混凝土粗骨料时,建议在防水层铺设前,用薄层喷射砂浆为原喷射混凝土罩面。

(3)压剪组合较之单向压缩对防水层更具破坏性。减小压应力和剪应力是防止防水层破坏的重要途径。具体做法:一是加强初期支护,增加围岩自承能力,减小初期支护对二次衬砌的压力;二是使喷射混凝土表面在宏观和细观上尽可能平整,以减小初期支护与二次衬砌间的摩擦力。

(4)防水层剪切变形试验中剪切面有明显的剪胀现象,从而引起法向应力的增加。这一现象表明,在工程上,防水层上的压应力和剪应力会相互影响,即压应力可使剪应力变化,反过来剪应力也能使压应力变化。

(5)EVA防水层与PVC防水层相比,前者具有较好的变形特性。由于EVA防水层的防水板与其垫层——土工布是分离的,介质界面较多,相对较易压缩与滑动。PVC与EVA相比,质地相对柔软,具有较大的弹性,抗损伤能力相对较强。

第五节　隧道排水系统

隧道排水分洞外排水和洞内排水两部分。其中洞外排水主要解决洞口边、仰坡的排水问题,排水方法与地形条件、洞门形式等因素有关;洞内排水又有路面排水和结构外围排水之分。路面排水设施有路面两边的边沟和洞口路面截水沟;结构外围排水由环向排水盲管、纵向排水管、横向排水管、中央排水管等组成(图3-18)。本节简要介绍"环向排水管—纵向排水管—横向排水管—中央排水管"这一排水体系的设计、施工和质量控制。

一、环向排水盲管

环向排水盲管的作用是在岩面与初期支护喷射混凝土之间、初期支护喷射混凝土与防水板之间提供出水通道(图3-19),并使之下渗汇集到纵向排水管。环向排水管的设置视地下水施工渗漏情况具有较大灵活性,表现为:

(1)当围岩渗水严重时,岩面与初期支护喷射混凝土之间、初期支护喷射混凝土与防水板之间都应当设置环向排水盲管;渗水较少时,只在初期支护喷射混凝土与防水板之间设置;如果没有渗水或渗水极少,则可以不设。

(2)当围岩渗水严重时,环向排水盲管的纵向间距小;渗水量小时,纵向间距加大。

目前工程上使用的环向排水管通常为涂塑弹簧外裹玻璃纤维布或塑料滤布构成,称为弹簧排水管,直径为5~8cm。检查弹簧管质量时,首先检查玻璃纤维布或塑料滤布是否套紧;其次检查弹簧涂塑层是否均匀,涂层有无老化;然后用直尺量测弹簧管的直径,检查其是否与设计尺寸一致;最后从轴向和横向用力压弹簧管,观察其是否有较大的塑性变形,孔径是否有异常变化。

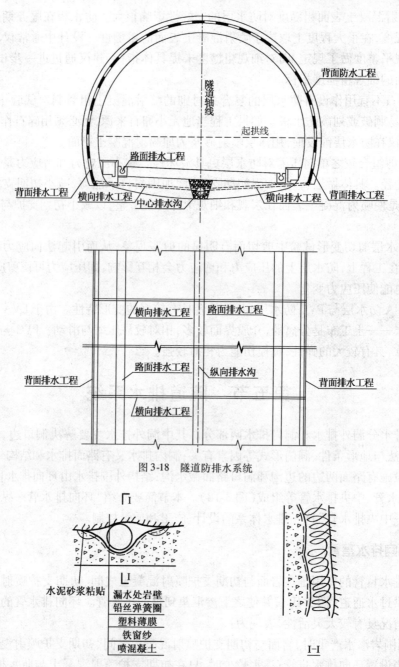

图 3-18 隧道防排水系统

图 3-19 环向排水盲管

隧道围岩中的地下水是随季节与年份的变化而变化的,施工中经常因隧道渗水量小或无渗水而扩大弹簧排水管的间距。因此,施工检查中首先要按要求布设环向弹簧排水管,要保证基本间距,局部涌水量大时还应适当加大其密度;其次,安装时弹簧排水管应尽量紧贴渗水岩壁,尽量减小地下水由围岩到弹簧排水管的阻力;第三,弹簧排水管布置时沿环向应尽量圆顺,尤其在拱顶部位不得起伏不平;第四,弹簧排水管安装时应先用钢卡等固定,再用喷射混凝土封闭;最后应检查弹簧排水管与下部纵向排水盲管的连接,确保弹簧排水管下部排水畅通。

二、纵向排水管

纵向排水管是沿隧道纵向设置在衬砌底部外侧的透水盲管。目前常用的纵向排水管是直径为10cm的弹簧排水盲管或带孔软式透水管。纵向排水管的作用是将环向排水管和防水板垫层排下的水汇集并通过横向排水管排除。

纵向排水管应按一定的排水坡度安装,中间不得有凹陷、扭曲等,以防泥沙在这些位置淤积、堵塞排水管。在安装前,用素混凝土整平安装基面。

纵向排水管施工前应进行以下检查:

(1)排水管材质及规格检查。塑料制品若保存不当极易发生老化,可目测管材的色泽和管身的变形;轻轻敲击观察管体是否变脆;用卡尺或钢尺量管径与管壁,检查其是否与设计要求相符。

(2)管身透水孔检查。纵向排水盲管主要有两个作用:一是将环向排水管下流的水经其排至横向排水管;二是将防水卷材阻挡的水经纵向盲管上部透水孔向管内疏导。为了实现其第二项功能,盲管上的透水孔必须有一定的规格并保证有一定的间距。在纵向盲管安装前,必须用直尺检查钻孔的孔径和孔间距。

施工时应进行以下检查:

(1)安装坡度检查。纵向排水盲管通常位于衬砌的两下角,需要从路面水平下挖一定深度才能达到设计标高。有时施工条件极为不利,施工较易出现管身高低起伏不定,平面上忽内忽外的现象。在这种情况下,隧道建成后纵向盲管容易被淤沙封堵,或被冰冻封堵,造成纵向排水不畅。因此,施工中一定要为纵向盲管做好基础,用坡度规检查、测定纵向盲管的坡度,使地下水进入纵向盲管后在一定的坡度下按指定的方向流动。

(2)包裹安装检查。纵向排水管在布设时必须注意其细部构造。首先应用土工布将纵向排水管包裹,使泥沙不得进入纵向盲管。其次,应用防水卷材包裹纵向盲管,使从上部流下的水在纵向盲管位置尽量流入管内,而不让地下水在盲管位置漫流。因此,施工时要认真检查纵向盲管的包裹安装情况,杜绝粗放施工,为隧道后期排水创造条件。

(3)与上下排水管的连接检查。纵向排水盲管在整个隧道排水系统中是一个中间环节,起着承上启下的作用。施工中应注意检查上部环向弹簧排水管与纵向排水盲管的连接。一般采用环向排水管出口与纵向盲管简单搭接的方式,避免两管之间被喷射混凝土隔断。其次还应注意检查纵向排水盲管与横向盲管的连接。一般采用三通管连接,三通管留设位置应准确,接回头应牢靠,防止松动脱落。

三、横向排水管

横向排水管位于衬砌基础和路面的下部,布设方向与隧道轴线垂直,是连接纵向排水盲管与中央排水管的水力通道。横向排水管通常为硬质塑料管,施工中先在纵向盲管上预留接头,然后在路面施工前接长至中央排水管。对横向盲管的检查,主要是接头应牢靠、密实,保证纵向盲管与中央排水管间水路畅通,严防接头处断裂,由纵向盲管排出的水在路面下漫流,造成路面翻浆冒水,影响行车安全;其次是在横向盲管上部应有一定的缓冲层,以免路面荷载直接对横向盲管施压,造成横向盲管破裂或变形,影响其正常的排水能力。

四、中央排水管

中央排水管是隧道最后的排水设施,它将衬砌背后的渗水汇集排出隧道,进入路基排水边沟。中央排水管采用带孔预制混凝土管段拼接而成,纵向间隔一定距离设置沉沙井和检查孔。其作用主要有:一是集中排放由上游管路流来的地下水;二是通过其上部的众多小孔(直径12mm左右)疏排路基中的各种积水。

中央排水管安装前的外观检查包括:

(1)预制管段的规整性。用钢尺量测管段直径,观察管身是否变形或有无严重裂缝;检查管身部透水孔是否畅通。

(2)管壁的强度。用石块轻敲管壁,检查混凝土强度是否满足设计与施工要求;对酥松掉块者,必须弃之不用。

施工检查:

(1)中央排水管基础检查。中央排水管因隧道所在地区的不同,埋置深度在 0.5~2.0m 之间。施工时先挖基槽,整平基础,然后再铺设管段,最后回填压实。其中最重要的一个环节是处理管段基础。在软岩或断层破碎带区段施工中,应将不良岩(土)体用强度较高的碎石替换,并用素混凝土找平表面,使基础既平整又密实,为管段顺利铺设创造条件。施工中应特别注意检查基础的坡度,不仅总体坡度应符合要求,而且局部的几个管段间也应符合要求,尽量避免高低起伏。

(2)管段铺设检查。管段铺设时,首先要保证将具有透水孔的一面朝上。管段逐个放稳后,再用水泥砂浆将段间接缝密封填实。待砂浆凝固后,应逐段进行通水试验,发现漏水,及时处理。之后用土工布覆盖管段透水孔,在横向盲管出口处注意与中央排水管的连接方式。回填时注意保护管段的稳定及其上部透水性。

第六节 隧道防水层

山岭隧道复合衬砌中的防水层是隧道防水技术的核心。防水层由防水板及其垫层组成。防水板的作用是将地层渗水拒于二次衬砌之外,以免水与二次衬砌接触并通过二次衬砌中的薄弱环节渗入隧道。垫层的主要作用是保护防水板,使防水板免遭尖锐物的刺伤。

防水板多为合成高分子卷材,种类繁多,目前工程上使用较多的有 PVC、EVA、HDPE、LDPE 等。防水板铺设时有不同的工艺,其差别主要表现在防水板的固定上和板间的搭接方法上。防水卷材在厚度和宽度上有不同的规格,使用时有环向铺设和纵向铺设两种。为了保证接茬的密封质量,一般在两幅卷材接茬处都要搭接 10cm。卷材接茬有冷黏法和热合法两种。冷黏法主要用于 PVC 等防水卷材的胶合。使用时将专用胶合剂用刷子涂刷于接缝边缘,待胶合剂稍干后将两幅卷材黏合在一起。其特点是施工方便,施工速度快。热合法主要用于 EVA 和 LDPE 等防水卷材的搭接。施工时将两幅卷材平行放好,压茬宽度为 10cm,然后用专门的热合焊缝机将两幅卷材边缘压合在一起。值得一提的是,目前工程上使用的焊缝机多为双缝焊机。其特点是便于在施工期间进行质量检测。防水卷材往洞壁上固定的方法也有两种:一种是有钉铺设法,另一种是无钉铺设法。下面以复合式衬砌防水层的施工为例介绍防水层的施工过程。

1. 喷射混凝土基面处理

由于喷射混凝土基面粗糙、凹凸不平,以及锚杆头外露等对铺设防水层质量有很大影响。因此,防水层铺设前必须对喷射混凝土基面进行处理,处理要求及要点如下:

(1) 基面要求

①喷射混凝土平整度要求:$D/L \leqslant 1/6$,拱顶 $D/L \leqslant 1/8$,如图 3-20 所示。否则要进行基面处理。

②基面不得有钢筋、凸出的管件等尖锐突出物。否则要进行割除,并在割除部位用砂浆抹成圆曲面,以免防水层被扎破。

③隧道断面变化或转弯时的阴角应抹成 $R \geqslant 5$cm 的圆弧。

④底板基面要求平整,无大的明显的凹凸起伏。

⑤喷射混凝土强度要求达到设计强度。

⑥防水层施工时基面不得有明水,如有明水应采取封堵或引排措施。

(2) 处理要点

①有突出钢筋、铁丝时,则应按图 3-21 所示施工顺序进行处理。

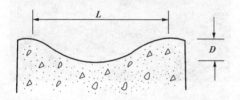

图 3-20 喷射混凝土平整度检测
L-喷射混凝土相邻两凸点的间距;D-喷射混凝土相邻两凸点间的凹深

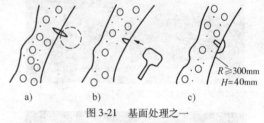

图 3-21 基面处理之一
a) 切断;b) 铆平;c) 砂浆抹平

②当有钢管突出时,则按图 3-22 所示施工顺序进行处理。

③当金属锚杆端部外露较长时,则应从螺帽开始留 5mm 切断后,再用砂浆进行覆盖处理,按图 3-23 要求施工。

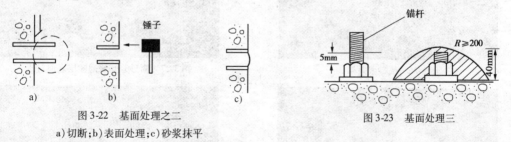

图 3-22 基面处理之二
a) 切断;b) 表面处理;c) 砂浆抹平

图 3-23 基面处理三

(3) 防水层保护[16]

防水层工作性态模拟试验的结果表明,虽然防水板在室内检验中能呈现较好的抵抗拉伸、撕裂、顶破作用的能力,但是由于规范规定的测试方法不能很好地模拟防水板在实际工程中的受力和变形条件,这些指标只能说明防水卷材材料本身的材质符合要求,并不能说明防水卷材能够满足长期运营的工程需要。在实际工程中,由于隧道衬砌混凝土接触面的不光滑和隧道衬砌接触面的法向和切向应力和变形,容易造成防水板在运营过程中发生损伤,从而形成隧道在隧道运营远期的渗漏水。喷射混凝土表层不光滑是防水层在长期运营过程中损伤的首要原因。

为了保护防水板在长期运营中不受损伤,有必要采取相应工程措施。首先,在敷设防水板之前应当将喷射混凝土表面的锚杆端头截断、抹平,同时对喷射混凝土表面凸起明显的地方进行处理。但是这样的工作只能局限在局部明显部位,最重要的是如何采取措施使整个喷射混凝土表层光滑平整。为了探索喷射混凝土表层处理工艺,为以后的隧道施工积累经验,在新交洞隧道局部初期支护段进行了喷射混凝土表层处理试验。

根据以往的工程经验,要使喷射混凝土表层比较光滑,可采取的措施包括:①在喷射混凝土时加大用水量;②在喷射混凝土表层时喷砂浆,不掺入卵石等粗骨料;③在喷射混凝土完成以后,混凝土初凝以前对表面进行抹平处理。为了比较这三种方法的效果和施作工艺的难易程度,在试验中分别尝试了这三种喷射混凝土表层处理方法。图3-24~图3-29是按照不同方法进行喷射混凝土表层处理的照片。

图3-24 普通喷层表面

图3-25 喷砂浆效果1

图3-26 喷砂浆效果2

图3-27 喷砂浆与普通喷层表面对比

图3-28 铁锹找平效果

图3-29 铁锹找平与普通喷层表面比较

从试验的结果来看,在喷射混凝土初凝之前进行抹平的效果最明显,宏观平整度和微观平整度都能够得到明显的提高。

喷射混凝土表层抹平技术的操作方法是:首先将喷射混凝土分层喷射,按照常规方法和设计的配合比喷到接近设计厚度,然后进行表层喷射,这样可以加快表层喷射速度,节省表层喷射时间,为表层抹平争取时间。混凝土表层抹平应当在混凝土初凝之前进行,一般掺加速凝剂的喷射混凝土初凝时间在5min左右,因此必须在表层喷射完成后,迅速对表层进行抹平。抹平采用瓦工用钢抹或者木抹人工进行。由于一般喷射混凝土一次施作面积不大,在$10m^2$左右,因此抹平喷射混凝土在时间上完全来得及。应当指出,这种方法增加了一道工序,增大了工作量,并且在施工时应当重点注意掌握时间,避免扰动初凝后的混凝土,从而影响到喷射混凝土的强度。

在一试验隧道采用潮喷法进行混凝土喷射。先将混凝土集料预加少量水,使之呈潮湿状,再加水泥拌和。大量的水是在喷头处加入,其喷射工艺如图3-30。潮喷法可以大大降低上料、喷射时的粉尘。

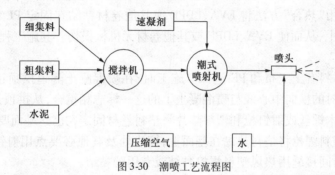

图3-30　潮喷工艺流程图

在试验中,要求按设计配合比和传统工艺先分层喷至接近设计厚度后,再喷射混凝土表层。喷射混凝土表层时,要求操作工在允许的范围内尽量加大用水量。用传统方法喷射时,为了加快喷射成形速度,施工人员习惯按照最低的用水量进行喷射。加大用水量以后,可见喷射表面水泥浆明显增加,水泥浆的增加对改善喷射混凝土表层微观平整度具有重要作用。同时,由于水量的增加,混凝土的流动性增强,喷射混凝土表层的宏观平整度得到显著改善。总体来说,在喷射时增加用水量具有操作简单,效果明显的特点,适合在实际工程中大面积采用。为了保证施工质量,要求增强施工人员的责任心,加强喷射过程的监管力度。

喷砂浆的混凝土表面(图3-25),宏观平整度没有明显改善,但细观平整度有较大改善。砂浆喷到混凝土表面以后,表层水泥浆比较丰富,由于砂子粒径较小,所以混凝土表层的细观平整度有较好的改善。如果不增大用水量,混凝土的流动性将得不到有效改善,混凝土表层宏观平整度变化不大。

根据试验结果,可得出以下结论:

①为了改善喷射混凝土表层平整度,采用表层抹平措施效果明显,但施工麻烦;增加喷射用水量是比较方便有效的措施;使用单纯砂子作为集料对改善表层细观平整度有一定作用。综合考虑,建议在以后的隧道工程建设中,采用增加喷射用水量的措施,并且适当增加骨料中细集料的比例,在施工过程中加强监督管理,力求提高喷射混凝土表面平整度。

②为了降低混凝土表层尖锐物的数量,要求采用卵石作为粗集料,在有卵石地区,不宜使

用碎石。同时,在喷射表层应适当降低粗集料粒径和掺入量。

③喷射角度对平整度有很大的影响。以下部开挖初期支护喷射混凝土为例,在下方2m范围内的平整度明显要优于2m以上的部分。这是因为在喷射下方时能够基本做到与壁面垂直喷射,而对于上部,一般都采用一定仰角进行喷射。因此,在以后的隧道建设中,要求在操作时尽量做到垂直喷射,相关技术人员和监理、管理人员应当切实做好指导、管理和监督工作,保证喷射混凝土表层质量。

2. 防水卷材施工

在初期支护施工完毕并达到要求的平整度后,就可以进行防水卷材的铺设。目前防水卷材的铺设工艺主要有三种:一是无钉热合铺设法,二是有钉冷黏铺设法,三是多点复合免钉穿铺设法。在此基础上还有两种新型的防水层铺设方法:一是防水层密贴铺设法,另一种是LV铺设法。

(1)无钉热合铺设法

为了防水可靠和便于施工,先将PE泡沫塑料(或土工布)垫衬用机械方法铺设在喷射混凝土基面上,然后用"热合"方法将EVA、LDPE或其他卷材粘贴在固定PE泡沫塑料(或土工布)垫衬的圆垫片上,从而使EVA、LDPE或其他卷材无机械损伤。其施工程序如下:

①垫衬的施工

垫衬的常用材料有土工布和PE泡沫。施工时,在喷混凝土隧道拱顶正确标出隧道纵向的中心线,再使垫衬的横向中心线与喷混凝土上的这一标志相重合,从拱顶开始向两侧下垂铺设。用塑料胀管、木螺丝或射钉枪和塑料垫片将垫衬卷材固定在已达基面要求的喷混凝土上。有时也可用热风塑料焊枪将垫衬热黏在基面上,翘边处及其他必要点用射钉枪按以上方法加强固定。垫衬卷材间接缝用热风塑料焊枪黏结或专用胶黏结。

②热塑性塑料圆垫片的施工

热塑性塑料圆垫片是隧道复合式衬砌防水层施工的必要零部件。用塑料胀管和木螺丝或射钉枪、射钉将其覆盖在垫衬上,每隔50~150cm梅花形布设(拱顶50cm、边墙100cm、底板150cm),构造见图3-31。

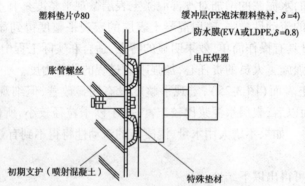

图3-31 防水卷材固定方法(尺寸单位:mm)

③防水卷材(防水膜)的铺设

首先裁剪卷材,要考虑搭接在底板上,高边墙>30cm。先在隧道拱顶部的垫衬上正确标出隧道纵向中心线,再使防水膜的横向中心线与这一标志相重合,将拱顶部与塑料圆垫片热熔焊接,与垫衬一样从拱顶开始向两侧下垂铺设,边铺边与圆垫片热熔焊接。铺设时要注意与喷射混凝土凹凸不平相密贴,不宜拉得太紧,一定要注意留出搭接余量。

PVC、EVA 或 LDPE 膜在与圆垫片用压焊器进行热合时,一般用时 10s 多即可完成。

用塑料热合机焊接材质较薄的防水膜时,还可采用反弯法进行施工。即首先将两层膜对接,然后热合焊接,当双焊缝经检查合格后,将其弯向一侧点焊在卷材上,这样可避免焊缝 180°剥离。做法如图 3-32 所示。

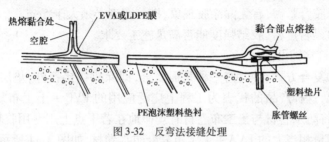

图 3-32　反弯法接缝处理

④焊缝质量检测

防水膜间用热合机进行焊接,接缝为双焊缝,中间留出空腔以便充气检查,如图 3-33 所示。

检查方法:用 5 号注射针与压力表相接,用打气筒充气(脚踏式或手动式皆可),充气时检查孔会鼓起来,当压力达 0.1~0.15MPa 时,停止充气。

图 3-33　双焊缝焊接

保持该压力时间不少于 1min,说明焊接良好;如压力下降,证明有未焊好之处,用肥皂水涂在焊接缝上,产生气泡地方为焊接欠佳之处。重新焊接可用热风焊枪或电烙铁等补焊,直到不漏气为止。检查数量,焊接 1000 延米抽检 1 处焊缝。为切实保证质量,每天、每台热合机焊接均应取一个试样,注明取样位置、焊接操作者及日期。

⑤防水层破损的检查与修补

防水层施工必须精心,防水层质量检查必须认真。但破损有时是难免的,如正在工作的塑料热合机突然停电不能前进,此时会很快将防水层烧破。

检查出防水层上有破损之处,必须立即做出明显标记,以便毫不遗漏地把破损处修补好。补后一般用真空检查法检验修补质量。具体要求:

a. 补钉不得过小,离破坏孔边缘不得小于 7cm。

b. 补钉要剪成圆角,不要有正方形、长方形、三角形等尖角。

在防水施工前如拱顶有大量涌水,应用不透水薄膜或塑料排水盒进行排水,以免因涌水使防水膜鼓包,影响二衬混凝土的浇筑尺寸。

(2)有钉冷黏铺设法

①工艺与特点

为了施工方便,目前已开发出防水板与土工布复合在一起的专用防水卷材,在这种卷材的纵向边缘留有 10cm 的黏接带,在此区内无土布层。施工中,先将初期衬砌基面整平,割除锚杆头等金属突出物;接着根据防水卷材的铺设方向(纵向或环向)截取相应的卷材段,擦干净黏接带内的灰尘与水滴,将防水卷材自下而上或自外而内边涂胶边固定,固定时采用射钉枪固定塑料垫片,塑料垫片外压防水卷材,卷材垫片间的黏接采用卷材厂家提供的专用胶,可冷涂施工;最后用比固定塑料垫片稍大的卷材块涂胶后修补射钉孔。这种工艺的特点是防水卷材铺成的表面留有钉疤,接茬时用胶冷黏。

②施工检查

有钉冷黏法施工质量的检查方法主要是直观检查。具体方法是：

a. 用手托起塑料板,看其是否与喷射混凝土密贴。在拱顶,在 $1m^2$ 范围内塑料板不得下凹或呈水平状。

b. 看塑料板是否有被划破、扯破、扎破等破损现象。

c. 看接缝处是否胶合紧密,有无漏涂胶现象,搭接宽度必须大于5cm。

d. 检查射钉补块是否严密,胶结强度能否满足施工要求。

(3) 多点复合免钉穿铺设法

垫层与防水板的复合方式有两种:一种是面复合,即除拼幅接茬外,垫层——土工布与防水板完全黏结在一起,这种产品的代表为工程上广泛应用的 PVC+土工布复合防水卷材；另一种是多点复合,即将防水卷材与土工布卷材有规律地在若干点上用专用胶复合在一起,这种产品的代表是工程用量相当大的 EVA+土工布复合防水卷材,如图3-34所示。前者由于防水板与垫层紧密结合,施工时只能有同样的松铺系数,而后者的两种材料仅在若干点上复合,可在工厂生产中有意为变形能力相对较差的垫层土工布事先提供一定的松铺系数。在现场施工时,实际为防水板与垫层提供的松铺系数是不一样的,从而减少了土工布在施工与服务期间的撕裂机会,进而保护防水板免遭喷射混凝土的损伤。

(4) 防水层密贴铺设法[16]

密贴法是在喷混凝土的凹凸部与防水板间压注具有黏结剂作用的充填材料,使防水板能够设置在平滑的隧道初期支护表面上,而后在其内侧浇筑衬砌混凝土,实现具有"不妨碍混凝土充填,而且与混凝土密贴的防水构造"的高耐久性隧道防水结构,其细部结构如图3-35所示。该方法在日本隧道中有所应用,但在国内隧道未见相关报道。

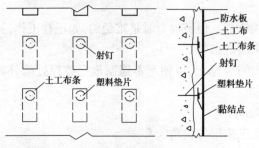

图3-34　多点复合免钉穿防水层铺设工艺

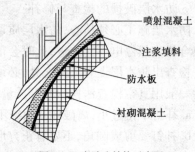

图3-35　密贴法结构示意图

密贴法与普通防水工法构造对比如图3-36所示。密贴法与普通防水工法相比,解决了喷射混凝土表面凹凸不平的问题,而且使二次衬砌混凝土厚度均一,避免了局部厚度薄弱的问题。

与普通防水工法比较,密贴法存在以下优点：

①提高了防水性:a. 在工厂将防水板加工成1.5m宽的成品搬入隧道,减少了现场的焊接作业；b. 减少了锚杆头部突出对防水板的损坏；c. 避免了钢筋组装作业过程中对防水材料的损坏,而且补修容易；d. 由于防水板是密贴的,能够形成防水屏障,确保起到防水的作用。

②提高了二次衬砌混凝土的品质:a. 二次衬砌混凝土厚度一定而且均匀；b. 二次衬砌与喷射混凝土的完全隔离；c. 通过防水板内侧的混凝土充填,局部脱空和空洞不再存在,形成与混凝土密贴的构造,封闭了地下水汇集的通道。

③降低成本:a.防水层材料的抗拉和抗剪要求可降低,防水层材料品质可降低,但防水效果是充分的;b.不需要修补喷射混凝土的凹凸部,减少了工序;c.能够适应不同情况(全断面、半断面等)的防水要求。

④降低作业环境、周边环境的负荷:a.防水板可以采用人力或机械进行铺设,作业强度低;b.施工中,可以恢复隧道周边的水位。

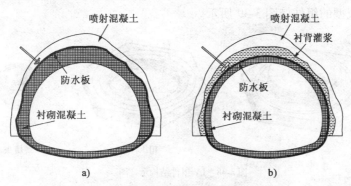

图 3-36 密贴法与普通防水工法构造
a)普通防水工法;b)密贴法

密贴法在施工循环上与普通铺设防水板的方法并无太大区别。普通防水板施工是利用防水板台车将防水板直接铺设在喷射混凝土表面上,然后模筑二次衬砌混凝土;而密贴法中,防水板台车成为加强的活动模板,先将防水板平铺在防水板台车上,而后在喷射混凝土和防水板之间充填注浆填料,最后模筑二次衬砌混凝土。

采用密贴法施工,通常把宽度为 1.5m 的防水板加工成宽 6.0m(长跨)的防水板。沿专用的活动模板台车的外周将防水板展开,并在规定的位置固定好,向防水板和喷射混凝土间灌注回填的充填材料。之后,组立钢筋、施作二次衬砌混凝土。施工顺序如图 3-37 所示。

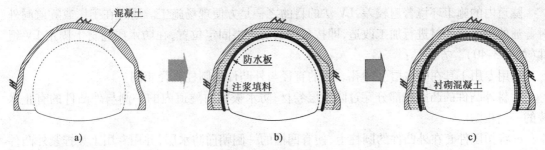

图 3-37 密贴法施工顺序
a)喷射混凝土;b)铺设防水板、注浆填料;c)施作衬砌混凝土

(5)防水层 LV 铺设法

吕康成[16]开发了一套用于隧道防水层铺设的水密型塑料组件,若将该塑料组件事先按需要设置于隧道防水层上,则可简便可靠地完成隧道与地下工程防水层的铺设。相应的防水层铺设法简称为 LV 铺设法。

①LV 组件的结构设计

LV 法的实施有赖于开发研制的一套水密型塑料组件——LV 组件。每套组件由三个塑料件组成:外凸件、扣压件和封堵头。如图 3-38 所示。

外凸件是 LV 组件的主部件,它的底部为六棱柱,中部为带丝圆柱,在六棱柱表面有圆形凸棱,圆柱的中央有一圆孔,圆柱顶面的下部为带有内丝的较大的圆孔。扣压件为中间有圆孔的六棱柱,圆孔带有内丝,在棱柱的上表面设有一道圆形凹槽。封堵头呈圆柱状,带有外丝,圆柱上表面有一道细凹槽,中央为空心圆台,下表面中央设有外凸六方。

LV 组件的制造材料为特种塑料,由于其机械强度高,化学稳定性好,保证了组件的防水严密性和耐久性。成型的组件如图 3-39 所示。

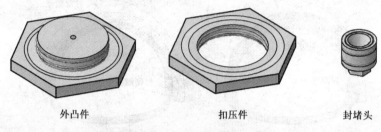

外凸件　　　　　扣压件　　　　　封堵头

图 3-38　LV 组件结构示意图

图 3-39　LV 组件实物图

②LV 组件的组装

隧道内的施工环境普遍较差,LV 法的目的之一是方便现场施工。通过在工厂或隧道洞外对普通的防水层卷材进行加工改造,即按预想的防水层固定位置,在防水层卷材上固定 LV 组件(如图 3-40)。方法是:

a. 用专用工具在防水层上冲孔。孔的直径与外凸件的圆柱直径相同。

b. 将外凸件的凸圆柱部分穿过防水层卷材,防水板朝向隧道内的一侧与外凸件的有止水棱的一侧相贴。

c. 将扣压件套在外凸件的圆柱上,使有凹槽的一侧朝向防水层,并用专用工具拧紧外凸件与扣压件。

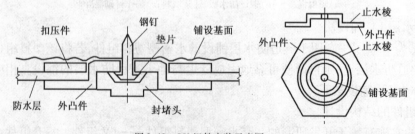

图 3-40　LV 组件安装示意图

逐个完成外凸件与扣压件的组合,便完成了防水层的洞外改造和安装准备。

③水密型塑料组件的防水措施

从图 3-40 可见,防水层铺设后,在每个防水层固定点有两处防水薄弱环节:一是防水层与外凸件的接触面,二是封堵头与外凸件的接触面。

a. 外凸件与防水层之间防渗。通过两个途径防止外凸件与防水层间的渗漏:一是在外凸件上设有止水棱,在扣压件上设有止水槽,由于防水层材料在两侧外形的挤压下会发生变形,相当于在外凸件与防水层界面之间设置了密封圈;二是塑料组件为高强材料,通过丝扣之间的严密配合,可在外凸件与防水层界面之间施加较大的压力,从而增加渗水的阻力。

b. 外凸件与封堵头之间防渗。在固定钉与其孔壁之间明显存在间隙,渗水很容易通过该间隙而考验外凸件与封堵头的接触面。此处也有双重保险措施:封堵头的端面密封与侧面丝扣密封。前者在封堵头的端面上采取了波浪状构造,配合精细加工,使封堵头拧紧后便具有良好的密封效果;后者借助加密丝扣和精细加工,也有良好的密封效果。

④LV 法防水板的铺设工艺

LV 法铺设防水板的工艺流程如图 3-41 所示:

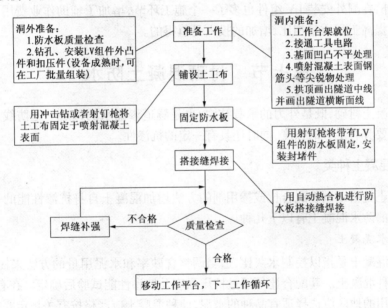

图 3-41　LV 法铺设防水板的工艺流程图

a. 洞外准备:在防水层生产厂或隧道洞外改造防水层卷材,根据设计的防水层在洞内的固定点位置,用专用工具在防水层卷材上开孔,安装塑料组件的外凸件和扣压件。改造后的防水层卷材如图 3-42 所示:

b. 基面处理:基面处理要求按照现行规范即可。

c. 固定防水层:改造后的防水层卷材从隧道中线向两侧逐渐展开,在预装的 LV 组件位置用钢钉固定塑料件和卷材,并逐个用封堵头封堵固定钉的尾部。

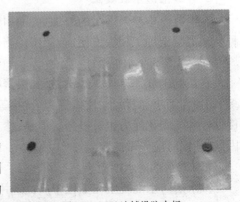

图 3-42　LV 法铺设防水板

d. 防水板搭接缝焊接:用自动热合机进行焊接;两环防水板搭接宽度为10cm,焊缝采用双焊缝,缝宽不小于2cm。

e. 质量检查:用充气法检查焊缝的气密性;防水板施工中造成的破损,用彩笔在防水板上做出明显的标记,并予以修补。

⑤LV法的优点

a. LV法实现了隧道防水层在喷混凝土基面上的点密切铺设(喷膜或涂胶粘贴等属密切铺设)。与既有的热合法相比,固定点牢固可靠,LV法防水层不会在固定点撕裂,防水层的铺设质量容易保证。

b. LV法的洞内作业工序简单、功效高。与悬挂法相比,LV法不必在防水层卷材的背后作业,只需从防水层卷材的正面按压并用钢钉固定,操作方便,钉尾封堵也相当容易,不会发生吊带松脱造成大面积防水层脱落的现象。

c. LV组件自身具有良好的防水性能,为提高防水层的整体施工质量创造了有利条件。

d. LV法的总体投入产出比十分合算。LV法需要专用的塑料组件,增加了防水层铺设的材料费用;另外,在洞外安装LV组件也多了一个施工环节,增加了辅助作业费用,但与提高洞内作业工效和提高工程质量相比,增加的投入是值得的。

第七节 衬砌混凝土防水

隧道的混凝土衬砌,既是外力的承载结构,也是隧道渗漏水的最后一道防线。因此,要求衬砌混凝土既要具有足够的强度,同时还具有一定的抗渗性。

一、防水混凝土种类

防水混凝土是指以调整配合比或掺用剂的方法增加混凝土自身抗渗性能的一种混凝土。隧道衬砌常用的防水混凝土有以下几种。

1. 普通防水混凝土

普通防水混凝土是指以控制水灰比,适当调整含砂率和水泥用量的方法来提高其密实性及抗渗性的一种混凝土。其配合比须经过抗压强度及抗渗性能试验后确定。在有冻害地区或受侵蚀介质作用的地区应选适宜品种的水泥,此种混凝土应严格按有关规定要求施工。

2. 外加剂防水混凝土

在混凝土中掺入适量的外加剂,如引气剂、减水剂或密实剂等,使其达到防水的要求。这种防水混凝土施工较为方便,若使用得当,一般能满足隧道衬砌的防水要求。

(1)引气剂防水混凝土

常用的引气剂有松香酸钠、松香热聚物等。松香酸钠引气剂在混凝土中产生的气泡数量多、均匀而细小、间距小、质量好,其抗渗等级可达1.2MPa,抗冻性比普通混凝土提高3倍,抗侵蚀性和抗碳化能力也有提高。但是,掺有引气剂的防水混凝土强度及弹性模量均有所下降,因此,使用时应先做试验。

(2)减水剂防水混凝土

减水剂防水混凝土在工程中广泛应用。混凝土使用减水剂可增加密实性,提高混凝土的抗渗能力和抗压强度。引气型减水剂混凝土的抗渗性较好;非引气型减水剂混凝土强度较高。

混凝土使用减水剂除可得到高强度、高抗渗性和大流动度外,还可以影响其凝结时间。除普通型外还有缓和型,可使混凝土缓凝 3～6h;促凝型可使混凝土早凝 1～2h。如采用适当配制的复合减水剂,还可配制高强、缓凝高强或早强混凝土。

(3)密实剂防水混凝土

①氯化铁防水混凝土是在混凝土中加入氯化铁防水剂制成的,具有高密实度、高抗渗性(可达 1.2MPa 以上);抗压强度可比普通混凝土增加 13%～40%,并有早强作用;可耐碱性腐蚀,但不耐酸;有直流电源时对钢筋有锈蚀作用,故不宜采用。此种混凝土凝结时升温快,故应注意早期养护以防干缩裂缝。氯化铁防水混凝土性能好、造价低、施工方便,可以在适宜场合广泛使用。

②三乙醇胺防水混凝土是在混凝土中掺入少量(占水泥的 0.05%)三乙醇胺制成的,有抗渗和早强作用。其强度在前两天提高 60%,28d 提高 10%。对铜、铝破坏性大,对铁、镍腐蚀不明显,在有高压、直流电源的场合应慎重使用。

(4)膨胀水泥防水混凝土

用膨胀水泥配制的混凝土,其孔隙率减小,毛细孔径缩小,因而提高了抗渗性,按施工情况可用于隧道衬砌的拱墙接缝处。

二、防水混凝土施工的具体要求

防水混凝土的施工,必须注意每一个环节的施工质量,堵塞一切可能造成渗漏的隐患。特别注意保证缝孔处的施工质量。合理地设计仅仅是达到工程防水的前提,而严格掌握施工要求是地下工程防水成败的关键。

防水工程质量的优劣,不仅取决于材料质量及其配合比,而且取决于施工质量。因此,对施工中的主要环节,如混凝土搅拌、运输、浇筑、振捣、养护等严格控制,按规定进行施工。同时必须事先做好充分准备:首先应确定最佳施工方案,做好技术交底,明确岗位责任,对原材料要认真检验并妥善保管;然后做好试配,选定配合比,与此同时要做好排水和降低地下水位工作。

1. 基坑的排水和垫层的施工

防水混凝土在终凝前严禁被水浸泡,否则会影响正常硬化,降低强度和抗渗性。为此,作业前需要做好基坑的排水工作。混凝土主体结构施工前,必须做好基础垫层混凝土,使之起到辅助防水的作用,同时保证主体结构施工的正常进行。一般做法是,在基坑开挖后,铺设厚度为 300～400mm 的毛石作垫层,上铺粒径 25～40mm 的石子,厚约 50mm,经夯实或碾压,然后浇筑 C15 混凝土厚 100mm 作找平层。

2. 原材料的选择

配制防水混凝土的原材料,必须符合质量要求。水泥必须符合国家标准,强度等级不低于 32.5MPa,水泥用量不得少于 300kg/m³,如有受潮、变质、过期现象,不能降级使用并应优先选用硅酸盐水泥。当采用矿渣水泥时,须提高水泥的研磨细度,或者掺外加剂来减轻泌水现象,才可以使用。有硫酸盐侵蚀的地段,则可选用火山灰质水泥。砂、石的要求与普通混凝土相同,但清洁度要充分保证,含泥量要严格控制。因为,含泥量高将加大混凝土的收缩,降低强度和抗渗性。石子含泥量不大于 1%,砂的含泥量不大于 2%。

3. 模板固定和钢筋固定

模板必须支撑牢固,拼缝严密,表面平整,吸水性要小,最好使用钢模。如采用木模时,表面可涂刷肥皂水或钉白铁皮,不宜采用竹模、禾秸模、砖模和土模。浇筑成型的混凝土不应有变形或漏浆。

防水混凝土工程应尽量采用螺纹钢筋、焊接接头,保护层必须用同配合比的细石混凝土或砂浆板作垫块,严禁用钢筋充当保护层垫块,防止地下水沿钢筋垫块浸入。垫块宜用铅丝绑扎在钢筋上固定。多排钢筋时,最好采用吊挂的方法固定。若跨度过大采用铁马架设时,应在施工过程中拆去,如不能取掉,需要加设阻水措施。

模板固定不得采用螺栓拉杆或铁丝对穿,以免在混凝土构筑物上造成引水通路。如固定模板用的螺栓必须穿过防水混凝土结构时,应采取防水措施,一般可采用下列方法:

(1)在螺栓或套管上加焊止水环,止水环必须焊满,环数应符合设计要求。

(2)螺栓加堵头。

(3)模板应表面平整,拼缝严密,吸水性小,结构坚固。

4. 防水混凝土搅拌

防水混凝土配料必须按配合比准确称量,外加剂应均匀掺在拌和水中再加入搅拌机内。必须采用机械搅拌,搅拌时间一般控制在 2.5~3.0min,掺外加剂时应根据外加剂技术要求,确定搅拌时间。掺 UEA 膨胀剂的防水混凝土搅拌的最短时间,按表3-15采用。

混凝土搅拌的最短时间(s)　　　　　　　　　　表3-15

混凝土坍落度(mm)	搅拌机机型	搅拌机出料量(L)		
		<250	250~500	>500
≤30	强制式	90	120	150
	自落式	150	180	210
>30	强制式	90	90	120
	自落式	150	150	180

注:1. 混凝土搅拌的最短时间指自全部材料装入搅拌筒中起,到开始卸料止的时间。
2. 当掺有外加剂时,搅拌时间应适当延长(表中搅拌时间为已延长的搅拌时间)。
3. 全轻混凝土宜采用强制式搅拌机搅拌,砂轻混凝土可采用自落式搅拌机搅拌,但搅拌时间应延长 60~90s。
4. 采用强制式搅拌机搅拌轻骨料混凝土的加料顺序是:当轻集料在搅拌前预湿时,先加粗、细集料和水泥搅拌 30s,再加水继续搅拌;当轻集料在搅拌前未预湿时,先加 1/2 的总用水量和粗、细集料搅拌 60s 再加水泥和剩余用水量继续搅拌。
5. 当采用其他形式的搅拌设备时,搅拌的最短时间应按设备说明书的规定或经试验确定。

5. 防水混凝土运输

防水混凝土在运输过程中不能有漏浆和离析,及坍落度、含气量损失。当产生离析泌水现象时,应在入模前重拌。雨季和冬季运输混凝土时,应用带盖的容器。在高温季节施工时,要注意坍落度的损失,产生干燥收缩现象。当运输距离较远或夏季气温较高时,可选用水化热低的水泥,或掺缓凝型的减水剂,冬季可掺早强外加剂。

6. 防水混凝土浇筑

浇筑前,应将模板内部清理干净,木模用水湿润,浇筑时,若入模自由高度超过 1.5m,则必须用串筒、溜槽或溜管等辅助工具将混凝土送入,以防离析和造成石子滚落堆积,影响质量。

在防水混凝土结构中有密集群穿过处、预处理或钢筋稠密处、浇筑混凝土有困难时,应采用相同抗渗等级的细石混凝土浇筑;预埋大管径的套筒或面积较大的金属板时,应在其底部开设浇筑振捣孔,以利排气、浇筑和振捣。

大体积防水混凝土施工时应分层浇筑,每层厚度不宜超过250mm,但底板处可为300～400mm,斜坡不应超过1/7。相邻两层浇筑时间不应超过2h,夏季可适当缩短。

防水混凝土应连续浇筑,尽量不留或少留施工缝。

浇筑防水混凝土应连续地进行,当必须间歇时,其间歇时间宜缩短,并在前层混凝土初凝之前,将次层混凝土浇筑完毕。

混凝土运输、浇筑及间歇的全部时间不得超过表3-16的规定,当超过时应留置施工缝。

混凝土运输、浇筑和间歇的允许时间(min)　　　　表3-16

混凝土强度等级	气温	
	不高于25℃	高于25℃
不高于C30	210	180
高于C30	180	150

随着混凝土龄期的延长,水泥继续水化,内部可冻结水大量减少,同时水中溶解盐的浓度增加,因而冰点也会随龄期的增加而降低,使抗渗性能逐渐提高。为了保证早期免遭冻害,不宜在冬季施工,而应选择气温在15℃以上环境中施工。因为气温在4℃时强度增长速度仅为15℃时的50%,而当混凝土表面温度降到-4℃时,水泥水化作用停止,强度也停止增长。如果此时混凝土强度低于设计强度的50%,冻胀使内部结构破坏,造成强度、抗渗性急剧下降。为防止混凝土早期受冻,北方地区对于施工季节的选择安排十分重要。

7. 防水混凝土的振捣

防水混凝土应采用混凝土振动器进行振捣。当用插入式混凝土振动器时,插点间距不宜大于振动棒作用半径的1.5倍,振动棒与模板的距离,不应大于其作用半径的0.5倍,振动棒插入下层混凝土内的深度应不小于50mm,每一振点应快插慢拔,使振动棒拔出后,混凝土自然地填满插孔。当采用表面式混凝土振动器时,其移动间距应保证振动器的平板能覆盖已振实部分的边缘。混凝土必须振捣密实,每一振点的振捣延续时间,应使混凝土表面呈现浮浆和不再沉落。

施工时的振捣是保证混凝土密实性的关键,浇筑时,必须分层进行,按顺序振捣。采用插入式振动器时,分层厚度不宜超过30cm;用平板振动器时,分层厚度不宜超过20cm;气温在30℃以上时,不超过1h。防水混凝土浇筑高度一般不超过1.5m,否则应用串筒和溜槽,或侧壁开孔的办法浇捣。振捣时,不允许用人工振捣,必须采用机械振捣,做到不漏振、欠振,又不重振、多振。防水混凝土密实度要求较高,振捣时间宜为10～30s,以混凝土开始泛浆和不冒气泡为止。掺引气剂、减水剂时应采用高频插入式振动器振捣。振动器的插入间距不得大于500mm,并贯入下层不小于50mm。这对保证防水混凝土的抗渗性和抗冻性更有利。

8. 一般防水混凝土施工细部处理

(1)施工缝。防水混凝土应连续浇筑,尽量不留施工缝,当由于工艺原因或停电等其他原因无法连续浇筑时,应设置施工缝。由于隧道本身的特点,在施工过程中难以做到不留施工缝,在山岭隧道中普遍存在下列施工缝:隧道二次衬砌循环缝、衬砌基础与衬砌间的施工缝、连拱隧道中墙与拱部之间的施工缝。

隧道二次衬砌循环缝一般设置止水条或止水带进行防水,应专门进行防水设计。采用止水条止水时,应尽量使先浇混凝土端头平整,后浇混凝土施工时注意保护已安装的止水条,防止脱落、位移松动。

衬砌基础与衬砌间的施工缝属于水平施工缝，最好也采用止水条止水。浇筑衬砌混凝土前应将施工缝处的混凝土表面凿毛，清除浮粒和杂物，用水冲洗干净，保持湿润，再铺上一层20~25mm厚的水泥砂浆，水泥砂浆所用的材料和灰砂比应与混凝土的材料和灰砂比相同。

连拱隧道中墙与拱部间的施工缝是连拱隧道渗漏水的主要发生部位，其防水措施将在第四章讨论。浇筑混凝土时应保证施工质量。

(2) 后浇缝。当防水混凝土结构不允许留变形缝时，则应采取后浇缝处理。

后浇缝应按设计要求确定位置和宽度，伸出钢筋搭接长度应满足受力钢筋搭接长度要求，附加钢筋是否需要由设计而定。

后浇缝应优先选用补偿收缩混凝土浇筑，其强度等级应不低于两侧混凝土。

后浇缝与两侧混凝土可采取阶梯缝、企口缝或平直缝相接。

后浇缝应在两侧混凝土龄期达42h后再施工。施工前应将接缝处混凝土凿毛，清洗干净，并保持湿润。后浇缝混凝土的养护期不应少于28d。

后浇缝宜选择在气温低于主体结构施工时的温度或气温较低季节施工。

(3) 预留锚栓孔。固定设备用的锚栓等预埋件，应在浇筑混凝土前埋入。如必须在混凝土中预留锚孔时，预留孔底部须保留至少150mm厚的混凝土。当预留孔底部的厚度小于150mm时，应采取局部加厚措施。

(4) 变形缝。当水压及变形量较大时，防水混凝土墙体及底板应设置变形缝。

变形缝的宽度为30mm。在结构厚度中心处埋设橡胶止水带或塑料止水带，止水带中间空心圆应位于变形缝中心。在变形缝内填塞30mm厚浸乳化沥青的木丝板，在背水面的变形缝口填塞牛皮纸及聚氯乙烯胶泥（热塑型聚氯乙烯建筑防水密封膏）。

止水带在混凝土浇筑前必须妥善地固定在专用的钢筋套中，并在止水带的边缘处用镀锌铁丝绑牢，以防止位移。止水带的接茬不得留在转角处，宜留在较高部位。

(5) 管道穿墙。钢管道穿墙应先在其中间焊上钢翼环，并作除锈、防锈处理。

钢管道可在浇筑混凝土前埋入，也可在墙体上预留孔洞后穿管道，在管道与孔壁间的空隙中填以膨胀混凝土，并加以捣实。

铸铁管道及非金属管道穿墙，应在墙体内预留孔洞，并预埋铸铁套管或钢套管（加翼环）。管道穿过套管后，在管道与套管之间的空隙用沥青麻丝填严，并在空隙两头用石棉水泥捻实。

9. 防水混凝土的养护

防水混凝土的养护比普通混凝土更为严格，必须充分重视，因为混凝土早期脱水或养护过程缺水，抗渗性将大幅降低。特别是7d前的养护更为重要，养护期不少于14d，对火山灰硅酸盐水泥养护期不少于21d。浇水养护次数应能保持混凝土充分湿润，每天浇水3~4次或更多次数，并用湿草袋或薄膜覆盖混凝土的表面，应避免暴晒。冬季施工应有保暖、保温措施。因为防水混凝土的水泥用量较大，相应混凝土的收缩性也大，养护不好极易开裂，降低抗渗能力。因此，当混凝土进入终凝（约浇筑后4~6h）即应覆盖并浇水养护。防水混凝土不宜采用电热法养护。

浇筑成型的混凝土表面覆盖养护不及时，尤其在北方地区夏季炎热干燥情况下，内部水分将迅速蒸发，使水化不能充分进行。而水分蒸发造成毛细管网相互连通，形成渗水通道；同时混凝土收缩量加快，出现龟裂使抗渗性能下降，丧失抗渗能力。养护及时使混凝土在潮湿环境中水化,能使内部游离水分蒸发缓慢,水泥水化充分,堵塞毛细空隙,形成互不连通的细孔,大大提高防水抗渗性。

当环境温度达10℃时可少浇水,因在此温度下养护抗渗性能最差。当养护温度从10℃提高到25℃时,混凝土抗渗压力从0.1MPa提高到1.5MPa以上。但养护温度过高也会使抗渗性能降低。当冬季采用蒸气养护时最高温度不超过50℃,养护时间必须达到14d。

采用蒸气养护时,不宜直接向混凝土喷射蒸气,但应保持混凝土结构有一定的湿度,防止混凝土早期脱水,并应采取措施排除冷凝和防止结冰。蒸气养护应按下列规定控制升温与降温速度。

(1)升温速度。对表面系数(指结构的冷却表面积(m^2)与结构全部体积(m^3)的比值)小于6的结构,不宜超过6℃/h;对表面系数为6和大于6的结构,不宜超过8℃/h;恒温温度不得高于50℃。

(2)降温速度。不宜超过5℃/h。

10. 拆模

防水混凝土不宜过早拆模。拆模过早,等于养护不良,也会导致开裂,降低防渗能力。拆模时防水混凝土的强度必须超过设计强度的70%,防水混凝土表面温度与周围气温之差不得超过15℃,以防混凝土表面出现裂缝。

三、防水混凝土施工过程中质量控制与检查要求

防水混凝土的质量,应在施工过程中,按下列要求进行质量控制与检验。

1. 质量控制

(1)钢筋保护层。用与防水混凝土相同的混凝土块,或砂浆块做成块垫牢。

(2)配料。严格控制各种材料用量,不得任意增减。对各种外加剂应稀释成较小浓度的溶液后,再加入搅拌机内。

(3)搅拌。防水混凝土必须用搅拌机搅拌,时间不应小于2min。掺外加剂时,应根据外加剂的技术要求确定搅拌时间。

(4)检测。使用防水混凝土,尤其在高温季节使用时,必须随时加强检测水灰比和坍落度。加气剂防水混凝土还需要抽查混凝土拌和物的含气量,使其严格控制在3%~6%范围内。

(5)浇筑。清除模板内杂物。浇筑前木模板用清水湿润,钢模板要保持其表面清洁无浮浆。浇筑高度不超过2.0m,浇筑要分层,每层厚度不大于250mm。

(6)振捣。防水混凝土振捣必须使用振动器,振捣时间为10~30s,振捣器的插入间距不大于500mm,并置入下层不小于50mm。

(7)收缩裂缝。大体积防水混凝土的施工,由于水化热引起的混凝土内部升温而产生收缩裂缝,可采取以下措施:掺入外加剂,如减水剂、缓凝剂或掺加粉煤灰等掺合料;采用低水化热水泥;混凝土内部预埋管道,进行水冷散热。

2. 质量检验

防水混凝土质量,应在施工过程中,按下列规定进行检查:

(1)防水混凝土的原材料,必须进行检查,如有变化时,应及时调整混凝土的配合比。

(2)每班检查原材料称量不应少于2次。

(3)在拌制和浇筑地点测定混凝土坍落度,每班不应少于2次。

(4)掺引气剂的防水混凝土含气量测定,每班不应少于1次。

(5)如混凝土配合比有变动时,应及时检查上述的(2)、(3)、(4)项。

(6)连续浇筑混凝土量为500m³以下时,应留两组抗渗试块,每增加250~500m³应增留两组。如使用的原材料、配合比或施工方法有变化,均应另行留置试块。试块应在浇筑地点制作,其中一组应在标准情况下养护,另一组应与现场相同情况下养护。试块养护期不得少于28d。

四、混凝土抗渗试验[12]

1. 防水混凝土抗渗试块制作

(1)抗渗试块

圆柱体:直径、高度均为150mm。

圆台体:上底直径175mm,下底直径185mm,高为165mm。

(2)试块制作

每组试块为6个,人工插捣成形时,分两层装入混凝土拌和物,每层插捣25次,在标准条件下养护。如结合工程需要,则在浇筑地点制作,每单位工程制作不少于两组,其中至少一组应在标准条件下养护,其余试件与构件相同条件下养护,试块养护不少于28d,不超过90d。

2. 试验仪器

混凝土抗渗仪是利用密封容器与其连通的管路系统各处的压强相等(水头不计)的原理,以水泵施压,并通过接点压力表和简单的电气控制系统,保持压力在规定的范围内来进行试验的装置。

混凝土抗渗仪由机架试模、分离器、水泵、蓄水罐和电气控制等部分组成,如图3-43所示。

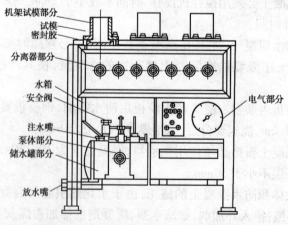

图3-43 混凝土抗渗仪

3. 抗渗试验

(1)试验前,试块应保持潮湿状态,表面应干燥(在低于50℃的烘箱中烘10~30min,在通风处放5~15min,表面干燥即可)。

(2)将试模预热至50℃左右,涂以石蜡,装入试块,使试块周围与试模内壁之间的缝隙被石蜡填满。注意试块的上下表面不要沾上石蜡,若沾上石蜡则应凿除。

(3)装好试块的试模冷却后,即可安装在渗透仪上进行加水试验。抗渗等级若要求大于0.8MPa,则初始加压为0.4MPa;抗渗等级若小于0.8MPa,则初始压力为0.2MPa。

试验过程中,若水从试块与试模内壁的缝隙中渗出,说明密封不佳,应重新密封,再进行试验。

(4)试验时,水压从0.2MPa开始,每隔8小时增加0.1MPa,边加压,边观察,一直加至6个试块中有3个试块表面发现渗水为止,记下此时的水压力,停止试验。

注意:当加压至设计抗渗等级,经过8小时,第三个试块仍不渗水时,表明混凝土已满足设计要求,也可停止试验。

(5)将未渗水的试块剖开,记录渗水高度。

4.试验结果计算

混凝土的抗渗等级是以每组6个试件中4个未发现有渗水现象时的最大水压力表示。抗渗等级按下式计算:

$$S = 10H - 1 \tag{3-21}$$

式中:S——混凝土抗渗等级;

H——第三个试块顶面开始有渗水时的水压力(MPa)。

5.抗渗试验的留置组数

抗渗试验较繁琐,试验过程中要安排人员值班,耗用时间较长,组数不宜过多,以能反映整个结构或其重要部位的实际抗渗性能来确定组数。但无论防水工程的规模大小,应至少留置两组抗渗试块。其中一组在标准条件下养护,以检验防水混凝土的设计特征值,作为衡量防水混凝土结构抗渗性能的依据,测得数据应达到试验等级,最低值不应低于设计抗渗等级;其余各组块应与结构在同条件下养护,测得检验等级,作为结构抗渗性能的参考数据。

五、小盘岭隧道防水混凝土的配制试验[15]

我国《公路隧道设计规范》(JTG D70—2004)规定,衬砌混凝土的强度等级一般应大于C20,寒冷地区冻害地段和严寒地区所采用的混凝土其抗渗等级不宜低于S8,其余地区不宜低于S6。作为防水混凝土配制的一个工程实例,这里介绍一下小盘岭隧道防水混凝土的配制试验。

小盘岭隧道地处东北严寒地区,设计按原《公路隧道设计规范》(JTJ 026—90)要求衬砌混凝土强度为C30,抗渗性等级不低于S6。众所周知,防水混凝土根据其配制方法的不同,可分为三类,既普通防水混凝土、外加剂防水混凝土和膨胀水泥防水混凝土。普通防水混凝土是指以控制水灰比,适当调整含砂率和水泥用量的方法来提高其密实性及抗渗性的一种混凝土。其配合比需经过抗压强度及抗渗性能试验后确定。在有冻害地区或受侵蚀介质作用的地区应选用适宜品种的水泥,此种混凝土应严格按有关规定要求施工。外加剂防水混凝土是在混凝土中掺入适量的外加剂,如引气剂、减水剂或密实剂等,使其达到防水的要求。这种防水混凝土施工较为方便,若使用得当,一般能满足隧道衬砌的防水要求。膨胀水泥防水混凝土,其孔隙率小,毛细孔径小,因而抗渗性高,按施工情况可用于隧道衬砌的拱墙接缝处。目前,工程上后两类应用较多,尤其是外加剂的种类繁多,一些尚属复合型,即兼有几种作用。为了满足小盘岭隧道衬砌混凝土在强度、抗渗性、可泵性和价格等方面的要求,进行了防水混凝土的配制试验。

1. 防水混凝土集料试验

实验证明,粗集料对混凝土的性能影响很大,因此有必要对工地使用的粗集料进行筛分析、压碎值、针片状含量和含泥量试验。结果见表3-17～表3-20。

粗集料筛分析试验　　　　表3-17

筛孔直径(mm)	各筛存留质量(g)				各筛累计存留质量(g)	累计筛余(%)	通过量(%)
	I	II	III	平均值			
1	2	3	4	5	6	7	100—(7)
40	730	730	690	716	716	4.77	95.23
31.5	1540	1690	1620	1617	2333	15.55	84.45
25	1120	1090	1490	1233	3566	23.77	76.23
20	990	960	990	980	4546	30.31	69.69
16	2890	2920	2700	2837	7383	49.25	50.75
10	5610	5410	5980	5667	13050	87.00	13.00
5	1900	1930	1400	1743	14793	98.62	1.38
2.5	220	270	130	207	15000	100	0

粗集料(碎石)压碎值试验　　　　表3-18

压后试样总重(g) G_0	2.5mm筛,筛余重(g) G_1	压碎指标值(%) $Q = \dfrac{G_0 - G_1}{G_0} \times 100\%$	平均值
2900	2743	5.3	
2890	2750	4.8	5.0
2900	2755	5.0	

碎石针片状颗粒含量试验　　　　表3-19

试验次数	风干试验总重(g) G_0	各级针、片状颗粒重(g) G_2		针、片状颗粒总重(g) $G_1 = \sum G_2$	针、片状颗粒含量(%) $Q = \dfrac{G_1}{G_2} \times 100\%$
		针状	片状		
1	10000	5.0	180	185	1.9
2	10000	10.0	180	190	1.9
3	10000	7.0	175	182	1.8
平均	10000	7.3	178	186	1.9

粗集料含泥量试验　　　　表3-20

试验次数	洗前烘干试样与浅盘合重(g) G_1	洗后烘干试样与浅盘合重(g) G_2	浅盘重(g) G_3	含泥量(%) $Q = \dfrac{G_1 - G_2}{G_1 - G_3} \times 100\%$	平均
1	10900	10899	900	0.01	0.01
2	10900	10899	900	0.01	

试验结果表明,所选粗集料符合有关规范与标准的要求。

2. F01 防水液防水混凝土试验

F01 防水液是小盘岭隧道设计推荐的混凝土外加剂。在未对坍落度提出特殊要求的情况下,对这种外加剂型防水混凝土进行了试配、强度和抗渗性试验。结果见表 3-21。

F01 防水液防水混凝土试验结果　　　　　　　　　　　　　　　表 3-21

混凝土强度等级	拌制方法	水灰比	外加剂掺量	配合比	材料用量（kg/m³）			坍落度（mm）	养护条件（℃）	28d 抗压强度（MPa）	抗渗指标
					水泥	水	砂	石料				
C30	人工	0.43	水泥质量5%	1:1.76:2.73:0.43	410	176	723	1118	35	20	39.1	
C30	人工	0.43	水泥质量5%	1:1.89:2.80:0.43	393	168	741	1100	35	20	38.2	S9

由表 3-21 可见,F01 防水液性能良好,与当地的水泥具有较好的适应性。但这种防水液生产厂家不在隧道当地,运输和工地贮存不够方便。此外,这种防水液价格较高。

3. 进口防水液防水混凝土试验

在工程当地,常用一种进口防水液配制防水混凝土。为了与国内产品在性能与价格等方面进行比较,对进口的防水液配制的防水混凝土,也进行了强度与抗渗性试验,结果见表 3-22。

进口防水液防水混凝土试验结果　　　　　　　　　　　　　　　表 3-22

混凝土强度等级	水泥强度等级	拌制方法	水灰比	外加剂掺量	配合比	材料用量（kg/m³）			坍落度（mm）	养护条件（℃）	28d 抗压强度（MPa）	抗渗指标
						水泥	水	砂	石料				
C30	42.5	人工	0.46	对水1:40	1:1.76:2.73:0.46	410	189	723	1118	40	20	31.6	S5
C30	42.5	人工	0.46	对水1:40	1:1.89:2.80:0.48	393	187	741	1100	41	20	29.4	

由表 3-22 可见,从强度方面看,水泥掺量（410kg/m³）大的混凝土试件,抗压强度为 31.6MPa,满足 C30 要求;而水泥掺量（393kg/m³）小的混凝土试件,抗压强度为 29.4MPa,不满足 C30 要求。强度试验后,对水泥掺量大的混凝土还进行了抗渗性试验,结果是抗渗指标仅达到 S5,未能达到 S6。

4. 抗渗水泥防水混凝土试验

工程当地一家水泥厂生产了一种专门用于配制防水混凝土的特种水泥,称其为抗渗水泥。用这种水泥配制防水混凝土施工最为简便,因为它无需任何外加剂,配制方法与普通混凝土的完全相同。用抗渗水泥配制的防水混凝土试验结果见表 3-23。

抗渗水泥防水混凝土试验结果　　　　　　　　　　　　　　　表 3-23

混凝土标号	水泥强度等级	拌制方法	水灰比	外加剂掺量	配合比	材料用量（kg/m³）			坍落度（mm）	养护条件（℃）	28d 抗压强度（MPa）	抗渗指标
						水泥	水	砂	石料				
C30	52.5	人工	0.47		1:2.01:3.11:0.47	362	170	728	1126	30	20	42.8	
C30	52.5	人工	0.50		1:2.06:3.32:0.50	346	173	749	1111	32	20	36.9	S9

由表 3-23 可见,由于抗渗水泥本身强度等级为 52.5 级,在强度试验中,即使水泥掺量 346kg/m³,其 28d 强度仍达到 36.9MPa。之后对水泥掺量 346kg/m³ 的混凝土试件进行抗渗试

验,结果是其抗渗性也相当好,到抗渗试验人为中止,混凝土试件的抗渗指标已达到 S6。遗憾的是,厂家要求这种水泥必须大批量生产,而这一要求比隧道衬砌混凝土的水泥用量要大很多。

5. 木钙防水混凝土试验

木钙即木质素磺酸钙,它是造纸厂的副产品。作为混凝土的一种外加剂,它具有良好的减水作用,用其可配制减水剂型防水混凝土。木钙的掺量范围一般为 0.1% ~ 0.3% 水泥用量。在此条件下,混凝土可缓凝 1~4h,减水率为 8% ~ 10%,引气性可增加 5%,可节约水泥 5% ~ 10%。我国著名的大瑶山铁路隧道,以木钙为混凝土外加剂,使集料坍落度增加,水泥用量减少,并使混凝土抗渗性增强,取得了较好的技术经济效果。为了给小盘岭隧道衬砌混凝土寻找物美价廉的外加剂,对木钙外加剂混凝土进行了试验,由于木钙掺量偏大,两种掺量分别为 0.3% 和 0.4%,结果待 7d 后脱模时,试块均无强度,此试验失败。

6. 强流化 FS 防水剂防水混凝土试验

强流化 FS 防水剂是一家外加剂专业厂家生产的复合型防水剂,为了满足泵送要求,这种防水剂在常规配方的基础上,加入了流化组分,使混凝土集料的流动性增强,即坍落度增加。在对这种外加剂进行试验时,要求坍落度不小于 12cm。试验结果见表 3-24。

强流化 FS 防水剂防水混凝土试验结果　　　　表 3-24

混凝土强度等级	水泥强度等级	拌制方法	水灰比	外加剂掺量	配合比	材料用量(kg/m³)			坍落度(mm)	养护条件(℃)	28天抗压强度(MPa)	抗渗指标
						水泥	水	砂	石料				
C30	42.5	机械	0.40	水泥质量3%	1:1.98:2.32	419	166	828	973	121	20	36.5	S16
C30	42.5	机械	0.40	水泥质量4%	1:1.98:2.32	419	166	828	973	128	20	35.3	S16

小盘岭隧道衬砌防水混凝土的配制方法是通过大量的试验后,经过对材料的性能和到场价格等指标的综合比较后,最终选定强流化 FS 防水剂配制防水混凝土。试验表明,外加剂与当地的水泥及其他原料有相互适应这样的问题,不能将外地的试验结果生搬硬套,否则容易出现意想不到的质量问题。由于所有的试验都是委托专业实验室完成的,费用较大,所以对于选定的配方与配比,没有进一步优化。

第八节　衬砌施工缝与变形缝

渗漏是山岭隧道的最常见的病害之一。为了提高山岭隧道的防水性能,国内外学者做了大量的科研、试验工作,取得显著的效果,尤其是防水混凝土的应用,大大改善了隧道渗漏水状况。目前,只要防水混凝土衬砌施工质量得到保障,渗水一般都不会从混凝土表面透出,施工缝与变形缝成为隧道渗漏水的多发部位。

山岭隧道施工缝与变形缝防水主要有两种方法:一是在施工缝设置膨胀橡胶止水条、在变形缝设置止水带;二是施工缝、变形缝均采用可排水止水带。从防水效果来看,可排水止水带能够"堵排结合",做到无压止水,能够避免止水条在垂直面上因施工缺陷而普遍发生的渗漏水现象。

一、膨胀橡胶条防水

使用遇水膨胀橡胶或膨润止水条防水是施工缝防水的常用措施,对于水平施工缝,能有效地解决渗漏问题。这一方法在工程设计中已得到了大量的成功应用。

1. 遇水膨胀定型密封材料

遇水膨胀定型密封材料是以改性橡胶为主要原料(以多种无机及有机吸水材料为改性剂)而制成的一种新型条状防水止水材料。改性后的橡胶除了保持原有橡胶防水制品优良的弹性、延伸性、密封性外,还具有遇水膨胀的特性。但结构变形量超过止水材料的弹性复原时,结构和材料之间就会产生一道微缝,膨胀止水条遇到缝隙中的渗漏水后,其体积能在短时间内膨胀,将缝隙胀填密实,阻止渗漏水通过。所以,膨胀止水条能在其膨胀倍率范围内起到防水止水的作用。

以 SPJ 型遇水膨胀橡胶为例,它是采用亲水性聚氨酯和橡胶为原料,用特殊方法制得的结构型遇水膨胀橡胶。在膨胀率 100%~200% 之内能起到以水止水的作用。SPJ 型遇水膨胀橡胶的技术性能指标见表 3-25。

SPJ 型遇水膨胀橡胶技术性能指标 表 3-25

项 目	性能指标	项 目	性能指标
邵氏硬度(邵尔 A)(度)	40±5	拉伸永久变形(%)	≤15
扯断强度(MPa)	≥4	静水膨胀率(%)	≥200
伸长率(%)	≥600	膨胀扯断强度(在膨胀 100% 时)(MPa)	≥0.5
膨胀延伸率(10d)(%)	≥260		

注:膨胀倍率可根据需要调节,其物理性能随着倍率增加而相应下降。

2. 防水处理

(1)用 SPJ 型遇水膨胀橡胶对施工缝进行防水处理

SPJ 型遇水膨胀橡胶除了具有一般橡胶制品的性能外,还具有遇水后自行膨胀的特征。在膨胀率 100%~200% 的范围内将混凝土裂缝堵塞而起到止水作用。具有施工方法如下:

①清理混凝土施工缝基层。混凝土浇筑完并脱模后,用钢丝刷、凿子、扫帚等工具将基础不平整的部分凿平,扫去浮灰等杂物。

②涂刷黏结剂。将黏结膨胀橡胶的黏结剂均匀地涂刷在清理干净的待黏结基层部位。

③在遇水膨胀橡胶止水条表面涂刷缓膨剂。遇水膨胀橡胶在浇筑下一流水段混凝土的过程中为不影响其使用性能,应避免碰到水。但在浇筑混凝土时,不可避免地会遇到拌和水。为了在混凝土凝固前不使其因遇到拌和水促使其预先膨胀而失去止水效果,应在黏结安装 SPJ 型遇水膨胀橡胶条时,在其周身表面涂刷一层缓膨剂。待到浇筑完混凝土约 24h 后,膨胀橡胶条外层缓膨剂会自动失效,遇水膨胀橡胶就会逐渐恢复其遇水膨胀止水性能。

④固定遇水膨胀橡胶条。遇水橡胶黏结安装后,如不进一步加以固定,很有可能会脱落,特别是位于垂直施工缝和侧立面施工缝的胶条,在浇筑混凝土时,由于振捣而将其震落。所以,还需用水泥钢钉将其钉压固定,水泥钢钉的间隔宜为 1m 左右。

⑤遇水膨胀橡胶条的连接方法。遇水膨胀条用重叠的方法进行搭接连接,搭接处应用水泥钢钉固定。安装路径应沿施工缝形成闭合环路,不得有断点,其作用与闭合回路电流相

类似。

(2)用膨胀止水条或 BW 膨胀橡胶止水条对施工缝进行防水处理

BW 膨胀橡胶止水条是由聚氨酯和膨润土等材料混合加工制成的,其横截面宽为 30mm,高为 20mm。当抗水压力指标为 1.5MPa 时,吸水膨胀率大于 300%,故能在施工缝中遇水膨胀,形成胶黏性密封膏,堵塞渗水孔缝,从根本上截断压力水而起到防止渗漏的效果。BW 膨胀止水条在水泥砂浆中吸收拌和水的膨胀率很小,若将其埋在现浇混凝土中,24h 后打碎混凝土取出止水条,再测其吸水膨胀率,结果证明几乎没有膨胀。所以,不会出现由于吸收现浇混凝土中的拌和水,产生预先膨胀而丧失其阻水抗渗能力的现象。BW 膨胀橡胶止水条的施工方法如下:

①清理基层。与 SPJ 型遇水膨胀橡胶清理基层方法相同。

②粘贴止水条。将 BW 膨胀橡胶止水条沿施工缝伸展开,有包装隔离纸的一面朝上,通过隔离纸向止水条均匀施压,利用其自身的黏性直接粘贴在清洁干净的基面上。粘贴应牢固,且每隔 1m 左右加钉一个水泥钢钉。

③止水条连接方法。止水条的连接应采用搭接的方法,搭接长度在 50mm 以上,搭接头应用水泥钉钉牢。止水条应沿施工缝回路方向形成闭合环路,不得有断点处。

④浇筑混凝土。BW 止水条安装完毕后,即可浇筑混凝土。止水条四周被混凝土覆盖的宽度应在 50mm 以上。如覆盖宽度能得到保证时,也可将两条止水条紧靠在一起用拼接的方法连接,两个拼接头分别用水泥钉固定。

(3)施工注意事项

用 SPJ 型遇水膨胀橡胶或 BW 遇水膨胀橡胶止水条对施工进行防水处理,应在无雨、无雪的晴天施工。如在粘贴完至浇筑混凝土前的一段时间内估计会下雨、下雪时,应停止粘贴。混凝土的浇筑应在止水条未受雨水、地下水浸泡的条件下进行。如在浇筑前,止水条已遭受雨水、地下水或其他水源的浸泡,则应揭起重新粘贴新的止水条。

二、可排水止水带防水

传统止水带、膨胀橡胶止水条在建筑领域的防水效果十分显著,因而被引入到山岭隧道中来,然而应用的效果却并不理想。大量的工程都表明,采用传统止水带与膨胀橡胶止水条,尤其是后者,在隧道循环缝的防水效果较差。一般建筑结构与隧道衬砌结构的施工缝的最主要差异在于:

(1)一般建筑施工缝主要为水平缝,止水带、膨胀橡胶条施工方便,质量容易保证;而隧道衬砌循环缝属于垂直缝,止水带、膨胀橡胶条的安装、固定质量普遍不高。

(2)隧道衬砌每循环衬砌混凝土的端头平整度差,膨胀橡胶条的膨胀幅度难以满足要求;

(3)隧道内环境潮湿、甚至渗漏水严重,膨胀橡胶条在后浇混凝土尚未施工时即已经发生膨胀,导致防水失效。因而,采用这些方法防水的山岭隧道大都不同程度地出现了渗漏现象。从统计情况来看,一般山岭隧道的渗漏主要发生在衬砌环向施工缝(包括变形缝)上,环向施工缝是隧道渗漏防治的重点。

1. 环向施工缝渗漏原因

传统衬砌环向施工缝防水构造主要有两种(图 3-44):一是在衬砌厚度的中部沿环向设置内置式水带;二是在同样的位置设置遇水膨胀橡胶条。两种构造的防水效果不甚理想的主要原因有以下几个方面：

（1）渗水下排不畅

衬砌环向施工缝渗水下排不畅有两种情况：一是沿施工缝环向下排不畅，二是环向施工缝下部下排不畅。

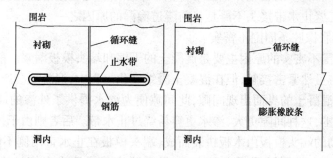

图3-44 常用环向施工缝防水构造

在衬砌基础以上，穿过防水板的渗水常向环向施工缝汇聚。环向施工缝虽然具有一定的宽度和一定的渗水下排能力，但此排水能力往往较小，不能满足渗水下排的要求。特别是在雨季，洞内气温仍然相对较高，由于衬砌线膨胀原因，环向施工缝的宽度较小，使渗水下排阻力加大，造成环向施工缝止水带外侧水压增高，从而引发渗漏。

在全断面一次衬砌情况下，衬砌基础总是先于衬砌施工。衬砌基础施工的分段位置往往与上部衬砌的分段位置不重合，因此，常常在衬砌环向施工缝的下部没有与隧道排水系统相连通的衬砌基础环向施工缝。设想上部衬砌环向施工缝中已经饱水，此水便很难下排，从而在止水带或膨胀橡胶条与防水板之间形成较高的水压，该水压可能会引发施工缝渗漏。诚然，在基础混凝土与防水板之间存在缝隙，但此缝隙极小，难以满足上部环向施工缝渗水下排的要求。忽视环向施工缝渗水的下排是目前隧道防排水设计中普遍存在的问题。

（2）止水带接头不严

在衬砌环向施工缝中设置止水带是环向施工缝防水的基本方法之一。按理说，施工中应在每道环向施工缝中设置一条完整（中间无接头）的止水带，这样才有利于衬砌环向施工缝的防水。但是，如果在衬砌基础施工时把通条止水带预埋，则需要将外露部分架空以免来往运输车辆碾压，这会给隧道施工带来一定麻烦。目前在隧道施工中止水带的设置方法是：先将每道环向施工缝的止水带截成两节或三节；然后在浇筑衬砌基础时，在两侧衬砌环向施工缝位置各预埋一节止水带，并将外露部分顺着隧道边墙放置；最后，在架设衬砌段模板时，将该道环向施工缝的两节或三节止水带相互搭接（图3-45）。这样便在衬砌环向施工缝的止水带上出现了

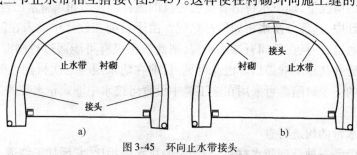

图3-45 环向止水带接头
a）三节止水带搭接；b）两节止水带搭接

接头。如果止水带接头能够严密结合,则渗水将不易直接穿越止水带。事实上,目前工程上使用的止水带多为橡胶止水带,其横断面常有复杂的造型,即使在止水带生产厂家的试验室内也不易将其严密结合。一些工程施工中经常对接头不加整形打磨便象征性地涂以某种胶进行胶合,其黏结效果很差。更多的工程在施工中将止水带在接头处直接搭接,接头的水密性无法保证。因此,环向施工缝止水带接头不严是目前隧道渗漏的原因之一。

(3) 止水带、膨胀橡胶条周围不密实

造成止水带周围不密实的原因主要是混凝土的干缩和端头模板漏浆。前者在混凝土浇注时,混合料与止水带虽然紧密接触,但在混凝土凝结硬化过程中,混凝土会产生一定量的干缩,使止水带与其周围混凝土的界面出现间隙,此间隙便为渗水提供了外渗的通道。特别是在止水带固定钢筋的周围,这种间隙更大,渗水更容易绕过止水带。后者则由于衬砌端头模板构造复杂,一些隧道衬砌的端头模板由木板拼装而成,端头模板在止水带两侧不够严密,混凝土浇注时容易漏浆,使止水带周围混凝土不密实,导致隧道建成后渗水绕过止水带从混凝土中渗出。

在环向施工缝中采用膨胀橡胶条止水是近几年开发的一项新技术,但从实际使用效果来看,该技术目前还存在一定的问题。经实地考察了浙江、重庆等省市的一些采用膨胀橡胶条进行环向施工缝防水的公路隧道来看,部分隧道在建成后不久便出现了严重渗漏。事实上,隧道建成后随着季节的更替,当气温升高时衬砌段伸长,当气温降低时衬砌段收缩,环向施工缝也随之相应地闭合张开,同时膨胀橡胶条也经历了一个加载、卸载周期。一年之中,隧道围岩内的地下水也有丰水期和枯水期之分。在丰水期,膨胀橡胶条会遇水膨胀;在枯水期,膨胀橡胶条会失水收缩。在如此复杂的工作环境下,遇水膨胀橡胶条很难有效地发挥作用,最终势必导致膨胀橡胶条与衬砌环向施工缝两侧混凝土间出现间隙,使渗水沿此间隙渗出,引发环向施工缝渗漏。由此可见,在环向施工缝中采用遇水膨胀橡胶条止水技术尚待进一步研究、改进。

2. 环向施工缝渗漏预防

传统的环向施工缝渗漏预防方法,不论是在环向施工缝内设置止水带,还是在环向施工缝内设置膨胀橡胶条,其基本思想都是严密封堵,实践证明效果不佳。事实上,大家熟知的"排堵结合"的地下工程渗漏治理原则也应体现在环向施工缝渗漏的预防中,应采用新材料、新工艺对环向施工缝中的渗水"先排后堵",并保证排则通畅,堵则严密。

(1) 可排水中埋式止水带

① 可排水止水带应用试验

隧道的防排水体系具有圈层构造,其目的在于层层设防,多道排泄。众所周知,在地下水不能穿越防水层的情况下,地下水将沿着前已述及的流程外排。如果有水已经穿越了防水层,在当前流行的设计中,这部分渗水将如何排除呢?由于目前在设计中尚未在防水层与二次衬砌之间设置排水通道,一旦在其间有渗水出现,则此渗水极有可能通过衬砌混凝土渗出,或横向流至衬砌施工缝并从施工缝渗出。由此可见,目前在防水层与二次衬砌之间没有设置排水通道是隧道设计的一个缺陷。可采用在施工缝中设置可排水中埋式止水带的方法对此设计问题进行处理。

② 可排水止水带的构造特点

可排水止水带是一种新型防水材料,与传统的止水带相比,它增加了绕道、排水通道、止浆滤水带和翼缘等一些构造(图 3-46),使之具备了堵水、排水两项功能。

在使用时,将可排水止水带安装在施工缝中间。由于增加了翼缘部分和止水带两端的加厚端,使止水带与混凝土黏结更加紧密。翼缘的凸起构造,可以有效防止渗水沿着止水条与混凝土的接触面缓慢渗透。绕道的设置使止水带形成了一个中央排水通道,排水通道与隧道排水体系连接,可以将渗水通畅地排到隧道排水体系中,做到无压止水。止浆滤水带的主要作用是防止水泥浆进入排水通道,堵塞通道;同时滤水带又是透水材料,施工缝渗水可以很方便地渗透过滤水带,进入排水通道。

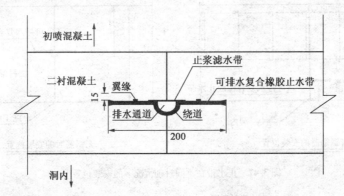

图 3-46　可排水止水带的构造(尺寸单位:mm)

③可排水止水带的施工工艺

为了保证安装质量,实现设计的堵水、排水功能,可排水止水带对安装工艺提出了新的要求。除了要保证在安装中止水带与混凝土黏结牢靠、安装平整之外,还应保证整个排水体系的完整性、畅通性。

a. 可排水止水带的安装要求

• 止水带的中央排水通道应当与施工缝对齐。这样才能保证从施工缝中出来的渗漏水被止水带堵住后能够透过滤水带流入排水系统。

• 止水带的下部必须与排水管连接牢靠、畅通。只有这样,才能保证渗漏水顺畅的进入纵向排水管排出洞外。

• 避免在施工时截断止水带。应当尽量做到一条施工缝一条止水带,避免搭接,这样可以避免接头位置的安装缺陷。

b. 可排水止水带的安装

模板台车定位以后,将整条的止水带展开,先放置于衬砌台车上,随着端头模板的安装,逐步固定止水带。在不同级别的围岩中,由于隧道衬砌形式的不同,止水带在衬砌中的位置也略有不同。如图 3-47,对于无衬砌钢筋的二次衬砌,止水带尽量安装在衬砌厚度中间;对于有衬砌钢筋的情况,为了操作方便,止水带一般不要求从钢筋网中穿过,而是略微偏向洞内方向,但是必须保证有足够的保护厚度,一般要大于 15cm,不小于 10cm。

止水带在端头模板上的固定是止水带安装的关键。止水带固定的好坏,直接关系到止水带在衬砌中是否基本垂直于施工缝,是否能使排水通道与施工缝吻合。比较有效的几种固定方法及其优缺点如下:

• 用铁丝固定,如图 3-48 所示。

这种方法首先用细铁钉将止水带的一侧钉于端头模板,另一侧用 8 号铁丝牵引,固定于端头模板顶在防水板上的一端,同时 8 号铁丝的另一端穿过止水带,绕圈后反扣于止水带上。该方法操作简单,通过 8 号铁丝的反扣,可以保证埋在混凝土中的一半止水带保持与施工缝的垂直。安装时应当注意,铁钉和铁丝穿孔的位置都不能在止水带翼缘以内,防止破坏止水带。

- 用扎丝固定,如图 3-49 所示。

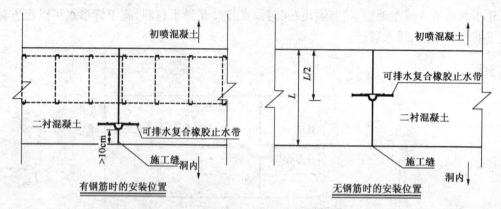

图 3-47 止水带在不同衬砌情况下的安装位置

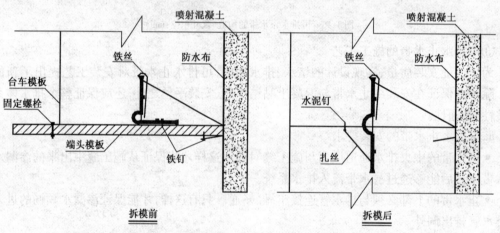

图 3-48 铁丝固定方法

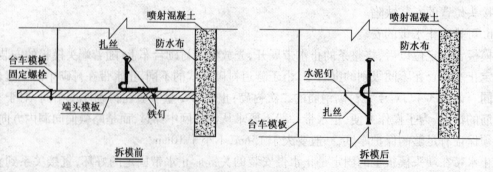

图 3-49 扎丝固定方法

这种方法基本上类似于前一种方法,主要用扎丝取代了 8 号铁丝,节省了材料。同时,扎丝的固定位置也有所改变。由于扎丝较软,可以很方便的固定于端头模板上的钉子上。相比较而言,这种方法在保持止水带平整、与施工缝垂直方面不如前一种方法。

- 钢筋固定方法。钢筋固定方法源于传统止水带的安装工艺,在试验中尝试了三种不同的钢筋固定形式,如图 3-50～图 3-52 所示。

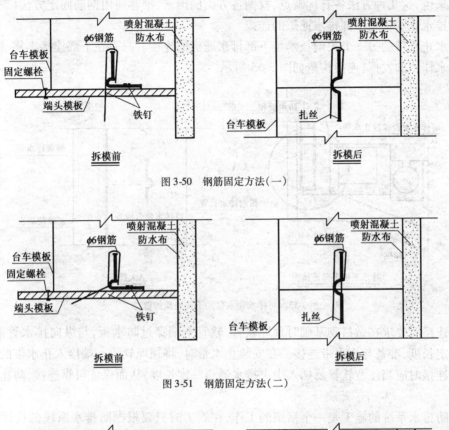

图 3-50　钢筋固定方法(一)

图 3-51　钢筋固定方法(二)

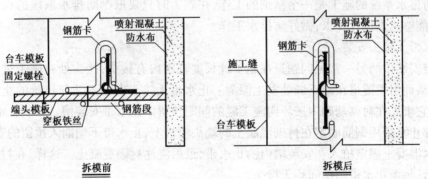

图 3-52　钢筋固定方法(三)

钢筋固定方法采用φ6 钢筋固定。此方法只要安装可靠,就可以很好地保持止水带的位置和形状。但是,由于钢筋较铁丝和扎丝强度高,不容易弯制。因此较前两种方法对安装工人的技术和责任心要求较高。相比较而言,方法(三)中钢筋卡形状和尺寸规范,可以预制成型,施工时只需按要求安装即可,施工方便、规范。

另外,钢筋卡由于本身强度和形状的制约,浇筑混凝土后,可以很好地保证止水带与施工缝的垂直;拆模后,先将钢筋卡外露段扳直,并用其将自然伸直的止水带外露部分卡紧。这样就能保证在下一模浇筑混凝土的过程中止水带不走形,从而保证了止水带功能的良好发挥。并且,由于在上一模浇筑过程中,钢筋卡没有出露部分,避免干扰施工,容易保证施工质量。

总的来说,这几种方法各有优缺点,权衡各方面的因素,推荐使用钢筋固定方法(三)。

④可排水止水带与下部排水通道的连接

可排水止水带的另一个关键技术是下部排水通道的连接。只有在下部连接牢靠、畅通,才能保证排水作用的发挥,连接构造如图3-53所示。

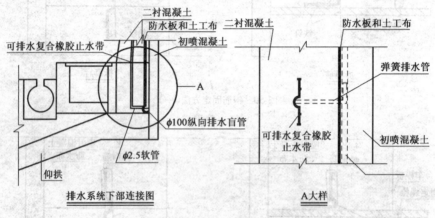

图 3-53 可排水止水带的下部连接构造

下部连接时要求在做衬砌基础时预埋软管,软管下端穿过防水板,与纵向排水管搭接,上端预留一定长度,准备与止水带连接。在安装止水带时,将预埋软管一端接入止水带的中央排水通道。连接时应当注意软管要插入中央排水通道一定长度,从而保证可靠连接,防止水泥浆堵塞。

隧道防排水系统的施工是一个精细的工作,在施工时只要根据防排水系统的设计原理精心施工,就能够达到设计要求,做好防排水工作。

⑤止水带无接头安装

止水带安装中的另一常见问题是在施工缝长度范围内有接头,接头处在施工过程中无法严密搭接,从而引发隧道在施工缝处发生渗漏。止水带无接头安装工艺与传统的止水带安装工艺不同,它事先在衬砌基础内按环向施工缝的间距预留了止水带安装槽。安装止水带时,先通条将上部止水带用钢筋固定在衬砌混凝土的端头模板上,止水带下端插入预留的安装槽内,然后用防水混凝土固定植入在安装槽内的止水带,最后浇注衬砌混凝土。这样,在衬砌混凝土施工结束后,每条止水带的中间均无接头。

(2)可排水背贴式止水带

传统的中埋式止水带难以安装,上述的可排水中埋式止水带虽然在安装方面有所改进,但仍嫌复杂。背贴式止水带的最大优点是易于安装,但既有的背贴式止水带存在以下不足:①不具备衬砌壁后的排水功能或排水能力较差,容易使衬砌壁后水压较大并导致隧道渗漏水;②背水面上的止水条材质柔软,混凝土浇筑过程中易被压倒而不能发挥其正常止水功能;③造型使渗水由衬砌壁后至工程缝的沿程阻力较小,地下水容易沿止水带面向衬砌的一侧渗出。为了克服既有背贴式止水带的上述不足,吕康成[16]设计了梯形背贴式排水止水带,其断面如图3-54所示。该止水带优点有两个:一是给背贴式止水带也赋予了排水功能;二是在消耗同样材料的情况下,提高了止水带的抗渗阻力。

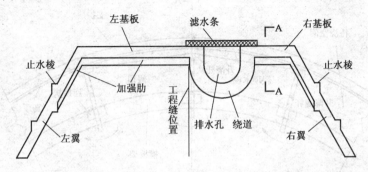

图 3-54　梯形背贴式排水止水带横断面示意图

由图 3-54 可见,止水带横断面的中部留有排水孔,排水孔的上方贴有滤水条。当渗水在衬砌壁后流向施工缝时,渗水在止水带的两侧边沿有两种可能的流程:一是沿止水带的迎水面经滤水条进入排水孔,经排水孔流入隧道的排水系统;二是沿止水带与衬砌混凝土的界面流向工程缝。由于前者的水流阻力远远小于后者,且在止水带的迎水面上没有较高的水压,所以水流很难从后者渗出。

值得强调,背贴式止水带存在以下的共性问题:
①在隧道顶部,由于衬砌混凝土浇筑困难,止水带封水不严。
②随隧道支护后的轮廓变化,止水带长度规格不定。

有鉴于此,背贴式止水带的应用必须慎重。建议在对隧道顶部采取了适宜措施后,可在有拱架支护的衬砌施工缝防水中应用。在隧道衬砌混凝土模板台车加装局部人工假顶装置是可供借鉴的一种改进背贴式止水带安装的方法。该方法能在保持背贴式止水带容易安装优点的同时,有效解决隧道顶部背贴式止水带周围混凝土不易密实的问题。

隧道施工缝背贴式止水带人工假顶由两部分组成:假顶木板和升降装置。假顶木板在隧道中线两侧各一块(图 3-55)。升降装置有三组,每组由三个基本组件构成,即升降托板、升降螺杆和连接块。升降装置下部的连接块与隧道衬砌模板台车的端头钢架相连(图 3-56)。人工假顶这样使用:衬砌混凝土模板台车就位后,用手柄旋转升降螺杆,使其带动升降块上升。待升降块接近隧道顶部时,将两块假顶木板放于升降快上,然后再旋紧升降块,固定好人工假顶。此后,用常规方法安装背贴式止水带,并浇筑衬砌混凝土。由于人工假顶的存在,在隧道顶部背贴式止水带被埋入混凝土一定的深度,使止水带周围的混凝土容易密实。衬砌端头模板拆除方法与常规的相同,只是端头模板拆完后,需旋下升降托板,取下假顶模板。设置人工假顶既保留了背贴式止水带易于安装的优点,在隧道顶部又取得了中埋式止水带的防水效果。在隧道有拱架支护或成形规矩的支护条件下,采用人工假顶技术辅助背贴式止水带安装可方便隧道施工并提高施工缝的抗渗性。

(3)碟形中埋式止水带

由上文可知,中埋式止水带具有很强的适应性。吕康成[16]研发了一种新型隧道与地下工程施工缝中埋式止水带——蝶形可排水止水带。其横断面如图 3-57,断面形似蝴蝶,故而命名之。它因具有蝶形断面而极易安装并准确就位,还能通过自身带有的排水通道排水降压,间接提高施工缝的抗渗能力。

①蝶形止水带的结构与特点

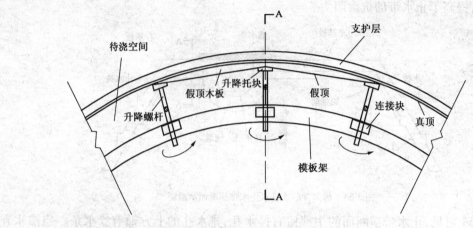

图 3-55 隧道施工缝人工假顶结构示意图

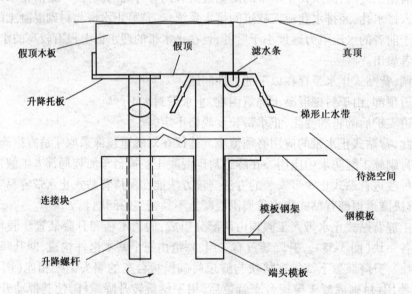

图 3-56 A-A 断面示意图

蝶形止水带由橡胶主体和滤水布条(图 3-57)组成。在主体上有四支蝶翼:左上翼、右上翼、左下翼和右下翼。上下翼之间为中肋。滤水条粘贴在上翼的三角区之间,在三角区留出排水孔道。

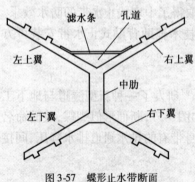

图 3-57 蝶形止水带断面

②蝶形止水带的加工

根据具体工程的要求,蝶形止水带可用两种材料加工生产,即传统的橡胶材料和热塑性弹性体(简称 TPR)。无论是用橡胶还是 TPR,均应满足工程对止水带材料性质的要求。

a. 橡胶止水带

由于造型特殊,用橡胶挤出硫化法加工蝶形止水带十分困难。经过反复试验后,采用模压硫化法加工,并且只能分部加工,然后胶合而成。即,将中肋沿左右中线一分为二,左右上翼为一整体,并带一半中肋,称为蝶头带;左右下翼为另一整体,并带另一半中肋,称为蝶尾带。分别制作模具加工蝶头带和蝶尾带,然后将左半中肋和右半中肋胶合,即可形成图3-57所示的蝶形止水带。事实上,为了模压硫化后脱模方便,中肋的分割线并非中肋的垂直平分线,而是过中肋横断面中点与垂直平分线有微小夹角的分割线。

b. TPR 止水带

热塑性弹性体也称热塑性橡胶,是一种兼具橡胶和热塑性塑料特性、在常温显示橡胶高弹性、高温下又能塑化成型的高分子材料。也是继天然橡胶、合成橡胶之后的所谓第三代橡胶,简称 TPR 或 TPE。热塑性弹性体聚合物链的结构特点是由化学组成不同的树脂段(硬段)和橡胶段(软段)构成。硬段的链段间作用力足以形成物理"交联",软段则是具有较大自由旋转能力的高弹性链段;而软硬段又以适当的次序排列并以适当的方式连接起来。硬段的这种物理"交联"是可逆的,即在高温下失去约束大分子组成的能力,呈现塑性。降至常温时,这些"交联"又恢复,起类似硫化橡胶交联点的作用。正是由于这种聚合物链结构特点和"交联"状态的可逆性,热塑性弹性体一方面在常温下显示硫化橡胶的弹性、强度和形变特性等物理机械性能,可替代一般硫化橡胶制造某些橡胶制品;另一方面,在高温下硬段会软化或熔化,在加压下呈现塑性流动,显现热塑性塑料的加工特性。热塑性弹性体在加工应用上有以下特点:

- 可用标准的热塑性塑料加工设备和工艺加工成型,如挤出、注射和吹塑等。
- 不需硫化,减少硫化工序,能耗低,工艺简单,生产效率提高,加工费用低。
- 边角废料可回收使用,节省资源,对环境保护有利。

由于热塑性弹性体具有上述优点,在塑料挤出机上试验了用 TPR 加工蝶形止水带。试制的样品成型规矩,生产效率高,成本低,对环境无污染。

c. 粘贴滤水条

滤水条为质地较密的土工布,其作用是止浆滤水。在混凝土浇筑时,水泥浆不能进入排水孔。工程运营后,渗水可通过滤水条由孔道下排。粘贴前,须将止水带主体的上翼三角区打毛,再用专用胶将土工布与主体胶合。

③蝶形止水带安装

a. 蝶形止水带在端头模板上的固定

安装时,在衬砌的厚度中央,从止水带的中肋按压止水带至端头模板表面,并使与模板相贴的左上翼和左下翼展平,隔一定的间距用钢钉将止水带固定在端头模板上(图3-58、图3-59)。混凝土浇筑时,外露的右上翼与右下翼被埋于混凝土内,并进一步将中肋压向端头模板。拆除模板后,先前被压平的止水带左上翼与左下翼会因橡胶的弹性而恢复原有形状,使左上翼与左下翼外露(图3-60)。下一段衬砌浇筑后,蝶形止水带便被置于所封堵的施工缝中央,并在迎水一侧由上翼三角区和滤水条围成一道排水孔。蝶形止水带工作时,若地下水沿施工缝流向止水带,止水带的上三角区将阻止水流沿原有方向流动,水流在重力的作用下,沿排水孔下流。如果工程对象没有排水系统,蝶形止水带的上翼将先行堵水,若该防线被突破,蝶形止水带的下翼将继续封堵,双重封堵能提高施工缝的防水可靠性。

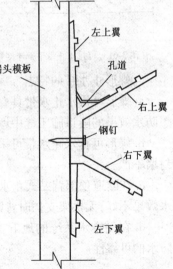

图3-58 蝶形止水带安装示意图

图3-59 实际安装照片

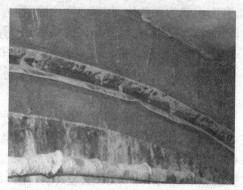
图3-60 端头模板拆除后的照片

b. 蝶形止水带无中间接头安装工艺

若止水带施工时在其沿线的某一位置存在接头,则该位置容易出现渗漏水。对于有排水系统的隧道,止水带无接头安装工艺与传统的止水带安装工艺不同,它事先在衬砌基础内按环向施工缝的间距预留止水带安装槽。安装止水带时,用上述方法先通条将上部止水带固定在衬砌混凝土的端头模板上,止水带下端插入预留的安装槽内,并使蝶形止水带的排水孔与下部的波纹排水管连通。然后用防水混凝土固定植入在安装槽内的止水带(图3-61)。最后浇筑衬砌混凝土。这样,在衬砌混凝土施工结束后,每条止水带的中间均无接头,并且每条环向施工缝上都有一道通向隧道排水系统的排水孔。

对于全包的地下工程,蝶形止水带可加工成封闭的环形,也可实现无中间接头安装。

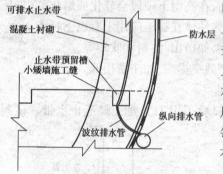
图3-61 可排水止带下部连接构造

④蝶形止水带的特点

a. 蝶形可排水止水带具有特殊的外形构造,便于安装、能实现先排后堵,是一种能取得理想防水效果的隧道施工缝中埋式止水带。

b. 蝶形可排水止水带可采用无中间接头施工工艺设置,以免因中间接头而导致的施工缝封堵不严。

c. 在隧道顶部背贴式止水带周围不易密实。有拱架支护时背贴式止水带尚可应用,但防水效果不好;无拱架支护时背贴式止水带不宜使用。

d. 在无排水系统的地下工程中,蝶形止水带无需滤水条,其上下双翼止水能提高施工缝防水的可靠性。

第九节 隧道分区防水

在城市地铁区间隧道修建中,隧道的埋深通常在地下水位以下,隧道周围的地下水不能像山岭隧道那样通过纵向排水管自然排出,所以城市地铁区间隧道经常采用封闭型(全包型)防水方式,即用防水层在隧道横断面将隧道全周包裹。在这种情况下,为了防止已经穿过防水层的渗水在衬砌段背后沿隧道纵向窜流,并从衬砌防水的薄弱环节渗漏至隧道净空,工程界开发了分区防水技术。其指导思想是,在隧道铺设了防水层后,在防水层上每隔一定的间距粘贴或焊接垂直于防水层的止水条带,然后浇筑衬砌混凝土。由于止水条带具有一定的高度和刚度,即使有的衬砌段背后有渗水,这些渗水也只能在一定的范围内纵向窜流。如果在一个防水分区内恰巧衬砌混凝土的防水性能很好,那么即使在该分区内防水层有损伤,该分区也不会发生渗漏,从而大大地降低了隧道渗漏的机会。最近,分区防水技术也在一些山岭隧道的防水中得到应用。

依据分区防水的指导思想,工程上有不同的具体实施方法。目前,在山岭公路隧道中常用的有分贴止水条法和背贴止水带法。

1. 分贴止水条法

分贴止水条法阻止渗水沿隧道纵向窜流的材料是几何上呈线状的塑料条带,该条带在其横断面上呈"凸楞"状。施工时,用热合法或冷黏法将其固定在防水板上,并保证在止水条与防水板之间的结合缝密不透水(图3-62)。在浇筑衬砌混凝土后,"凸楞"状止水条的躯干置于混凝土中,两个止水带间为一个防水分区。因为环向施工缝常是隧道渗漏水的发生位置,所以"凸楞"止水条一般固定在环向施工缝两侧各0.5m的范围内。目前工程上应用的此止水条的高度为50mm、宽度为10mm。

2. 背贴爪式止水带法

背贴爪式止水带法的断面形状如图3-63。在隧道衬砌模板就位前,在衬砌施工缝的位置,用热合法或冷黏法将止水带固定在防水板上,同样要保证止水带与防水板的界面密不透水,然后将衬砌混凝土的端头模板尽量地置于止水带的宽度中央,然后浇筑衬砌混凝土。施工结束后,背贴爪式止水带既防止了施工缝的渗漏水,又阻止了衬砌段之间渗水的纵向窜流。目前,工程上采用的背贴爪式止水带材质多为PVC,止水带的宽度一般在300mm左右,爪高50mm。

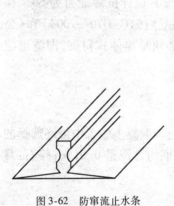

图3-62 防窜流止水条

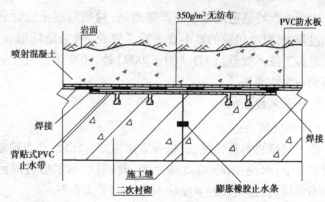

图3-63 背贴式止水带

3. 分区防水的进一步完善

分区防水可较好地预防渗水在防水板与衬砌混凝土之间的纵向窜流,减少隧道的渗漏水机会。但从设计理念上与施工操作上仍有进一步完善的必要。

(1) 分区内设渗水下排通道

目前山岭隧道的防水分区是以衬砌段为单位进行的。如果在一个分区内渗水已经穿过防水板,按照目前的设计,这部分渗水无下排的通道,渗水便一直在防水板与衬砌之间积聚并可能将其压力升高。长期在高压水的作用下,该衬砌段可能会发生渗漏。因此,有必要在防水分区内,即一个衬砌段内,至少设置一根向下的排水管。这样,只要该分区内的水压达到一定程度,排水管势必导通,从而减少渗水压力并进而防止隧道渗漏。

(2)完善止水条、带安装工艺

目前,分区防水的止水条、带安装时均在已铺设的防水板上进行。由于隧道内的施工条件较差,不论是用热合法还是冷黏法,施工效果都不甚理想。理论上希望的防水板与止水条、带之间的密不透水在工程上往往难以做到。特别是一些工程过分依赖分区防水而忽视了施工缝的严密设防,从而导致环向施工缝渗漏。因此,有必要考虑止水条、带的工厂化安装。此外,实施精细施工,给止水带准确定位也是保证施工质量的重要措施。

第十节 一般山岭隧道防排水实例

一、小盘岭隧道防排水

隧道的混凝土衬砌,既是外力的承载结构,也是防水的最后一道防线,因此要求衬砌既要具有足够的强度,同时还要具有一定的抗渗性。吉林省地处我国东北寒冷地区,20世纪80年代末至90年代初,先后修建了密江隧道、五虎岭隧道和延吉—图们二级公路上的小盘岭隧道,其中的密江隧道和五虎岭隧道均出现了严重的渗漏与冰冻问题,造成了巨大的经济损失,并对衬砌结构的长期稳定构成了潜在威胁。为了解决吉林省公路隧道的防水防冻问题,给待建的24km公路隧道积累工程经验,吉林省长吉高速公路建设局联合长安大学,以延吉—图们高速公路上的小盘岭隧道为试验隧道,进行了公路隧道防渗漏防冻胀试验研究[15]。

1. 工程概况

由于小盘岭隧道地处东北严寒地区,衬砌混凝土设计强度C30,设计抗渗能力为S6。在施工过程中,对承包商的基本要求除了要符合《公路隧道设计规范》(JTG D70—2004)和《公路隧道施工技术规范》(JTJ F60—2009)外,还要求混凝土衬砌必须是整体式衬砌,即隧道应全断面一次性灌注。

2. 防水混凝土配制

(1)原材料

经过对原材料从性能、价格等方面的综合比较,小盘岭隧道衬砌混凝土施工中最终选择的原材料如下:水泥:庙岭42.5级水泥;砂:当地布尔哈通河河沙,平均含泥量0.01%;碎石:月晴碎石场供料,最大粒径40mm;外加剂:FS防水剂。

(2)配合比

水灰比:0.4;外加剂掺量:3%水泥质量;配合比:水泥:砂:碎石=1:1.98:2.32。

采用上述材料和配合比,混凝土混合料的坍落度为121mm,满足泵送要求;混凝土28d抗压强度为36.5MPa,大于C30,较设计值安全;抗渗压力达1.6MPa,远远大于S6的抗渗压力,抗渗性储备也较大。

3. 施工设备

保证混凝土衬砌施工质量和施工进度的重要因素是施工队伍的设备装备水平。小盘岭隧道的施工承包商在混凝土衬砌施工中都采用较为先进的设备。

（1）模板台车

承包商都根据小盘岭隧道的断面几何特点，加工制造了电动液压大模板台车，台车长12m，每块大模板2m×1.5m，一次性拼装，整体移动。台车上每隔一定间距留有进料口，进料口兼作振捣窗。为了使延吉侧洞口开挖后能及时衬砌，承包商还加工了小型模板拱架，并采用小规格钢模板辅助性地由延吉侧洞口向内衬砌。采用大小模板结合的方法，充分利用了隧道衬砌施工中的空间与时间。

（2）混凝土输送泵

为了提高工效，并保证混凝土的灌注质量，小盘岭隧道采用液压活塞式混凝土输送泵，其技术参数为：输送效率，20m³/h；输送管道直径，203mm；最大水平输送距离，250m；最大垂直输送高度，40m；混凝土坍落度，4~12cm。实践证明，所选混凝土输送泵性能可靠，工作效率较高，在施工中取得了较好的使用效果。

4. 施工准备

（1）开挖轮廓检查

隧道开挖后，围岩壁面凹凸不平，经整形和锚喷支护，一般说来，隧道开挖断面形状和尺寸都能满足设计和施工要求。但有时会因开挖毛面欠挖，或是围岩变形较大，使隧道轮廓局部严重外凸，壁面不够平顺，若不及时处理，就会造成衬砌混凝土厚度不足或不能振捣密实。所以在小盘岭隧道防水层铺设之前，利用激光束与尺量，对衬砌混凝土施工前的隧道实际轮廓进行检测。如果凸出部分基面已侵入衬砌断面，则在浇注前对其进行处理，以保证衬砌混凝土厚度。

（2）防水板检查

防水板铺设后，一般都要经过一段时间才能进行混凝土的浇注。此间会因各种各样的原因，使防水板的完好性遭到破坏，所以在混凝土浇注前，应再次对防水板进行检查。在小盘岭隧道中，对防水板的检查内容与具体方法是：

①用手托起塑料板，看其是否与喷射混凝土密贴。在拱顶，在1m范围内塑料板不得下凹或呈水平状。

②塑料板是否有被划破、扯破、扎破等破损现象。

③接缝处是否胶合紧密，有无漏涂胶现象，搭接宽度必须大于5cm。

④检查修补块是否严密，胶结强度能否满足施工要求。

（3）模板台车定位

模板台车在专用轨道上行走，定位以隧道中线为准，用液压千斤顶调整就位。要求模板台车和拱架的左右、高低偏差不大于2mm。

（4）止水带检查

二次衬砌浇筑时总是由外向内或由内向外从一个方向一环一环地逐步推进。对于每一衬砌环节来说，一端的止水带已固定在先浇的一环衬砌的端头，而一端止水带则在后浇的一环衬砌端头由挡头板固定。为了保证小盘岭隧道止水带预埋位置准确，施工中首先检查止水带安装的横向位置，用钢卷尺量内模到止水带的距离，与设计尺寸相比，偏差不应超过5cm。其次检查止水带安装的纵向位置，通常止水带以施工缝或伸缩缝为中心两边对称，即埋在相邻两衬砌环节内的宽度相等的。用钢卷尺检查，要求止水带偏离中心不能超过3cm。在施工中还发现止水带与衬砌端头模板不正交,浇筑混凝土前用角尺对此也进行了检查,以免降低止水带在两侧的有效长度,防止影响混凝土的密实度。

5. 浇注方法

以强制式混凝土搅拌机—混凝输送泵—整体式大模板组成的混凝土灌注作业线生产能力大,灌注质量高,可保证混凝土配料准确,搅拌均匀并不产生离析。在施工中,除注意发挥作业线的优势外,还注意了以下几点:

(1) 对称灌注

虽然衬砌模板台车和模板拱架具有较大的刚度和强度,但当受力不合理时也可能出现较大的变形或破坏。小盘岭隧道在衬砌混凝土灌注过程中,为了避免台车或拱架受力不合理,灌注时坚持两侧对称灌注,同时用同样的振动器振捣。

(2) 加强端部振捣

在混凝土混合料的振捣过程中,在保证一般部位振捣质量的前提下,对每个灌注环节的端部进行认真仔细地振捣,以便提高衬砌环节端部混凝土密实度,增加混凝土的抗渗性,确保止水带的安装质量。

(3) 拱顶处理

隧道的顶部是各道施工工序的施工难点,也是隧道防水的重点。在衬砌混凝土浇筑中,对拱顶部位应给予特别重视。在小盘岭隧道施工中,要求在拱顶部拉"满填密捣",精细施工。在顶部,采用回退方式浇捣,混凝土输送泵出口管埋植于混合料中,并用力前后左右蠕动,使混凝土混合料尽量充满拱顶空间,并将下垂的防水层鼓起。退至端部,在端部模板上留出输料管出口,最终从该出口向模板上注入混凝土混合料,并在一定时间内保持一定的压力。

6. 质量管理

(1) 混凝土试验

在混凝土灌注过程中,按照有关规范的要求,按工程量或工作班留设混凝土试块。具体要求是:28d 强度试块,3 组/工作班或 3 组/$30m^3$;抗渗性试块,1 组/$60m^3$。通过混凝土强度试验和抗渗性试验,一方面监控混凝土质量,一方面记录备案。

(2) 平整度与外观检查

衬砌混凝土按规范要求进行养护,当强度达到 5.0MPa 后拆模。对拆模后的衬砌进行平整度检查和外观检查。在小盘岭隧道,平整度的检查频率为每侧间隔 30m 检查 3 处;外观检查的内容是衬砌表面的"蜂窝"麻面,发现问题及时调整或采取措施。

7. 几点建议

(1) 加强端头模板的刚度与强度

目前在隧道施工中,就大模板台车或小模板拱架的刚度与强度而言都是较大的,具有一定的安全储备。但是两者都忽视了衬砌环节的端头模板,导致了整个模板体系中具有薄弱环节。施工中因端头模板质量问题而造成的模板移动和漏浆现象屡见不鲜。因此,有必要将端头模板也纳入钢组件体系,使其具有规则的造型,灵活而密闭的拼装形式。

(2) 拱顶注浆

隧道拱顶是结构受力和隧道防水防冻的重点部件,该部位混凝土的实际充填情况和振捣情况对隧道工程的内在质量至关重要。由于拱顶空间狭小,施工操作不便,加之易受防水板的影响,拱顶混凝土灌注中极易出现质量问题。因此建议在新建隧道中试验注浆方法,即在混凝土灌注过程中,在拱顶灌注表面上预留注浆管,当衬砌混凝土灌注结束后,通过预留注浆管向拱顶灌注砂浆,借此填充混凝土施工中留下的空间,将防水板鼓起,以利结构稳定和防排水。

(3)备好大功率发电机

隧道施工中若因外界电网问题而突然停电,一般情况下仅会对工程进度有所影响,但有时也会对工程质量造成重大影响。混凝土衬砌灌注过程中的意外停电便属于后者。如果停电时间大于混凝土的终凝期,则会在新旧混凝土之间出现明显的结构界面,此界面不仅对衬砌结构的完整性与强度有很大的影响,还会为地下水的渗漏留下通道,从而降低衬砌混凝土的抗渗性。因此,建议将自备发电机的功率加大,使得在外界电网出现故障的情况下,自备发电机仍能进行短时间工作,以便完成一个完整衬砌环节的施工。

二、溪涌隧道防排水施工技术[10]

1.工程概况

溪涌隧道位于深圳东部沿海地区,是一座单向三车道隧道,左线隧道 ZK10+470～ZK11+370,长 900m,右线隧道 YK10+400～YK11+360,长 960m,隧道净宽 13.25m,净高 7.8m。该隧道建设要求标准高,难度大,是盐坝高速公路重点工程之一。由于深圳属亚热带海洋性季风气候,终年温暖湿润,雨量充沛。该隧道地下水丰富,稍有疏漏就可能造成隧道渗漏水问题,因此溪涌隧道的防排水问题就成为了重要课题。

2.溪涌隧道复合式衬砌防排水设计

根据溪涌隧道特点,提出"防排并重、防排结合、因地制宜、综合治理"的原则,把"防"和"排"放在同等重要位置,并不拘泥于当时流行的"以防为主"原则。其中防水原则中的"防"是指工程结构本身或附加防水层等防水措施,使工程具有防止地下水渗入的能力。"排"是指围护结构将渗透水引向排水沟,再用机械或自然方式排出。溪涌隧道防排水结构如图 3-64 所示。

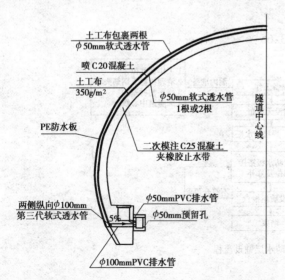

图 3-64　溪涌隧道暗洞防排水设计

溪涌隧道的防水措施,复合式衬砌有内外三层防线:①在隧道爆破开挖后,以喷锚支护为初期支护;②经监控量测确认初期支护基本稳定后,则在喷射混凝土基面上铺设的防水层;③立模灌注的二次衬砌混凝土。

复合式衬砌防水层及二次衬砌混凝土两道防线,二者相辅相成,缺一不可。防水层是不透水、表面光滑的塑料片材,因而它不仅起到防水作用,而且在初期支护喷射混凝土与二次衬砌间起到隔离、润滑作用。这对于二衬混凝土在硬化过程中,其内部发生的温度应力、收缩应力,在初期支护的粗糙表面上就容易发生变形、拉裂。由于在初期支护表面铺设了隔离润滑层,二次衬砌混凝土表面附加应力就很小,就不易产生裂缝,其防水作用就有保证,所以复合式衬砌防水效果就好。

3. 溪涌隧道防水材料的选择

从国内外隧道复合式衬砌防水隔离层材料选择来看,防水板应用较多,选择防水板的基本条件是:

① 有一定的强度,在二次衬砌模筑混凝土灌注前,防水板能承受机械作用而不受损伤。
② 材料具有耐久性。
③ 板间接缝严密可靠。
④ 施工操作简便。
⑤ 具有良好的经济性。

(1) 防水板材料的选择

我们对国内常用的 PVC、EVA、PE 板等主要性能指标进行对比,决定选用 PE 防水板,无钉铺设防水层,板间接缝采取热合焊缝新技术、新工艺,使防水效果最佳。

(2) 垫层材料的选择

对于全封闭防水,垫衬主要作用起缓冲和保护作用。施工过程中,为防止喷射混凝土刺破防水板,用垫衬作为缓冲层,在防水中垫衬起防护、过滤和一定的排水作用。目前,常用的垫衬为无纺布和聚乙烯泡沫塑料。溪涌隧道选用的缓冲层为无纺布。

4. 无钉铺设塑料防水层工艺

(1) 无钉铺设塑料防水层工艺流程见图 3-65:

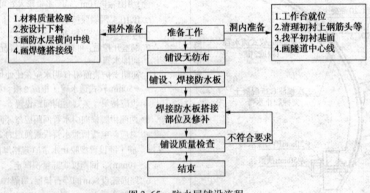

图 3-65　防水层铺设流程

(2) 初期支护基面的处理

① 喷射混凝土基面平整度要求,墙面 $D/L \leqslant 1/6$;拱顶 $D/L \leqslant l/8$(L 为喷射混凝土相邻两凸

面间的距离;D 为相邻凸面间凹进去的距离)。

②割除基面钢筋、管件等尖锐突出物,并在割除部位用砂浆抹成圆曲面,以免扎破防水层。

③隧道断面变化或转弯时的阴角应抹成 $R \geqslant 5cm$ 圆弧。

④底板基面要求平滑,无明显的凹凸起伏。

⑤喷射混凝土强度要求达到设计强度。

⑥防水层施工时基面如有明水应采取措施封堵或引排,如在此处安设一道 $\phi50mm$ 软式透水管;无明水也应间距 10~20m 设置一道环向的软式透水管进行排水,以防以后在此处渗水无法排出。

(3)缓冲层的铺设

①在初期支护的喷射混凝土面上铺设无纺布缓冲层,应事先测算准确,特别是对超挖地段更应事先准备周到,使铺设密贴。

②将无纺布横向中线同隧道中线对齐重合。

③由拱顶向两侧墙进行铺设。

④采用与防水板同材质的 $\phi80mm$ 专用塑料垫压在土工布垫衬上(塑料垫片见图3-66所示),使用射钉或胀管螺丝锚固。

⑤土工布缝搭接宽度不小于5cm。

⑥锚固点应垂直基面并不得超出圆垫衬平面,锚固点呈梅花形布置。间距为拱顶部分 0.5~0.7m,边墙 1.0~1.2m,在凹凸处适当增加锚固点。

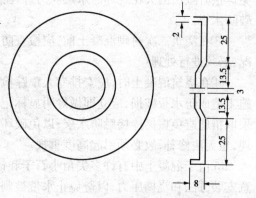

图3-66 特制塑料垫片(尺寸单位:mm)

(4)铺设防水板

①将防水板横向中线同 PE 垫衬中线对齐重合。

②由拱顶向侧墙方向铺设。铺挂时应留出足够的空余量(一般留5%的余量),保证足够的松弛度,避免防水板被混凝土压紧过度,导致防水板固定处拉裂,甚至防水板被拉断裂,造成渗漏水。

③压焊器将防水板热合于塑料垫圈上。

④焊缝连接时,先将两幅防水板铺挂定位,端头各预留20cm,由一人在焊机前方约50cm处将两端防水板扶正,另一人手握焊机,将焊机保持在离初期支护表面 5~10cm 的空中,以调试好的恒定速度向前行走,中途不能停顿,整条焊缝的焊接要一气呵成。

⑤压力热合焊机有温度和速度两个控制因素。焊楔温度高时,焊机行走速度应快;焊楔温度低时,焊机行走速度应慢。应由熟练且有丰富经验的专业人员来负责防水板的焊接才能保证焊缝质量。

⑥防水板板间接缝,用自动爬行热合机进行板间接缝焊接。两层板间搭接不小于10cm,焊成双焊缝,每条焊缝宽1cm,中间有2cm宽空腔,用于充气检查焊缝的严密性。

(5)铺设防水层应注意事项

①沿隧道纵向一次铺挂长度要比本次二次衬砌施工长度多1.0m左右,以便与下一循环的防水板连接;同时可使防水板接缝与混凝土接缝错开1.0m左右,有利于防止混凝土施工缝渗漏水。

②铺设防水层地段距爆破开挖作业面一般不小于200m。

③防水层施工是以高空作业为主,因此必须注意:a.必在台架上高空作业时,除在作业台架上设置防跌落的栏杆外,作业人员必须使用安全带;b.为防止作业台架滑动,要放置止楔后才能开始作业;c.确保作业安全,应有足够的照明亮度;d.由于其他作业人员要从作业台架下面通行或进行其他作业,要采取防止材料和工具等从作业台架上掉落的措施;e.除上述规定外,还需遵守其他有关高空作业的安全规定。

④土工布和PE板皆为易燃材料,必须采取可靠的防火措施,堆放这些材料的场所不准使用明火。当进行钢筋焊接作业、锚杆的切割作业不得不使用明火时,除用非燃材料覆盖在防水板上外,还要求设置足够数量的灭火器,并安排值班管理。

(6)铺设后的保护措施

①防水层施工完毕后,必须注意严加保护。

②有钢筋地段,焊接钢筋时必须在此周围用石棉水泥板等不燃、不导热材料进行遮挡,以免焊接时溅出的火花烧坏防水层。另外在钢筋端头要套上3cm长的塑料软管,以防钢筋头刺破防水板。

③在浇筑二次衬砌混凝土前,应检查防水板铺设质量和焊接质量,如发现防水板有破损情况,必须进行处理。

④在浇筑混凝土时,应安排专人跟踪检查防水板有无发生破损情况,如因二次衬砌混凝土施工造成防水板破损,应立即做好明显标记,确保不遗漏地将破损防水板修好。同时,也必须采取措施避免振捣棒接触防水层,以免破坏防水层。振捣棒引起的对防水层的破坏不易被发现,也无法修补,故必须引起高度重视。

⑤由于混凝土中有许多尖角小石子和锐口的钢筋,所以在浇筑作业和止水带定位时,应注意安装方法和浇捣压力,以避免止水带被刺破,如有刺破现象应及时修补。

⑥在混凝土浇筑时应防止止水带偏移,若发生偏移,应及时调整,同时应充分振捣,使止水带和混凝土很好地黏合;在拆除二次衬砌堵头板时,应避免损伤止水带。

5. 质量检查

(1)防水板的进场检验

在构成防水工程质量体系的诸多因素中,严格把住防水材料进场关是必不可少的,严格执行防水材料进场检验制度是非常关键的,决不可掉以轻心。

①进场检验的含义和要求

防水材料的进场检验是指对已通过设计、监理方和业主选用的防水材料,在批量购入或进入施工现场后,对防水材料的实物质量进行验证并对其供货商的质量保证能力进行评价从而真正做到不合格材料不使用,未检测的材料不使用。进场检验或验证,既可进行检验和验证,也可采用其他方式,如认真核对产品的客观证据,查看有无质量证明文件,包装是否属实完整等。但是,对进场防水材料的检验和验证应充分考虑,供应商是否提供必要的质量证明文件,如"二证一单",即建筑防水材料核准证书、产品合格证、产品质量检验单或自检试验单。同时检查供应商或制造商是否建立质量保证体系,即按ISO 9000系列标准所建立起来的认证制度或质量保证体系。

②进场检验的批量和抽样

在防水工程施工之前,按施工工程核算材料用量,然后按其总量的30%~50%的防水材料用量整批进场。杜绝小数量样本进场验证,严防假冒伪劣和偷梁换柱情况发生。若遇特殊情况,造成防水材料必须分批进场(如受工程备料款的限制,或工程进展的局限),则应对每一批进场材料均作进场验证或检验。进场检验一律实行有见证抽样(见证人员一般为监理工程师)。在现场抽样前,应仔细审阅该防水材料的"二证一单",然后对其外观和包装、标记等进行鉴定,查看运输和储存有无问题,待检查无误后,才可按照抽样方法抽样,最后封样送检。抽检合格后方可用于施工。

(2)防水材料的检验方法

①焊缝质量检测

除对防水板的母材进行检查外,在铺设后重点检查防水板的焊缝质量,经热熔压焊在一起的防水板呈透明状且无气泡,则表明其焊接质量良好。热合焊机进行焊接的接缝为双焊缝,中间留出空腔以便充气,当压强达 0.1MPa~0.2MPa 时停止充气。保持该压力时间不少于 1min,说明焊接良好;如压力下降,证明有未焊好之处。重新焊接可用热风焊枪或电烙铁等补焊,直到不漏气为止。检查数量:焊接 1000 延长米抽检 1 处焊缝;为切实保证质量,每天、每台热合焊接应取一个试样,注明取样位置、焊缝操作者及日期。

②防水层破损的检验与修补

防水层施工必须精心,防水层质量检查必须认真。但是破损有时难免,如正在工作的塑料热合机突然停电不能进行,此时会很快将防水层烧破。

检查出防水层上有破坏之处,必须立即做出明显标记,以便毫不遗漏地把破损处修好。补后一般用真空检查法检验修补质量。补丁不得过小,补丁边缘应离破坏孔边沿 7cm 以上。补丁要剪成圆角,不要有正方形、长方形、三角形等的尖角。在防水施工前如有大量涌水,应用不透水薄膜进行排水,以免因涌水使防水板鼓包,影响二次混凝土的灌注尺寸。

6. 施工缝处理

施工缝是渗漏的薄弱环节,在施工时应尽量减少施工缝。溪涌隧道衬砌模板台车长 9m,在一组衬砌中不可避免地产生一道环向施工缝。根据以往的经验及本隧道的设计要求,在施工中用的是普通型橡胶止水带(300mm×10mm)。具体做法是沿衬砌设计轴线间隔 0.5m 在挡头板上钻一 $\phi 12$ 钢筋孔,将加工成型的 $\phi 10$ 钢筋卡由待模筑混凝土一侧向另一侧穿入,卡紧止水带一半,另一半止水带平结在挡头板上;待模筑混凝土凝固后弯曲 $\phi 10$ 钢筋卡,套上止水带,模筑下一环混凝土。具体安装方法详见止水带安装定位示意图 3-67。

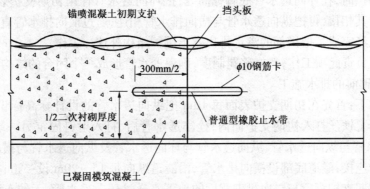

图 3-67 橡胶止水带定位

7. 设置排水系统,减小静水压力

若只采取防水措施,即初期支护、防水板和二次衬砌混凝土将地下水隔离在防水板外侧,那么衬砌背后静水压力得不到释放而作用在衬砌结构上,以至于地下水通过部分薄弱环节渗出,形成隧道的渗漏水、隧底翻浆。因此要减轻隧道的静水压力必须设置排水系统,隧道的防水和排水应放在同等重要位置。

溪涌隧道排水材料主要为:$\phi 50mm$、$\phi 100mm$ 软式弹簧软管及 $\phi 50mm$、$\phi 100mm$ PVC 管,8cm 的碎石透水层。使用管材材料具有以下特点:质量轻,施工方便,价格低,管路接头容易,接头时有专用的三通管。

(1)初期支护排水

处理的基本思路是:用环向透水管把围岩壁的渗漏水引出初期支护,表面再用塑料三通管与将要固定在初期支护表面的纵向透水管相连,纵向透水管再用塑料三通管与横向排水管相连,这时就完成了把围岩壁的渗漏水通过横向排水管直接排到隧道水沟内。

在只有滴水或无水的地方直接喷射混凝土、打锚杆进行初期支护,而在大面积淋水或涌水的地方必须采取以下措施:

①根据岩面涌水点的多少及水量的大小,把涌水量相对较大的涌水口凿成环状相连的"槽子",并在"槽子"中埋设环向透水管,用土工布包裹,以免喷射的混凝土影响其透水性,通过"槽子"引流到纵向透水管中。

②对于涌水量很大的涌水点用直径 3~10cm 的胶皮管直接向下引水,把塑料管固定在岩面上以后再作一般性涌水处理。

③由于溪涌隧道为三线大跨公路隧道,其中Ⅱ类围岩采用的是双侧壁导坑法,此方法光是掌子面就多达 7 个,因此就如何把拱部的渗漏水引到拱脚下初期支护表面的纵向透水管中,我们采取了以下措施:

a. 计算出每个掌子面所需的长度并预留 1.0m 的富余量,按计算的数值进行下料,并挂牌标识。

b. 记录安装透水管的里程桩号、部位、数量,并在喷射混凝土表面用红油漆做一醒目的标志。

c. 在施工其相邻的下部或上部掌子面时,根据透水管的标志位置及记录的情况,找到其接头处,并用圆塑料管进行连接,并用圆卡固定在开挖的围岩壁上。

d. 当开挖仰拱时,在环向透水管底脚标高处,把环向透水管伸出初期支护表面,待安装纵向透水管时再与其相接,再把纵向透水管与横向排水管相连,通过横向排水管直接排入隧道边沟内,到这时,已经完成了把拱部的渗水排出隧道围护结构外这一工作。

e. 安排专人负责此项工作,严格奖罚制度,确保透水管形成一个闭合的结构。

(2)二次衬砌前的排水施工

施工方案如下:首先在初期支护表面每 10m 把纵向透水管的设计标高标识出,固定透水管时在射钉上套上铁丝打入初期支护面内,拴牢透水管后,打入射钉固定另一端,间距 1.5~2.0m。纵向透水管与纵向透水管、纵向透水管与环向透水管及纵向透水管与横向排水管的连接用三通管进行连接;隧道底部设横向排水管,沿隧道纵向每 15~20m 设一道,在地下水涌水地方应加密。初期支护背后与二次衬砌背后的地下水通过环向透水管、无纺布汇集到纵向透水管内后,通过塑料三通管连接到横向排水管,将地下水引入两侧纵向排水沟内。在铺挂防水层时若发现初期支护表面仍有渗漏水出现,应增设环向透水管。采用分部施作时可按初期支护前的措施施工。

8. 几点体会

(1)隧道的防排水施工是隧道施工的特殊工序,只要进行严格的材料检验,严格的施工工艺,加强对施工人员的教育,提高施工人员防排水专业素质,加强技术管理,工程质量是能够得到保证的。

(2)地下工程渗漏水几乎是工程界的通病,设计时一般要设计多道防线,但防水效果往往取决于施工的方法、施工人员的技术精湛程度,而不在于选材,认真抓好施工工序的每一个环节,会比多设一道防水线效果好。

(3)隧道作为地下工程结构防排水是一项综合工程,要贯彻"防、排、截相结合,因地制宜,综合治理"的原则,这样才能收到良好的防水效果。

(4)在业主、设计、监理等多方指导及施工单位精心施工下,溪涌隧道工程采取上述防排水施工技术和材料质量检验方法,建成后未出现渗漏水现象,排水系统通畅,防水效果达到了预期的目标。

三、阳宗隧道防排水技术的改进[11]

近年来我国高速公路的建设发展很快,公路隧道建设大量增加,尽管我国公路隧道的建筑技术已到达较高水平,但防排水技术远没有达到理想状况,不能满足公路隧道运营要求。从目前已经建成公路隧道的调查发现,隧道的渗漏水较为普遍,个别严重的已威胁到隧道及行车的安全,因此渗漏已成为困扰公路隧道工程建设的一大难题。公路隧道的防排水技术标准很高,是隧道设计、施工的突出薄弱环节,往往在施工验收前就需花大力气进行漏水整治。即使如此,也难以完全达到规范要求的验收标准,从而直接影响到隧道的整体质量和使用效果。所以,做好隧道的防排水工作,对于保证隧道结构安全,确保隧道内通风、照明、供电、监控等机电设备的正常运转,延长隧道使用年限有重要的作用。

在我国,公路隧道防排水普遍采取以排为主的方式,在设计、施工中存在以下问题:

(1)防排水施工质量不能得到保证。隧道衬砌背后排水盲沟的施工,岩面未按设计要求凿槽,安设的环向排水管浮放于岩壁上,在施作初期支护后,排水管就易被喷射混凝土层包裹,不能形成畅通的排水通道,导致排水效果不理想;防水板铺挂不严格按无孔铺挂工艺操作,用射钉固定防水板,对防水板形成了破坏;防水板的焊接不符合要求,出现焊接机的温度不足、速度过快、压轮压度不够等情况,导致防水板搭接处形成点焊。

(2)防排水材料有待改进,目前在施工中采用的塑料防水板强度较高,但柔软性不好,使初期支护与二次衬砌不能密贴,同时在灌注混凝土时易拉坏防水板,在部分隧道工程中采用了波纹管作为排水管。由于其透水性较差,往往形成开挖时有大量出水,而排水管中却无水可排的情况。

1. 试验段概况

阳宗隧道是昆明—石林高速公路的控制工程,为上下行分离的双洞单向行车三车道大断面隧道,隧道净跨 14.80m,隧道净高 8.90m,阳宗隧道上行线全长 2790m,下行线全长 2725m。阳宗隧道主要地层为二叠系灰白色、红灰色灰岩和二叠系灰褐色、灰黑色玄武岩,断层裂隙发育,地下水丰富。

针对公路隧道防排水的薄弱环节,通过在阳宗隧道进行防排水试验研究,采用新型的防排水材料、高性能模注混凝土等技术,并对防排水措施及施工工艺进行了研究和改进,较好地解决了公路隧道的渗漏水问题。

阳宗隧道防排水研究试验段选择在石林端上行线 SK39+663～SK39+641,SK39+570～SK39+440,总长152m,距隧道石林端洞口分别为847～869m 和940～1070m,隧道埋深分别为120m 和126～134m。试验段在Ⅲ类围岩地层,为灰黑色碎块状玄武岩,节理、裂隙很发育,岩体破碎。经统计影响围岩稳定性的节理裂隙主要有四组节理,均属构造节理,其裂面较为平直;试验段地下水丰富,地下水呈带状发育,发育带与隧道轴线垂直。试验段中主要有两段地下水流量较大:SK39+663～SK39+642,长21m。SK39+560～SK39+540,长20m。有多处股状地下水流出,实测总流量1156m^3/d,其中 SK39+663～SK39+642 地段流量213m^3/d;SK39+560～SK39+540,长20m 地段流量843m^3/d。

2. 试验段设计方案

在阳宗隧道防排水试验段的设计中,提出了"以排为主,防、排、堵、截结合"的综合治理方案,通过对国内外的资料查询和调研后,采用了新型的防排材料和工艺,以解决在公路隧道中长期使用中存在的渗漏水问题,其中有新型的弹塑软式排水管和 P 型 PVC 防水板。弹塑软式排水管具有全方位透水功能,渗透水能顺利渗入管内,无纺布内衬过滤使泥沙杂质被阻挡在管外,外加的两条塑料限位卡条可防止弹簧变形、裂管。P 型 PVC 防水板除满足国标各项要求外,还有拉伸强度高,材料的柔韧性好,可进行分区防水等特点(图3-68、图3-69)。

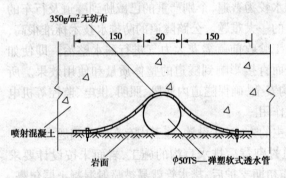

图3-68 初期支护与围岩间环向弹簧排水管
截面构造(尺寸单位:mm)

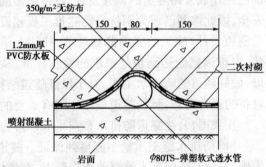

图3-69 初期支护与二衬间环向弹簧排水管
截面构造(尺寸单位:mm)

①采用围岩注浆止水,使用水泥—水玻璃双液浆,深度为3m,注浆时用 $\phi42×4$ 钢花管,注浆压力为0.3～1.5MPa。

②初期支护背后紧贴岩壁环向埋设加限位卡条的弹簧排水管。

③在初支与二次衬砌之间出水地段,增加环向弹簧排水管,间距根据出水实际情况调整。

④采用柔性好的 P 型 PVC 防水板取代柔性不好的 EVA 防水板。

⑤埋设水压力传感器量测水压力。

⑥在二衬中增设钢筋提高抗裂性,并采用高性能模筑混凝土提高抗渗性。

⑦在拱脚和附近增设一道纵向排水管(在涌水量较大地段)。

⑧路面的防水应考虑,在路面下施工缝增设截排水盲沟,防止路面冒水。

⑨边墙脚横向泄水孔采用双壁打孔波纹管。

(1)围岩止水注浆设计

①注浆孔深度、数量及布置方式

a. 注浆孔深度:2.5~3.0m。

b. 注浆孔间距:横向拱部4~7个孔,纵向间距1.0~2.5m,根据现场情况再作调整。

c. 注浆孔布置:隧道拱部,梅花形布置。

d. 注浆孔径:注浆管采用 $\phi 42 \times 4$ 普通钢管周壁打孔,孔距25cm,孔径48mm。

②浆液的选择及配合比设计

a. 采用水泥—水玻璃双液浆。

b. 水玻璃浆浓度:35°Bé。

c. 水灰比为:$W:C=1:1$(质量比)。

d. 水泥浆与水玻璃的比为:$C:S=1.25:1$(体积比)。

③注浆压力

注浆压力控制在1.5MPa以内,并要求从零开始逐级增加。如在小于1.5MPa的注浆压力时已达到预期注浆效果应停止加压,或注浆量已达到设计注浆量也应终止注浆。

④浆液注入量

单孔注浆量控制在1.03m³/孔左右,根据现场情况作适当调整。

(2)初期支护与围岩接触面上环向排水系统设计

初期支护与围岩接触面上的环向排水系统采用 $\phi 50\sim 80$ TS—弹塑软式透水管作排水盲沟。根据现场施工情况拱部初期支护已经完成,部分边墙的初期支护也已经完成,这部分的盲管已无法实施,已施工地段,已间隔2.5m安装单壁打孔波纹管。但尚未施工的边墙部分仍可安装,环向盲沟不一定要整环连接,只要从有水的位置把水引到边墙脚进入边沟就行了。TS弹塑软式透水管柔软性较好,能随岩面的凹凸铺设。但必须注意,TS弹塑软式透水管必须紧贴岩壁,在喷混凝土以前应用无纺布覆盖透水管,以免被混凝土封堵。

(3)防水层与初期支护之间排水系统设计

防水层与初期支护之间原设计中只设了边墙脚纵向的排水系统,由于大量裂隙水成股透过初期支护,需在聚乙烯防水层与初期支护之间增设环向盲沟,因单壁打孔波纹管的开孔率小,透水性较差,柔软性差,将环向盲沟由 $\phi 116$ 打孔波纹管改为 $\phi 80$ TS—弹塑软式透水管,环向间距2.5m;将纵向盲沟由 $\phi 116$ 双壁打孔波纹管改为 $\phi 100$ TS—弹塑软式透水管。沿隧道纵向全隧道贯通(图3-70)。环向盲沟和纵向盲沟由三通接头联通、纵向盲沟与横向泄水管由三通接头连接。TS—弹塑软式透水管的连接有专用直通和三通接头。

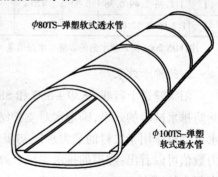

图3-70 隧道排水系统

(4)初期支护与二次衬砌之间防水层设计

阳宗隧道原防水设计在初期支护与二次衬砌之间设防水层,采用了1.2mm厚的EVA防水板。EVA防水板的柔软性较差,防水板与喷层紧贴不好,铺挂时采用"线挂"松弛度不易掌握。焊接工艺上看,EVA防水板搭接焊缝采用电烙铁热熔焊接,机械焊接尚可,但手动焊接质量不易保证,出现焊缝不连续、焊接强度低的现象,用手就能撕开。从现场情况看"T"形节点

(即三层搭接)部位由于材料、工艺原因,焊接质量一般都不能保证。试验段设计采用新型防水材料——P 型聚氯乙烯防水板(PVC),板厚 1.2mm。聚氯乙烯防水板具有防水性能好,抗拉强度高、延展性好,柔软,配套工艺齐全的优点,很适合用于地下的防水工程。

聚氯乙烯防水板配套工艺有:

①采用高热风热熔焊接,是将母体材料熔化融合在一起,焊接密实性及强度与母体相同,可进行机械和手动焊接,质量均可保证。机械焊接为双缝焊接,可进行气压检测。

②用 PVC 柔性固定垫片固定防水板,可实现无钉孔铺挂。

③背贴式止水带实现防水分区隔离,防止发生一处漏水"全隧道窜流"的现象。

④拱顶预留注浆孔,可后期注浆充填拱顶空隙,同时也是对防水失败后的一种补救途径。

(5)二次模注混凝土设计

根据原设计的要求,二次模注混凝土的抗渗指标为二次衬砌结构应考虑承受 1.2MPa 的水压力。本设计考虑到结构安全、防水要求,采用高性能钢筋混凝土结构。

高性能混凝土是 20 世纪 90 年代混凝土技术的主要成就,在特殊施工领域得到了很好的应用,在隧道支护结构上的应用国内还不多见。

利用现场使用的 C25 二次模筑混凝土的机制砂和石子,选用 FDN-2001 高效减水剂、ZH-EM920D 微硅粉和精选粉煤灰,在云南绿色高新材料股份有限公司试验测试中心进行了高性能混凝土的配比试验,高性能混凝土设计强度等级≥C50,抗渗标号≥S16。本设计高强二次模筑混凝土标号 C50。通过试验,得到两种合理的高性能混凝土配合比(见表 3-26),本设计采用配合比 2。

高性能混凝土的配合比设计　　　　　　　　　　表 3-26

编号	配　合　比	水灰比	材料用量(kg/m^3)							坍落度(cm)
			水泥	机制砂	碎石	水	FDN-2001	微硅粉	粉煤灰	
1	1:1.96:2.49:0.36	0.33	420	824	1048	150	5.04	35		16.5
2	1:2.06:2.62:0.375	0.33	400	824	1048	150	5.04	35	20	20.0

注:FDN-2001 高效减水剂的掺量 = 水泥用量×1.2%。

3. 防排水效果

阳宗隧道上行线 SK39+650 和 SK39+546 两个断面,埋设了水压计进行长期观测,以判断防排水试验的效果,确定水对支护结构的压力。通过较长时间的观测,阳宗隧道上行线防排水试验段作用于二衬的最大水压初步估计在 0.8MPa 左右,且压力比较稳定。从量测的水压力数值可以看出:隧道的排水系统良好,衬砌背后的水可以顺畅地排走,并没有对隧道衬砌产生很大的压力。

2002 年 8 月和 10 月,分两次对昆石高速公路隧道的渗漏水情况进行了详细的调查,调查中对渗漏水的桩号、部位和渗漏水情况进行了描述,并进行了拍照记录,其中阳宗隧道共发现渗漏水 44 处,但在防排水试验段中尚未发现一处渗漏水,表明试验段经受了雨季的考验,防排水设计和施工是成功的。

4. 试验结论

防排水试验段结合阳宗隧道富水地段的实际情况,进行了现场调研、设计和施工,采用了新的材料和工艺,达到了预期的效果,有如下结论:

（1）防水板是公路隧道采用复合式衬砌防水夹层的主要材料，防水板的性能和工艺质量关系到隧道防水的成败，P型PVC防水板强度较高、柔韧性好，铺挂施工工艺较完善、质量可靠，并有配套的分区防水技术，在公路隧道的防排水设计、施工中可以推广应用。

（2）TS弹塑软式透水管透水性好，且能弯曲，与围岩密贴，能实现引水入管，保证排水效果良好。

（3）二次衬砌作为防水的最后一道防线，采用高性能模注混凝土可以起到防水、提高结构强度的效果。

（4）公路隧道的防排水是一项系统工程，防排水设计应从材料性能、施作的难易程度等方面进行综合考虑，在施工中应加强质量检查，严格检查合格后才能进入下道工序。

参 考 文 献

[1] 国家人民防空办公室.地下工程防水技术规范(GB 50108—2008)[S].北京:中国计划出版社,2001.
[2] 山西省建设厅.地下防水工程质量验收规范(GB 50208—2002)[S].北京:中国建筑工业出版社,2002.
[3] 中华人民共和国行业规范.公路隧道设计规范(JTG D70—2004)[S].北京:人民交通出版社,2004.
[4] 中华人民共和国行业规范.公路隧道施工技术规范(JTG F60—2009)[S].北京:人民交通出版社,1994.
[5] 鞠建英.实用地下工程防水手册[M].中国计划出版社,2002.
[6] 于书翰,杜谟远.隧道施工[M].北京:人民交通出版社,1999.
[7] 吕康成.隧道工程试验检测技术[M].北京:人民交通出版社,2000.
[8] 吕康成.公路隧道防排水若干问题探讨[A].防排水专业委员会第九次学术交流会论文集.1999.
[9] 殷瑞华.公路隧道的防排水设计[A].防排水专业委员会第九次学术交流会论文集.1999.
[10] 王进志,段升坪.三车道大跨溪涌隧道防排水施工技术[A].2003年全国公路隧道学术会议论文集.人民交通出版社,2003.
[11] 高一峰.阳宗隧道防排水技术的改进[A].2003年全国公路隧道学术会议论文集.人民交通出版社,2003.
[12] 长吉高速公路建设办公室等.公路隧道防渗漏防冻胀试验研究报告[R].1999.
[13] 吕康成,等.隧道复合式衬砌防水层工作性态试验研究[J].中国公路学报,2000(4).
[14] 吕康成,等.隧道复合式衬砌防水层损伤预防探讨[J].公路,2001(10).
[15] 吕康成,等.小盘岭隧道衬砌防水混凝土施工[J].东北公路,2000,88(2).
[16] 长安大学,等.寒冷地区隧道冻害雪害防治技术研究[R].2011.10.

第四章　连拱隧道防排水

高等级公路上的双洞隧道,通常是两洞保持一定的间距(30~50m)分别修筑,称其为分离式隧道。分离式隧道的优点在于两洞间有一定的距离,两洞在施工期间和运营期间均互不干扰,隧道施工质量易于保证,建成后的隧道病害相对较少。其缺点是洞外接线较难,因为隧道两洞体的分开要求洞外的线路也要分开,也就是与之相连的路基要分幅,与之相连的桥梁要分幅,当洞外地形不利时还会导致深挖高填。特别是当隧道的长度不大时,分离式隧道使隧道所在区段路线的整体线形不够流畅,技术指标下降,造成总体工程造价升高。可见,用传统的分离式隧道来连接山体两端的交通路线并不总是最佳的路线方案。目前,在工程上一般是扬长避短,在长大隧道、特长隧道的设计中采用分离式隧道方案,而在中短隧道的设计中经常采用连拱隧道方案。连拱隧道,顾名思义,是拱形承载结构紧密相连形成一个整体,彼此之间相互依存的隧道。隧道洞与洞之间有中隔墙,中隔墙为两洞共用。连拱隧道由于两洞间仅隔中隔墙,中隔墙的厚度和洞外上下行线路的分隔带的宽度相当,使连拱隧道具有与洞外路线接线方便、避免洞外路线分幅、节省建设用地、路线线形通顺流畅和总体工程造价低等优点。中隔墙是连拱隧道传力和承力关键部位,是维持连拱隧道整体稳定的中枢,也是隧道渗漏水的重点设防部位。连拱隧道是目前渗漏水最严重的隧道种类之一,本章主要围绕连拱隧道中隔墙的防排水技术展开讨论。

第一节　连拱隧道的分类与特点

一、连拱隧道的分类

根据修建在一起的拱洞数目,连拱隧道可分为双连拱隧道和多连拱隧道。工程上多用双连拱隧道,故常将双连拱隧道简称为连拱隧道。根据中隔墙的断面形式,连拱隧道可分为直中墙连拱隧道(图4-1)与曲中墙连拱隧道(图4-2)。中隔墙的设计与施工是连拱隧道建设的关键。不论是直中墙连拱隧道,还是曲中墙连拱隧道,其中隔墙都可以用不同的施工工艺来完成,如果中隔墙在厚度方向上是一次浇筑的,称为整体式中隔墙;如果中隔墙在厚度方向上是分次浇筑的,则称为分层式中隔墙。

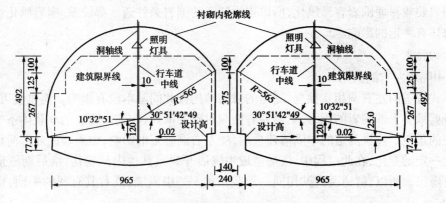

图 4-1　直中墙连拱隧道净空轮廓(尺寸单位:cm)

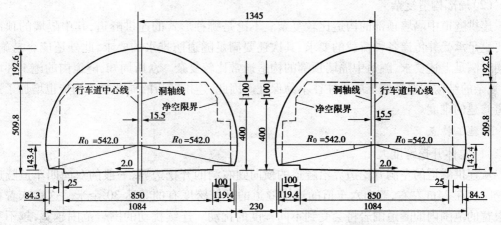

图 4-2　曲中墙连拱隧道净空轮廓(尺寸单位:cm)

二、连拱隧道的特点

1. 地形地质特点

(1) 多浅埋

连拱隧道通常长度从几十米到数百米,长度一般不超过500m。这样的长度范围决定了连拱隧道通常用来穿越小山包,所以一般情况下连拱隧道的埋深较小。众所周知,在相同围岩条件下,深埋隧道的围岩容易成拱,施工难度相对较小;而浅埋隧道的围岩不易成拱,施工难度相对较大。因此,浅埋增加了连拱隧道的修建难度。

(2) 多偏压

应对因地形而引起的山体对隧道的偏压是隧道建设中的另一个难点。中、长隧道及特长隧道在修建中也可能遇到偏压,但这些偏压通常仅发生在洞口段;而连拱隧道的选址通常要服从洞外路线的走向,选择洞口位置时,很难像其他隧道那样让洞外路线随其而定,所以连拱隧道的洞口段更易出现偏压。此外,由于连拱隧道的开挖跨度大、长度小和埋深浅,许多连拱隧道的偏压都是沿隧道全长发生。因此,偏压也给连拱隧道的建设带来了不少困难。

(3) 围岩易风化

围岩的性质在很大程度上影响着围岩的稳定。矿物组分与岩体结构相同的围岩其风化程度不同往往在力学性质上有很大的差异,风化程度越严重力学性质越差。连拱隧道通常浅埋,而浅埋围岩要较深埋围岩容易风化,所以连拱隧道的围岩条件通常都较差,围岩风化也对连拱隧道的修建有一定的影响。

2. 结构特点

(1) 中隔墙左右洞共用

分离式隧道的左右洞相互独立,隧道的衬砌结构彼此间基本没有影响。连拱隧道则不同,中隔墙既要承受上部围岩的压力,又是左右两洞衬砌的依托,在连拱隧道的承载体系中扮演着极其重要的角色。连拱隧道的中隔墙建成后,受左右洞施工的影响,中隔墙的外部荷载与内力还要发生一定的变化,在此过程中,极易造成中隔墙开裂或其他内部损伤,给后期隧道的安全运营埋下隐患。所以,隧道两洞共用同一承载结构——中隔墙,既有其有利的一面,也有其不利的一面。

(2) 局部构造复杂

连拱隧道中隔墙顶部的构造比较复杂。不论是哪种形式的连拱隧道,其中隔墙的顶部首先要满足承受并传递各种荷载的要求,其次还要满足隧道防排水的要求,此外还应容易施工。要同时满足上述要求,隧道中隔墙顶部的构造通常比较复杂。众所周知,隧道内的施工环境较差,复杂的结构构造其施工质量往往不易保证。因此,连拱隧道的局部复杂构造也增加了连拱隧道修建的难度。

3. 施工特点

(1) 总体开挖跨度大

从连拱隧道的左洞开挖边界沿隧道的横向到右洞的开挖边界,一般的双向四车道隧道的开挖跨度在24m左右,双向六车道的连拱隧道的开挖跨度有的竟达30余米。这意味着在连续很宽的范围内的隧道围岩将会受到不同程度的扰动。连续扰动的围岩范围越宽,越不利于围岩的稳定。所以,连拱隧道的总体开挖跨度大是其施工难度大的一个重要原因。

(2) 施工工艺复杂

连拱隧道的工程特点决定了连拱隧道的施工方法。为了保证施工安全和有利围岩稳定,只能将开挖跨度化整为零分次开挖;为了保证施工的顺利进行并充分发挥中隔墙对围岩的支撑作用,工程上通常采用中导洞法,先完成全部中隔墙或部分中隔墙的施工;当围岩条件较差或隧道跨度较大时,还不得不采用侧导洞辅助开挖;为了使中隔墙受力合理,左右两洞的开挖与衬砌还要求同步推进。将这些情况与分离式隧道相比,不难看出连拱隧道的施工工艺要复杂得多。施工工艺越复杂,出现施工质量问题的可能性也就越大。

事实上,连拱隧道的防排水工程与连拱隧道的上述特点密切相关。隧道浅埋意味着地表水容易下渗至隧道围岩并考验隧道的防排水系统;偏压在使隧道衬砌承受不对称荷载的同时,也可能使防水层局部受力过大而导致防水层损伤;中隔墙顶部的复杂结构构造使该部位的防排水体系难以较好地设置;施工工艺复杂使连拱隧道的防排水工程施工质量不易保障。由此可见,要彻底解决连拱隧道的防排水问题,工程界尚有大量的工作要做。

第二节 整体浇筑直中墙连拱隧道防排水

与曲中墙连拱隧道相比,直中墙连拱隧道出现较早,到目前为止,我国修建的连拱隧道绝大多数是直中墙连拱隧道。在施工中,连拱隧道的直中墙有两种形成方法:一种是沿中隔墙的横向一次浇筑而成,中隔墙在横向没有垂直方向的施工缝,称为整体浇筑直中墙;另一种是沿中隔墙的横向分次浇筑而成,中隔墙在横向有垂直方向的施工缝,称为分次浇筑直中墙。本节讨论整体浇筑直中墙连拱隧道防排水的有关问题,分次浇筑直中墙连拱隧道的防排水将在第五节讨论。

一、整体浇筑直中墙连拱隧道的防排水

中隔墙上部的防排水处理是连拱隧道修建中的一个难点。根据处理思路的不同,形成了各种各样的防排水方案。早期的整体浇筑直中墙连拱隧道的防排水方案主要有两种:中墙顶部纵向单管排水方案和中墙顶部纵向双管排水方案。

1. 中墙顶部纵向单管排水方案

中隔墙连同其上部的衬砌在局部呈"丫"字形,被防水层阻挡的地层渗水将沿防水层向中隔墙方向汇聚,为了使围岩中的渗水在中隔墙的顶部仍能顺势下排并汇聚于纵向排水管,再由与纵向排水管相连的竖向排水管下排,这便引出了中墙顶部纵向单管排水方案(图4-3)。此方案在中隔墙内防水层呈上凹外形,在中隔墙与衬砌的接茬处防水层的铺设方向顺畅相接。纵向排水管位于防水层的最低部位,渗水靠反滤进入排水管。

施工时,中隔墙的外模板一次从底支到顶,每衬砌循环模板一般长6~8m。混凝土由下至上整体浇筑,当浇筑至纵向排水管标高时,暂停中隔墙的浇筑。开始支设中隔墙上部"树枝"的内模板,然后浇筑"树枝"部分的混凝土。"树枝"部分的混凝土拆模后,在中隔墙顶部的槽形洞内,先铺设防水层并在上隅角留余长以备与衬砌背后的防水层相接;然后铺设顶部纵向排水管,并与中隔墙"树干"浇筑中预埋的垂直排水管用三通相连;接着用干硬性混凝土等将中隔墙顶部的槽形洞填实;最后,拆除外模板和端头模板,完成一节中隔墙段的浇筑。

2. 中墙顶部纵向双管排水方案

由于施工工艺没有很好解决和实际应用效果不佳,上述的中墙顶部纵向单管排水方案在工程上用得越来越少。鉴于整体浇筑中隔墙施工工艺中,不可避免地在中隔墙的顶面两侧与上部衬砌之间要出现水平施工缝,且此施工缝是连拱隧道渗漏水的最常发生部位。工程界开始尝试通过加强中隔墙顶部两上隅角的排水来预防水平施工缝的渗漏水,于是便出现了中墙顶部纵向双管排水方案(图4-4)。此方案在中导洞的顶部铺设向上凸的防水层,防水层在两隅角包裹纵向排水管并留出余长与上部衬砌的防水层相接。在一些设计中还要求在纵向排水管的上面敷薄层卵石以便滤水,不少设计在水平施工缝衬砌厚度的中心设置遇水膨胀橡胶条,以防地下水从水平施工缝渗漏。

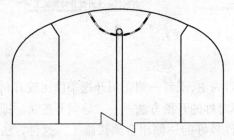

图4-3 中墙顶部纵向单管排水示意图

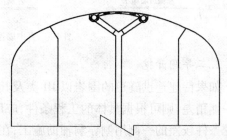

图4-4 中墙顶部纵向双管排水示意图

施工时,先在中导洞的顶部铺设防水层并留余长;然后支设中隔墙的外模板并整体浇筑混凝土,浇筑至上隅角时,设法埋设纵向排水管并注意用防水层将其包裹,包裹时在管上敷薄层小卵石;最后,拆除外模板和端头模板,完成一节中隔墙段的浇筑。

二、整体浇筑直中墙连拱隧道的施工

连拱隧道的中隔墙做成后,接下来便是中隔墙两侧隧道正洞的施工。正洞的施工可以根据正洞的开挖方法来划分。通常可分为三导洞开挖法、二导洞开挖法和中导洞开挖法。施工中应根据具体的连拱隧道的工程条件确定正洞的施工方法。

1. 三导洞开挖

如果待建连拱隧道的围岩条件较差或者为双向六车道隧道,工程上常用三导洞法开挖(图4-5)。三导洞法开挖围岩与中隔墙受力不会发生突变,隧道施工比较安全,这是三导洞法的优点。其缺点是施工工序多。

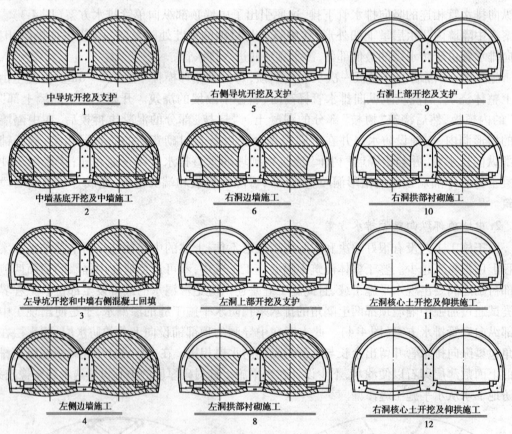

图4-5 直中墙连拱隧道三导洞法施工工艺

2. 二导洞开挖

如果待建连拱隧道的围岩以Ⅲ类及其以上围岩为主,或者一侧正洞开挖条件比较有利而另一侧稍差,则可根据具体的工程条件,应用一种不对称的开挖方法——二导洞开挖法。即在开挖条件较差的一侧用侧导洞辅助施工;在开挖条件较好的一侧用台阶法施工。这种方法是一种折中的施工方法,从施工安全性的角度看不如三导洞开挖法,但却强于中导洞开挖法;从施工方便性来看不如中导洞开挖法,但却强于三导洞开挖法。

3. 中导洞开挖

如果待建连拱隧道的围岩条件较好并且为双向四车道隧道,则可省去正洞内的侧导洞的施工,从而形成了直中墙连拱隧道的中导洞法施工工艺。中导洞开挖法的优点是施工工艺简单,由于在施工过程中围岩与已建中隔墙的受力变化较大,要特别注意施工安全。

三、整体浇筑直中墙连拱隧道存在的问题

直中墙连拱隧道的构造形式及其施工工艺决定了直中墙连拱隧道容易出现工程质量问题。这些质量问题一是衬砌开裂,二是渗漏水,而且两者多是围绕直中墙发生的。针对高速公路连拱隧道在修建和运营中常发生衬砌开裂、渗漏水等隧道病害,多家单位在云南省对玉元、元磨、大保和昆石四条高速公路连拱隧道发生的衬砌开裂、渗漏水等病害进行了全面调查[1]。该调查结果一方面为云南省四条高速公路连拱隧道的健康状态评估提供依据,并为以后修建连拱隧道在设计和施工上提供宝贵经验及教训;另一方面较为全面地了解连拱隧道衬砌开裂分布形态、渗漏水等情况,并得出导致衬砌开裂、渗漏水病害发生的主要原因,为探讨隧道衬砌开裂形成机理及其扩展规律提供宝贵素材,从而达到从根本上减少连拱隧道病害发生的目的。

基于现场病害调查结果,文献[1]对导致连拱隧道衬砌开裂、渗漏水的主要原因进行了以下初步分类,并提出了在设计和施工中其相应的病害防治措施:

1. 基础不均匀沉降

(1)主要包括基础发生纵向和横向不均匀沉降。沿隧道纵向方向特别是在隧道明、暗洞交接地段,往往由于基础不均匀沉降太大而导致中隔墙开裂,产生斜向裂缝,严重时裂缝贯穿基础底部。在已运营隧道则表现为路面开裂。针对该情况,建议施工时紧密结合现场工程地质情况,在基底地质条件和山体地形变化较大部位沿隧道纵向加设沉降缝或变形缝。

(2)沿隧道横断面方向,由于山体内外侧岩体风化程度不一,往往容易导致隧道内外侧基础不均匀沉降太大致使衬砌开裂,其主要表现形式为明洞侧向开裂和洞门开裂。针对该情况,建议对山体边坡和外侧隧道基底采取加固措施,如外侧隧道基底加设抗滑桩。

2. "三缝"及"三缝"防水施工质量

"三缝"即为沉降缝、变形缝和施工缝。由于"三缝"及"三缝"防水施工质量而导致的隧道病害主要表现形式为:

(1)在隧道纵向方向,由于中隔墙先于上部衬砌施工,容易导致中隔墙、边墙和上部衬砌施工缝不处于同一横断面位置,因而导致施工缝间产生错剪裂缝,该情况在好几座隧道中均出现过。

(2)由于混凝土浇筑过程中温度应力、混凝土收缩、台车模板挤压和定位不当等原因,往往容易导致沉降缝发生大错位、施工缝旁产生斜向裂缝等病害。

(3)防排水措施处理不当。由于"三缝"处防排水处理不当如防水板搭接不良、被戳破和排水管被堵塞等原因,往往容易导致"三缝"处特别在中隔墙与拱部连接部位发生渗漏水病害。针对以上情况,建议施工时力保施工缝处于同一横断面位置。保证"三缝"处防排水施工质量,并合理确定混凝土浇筑时机、顺序、浇灌质量及其养护。

3. 塌方、超挖、欠挖和回填不密实

(1)围岩塌方。在隧道施工过程中,由于工程地质条件差、施工方法不当、支护结构施作不合理等原因,致使围岩发生松动,在隧道上方形成空洞甚至塌方事故,导致隧道支护结构受力状态与设计时所考虑的受力状态不一致,使结构处于不安全受力状态。

(2)超、欠挖。爆破过程中往往容易导致隧道断面发生超挖和欠挖。欠挖导致二次衬砌厚度达不到设计尺寸。超挖则导致支护结构背后存在空洞,一方面导致围岩稳定性进一步恶化,发生塌方和掉块现象,对结构产生过大冲击力;另一方面导致围岩对支护结构提供的抗力下降,使支护结构处于不利受力状态。

(3)回填不密实。中隔墙顶部、塌方部位、支护结构背后空洞回填不密实,容易导致支护结构处于不利受力状态,如某隧道由于中隔墙顶部回填不密实,导致衬砌混凝土破碎、钢筋压屈等严重病害。针对以上情况,建议采用光面控制爆破进行爆破,严格控制超挖和欠挖现象发生,并加大支护结构背后空洞、塌方部位和中隔墙顶部回填力度,保证隧道支护结构处于合理的受力状态。

4. 施工管理不当

如在某隧道修建过程中,隧道开挖后发现工程地质与初勘时提供的地质情况变化较大,怀疑掌子面前方可能存在断层,当即在现场对隧道掌子面前方地质进行了超前预报,并确认了该断层的存在。经多方讨论研究决定,及时对原隧道支护类型进行了变更,提高了其支护等级,然而两天后发现隧道掌子面前方发生大规模塌方事故。究其塌方原因发现:主要由于当时现场工字钢供应不到位,而隧道掌子面却不断往前方推进,因而导致隧道掌子面后方大范围围岩长时间暴露,得不到及时支护,从而导致了这次大规模塌方事故的发生,造成了巨大的经济损失。针对施工管理不当这一弊病,建议在现场对施工人员和管理人员进行隧道修建常识培训,强调隧道掌子面推进与隧道及时支护间的重要性。

5. 防排水不当

(1)大量排水。原《公路隧道设计规范》(JTJ 026—90)中"以排为主"的防排水设计指导思想,在一定程度上破坏了围岩的稳定性、围岩与隧道支护结构间的密贴性。这一点在粉砂土地质条件下的浅埋隧道工程中显得尤为突出,地下水的大量排放往往导致大量粉砂土流失,在隧道支护结构上方及附近范围形成松动区和空洞,严重时甚至在地表形成塌陷坑,从而进一步恶化隧道结构受力,导致衬砌开裂和渗漏水等病害。针对该情况,建议先覆盖地表塌陷坑并进行地表排水,防止地表水进入隧道附近围岩,然后对隧道周围围岩进行注浆加固,最后对地表进行回填等措施。

(2)低估地下水压力。在富水地层地区修建隧道,开挖后地下水原平衡状态被打破,隧道周边地下水压力减小,地下水通过各种渠道流向隧道内,当隧道衬砌和路面修建完成后,如果排防水措施处理不当,则在隧道周围形成高水压,导致隧道结构开裂和路面冒水等病害发生。针对该情况,建议在富水地层进行隧道结构设计时对地下水水压进行合理考虑。

(3)防排水施工质量差。由于中隔墙顶部排水管易被堵死、戳破和防水板焊接质量难以得到保障及中隔墙顶都容易造成大量积水形成高压水,再加上中隔墙顶部与二次衬砌连接处施工缝等薄弱环节的存在,往往容易导致中隔墙顶部与二次衬砌连接部位发生大面积渗漏水现象。针对该情况,建议考虑采用新的连拱隧道结构形式和防排水措施,如连拱隧道整体式曲中墙结构形式,从设计和施工方面根除中隔墙顶部渗漏水这一严重病害。

6. 支护时机不当

以现场监测数据为基础的隧道信息化施工在近年隧道工程修建中得到了越来越广泛地应用,它为合理确定隧道支护结构施作时机提供了依据。过早施作隧道支护结构,致使支护结构承受过大的形变压力,容易导致结构发生破坏,这一点在高岭土等膨胀地质条件下显得尤为突出;过晚施作支护结构,则容易导致围岩失稳,致使支护结构承受较大的围岩松动压力,导致支护结构开裂、破坏和围岩塌方等病害。如某隧道由于围岩(膨润土)发生大变形,导致初期支护钢拱架压屈等破坏。建议在进行现场监测工作的基础上,真正做到隧道信息化施工。

7. 混凝土浇筑质量

由于施工过程原材料质量控制不严、混凝土水灰比过大、振捣和养护不合规定、模板支架疏松、施工工序不合理、浇筑时基面杂物清理不干净等原因,往往容易造成衬砌背后特别是拱顶部位混凝土脱空、衬砌表面起蜂窝和变形缝处大错位等施工质量问题,建议加强现场混凝土施工监督。

8. 山体偏压、滑坡和滚石等其他因素

由于隧道进出口段山体存在明显偏压和容易发生边坡滑移及规模较大的滚石等失稳现象,从而导致在山体内侧隧道拱顶、拱腰部位容易发生衬砌开裂病害,这一病害在连拱隧道明、暗洞交接段发生较多,建议对边坡等进行适当治理并采用合理的隧道施工方案进行施工。

第三节 整体浇筑直中墙连拱隧道的防排水改进

鉴于目前在已通车和修建中隧道发生的病害数量及其严重性,大量学者对病害产生的原因进行了分析并提出了其相应防治措施。连拱隧道的结构特点决定了连拱隧道的施工方法,施工方法的困难导致了隧道防排水体系不易优质完成,所以应该从设计、施工以及材料等方面对连拱隧道的防排水体系进行分析,采取有效措施,才能避免连拱隧道包括渗漏水在内的诸多病害。目前关于整体浇筑直中墙连拱隧道可以进行的改进工作如下:

一、完善中墙顶部三角区的施工工艺

中墙顶部的三角区是连拱隧道施工过程中极为重要的结构承载部位。如果该部位能够及时有效承载,那么连拱隧道的先修洞的衬砌就可以少分担隧道上部的地层压力,从而减少衬砌混凝土开裂的机会,同时减少隧道渗漏水的可能性。目前直中墙顶部的三角区的施工,多是在中墙混凝土已经浇筑完毕后用浆砌片石回填,这种方法实施起来很不方便,在如此狭小的空间进行作业十分困难,施工质量自然也不易保障。建议改变中墙顶部三角区混凝土的施工工艺,在中导洞的顶部用高强度的喷射混凝土形成与原三角区断面相似的下凸纵梁(图4-6)。其作用是在浇筑中墙的过程中,当浇筑到中墙顶部时,由于有下凸纵梁的存在,混凝土混合料会在重力的作用下将该下凸纵梁包围,并使中墙混凝土与下凸纵梁之间的间隙密实。

中导洞顶部的喷射混凝土下凸纵梁可以用以下的方法做成:在中导洞顶部支护过程中,在拱顶正中央将锚杆尾留长,锚杆的纵向间距一般不超过1m,杆尾的留长在0.5m左右;用金属

网将沿隧道纵向分布的锚杆尾连接起来,金属网的作用是给喷射混凝土提供侧向喷射的条件;用 C20 以上喷射混凝土或钢纤维喷射混凝土在中导洞顶部形成混凝土梁。由于有锚杆的悬吊作用,喷射混凝土纵梁不易与初期支护发生离层。

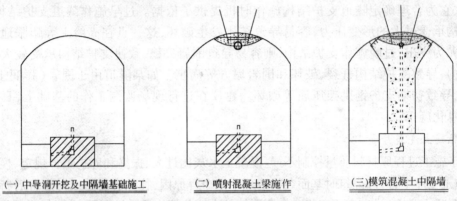

(一)中导洞开挖及中隔墙基础施工　　(二)喷射混凝土梁施作　　(三)模筑混凝土中隔墙

图 4-6　中导洞顶部的喷射混凝土下凸纵梁

如果在喷射混凝土纵梁的下面要设置排水管,则设管过程可与喷射混凝土的施工同步进行。因为施工条件较好,所以容易保证排水管路的安装质量。如果在喷射混凝土纵梁的下面要铺设防水层,为了防止防水层在隧道建成后因地层压力而受到损伤,可在防水层铺设前用砂浆给喷射混凝土梁罩面。

二、完善中墙顶部的防排水构造

中墙顶部的防排水是连拱隧道设计与施工的难点之一。在墙顶这一局部区域,自上而下防排水工程是先防后排。为了加强该部位的防水,应加厚防水层垫层的厚度。具体做法是先用一层土工布将喷射混凝土梁覆盖,然后再用复合式防水层做常规防水,这样在中墙顶局部防水层的构成便是两层土工布和一层防水板。局部采用两层土工布有三个作用:一是重点保护中墙顶部的防水板,如果防水板一直能完好地服务,即使隧道运营期间中墙出现裂缝,隧道中墙也不会出现严重渗漏;二是增加中墙顶局部防水板内侧的透水性,该透水性提高后,可减少喷射混凝土梁周围的水压力,从而减少渗水穿过防水板的机会;三是减少爆破振动对隧道衬砌结构的影响,先修洞的衬砌完成后,后修洞还要用爆破的方法开挖,在初期支护与二次衬砌之间增加缓冲介质,可以降低衬砌上因爆破引起的动载强度。

中墙顶部混凝土的下凹区是连拱隧道顶部的汇水区,所以中墙顶部的纵向排水管应设在下凸的喷射混凝土梁的下表面中央(图 4-7)。墙顶纵向排水管的渗水应通过竖向排水管及时下排。如果排水管设在喷射混凝土梁断面标高的最低处,则中墙上部的渗水最容易通过土工布流入排水管。为此,在设置防水层的同时,使渗水经土工布反滤流入排水管(图 4-8)。竖向排水管与中墙顶部的纵向排水管之间用三通接头相连,并在中墙下部和隧道排水系统相接。

三、在衬砌的水平施工缝上采用可排水止水带[2]

按照上述方法施工好中隔墙后,根据隧道的具体工程条件,进行两侧隧道正洞的施工(图 4-7 和图 4-8)。用上述方法修建连拱隧道,不可避免地要出现水平施工缝。

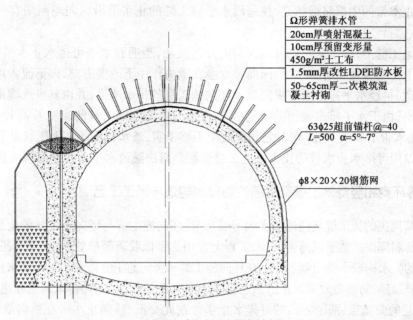

图 4-7　先行洞的开挖与衬砌

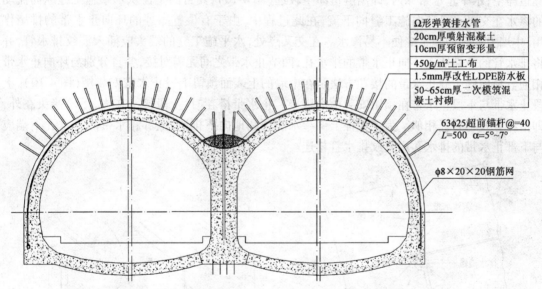

图 4-8　后行洞的开挖与衬砌

连拱隧道中隔墙水平施工缝的渗漏水防治是目前工程上的一个难点。可排水止水带在这种情况下也可发挥作用。在水平施工缝中，可排水止水带亦设置在衬砌厚度的中部（图4-9）。此时，适宜采用水平型可排水止水带。水平型与基本型的区别在于前者的一侧翼缘被止浆滤水带覆盖至膨胀橡胶条，使该部分翼缘表层可滤水透水。施工中在下部衬砌浇注收尾时，把可排水止水带植于下部衬砌混凝土，将可排水止水带的开口侧朝向围岩，将多覆止浆滤水带的翼缘朝上，并保证止水带与混凝土表面垂直。注意使止水带排水通道的上沿位于（走向）水平的施工缝平面。在（走向）水平施工缝纵剖面上，水平施工缝止水带位于环向施工缝止水带的靠近围岩一侧，施工时将两排水通道连通。此外，为了使水平施工缝的排水通道更容易排水，在施工时宜将止水带的中部略微抬高，使每段水平施工缝的止水带沿纵向与两端有一定的排水坡度。

在水平施工缝上，渗水从衬砌外侧向洞内方向流动，当遇到水平可排水止水带的阻挡后，由于止水带上部翼缘覆盖有滤水层，因而渗水会在重力作用下改变方向，向下流入可排水止水带的排水通道，再经水平排水通道纵向流入环向施工缝的排水通道，并由其进入隧道的排水系统。值得指出，由于水平排水通道的下沿 A 较止水带背面与施工缝的交线 C 高程低，所以即使在 A、B(止水带下翼缘下沿)和 C 之间混凝土不够密实，渗水也不能在无压状态下由 A 经 B 再到 C。所以用可排水止水带防止水平施工缝渗漏是解决隧道水平施工缝渗漏的新途径。

四、完善环向和竖向施工缝交叉部位防排水构造与施工工艺

中墙及其周围的施工缝是隧道防水的薄弱环节，环向施工缝与竖向施工缝的交叉点更是薄弱环节中的薄弱部位。对于该薄弱部位，工程上常用膨胀橡胶条简单处理，效果不甚理想，其原因是该部位的防水构造不够明晰。如果在环向施工缝和竖向施工缝都采用了可排水止水带防排水，则可取得较好的防渗漏效果。不过一定要注意施工缝交叉部位的防排水构造和施工工艺。

在施工缝的交叉点，两个方向的可排水止水带在此交汇，环向止水带在横向靠外，即靠近隧道净空；水平止水带靠内，即离隧道净空较远(图 4-10)，其目的是让从水平施工缝纵向流动的渗水在交叉点沿环向施工缝向下流，在此过程中，由于有位置靠外的环向止水带的排堵作用，中墙上的环向施工缝便不易渗水。在交叉点处，水平施工缝的端头应插入波纹排水管，并将排水管的下端插入环向止水带的排水孔，两节止水带之间无需对接，各自分别与环向止水带相通。环向施工缝止水带的接茬方法是在中墙的上表面预留上段止水带安装槽(图 4-10)，上段止水带与下段止水带在预留安装槽内搭接。止水带搭茬时，上段接头在内，下段接头在外，即搭接方式与叠瓦相似。为了保证上部渗水能顺利地向下排泄，上部止水带的排水孔下端应与下部止水带的排水孔用波纹排水管相连。

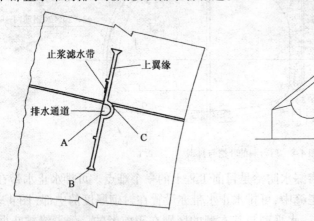

图 4-9　可排水止水带用于水平施工缝

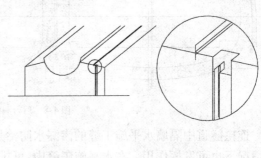

图 4-10　施工缝交叉点止水带的相互位置

第四节　地铁连拱隧道综合防排水技术

连拱隧道在地铁工程中也有应用，地铁隧道由于往往位于地下水位之下，且需要全封闭式防水，隧道的防渗漏难度更大。文献[3]介绍了北京城市铁路修建中的一座连拱隧道的防排

水技术,其细部构造和具体工程措施可供公路连拱隧道建设时参考。

北京城市铁路为一条城市半环线,线路主要采用地上高架桥形式,而该工程为全线唯一的地下区间隧道。该区间隧道地质情况复杂,地下水位较高,且由于隧道为双连拱结构形式,施工工序繁多,施工缝、沉降缝及天梁等特殊节点较多。因此,如何形成有效的防排水系统,就成为该工程施工的关键。

一、工程概况

北京城市铁路地下区间隧道位于北京市二环路的东北部,全长1175.2m,埋深8~12m,局部地表有土丘地段的埋深达到15m。断面形式为双管拱隧道、钢筋混凝土结构,典型断面开挖宽度为12.05m,开挖高度为7.397m,采用浅埋暗挖中洞法开挖,复合式衬砌。施工步序繁多,主要为中洞分部开挖支护→施作中洞防水层、中隔墙衬砌→左、右侧洞分部开挖支护→破除中洞初支、施作侧洞防水层和二次衬砌,具体如图4-11所示。该工程地层变化复杂,由地表向下依次为人工堆积层、杂填土层、素填土层、黏质粉土层、粉质黏土层、砂质粉土层、粉细砂层、细中砂层、圆砾层等。地下水状况:上层滞水水位埋深2.5~6.5m,赋存于杂填土层,主要补给来源为大气降水的垂直渗透与管道渗漏;潜水水位南低北高,水位埋深2.98~7.45m至13.90~15.99m,高出隧道开挖拱顶,主要补给来源为侧向径流;承压水水头埋深18.53m,隧道底板局部地段位于承压水位以下。

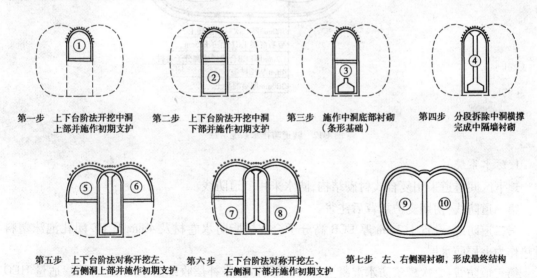

图 4-11 隧道施工步序示意

根据该工程的工程地质和水文地质条件,在开挖施工过程中受上层滞水和潜水影响严重,基槽涌水量较大,极易发生流砂、塌方,因此需采取管井降水治理。井位布置在隧道及竖井外侧2.0~3.0m处,井间距6.0m左右,以不侵犯工程结构和避开地面建筑和地下管线为准。

就该工程防排水系统而言,最不利地段为长120m的穿越护城河段和长55m的斜穿盖板河段。

二、防排水系统简介

该工程防排水系统的施工遵循"以防为主、防排结合、多道防线、刚柔相济、因地制宜、综合治理"的原则,设计防水等级为二级,即隧道衬砌不允许漏水,可以有少量、偶见的湿渍。地下区间隧道防排水系统设置如图4-12所示。

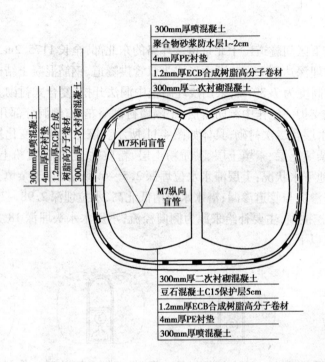

图4-12 隧道防排水系统示意

1. 防水系统

地下区间隧道采用复合式衬砌结构,防水采用三道防线。

第一道防线:初期支护加背后注浆。

第二道防线:设置1.2mm厚ECB高分子合成树脂防水卷材及4mm厚PE闭孔泡沫塑料衬垫作为夹层防水层。

第三道防线:二次模筑防水混凝土衬砌,采用微膨胀补偿收缩防水混凝土,即掺适量HEO单一型混凝土外加剂,抗渗等级不小于0.8MPa。

2. 排水系统

由于该工程为暗挖法施工,地下水较丰富,施工工况复杂,防水层的预留搭接较多,结构的施工缝也较多,在施工阶段对防水卷材可能造成破坏,为确保区间在无渗漏的情况下营运,故在防水层和二次衬砌之间采用MF7隧道专用型塑料盲管作为排水系统。

排水系统的具体设置为:在拱顶与边墙交界处、边墙与仰拱施工缝处、侧洞拱顶与中洞拱顶施工缝处设置三道纵向排水盲管;在边墙上每6m设一道环向排水盲管,与各纵向盲管相连,并将渗水引出漫流至道床上。

3. 变形缝、施工缝的防水

(1) 变形缝

本隧道每隔50~60m设置一道变形缝,缝宽30mm。在结构内部的中部设置埋入式橡胶止水带,结构内侧(背水面)预留300mm×30mm的凹槽,待变形缝两侧的混凝土浇注完并养护完毕,在缝内用双组分聚硫橡胶密封膏嵌缝,在凹槽内固定1mm厚钢板做成"U"形接水盒,然后用聚合物水泥砂浆把凹槽填实抹平。其具体设置详见图4-13、图4-14。

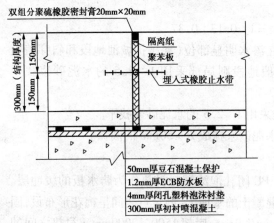

图4-13　隧道底板变形缝防水示意　　图4-14　隧道边墙、顶板变形缝防水示意

(2) 施工缝

隧道施工缝分纵向和环向,就全双连拱结构而言,纵向施工缝有:天梁两侧各1条,条形基础两侧各1条,左、右侧洞的铺底与边墙交接处各1条;环向施工缝在每组衬砌断面处。施工缝采用在结构断面中部安放20mm×30mm遇水膨胀腻子条的方法进行止水。

三、防排水系统的施工

1. 结构基面的处理

(1) 基面堵漏

由于防水板铺设前不允许结构初期支护内表面有漏水现象,因此,首先根据结构的不同部位分别进行了堵漏处理。

①在中洞、侧洞拱部沿隧道纵向每5m一排、每排3根布置$\phi 42$注浆管,注水泥—水玻璃双液浆,注浆压力为0.6~1.2MPa,以填充拱部初期支护背后空隙并止水。特别在中洞拱部(天梁)位置,加大注浆压力,增加注浆量,从而确保注浆范围高出侧洞拱顶,避免该部位日后形成积水带。

②对于边墙漏水部位进行重点注浆止水处理。

③对于基底出水部位根据出水量大小分别采用注浆止水或暂时引排的方法,以确保基面干燥。

(2) 基面找平

①检查基面上有无钢筋、铁丝和钢管等尖锐突出物,若有则从根部予以割除,并在割除部位用水泥砂浆抹成圆曲面。

②在中洞中线至左、右侧洞中线外300mm的拱部范围内,施作刚性防水兼找平层,主要施

工工序为:涂刷一道界面剂→抹 EVA 防水砂浆 10~15mm→搓毛→抹 EVA 聚合物灰浆 2mm→二道抹平、压密、压实→洒水养护。

界面剂配合比为:
普硅水泥:EVA:水:FS-P 防水剂 = 1:0.13:0.37:0.08

EVA 防水砂浆配合比为:
普硅水泥:EVA:水:FS-P 防水剂:中砂 = 1:0.12:0.5:0.08

EVA 聚合物灰浆配合比为:
普硅水泥:EVA:水 = 1:0.13:0.37

③对于结构边墙,根据不同情况分别处理,在渗水明显部位(穿越护城河地段和斜穿盖板河地段),同上第②条所述施作刚性防水,在一般地段则局部采用 1:2.5 的水泥砂浆找平即可。

④对于隧道底板基面,在有明显凸凹起伏处采用 1:2.5 的水泥砂浆找平。

⑤隧道断面变化或转弯时的阴阳角须采用水泥砂浆抹成 $R>50mm$ 的圆弧。

2. PE 闭孔泡沫塑料衬垫的施工

隧道在初期支护和防水板之间采用 4mm 厚 PE 闭孔泡沫塑料衬垫作为防水板的缓冲层。泡沫衬垫采用水泥钉和塑料圆垫片固定在喷射混凝土的基面上,固定点之间呈梅花形布设,固定点之间的间距为:拱部 500~800mm;边墙 800~1000mm;底部 1500~2000mm。衬垫之间的搭接宽度为 50mm,搭接部位采用热风焊枪进行焊接。衬垫必须采用环向铺设,不能拉得过紧,以免影响防水卷材的铺设,并在搭接部位预留不少于 200mm 的搭接余量。

3. ECB 高分子合成树脂防水板的施工

防水板接缝焊接是防水施工最重要的工艺,焊缝采用双焊缝热合机将相邻两幅卷材进行热熔焊接,卷材之间的搭接宽度为 100mm,接缝为双焊缝,焊缝宽度不小于 2mm,中间留出空腔以便进行充气检查。焊接应平顺、无波纹、颜色均匀、无焊焦、烧糊或夹层。进行充气检查时,充气压力为 0.12~0.15MPa,稳定时间不小于 5min,允许压力下降 20%。当纵向焊缝与环向焊缝成十字相交时(十字形焊缝)、事先需对纵向焊缝外的多余搭接部分齐根削去,将台阶修理成斜面并熔平,削去的长度≥130mm 以确保焊接质量和焊机顺利通过。

铺设防水板前先在拱顶的衬垫上标出隧道纵向中心线,卷材由拱顶开始向两侧下垂铺设,边铺边与圆垫片热熔焊接。防水层在下一阶段施工前的连接部分注意加以保护,避免弄脏和破损,并在搭接前将接头处擦拭干净。分段铺设的卷材边缘部位预留至少 500mm 的搭接余量。

防水板采用无钉孔铺设固定,即利用热风焊枪将裁剪好的卷材热熔粘贴在塑料圆垫片上,固定时要注意不得拉得过紧或出现大的鼓包。尤其是阴阳角部位的卷材一定要与转角部位密贴,以免影响灌注混凝土的厚度或将卷材拉破。固定点呈梅花形布设,间距为:拱顶 500~800mm;边墙 800~1000mm;底板 1500~2000mm。

4. 隧道排水系统的施工

该工程排水系统采用隧道专用型塑料盲管,盲管之间的连接使用订书机状的钉勾嵌入,钉勾由 $\phi 3~\phi 5$ 的不锈钢丝制成。

排水盲管设在夹层防水卷材上,用盲管生产厂家提供的特制铁件固定,并采用 8 号铁线将铁件与结构钢筋牢固捆扎。由于盲管为预埋，因此在衬砌前要做好标记，一旦衬砌台车脱模，立即将盲管管口掏出并清理干净。

5. 变形缝、施工缝防水层的施工

(1) 变形缝

变形缝是考虑结构不均匀受力和混凝土结构胀缩而设置的允许变形的结构缝隙，它是防水处理的难点，也是结构自防水中的关键环节。工程所在区间共设置变形缝 12 道，缝宽 30mm，防水材料选用中置橡胶止水带，聚苯板充填缝隙内部，而在变形缝口部采用双组分聚硫橡胶密封膏封填，厚度不小于 20mm。

橡胶止水带的施工要求：

①按照设计要求确定止水带的准确位置及尺寸规格。

②橡胶止水带安装必须用模板固定。先安装一端，浇筑混凝土，同时另一端应用厢型木板保护，待混凝土达到一定强度后拆除模板和另一端止水带的厢型保护。

③在止水带中央圆孔的上下方混凝土基面上涂刷黏结剂并固定填缝用的聚苯板。

④把另一端的止水带端头固定在钢筋上，支模浇筑混凝土。

⑤施工中必须保证止水带的准确位置和混凝土的浇捣质量，保证混凝土与止水带的紧密贴合。

⑥止水带的接头部位采用现场硫化的方法，接头处选在结构应力较小的部位。

(2) 施工缝

在施工过程中，水平施工缝与环向施工缝是结构自防水的薄弱环节，处理得好坏将会直接影响结构的防水质量，因此需认真做好该处的防水处理。该隧道施工缝采用 LJ-2 型遇水膨胀橡胶腻子条(20mm×30mm)进行止水。由于止水条钉设过紧容易折断，过松则不能保证与混凝土密贴，容易造成灌注混凝土钻入止水条下部而失去止水效果，因此在施工中采用了衬砌堵头板背面钉设适当厚度及宽度的木条，混凝土灌注后拆模时将木条一起取出，即形成一道凹槽，并配合加密了射钉的钉设间距，从而保证了施工缝的防水效果。

6. 二次衬砌防水混凝土的施工

该工程二次衬砌混凝土为微膨胀补偿收缩防水混凝土，标号 C30P8，采用 HEO 单一型外加剂，掺量为 10%。在施工中针对混凝土的防水要求，不仅应加强管理，严格施工工艺，选好商品混凝土供应商，对混凝土施工进行全过程控制，而且特别注意了以下几点：

(1) 严格控制水灰比

水灰比是对抗渗性起决定作用的因素，增大水灰比，混凝土的密实度降低，相对渗透系数就显著增大，因此需严格控制水灰比。该工程所采用的水灰比不大于 0.6。

(2) 防水混凝土的运输

该工程由于地处二环主路，按照北京市规定必须采用商品混凝土，因此优先选择了就近的搅拌站，并安排专人负责统一调度安排，以缩短运输距离和等待时间，避免出现混凝土离析；还根据不同气候、不同时间计算出运输过程中坍落度的损失，提前予以考虑，从而保证了混凝土浇注时有良好的和易性。

(3) 混凝土振捣

该工程结构防水混凝土振捣采用插入式振捣棒，振捣时，振捣棒等距离地插入，均匀地振实全部混凝土，插入点间距小于振捣半径的 1.5 倍，前后两次振捣棒的作用范围应相互重叠，避免漏捣和过捣。振捣时不得触及钢筋和模板,尤其是严禁触及防水板。

(4)混凝土的养护

根据防水混凝土的特性,该工程规定混凝土的裂缝宽度不得大于0.2mm,而得当的养护措施能最大限度减少混凝土的开裂,因此在防水混凝土灌注完毕及终凝后应及时采用喷、洒水养护,待拆模后,对结构表面及时进行洒水养护,保持混凝土表面湿润,养护期不少于14天。

7.二次衬砌背后回填注浆

由于混凝土的凝固收缩特性,在二次衬砌混凝土与防水板之间一般会存在5~10mm的缝隙,再加上泵送混凝土、模板台车灌注的衬砌施工特点,在拱顶处无法振捣密实,这样缝隙肯定会进一步加大,还可能在局部地段出现一定的空洞,容易造成地下水到处流窜侵蚀结构和腐蚀钢筋。因此,在二次衬砌结束后进行背后回填注浆是必不可少的一道工序。

本隧道在施作二次衬砌防水混凝土时,沿隧道纵向每间距10m即预埋一组注浆管,每组两根,注浆管垂直于结构表面设置,一根指向侧洞拱顶,另一根指向中洞拱顶。根据结构渗漏水情况,该工程采取了先全面注浆后重点注浆的施工方案。在全面注浆阶段,采用掺加XPM外加剂的普通水泥浆液,施工水灰比为1:1.5,XPM外加剂掺量按水泥用量的10%控制,该浆液具有流速快、流动性好、抗渗指标高的特点,最大优点是浆液凝固后基本无收缩。注浆顺序为由低处向高处、由无水段向有水段,跳跃间隔式注浆。在重点注浆阶段,针对仍然存在渗水的地段进行再次注浆,并在个别较严重的出水点周围增补注浆管和采用掺加XPM外加剂的超细水泥浆液进行注浆。

四、有关辅助施工措施

1.二次衬砌混凝土钢筋的冷挤压连接

钢筋连接采用钢套筒冷挤压的技术,仅是在房建施工中个别采用,这是因为该工艺对钢筋加工安装尺寸要求较高,钢套筒长180mm,钢筋对接时若过长则需现场截断,若过短则不能保证连接强度,甚至无法对接;另外钢筋挤压连接设备重达40多公斤,移动不便,所以从未在隧道工程中得以使用。在本隧道尚处于中洞开挖期间,由于开挖分部较多,钢格栅连接部位很多,造成电焊时间过长,导致洞内空气污浊、环境恶劣,而且违背了浅埋暗挖法"快封闭"的施工原则。因此,为了保护职工的身体健康和形成隧道快速支护能力,尝试使用了钢筋冷挤压连接工艺。众所周知,钢格栅需要尽量紧贴围岩轮廓,而由于开挖断面的不确定性,造成钢筋基本上无法实现顺利对接,该项新技术当时未获成功。但是,也意识到在衬砌施工中,由于二次衬砌钢筋加工安装尺寸比较精确,完全可以采用这种办法来避免电焊火工操作,从而有效的保护防水板不被损坏,因此及时进行了摸索总结,并最终在衬砌中获得成功。现将两种方法的优劣予以比较。

(1)钢筋冷挤压连接与电焊连接相比较的优势

①钢筋采用冷挤压连接,从根本上避免了电焊火工操作方式,不会出现防水板、排水盲管等塑料、橡胶制品被电焊火花烧坏的现象,有利于隧道防排水系统的保护。

②钢筋冷挤压连接速度较快,熟练情况下可保证平均1.5min完成一个接头,而以该隧道二次衬砌结构主筋(Φ28钢筋)为例,单面搭接满焊的长度为280mm,基本上一个接头需耗时5min,明显可以看出冷挤压连接可以大幅度提高工效。

③在钢筋被冷挤压前,均可用红漆先做上标记,如果标记在挤压后仍然显露在外面,即说

明挤压长度不足,而且钢筋挤压压力可以在气压表上清楚显示,还可以通过挤压痕迹的深度进行尺量判断。而电焊连接质量基本依赖于作业人员的操作水平和工作责任心,这说明钢筋冷挤压在质量可靠度和便于检查验收方面均远胜一筹。

④钢筋冷挤压连接采用液压设备,不会产生任何空气污染,极大的保护了职工的身体健康,对于提高职工劳动积极性极为有利。

⑤在经济效益方面,一个钢筋套筒为12元,而焊接一个Φ28钢筋接头,所用电焊条和钢筋搭接的材料费约为9元,虽然冷挤压连接费用稍高,但如果考虑到它有效保护了防水层,节省了通风费用,提高了工效,再加上保护了职工的身体健康,钢筋挤压的总体费用远低于电焊连接费用。

(2)钢筋冷挤压连接工艺的操作困难及对策

①钢筋冷挤压设备质量约为40公斤,在洞内移动使用不便,后来利用防水板施工台架增设了一个钢管轨道,使其悬吊在上面,并可以前后滑动,较好地解决了这个问题。

②虽然仅在二次衬砌结构钢筋连接方面使用,但由于钢筋加工和安装工艺落后,经常会发生钢筋或长或短而导致无法连接的情况,后来通过对钢筋加工安装质量的加强管理和职工操作水平的提高,还选购采用了手持式钢筋切割机,从而使这个困难得以克服。

2. 防水砂浆

由于隧道需穿越护城河及盖板河,大部分地段地面又无降水条件,造成地下水位较高,虽然经初期支护背后注浆处理,但仍有较多部位出现渗水,使防水板焊接时达不到规定温度要求,导致黏结时效性差,易出现假焊现象。因此在渗水地段增加了涂抹防水砂浆工序,使防水板焊接时岩面处于干燥状态,保证了防水板的防水效果。

3. 其他保护措施

在衬砌结构钢筋的洞内运输和安装过程中,由于隧道狭窄,施工人员经常无意中使钢筋头击穿或刮烂防水板,还不易发现,从而影响防水板的整体防水效果。后来在市场上订购了一批易安易卸的小橡胶帽,安装在已加工好的钢筋两头再将钢筋运至洞内,在钢筋安装前,还在防水板上纵向固定若干根木条,使钢筋安装距防水板有一定距离,从而保护了防水板。

五、施工体会

(1)由于隧道施工环境恶劣,防水板的整体封闭质量很难保证,难免会由于防水板的破损而出现漏水点,而且在注浆堵水处理过程中,经常出现这边堵水,那边漏水的现象,顾此失彼,无法找准出水点进行集中治水。如果在地下工程的防水系统中增加分段封闭的措施,虽然会增加一部分投资,但不会出现防水系统"一点破损、全面失效"的后果,另外对以后的注浆堵漏也便于集中处理。

(2)在该工程防水专题研讨过程中,有些人曾提出可以取消排水系统,仅依靠防水系统完全实现堵水目的。但是根据长期一线施工实践,由于目前从隧道施工工艺、防水材料可靠性、作业人员的实际操作水平来说,均还处于较低水平,在以后相当长的时间内,还是要以"防排结合,多层设防、以防为主,适量排放"为原则来指导地下工程防排水系统的施工。

(3)双连拱隧道在中洞天梁位置为V形结构形式,使该处形成人为积水区,是治水的极大隐患。虽然在施工过程中给予了高度重视,采用中洞拱顶初期支护背后回填注浆的方法,使该位置注浆后实际高于侧洞拱顶,目前效果尚好,但注浆量极为惊人,投入太大,而且由于加大了注浆压力和注浆量,在中洞初期支护破除过程中发现,大量浆液实际窜入中洞边墙部位,造成极大浪费,还增加了破除施工难度,而且天梁位置为结构最复杂、施工最困难、受力最薄弱位置,对于隧道各方面施工均不利。建议考虑取消这种双连拱结构型式(除车站超宽断面以外),这样虽然增加了一定的开挖方量,但可以一劳永逸,从而彻底消除这个施工隐患。

(4)该隧道初始设计时,认为排水盲管所排出的水量较少,考虑使其漫流到道床,自然风干,因此该工程采用的是在道床中央设置中心排水沟,主要排放消防用水或其他废水,但实际上目前在少量盲管出水后,造成道床上水碱、水迹明显,个别部位还存在积水现象,极大影响了隧道整体外观效果。为顺利通过竣工验收,又重新组织人力、物力在已灌注完成的道床上凿槽埋入盲管,而如果在前期施工中即预留足够长的盲管,待道床混凝土灌注时予以埋设,并引入中心排水沟,则将事半功倍。

(5)该工程在侧洞衬砌前需要先破除中洞初期支护,而此时中洞顶部、底板防水板和中隔墙衬砌均已经施工完成,为保护该部位的防水板,设计采用了在防水板上面预先设置一块厚1mm、宽800mm的铁皮,但由于中洞初期支护采用的是人工风镐破除和电焊割除钢筋的办法,极容易击穿铁皮,继而损坏防水板,尤其是基底的铁皮和防水板更是经常被拱部掉下的混凝土块砸烂,虽然在施工中制定了强硬的奖罚措施,还是无法杜绝。用铁皮保护防水板的思路是正确的,但铁皮过薄,而未起到有效的保护作用。

第五节 分次浇筑曲中墙连拱隧道防排水

为了解决连拱隧道中隔墙附近的渗漏水问题以及与之相关的衬砌开裂问题,工程界开始研究加厚中隔墙并将正洞衬砌从下到上全断面一次浇筑的施工方法,分次浇筑曲中墙连拱隧道就是在这样的背景下应运而生的。由于目前工程上采用的曲中墙连拱隧道都是在横向分次浇筑而成的,所以下面为了论述方便,将严格意义上的分次浇筑曲中墙连拱隧道简称为曲中墙连拱隧道。文献[4]将曲中墙连拱隧道与直中墙连拱隧道进行了分析对比,并介绍了曲中墙连拱隧道在福建的设计与应用情况。

文献[4]认为:在山区高等级公路建设中路线经常遇到穿过小垭口或小山鼻的情况,一般存在三种可以选择的方案,即路堑、小间距隧道和连拱隧道方案。只要路基边坡高度等于或大于40m,且左右路幅难以拉开形成独立的左右线,或拉开(增大)左右路幅需要增加较大的路基工程量时,就可考虑采用连拱隧道的方案。相对于大开挖的路堑方案,它有着不破坏自然景观、避免高边坡、有利路线安全营运等优点。与小间距隧道相比较,连拱隧道对两端接线地形要求不高,接线工程数量小且接线线形较为顺畅;另外在低围岩类别地段(Ⅰ类、Ⅱ类围岩),由于小间距隧道对中心岩核处理的技术和施工工艺较为复杂,因此连拱隧道在可靠性、经济性和时间性(指工期)上与路堑和小间距隧道相比具有一定的优越性。

连拱隧道的平纵面线形和其长度是其总体方案设计的关键。其平纵面线形一般由公路的总体布置决定,但在做公路线形的总体设计时也应考虑到隧道结构的特殊性,洞内应具备有良好视距,较少的汽车尾气排放等舒适的行车条件。因此,一般情况下连拱隧道的平曲线半径要求大于或等于55m,长度要小于等于55m,纵坡不大于5.0%。

一、净空轮廓

隧道净空除了满足建筑限界和洞内设备安装空间要求外,还应满足技术、视觉和施工工艺的要求。福建省修建连拱隧道的净空轮廓有两种类型,即直中墙净空轮廓(图4-1)和曲中墙净空轮廓(图4-2),直中墙净空轮廓的连拱隧道施工工艺简单,洞内行车道中心线与洞外路基行车道中心线偏离较小,但视觉效果较差。近几年来我国的公路隧道技术有了突飞猛进的发展,建设者们对隧道设计与施工工艺提出较高的要求,所建隧道均应采用大模板钢台车浇筑二衬混凝土以达到二衬内表面整齐光洁。由于连拱隧道一般长度小于等于500m,采用大模板铜台车一次性资金投入大,而连拱隧道的直中墙净空轮廓与单洞隧道的净空轮廓差异较大,台车的周转利用率低造成较大的浪费。曲中墙净空轮廓的连拱隧道有较好的视觉效果,并且由于其净空轮廓与单洞隧道的净空轮廓并无实质上的差异(设计时可用与单洞隧道相同的内轮廓半径),这样就提高了台车的利用率,节省资金。以往福建省的福泉高速公路、罗长高速公路所修建的连拱隧道均采用直中墙净空轮廓,而后来建设的三福高速公路中连拱隧道均采用曲中墙净空轮廓。

必须注意的是,曲中墙连拱隧道的左右洞行车道中心线与路线左右幅行车道中心线偏离比直中墙连拱隧道大,因此进出洞口与路基正常段的行车道中心线的连接过渡距离相应较长,但可采用路基横断面路幅调整和路面标线过渡,使其形成顺畅舒适的行车道轨迹。

二、结构设计特点

连拱隧道的结构设计主要包括初期支护、二次衬砌、中隔墙和防水层设计,特别是中隔墙设计直接影响着隧道围岩的稳定、支护安全性和施工工序,防水层设计关系到隧道的耐久性、营运安全性和隧道的外观形象。直中墙连拱隧道和曲中墙连拱隧道由于中墙设计方法不同,使它们除具有连拱隧道的共同特性外,又具有各自的特点。

直中墙连拱隧道的一般结构如图4-15所示。它与单洞隧道的主要区别在于直中隔墙和排水系统,其中墙在中导洞贯通后即浇筑,它既是初期支护和二次衬砌的支撑点,又是防水层的支撑结构。洞室开挖后初期支护支撑于中墙,而防水层则绕过初期支护与中墙的结合部越过中墙顶与洞室内其他防排水设施形成完整的排防水系统;中墙的中央纵向每隔一定间距埋设竖向排水管,以排除中墙顶凹部的积水。中墙与中导洞之间的空洞是待初期支护和中墙防水层施工完成后回填。根据上述直中墙连拱隧道结构的特点,决定了它存在着两个较为明显的缺点:其一,由于中墙与中导洞之间的空洞得不到及时的回填造成开挖时毛洞跨度增大,B/H值变大(其中B为毛洞跨度,H为毛洞高度)使洞周围岩处于较为不利的受力状态,从而影响施工安全和进度,在回填空洞时,由于受支护等因素干扰施工,往往没办法回填密实,这就给营运安全留下了隐患。其二,由于部分围岩裂隙水经中墙顶凹部通过排水管排入排水沟,这样一来容易造成凹部集水,并且该部排防水系统施工难度大,质量难以控制,造成隧道中墙渗漏水,影响结构耐久性和营运安全。

曲中墙连拱隧道的一般结构如图4-16所示。它与直中墙连拱隧道的主要区别在于中墙和中墙处的排防水处理。在中导洞贯通后随即修建中墙,要求中墙顶部与中导洞顶紧密接触。这样就克服了直中墙连拱隧道中墙与中导洞之间存在着空洞的缺点,使主洞开挖时毛洞跨度相对减小,有利于洞周围岩的稳定,从而减少了施工时的辅助措施,加快了施工进度,节省了工程投资,并大大提高结构的可靠性,使营运安全得到更进一步的保证。由于曲中墙两侧外轮廓与双洞隧道初期支护轮廓一致,有利于防水板的全断面铺设,从而使曲中墙连拱隧道中间部分的排防水结构与独立的单洞隧道相同。其施工工艺相对较为简单,质量容易控制,隧道建成后排防水系统运作可靠。

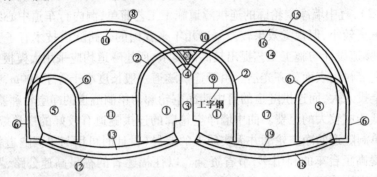

图4-15 直中墙连拱隧道的一般结构(图中序号为施工工序)

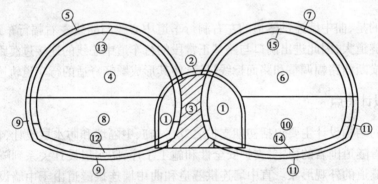

图4-16 曲中墙连拱隧道的一般结构(图中序号为施工工序)

三、开挖工序

隧道施工的开挖工序直接影响着隧道的施工安全、工程费用和工程进度,连拱隧道在这个问题上更显得突出。设计中如何选择适当的施工工序是每位设计者必须慎重面对的问题。以下就针对Ⅱ类围岩简要介绍福建省连拱隧道施工工序。

以往福建省所修建的直中隔墙连拱隧道施工工序如图4-15所示。从图中可以看出该工序总共有20步,它们顺序是:①开挖中导洞;②中导洞支护;③中墙砌筑(注意:中墙与中导洞间留有空洞);④铺设中墙顶防水板;⑤左右侧导洞开挖;⑥左右侧导洞支护;⑦左洞拱部开挖;⑧左洞拱部支护;⑨在中导洞右侧设置工字钢临时支顶;⑩左洞防水层铺设及二衬混凝土浇筑;⑪左洞核心土开挖;⑫左洞初支仰拱;⑬左洞仰拱二衬浇筑;⑭右洞拱部开挖;⑮右洞拱部支护;⑯右洞防水层铺设及二衬混凝土浇筑;⑰右洞核心土开挖;⑱右洞初支仰拱;⑲右洞仰拱二衬浇筑;⑳中墙顶回填。从以上工序来看该施工方法步骤繁多,临时支护措施多,因此导致工程工期长,费用高。

在曲中隔墙的连拱隧道的施工中,采用如图4-16所示的方法进行。其施工顺序是:①开挖中导洞;②中导洞支护;③中墙砌筑(注意:中墙浇筑至中导洞顶);④左洞上导坑开挖;⑤左洞拱部初支;⑥右洞上导坑开挖;⑦右洞拱部初支;⑧左洞下导坑开挖;⑨左洞边墙及仰拱初支;⑩右洞下导坑开挖;⑪右洞边墙及仰拱初支;⑫左洞仰拱浇筑;⑬左洞二衬浇筑;⑭右洞仰拱浇筑;⑮右洞二衬浇筑。相比较图 4-15 与图 4-16 开挖工序可知,图 4-16 的开挖工序较图 4-15 少了左右侧导洞开挖、左右侧导洞支护及中墙顶回填三个步骤,从而节省了施工时间和工程费用。在Ⅱ类围岩中,图 4-16 所示的施工方法能否取消左右两个侧导洞,对此进行了论证。从理论上证实了取消左右两个侧导洞施工方法是可行的。福建省后期修建的连拱隧道均采用图 4-16 所示的施工方法。

从上述分析表明,曲中隔墙连拱隧道不论在围岩受力和防水设计及施工工艺等方面都比原直中隔墙连拱隧道有很大的进步。三福高速公路中采用了曲中墙连拱隧道,隧道建设取得了良好效果。这些曲中墙连拱隧道的成功建成,标志着我国隧道技术的又一进步。

四、曲中墙连拱隧道的应用实例

程久胜等[5]介绍了曲中墙连拱隧道在殷家岩隧道的设计中的应用。文献[5]也认为隧道净空内轮廓设计除了满足隧道建筑限界和洞内设备安装空间要求外,还应满足技术、视觉和施工工艺的要求。在隧道内轮廓线设计过程中,结合目前国内修建的连拱隧道的净空轮廓常用类型即直中墙净空轮廓和曲中墙净空轮廓进行了分析比较。直中墙净空轮廓的连拱隧道施工工艺简单,洞内行车道中心线与洞外路基行车道中心线偏离较小,但视觉效果较差,对驾驶人员易形成"边墙效应"。同时,结合目前国内公路隧道的施工工艺以及连拱隧道里程长度等因素,考虑模筑曲中墙连拱隧道二衬时,较直中墙连拱隧道二衬的大模板钢台车的利用率高,可节省投资。另外,二次衬砌的全环向整体式浇筑不但较好地处理了直中墙连拱隧道的中隔墙的不对称受力,还以其严密的防排水体系解决了国内已建公路连拱隧道的中墙顶渗漏水的质量通病问题。

通过对断面参数比较,曲中墙比直中墙连拱隧道断面积仅增大 3.2%。本着断面利用率高、结构受力合理、安全可靠的原则综合考虑,曲中墙的连拱隧道结构形式对于本工程项目是合适的。殷家岩隧道内轮廓线单侧采用单心圆 $R=5.40$m 曲墙形式,在中导洞开挖后,所模筑的钢筋混凝土曲中隔墙断面最薄处厚 1.2m。隧道最大开挖宽度达 25m,开挖高度(含仰拱)达 9.6m,最大开挖断面积为 200m^2,为超大断面隧道。

由于整幅路基地段行车道中心线间距为 10m,而连拱隧道的左右洞行车道中心线间距为 12.5m,所以在隧道进出口 60m 距离外应采用渐变曲线顺接。

隧道防排水系统是隧道设计的重点之一,也是隧道施工的难点,是造成当前隧道突出的质量通病之根源。防排水设计原则是以排为主,防排结合,综合治理。采用"防、截、堵、排"相结合形成完整的防排水体系,使隧道防水可靠,排水畅通,运营期间隧道内不渗漏,基本干燥。其各段的防排水情况如下:

(1)洞外:根据地形情况,在洞口边仰坡开挖交界外侧设置与地形相应的截排水沟,将边仰坡水沿截水沟引出隧道区,进入天然沟排走。

(2)明洞:明洞拱墙部外层铺设由土工布、防水板组成的防水层。在墙脚处设置 ϕ100 纵向排水管,纵向排水管与引水管相连,将衬砌背后的水引入隧道内边沟排走。明洞衬砌回填一层 50cm 厚黏土作为隔水层,明洞上地表水沿回填土坡面流入洞顶排水沟排走。

(3)洞内:在初期支护与二次衬砌之间铺设 350g/m^2 土工布及橡胶防水板组成的防水层,设计时对施工缝、沉降缝作了专门的防水处理,同时衬砌背后每隔 10m 左右设置一道 ϕ50 环向透水软管。环向透水软管与墙脚处 $\phi100$ 纵向排水管相通,采用 $\phi50$ 排水管将纵向管内水引流至隧道内路面边沟排走。

连拱隧道除中墙顶处防排水构造不同于单洞隧道,其余与单洞相仿,而连拱隧道中墙顶防排水更是一个难点。而殷家岩隧道的曲中隔墙、二衬全环向整体式模筑的新型结构及施工方案,将连拱隧道两关联的洞室按两个独立的单洞考虑,防排水左右洞各成体系,完全类似于单洞隧道,这样较好地解决了中隔墙处的防排水问题。

在隧道施工方面,目前我国已广泛采用新奥法。新奥法即一种动态设计理论,根据设计指导施工,在施工中完善设计,它需要设计、施工紧密结合,及时沟通,其设计施工原则:少扰动,早喷锚,勤量测,紧封闭。对于段家岩双连拱公路隧道的施工,方法上大的方面采用两部开挖,具体开挖可结合地形、地质等条件,参照单洞隧道开挖方式进行,即:明洞采用挖筑法,先仰拱后墙拱的筑砌程序,当混凝土强度达到设计强度的 70% 时,对称回填碎石土,分层夯实;暗洞本着新奥法原则,采用分部、分步施工方法,首先开挖中墙导洞并进行喷锚支护,当中导洞贯通后,由中点向洞口方向施作中隔墙;正洞的开挖,Ⅱ类围岩地段,在超前支护作用下采用台阶开挖法,上半断面用拱部留核心全环形开挖及早支护的施工方法,下半断面用留中墙侧核心土,先开挖边墙及早支护成环的施工方法,最后二次衬砌支护,全断面对称一次完成,Ⅳ类围岩采用留核心土环形开挖及早成环的施工方法。中墙导洞开挖及早支护可视围岩稳定情况采用全断面或正台阶法,中墙浇筑要依次分段完成,并在墙顶处预留注浆管注浆,以保证中墙与围岩密贴,中墙及二衬混凝土应用泵送混凝土浇筑,模板宜用定制钢模板及支撑或衬砌台车。

第六节 分次浇筑直中墙连拱隧道的应用

上节讨论的曲中墙连拱隧道采用中隔墙分次浇筑的方法比较好地解决了连拱隧道中隔墙周围的渗漏水问题,但仔细分析一下可以发现取得较好的防水效果是有代价的。这些代价一是中隔墙厚度被加大(由 140cm 增加到 230cm);二是路基中间隔离带在连拱隧道内被加宽(增加了 250cm);三是隧道的总体开挖跨度加大(每侧增加 110cm)。此外为了满足规范中对检修道的要求,还很不符合习惯地将检修道设置在中隔墙的两侧,使之不能与洞外两边路肩自然相连。因此,分次浇筑曲中墙并非是十分完善的连拱隧道中隔墙解决方案。再看直中墙连拱隧道,曲中墙连拱隧道的三点不足则恰恰是直中墙连拱隧道的优点。那么,在保留直中墙原有优点的基础上,引入曲中墙连拱隧道中隔墙的分次浇筑工艺,消除整体浇筑直中墙连拱隧道的水平施工缝,能否解决中隔墙周围的渗漏水问题并形成分次浇筑直中墙的连拱隧道中隔墙解决方案呢?作者在这方面进行了有益的尝试。

一、有中导洞的分次浇筑直中墙方案

1. 中墙核的构造与施工

某试验连拱隧道,直中墙总厚度设计为 160cm,其中,中墙核厚 100cm,两边的衬砌壁各厚 30cm(图 4-17)。中导洞贯通后,先在中导洞的底部和顶部钻孔并装设与中墙核联系的连接锚杆,锚杆长 200cm,间排距均为 50cm。然后绑扎中墙核的钢筋,钢筋网架在底部和顶部与锚杆焊接。接下来支设模板并浇筑中墙核的混凝土,为了保证中墙核的顶部与中导洞的顶部密实,浇筑时注意混凝土的流动方向、顶部排气和预埋注浆管,施工中选择有利时机向中墙核的顶部

注浆。最后拆除模板,完成一段中墙核的施工。

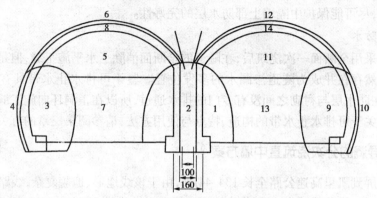

图4-17 分次浇筑直中墙的构造与隧道施工工艺(图中序号为施工工序)(尺寸单位:cm)

2. 正洞开挖方法

由于在先进正洞将要开挖的时候,中隔墙仅仅施工了中墙核。相对于整体浇筑的中隔墙而言,中墙核的承载能力还是较小的,所以在选择正洞的施工方法时,必须尽量避免中墙核的不利受力,以保证施工安全与结构稳定。先进洞应采用侧导洞法开挖,这样做的好处在于既可以减轻开挖爆破对围岩与中墙核的扰动,又可以进一步探明围岩的性质与地压规律,以便更好地掌握隧道施工的主动权。开挖侧导洞时,一般说来中墙核的受力不会有显著的变化,但是,当开挖先进洞的上部岩核并进行支护后,在围岩应力重分布的过程中,中墙核的受力会发生显著的变化。因此,开挖先进洞的上部岩核时,要采取必要的中墙核防护措施并加强施工监测。然后,根据隧道的长度与围岩等情况,选择先进洞的衬砌施工时机。

后进洞开挖时,隧道围岩内应力又要进行一次重新分布,先进洞的衬砌由原先的"不受力"或受力很小的状态变为有一定受力的状态;中墙核的受力则在原有基础上有显著增加。在此过程中,容易出现的问题是由开挖爆破产生的震动荷载及爆破诱发的冲击荷载导致先进洞的衬砌开裂。因此,后进洞的施工必须在保证围岩稳定的基础上,减少各种动荷载对既有结构的影响。后进洞的开挖方法以侧洞辅助施工为宜,条件许可时可用台阶法施工。

3. 中隔墙周围的防排水

采用了分次浇筑中隔墙的施工工艺后,中隔墙周围的防排水做法与单洞隧道的相类似,通常被认为没有什么大的问题。事实上,在中隔墙周围的防排水方面仍有一些工作需要特别注意:

(1)加强中墙核两侧的竖向排水

中隔墙分次浇筑后,中墙核的两侧面相对于喷射混凝土的表面来说要平整光滑得多,这种情况对保护防水层的长期完好性十分有利,但是却因界面间比较密实而不利于上部渗水的下排。因此,必须按照一定的间距很规整地在中墙核与防水层之间设置竖向排水管,以保证中隔墙上部的渗水顺利下排并进入隧道下部的排水系统。

(2)保护中隔墙上部防水层的完好性

中隔墙分次浇筑后,正洞的衬砌在中隔墙侧的厚度为30cm,比边墙侧的要薄。受施工因素和温度应力等影响,中隔墙的衬砌部分容易产生各种细小的裂缝。因此,中隔墙的衬砌部分的总体抗渗能力比较低,一旦渗水穿过了防水层进入了防水层与衬砌之间的界面,则渗水极有可能从衬砌的微细裂缝中渗出,造成隧道渗漏。由于渗水不易在中隔墙高度范围内穿过防水层,此种情况只会在中隔墙以上出现,所以应通过喷射混凝土表面降糙技术和加强防水层施工防护等措施,尽可能保护中隔墙上部防水层的完好性。

4. 施工缝防水

正洞衬砌采用全断面一次浇筑后,在隧道的全断面消除了水平施工缝,但是衬砌环之间的环向施工缝依然存在并成为隧道渗漏水的多发位置。鉴于可排水止水带具有先排后堵的特点,又考虑到在防水层与衬砌之间没有专门的排水通道,所以在正洞环向施工缝间采用可排水止水带防水。关于可排水止水带的构造、特点与使用方法,请参阅第三章的有关内容。

二、无中导洞的分次浇筑直中墙方案[6]

贵州的玉屏到凯里高速公路全长 134.44km,由于该线地形、地貌复杂,线路所走区域属中低丘陵、鸡爪地形,推荐线路方案中隧道 36 座,其中连拱隧道 25 座。玉凯高速公路的连拱隧道有两个显著的特点:一是浅埋偏压,约 1/3 的连拱隧道位于浅埋偏压区域;二是隧道短,平均长度小于 200m。所以,连拱隧道的设计为玉凯高速公路的设计重点,加之贵州属多雨地区,地下水发育,如何解决连拱隧道的渗漏水问题,就成为连拱隧道设计需重点解决的问题。

玉凯高速公路初步设计中,就如何解决现有连拱隧道的中墙渗漏水、施工开挖工序多等问题,贵州省公路设计院做了较多的连拱隧道调查,查阅了大量的连拱隧道资料,并和一些同行进行了探讨。玉凯高速公路连拱隧道采用了新的断面形式,如图 4-18 所示。该断面形式主要在以下两个方面做了调整:连拱隧道结构型式按两个单洞考虑,具体表现为两个较为独立的连拱结构,防排水左右洞各自成系统,施工方法上采用两部开挖,具体开挖方法可结合地形、地质等条件,参照单洞开挖方式进行(全断面、台阶法、CRD 法等),原则上先开挖的洞室可按正台阶法或全断面法开挖,后开挖的洞室按正台阶法开挖。通过采取这种结构形式和施工方法,减少了施工工序,缩短了全断面结构建成时间,降低了对围岩的扰动,保证了连拱隧道防水板的施工质量和排水效果,同时减少了导洞开挖所需的临时支护工程,特别是 III 类围岩以上的连拱隧道,降低了工程总造价。具体施工工序如图 4-19 所示。

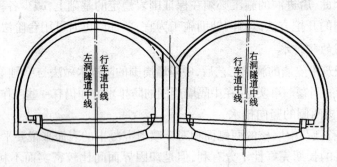

图 4-18 玉凯高速公路连拱隧道结构形式

连拱隧道设计重点是解决施工过程中不对称结构的不对称受力、连拱隧道的防排水及安全可靠的施工方法问题。连拱隧道结构设计做了如下考虑:

1. 施工过程不对称结构的受力

在开挖方法上,后开挖的单洞原则上采用分部开挖的方法,需最后完成下部开挖。施工过程中应严格控制下半部分围岩的开挖长度,确保结构的安全,并在下部围岩开挖后,及时施作二次衬砌,以最大限度提供抗力和缩短不对称结构存在的时间。结构上,先施工洞室(图中即为左洞)的主体结构,在有仰拱的情况下,则应同时完成仰拱施工,使之达到一个闭合的完整受力结构,改善受力状况;其次,采取较厚的中墙,中墙的上部通过锚杆与围岩连接,给左洞提供可靠的支持力,以保证结构的平衡。

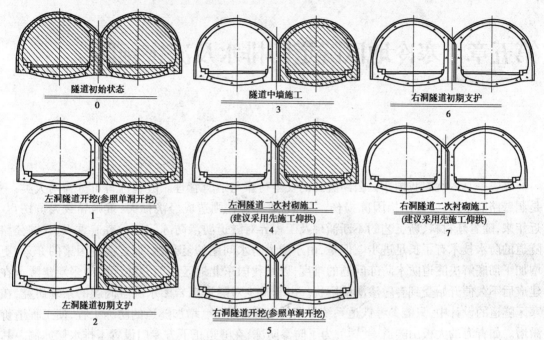

图4-19 玉凯高速公路连拱隧道的施工工序

2. 隧道防排水

从图4-18中的结构形式上可见,本结构形式的防排水系统完全类似于单个隧道,较好地解决了联拱隧道的防排水问题。

3. 施工方法

本结构形式的开挖方法,在总体上可考虑为两个单洞开挖。单幅隧道的施工方法在我国已经很成熟,所不同的是,在后施工即右洞开挖过程中,需严格控制装药量,尽量采用松动爆破和控制爆破,以减少对已建成结构的损伤。从开挖对已施工的结构影响上,本结构设计较以前采用的结构形式影响更小,因有较厚的中墙作保护,基本上避开了开挖过程中爆破的影响。

参 考 文 献

[1] 李志厚,等.连拱隧道病害调查分析[J].中国公路学报,2003.
[2] 吕康成,等.隧道衬砌环向施工缝渗漏防治[J].现代隧道技术,2002年增刊.
[3] 熊江陵,汤勇洛.北京城市铁路连拱隧道防排水综合施工技术[J].现代隧道技术,2003,40(5).
[4] 唐颖,等.浅论连拱隧道设计[A].2001年全国公路隧道学术会议论文集.北京:人民交通出版社,2001.
[5] 程久胜,等.殷家岩双连拱隧道设计[A].2003年全国公路隧道学术会议论文集.北京:人民交通出版社,2003.
[6] 高世军,等.双连拱隧道的技术性设计[A].2001年全国公路隧道学术会议论文集.北京:人民交通出版社,2001.

第五章 寒冷地区隧道防排水及冻害预防

冻害一直困扰着我国寒区公路隧道的安全行车与运营管理。隧道冻害可分为两大类：一是洞壁路面结冰，二是结构因冻损伤[1-2]。隧道冻害轻则造成经济损失，重则导致人员伤亡。近年来，随着新材料、新工艺的不断涌现及工程界对隧道防渗防冻问题的普遍重视，我国公路隧道的防水技术有了长足进步。但是，由于隧道防水问题的复杂性，加之温度因素的介入，更增加了彻底解决隧道防水防冻问题的难度，以致我国东北地区和西北地区的许多新建隧道在建成后不久便开始受到春融渗漏的困扰。由于缺少对隧道围岩渗水冻融问题的系统研究，在寒区隧道的设计中，只能参考铁道系统早期的工程经验[19]，增加隧道的防冻工程，使工程造价激增。如青海的大板山隧道[15,24-25]，为了防渗防冻，在隧道正下方专门设置了排水储冰洞。其他的一些隧道还试图增加复合式衬砌防水板垫层的厚度，即用轻质泡沫材料来充当隧道围岩的保温层，以较大的代价换取隧道围岩冻结范围的减少[11,13,22]。针对目前工程界对寒区隧道的渗漏和冰冻的不同认识和做法，本章在现场隧道围岩温度分析与测试的基础上，探讨寒区隧道病害的成因，并针对设计与施工中存在的种种问题，提出了寒区隧道冻害防治的相应措施。

第一节 早期铁路隧道保温防冻设计[19]

在我国，受冻害影响较早的隧道是改革开放之前在寒冷和严寒地区修建的铁路隧道，为防止隧道内水流冻结所引起的衬砌挂冰、隧底结冰成锥、衬砌胀裂及线路隆起等冻害，要求流水畅通且不冻结，故在设计中采取了防排水措施。其排水形式按表5-1确定。

不同温度的排水沟形式　　　　　　　　　表5-1

分区	最冷月平均气温(℃)	黏性土最大冻结深度(m)	主排水沟形式
寒冷地区	-10~-5	≤1.0	一般水沟
寒冷地区	-15~-10	1.0~1.5	保温水沟
严寒地区	-25~-15	1.5~2.5	中心深埋水沟
严寒地区	<-25	>2.5	防寒泄水洞

一、保温水沟

保温水沟采用浅埋方式(即浅于隧道内的最大冻结深度)，在水沟内采用保温措施，以达到冬季水流不冻结的目的。

1. 适用条件

保温水沟一般适用于寒冷地区,最冷月平均气温 -15℃ ~ -10℃,当地黏性土的冻结深度在 1.0~1.5m 范围内,且冬季有水或可能有水的隧道。当隧道长时,因洞内温度较高,隧道中部一般不产生冻害,可仅在两端洞口 150~400m 范围内设置保温水沟,低洞口可适当加长。保温水沟的设置长度,一般应根据隧道的长度、水量大小、水温、隧道所处地区寒冷季节的主导风向、水沟坡度等因素综合考虑确定,有条件时可根据隧道内实测气温决定。经验数值见表 5-2。

保温水沟设置长度　　　　表 5-2

最冷月平均气温(℃)	隧道长度(m)	保温水沟设置长度(m)	
		低洞口	高洞口
-12 ~ -10	<600	全洞设置	
-12 ~ -10	>600	200~350	150~250
-15 ~ -12	<1000	全洞设置	
-15 ~ -12	>1000	300~400	250~350

2. 结构形式

保温水沟一般采用侧沟式,其结构形式应配合各种隧道衬砌断面设计。水沟上部设双层盖板,在上下两层盖板之间充填保温材料,保温层厚度一般不小于 30cm,下部为流水槽。过水断面要求不小于 28cm×30cm(高×宽),沟底纵坡一般应与隧道纵坡相同,但不宜小于 3‰。常用的几种水沟断面形式见表 5-3。

水沟与电缆槽断面形式　　　　表 5-3

道床形式	隧道衬砌类型	单侧或双侧保温水沟	电缆槽位置
碎石道床	直墙及曲墙衬砌(无仰拱)	单侧保温水沟	异侧电缆槽
		单侧或双侧保温水沟	同侧或双侧电缆槽
		双侧保温水沟	无电缆槽
	曲墙衬砌(有仰拱)	单侧保温水沟	异侧电缆槽
		单侧或双侧保温水沟	同侧或双侧电缆槽
		双侧保温水沟	无电缆槽
整体道床	直墙及曲墙衬砌(无仰拱)	双侧保温水沟	有电缆槽
			无电缆槽
	曲墙衬砌(有仰拱)	双侧保温水沟	有电缆槽
			无电缆槽

3. 保温材料

保温材料一般采用矿渣、沥青玻璃棉、矿渣棉、泡沫塑料等,并应有防潮措施,以防保温材料受潮,影响保温性能。一般防潮措施可采取:

(1)设置防潮层,将沥青玻璃棉等保温材料用沥青玻璃布包裹起来。

(2)将保温材料定期进行翻晒。

(3)有渗漏水地段应将水沟盖板用水泥砂浆勾缝或沥青涂抹,以防漏水渗入保温材料。

4. 检查设备

保温水沟在适当距离(一般间距为 30~50m)应设检查井,检查井内设沉淀坑,以利检查和清淤。当采用空气保温时,可不设检查井和沉淀坑。

二、中心深埋水沟

中心深埋水沟系将水沟埋置于洞内相应的冻结深度以下,利用地温达到水沟内水流不致冻结的排水设施。水沟埋深可用下式计算:

$$h_x = Kh_0 t_x / t$$

式中:h_x——隧道内距洞口 x 处水沟最小埋深(m);
h_0——隧道所在地区最大冻结深度(m);
t_x——隧道内距洞口 x 处最冷月平均气温(℃);
t——隧道所在地区最冷月平均气温(℃);
K——与岩性有关的冻结深度系数(土质密实、围岩类别越高 K 值越大),见表 5-4。

冻 结 深 度 系 数   表 5-4

土石类别	黏 性 土	砂 性 土	岩 石
K 值	1.0	1.1~1.3	1.3~2.0

1. 适用条件

中心深埋水沟一般适用于严寒地区,隧道所在地区黏性土的冻结深度在 1.5~2.5m 范围,且冬季有水的隧道。

2. 结构形式

中心深埋水沟断面形式的选择,主要应根据地质条件决定,其断面尺寸可参照流量确定,矩形断面不宜小于 25cm×40cm(高×宽),圆形断面内径不宜小于 30cm。

3. 埋置深度

深埋水沟的埋置应使其沟内的水流不冻结。影响深埋水沟冻结的因素是多方面的,它除了受当地气温、冻结深度的影响外,还与水量大小、水温、水沟坡度、隧道长度以及隧道走向与寒冷季节主导风向等因素有关。一般可参考下列经验数值选用。

(1)短于 1km 的隧道,水沟埋深宜按当地砂性土的最大冻结深度考虑。

(2)长于 1km 的隧道,低洞口段 300~500m 范围内,水沟埋置深度宜按当地砂性土的最大冻结深度考虑。其具体长度视隧道长度及隧道走向与寒冷季节主导风向的关系而定,隧道越长或冬季背风的洞口可短些。高洞口段和洞身段宜按当地黏性土最大的冻结深度或略小于当地黏性土的冻结深度考虑。

有条件时,应根据实测隧道内的气温及冻结深度确定。

4. 回填要求

深埋水沟的回填直接影响到水沟的使用效果。回填材料除需满足保温、渗水性好的要求外,还应防止石屑、泥沙渗入水沟引起水沟淤积,采用在水沟附近以级配骨料分层回填、上面覆盖弃渣的方法,防淤效果较好;铺设整体道床的隧道宜用混凝土回填,以防止道床下沉,同时应注意留设泄水孔。

5. 检查设备

为防止淤积堵塞,便于检查维修,深埋水沟应设置检查井。检查井间距一般为30~50m,其断面形状可为方形,亦可为圆形。为了便于清淤,检查井下应设沉淀坑。为防止冻结,检查井应设双层盖板,在两层盖板之间填塞干草或其他保温材料。

三、防寒泄水洞

1. 适用条件

防寒泄水洞一般适用于严寒地区最冷月平均气温低于-25℃,当地黏性土的冻结深度大于2.5m,采用深埋水沟因埋置较深,明挖施工可能影响边墙的稳定,且冬季有水的隧道。

2. 结构形式

防寒泄水洞一般置于隧道底部。

防寒泄水洞的衬砌结构尺寸应根据地质条件和埋置深度,由计算或工程类比确定。计算时可参照隧道的计算方法进行。

防寒泄水洞一般设铺底,当石质较好时可不铺底。

防寒泄水洞拱部及边墙应有足够的泄水孔,其间距不宜小于1m。

3. 埋置深度

防寒泄水洞的埋置深度,即隧道底至防寒泄水洞底的高度,主要根据当地围岩最大冻结深度决定,一般应低于此最大冻结深度;其次,应满足暗挖施工不致引起隧底坍塌的要求;此外,还应注意不要埋置过深,以免不必要地延长防寒泄水洞的长度,增加投资。

4. 检查设备

为了方便对泄水洞的检查及夏季通风,每隔一定距离应设检查井。检查井间距一般为150~200m。检查井按其出入口位置不同分中心检查井和侧检查井两种。中心检查井设于线路中心线上,侧检查井设于大避车洞内。防寒泄水洞的检查井同样应注意冬季防寒保温,可在隧道底与泄水洞之间填塞保温材料,保温材料一般用干草和锯末。在夏季应注意把检查井盖板打开通风,使泄水洞内气温回升。

四、配套排水设备

在寒冷和严寒地区隧道内设置保温水沟、埋深水沟或防寒泄水洞后,虽可使隧道附近大量的地下水通过围岩裂隙及回填物渗入水沟或泄水洞中。但围岩本身不是一个均匀的含水层,地下水的出露条件不一,所以必须补充修筑盲沟、泄水孔、横沟、横导洞、洞外暗沟,保温出水口等配套排水设备,使隧道内外形成一个通畅的排水系统,才能有效地消除隧道内的冻害。

1. 盲沟

为了输导和防止衬砌背后积水,减少静水压力和避免洞内漏水,可在衬砌背后设置盲沟。常用的盲沟形式有矿渣棉盲沟、表贴式盲沟、片石盲沟。

(1) 矿渣棉盲沟

矿渣棉盲沟可以配合片石盲沟使用,拱部设置矿渣棉盲沟延伸至边墙部位后与片石盲沟接通。盲沟设置间距5~10m,含少量裂隙水地段,则可每隔10~20m设一道。

(2) 表贴式盲沟是采用橡胶材料敷设而成的,表面呈凹凸状的条状沟槽。根据水量大小和出水部分,可敷设一条或多条重合使用。施作时,先将两侧固定在岩石上,然后喷上一层水泥砂浆或用其他方法防止灌注混凝土时堵塞盲沟通道。优点是安装方便,造价低,效果好,适宜泵送混凝土施工。

(3) 片石盲沟

在地下水较多的地段,于衬砌背后盖槽以干砌片石充填成盲沟。仅拱部有水时可只作拱部盲沟,并视水量大小采用引水槽或引水管经过边墙泄水孔排至洞内水沟;仅边墙部地下水较多时,可作竖向盲沟,竖向盲沟亦可只作单侧。

(4) 盲沟设计要求

①盲沟断面尺寸应根据地下水量及超挖情况决定。矿渣棉盲沟、表贴式盲沟的断面厚度不得超过设置部位衬砌厚度的 1/5,片石盲沟的断面厚度一般不小于 20cm,宽度为 40~100cm。

②在 III 类土质围岩及 I、II 类围岩中设置盲沟时应加做防滤层,以免影响围岩稳定及堵塞盲沟。反滤层系根据盲沟的填料和地层组成颗粒的大小,设置两层或三层,每层厚度一般采用 10~20cm。但回填料为片石,粒径 10~18cm 时,可设三层防滤。

③拱部采用矿渣棉或表贴式盲沟时,须与墙背后竖向盲沟或引水管、槽连通,水流经过边墙下部的泄水孔排入内槽沟。泄水孔超挖部分应用边墙同级圬工与墙基同时灌注。

④当采用先拱后墙时,拱脚以上 1m 范围内超挖部分用于拱圈同级圬工回填,在设置盲沟位置回填时应预埋水管或预留过水通路,以使拱部盲沟与竖向盲沟或引水管或槽沟通。

⑤为防止洞内水沟淤塞,应在边墙泄水孔出水处或水沟适当位置设置沉淀井。

⑥盲沟应与衬砌同时施工,在衬砌施工时应有防护措施,以防水泥砂浆流失而影响衬砌质量或堵塞盲沟。

寒冷和严寒地区为防止冬季盲沟冻结,盲沟的设置深度应予加深,一般从衬砌内缘算起不宜小于 1m(衬砌厚度在内),长隧道洞身部分盲沟深度可适当减小。亦可在盲沟处增设保温墙。

2. 泄水洞、横沟、横导洞

汇集于竖向或环形盲沟的地下水,通过泄水孔流入保温水沟中。泄水孔的断面一般为 10cm×10cm(高×宽)。深埋水沟通过隧底横沟与盲沟连接,横沟的坡度不宜小于 5‰,坡度大些使排水通畅,也是防止水流冻结的措施。设防寒泄水洞的隧道,横沟以暗挖的横导洞代替,衬砌背后盲沟与横导洞以钻孔沟通,钻孔直径一般不宜小于 10cm。如钻孔处于 III 类的土质围岩或 I、II 类围岩时,宜下"花管",以防钻孔堵塞。

3. 洞外暗沟

保温水沟、深埋水沟及防寒泄水洞中的水流流出隧道后,应采用暗沟通过路堑地段流入地形低洼处。暗沟一般用明挖法施工,其结构可用预制构件。为防止水流冻结,暗沟应埋置于冻结线以下,其坡度不宜小于 5‰,并应隔开一定距离(一般 50m 左右)设置检查井和沉淀坑。暗沟的平面位置应根据洞口地形布置。

4. 保温出水口

在严寒地区,深埋水沟、防寒泄水洞、洞外暗沟,均应设防寒出水口。

防寒出水口有端墙式及掩埋保温圆包头式两种。出水口处地形较陡时,宜采用端墙式,地形平坦宜采用掩埋保温圆包头式。

保温出水口的保温材料,宜就地取材,如采用塔头草、泥炭、草袋等。

5. 注意事项

在非岩质的多年冻土中修筑泄水洞时应考虑地基的热融沉陷及冻胀作用对隧道结构的影响。一般可以采取下列措施予以防止:

(1) 每间隔 5m 设置一道伸缩沉降缝。

(2) 地基换填砂卵石,以减少冻胀影响程度。

(3) 最好安排在冬季施工。

第二节 寒区隧道温度场和渗流场

寒冷地区隧道与非寒冷地区的相比两者最大的区别在于前者会受到各种冰冻的影响。冰冻的产生与发展离不开低于零度的温度条件,所以要研究隧道的各种冻害问题,首先应掌握寒冷地区隧道的温度分布与变化规律[2,10,12,14-17]。其次,春融期融雪对地下水的相对集中补给,也使寒冷地区隧道围岩中的地下水与其他地区的有所不同,因此研究寒冷地区隧道围岩中的渗流场也很有必要。研究隧道工程中场问题的方法主要有两种:即理论分析与现场测试。隧道温度场和渗流场的影响因素很多,分析研究也较为困难。对于寒区隧道,工程界关心的场问题有:①地表冻结深度随气温的变化规律;②隧道内气温及其影响因素;③隧道横断面温度变化规律;④隧道纵向温度变化规律;⑤隧道围岩渗流场随季节变化规律等。针对寒冷地区各类场问题的特点,本节采用不同的方法进行研究。

一、地面表层冻结深度随季节的变化规律

地面表层的冻结深度是寒区隧道设计的一项重要依据。隧道内中央排水管的埋设深度需参考隧道当地的冻土深度。隧道洞口段的围岩温度会受隧址区地面表层冻深的影响而明显低于隧道纵深深部围岩的温度,从而产生各种冻害。此外,参考隧址区地面表层的最大冻结深度,也可对隧道衬砌外的围岩冻深进行大致估计。地面表层冻深问题可简化为一维热传导问题,该问题可用解析法研究。

解析法的物理模型如图 5-1 所示。

定解问题

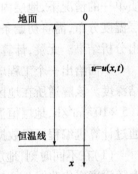

图 5-1 物理模型

$$\frac{\partial u}{\partial t} = a \frac{\partial^2 u}{\partial x^2} \tag{5-1}$$

$$u\big|_{x=0} = u_1(t) \qquad u\big|_{x=l} = u_2(t) \tag{5-2}$$

$$u\big|_{t=0} = \varphi(x) \tag{5-3}$$

式中:u——温度,是 x,t 的函数;

x——由地表向下的深度(m);

t——时间(d);

$u_1(t)$——地表的温度函数,取 $u_1(t) = T_m + T_a \sin \frac{2\pi}{T} t$;

T_m——年平均气温(地表温度);

T_a——地表温度的平均振幅;

T——地表温度变化周期($T = 365d$);

$u_2(t)$——地表以下一定深度处的稳定温度,取 $u_2(t) = T_c$;

$\varphi(x)$——x 轴上的初始温度,考虑在地表与恒温层间按线性变化。取

$$\varphi(x) = T_m + \frac{x}{l}(T_c - T_m)$$

a——导温系数。

经推导,得解

$$u(x,t) = V(x,t) + u_1(t) + \frac{x}{l}[u_2(t) - u_1(t)]$$

$$= V(x,t) + T_m + T_a \sin \frac{2\pi}{T} t + \frac{x}{l}\left[T_c - \left(T_m + T_a \sin \frac{2\pi}{T} t\right)\right] \tag{5-4}$$

其中

$$V(x,t) = \sum_{n=1}^{\infty} V_n(t) \sin \frac{n\pi}{l} x \tag{5-5}$$

$$V_n(t) = -\frac{2T_a}{n\pi\left[\left(\frac{an^2\pi T}{2l^2}\right)^2 + 1\right]}\left[\sin \frac{2\pi}{T} t + \frac{an^2\pi T}{2l^2}\cos \frac{2\pi}{T} t - \frac{an^2\pi T}{2l^2} e^{-\frac{an^2\pi^2}{l^2} t}\right] \tag{5-6}$$

在地表温度按正弦规律变化,在地下一定深度温度为恒温,初始温度按线性分布,传热介质单一的情况下,地层内的温度仍按复杂的规律变化着,其解为级数解。欲求具体工程点的地层温度分布,需将初始条件和边界条件代入式(5-4),并取级数的前若干项进行计算,才能得出分析结果。无疑,计算过程需借助计算机编程完成。

下面给出一个工程应用示例。根据(5-4)式导出的结果,分析某隧道所在区域的地层冻结深度。该隧道所在地区年平均气温为 3.6℃,地表温度平均振幅为 30℃,地层的导温系数为 $1.5 \times 10^{-3} m^2/h$,地层恒温线在地表下 8m 处,恒定温度为 6℃。取公式(5-4)中级数的前 5 项通过计算机编程所得数据绘制成图 5-2、图 5-3 和图 5-4。

(1)在不同时刻,地层温度随其深度的变化规律不同。图 5-2 给出了代表各月份月中的温度随深度变化曲线。

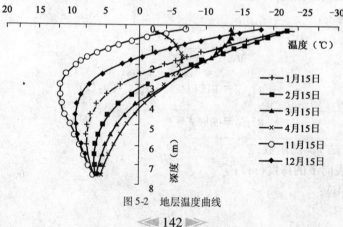

图 5-2　地层温度曲线

从图 5-2 可以看出：

①比较 11 月 15 日和 12 月 15 日的温度曲线可知，在地层冻结初期，浅层地层由于受到地表温度的直接影响，其温度变化比较灵敏，和地表的温度同时降到了零度以下，而深度较深的地层还维持着较高的温度。

②在 1 月 15 日，地表温度达到最低值，而地层中的温度却没有达到全年的最低值，地层中的全年最低温出现在三月份与四月份，这说明了地层中的温度变化相对于地表存在着一定的滞后性，而且深度越深，滞后性越明显。

③在 3 月 15 日，地表以下 0.6m 左右处的地层达到该深度地层的全年最低温，最低温度为 $-12.3℃$；而在 4 月 15 日最低温度线下移至 1.6m，最低温则是上升到 $-5.09℃$，此时地表温度回暖至零度以上，故由地表往下一定范围内出现了融冰现象。

(2) 图 5-3 给出了地层零度界线随时间的变化情况。横坐标的零点表示 1 月 1 日，而横坐标值为不同日期距离 1 月 1 日的天数；纵坐标零点处为地表，纵坐标值为地层深度。

由图 5-3 的上冻过程可以看出，地层在十月份开始在地层表面冻结，并且随着时间的推移，冻结深度越来越深，直至四月冻结深度达到最大值 3m 左右，之后冻结深度越来越小。再往后地层冻结深度曲线由于受到地下恒定温度的影响，开始不断地上升。

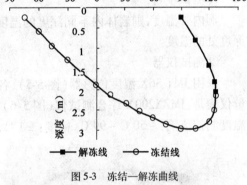

图 5-3 冻结—解冻曲线

由解冻过程可以看出，在三月份时，地表以下浅层地层开始进入春融期，并且随着地表温度的逐步回升，零度线不断下移，直至与地层中上升的零度线相交，即地层全部进入正温状态。

(3) 图 5-4 为地表、地下 1m 和 2m 处地层的全年温度曲线。

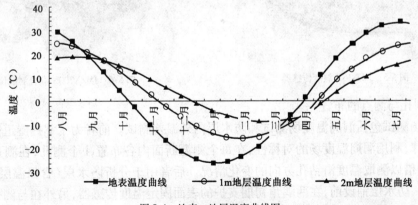

图 5-4 地表—地层温度曲线图

由该图可知，地层温度全年的变化趋势和地表温度变化保持一致，但不是同步的，地层中温度的变化相对于地表温度变化有一定的滞后性，地表温度在一月份的时候达到最低值，地下 1m 的地层温度的最低值出现在二月份，而 2m 处的最低温出现得更晚一些。对比三条温度曲线的最低点可知，地层的全年最低温比地表的全年最低温要高，而且随着深度的加深，最低温会随之升高。即深度越大,温度变化曲线越缓和。

二、隧道围岩温度测试

掌握季节性冰冻地区(简称季冻区)隧道衬砌结构与围岩中的温度场是彻底解决季冻区隧道防冻防渗的前提条件。吕康成等[26]对新交洞隧道建成后的洞周温度场进行了测试。

1. 隧道温度场测试设计

(1)温度场的测试内容与方法

长时间的负温是隧道产生冻害的根本原因,隧道开挖之后,在隧道的洞内外、衬砌表面与内部,围岩内部等不同介质中均生成一个不同的温度场,因此研究隧道冻害,应当先从隧道温度场入手。通过对各介质温度场的监测,来确定冻融圈的范围、沿隧道纵向、径向温度的变化规律,进而确定隧道防冻措施。

①测试项目

洞内外温度、围岩体内不同深度的温度、岩棉保温层内外温度、由路面向中央排水沟不同深度处的温度。

②测试仪器

采用JMT-36X温度传感器(图5-5),各测点位置见方案设计图。与温度传感器配套的测量仪表是:JMZX200X综合测试仪(图5-6)。隧道内外环境温度测量采用嵌入式数字温度计,温度测控范围: $-50℃\sim99℃$,精度: $±1℃$,显示分辨率:$0.1℃$。量程80℃的水银温度计。

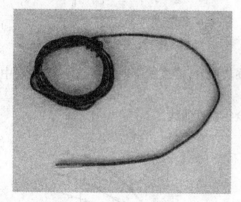

图5-5　JMT-36X温度传感器

图5-6　JMZX200X综合测试仪

(2)测孔与测点的布置

温度场测试包括洞周温度场测试和防水层内外温差测试。前者为了掌握隧道横断面温度的变化规律,利用洞周温度场的对称性,在每个测温断面内各布置4个测孔,在测孔内设置温度传感器,借以测取温度沿钻孔方向的变化情况。后者用于分析防水层(含保温层)对围岩温度的影响。防水层铺设前,在两隅角初期支护的表面固定温度传感器,另外在与测孔口相对的防水层内侧各布置一只温度传感器。

①隧道测温断面的布置

为了能够了解隧道运营期间围岩温度沿纵向的分布规律,沿隧道纵向布置5个温度监测断面,对各断面的温度进行独立、自动监测,由人工对监测成果进行综合分析,得出对隧道保温防冻有用的纵向温度分布规律。测温断面布置如图5-7所示。

第五章 寒冷地区隧道防排水及冻害预防

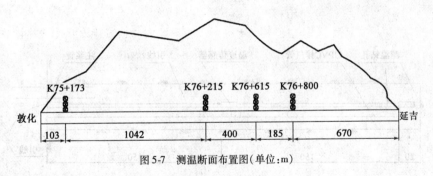

图 5-7 测温断面布置图（单位：m）

② 测温断面内测孔的布置

为了掌握隧道横断面温度的变化规律，利用洞周温度场的对称性，在每个测温断面内各布置 4 个测孔（图 5-8），在测孔内设置温度传感器。为了保护防水层的完好，各测孔内温度传感器的引线必须从防水层的下端绕过防水层，并从防水层的内侧上引，在检修道路面以上 1.6m 处横穿混凝土衬砌，进入测温仪的保护箱（图 5-9）。温度传感器的引线要用波纹管套封，以免引线受损。

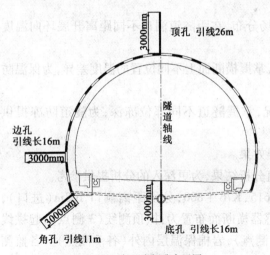

图 5-8 测温断面内侧孔布置图

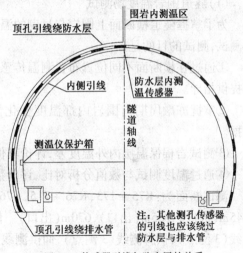

图 5-9 传感器引线与防水层的关系

③ 保温层两侧的传感器布置

防水层铺设前，在两隅角初期支护的表面固定温度传感器（图 5-10）。另外在与测孔口相对的防水层的内侧各布置一只温度传感器，其测值可用于分析防水层对围岩温度的影响。

④ 测孔内传感器的布置

除底孔外，其余测孔内各设置 3 只传感器（图 5-11），传感器间距为 1.5m。注浆封孔时，视孔的朝向确定注浆孔与排气孔。如果钻孔朝下，则长管为注浆孔，短管为排气孔；如果钻孔朝上，则相反。

温度传感器固定方法：将温度传感器用细铁丝固定到 PVC 管上，再用胶布缠好，将引线穿到管内以保护侧线

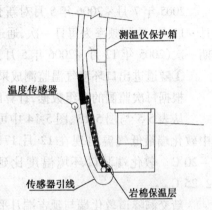

图 5-10 保温层两侧的传感器布置

免遭破坏。

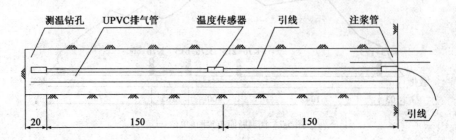

注：1 钻孔；
2 按尺寸用扎丝将传感器绑扎在UPVC塑料管上并穿入钻孔；
3 注浆封孔；
4 用波纹管封套引线并引至测温仪

图 5-11　测孔内传感器布置(尺寸单位:cm)

2. 隧道温度场测试

(1) 隧道围岩温度场测试

为了掌握隧道横断面上围岩与衬砌的温度场分布,在距隧道洞口不同距离开展环向温度场测试,测试的目的是：

①通过在横断面不同位置布置测温传感器,掌握横断面上不同位置的温度差异,为保温防冻提供指导。

②掌握冻融周期内围岩内部温度变化情况,掌握隧道不同部位冻深,为隧道防冻提供依据。

③测试岩棉保温层内外温度差,评价其保温效果。

④通过温度测试与数值分析对比,评价数值分析结果,为更深入的分析提供参考。

测试断面为: K75+173, K76+215, K76+615, K76+800, 分别距离洞口 103m(进口), 1145m(进口), 855m(出口), 670m(出口)。传感器横断面布置为：拱顶测线(3 测点), 起拱线测线(3 测点), 拱脚测线(3 测点), 仰拱测线(3 测点), 岩棉保温层内外(各 1 测点)。各监测断面的传感器安装如图 5-12 所示。

(2) 温度场测试成果分析

2005 年 7 月 ~ 2006 年 5 月对新交洞隧道进行了环境与围岩的温度监测,前期(2005 年 7 月 ~ 11 月)监测频率为每日一次,通过对前期温度监测成果的分析研究,最后监测频率为每星期一次(2005 年 12 月 ~ 2006 年 5 月)。

①隧道进出口环境气温监测成果

根据每次监测的多组数据,计算出平均温度,进而得出月平均温度,监测成果如下：

从表 5-5 与图 5-13、图 5-14 中可以看出,月平均气温最低出现在 12 月份和 1 月份；其中敦化端最低气温出现在 12 月 17 日,最低达 -22℃,延吉端出现在 12 月 24 日,最低达 -20℃。敦化端洞口环境温度比延吉端略低一点,最低月平均气温敦化端比延吉端低 2.25℃。

新交洞隧道敦化端与延吉端月平均温度数据见表 5-5。

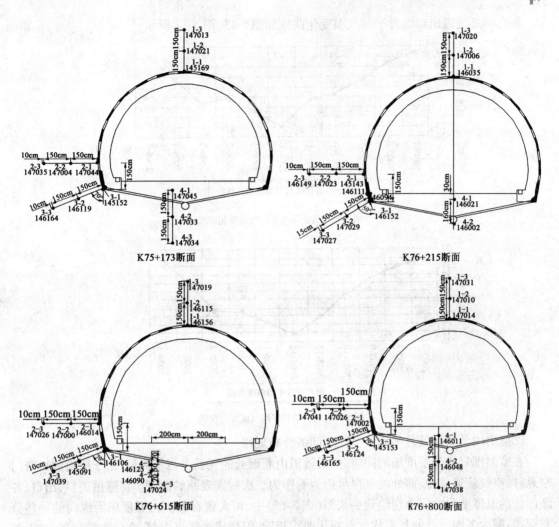

图 5-12 各断面传感器布置图

新交洞隧道敦化端与延吉端月平均温度数据表　　　　　　　　　表 5-5

敦化端		延吉端	
月　份	月平均温度(℃)	月　份	月平均温度(℃)
2005.7	22.29	2005.7	23.46
2005.8	16.81	2005.8	19.82
2005.9	9.07	2005.9	14.79
2005.10	1.13	2005.10	6.53
2005.11	-1.73	2005.11	-4.17
2005.12	-14.75	2005.12	-12.50
2006.1	-7.40	2006.1	-7.00
2006.2	-0.13	2006.2	-2.00
2006.3	-3.30	2006.3	-1.49
2006.4	9.43	2006.4	11.13
2006.5	21.03	2006.5	— 23.50

新交洞隧道进出口端月平均气温变化曲线如图5-13、图5-14所示。

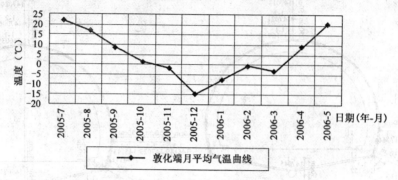

图5-13 敦化端月平均气温变化曲线

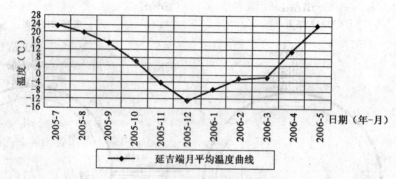

图5-14 延吉端月平均气温变化曲线

②隧道内各断面处月平均气温随时间的分布规律

在监测围岩内部温度场的同时,也对隧道内断面处的气温进行了测量,由于隧道洞口有门帘悬挂,空气流通差,断面处的气温可近似看作为二次衬砌表面的温度。将隧道进口、出口、各断面处的温度变化曲线分别绘到一张图(图5-15)中,可大致看出洞内温度场沿纵向的一些分布规律:洞内各断面处的月平均气温变化曲线相近,但越接近隧道中部,变化曲线越缓和;除洞口段一个断面月平均最低气温与洞外一致外,其他3个断面处月最低气温均比洞外延迟1个月,即洞内最低气温出现在1月份和2月份。

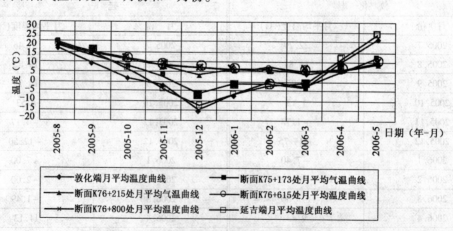

图5-15 各断面处月平均气温变化曲线

③隧道内气温沿纵向的分布规律

通过对隧道内各断面处的洞内温度测量,计算出各断面处的月平均气温,进而绘出了洞内温度沿纵向的分布图,可直观看出洞内温度沿隧道纵向的分布规律。图 5-16、图 5-17 为典型月份的纵向温度场分布情况。

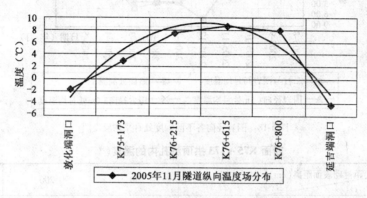

图 5-16　11 月份隧道纵向温度场分布图

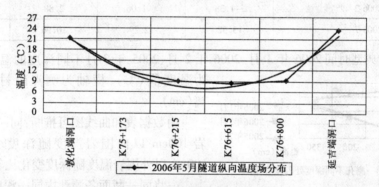

图 5-17　5 月份隧道纵向温度场分布

上面图表表明:a.隧道纵向温度场的变化规律基本上呈抛物线形分布,并且在冬季两洞口端温度低,中间温度相对较高,在夏季两洞口端温度高,中间温度相对较低;b.隧道围岩体及结构体温度沿隧道纵向变化快慢是不同的,距洞口越远温度变化越小。

④隧道围岩温度场沿径向的分布规律

由于每个测孔内布置了 3 个温度传感器,因此可测得围岩内不同深度的温度,进而可对隧道围岩径向的温度场变化进行分析。下面为典型断面处围岩径向温度变化情况。

a.以断面 K75+173 处拱顶测孔为例,分析一个测孔内不同深度的温度随时间的变化规律。

将该断面处洞内温度变化曲线图与 3 个不同深度的变化曲线图绘在同一图中(图 5-18),可以看到围岩深度不同温度也不同。

由此可知:在围岩径向 1.5m 内温度随时间变化比较剧烈,1.5m 以外温度随时间变化比较平缓。

b.以断面 K75+173 处拱顶的测孔为例,分析一个测孔同一时间不同深度的温度情况(2006 年 1 月、2006 年 2 月、2005 年 7 月),见表 5-6。

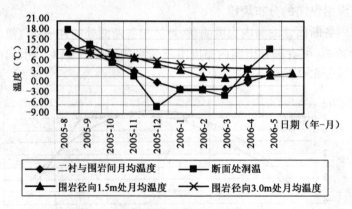

图5-18 围岩径向各不同深度处月平均温度图

断面 K75+173 拱顶测孔内的温度(℃)　　　　　　表5-6

时期(年-月)	距衬砌表面距离(cm)			
	0	50	200	350
2006-1	-1.40	-1.12	3.10	7.20
2006-2	-1.38	-1.06	2.88	6.38
2005-7	13.52	12.29	10.96	9.14

图5-19 为典型时间 2006 年 1 月、2006 年 2 月、2005 年 7 月不同深度的温度情况，竖轴为温度值(℃)，横轴为测点距衬砌表面的距离(cm)。

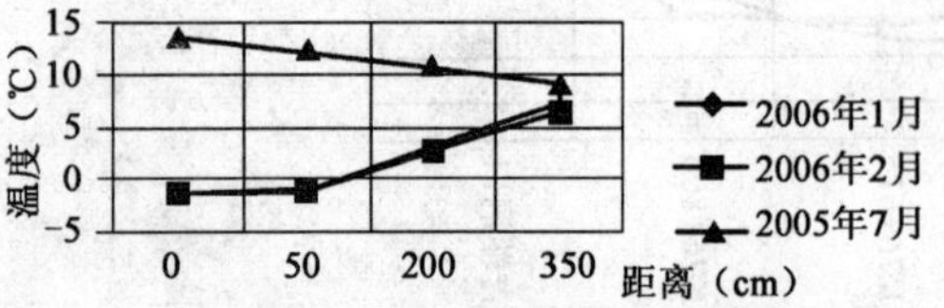

由数据表和曲线图可推断：同一时间，隧道围岩 100cm 以内围岩温度随深度变化比较大，100cm 以外围岩温度随深度变化比较小。

图5-19 同一测孔不同深度处温度分布图

c. 将同一断面各测孔内同一深度看作一等温圈，分析典型时间 2005 年 7 月、2005 年 12 月、2006 年 3 月时的等温圈随深度的变化情况，还以断面 K75+173 为例，见表5-7 ~ 表5-9。

2005 年 7 月数据表(℃)　　　　　　表5-7

距衬砌表面距离(cm)	拱 顶	边 墙	拱 脚	平均温度
0	13.5	13.5	13.5	13.5
50	12.29	12.50	11.04	11.94
200	10.96	9.46	10.50	10.30
350	9.14	7.18	5.00	7.11

2005 年 12 月数据表(℃)　　　　　　表5-8

距衬砌表面距离(cm)	拱 顶	边 墙	拱 脚	平均温度
0	-6.75	-6.75	-6.75	-6.75
50	1.22	1.38	-2.63	-0.3
200	5.25	1.50	5.50	4.08
350	8.13	6.50	5.25	6.63

2006 年 3 月数据表(℃)　　　　　　　　　　　　　　　　　　　　　　　　表 5-9

距衬砌表面距离(cm)	拱顶	边墙	拱脚	平均温度
0	-3.22	-3.22	-3.22	-3.22
50	-0.78	-1.33	-1.00	-1.04
200	2.94	0.00	1.15	1.36
350	5.94	5.22	4.50	5.22

图 5-20 为典型时间等温圈随深度的变化曲线图,竖轴为温度值(℃),横轴为测点距衬砌表面的距离(cm)。

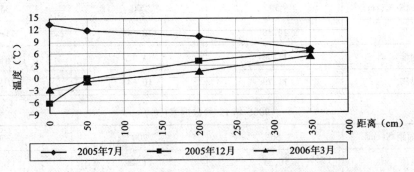

图 5-20　同一断面不同深度处温度分布图

可以看出,2005 年 12 月二次衬砌内外表面温差较大,衬砌混凝土有着较小的导热系数;2006 年 3 月二次衬砌内外表面温差不大,说明在 3 月份低温已经慢慢传递到整个二次衬砌,二次衬砌以外的围岩也受到低温的较大影响;在冬季,隧道围岩体里面负温持续到围岩 1 米多深,因此可确定围岩的冻结深度应在 1m 以外。

综合上面所述,做出如图 5-21、图 5-22 所示的等温线。

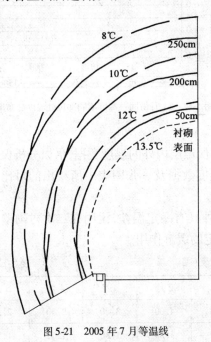

图 5-21　2005 年 7 月等温线

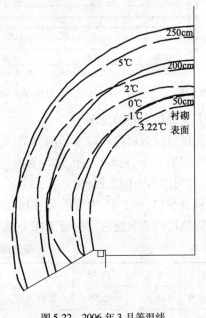

图 5-22　2006 年 3 月等温线

由等温线图可看出,隧道边墙和底角的温度场变化较大,也是冻害易发部位。

d.隧道围岩体同一深度不同部位的温度分布情况

下面以K76+215为例,将深度在50cm、200cm、350cm处不同测孔内的温度变化绘在一张图表中,可得到同一深度不同部位的温度场比照。

从表5-10、表5-11以及图5-23、图5-24中可明显看出,在逐渐变冷的月份里,同样气温的作用下,隧道围岩中温度最低的部位在拱脚和边墙,温度最高的部位在拱顶。因此在采取保温措施时,应首先重点考虑拱脚和边墙部位的保温情况。

2005年10月数据表(℃)　　　　　　　　　　　　　　　表5-10

距衬砌表面距离(cm)	50	200	350
拱顶	14.18	13.64	11.82
边墙	11.96	11.32	9.43
拱脚	11.79	10.64	9.32

2005年11月数据表(℃)　　　　　　　　　　　　　　　表5-11

距衬砌表面距离(cm)	50	200	350
拱顶	10.33	11.42	11.00
边墙	8.67	9.83	8.83
拱脚	8.50	9.25	8.83

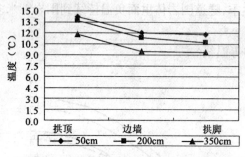

图5-23　10月份同一深度不同部位处温度分布图

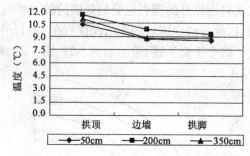

图5-24　11月份同一深度不同部位处温度分布图

⑤保温层内外温度场

通过对保温层内外温度场的测试,得到同一时间保温层内外的温度数据,借以分析保温层所起作用的大小,表5-12、图5-25为典型断面处的温度数据及一张图表中所绘出的对比温度曲线,朝向围岩一侧为层外。

从表5-12、图5-25中可明显看出岩棉保温层内外具有一定温差,说明在二次衬砌壁后设保温隔热层的方案措施对隧道下冻上融问题具有一定的缓解作用。

保温层内外温度数据表(℃)　　　　　　　　　　　　　　表5-12

月份	9月	10月	11月	12月	1月	2月	3月	4月	5月
层外温度	18.83	10.96	7.58	6.38	4.38	4.00	3.00	2.30	2.50
层内温度	16.67	11.07	7.00	5.38	3.63	3.38	1.86	1.60	1.50

⑥中央排水沟温度场

下面以断面 K75+173 底孔为例,分析从路面向中央排水沟方向不同深度在不同时间的温度场分布情况(表5-13、图5-26)。

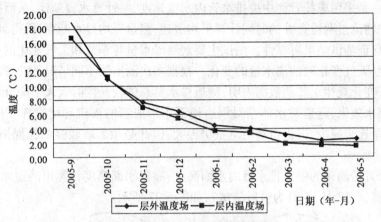

图5-25　保温层内外温度场分布图

中央排水沟不同深度在不同时间下的温度(℃)　　　　　　表5-13

月份	7月	8月	9月	10月	11月	12月	1月	2月	3月	4月	5月
0.5m	10.61	10.13	6.54	3.71	-0.5	-4.25	-7.6	-7.25	-7.06	-2.79	1.17
1.5m	7.29	8.04	7.92	7.54	7.00	1.63	-1.30	-1.25	3.56	3.71	4.50
2.5m	7.14	7.43	7.96	8.00	7.83	7.38	6.90	6.25	5.94	5.50	6.17

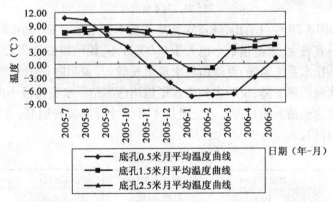

图5-26　中央排水沟不同深度在不同时间下的温度变化曲线图

表5-13与图5-26表明,底孔0.5m内温度变化比较剧烈,最低温度-7.5℃左右,并且持续1、2、3月份3个月时间;底孔1.5m内在11、12、1月份温度降低幅度较大,最低温度在-1.3℃左右,并且持续1、2月份两个月时间;底孔2.5m处温度变化比较平缓。据此可推断中央排水沟内冻深可达1.5m左右。

三、隧道渗水量测试

长大隧道冬季渗水量决定了隧道防冻(尤其是出水口防冻)要求的高低。如果冬季隧道渗水量逐渐减少甚至没有渗水,则保温出水口的抗冻要求就较低;相反,如果洞内有大量渗水需要通过出水口排泄,则应千方百计保证出水口畅通,否则渗水将在隧道内漫流结冰,形成冰湖,后果极为严重。

为掌握新交洞隧道渗水量及其受季节、天气变化的影响情况,采取两种方法进行了隧道内渗水总量测试:一是采用毕托管测中央排水管内水流速度,并计算水流断面,从而得到流量;二是通过测算标志物流过两检查井的时间计算平均流速,测量平均过水断面,再得到流量。两种方法互相印证,保证测试结果可靠性。测试主要观察渗水量与季节和天气变化的关系,因而主要测试季节变化、天气变化时的渗水量的变化。根据多次测出的不同情况下的渗水量,总结出了涌水量的若干变化规律。监测数据表明,隧道渗水量总体较开挖时大大下降,说明围岩注浆起到了较好的堵水效果,隧道防水体系对周边地下水形成新的渗流环境发挥了作用;进入冬季,隧道内渗水量逐步减少,但进口端的流量仍很大,因此必须采取较强的保温措施防止出水口冬季冻结。

下面为各个月份测得的中央排水管内水面高度,通过水面高度计算出的过水断面面积(8月22日为雨后测试,12月15日为雪后测试),如图5-27所示。

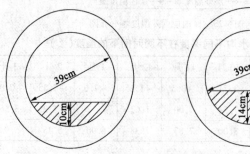

图5-27 过水断面示意图

从表5-14和图5-28中可看出,隧道水流量从夏季到冬季明显减小,但无论是夏季还是冬季,隧道水流量一直较大,水流量最小也大于$0.006m^3/s$,说明该隧道围岩处于属富水区,应注意冬季防冻,保持排水系统通畅;夏季雨后水量增长较大,说明隧道围岩渗水受大气降水影响较强;冬季雪后水量明显下降,说明多数渗水渠道均已冻结。水流量最小出现在2月份和3月份,也是冻结深度达到最大的月份。水流量从4月份才开始缓慢回升,也就是积雪开始融化、大地开始解冻的月份。

不同时间水流量表　　　　　　　表5-14

时间	水面高度(cm)	过水断面面积(cm^2)	水流速度(m/s)	水流量(m^3/s)
2005-8-5	10	242.0232	0.8	0.0194
2005-8-22	14	385.6743	0.8	0.0309
2005-9-15	9	208.5486	0.8	0.0167
2005-10-20	8	176.3537	0.8	0.0141
2005-11-13	8	176.3537	0.8	0.0141
2005-12-15	6	116.5631	0.7	0.0082
2006-1-16	6	116.5631	0.7	0.0082
2006-2-13	5	89.4280	0.7	0.0063
2006-3-13	5	89.4280	0.7	0.0063
2006-4-9	5.5	102.7375	0.7	0.0072
2006-5-8	6.5	130.8686	0.75	0.0098

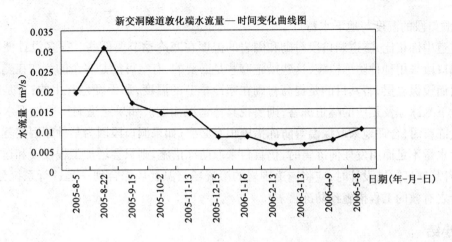

图 5-28　水流量随时间的曲线变化

四、若干问题讨论

(1) 隧道温度场和渗流场研究方法

隧道温度场和渗流场的研究方法有解析法、数值法和测试法 3 种。解析法对边界条件和初始条件以及介质物性等要求很高，只能用于求解十分简单的工程问题，譬如将冻结深度问题简化为单一介质的一维热传导问题。即便如此，得出的解仍需编程才能计算，相当困难。测试法有现场测试与实验室测试之分。现场测试主要用于检验工程方案实施后取得的实际效果。对于隧道工程而言，现场测试存在以下困难：一是测试周期很长，从施工期的探头埋设到隧道运营后能得出有价值的数据，可能需要数年的时间；二是实测数据受随机因素的影响大，如探测位置的温度湿度、测试年份的气温与降水量等；三是所测数据应用的局限性较大，不同的隧道有不同的气候条件、工程地质与水文地质条件等。实验室测试主要用于测取工程材料的物性指标等，往往是工程必需的，比较容易进行。数值法是比较灵活适应性较强的方法，也是比较经济易行的方法。所以，研究隧道的温度场渗流场问题宜采用实验室测试与数值法相结合的分析方法。通过室内试验，得出工程材料的物性指标，然后对所研究问题的边界条件、初始条件、介质特性等进行不同的组合，并进行数值模拟，特别是对分析条件进行最不利组合并予以模拟，得出研究结论，指导工程设计与施工。

(2) 耦合问题及中央排水管埋深

地下水水温有随流程变化的特点。研究隧道温度场时，在围岩内无水的情况下，围岩内的温度相对容易确定，但是这时研究隧道围岩温度场几乎失去意义；在围岩有水的情况下，由于水源及流程的多变性，使计算分析时需要的边界条件、初始条件等几乎无法确定，所以研究有流水的隧道围岩温度场相当困难。换句话说，研究与隧道工程有关的温度场与渗流场耦合问题十分不易。所幸的是，工程上主要关心的是隧道围岩的冻结深度大致有多少，借此设计隧道中央排水管的埋置深度，或分析冻结压力等。由于流水的水温不低于 0℃，地下水流通常会使围岩的冻结范围减小，所以按无水情况分析所得结果进行的设计是偏于安全的。例如，在无水条件下计算出的隧道路面下冻结深度为 2m，由于流水会与排水管进行热交换，向管周的低温环境释放热量，所以按此设计中央排水管的埋置深度为 2m，在正常年份该排水管是不会冻结的。

(3) 洞口段的温度与地下水特点

与隧道中部相比,隧道洞口段衬砌和围岩的温度在寒冷季节要低些。很多设计便因此而对隧道洞口段采用种种防冻措施,这些措施有些是必要的,有些可能是多余的。如在隧道洞口段衬砌表面设保温层,若其目的是提高衬砌在寒冷季节的温度,那无疑是有用的;若是防止衬砌壁后地下水冰冻及相应的隧道冻害,则要视具体情况而定。如果隧道洞口段地下水丰富且可能引发冻害时,合理地采取保温等防冻措施很有必要;如果洞口段因为某种原因使隧道围岩无水或含水量不足而引发任何冻害时,仍盲目采取防冻措施,则会增加工程投资和运营养护难度。所以,寒区隧道设计时,应将隧道围岩的渗流场与温度场综合到一起进行系统分析,然后采取行之有效的工程措施预防冻害。

五、小结

(1) 在隧道纵向,寒冷季节隧道两端温度低而中部温度高。其温差与隧道的长度、自然风速、车流量等因素有关。隧道的防冻设计时,应注意隧道纵向温度分布的这一特点。

(2) 在隧道横断面,如果没有任何防冻措施,路面水平以上,衬砌及围岩内的等温线与衬砌内轮廓形状相似;在衬砌隅角外侧,等温线保持圆滑,纵向排水管处的温度变化可能与其上部衬砌壁后的不同步,这意味着可能出现上部衬砌壁后已经消融而纵向排水管仍处于冻结状态的不利情况;在隧道路面中线下方,冻结深度最大,表明适当深埋中央排水管是合理的。

(3) 衬砌内轮廓温度为 $-10℃$ 时,计算出的最大冻深在 $2m$ 左右。采取保温措施可减小隧道围岩的冻结深度。

(4) 寒区隧道的地表水与地下水有着密切联系,一般是雨季隧道的涌水量最大,其次是春融期,冬季隧道涌水量最少。

(5) 研究隧道的温度场渗流场问题宜采用实验室测试与数值法相结合的分析方法。通过室内试验,得出工程材料的物性指标,然后对所研究问题的边界条件、初始条件、介质特性等进行不同的组合,并进行数值模拟,特别是对分析条件进行最不利组合并予以模拟,得出研究结论,指导工程设计与施工。

(6) 隧道的温度场与渗流场密切相关,由于渗流的水温与流程有关,所以研究与隧道工程有关的温度场与渗流场耦合问题十分不易。由于流水的水温不低于 $0℃$,地下水流通常会使围岩的冻结范围减小,所以按无水情况分析所得结果进行的设计是偏于安全的。

(7) 寒区隧道设计时,应将隧道围岩的渗流场与温度场综合到一起进行系统分析,然后采取行之有效的工程措施预防冻害。洞口段虽然围岩温度较低,但可能地层的含水量很小,采取防冻措施时应予论证分析。

第三节 寒冷地区隧道春融期渗漏水原因及预防

寒冷地区的隧道最常见的病害是春融期渗漏水及其引发的洞内冰冻。所谓春融期是指春季冰雪消融的时期,对于隧道来说,是指隧道围岩温度由负温变为正温的时期。

一、春融期隧道渗漏水原因

1. 防水体系缺陷

地下水要从围岩裂隙渗漏到隧道洞内需要穿越两道防水圈层,即防水层与衬砌混凝土(包括施工缝防水构造)。事实上,无论是防水层,还是衬砌混凝土,只要其中任何一个防水圈层能够起到正常的防水作用,山岭隧道的渗漏水便不会发生,且不受隧道环境温度变化的影响。隧道在春融期发生渗漏水,无疑隧道的防水体系存在缺陷。

2. 春融期排水不畅

(1) 防水层两侧界面排水不畅

图 5-29 虽是在某一特定气温、地温条件下得出的单一介质地层的冻结曲线,若忽略衬砌混凝土与围岩等在热物理性质方面的差异,则该曲线也能近似地反映寒冷地区隧道衬砌与围岩内的冻融规律。在气温不断下降的冻结期,冻结线进入围岩后,冻结线内的裂隙水逐渐处于冰冻状态,冻结线外的裂隙水不易进入冻结区。随着冻结线的外移,冻结壁越来越厚,渗水与衬砌背面的接触越来越难,因此在隧道围岩的上冻期以及一年中最冷的时期,往往隧道衬砌渗漏水发生得不多,而在春融期情况则相反。为了探讨春融期隧道易发生渗漏水的原因,根据隧道横断面内冻结线与衬砌的相对位置,将春融期分为三个阶段(图 5-29),即有内外两条冻结线且均位于围岩内的春融初期,冻结线在防水层附近波动变化的春融中期,以及冻结线在衬砌内波动变化的春融末期。不同的春融时期对隧道的排水有不同的影响。

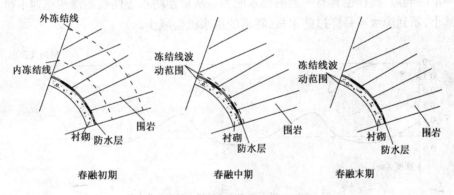

图 5-29 春融期隧道横断面冻结线变化

春融初期,处于冻结状态的含水围岩从两个方向获取热量:一是从远场围岩,该热量比较稳定并使外冻结线逐渐回缩;二是由衬砌内表面从隧道内流通的空气中获取热量,此热量不稳定,随昼夜气温的变化与天气状况的变化而变化,使内冻结线在向围岩推进的过程中有一定的波动(图 5-30)。春融初期防水层外侧的围岩还有一定的冰冻范围,深部围岩内的渗水进入冰冻范围内时,渗水会很快结冰;冻结圈表面处于冰水混合状态。零度的水会沿冻结圈表面下渗。内冻结线之内的融冰水,量小且接近无压。所以,在这一阶段,隧道都不易出现渗漏。

春融中期,围岩中的由外冻结线和内冻结线所构成的冻结环已经消失,隧道的冻结线主要受洞内气温的影响,外冻结线在防水层的附近波动;内冻结线在衬砌内也时深时浅。如图 5-31 所示,图中横坐标为时间,纵坐标为距离衬砌表面的深度。粗实线为冻结线,其由 A、B、C 三种线组成,A 线表示在此期间,白天气温上升至零度以上,衬砌内冻结线向防水层方向移动;B 线

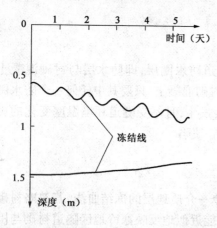

图 5-30 春融初期冻结线时间—深度变化曲线

为夜晚温度下降,衬砌内冻结线又重新向衬砌表面移动;C 线为衬砌外冻结线波动曲线,由于受到表面温度的影响,冻结线在 0.5m(图中虚线,即防水层所在深度)上下来回摆动。在春融中期,冻结线外侧围岩中的结冰已完全融化,深部围岩中的渗水可能会向隧道方向流动。防水层的外侧是围岩渗水的主要下排通道,因冻结线的波动,防水板的外侧可能被冰水混合物充满。由于有冰块的阻挡,融水下渗困难,造成水压升高,如果恰巧防水板在有水部位破损,则融水便会穿过防水板而与二次衬砌接触。在防水板的内侧,水流的下排亦不通畅,处于冻融临界状态的冰水沿防水板与二次衬砌之间的间隙纵向流动,寻求二次衬砌的薄弱环节进行突破,最终导致隧道渗漏。

春融末期,冻结线只受洞内气温影响,且仅在衬砌内波动(图 5-32)。在此时期,由于天气的回暖,洞内的日平均气温超过了 0℃,一天只有夜晚中最冷的一个时间段内出现负温,此时,温度不低且保持的时间较短,故只会在衬砌表层形成一层厚度很小的冻结层,并且在白天温度回升时变为正温。故在此阶段,防水层两侧一定厚度内无结冰,防水板与喷射混凝土之间的间隙具有较强的排水能力,其排水能力远远大于围岩的渗水能力。此外,在防水板与二次衬砌之间也有一定的间隙,同样也具有一定的排水能力。从而使防水板两侧的渗水迅速下排,防水层上水压减小,新到渗水不易穿过防水板,隧道的渗水机会减少。

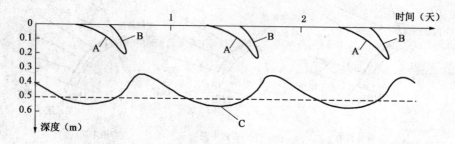

图 5-31 春融中期冻结线时间—深度变化曲线

由上述分析可知,在春融中期,围岩中已经存在渗水,同时冻结线恰好在防水层附近波动,重要的排水通道充有冰水,时通时堵,所以渗水不易下排。

(2)纵向排水管冻结

寒区隧道的排水体系常为环向排水管—纵向排水管—横向排水管—中央排水管—洞口保温出水口。其中,环向排水管因间距大其影响范围有限,渗水主要沿防水板与喷射混凝土间的空间下排。纵向排水管是上部渗水的汇集管。曾在吉林的小盘岭隧道进行过衬砌后温度的测试,图 5-33 给出了距边墙表面 0.75m 深度处的温度与底角距检修道路面

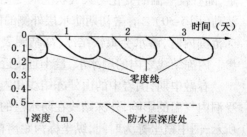

图 5-32 春融末期冻结线时间—深度变化曲线

0.75m深度处的温度变化曲线。由图可见,两个部位的温度变化并不同步。底角0.75m左右深度处常为纵向排水管的安装位置。在不同的年份,不同的冻融条件下,极可能出现上融下冻现象,即衬砌壁后已经消融而纵向排水管仍然冻结,使渗水下排受阻,造成水压升高,渗水穿过防水板及二次衬砌而发生渗漏。顺便指出,横向排水管及中央排水管设计的埋深一般大于隧道当地的最大冻深,所以春融期冻结的可能性不大。

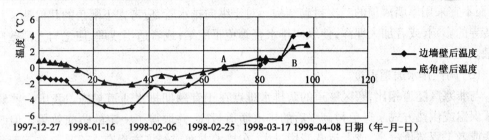

图5-33 隧道衬砌壁后实测温度—时间曲线对比

3. 春融期地下水压力较大

由图5-30可以看出,隧道衬砌与围岩内的冻结线一年之中一般要两度穿越防水层,第一次在11月至12月份,冻结线由衬砌移向围岩;第二次在次年的2月下旬至3月中旬,冻结线由围岩移向衬砌。如果在以上两个时期,隧道围岩中的地下水位相同,那么隧道在这两个时期的渗漏状况也应相同。事实上,在冻结线第一次穿越防水层时,绝大多数寒区隧道的渗漏状况与平时无异,看不出冰冻对隧道渗漏有多大影响。而当冻结线第二次穿越防水层时,许多寒区隧道却出现严重渗漏,表明冰冻对寒区隧道的渗漏有显著影响。目前山岭隧道围岩中的地下水主要通过防水层与喷射混凝土的间隙下排,围岩自身的渗透能力较小,地下水通过围岩内的裂隙下渗较为困难。在冻结线第一次穿越防水层之前,防水层外侧的排水通路是畅通的,围岩中的地下水接近疏干,地下水压力较小,不易导致隧道渗漏;而在冻结线第二次穿越防水层之前,防水层外侧的排水通路因冰冻而封堵,围岩内的地下水不断积聚,地下水压力较大,当冻结线位于防水层上时,寒区隧道容易因地下水压力较大而发生渗漏。

二、春融期渗漏的预防

针对寒冷地区春融期隧道渗漏与冰冻的原因,在寒冷地区隧道设计时应采取适宜的技术措施加以防范,并注意使工程措施可靠、简便、经济、耐久。

1. 严密防水

严密防水对寒冷地区隧道渗漏水及其引发的冻害设防至关重要。隧道的防水体系应层层把关,杜绝疏漏。如何做到严密防水,在第二章已有详细介绍。需要强调,对于寒冷地区的隧道,应注意重视围岩注浆和衬背上下协调冻融。

(1) 重视围岩注浆

由于种种原因,围岩注浆堵水在我国没有受到应有的重视,而工程上采用的围岩注浆其目的主要是加固围岩。西方发达国家对隧道围岩注浆防水十分重视,要求在衬砌混凝土浇筑之前,每10延米隧道表面的出水量小于5L/d。对于寒区隧道,如果围岩出水量达到了这样的标准,相信隧道的防水层、二次衬砌完成后,隧道的渗漏水及各种冻害的防治都会变得比较容易。所以,我国应借鉴国外的此项经验,尤其在寒区,应搞好隧道围岩注浆堵水。

(2)衬背上下协调冻融

隧道的排水对其防水有着直接的影响,隧道在春融期出现渗漏的一个重要原因是因冰冻而导致下排不畅,最不利的情况是上融下冻。在技术上完全消除春融期上融下冻目前尚有一定的困难,但可设法使这一现象得到缓解。在设计时,可以依据热传导理论,合理确定隧道二次衬砌的厚度与纵向排水盲管的埋设位置。寒区隧道的二次衬砌厚度应在边墙和洞顶保持不变,而不宜采用厚墙薄顶的二次衬砌结构。对于纵向排水管,应考虑下隅角的几何特征及其对热传导的影响,或者加大埋深,使纵向排水直管免于冻结;或者适当浅埋,使之与上部壁后同步冻融。

(3)调控排水通道温度

与非寒区隧道相比,寒区隧道的防排水难点在于春融期排水通道封冻。我国一些隧道采用了保温或供热方式来避免衬砌壁后的排水通道封冻,并取得了一定的防冻效果。但既有的方法或者工程造价过高,或者运营费用过大,在技术方面或经济方面存在不足。在下面几节中将对有关技术问题进行讨论。

第四节 寒冷地区隧道冻融问题

在寒冷地区修建隧道时,人们经常担心冻胀会给隧道带来种种危害[3-7,9,11]。冻胀是指含水介质水分结冰体积膨胀的现象。隧道的围岩内、初期支护的喷射混凝土内、初期支护与二次衬砌的间隙以及衬砌混凝土内,都可能含水,在寒冷季节当含水部位温度低于0℃时,水分的冻胀现象均会发生。除此之外,在寒冷地区,喷射混凝土和衬砌混凝土会在冻融循环作用下产生损伤劣化,对其结构的耐久性产生影响,严重的会导致隧道结构报废和运营期间发生重大安全事故。

在寒冷地区的隧道内,冻胀现象会带来哪些危害?其危害的程度又如何?为了回答上述问题,下面分三种情况分别进行探讨:冻融对衬砌结构的影响;冻融对初期支护喷射混凝土的影响;冻融对围岩的影响。冻融循环作用下的隧道结构损伤劣化,通过衬砌混凝土抗冻性分析和喷射混凝土抗冻性室内试验来进行研究。

一、冻胀对衬砌结构的影响

1.衬砌外部冻胀

如图5-34所示,衬砌结构因壁外冻胀损伤发生的条件是:衬砌壁外有一定的积水和一定范围内温度低于0℃。当积水或围岩冻结体积膨胀时,会对衬砌结构施加作用力,如果此作用力很大,则可能使结构受到损伤。可将这种冻胀损伤称为宏观冻胀损伤。宏观冻胀损伤源于冻胀体对衬砌结构施加的压力。

在研究宏观冻胀时,有两个重要因素通常被忽视:一是水体的外开放性,即从衬砌外表面向围岩的各个方向,都可能有水体进退的通道;

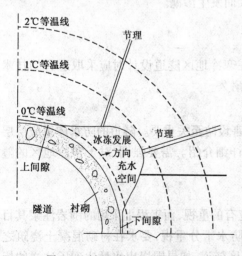

图5-34 衬砌壁外冻胀发展示意图

二是冻结过程的渐进性,即在隧道的横断面内,冻结过程是沿隧道的径向逐渐向外发展的。图 5-34 为衬砌壁后空腔充水后冰冻发展过程的示意图。水体冻结从衬砌的外表面开始,0℃等温面逐渐向外推进。此间,水体通过围岩节理裂隙提供的各种通道向外排挤。当冰冻发展到空腔壁面时,空腔完全被冰体占据。之后,渗水无法进入冰体,冰体的体积不再扩大,所以冰体难以对衬砌结构施加较大的冻胀压力。冰冻过程发展到一定程度后,0℃冻结面会处在围岩内的某个位置,其内是冰冻围岩,其外是饱水围岩。考虑到冰冻的发展过程,冰冻围岩因其内裂隙水冻结而引起的自身体积的增加微乎其微,所以,"围岩的冻结深度越大,衬砌结构所受的冻胀压力越大"的观点是错误的。因此,宏观冻胀损伤在隧道设计时可以不予考虑。

2. 衬砌内部冻胀

衬砌内部冻胀可分为微观冻胀和细观冻胀。

(1)微观冻胀

微观冻胀是指水分在较大压力的作用下或在毛细压力的作用下渗入衬砌混凝土内部而发生的冻胀现象。通过电镜可以看出,混凝土内部充满了各种各样的孔隙,它们还通过不同的方式相互连通,如果混凝土周围有水,并且水压较大,这时水就可以渗至混凝土内部,混凝土抗渗试验时看到的渗水现象与其原理相同。另外,在周围有水条件下,毛细压力也可将水引入混凝土内部一定深度。若混凝土内部的水分不能及时排出,到了冰冻季节,混凝土内部的水分同样会结冰并给混凝土胶结体施加冻胀力,在此力的作用下,一些薄壁结构胶结体遭到破坏(图5-35),渗水通道扩展,从而使更多的水分进入进内部,或使水分进入更深部位,使冻胀破坏强度加大,范围扩展。如此反复冻融,天长日久,强度降低。若不采取补救措施或措施不当,衬砌结构便会由局部破坏开始,最终发展到整体失稳。

图 5-35 微观冻胀破坏进内部薄壁结构

微观冻胀的防治措施有:

①避免水与衬砌混凝土接触

隧道衬砌目前常用复合型,即衬砌由初期支护与二次衬砌组成,并在两者之间设置防水层。设置防水层后,二次衬砌不与地下水接触已成为可能。而初期支护的喷射混凝土不与地下水接触则较为困难,但并非不可能。设计时可以要求在隧道围岩有水区段,采用局部注浆堵水,使地下水不能进入隧道的浅部围岩,从而便可避免地下水与初期支护混凝土接触,进而避免了其微观冻胀的发生。当然,值得指出,做到初期支护喷射混凝土不与地下水接触要付出的代价过高,工程上一般难以做到。

②减小衬砌外的水压

衬砌外的水压对初期支护喷射混凝土的浸水范围和含水量影响很大。水压小,混凝土浸水范围小且含水量小,对减轻微观冻胀有利。在实际工程上,虽然避免初期支护喷射混凝土与地下水接触很难,但减小地下水在衬砌外的压力却是可能的。设计中可在地下水压较大的区段,合理采用各种排水措施,尽量使地下水在小水压条件下及时排出,或通过注浆堵水,减小浅部围岩内的水压。

③增强衬砌混凝土的抗渗性

由于种种原因,地下水有可能穿过防水层而直接与二次衬砌接触,这时,防止二次衬砌混凝土出现微观冻胀的措施是增强混凝土的抗渗性,即减少混凝土内的孔隙并尽量不使孔隙相互连通。目前在严寒地区的公路隧道设计中,要求混凝土抗渗性达到或超过 S6,这一要求既可防止隧道渗漏,又可防止微观冻胀。

(2) 细观冻胀

细观冻胀是指地下水在衬砌的渗漏通道上结冰而发生的冻胀现象。这些渗漏通道可能是衬砌的各种裂缝或振捣不密实及发生漏浆的混凝土衬砌局部。细观冻胀的特点是冻胀发生在衬砌渗漏通道上。由于种种原因,在隧道衬砌混凝土内常出现各种裂缝,当衬砌外防水层失效时,若衬砌外有较为丰富的地下水,在这种情况下,地下水可能走捷径从裂缝排出。当气温降低,衬砌温度低于 0℃ 时,渗漏水开始在裂缝内结冰、冻胀,使衬砌裂缝扩展(图 5-36),并使相邻裂缝连通,对结构长期稳定构成威胁。衬砌在施工过程中,振捣不密实和局部漏浆时有发生,在这种情况下混凝土内粗骨料之间有较大的孔隙,它们为地下水的渗漏提供了通道。到了冬季渗漏水便在这些孔隙内结冰,冻胀力会破坏脆弱的胶结结构,使骨料间胶结结构松散,影响衬砌结构的整体强度。

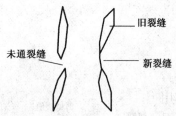

图 5-36 细观冻胀使谈内部裂缝发展

选择合理防水结构与施工工艺是防止细观冻胀的重要措施。除此之外,还应注意以下几点:

①合理设置衬砌混凝土的沉降缝、伸缩缝和施工缝

一般来说,设计时都根据隧道的地质条件及结构特征等对衬砌的沉降缝、伸缩缝和施工缝进行了布置,它们都能满足规范的各种要求,所以在绝大多数情况下,布置是合理的。这里需要强调的是,隧道在施工过程中实际揭露的地质条件往往与设计前所勘察的地质条件有较大的出入,施工时应根据具体的地质条件,适当调整沉降缝等的布置,使衬砌结构能与具体的地质条件相适应,在需要沉降的部位可沉降,需要伸缩的部位可伸缩,从而使结构受力合理,避免衬砌因局部过载而出现裂缝。

②避免意外中断混凝土浇注

在隧道衬砌施工中,保证浇注的连续性是极其重要的。许多隧道的渗漏都是出现在混凝土浇注过程中的水平施工缝上。在施工过程中,如果意外停电或设备损坏,致使先期浇注的混凝土已经凝固到了一定程度后,后期的才进行浇注,这样就不可避免地在新旧混凝土间形成不良结合的界面,即一类施工缝。在防水不良的条件下,地下水会侵入该施工缝,在冬季产生冻胀破坏衬砌结构。所以,在隧道衬砌混凝土每一环节施工前,应对所有的设备进行检修,并保证在外来电网不能正常供电的情况下,自备发电机能满足施工供电要求。万一出现了较长时间的施工间断,应采用适当措施处理新旧混凝土界面。

③防止局部漏浆

漏浆是衬砌混凝土内部出现"蜂窝"的原因之一。蜂窝是渗漏的主要通道,是细观冻胀发生的主要部位。一般情况下,钢模板的接缝较为严实,衬砌表面不易出现漏浆现象。但是,在衬砌段的施工缝间,由于需要设置止水带,在止水带周围,衬砌段的端头模板往往不够严密,在衬砌端头常出现漏浆。若注意观察,可以发现不少隧道的渗漏正是出现在隧道衬砌段的施工缝上。施工时,应重视端头模板的制作与安装质量,使之牢固、密闭,并在浇注混凝土时细心振捣。

④不留振捣死角

振捣不密实是衬砌混凝土内部出现"蜂窝"的另一原因。一般说来,在素混凝土浇注中,振捣不易出现问题,但对于钢筋混凝土,则有可能出现振捣质量问题。有时衬砌混凝土中,钢筋密度较大,纵横交织,振捣时容易出现死角。在这些部位,若箍筋周围不密实,则地下水极易沿其向外渗漏,冬季产生细观冻胀。所以在施工时,在混合料配比适宜的条件下,在钢筋混凝土浇注时,应仔细进行振捣,不留振捣死角。

二、冻融对初期支护喷射混凝土的影响

运营隧道衬砌壁后温度测试表明,在寒冷季节许多隧道的冻结深度从衬砌表面算起达到1m以上。无疑隧道初期支护的喷混凝土层的最低温度会低于0℃,由于喷混凝土属多空隙材料,若喷混凝土内含水,则必然会受冻胀的影响。在这种情况下,冻胀的作用机理与前述的细观冻胀、微观冻胀相同。若干次冻融反复后,喷混凝土的强度降低,甚至完全丧失承载能力。顺便指出,地层内的地下水随季节的变化也有一定的周期性,喷混凝土在反复的失水吸水的过程中,强度也会明显降低。因此,在寒冷地区,设计衬砌结构时,不宜考虑初期支护喷混凝土层的长期承载作用。

三、冻融对围岩的影响

1. 隧道围岩导温系数的确定

围岩的导温系数决定着热量在围岩内传递的快慢,影响着围岩内温度场的变化和围岩的冻深。吕康成等[8]在延吉—图们二级公路上的小盘岭隧道内进行了围岩温度测试,根据测试结果,对围岩导温系数进行了反分析。

(1)温度测试

延吉—图们二级公路上的小盘岭隧道,长600余米,双向二车道行车。衬砌混凝土平均厚65cm。围岩为华力西晚期花岗岩,岩石呈浅肉红色或灰白色,粗粒结构,块状构造,主要造岩矿物有石英、正长石、斜长石、黑云母、角闪石和辉石等。在小盘岭隧道内布置了两个围岩温度量测断面,共四条测线。其中位于洞口边墙上的测线比较典型,具有代表性,其上测点布置如图5-37所示。由于测点1布置在混凝土衬砌内,在测点1与测点2之间又有混凝土与围岩的界面,为了简化物理模型,使介质单一,分析中未利用测点1的温度测试结果,仅利用了测点2到测点5的温度变化。在测点2到测点5的温度变化的全过程中,选取了温度变化较稳定的一段用于分析计算,此段时间各点温度变化情况如图5-38所示。

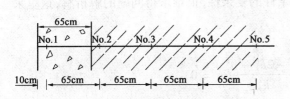

图5-37 围岩温度量测测点布置

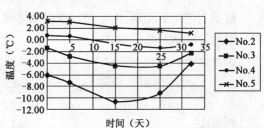

图5-38 围岩温度随时间变化曲线

(2) 定解问题

① 热传导方程

为了简化分析,将隧道围岩温度变化问题简化为一维热传导问题,支配方程为:

$$\frac{\partial u(x,t)}{\partial t} = \alpha \frac{\partial^2 u(x,t)}{\partial x^2}$$

式中:$u(x,t)$——围岩内温度(℃);

x——一维坐标,从测点2算起(m);

t——时间(h);

α——围岩导温系数(m^2/h)。

② 初始条件

初始条件的一般形式是:

$$u(x,0) = f(x)$$

其中 $f(x)$ 为已知函数,即 $t=0$ 时,在 x 轴上各点的温度为已知,由于测试中,只可能测得 x 轴上有限个点的温度,所以这里只能用插值方法确定相邻测点之间的温度。为了方便,将初始条件简化表示为:

$$u(x,0) = \begin{cases} -6.1 & x = 0 \\ -1.4 & x = 0.65 \\ 0.7 & x = 1.30 \\ 3.2 & x = 1.95 \end{cases}$$

③ 边界条件

边界条件有两个,类似于初始条件,简化表示为:

$$u(0,t) = \begin{cases} -6.1 & t = 0 \\ -7.4 & t = 120 \\ -10.7 & t = 360 \\ -9.2 & t = 600 \\ -4.2 & t = 768 \end{cases} \quad u(1.95,t) = \begin{cases} 3.2 & t = 0 \\ 3.2 & t = 120 \\ 2.0 & t = 360 \\ 1.6 & t = 600 \\ 1.0 & t = 768 \end{cases}$$

如果已知围岩的导温系数 α,则可求解上述定解问题,从而确定 x 轴上给定时刻的温度。事实上,围岩的导温系数事先是未知的,求解定解问题时,只好先假定其值,然后进行试算,比较 x 线上给定点在给定时刻的计算温度与实测温度,反复调整导温系数,最终使计算温度与实测温度较为接近,并将此试算导温系数定为围岩的导温系数。

(3) 计算方法

对于上述定解问题,由于初始条件和边界条件的复杂性,很难求得问题的解析解,这里采用有限差分法求其数值解。

① 差分格式

差分方程:

$$\frac{u_j^{n+1} - u_j^n}{x} - \frac{u_{j+1}^n - 2u_j^n + u_{j-1}^n}{h^2} = 0$$

网格比:$\alpha\lambda = \tau/h^2$

稳定性条件:$\alpha\lambda \leq 1/2$

式中:τ——时间步长;

h——空间步长；

u_j^n——第 n 个时刻，第 j 个空间点上的温度，其余类推；

α——导温系数。

②定解条件

由于前述的离散点的温度不能满足差分计算的要求，因此初始条件和边界条件均需根据已知点上的温度插值确定差分格式要求的时空点上的温度。在具体编程计算中，初始条件采用了 Seidel 插值方法；边界条件采用了分段线性插值方法。对定解条件，还采用其他插值方法进行了试算，结果与上述方法的计算结果出入不大。

③导温系数优化

在导温系数的反算中，导温系数需要事先假定。为了提高计算效率，参考冻土的导温系数，在其左右较大的范围，选取了一个导温系数序列：$\alpha_1, \alpha_2, \cdots, \alpha_n$。之后对于每个导温系数 α_i（$i=1,2,\cdots,n$）计算围岩温度变化的差分解，最后利用最小二乘法确定计算精度最高的导温系数，即对于每个 α_i，计算导温系数：

$$H_i = \sqrt{\sum_{j=1}^{m}(u_j^* - u_j)^2} \quad (i = 1,2,\cdots,n)$$

式中：H_i——与 α_i 有关的导温系数；

u_j^*——围岩内给定点、给定时刻的实测温度；

u_j——围岩内给定点、给定时刻的计算温度；

m——实测 u_j 的点数。

然后确定：$H = \min(H_i)$（$i=1,2,\cdots,n$），则与 H_i 的最小值对应的 α_i 便是与实际导温系数最接近的围岩导温系数。

经过反复计算，最优的围岩导温系数在 $2.1 \times 10^{-3} \sim 2.2 \times 10^{-3} \text{m}^2/\text{h}$ 之间。由于算法的不同，最优的导温系数略有出入。

2. 冻融对围岩的影响

隧道工程的地质条件和水文条件各种各样，发生在浅部围岩内的冰冻现象有哪些情形？它们对隧道结构有何影响呢？为了回答这些问题，下面针对几种基本情形进行讨论。

根据围岩的坚硬程度，将围岩分为坚硬围岩和松软围岩；根据隧道的埋深，将隧道分为浅埋隧道和深埋隧道。

冻胀现象的发生必须具备两个基本条件：温度低于 0℃ 和介质含水。在寒冷地区，隧道围岩的最大冻结深度一般不超过 3m。在隧道的同一断面，围岩中 0℃ 等温线的形状经常与隧道的内轮廓形状相近，即冻结区域呈环状（图 5-39）。在不会引起疑义的情况下，将面积最大或范围最大的冻结区域称为冻结环。不同隧道的冻结环不同，同一隧道不同断面的冻结环也不一样。在冻结环之外，围岩的温度高于 0℃，在此区域发生的一切已与非寒区隧道的无所区别。

(1) 坚硬围岩内的冻融

坚硬岩体，如花岗岩、石英岩等，岩块坚硬致密，吸水性差，可认为岩块自身不含水。在成岩或构造运动过程中，坚硬岩体内发育着各种裂隙，这些裂隙是地下水的储运通道。如果隧道围岩为坚硬围岩，裂隙含水，则可认为冰冻仅发生在裂隙内。节理裂隙多成组出现，将岩体切割成形状不同规格各异的岩块，所以在裂隙间形成的水系具有开放性（图 5-40）。

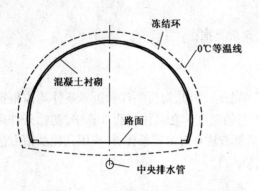

图 5-39　寒区隧道冻结区域示意

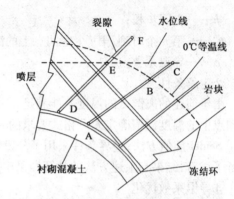

图 5-40　坚硬围岩内的冰冻过程示意

如前分析衬砌的宏观冻胀时所述，围岩内的冰冻是逐渐形成的，即冰冻有一个从表层到深层的发展过程。伴随冰冻发展过程，在开放的裂隙系统中，由水到冰体积增加所需的空间会由延伸至远场围岩的裂隙提供，即冰冻的发展几乎不受约束。如果裂隙在冰冻开始之初就已充满水，则冰冻过程将裂隙水不断向外推，直到冻结线（裂隙 ABC 中，AB 段为冰，BC 段为水）；如果冰冻之初裂隙未充满水，则冰冻过程使后来之水逐渐结冰，根据来水量的大小、流速，以及温度等因素的不同，此冰可能充满或不能充满冻结环内水体所流向的裂隙（裂隙 DEF 中，DE 段为冰，EF 段为空气）。

所以，与在密闭空间水体冰冻会产生冻胀压力不同，在开放的裂隙系统中，地下水由水到冰过程中，围岩内不会产生巨大的冻胀压力。就是说，在寒冷地区，若隧道围岩为坚硬岩体，围岩内不会产生较大的冻胀压力。

在融冰季节，如果此前隧道的冻结深度较大，则围岩中的冻结环会从两个方向收缩（图 5-41），一是由外向里，即 DC 方向；二是由里向外，即 AB 方向。原来的冻结环先变成冻结岛，再到最终完全消融。过程中，冻结岛内的裂隙水逐渐逸出，冻结岛外的裂隙水则被冻结岛阻挡，而冻结岛内的冰密实度逐渐降低，对裂隙面的压力只有可能减小。所以，在融冰季节，隧道近场围岩内也不会在原有应力的基础上额外出现较大的冻融压力。

因此，寒冷地区隧道的坚硬围岩内不会出现对围岩本身和衬砌结构较为不利的冻融压力。

（2）软弱围岩内的冻融

软弱岩体，如泥岩、黄土等，岩体软弱酥松，吸水性强，其内有各种各样的孔隙，并有连接孔隙的毛细管（图 5-42）。一般来说，软弱岩体的导水性较差，但本身可能含有一定的水分。

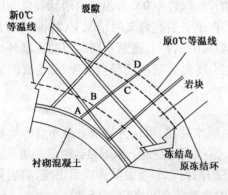

图 5-41　坚硬围岩内的融冻过程示意

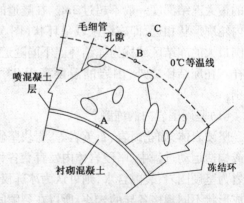

图 5-42　软弱围岩内的冰冻过程示意

若软弱围岩的含水量未饱和,则在冻结时,水分的冻结仅仅发生在孔隙内,未饱和的孔隙空间可为由水到冰体积增大提供自由发展的空间,由固、液、气三相构成的围岩体体积可能不会增加,即可能不发生任何冻胀。

若软弱围岩的含水量处于饱和状态,则在冰冻过程中必将伴随着由未冻到冻的局部体积增加,即局部的冻胀现象。事实上,该局部冻胀现象也是有一个发展过程的。随着冰冻区由表层围岩向深层围岩推进(由 AB 向 C 方向发展),AB 区域内的围岩体积因冰冻而增大,自然冻结体便会向四周施加压力,称其为冻胀压力。冻胀压力沿环向作用,无法推动临近岩体沿环向移动,因为沿环向 ABC 截面两侧岩性相同、作用力大小相等方向相反,在理想状态下 ABC 截面冻结前后形状不变。冻胀压力在径向,一是向内作用于衬砌(忽略衬砌支护与防水层),二是向外作用 0℃ 等温线外的未冻围岩。作用于衬砌的径向冻胀压力,起初由于冻结层很薄,冻胀压力较小,衬砌的强度大、刚度高,冻胀压力不足以对衬砌结构产生多大影响。与此同时,作用于未冻区围岩的径向冻胀压力,由于冻结线外的围岩处于未冻状态,其变形模量相对于冻结区的变形模量要小些,在冻胀压力的作用下,冻胀区的围岩颗粒会向未冻区移动,从而释放部分冻胀压力。随着冻结区的发展,在冻结线的两侧,仍是冻结区的围岩强度高,未冻区的围岩强度低,冻胀变形仍能沿隧道径向向外释放。由于冻结区的外围始终有一个相对软弱的变形约束条件,所以在冻结区内难以形成巨大的冻胀压力。

考虑到随着冻结区厚度的逐渐加大,冻结区自身可形成一个拱形结构,以及冻结深度有限等因素,在软弱围岩冻结的整个过程中,人们最为关心的衬砌结构不会受到巨大的冻胀压力的作用。

在融冰季节,软弱围岩内的温度变化与坚硬围岩的情况类似。如果隧道的此前冻结深度很大,则融冰会从两个方向收缩(图5-43),一是从 A 向 B,二是从 D 向 C,最终到冻结岛完全消失。经过一个冻融循环,位于最大冻结区范围以内的软弱围岩会受到一些损伤,颗粒间的胶结会有所降低,岩体强度会有所下降。如此反复,隧道围岩的自承能力降低,作用在衬砌结构的荷载会有所增加。值得强调的是,在隧道结构设计中,对于软弱围岩,通常是不依赖其自承能力的,很多情况下甚至不考虑其自承能力。寒区隧道的冻结环范围有限,冻融的影响相当小。

(3)中硬围岩内的冻融

中硬岩体,板岩、安英岩等,岩体的强度和透水性等指标介于上述的硬岩和软岩之间。在围岩冻结的过程中,会像硬岩那样,将裂隙水向外推移,结

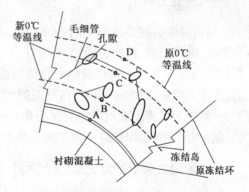

图 5-43 软弱围岩内的融冻过程示意

冰岩体不向衬砌结构施加巨大冻胀压力;或者像软岩那样,冻结区向未冻区变形,借以释放冻胀压力,而是衬砌结构免于承受巨大荷载。在融冰过程中,围岩中的固体颗粒之间的胶结会略受影响,但其受影响的程度要远小于软岩。

综上所述,不论是坚硬、中硬还是软弱围岩,发生在(最大冻结环)有限范围内的冻结和融冰过程,在围岩内均不会产生巨大的应力,也就不存在因巨大冻胀应力而导致的对衬砌结构的巨大压力,或者说,工程界担心的围岩冻胀对隧道结构几乎无害。按目前设计规范设计的隧道衬砌结构,其安全储备足以保证寒区隧道的结构稳定性。

四、小结

(1)隧道衬砌壁外的大体积结冰有可能,但结冰不会对衬砌结构施加强大的荷载,因此寒区隧道设计时不必考虑宏观冻胀的影响。

(2)发生在衬砌结构内的细观冻胀和微观冻胀,经过长期反复作用,会对衬砌结构造成损伤,降低混凝土的长期强度,设计施工时应注意防范。

(3)在寒冷地区,隧道初期支护的喷射混凝土层会受冻胀影响而降低甚至完全丧失承载力,设计二次衬砌时宜对此有所考虑。

(4)不论是坚硬、中硬还是软弱围岩,发生在有限范围内的冻结和融冰过程,在围岩内均不会产生巨大的应力,也就不存在因巨大冻胀应力而导致的对衬砌结构的巨大压力,结构设计时不必为此而担心。

第五节 隧道衬砌裂缝成因及预防[27]

衬砌既是隧道的重要承载结构,也是隧道渗漏水的最后一道防线,在隧道工程中具有重要地位。混凝土裂缝是隧道衬砌的常见病害,裂缝的产生与发展轻则引发隧道渗漏水,重则导致隧道结构失稳。值得强调的是,在寒冷地区,衬砌裂缝渗漏水可能引发冰冻,冰冻进而会对衬砌结构和行车安全构成巨大威胁。为了消除或减轻寒冷地区隧道衬砌裂缝的危害,国内外许多学者进行了大量的相关研究。大量的工程经验表明,在同样的温度年较差和日较差情况下,寒冷地区隧道衬砌裂缝更容易产生与发展,因此寒区隧道衬砌裂缝病害较为严重。针对目前我国寒冷地区隧道衬砌裂缝病害,在此就裂缝的成因及预防方法进行探讨。

一、裂缝分类

隧道衬砌裂缝多种多样,不同的裂缝对隧道健康的影响也不同。按产状,裂缝可分为:环向裂缝、纵向裂缝、斜向裂缝;按贯通性,可分为:贯通裂缝、非贯通裂缝;按裂缝宽度可分为:微观裂缝和宏观裂缝。微观裂缝是指肉眼看不到的、混凝土内部固有的一种裂缝,它是不连贯的,宽度一般在 0.05mm 以下,这种混凝土本身固有的微观裂缝,荷载不超过设计规定的条件下,一般视为无害。宏观裂缝宽度在 0.05mm 以上,并且认为宽度小于 0.3mm 的裂缝是无害的,但是有个前提,即裂缝不再扩展。按产生时间,裂缝可分为:施工期裂缝、运营期裂缝等。

二、混凝土裂缝的常见成因及预防

混凝土是一种由砂石骨料、水泥、水及其他外加材料混合而成的非均质脆性材料。混凝土建筑和构件通常都是带缝工作的,由于裂缝的存在和发展通常会使内部的钢筋等材料产生腐蚀,降低钢筋混凝土材料的承载能力、耐久性及抗渗能力,影响建筑物的外观和使用寿命。因此,在工程建设中应尽量采取有效措施控制裂缝产生,使结构尽可能不出现裂缝或尽量减少裂缝的数量和宽度,尤其要避免宽大裂缝的出现,确保工程质量。衬砌混凝土裂缝产生的根源不外乎材料、施工、设计等三方面,据有关资料显示,由于施工因素造成混凝土早期裂缝的可能占 80% 左右,因混凝土材料原因造成裂缝的可能占 15% 左右,因设计因素造成裂缝的可能占 5% 左右。

1. 混凝土材料引起的裂缝及预防

(1)材料原因

①水泥的影响

水泥品种对混凝土裂缝的产生有重要影响。混凝土是一种收缩性材料,虽然其收缩的绝对值不大,但由于其较高的弹性模量和很低的抗拉强度,即使很小一点的收缩变形也会产生很大的拉应力。当拉应力超过其抗拉强度时,混凝土即出现开裂。因此,应设法尽可能地降低混凝土的收缩值并提高混凝土的抗拉强度。为此,要尽量少用收缩量大的水泥,如矿渣水泥,矿渣硅酸盐水泥的收缩比普通硅酸盐水泥大25%左右。

水泥细度对混凝土的收缩产生影响。水泥细度越大,混凝土越容易开裂,其原因:a.细度大的水泥水化快,产生较大的水消耗,易引起混凝土的自干燥收缩;b.水泥细度大会使毛细管细化,较细的毛细管失水时将产生较大的张力;c.细颗粒容易水化充分,产生更多的易于干燥收缩的凝胶和其他水化物。粗颗粒的减少,减少了稳定体积的颗粒,因而影响混凝土的长期性能。

②配合比的影响

配合比设计不当直接影响混凝土的抗拉强度,是造成混凝土开裂不可忽视的原因。配合比不当指水泥用量过大,水灰比大,含砂率不适当,骨料种类不佳,选用外加剂不当等,这几个因素是互相关联的。有关试验资料显示:用水量不变时,水泥用量每增加10%,混凝土收缩增加5%;水泥用量不变时,用水量每增加10%,混凝土强度降低20%,混凝土与钢筋的黏结力降低10%。

③骨料的影响

集料颗粒级配不良或采取不恰当的间断级配,容易造成混凝土收缩增大,诱导裂缝产生。骨料粒径过小、针片含量大,也会使混凝土收缩量增大并进而诱发裂缝产生。

骨料含泥量越高,混凝土也越容易开裂。这是由于骨料表面所带的泥分妨碍了骨料与砂浆之间的咬合黏结,弱化了骨料的界面结构,降低了界面强度,也就降低了混凝土的强度,特别是降低了抗拉强度。因而在相同收缩应变的情况下,骨料含泥量高的混凝土更容易开裂。

(2)基本防裂措施

①优选水泥

混凝土的温升主要由水化热产生,为了降低水化热,要尽量采取早期水化热低的水泥。水泥的水化热与矿物成分、水泥细度等有关,要降低水泥的水化热,应选择适宜的矿物组成和水泥细度模数。试验表明:铝酸三钙和硅酸三钙含量较高的水泥,其水化热也较高。所以,必须降低水泥熟料中铝酸三钙和硅酸三钙的含量。在施工中一般采用中热硅酸盐水泥和低热矿渣水泥。另外,在不影响水泥活性的情况下,要尽量使水泥的细度适当减小,因为水泥的细度会影响水化热的放热速率。

②优化配合比

在保证混凝土强度和抗渗性要求的前提下,尽量减少单位体积混凝土的水泥用量。工程上,通常对混凝土的强度要求较严,混凝土的强度试验指标必须满足工程要求;隧道工程对混凝土的抗渗性也十分重视,规范要求在寒区混凝土的抗渗性应达到S8。一般说来,单位体积混凝土的水泥用量越大,其强度和抗渗性也越高。工程上对混凝土的强度和抗渗性都通过试验进行严格控制,因此水泥用量偏大的可能性较大。若混凝土的水泥用量偏大,则可能降低其抗裂性,因为水泥用量越大,水泥凝结硬化过程中产生的水化热也越大,较大的水化热会使混凝土内温度升高,进而在混凝土降温过程中引起收缩裂缝。由于混凝土的强度、抗渗性和抗裂性在一定的条件下对其水泥用量有不同的要求,因此对于具体工程,应通过试验确定混凝土的水泥用量,使其能兼顾上述三项重要指标。鉴于目前工程上隧道的混凝土衬砌有较大的安全储备,以及混凝土衬砌的裂缝较之混凝土的抗渗性不足更容易引起隧道渗漏水,可以适当降低衬砌混凝土的水泥用量,以提高混凝土的抗裂性。

③掺加粉煤灰

为了减少水泥用量,降低水化热并提高和易性,可以把部分水泥用粉煤灰代替,由于粉煤灰中含有大量的硅铝氧化物,这些硅铝氧化物能够与水泥的水化产物进行二次反应,从而减少水泥用量,降低混凝土的热胀;由于粉煤灰颗粒较细,能够参加二次反应的界面相应增加,在混凝土中分散更加均匀;同时,粉煤灰与火山灰反应,进一步改善了混凝土内部的孔结构,使混凝土中总的孔隙率降低,孔结构进一步的细化,分布更加合理,使硬化后的混凝土更加致密,相应收缩值也减少。但由于粉煤灰的比重较水泥小,混凝土振捣时比重小的粉煤灰容易浮在混凝土的表面,使上部混凝土中的掺合料较多,强度较低,表面容易产生塑性收缩裂缝。因此,粉煤灰的掺量不宜过多,在工程中应根据具体情况确定粉煤灰的掺量。

④重视骨料质量

粗骨料:尽量扩大粗骨料的粒径。因为粗骨料粒径越大,级配越好,孔隙率越小,总表面积越小,每立方米的水泥砂浆和水泥用量就越小,水化热就随之降低,对防止裂缝的产生有利。

细骨料:宜采用级配良好的中砂和中粗砂,最好用中粗砂。一方面,因为其孔隙率小,总表面积小,混凝土的用水量和水泥用量就可以减少,进而降低水化热,减少裂缝;另一方面,要控制砂子的含泥量,含泥量越大,收缩变形就越大,裂缝就越严重。

2. 施工引起的衬砌裂缝及预防

(1)施工致裂原因

混凝土施工过分振捣,模板过于干燥。混凝土浇注振捣后,粗骨料沉落,挤出水分和空气,表面呈现泌水而形成竖向体积缩小沉落,造成表面砂浆层比下层混凝土有较大的干缩性能,待水分蒸发后,易形成凝缩裂缝。模板在浇筑混凝土之前洒水不够,过于干燥,模板吸水量大,会引起混凝土的塑性收缩,产生裂缝。

施工过程中,在混凝土未达到规定强度,过早拆模,或者在混凝土未达到终凝时而承受荷载,导致混凝土产生内伤或断裂,造成裂缝。

现场养护不当也是造成混凝土收缩开裂的重要原因。混凝土浇筑面不及时浇水养护,表面水分迅速蒸发,产生收缩裂缝。特别是在气温高、相对湿度低、风速大的情况下,干缩裂缝更容易发生。

(2)防裂措施

①优化施工方案

根据实际情况制定良好的施工方案,是预防和控制裂缝的有效途径。施工方案应确定每次浇筑的混凝土量、施工缝间距、位置及构造、浇筑时间、运输及浇捣方式等。模板台车的长度宜适中,过长容易引发衬砌环向裂缝,过短则会增加纵向施工缝的密度,增加施工缝的渗漏水机会,并降低施工工效。工程经验表明,在寒冷地区,隧道衬砌段的纵向长度在8m至10m之间为宜。浇筑过程中的间歇会在衬砌环向出现混凝土力学性状的不连续。在隧道运营期间,这种不连续可能会发展成衬砌的水平裂缝,因此在寒冷地区,应特别注意避免衬砌浇筑过程中的间歇。浇注时应尽量避开炎热天气和昼夜温差大的日子。

②提高施工质量

很多裂缝是因施工质量存在问题而产生的。若在施工阶段控制住了衬砌的细微裂缝,在使用阶段衬砌开裂的可能性就较小。因此,施工阶段是裂缝预防的主要阶段。在施工阶段要注意以下几个问题:第一混凝土要有合适的配合比,配合比不仅要满足强度要求、施工要求,还要从防止裂缝的需要出发,选择适当的水灰比,在满足强度要求的原则下,尽可能减少水泥用量;第二钢筋的成型和模板安装位置要准确、牢固,以免施工中变形,钢筋的污物和氧化铁皮要清除,以免影响与混凝土的胶结力;第三是浇注和振捣操作合理,特别是振捣操作,往往不被重视,过分的振捣对混凝土均匀性有害,而振捣不足则不能保证混凝土的密实度,要恰到好处;第四是做好混凝土的养护,必须科学安排施工进度,保证混凝土有足够的养护时间;第五是保证衬砌混凝土的厚度,并使隧道初期支护的表面平整,尽量使衬砌的外表面能自由移动,减少衬砌的附加内力。

三、衬砌裂缝的发展及预防

混凝土受外力作用时,其内部会产生拉应力,拉应力容易在几何形状为楔形的微裂缝顶部形成应力集中,随着拉应力的逐渐增大,导致微裂缝的延伸、汇合和扩大,最后形成可见的裂缝,这是普通混凝土结构裂缝发展变化的基本规律。对于隧道衬砌来说,所受外力主要有衬砌自重、围岩压力、行车震动荷载、温变荷载等。值得强调的是,前三种荷载对寒区隧道和非寒区隧道衬砌裂缝的影响是相同的,而温变荷载对寒区隧道衬砌裂缝的影响要明显大于对非寒区隧道衬砌裂缝的影响。

1. 裂缝发展的围岩压力成因及预防

(1)围岩压力导致衬砌裂缝发展

隧道在建设中穿越的工程地质条件各种各样,因此在隧道运营过程中衬砌所受的围岩压力千变万化。其中最常见的结构荷载有三种:一是隧道顶部围岩整体下沉引起的结构竖向荷载;二是围岩沿结构面斜向滑动引起的偏压荷载;三是衬砌基础软化引起的隅角内移变形。在很多情况下,上述三种荷载在衬砌结构内产生很大的内力,内力的组合作用最容易使混凝土内的原有裂缝规模扩大,在特殊情况下,内力的作用还可能使衬砌混凝土的应力达到其强度极限,从而产生新的裂缝。长期的荷载作用使衬砌裂缝不断地产生并发展,不断地劣化隧道结构的工作状况。

(2)预防措施

鉴于衬砌裂缝对寒区隧道带来的危害的严重性,有必要采取有效措施加以预防。首先,在施工阶段,应根据实际揭露的地质条件,及时调整隧道的开挖方法与支护设计,防止隧道施工对围岩稳定有较大的扰动,尽量避免隧道建成后衬砌承受巨大的松散压力与变形压力。在不良地质区段,适当加强支护。其次,对施工中遇到的地质结构面给予重视,特别是对于有滑动可能的大型结构面,应采取适当方法予以加固,避免围岩沿结构面滑动并对衬砌结构施加过大偏压;最后,在软岩地段,注意施作好隧道仰拱,处理好衬砌基底,并搞好防排水,以免运营期衬砌基底遇水软化并造成隧道衬砌隅角内移。

2. 裂缝发展的震动荷载成因及预防

（1）因行车震动致衬砌裂缝发展

重型车辆通过隧道时，会引起隧道内路面和衬砌结构的强烈震动，相当于给衬砌结构施加了复杂的动荷载。在动荷载的作用下，既有的裂缝尖端会发生应力集中，导致一些裂缝不断发展，由小到大，由不贯通到贯通，使衬砌裂缝日益严重。

（2）预防措施

既然行车震动能使衬砌裂缝发展，那么防范的思路应是降低车辆通过时隧道衬砌的震动。在设计与施工中，设法将衬砌与隧道路面"绝缘"。可以在路面与衬砌基础之间设置隔离缝或隔离膜，这样车辆通过时，路面会产生震动与变形，由于隔离缝或隔离膜的存在，衬砌所产生的震动的强度就会大为降低，相应的裂缝发展便会受到抑制。

四、寒区隧道衬砌防裂

冷缩过程容易使衬砌裂缝产生与发展。

1. 运营期衬砌温变致裂原因

混凝土为脆性材料，抗压强度大，抗拉强度小，所以衬砌混凝土工作时，极易因拉应力达到其抗拉强度而出现裂缝。若再考虑混凝土内部的种种缺陷，则更小的拉应力便可能引发衬砌裂缝。在讨论温变应力对衬砌裂缝的产生与发展时，注意到拉应力容易导致混凝土裂缝是十分重要的。

衬砌混凝土施作完成后，随着隧道的运营和季节变化，衬砌内的温度也在变化，与此同时，衬砌内也出现了温变应力。为了清楚后面的论述，先定义若干概念。

衬砌初始温度，是指混凝土凝结硬化后，其内温度已经稳定时的温度。由于混凝土的厚度不大，在分析温变应力时，可近似地将某时刻一个衬砌段内混凝土的温度视为常值。

衬砌年均温度，是指某衬砌段在隧道运营期间内的年平均温度。不同位置的衬砌段年平均温度不同。

衬砌温度年较差，是指某衬砌段的年最高温度与最低温度的差值。年最高温度是多年最高温度的平均值，年最低温度是多年最低温度的平均值。

衬砌温度日较差，是指某衬砌段的日最高温度与最低温度的差值。

图 5-44 为温暖和寒冷地区隧道衬砌温度随时间变化示意图。其中温暖地区隧道衬砌的年均温度假定为 20℃，寒冷地区的为 10℃；温暖地区隧道衬砌温度年较差和寒冷地区隧道衬砌温度年较差均为 40℃；随着季节的变化，衬砌温度分别在 A 和 C 时间点达到最高和最低；假定温度随时间按正弦规律变化，振幅为温度年较差之半。

衬砌初始温度对衬砌段处于受拉还是受压状态起决定作用。当衬砌的温度高于衬砌初始温度时，衬砌混凝土在纵向处于受压状态，该状态是裂缝相对不易发生的状态；反之，当衬砌的温度低于衬砌初始温度时，衬砌混凝土在纵向处于受拉状态，该状态是裂缝相对容易发生的状态。

比较一下温暖地区隧道衬砌与寒冷地区隧道衬砌何者较易出现裂缝。如果衬砌的初始温度在 A 时段发生，即衬砌初始温度为其最高温度，则其他时段的衬砌温度均低于该温度，所以温暖地区和寒冷地区隧道衬砌的温变应力均为纵向拉应力，而且该拉应力的最大值与 40℃ 的降温对应，温暖地区与寒冷地区的隧道最大拉应力值相同。

若将寒冷季节隧道衬砌混凝土的施工温度最低定为5℃,则温暖地区隧道的衬砌温度向下的降温最大为5℃,而寒冷地区隧道的衬砌温度向下的降温最大为15℃。显然,在这种情况下,寒冷地区隧道衬砌的温度状况不利,衬砌更容易出现拉应力。

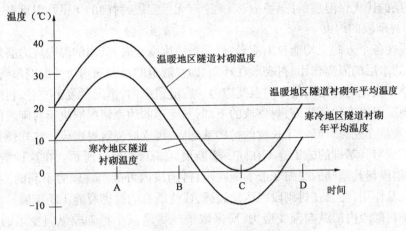

图5-44 衬砌温度随时间变化示意图

考虑到在我国温暖地区隧道衬砌温度的年较差会小于40℃,而部分寒冷地区隧道衬砌温度的年较差可能会大于40℃。因此,总体来说,在其他条件相同的情况下,寒冷地区隧道衬砌的温变拉应力会大于温暖地区隧道衬砌的温变拉应力,因而使寒冷地区隧道衬砌比温暖地区隧道衬砌更容易出现环向裂缝。

2. 预防措施

预防隧道运营期衬砌温变裂缝的途径主要有两条:一是减少衬砌温度的年较差,二是减小约束力以使衬砌段能自由变形。前者可通过在衬砌表面设置保温层来实现;后者需将衬砌施工缝一通到底并设法减小衬砌段纵向约束而达成。

(1) 设置衬砌保温层

在其他条件不变的情况下,在隧道衬砌表面设置保温层可降低寒冷地区隧道衬砌温度的年较差。这一点被理论分析和大量的现场温度实测结果所证实(图5-45)。

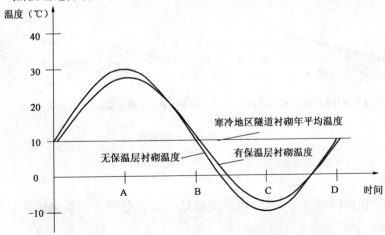

图5-45 有、无保温层隧道衬砌温度变化示意图

由图5-45可见,当隧道设置保温层后,较之无保温层,衬砌的最高温度下降,最低温度上升,两者变化的幅度由保温层的性能决定;这意味着衬砌温度年较差减小,衬砌内的温度应力变化幅度减小,有利于衬砌防裂。衬砌设置保温层后,温度的变化曲线与无保温层的有一个相位差,有保温层的比无保温层的滞后一点。无论有无保温层,衬砌的年平均温度基本不变。

(2)减小衬砌段的约束

若衬砌段在各个方向上均能自由变形,那么当温度变化时,其内的温变应力必然很小。事实上,由于有防水层的隔离作用,衬砌段在环向,即在隧道的横断面内所受的变形约束较小,所以可以忽略季节变化时衬砌内的环向温变应力。在隧道纵向,情况要复杂一些,衬砌段的上部能比较自由地随温度变化而胀缩;衬砌段的下部,其变形的约束情况取决于衬砌段的基础。目前,工程上通常是在先浇筑好一定长度的衬砌基础后,再逐段浇筑衬砌段。这样便会造成衬砌段的纵向施工缝与其基础的施工缝不在同一横断面,如图5-46 a)所示。在这种情况下,当温度变化时,衬砌段与其基础的胀缩变形不能同步,衬砌段内可能出现较为不利的温变应力,该应力的长期反复作用,便会在衬砌段内诱发裂缝,或使既有的衬砌裂缝不断扩展。

为了减小衬砌段内的纵向温变应力,应采取措施尽量减小衬砌段纵向变形的外界约束。首先,在施工时设法将基础的纵向施工缝与上部衬砌段的施工缝留在同一断面内,如图5-46 b)所示。若有困难,可考虑在浇筑衬砌段时,在与上部施工缝相应的位置,在基础的上表面用割缝机割缝,使该缝成为基础后期裂缝的诱导缝。这样,当温度降低时,衬砌段产生纵向收缩,基础也同时收缩,由于两者同步变形,衬砌段内的温变应力便会大幅减小。其次,在衬砌基础的内外两侧和底部,采取措施使之与围岩、基底以及路面垫层间摩擦阻力减小,如在基坑周围铺一层土工布等,则可进一步减小上部衬砌段的变形约束,最终使衬砌段内的温变应力不对衬砌产生危害。

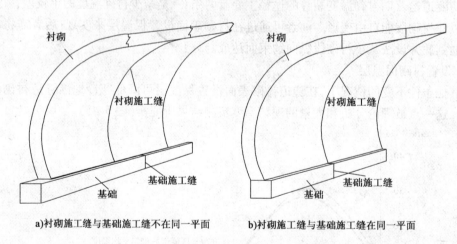

a)衬砌施工缝与基础施工缝不在同一平面　　b)衬砌施工缝与基础施工缝在同一平面

图5-46　衬砌基础施工缝留设

五、小结

(1)在年较差相同的情况下,寒冷地区的隧道衬砌裂缝较之温暖地区的更容易产生与发展。

(2)抗渗性高的混凝土可能抗裂性差,寒冷地区隧道衬砌混凝土配制时,应注意混凝土抗渗性与抗裂性之间的平衡。

(3)衬砌段施工缝通至基底有利于防裂。若在基础混凝土浇筑时不能使基础纵向施工缝与上部衬砌段纵向施工缝位于隧道同一横断面,则可用切割机在衬砌基础的上表面和侧面割缝,形成基础裂缝诱导缝,并使该诱导缝与上部衬砌段纵向施工缝位于隧道同一横断面。

(4)减少衬砌基底的约束有助于衬砌防裂。可通过修平衬砌基坑四周并加铺土工布达此目的。

(5)保温层可减少衬砌温度的年较差与日较差,在衬砌表面设置保温层对控制寒冷地区隧道衬砌裂缝的产生与发展有利。

第六节 寒冷地区隧道防水与排水

隧道防水是指防止地下水流向隧道。目前我国的公路隧道防水体系由三个圈层组成:注浆之围岩、防水层和衬砌混凝土。隧道排水是指将可能流向隧道内的地下水引排至隧道外。目前我国的寒区公路隧道排水体系由环向排水管、纵向排水管、横向排水管、中央排水管和洞外出水口等部分组成。在寒区,隧道防水尤为重要,是隧道防冻的关键所在,应该尽可能搞好。由于低温冰冻原因,寒区隧道的排水体系经常出现问题,科学合理地设计施工隧道排水体系,将极大地有助于寒区隧道的可靠防水,进而避免隧道冻害。下面结合工程实例和寒区隧道特点介绍相关的防排水技术。

一、寒冷地区隧道围岩注浆堵水

了解隧道地下水环境,对隧道工程,尤其是对寒区隧道工程十分重要。由于种种原因,目前隧道在设计前对隧址区的水文地质情况经常勘探精度不够,很少能掌握沿隧道全长各区段的地下水赋存特性。所以,有必要在隧道施工中,随着地层的水文条件逐渐揭露,记录并分析隧道穿越地层的地下水特征,并灵活采取必要的工程措施,为隧道的防水防冻创造有利条件。吉林省的新交洞隧道在施工中记录了揭露的水文地质状况,并采取了若干防水防冻措施。

1. 新交洞隧道围岩注浆堵水

(1)隧道地下水贮存状况调查

为了摸清新交洞隧道围岩水的赋存状况,在隧道施工过程中,对各区段的出水情况进行了测量与记录(图5-47)。方框为洞顶出水部位的投影位置,比照地下水的分类与特性,新交洞隧道的围岩水多属潜水。潜水随季节和大气降水的补给而起伏变化,个别区段施工过程中甚至出现有一定射程的地下涌水,这表明,该隧道的围岩水具有一定的压力。由于隧址区的年降水量较大,地下水与地表水的联系较为密切,所以,新交洞隧道的围岩水量较大,只有认真搞好隧道的防水防冻,才能使隧道后期运营中免受冻害影响。

(2)新交洞隧道围岩注浆堵水

隧道开挖后,在渗水量较大的区段采用注浆堵水,在隧道近区围岩中形成较为密实的止水圈,减小地下水向隧道方向的渗流。为了保证注浆效果,需要采取必要的工程措施:

①加强拱顶范围内的围岩注浆

洞顶是隧道防渗防冻的重点和难点,采用注浆堵水十分必要,其原因有:

a. 开挖使洞顶围岩裂隙张开,渗透性增强。隧道开挖后,改变了围岩的原始受力状态,在洞顶围岩中,易出现近于铅垂方向的拉应力,从而使围岩出现张性裂隙,渗流通道相互连通,渗透性增加,地下水容易沿洞顶直接下渗。

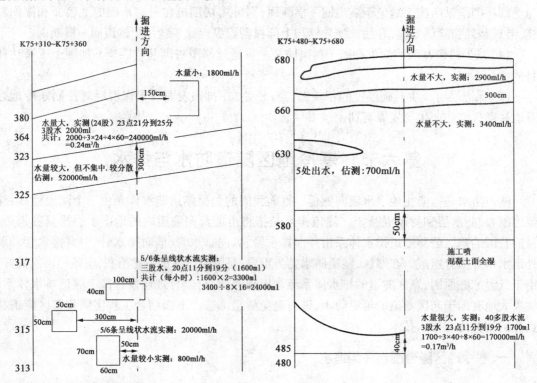

图 5-47　新交洞隧道涌水量记录

b.洞顶衬砌外表面环向坡度小,水流向两侧流动速度慢。地下水向下渗至防水板后,在洞顶处将沿防水板向两侧流动。在防水板上,水流的速度主要取决于防水板的坡度。显然该坡度越向中央,坡度越小。若因某种原因,使防水板存在缺陷,渗水将直接与衬砌混凝土接触,容易导致渗漏。

c.由于隧道拱顶混凝土混合料的沉析和施工困难,拱顶衬砌混凝土的上部容易积水;此外,在春融期,拱顶衬砌上部的冰冻经常先于两侧壁后的冰冻而融化。两种情况都会引发隧道渗漏。所以,在做好一般注浆堵水的同时,有必要加强隧道拱顶围岩的注浆堵水。

②围岩注浆防水施工方案

新交洞隧道开挖后,部分区段渗水严重,现场实测渗水量最大达到 $0.6m^3/h$。为了施工安全以及满足隧道防排水的要求,对渗水严重的地段,采用注水泥浆堵水。具体施工方法:

a.布孔与钻孔:

对于大面积渗水,采用密孔浅孔注浆;对于裂隙渗水,疏孔深孔注浆,根据渗水形式确定布孔方式,设定钻孔间距,钻孔深度;对于大面积渗水段,采用梅花形布置钻孔,间距为150cm×150cm,钻孔深度为3m;对于裂隙渗漏,也采用梅花形布置钻孔,间距为200cm×200cm,钻孔深度为4m。

b.注浆施工:

采用 $\phi42×3.5mm$ 导管,其大样如图5-48。注浆参数为:水泥—水玻璃体积比为1∶0.6;

水灰比为1:1;水玻璃浓度:35°Bé;模数为2.4;注浆压力为1.2~1.5MPa;注浆方式为孔口一次性注浆。如图5-49为围岩注浆施工图。

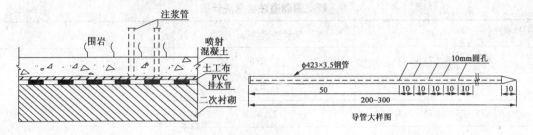

图5-48 注浆示意图

c.浆液配制：

水泥浆的配制按先轻后重的顺序投料,根据设计的水灰比,先在搅拌筒内添加好清水,在开动搅拌机的情况下,缓慢加入与清水质量相应的水泥质量,水玻璃要求装入专用的注浆筒内,未开始注浆前不能混装。

d.注浆结束标准及依据：

- 当压力超过终压或达到终压的80%,出现较大跑浆时,经间歇注浆后可结束注浆。
- 当部分孔位注浆量特别大（单孔注浆量超过$20m^3$),在一次停歇后再次注浆仍注浆量较大,可停止注浆。

e.对注浆堵水效果进行钻孔检查,同时观察岩层表面渗漏情况。注浆未达到设计要求或预期目标的里程段,要进一步完善注浆设计,补孔注浆。

f.注浆效果检查评定：

- 根据注浆结束分析判断,并绘制相应的 P-Q-t 曲线来判断注浆效果。
- 根据围岩变形量测结果来间接判断改善地层效果。

图5-49 围岩注浆施工图

- 对注浆堵水效果进行钻孔检查,同时观察岩层表面渗漏情况,并对注浆前后岩层表面情况进行对比。

③围岩注浆工程量

在隧道开挖过程中,凡是有滴水的部位或是喷层湿渍较大的地方,均采用注浆堵水。新交洞隧道的围岩注浆区段与注浆量见表5-15。

二、寒冷地区隧道防水层防水

寒冷地区隧道渗漏的原因很多,但最基本的原因则是防水层（第二圈层）破损,以及由衬砌混凝土与止水带组成的防水圈层（第三圈层）不严密。如果两个防水圈层都十分严密,或者其中一层十分严密,即便是寒冷地区的隧道,也不应出现任何渗漏以及由此引发的各种冻害。现实中的隧道常常发生渗漏,说明两个防水圈层都存在问题。这些问题可能出现在三个方面：认识方面、技术方面和施工方面。如果出现在施工方面,则相对容易解决,只要认真施工并加强管理便可。如果问题出现在认识方面或技术方面,则需要进行仔细的研究。前面对隧道防水技术已有详细说明,在此不再赘述。

新交洞隧道注浆量统计表　　　　　　表 5-15

里　　程	设计注浆量(m^3)	合计(m^3)
K75+090～K75+173	61.236	
K77+420～K77+460	28.431	264.627
K75+233～K75+263	21.87	
K76+723～K76+753	21.87	
K77+035～K77+125	65.61	
K77+163～K77+193	21.87	264.627
K77+253～K77+283	21.87	
K77+350～K77+380	21.87	

三、寒冷地区隧道排水

通过有效排水,可以降低隧道防水体系周围的水压,从而减少隧道渗漏的机会。在寒区或季冻区,隧道的防排水设计理念也是同样。结合寒冷地区隧道的特点,应对隧道的环向排水、纵向排水和洞外出水口等几个环节进行适当调整。

1. 寒区隧道排水体系的改进

（1）设置条带保温排水体系

寒冷地区的隧道常因衬砌壁后排水系统的冻结,特别是环向排水管的冻结,而导致隧道排水不畅。通过保温方法可解决排水体系的冻结问题。现有的隧道保温方法有两种:一是在隧道衬砌的外表面全面设置保温层;二是在隧道衬砌壁后全面设置保温层。第一种方法的不足在于:在寒冷季节,如果隧道衬砌防水不严,渗水会浸湿衬砌表面的保温层,降低其保温性能,逐渐使保温层起皮脱落,渗水在衬砌或路面流淌并结冰。第二种方法的不足在于:没有注意保温层的防水防潮,保温层常年处于潮湿的环境中,其保温性能会大幅降低。

针对既有的全面保温法的不足和隧道环向排水体系需要重点解决的问题,吕康成提出了一种寒区隧道局部保温方法和环向排水体系(简称条带保温排水体系),即在隧道衬砌壁后沿环向排水管设置幅宽 1m 左右的防潮保温层;在隧道路面之下沿排水管设置环状防潮保温层;环向排水管由上而下直通隧道中央排水管,纵向排水管通过三通接头向环向排水管汇水。

①条带保温排水体系的构成

事实上,只要环向排水管畅通,洞顶衬砌后就不可能有大量积水,所以隧道保温的首要任务是保证环向排水管畅通。为此,可采取局部保温措施(如图 5-50),具体方法是:沿初期支护表面的环向排水管设条带保温层。条带保温层由 4 层材料组成,从初期支护表面到衬砌壁后,依次为土工布、高分子防水板、保温材料、高分子防水板。土工布为垫层,两层防水板将保温材料夹于中间,四周用热合法密封,保证保温材料的防水防潮和高效保温。紧贴土工布的高分子防水板两侧与隧道常规的防水板热合拼接，使条带保温层与隧道防水层融为一体。

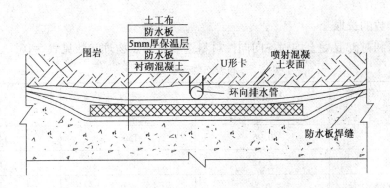

图 5-50　沿环向排水管设条带保温层

在寒冷地区，环向排水管应直通至路面下的中央排水管。路面下方的环向排水管用防水防潮且断面呈环状的保温层保温。同时，在两个相邻的设有保温层的环向排水管之间设置一不设保温层的环向排水管，其目的是，无论在冻结期或春融期，隧道环向保温体系中总有一套排水管路能较好地排水，从而有效防止衬砌壁后出现大量积水，从根源上解决隧道在寒冷季节可能出现的渗漏问题。

② 条带保温层对围岩温度的影响

当隧道内气温变化时，隧道的衬砌结构与围岩的温度也随之变化。大量的现场实测与理论分析成果表明，由于保温层厚度有限，其对围岩内的温度场影响亦有限。也就是说，许多隧道设置保温层后，在比较寒冷的季节，衬砌壁后的围岩仍有一定范围的冰冻区。值得强调，当隧道全长衬砌壁后有很深的冰冻区时，因渗漏水引起的隧道冻害反而不会发生。隧道保温的主要目的是，在围岩上冻和围岩解冻过程中使排水体系尽可能畅通。条带保温环向排水体系能够达成上述目的。下面用有限元数值模拟分析条带保温层对隧道围岩温度的影响，借以探讨带保温环向排水体系的可行性。

a. 有限元模型

忽略隧道衬砌环向曲率的影响，将问题视作平面问题，建立如下的物理模型（图5-51）：隧道衬砌厚度为 50cm，防水板厚度为 2mm，设置厚 5cm、宽 1m 的保温层，取距衬砌表面 8m 处为地层恒温线，沿隧道纵向 5m 为一个研究区域。

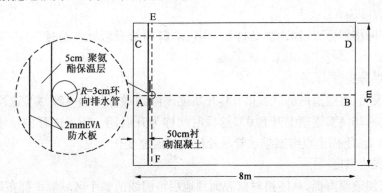

图 5-51　物理模型

采用有限元二维实体单元划分网格,该单元为四节点四边形单元。整个区域共划分 4118 个单元、4247 个节点。

b. 计算参数的选取

假定围岩和衬砌混凝土均为各向同性材料选取材料热物理参数见表 5-16。

材料热物理参数　　　　　　　　表 5-16

材料 \ 热参数	导热系数 W/(m·k)	密度 (kg/m³)	比热容 J/(kg·k)
围岩	0.96	1500	1460.9
衬砌混凝土	2.32	2480	1920
防水板(EVA)	0.3	920	2300
保温层(聚氨酯)	0.02	40	1200

c. 边界条件与初始条件

假定隧道衬砌表面的温度与气温相同,且以年为周期按正弦规律变化。参考某隧道所在地区的平均年气温为 3.6℃,温度的年较差为 60℃。故取有限元模型的左边界温度条件为:$TEMP = 30 \cdot \sin(2 \cdot \pi \cdot t/T + 3 \cdot \pi/2) + 3.6$。其中 $T = 360$(天)。换算后,约在每年的 2 月 1 日气温最低,在 8 月 1 日气温最高,如图 5-52 所示。

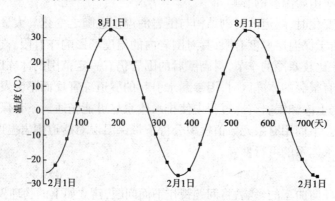

图 5-52　衬砌表面温度随时间变化曲线

有限元模型的右边界条件:假定离地表 8m 处围岩温度保持 6℃ 不变,上下边界绝热。研究区域的初始温度为 6℃。

通过建模、网格划分、施加边界条件和荷载、求解和结果后处理等过程,得到温度场计算结果。

d. 计算结果分析

为了便于说明,将隧道内的气温由 0℃ 开始逐渐降到最低气温 -26.4℃ 这段时间称为降温期,将气温由 -26.4℃ 逐渐上升到 0℃ 这段时间称为升温期。隧道的环向排水管设置在距衬砌表面 0.6m 处,下面重点考察排水管所处位置的温度变化情况。

• 降温期围岩温度

入冬后,气温逐渐降低,从隧道衬砌表面到地层恒温线的整个区域温度都在逐渐降低。图 5-53 为降温期不同时刻沿 AB 线温度随深度的变化曲线,对于 AB 线上的围岩而言,由于左端有条带保温层,所以将相应的温度变化曲线称为有保温层围岩温度曲线。图 5-54 为降温期不同时刻沿 CD 线温度随深度的变化曲线,对于 CD 线上的围岩而言,由于左端没有条带保温层,所以将相应的温度变化曲线称为无保温层围岩温度曲线。对比图 5-53 和图 5-54 可见,有保温层时,保温层两侧温度变化剧烈;无保温层时,温度变化平缓。总体上,有保温层区段的浅层围岩温度明显高于未设保温层区段浅层围岩温度,即有保温层后的环向排水管的冻结时间比无保温层的环向排水管的冻结时间晚。

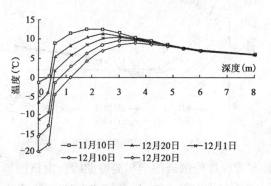

图 5-53　有保温层围岩温度曲线　　　　图 5-54　无保温层围岩温度曲线

条带保温的目的主要是为隧道环向排水创造有利条件。图 5-55 给出了在隧道环向排水管所在深度(即图 5-51 所示 EF 线)处围岩温度曲线。未设保温层的区段(即 EF 线两端)在 11 月 20 日时开始冻结,此时,设有保温层区段(即 EF 线中间段)的该深度处还维持着较高温度,温度在 5℃ 左右。在 12 月 6 日,设有保温层区段内围岩温度达到零度,即排水管开始冻结,而此时,未设保温层区段的冻结深度已经达到 0.9m(如图 5-56)。故有保温层区段的环向排水管要比无保温层区段的环向排水管要晚冻结 16 天左右,即后者开始冻结后前者还能正常工作 16 天。因此,在这段时间,防水板后的地下水可以从有保温层的环向排水管中排出。而在有保温层区段的环向排水管开始冻结时,无保温层区段的冻结深度已经达到了 0.9m,形成了一层较厚的冰冻层,可以有效阻隔地下水向衬砌内渗透。

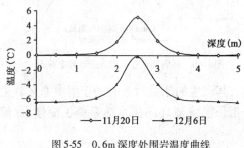 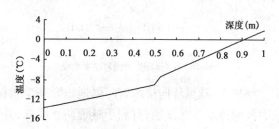

图 5-55　0.6m 深度处围岩温度曲线　　　　图 5-56　12 月 6 日无保温层 1m 范围内围岩温度

● 升温期围岩温度

气温降到最低值之后便逐渐上升,衬砌的温度也随之逐渐升高,但由于热传导有一个过程,围岩内的温度还在发生着复杂变化。图 5-57 和图 5-58 分别为升温期有、无保温层情况下围岩温度曲线。比较图 5-57 和图 5-58 可见,在升温期,有保温层的浅层围岩温度升高速度比无保温层的慢,即当后者开始解冻时,前者仍保持在冻结状态。

图 5-59 为在升温期 EF 线围岩温度曲线。由图 5-59 可见,环向排水管深度处,无保温层

情况下,在5月3日前就已经升到零度,而此时,有保温层围岩在该深度处的温度在-4℃左右,还处于冻结状态。有保温层的排水管于5月13日开始解冻,此间有10天左右的时间差。在这段时间,隧道的环向排水主要由未设保温层的环向排水管承担,直到5月13日以后,所有环向排水管均可正常工作。

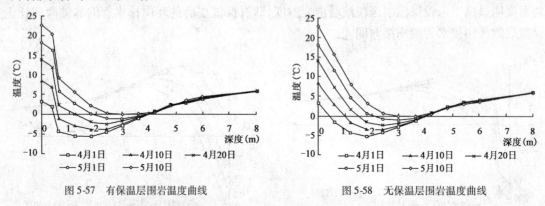

图5-57 有保温层围岩温度曲线　　　　　图5-58 无保温层围岩温度曲线

图5-60为有、无保温层情况下在隧道环向排水管深度处围岩的全年温度曲线。由该图可知,在降温期,无保温层环向排水管先于有保温层的环向排水管冻结,后者较前者晚冻结15天左右;当有保温层的排水管开始冻结时,无保温层的排水管温度在-4℃左右。对比两条曲线的振幅可知,有保温层的全年最低温度比无保温层的高4℃左右;而全年最高温度前者较后者低4℃左右。在升温期,无保温层的环向排水管先于有保温层的解冻,前者比后者早解冻10天左右;在前者解冻时,后者还处于较低的温度,约为-4℃。

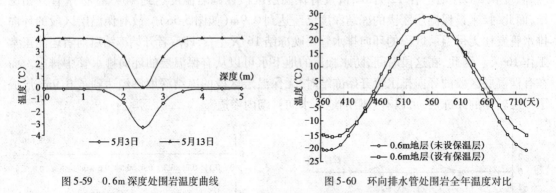

图5-59 0.6m深度处围岩温度曲线　　　　图5-60 环向排水管处围岩全年温度对比

总之,隧道环向排水管间隔地设置条带状保温层,其产生的冻融时差有助于解决寒区隧道的环向排水不畅问题,有利于隧道防水防冻,并且条带保温隧道环向排水体系施工简便,保温材料用量少,经济实用。

因此,寒区隧道宜将衬砌壁后的环向排水管直通路面下的中央排水管,纵向排水管经三通向环向排水管汇水,这样可避免因纵向排水管封冻而使整个环向排水不畅。

(2)在防水层与衬砌之间设环向排水管

隧道的防排水应是层层设防,层层排泄。目前在设计中普遍被忽视的问题是在防水层与衬砌之间没有排水通道,使穿过防水层的地下水难以流向隧道的排水系统。所以应在围岩渗水量大的衬砌段的中部、防水层与衬砌之间设环向排水管。具体方法是用土工布包裹带孔的$\phi 20$的波纹排水管,再用专用胶将其粘在防水层的表面,如图5-61所示。

(3) 波形纵向排水管

一般的纵向排水管的坡度与隧道路面坡度一致，坡度一般在 0.3%~3% 范围内。这样的坡度容易出现两个问题：一是施工误差造成两横向排水管之间的纵向排水管下凹，使用后管内泥沙堆积导致排水不畅；二是水流在管内流速慢，低温条件下结冰冻管。针对上述问题，在寒冷地区隧道排水系统设计中，可采用波形纵向排水管。新交洞隧道的坡度分别为 1.3%，采用了纵向排水管后（如图 5-62），其局部纵坡达到了 3% 和 3.7%，增加了水流的荷砂能力，减小了冰冻几率。

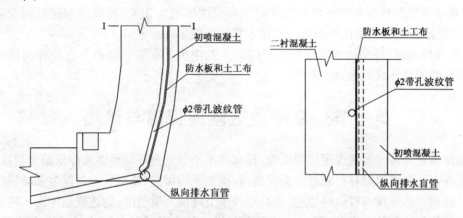

图 5-61　环向排水管示意图

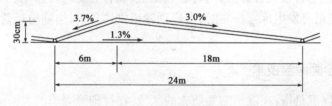

图 5-62　波形纵向排水管

2. 洞外出水口

隧道洞外的出水口是隧道排水系统的最下游。如果出口不畅甚至堵塞，将对整个隧道的防排水体系造成极大影响。如何防冻是寒区隧道出水口设计与施工的最大问题。在新交洞隧道工程中，针对洞口的地形特点，对隧道出水口的设计进行了优化调整：

(1) 尽量加大泄水通道的水力坡度，增加出水口的水流速度，减少封冻和淤堵的机会。

(2) 要求出水口砌筑结束后，将出水口周围路堤坡面用沥青涂黑，使坡面在春融期能够尽可能多地吸收太阳能，提高出水口的温度，以利于融冰防冻。

(3) 建议将出水口的朝向尽量朝南，并尽可能背风。

四、小结

(1) 隧道的防水系统具有圈层构造。注浆之围岩为第一圈层，防水层为第二圈层，它是隧道防水技术的核心；衬砌混凝土加止水带为第三圈层。在寒冷地区防水对隧道防冻尤为重要。

(2) 隧道开挖破坏了地下水的原有平衡，隧道施工过程中，通过堵水可以避免地下水与隧道结构密切接触，也有利于恢复地下水的平衡，保持工程周围的地下水环境。隧道围岩注浆堵水是简便易行并行之有效的堵水方法。注浆既能够堵塞地下水向隧道渗流的通道,又可以加固围岩。在寒冷地区隧道施工中宜注意使用。

(3)理想的排水效果是隧道有效防水防冻的基础。寒区隧道在春融期出现渗漏与冰冻均是渗水排泄不畅引起的。隧道的排水体系是节节相扣、环环相接的,因此,不论是设计,还是施工,都应有系统的观念。

(4)隧道的防排水体系是层层封堵,层层疏排,在防水层与二次衬砌之间不设排水管道是目前隧道设计中常见的一种疏漏。在寒区对此问题应予以重视。

(5)排水系统的冰冻与融解均与排水管的水力坡度密切相关,坡度越大越有利于防冻和消融,采用波形纵向排水管比单向坡纵向排水管防冻效果好。

(6)在寒冷地区,环向排水管应直通至路面下的中央排水管。路面下方的环向排水管用防水防潮且断面呈环状的保温层保温。

第七节 寒冷地区隧道保温与供热

隧道保温是指通过设置保温层等措施,提高寒冷季节隧道环境温度或降低温变幅度,以免隧道发生冻害。隧道保温有衬砌外表面保温、衬砌内表面保温、排水管局部保温和防风门保温等方式。隧道供热是指通过供热措施,提高寒冷季节隧道环境温度,防止隧道冻害。隧道供热热源有电伴热和地源热。目前,我国隧道保温和供热的主要目的是防止隧道排水体系冰冻。通常隧道保温的工程造价较大,因此选用时必须慎重,确有必要时再选用。隧道供热适宜作为隧道防冻预案,在隧道有发生冻害征兆时,可启动隧道供热预案;当隧道运营正常时,供热体系不工作。

一、隧道衬砌全面保温技术[20-23]

隧道衬砌全面保温是指:在隧道需要防冻的区段,在衬砌混凝土的表面或壁后连续整片设置保温层。目前,采取保温措施防冻已在一些隧道中应用。大坂山隧道和鹧鸪山隧道的保温层设置在衬砌表面,风火山隧道、昆仑山隧道和梯子岭隧道的保温层设置在初期支护和二次衬砌之间。设置在衬砌表面的保温层又有两种施工工艺:一种是直接喷涂法,另一种是预制铺设法。下面对几种隧道全面保温方法做简要介绍,并比较各种方法的优缺点。

1. 表面喷涂法

表面喷涂法是采用现场发泡保温材料,使用机械直接喷涂到隧道二次衬砌表面,形成防冻保温层的方法。表面喷涂法的施工工序如下:

第一步,检查隧道二次衬砌表面的平整度。衬砌表面的尖锐突出物必须清除;衬砌混凝土段与段之间接缝处的错台和凹凸不平部位必须凿除并打磨平整;大面积的空鼓、开裂和粉化层,必须清除并修补。空鼓、开裂面积小于 $0.1m \times 0.1m$ 时,采用找平材料找平。空鼓、开裂面积大于 $0.1m \times 0.1m$ 的部位应剔除。

第二步,清除隧道二次衬砌表面污物。隧道二次衬砌表面不得有浮尘、滴浆、油污、空鼓及翘边等,基层应干燥、干净、坚实平整;对于潮湿壁面和透水壁面应先进行防潮和防水处理;必要时,隧道二次衬砌表面雾喷墙体基层界面剂。

第三步,现场将保温材料喷涂到隧道二次衬砌表面。现场制备保温材料,使用专用机械,按照控制线,将保温材料喷涂在隧道二次衬砌表面。喷涂厚度控制为设计值,并允许有5mm的误差。喷涂保温层要连续、饱满,不得发生断层现象。喷涂保温材料宜在15℃~25℃温度下进行,高湿或暴晒下严禁作业。喷涂完的保温材料熟化时间为72小时,待完成熟化后,对保温层表面进行刨削打磨。

第四步,保温材料喷涂层表面挂网。将热镀锌钢丝网用TOX钉固定牢靠,TOX钉间距为500mm×500mm。

第五步,保温材料喷涂层表面涂抹界面剂。在挂好钢丝网的聚氨酯喷涂层表面辊涂界面剂,横竖各辊涂一遍,要求均匀一致。

第六步,喷涂层表面砂浆修饰。采用聚合物砂浆乳液,在挂好网并辊涂界面层的喷涂层表面涂抹5mm,进行修饰。

第七步,隧道防火处理。在砂浆修饰层表面喷涂两层隧道专用防火涂料。

采用表面喷涂法的注意事项:

(1)按照设计要求,在喷涂保温层前,要完成照明、消防以及一些预埋件等附属设施的埋设。

(2)喷涂施工时的环境温度宜为10~40℃,风速应不大于5m/s(3级风),相对湿度应小于80%,雨天不得施工。当施工时环境温度低于10℃时,应采取可靠的技术措施保证喷涂质量。

(3)喷头距作业面的距离应根据喷涂设备的压力进行调整,不宜超过1.5m;喷涂时喷头移动的速度要均匀。在作业中,上一层喷涂的保温材料表面不粘手后,才能喷涂下一层。

(4)喷涂后的保温层应充分熟化48~72h后,再进行下道工序的施工。

(5)喷涂后的保温层表面平整度允许偏差不大于6mm。

(6)在用砂浆乳液进行修饰喷涂保温层前,应进行挂网,相邻钢丝网的搭接宽度不小于100mm;钢丝网应铺贴平整,不得有皱褶、空鼓和翘边。

(7)喷涂施工作业时,隧道洞口宜做遮蔽,防止泡沫飞溅污染环境,同时做好施工人员的劳动保护,不得损害施工人员的身体健康。

(8)喷涂保温层时要注意台上和台下工人的配合,要选用操作精心和熟练的操作工人进行台上喷涂,并应注意高空作业安全。

2. 表面铺设法

表面铺设法是采用预制保温材料,使用龙骨将保温板固定到隧道衬砌表面,以形成防冻保温层的方法。表面铺设法的施工工序如下:

第一步,检查隧道二次衬砌表面的平整度和渗漏水情况。衬砌表面的尖锐突出物必须清除;衬砌混凝土板与板之间接缝处的错台和凹凸不平部位必须凿除并打磨平整;渗漏水的部位必须进行防水处理。

第二步,清除隧道二次衬砌表面污物。隧道二次衬砌表面不得有浮尘、滴浆、油污、空鼓及翘边等,基层应干燥、干净、坚实平整;潮湿壁面和透水壁面应先进行防潮和防水处理,必须保证衬砌表面平顺、干燥,才能安装保温板。

第三步,按照预制保温板的尺寸,在隧道二次衬砌表面测位、放线、打眼,并安装膨胀螺栓。

第四步,用保温板将龙骨填实,龙骨采用具有足够安全性与耐久性的热镀锌型钢材料。用自攻钉沿隧道纵向固定填装保温板的龙骨。

第五步,将预制的保温板填装在龙骨U槽内,保温板之间必须连接紧密;相邻两环保温板之间错缝设置。

第六步,用自攻钉将防火板固定在龙骨框架上,防火板与防火板相接时,留3~4mm伸缩缝。整个施工面沿隧道纵深每隔30m留一个3cm宽伸缩缝。用专用腻子及网带将防火板之间的缝隙密封,每处板缝要求封闭完全、平整,然后将嵌缝处打磨平整;嵌缝线的宽度要求尽量一致。

第七步,整个施作面随隧道成自然弧形,要求平整牢固。最后,在防火板表面进行饰面处理,喷涂隧道专用防火涂料。

采用表面铺设法的注意事项:

(1)按照设计要求,在安装预制保温层前,要完成照明、消防以及一些预埋件等附属设施的埋设。

(2)定位放线必须准确,镀锌膨胀螺栓与隧道二次衬砌的连接必须牢固。

(3)龙骨安装采用自下而上的顺序进行,用吊线的方法保证龙骨的立面平整度偏差不超过5mm。龙骨安装固定后应进行隐蔽工程检查验收。

(4)龙骨与饰面板之间的连接必须牢固,以确保整个龙骨框架平整牢固,使施工面能随二次衬砌表面圆滑过渡,平整牢固。

(5)安装保温板材时要用专用胶粘贴牢固,用发泡胶封堵缝隙,并注意照明和消防等附属设施,以及一些预埋件的埋设位置。

(6)保温板在搬运或安装过程中,操作现场风力不宜大于5级。

(7)施工现场应有足够的场地堆放保温板,防止保温板在堆放过程中划伤、变形或损坏。

3. 中间铺设法

中间铺设法是采用预制保温材料,使用黏结剂粘贴到隧道衬砌表面,形成防冻保温层,然后再浇筑一层衬砌混凝土的方法。中间铺设法的施工工序如下:

第一步,表面除污清理。将混凝土表面凸出部分找平,凹处可用水泥砂浆填平,再用钢丝刷、毛巾等清理干净。

第二步,黏结复合式防水板。采用涂胶粘贴的方法将复合式防水板黏结到衬砌表面。为了方便施工,首先从隧道顶向两侧黏结,然后黏结墙角和仰拱部位。涂胶粘贴时,用排刷在表面和复合式防水板无纺布表面分别均匀涂抹胶水,待胶水风干至不粘手时(约3~4min)用小滚辊缓慢推压防水板,使之与混凝土表面粘贴牢固,粘贴时注意确保证防水板平整。

第三步,铺贴保温层。保温板采用工厂预制成型,洞内拼装,然后粘贴施工,普通规格为(长×宽)2.0m×0.5m。在保温板表面和复合式防水板的PVC膜面上均匀涂抹树脂胶,待胶风干至不粘手时(约3~4min),将保温板平整地粘贴在复合式防水板上,保证拼装平顺,成自然弧度,轻压保温板,使其粘贴牢靠。保温板之间的黏结采用在侧面均匀涂抹黏结剂1~2mm厚,使保温板之间接缝紧密。

第四步,在保温层外侧再施作一层复合式防水板,施工方法与第一层复合防水板类似。

第五步,在外侧浇筑一层衬砌混凝土。

采用中间铺设法的注意事项:

(1)复合式防水板表面平顺、无褶皱、无气泡、无破损等现象,与洞壁密贴,松紧适度,无紧绷现象。

(2)防水板和防冻保温层接缝粘贴密实饱满,不得有气泡、空隙。
(3)防水层和防冻保温层施工时基面不得有明水。
(4)防冻保温层整体应平整度良好,无明显突出物,不得产生裂缝、空鼓、变形等破坏。

4. 几种施工方法优缺点的比较

以上几种保温层的施工方法各有优缺点,下面从保温效果、工程费用、防火、防水、维修、耐久性几个方面进行对比。

从保温效果来看,中间铺设法的效果最好,同条件下保温层的所需厚度也较薄。表面喷涂法次之,而表面铺设法较差。因为表面铺设法采用龙骨进行固定,钢龙骨存在冷桥热传递问题,影响了保温效果。

从工程费用来看,表面喷涂法最高,表面铺设法次之,中间铺设法最低。但中间铺设法施工工序繁琐,操作难度大、功效低。

从防火角度来看,表面喷涂法和表面铺设法需要喷涂隧道防火材料,运营期间存在火灾隐患,但施工期间并不存在火灾隐患。然而,中间铺设法施工完毕后,后续的施工作业容易引燃保温材料,其火灾隐患更大。

从防水角度来看,表面喷涂法和表面铺设法是在隧道衬砌完毕后施工的,只要隧道防水质量良好,就不存在防水问题。中间铺设法有两层防水板确保防水安全,也不存在防水问题。

从维修角度来看,中间铺设法一旦施工完毕后出现保温层破坏或失效,维修难度极大。表面喷涂法和表面铺设法相对较为容易。

从隧道结构耐久性方面考虑,由于防冻保温层材料的耐久性一般都较好,只考虑隧道结构的耐久性。中间铺设法的二次衬砌直接暴露在低温环境中,在温度的反复剧烈变化下,必然对结构产生损伤,对整体结构的耐久性产生影响。表面喷涂法和表面铺设法避免了隧道二次衬砌直接暴露在环境中,对隧道结构的使用寿命有利。

结合以上分析,对中间铺设法、表面铺设法和表面喷涂法的优缺点比较,汇总到表5-17。

防冻保温层施工方法比较　　　　表5-17

施工工艺	对比项目						
	保温效果	工程费用	防火		防水	维修	耐久性
			施工	运营			
中间铺设法	良好	低	良好	较好	良好	困难	较差
表面铺设法	较差	较高	良好	较好	良好	容易	较好
表面喷涂法	较好	高	较差	良好	良好	容易	良好

以上各种施工方法各有优缺点,在具体工程中,需要结合实际工程的特点,对比方案,酌情选择。

二、隧道局部保温和电供热预案——新交洞隧道冻害预防

寒冷地区隧道与一般地区隧道的最大不同是其可能会受到低温冻害的影响。隧道有效防冻的前提是正确认识隧道冻害产生的原因,并据此采取各种防范措施。根据前面曾作过的试验与分析,寒区隧道的冻害主要发生在春融期,隧道围岩最不利的温度分布是隧道横断面的上

部围岩的温度已大于零度,而下部围岩及排水管的温度仍小于零度,即所谓的上融下冻状态。在此情况下,隧道最容易发生渗漏并引发冻害。在新交洞隧道防冻研究过程中,根据有的放矢的原则,先对拟采取方案的可能效果进行了数值模拟;在此基础上,设计了新交洞隧道的保温构造,在隧道的两隅角设置了一定高度的岩棉防潮保温层。另外,在隧道防水层与二次衬砌之间还预留了可穿电热带的塑料管,以备后期运营中必要时穿线送电加热,在隧道衬砌背后形成上下畅通的泄水通道。

1. 新交洞隧道保温供热防冻设计

(1) 保温

① 在下隅角的防水层与衬砌之间设置保温层

隧道两侧下隅角纵向排水管的封冻对隧道冻害防治的影响很大。因此,可在隧道两侧下隅角设置高 2m、厚 5cm 的岩棉保温层(图 5-63)。为了保证其保温性能,应对保温层进行防水处理。

② 在洞外设保温出水口

在隧道洞外选择背风、朝阳、排水通畅的位置设置保温出水口。出水口应有特殊的构造,表面用沥青涂黑,冬季可用稻草覆盖。此外,根据隧道的具体情况,必要时设计可通电加热的出水口。

(2) 供热

① 在防水层与衬砌之间设置电热带

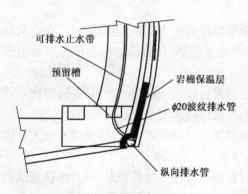

图 5-63 在下隅角设置保温层

在春融季节,隧道衬砌的背后容易出现上融下冻现象,从而引发渗漏。青海的某隧道采用衬砌表面设保温层的方法没能取得理想的保温效果;甘肃的七道梁隧道向洞内供暖气,虽解决了隧道防冻问题,但工程造价太高且管理不便。在衬砌与防水层之间设置 PTV 电热带可以达到向隧道供热的目的。具体方法是衬砌施工时,在衬砌与防水层间预埋 UPVC 塑料管,该塑料管下埋至纵向排水管,上端从距路面 6m 高处弯出衬砌。隧道运营管理中根据需要向管内下插 PTV 电热带,并在必要时通电供热(图 5-64、图 5-65)。

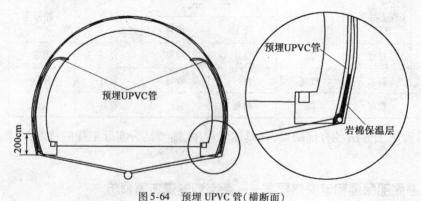

图 5-64 预埋 UPVC 管(横断面)

② 电加热带

为了解决一些重要输水管线等的防冻问题,我国引进了一种电加热新技术,即半导体电热带或导电塑料电热带。

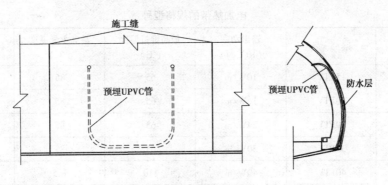

图 5-65 预埋 UPVC 管(侧视图)

a.结构特点:新型电加热带、伴热带由导电塑料和两根平行母线外加绝缘层构成(图 5-66),电加热带的这种平行结构使其可以在现场随意剪切。

b.发热原理:在每根电加热带内,母线之间发热高分子材料的电路导通数量随温度的变化而变化,当周围的温度较低时,导电塑料产生微分子的收缩而使碳粒连接形成导电通路,当电流流经这些通路时,使电加热带发热。当温度逐渐升高并达到一定量值时,导电塑料产生微分子的膨胀,碳粒渐

图 5-66 电加热带结构

渐分开,引起导电通路中断,电阻上升,自动减少功率输出。当周围变冷时,导电塑料又恢复到微分子收缩状态,碳粒又相应连接起来形成导电通路,电加热带又增加输出功率使温度上升(图 5-67)。

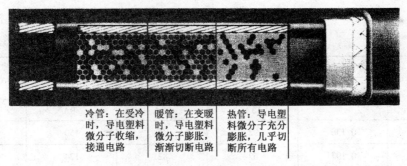

图 5-67 电加热带工作原理

③电加热带的规格型号

电热带有不同的型号与规格,工程上常用的型号与规格见表 5-18。

④发热特性曲线

电热带的温度—输出功率之间的关系曲线称为电热带的发热特性曲线。常用电热带的发热特性曲线如图 5-68 所示。

⑤单一电源最大伴热回路长度

电热带的容许电流有限,如果单一回路的电热带长度很大,则需要导线提供的电流也将很大,这有可能使导线发生过热而损坏。因此,电热带在使用时,对单一电源最大伴热回路长度有具体要求(表 5-19)。

电加热带的规格型号   表 5-18

系列	型号	输出功率（10℃时）	最高维持温度（℃）	最高承受温度（℃）	工作电压（V）
ETV	15ETV	10W/m	65	85	220
	20ETV	16W/m	65	85	220
PTV	30PTV	24W/m	65	85	220
	35PTV	30W/m	65	85	220
FTV	40FTV	40W/m	110	135	220
	50FTV	50W/m	110	135	220

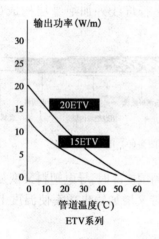
ETV系列

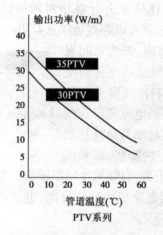
PTV系列

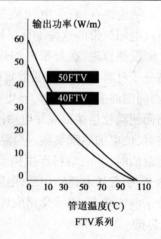
FTV系列

图 5-68　电加热带发热特性曲线

单一电源最大伴热回路长度   表 5-19

型号	启动电流(A/m) 220V	最大伴热回路长度(m) 220V			
		15A	20A	30A	40A
10FHP	0.130	92	123	150	—
16FHP	0.194	62	82	124	—
24FHP	0.240	50	66	100	120
30FHP	0.275	43	58	87	104
40FHP	0.333	36	48	72	76
50FHP	0.428	28	37	56	64

2. 隧道保温供热防冻新措施的现场实施

2005 年度，新交洞隧道实施了上述的局部保温和应急供热等防冻方案。

（1）岩棉保温层施工方法

根据温度场模拟分析，隧道春融期大面积渗漏水的主要原因是隧道两角隅排水管冬季最先冻结，春季最后解冻，导致冰冻期衬砌背后滞留了大量的地下水，形成冻害和渗漏水。而通过增加岩棉保温层,可以使隧道两侧排水管冬季最后冻结,从而完全排泄衬砌背后的地下水,防止冬季冻害和春季渗水。

为了保证岩棉保温层的保温效果和耐久性,应确保岩棉层的铺设高度和厚度,避免岩棉浸水,因而需要将岩棉密封于双层防水板中间。由于增加了材料和施工工序,在实际操作时阻力很大,表现为:岩棉层高度远没有达到设计高度,双层防水层经常出现不密封或虚焊现象。为此,技术人员一方面督促增加岩棉层高度;另一方面,在现场研究岩棉保温层密封工艺,通过试验,决定采用整体防水板对折后包裹岩棉,再与上部防水层焊接。这样不仅保证了底部两层防水板间的密封,还简化了施工工艺,改善了焊接条件,效果较好。

(2)供热管预埋安装工艺

为防止万一岩棉保温层失效导致排水管先冻结,衬砌背后水压升高,进而产生冻害,还采取了衬砌与防水层间预埋供热管措施。通过先预埋供热管,当衬砌出现冻害和渗漏时在供热管内穿电热带供热,使衬砌壁后固态水融化排泄,可以有效防止春融期的渗漏问题。

预埋供热管安装应满足以下要求:

①三根4m长PVC管连接成U形管,要求连接牢固、圆顺,便于后期穿电热带。

②U形管应与防水板密贴,便于后期供热化冰。

③U形管内穿铁丝,便于以后穿电热带。

④U形管上部出口应布置在同一标高,不影响后期供电和衬砌外观。

通过多次试验,总结了一套安装方案:

①三根U形管采用直通接头连接,而不采用弯头连接,这样容易保证连接牢固,弯折后的U形管也十分圆顺。

②通过在防水板表面焊接管套,将U形管套紧在防水板表层,保证U形管与防水板密贴。

③在衬砌台车上钻孔固定U形管出口,只要台车定位准确,出口均在同一高度。

在保温供热措施施工出现的问题有:

①由于各种原因,岩棉保温层高度大部分低于60cm,远远没有达到设计的200cm。

②在没有现场监督时,出现岩棉保温层不密封或密封效果不良的情况。

③起初几组供热管安装时,由于缺乏经验,出口位置高低不平。

④安装供热管时敷衍了事,导致供热管与防水板不密贴而埋于衬砌混凝土中,有的甚至采用铁丝穿透防水板固定,导致防水板损伤。现场情况如图5-69~图5-75所示。

图5-69 隧道隅角岩棉保温层设置

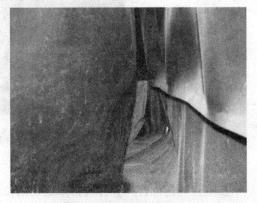

图5-70 防水卷材包裹岩棉防潮

图 5-71 高分子电热带

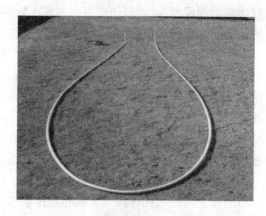
图 5-72 φ16UPVC 塑料管

图 5-73 UPVC 塑料管的预埋

图 5-74 U 形电热带预埋管的出口

图 5-75 隧道下部衬砌背后预埋塑料管出口

3. 洞外设保温出水口

在隧道外选择背风、向阳、排水通畅的位置设置保温出水口,出水口应有特殊的构造,表面用沥青涂黑,冬季可用稻草覆盖。如图 5-76、图 5-77 所示。

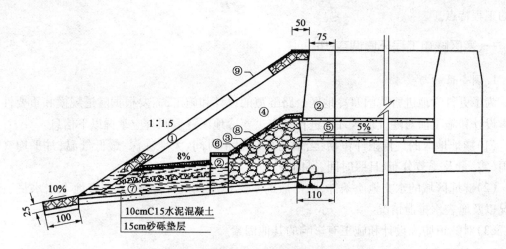

图 5-76　保温出水口立面图(尺寸单位:cm)

①-浆砌片石;②-浆砌片石挡墙;③-土工布;④-煤渣;⑤-水泥混凝土;⑥-填片石;⑦-UPVC 排水管;⑧-岩棉;⑨-沥青涂层

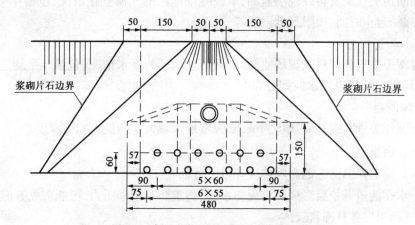

图 5-77　保温出水口剖面图(尺寸单位:cm)

第八节　寒冷地区隧道防冻设计指南

隧道的冻害长期困扰着我国寒冷地区隧道的安全运营与维护。隧道的冻害有着易防难治的特点,所以在对其有了清楚的认识后,应在隧道设计时采用科学合理的技术方案,在施工过程中全面提高工程质量,使设计思想得到全面贯彻落实,从而防范或杜绝隧道冻害发生。从技术上讲,隧道冻害的设防途径主要有防水、排水、保温和供热,经过国内外不同工程的试验摸索,对各种隧道防冻措施有了基本的了解,获取了不少工程经验。经过研究,认为隧道防水对隧道防冻具有特别重要的地位,工程中应认真把握隧道防水的每一环节,只要隧道防水做好了,隧道冻害便可能不会发生。隧道排水是为防水服务的,搞好排水可使防水变得相对容易。隧道保温主要是为排水服务的,搞好保温可使排水通畅。供热有不同的方式,其目的也主要是防止排水体系结冰,搞好供热可疏通或防止排水管路冻结。有鉴于此,提出了"严密防水、妥善排水、酌情保温、及时供热"的寒区隧道冻害设防理念。在寒区隧道设计中,应注意寒区隧道的工程特点。

一、寒区隧道工程环境调查[18]

1. 调查目的与要求

为了更科学地进行我国寒冷地区公路隧道的设计和施工，需要根据隧道规模和重要性，在隧道设计和施工前对隧址地区环境进行调查。寒冷地区隧道调查应掌握以下信息：

(1)隧址地区的气候条件包括：当地的冻结起止时间、大地冻深、最低气温、月平均气温、降雨(雪)量及季节分布、日照时间、风向等。

(2)隧址区域的水文地质条件，除一般的水文地质调查外，应重点调查地下水水量、补给情况以及地表水排泄情况。

(3)对隧道防冻设计和施工有影响的其他因素。

2. 气候调查

(1)气温调查

通过调阅历史气象资料或现场监测，掌握隧址地区的气温变化情况，包括年平均气温、月平均气温、冻结起止时间、极限最低温度等。

(2)降水调查

通过调阅历史气象资料或现场监测，掌握隧址地区的降水情况，包括年平均降雨(雪)量，最大年降雨(雪)量，以及降水时间分布等。

(3)冻深调查

通过查阅相关资料或开展现场测试，掌握隧址区域大地的最大冻结深度。

3. 地下水调查

地下水对隧道保温防冻的影响体现在以下方面：

①地下水在隧道开挖后形成隧道内渗水，给隧道防水带来压力，可能造成隧道渗漏或衬砌背后积水，进而引发各种冻害。

②地下水的补给直接影响隧道内渗水的发展情况。

③地下水若具有腐蚀性，对防水混凝土、防水板等防水材料可能产生不利影响。

因此，在隧道建设前应对地下水进行调查。

(1)地下水类型调查

根据地下水的埋藏条件，地下水可以划分为饱气带水、潜水和承压水三类。根据含水层空隙性质的不同，可将地下水划分为空隙水、裂隙水和岩溶水三类。地下水的埋藏条件和性质对隧道开挖后的渗水量、渗出方式等有显著影响，也间接影响隧道保温防冻。

此外，还应调查地下水是否具有腐蚀性，及其对隧道衬砌混凝土、混凝土外加剂、防水卷材、注浆材料的影响，以便及早采取应对措施。

(2)地下水水量调查

通过钻探，井点抽水等方法，确定地下水赋存情况，分析隧道开挖后可能出现的渗水量，并分析其对隧道防水防冻的影响。

(3)地下水补给调查

对地下水的补给源、补给速度和补给量等进行调查，为隧道防水防冻提供参考。

二、寒区隧道总体设计

（1）隧道位置应选择在稳定的地层中，尽量避免穿越工程地质和水文地质极为复杂以及不良地质地段；隧道洞口应尽量背风向阳，不易积雪，易于排水。

（2）在降雪量较大的地区，隧道洞口不宜设在边坡和仰坡较为陡峻的位置，以免洞口受到雪崩威胁。

（3）隧道内的纵坡形式，一般宜为人字坡，以利于隧道内和洞口排水；短隧道在采取适宜的措施后可采用单向坡。

三、寒区隧道衬砌

（1）衬砌结构设计时，可不考虑隧道衬砌外围的冰冻等对衬砌结构施加的荷载，即隧道衬砌结构荷载的确定方法与非寒区隧道的相同。

（2）隧道衬砌环向宜为等厚度，以使隧道顶部和两侧衬砌壁厚的冰冻同时开始、同时消融。

（3）隧道衬砌段的纵向长度，严寒地区不宜大于9m，在寒冷地区不宜大于10m，以利于衬砌段的纵向胀缩变形，避免衬砌出现环向裂缝。

（4）隧道衬砌的段间施工缝应直通衬砌基底；当先施工衬砌基础后浇筑衬砌时，应在基础的上表面和侧面割缝，割缝与上部衬砌段间施工缝位置对应，形成基础与衬砌段纵向同步变形的诱导缝。

（5）配制衬砌混凝土时，除在保证其抗渗性达到 S8 的要求外，还应注意提高混凝土的抗裂性，应将单位体积混凝土的用灰量控制在一定范围内，具体用灰量由试验确定。

四、寒区隧道防水

（1）寒区隧道应加强注浆堵水，其目的在于拒地下水于隧道围岩近场以外，为后续防水创造条件。

（2）隧道注浆堵水的要求：初期支护的喷混凝土表面，洞顶无滴水，两侧无淌水；铺设防水层时每 10 延米湿渍面积不超过 $3m^2$。

（3）注浆材料以水泥浆为宜，应保证注浆效果的耐久性，并提高围岩的稳定性。

（4）寒区隧道防水层铺设前，应将初期支护的表面处理平整，并使喷混凝土的表面尽量处理光滑，以保证防水层的长期完好性。

（5）寒区隧道的防水层垫层宜为 $400g/m^2$ 或更大规格的土工布，以便更好地保护防水板。

（6）寒区隧道用防水板应具有良好的低温性能，良好的工程性能和适宜的厚度。

（7）寒区隧道的防水层必须认真铺设和接缝，在初期支护表面有湿渍的区段，应对铺设好的防水层进行工间检测，无渗漏缺陷后再进行后续作业。

（8）寒区隧道衬砌段间施工缝宜采用蝶形中埋式止水带，并可靠安装，以保证隧道顶部混凝土浇筑后施工缝间仍能可靠防水。在有拱架支护条件下，可采用梯形背贴式排水止水带。

（9）防水板铺设时，在拱顶范围可采用 LV 法，以保证防水板的铺设质量。

五、寒区隧道排水

（1）寒区隧道必须有合理的排水体系，该体系在任何时段都不应出现下游封冻而上游融化的状况。

（2）寒区隧道的环向排水管宜直通中央排水管，衬砌下隅角的纵向排水管向环向排水管汇水，有利于衬砌背后的来水顺利下排，减少冰冻封堵的机会。

（3）隧道中央排水管的排水能力应以隧道的最大涌水量设计；其埋深可大于隧道当地的最大冻土深度；当按冻结深度确定的中央排水管的设置深度大于 2m 时，中、短隧道的可按 2m 埋深设置；长及特长隧道的中央排水管埋深，宜综合考虑了隧道长度、隧道的水文地质、当地气温及围岩温度等条件后分析确定。

（4）隧道洞外出水口应尽量设在排水顺畅的位置，背风向阳，坡面用沥青等涂黑；出水口的构造及材料应有利于其蓄热和保温。

（5）隧道衬砌隅角的纵向排水管宜为波浪式，在两环向排水管的中间位置，局部抬高纵向排水管的高度，使渗水能以较大的坡度分流排向环向排水管。

六、寒区隧道保温供热

（1）隧道保温有两个目的，一是防止排水系统冰冻，二是降低隧道结构或围岩的温度变化幅度，经分析所设计的隧道确实有保温必要时，再进行隧道保温设计。

（2）隧道洞口段结构与围岩温度变化较大，需要保温时可采用衬砌表面全面保温法。

（3）隧道内局部排水通道可能出现冰冻封堵时，可采用行之有效的局部保温法设防。

（4）在隧道衬砌壁后水量较大且可能存在环向排水因冰冻而下排不畅的区段，可在衬砌外侧从 45°拱腰至纵向排水管埋设 PVC 塑料管。当环向因冰冻壁后排水不畅时，可向 PVC 管插入电热带并通电供热，疏通壁后水下排通道。

（5）隧道中央排水管洞口段及洞外段是相对容易冰冻的区段，可在中央排水管内预留 PVC 塑料管，必要时向 PVC 管内插入电热带通电供热融冰。

七、寒区隧道交通工程设计

（1）在隧道出口端洞内应设置出口减速带和减速标志，以免洞外路面积雪或结冰威胁行车安全。

（2）在隧道出口端洞内应设置可变信息标志，出口有冻害或雪害时提醒司机谨慎驾驶。

八、寒区隧道运营管理

（1）寒区隧道应加强养护，注意清除洞内结冰和洞外积雪，并疏排融雪水。

（2）隧道出水口在冬季宜采用稻草帘等覆盖，以免冰冻封堵。

参 考 文 献

[1] 吴紫汪,赖远明,藏恩穆,等.寒区隧道工程[M].北京:海洋出版社,2003.
[2] 张全胜.寒区隧道围岩损伤试验研究和水热迁移分析[D].上海:同济大学博士学位论文,2006.
[3] 赖远明,吴紫汪,朱林楠.寒区隧道渗水围岩冻胀对衬砌的影响和防冻设计计算研究[Z].兰州:中国科学院寒区旱区环境与工程研究所,2000.
[4] 胡元芳,王建宇.青藏铁路昆仑山隧道冻胀压力计算[J].现代隧道技术,2002,39(2):28-32.

[5] 赖远明,吴紫汪,正元林,等.寒区隧道冻胀力的粘弹性解析解[J].铁道学报,1999,21(6):70-74.
[6] 盛煜,吴紫汪,朱林楠,等.寒区隧道围岩冻胀力的初步分析[R].冻土工程国家重点实验室年报.兰州:冻土工程国家重点实验室,1996,(6).
[7] 张德华,王梦恕,谭忠盛,等.风火山隧道围岩冻胀对支护结构体系的影响[J].岩土工程学报,2003,25(5):571-573.
[8] 秦皇岛市公路工程建设管理处,长安大学.寒冷地区隧道冻害防治技术研究[R].西安:长安大学,2003.
[9] 北川修三,川上義輝.寒冷地区的隧道变形与围岩冻胀性.隧道译丛,1987,(3):14-34.
[10] 王大为,吕康成,金祥秋.寒区公路隧道围岩温度测试与分析[A].2001年全国公路隧道学术会议论文集[C].北京:人民交通出版社,2001.
[11] 黄双林.昆仑山隧道施工期间围岩冻融圈的初步研究[J].冰川冻土,2003,25(增刊1):100-103.
[12] 张先军.青藏铁路昆仑山隧道洞内气温及地温分布特征现场试验研究[J].岩石力学与工程学报,2005,24(6):1086-1089.
[13] 四川省交通厅国道317线鹧鸪山隧道工程项目办公室,西南交通大学.高寒地区公路隧道抗防冻综合技术研究报告[R].成都:西南交通大学,2005.
[14] 张德华,王梦恕,任少强.青藏铁路多年冻土隧道围岩季节性活动层温度及响应的试验研究[J].岩石力学与工程学报,2007,26(3):614-619.
[15] 何春雄,吴紫汪,朱林楠.大坂山隧道围岩冻融状况变化趋势的初步分析预测[C].第五届全国冰川冻土学大会论文集(上).兰州:甘肃文化出版社,1996:419-425.
[16] 何春雄,吴紫汪,朱林楠.严寒地区隧道围岩冻结状况分析的对流换热模型[J].中国科学(D辑),1999,29(增刊1):1-7.
[17] 赖远明,喻文兵,吴紫汪,等.寒区圆形截面隧道温度场的解析解[J].冰川冻土,2001,23(2):126-130.
[18] 重庆交通科研设计院.JTG D70—2004 公路隧道设计规范[S].北京:人民交通出版社,2004.
[19] 铁道部第二勘测设计院.铁路工程设计技术手册—隧道[M].北京:中国铁道出版社,1995:240-245.
[20] 陈建勋.公路隧道冻害防治技术[J].长安大学学报(自然科学版),2006,26(4):68-70.
[21] 陈建勋.硬质聚氨酯在寒冷地区隧道冻害防治中的应用[J].长安大学学报(自然科学版),2006,26(5):66-68.
[22] 陈建勋.梯子岭隧道防冻隔温层效果现场测试及分析[J].公路,2006,8:221-224.
[23] 中铁二十局集团有限公司,北京交通大学.世界第一高隧——青藏铁路风火山多年冻土隧道施工技术[R].北京:北京交通大学,2003.
[24] 刘国玉.达坂山公路隧道冻土工程问题和工程防治措施[J].冰川冻土,2006,28(6):833-837.
[25] 朱林楠.大坂山公路隧道防寒保温门的原理及应用[J].冰川冻土,1999,21(2):107-114.
[26] 吕康成,崔凌秋.季冻区隧道渗漏与冻害防治研究[J].公路,2005,6:194-198.
[27] 长安大学,等.寒冷地区隧道冻害雪害防治技术研究[R].西安:长安大学,2011.

第六章　岩溶地区隧道防排水

我国在岩溶地区正在修建并将继续修建大量的铁路隧道和公路隧道[1]。在岩溶地区隧道修建过程中，经常遇到岩溶突水、突泥、塌方等问题，给工程施工和隧道运营带来极大的危害[2]。不断总结我国岩溶隧道突水规律、有效的预测方法和可靠的防治措施，是工程界的一项重要任务[3]。本章对岩溶地下水的成因、岩溶地下水对隧道工程的影响及岩溶地下水的探测方法予以简要阐述，并结合典型隧道工程，介绍岩溶地下水的防治原则、方法和措施。

第一节　岩溶地下水

一、岩溶现象

岩溶是指可溶性岩层，如石灰岩、白云岩、白云灰质岩、石膏、盐岩等，受水的化学和机械作用产生沟槽、裂缝和空洞以及由于空洞的顶部塌落使地表产生陷穴、洼地等类现象和作用。在我国西南、中南地区岩溶现象分布比较普遍。其中桂、黔、滇、川东、鄂西、粤北等连成一片，在皖、赣、闽等其他省市也有分布。岩溶的形态类型很多（如图6-1所示），有石林、溶沟、漏斗、溶蚀洼地、落水洞、竖井、溶洞、暗河、天生桥、岩溶湖、岩溶泉、土洞等，其中落水洞、竖井、溶洞、暗河、天生桥和土洞对隧道工程的影响极大。

图6-1　岩溶形态示意图
1-石林；2-溶沟；3-漏斗；4-落水洞；5-溶洞；6-暗河；
7-钟乳石；8-石笋

1. 落水洞和竖井

落水洞和竖井都是地表通向地下深处的通道，下部多与溶洞或暗河连通，是岩层裂隙受流水溶蚀扩大或坍陷而成。常出现在漏斗、槽谷、溶蚀洼地和坡立谷的底部，或河床的边缘，呈串珠状分布。

2. 溶洞

溶洞多由地下水对岩层的长期溶蚀和塌陷作用而形成，是早期岩溶水活动的通道。溶洞规模、形态变化很大，除少部分洞身比较顺直、断面比较规则外，多数溶洞忽高忽低，忽宽忽窄，曲折很大，且多支洞。在溶洞内普遍分布有钟乳石、石笋、石柱等岩溶形态。

3. 暗河与天生桥

暗河是地下岩溶水汇集、排泄的主要通道,在岩溶发育地区,地下大部分都有暗河存在。其中部分暗河常与地面的槽谷伴随存在,通过槽谷底部的一系列漏斗、落水洞使两者互相连通。因此,可以根据这些地表岩溶形态的分布位置,概略地判断暗河的发展方向。

溶洞或暗河洞道塌陷,在局部地段有时会形成横跨水流的天生桥。

4. 土洞

在坡立谷和溶蚀平原内,可溶性岩层常被第四纪土层所覆盖。由于地下水位降低或水动力条件改变,在真空吸蚀以及淋滤、潜蚀、搬运作用下,使上部土层下陷、流失或坍塌,形成大小不一、形状各异的土洞。

二、岩溶的发育条件及影响因素

岩石的可溶性与透水性、水的溶蚀性与流动性是岩溶发生和发展的四个基本条件。此外,岩溶的发育与岩性、构造、水文地质、新构造运动及地形、气候、植被等因素有关。

可溶性岩石主要有:石灰岩、白云岩、石膏、岩盐等。由于它们的成分和结构不同,所以其溶解性能也不同。石灰岩、白云岩等是碳酸盐类的岩石,溶解度小,其溶蚀速度也慢;石膏等是硫酸盐类的矿物,它的溶蚀速度较快,而溶蚀速度最快的是氯化物的盐岩。但由于石灰岩、白云岩等碳酸盐类岩石分布比较广泛,尽管它们溶蚀速度慢,经长期溶蚀,在漫长的地质年代中也将产生十分显著的结果。所以,石灰岩地区的岩溶现象是研究的主要对象。实践证明,质纯的厚层石灰岩要比含有泥质、炭质、硅质等杂质的薄层灰岩溶蚀速度快,而且岩溶的规模也大。

岩石的透水性,主要取决于岩体的裂隙性和孔隙度。特别是裂隙对岩体的透水性起着主要作用,所以,岩体中断裂系统的发育程度和分布情况,对岩溶的发育程度和分布规律经常起着控制作用。一般在断层破碎带、背斜轴部或近轴部的地段,岩溶比较发育,原因就在这里。

水的溶蚀性,主要决定于水中侵蚀性 CO_2 的含量。当水中 CO_2 的含量过多时,则会大大增强对石灰岩的溶解速度。此外,如有机酸和无机酸也可对碳酸盐类的岩石产生溶蚀作用。而湿热的气候条件(主要是温度)则有利于溶蚀作用的发生。

水的流动性,决定于岩体中水的循环条件,它与地下水的补给、渗流及排泄直接相关。地下水的主要补给来源是大气降水,故降雨量大的地区,由于水源补给充沛,岩溶就容易发育。

岩体中裂隙的形态、规模、数量以及连通情况,是决定地下水渗流条件的主要方面,它控制着地下水流的比降、流速、流量、流向等一系列水文地质因素。此外,如地形坡度、覆盖层的性质和厚度等对水的渗透情况也有一定的影响。地形平缓,地表径流不畅,渗入地下的水量就多,因此岩溶就易于发育。覆盖层为不透水的黏土或亚黏土所组成且厚度又大时,则会直接影响大气降水下渗,所以在覆盖层分布较厚的地带,岩溶发育程度相对较弱。

水文网的切割程度,决定着地下水的排泄条件。水文网切割强烈,地下水排泄畅通,岩溶就发育。因此,在岩溶地区有深切峡谷或侵蚀沟谷时,河流经常成为岩溶水的排泄基准面,基准面以下岩溶的发育程度一般相对减小。新构造运动的性质和强度,对水文网的切割程度和侵蚀基准面的升降有明显的影响,因而也影响着岩溶的发育。上升运动使侵蚀基准面相对下降,会引起地下水垂直循环的加强,岩溶就强烈发育,下降运动则使它减弱,甚至停止发展。

第二节　岩溶地下水对隧道工程的影响

一、岩溶地下水对隧道工程的影响

修建在岩溶区的隧道，经常受到岩溶地下水的影响。岩溶地下水对隧道工程的影响主要表现在以下几个方面：(1)由于大量岩溶水的存在，在隧道施工过程中可能出现涌水、突泥等灾害性事故；(2)隧道穿越岩溶区，隧道周围地下水很丰富，给隧道防排水带来困难；(3)岩溶地下水一般都具有侵蚀性，对隧道结构、防排水工程等的侵蚀作用不可忽视；(4)隧道穿越岩溶区，需要采取"引、堵、越、绕"等处理措施，此外处理后的隧道衬砌背后往往可能存在空洞等不密实现象，给隧道防水防冻和结构安全埋下隐患。

岩溶地下水一般大量存在于溶洞、暗河、土洞中，但并非只要有溶洞、暗河、土洞就一定存在岩溶地下水，这是因为岩溶现象是在长期的地质演化过程中形成的一种地质现象，岩溶发育也存在许多不同的阶段。只有活、湿、大的溶洞、暗河、土洞才可能有大量地下水存在，对隧道具有重大影响；而死、干、小的溶洞、暗河、土洞中没有或较少有地下水的存在，其对隧道的影响也很有限。由于地形、地貌、水文地质条件的变化，原本活、干、小的溶洞、暗河、土洞可能变成死、干、小的溶洞、暗河、土洞，相反的变化也可能发生。

二、岩溶区隧道涌水的地质条件

根据相关的研究文献[4]，岩溶地区隧道施工时可能出现涌水灾害的地质条件有以下几类：

1. 向斜盆地形成的储水构造

向斜盆地，特别是其轴部往往富含地下水，隧道中的大量涌水与它相关。如成昆线穿越米市向斜的沙木拉达等5条隧道都发生了大量的涌水；大瑶山隧道平洞涌水也是发生在向斜构造中。

2. 断层破碎带、不整合面和侵入岩接触面

它们常为含水构造。特别是活动性断层，其未胶结构造带和派生构造带常形成断层含水构造。如南岭隧道在施工中揭穿岩溶断层而发生突水突泥灾害，全隧道注浆共用水泥3万多吨，水玻璃5000多吨，在国内外实属罕见。

3. 岩溶管道、地下河

因岩溶发育强烈，常会出现含水溶洞和地下河，施工期间如揭穿岩溶管道、地下河，或者岩溶水从管道中突破而出，均会造成涌水灾害。如大瑶山隧道、华蓥山隧道均发生过此类涌水灾害。

4. 其他含水构造、含水体

除上述三种涌水条件外，背斜轴部也往往由于张性断裂发育而富水，如大巴山隧道在施工中最大涌水达$3000m^3/d$，比预计大6倍。另外层状隔水层间形成的含水体、岩溶地层中的孤立含水体等均有可能使隧道发生涌水。

三、我国典型岩溶隧道的岩溶水文地质及突水特征

韩行瑞等[5]对我国几个典型岩溶隧道的岩溶水文地质及突水特征进行了收集和整理，见表6-1：

表 6-1

典型岩溶隧道突水突泥特征表

隧道名称	几何特征	地质概况	岩溶水文地质要素					涌水特征				涌水量及来源	环境影响
			岩溶层段	岩溶水	垂直动力分带	水平水动力分带	构造	涌水方式	涌水动态				
某渝铁路	长5.4km,南口标高775m,北口标高803.5m,埋深100~800m,人字坡	隧道穿越北西向大巴山岩溶山区,标高1600m~1700m,为汉水与嘉陵江分水岭。地质上为北西向复式背斜,断裂发育,由震旦系至三叠系地层组成,碳酸盐岩占70%	1)南口 1000mP-T 灰岩段	岩溶裂隙水	包气带		逆瓦式断裂带下盘	沿溶隙呈分散滴状股状涌水	降雨后略有增加			600~800m³/d,岩溶裂隙水	不明显
			2)北口 2000~2200m Zdn白二岩段	W_1暗河系统	压力饱水带,水头400m	暗河排泄带	张性断裂带涌水	沿洞顶张裂喷泉出,为清水	降雨后水量有增加			800~1000 m³/d由 W_1 暗河岩溶裂隙水涌水	W_1暗河流量减少
			3)北口 1000~1600m E_1灰岩段	$W_2、W_3、W_4$ 暗河系统	压力饱水带,水头110m	暗河排泄带	压性断层上盘涌水	导坑掌子面,逆断层上盘,溶洞集中突水,突泥,引起2条暗河倒灌	初始涌泥涌水,压力加大,7天后减小;降大雨后引起大涌水再次			初始最大涌水量 $15×10^4$m³/d,为$W_2、W_3$暗河静储量,7~10d后涌水量6000m³/d,每场大雨均引起大涌水	$W_2、W_3$暗河干涸,井产生塌陷,引起河水倒灌,洞穴生物死亡
梅花山隧道(贵昆铁路)	长3.954km,隧道标高2015m左右,埋深200~500m	隧道穿越北西走向岩溶分水岭,标高2500m,为长江与珠江上支流分水岭,地质上为北西走向威水大背斜,由石炭、二叠系碳酸盐岩组成,岩溶极发育,多条暗河与隧道立交	1)南口 C_2灰岩段	W_9龙潭暗河 $Q_{洪}=3.25$m³/s $Q_{枯}=3.25$m³/s	季节变化带,暗河枯水位低于正洞0.52m	处于暗河下游与暗河通道相交	暗河沿层间裂隙发育	隧道通暗河,洪水期水位上涨,淹没隧道	枯水期暗河水位低于洞底,洪水期水淹没隧道			季节性涌水,枯水期水位低于洞底,大于7m³/s	暗河流量大减,地面塌陷
			2)北口 C_2-C_2灰岩段	W_1保柱暗河 $Q_{洪}=3.0$m³/s	隧道处于压力饱水带,水头200m	处于暗河径流排泄带	暗河沿溶洞间裂隙发育	高突水,突泥,炮眼喷水18m	初始高压水突水,雨后减少,大雨后突水大增			初始涌水量2.5×10⁴m³/d,由静储量引起,大雨后增为$47×10^4$m³/d	暗河干涸,地面局部塌陷

201

续上表

隧道名称	几何特征	地质概况	岩溶层段	岩溶水文地质要素					涌水特征			涌水量及来源	环境影响
				岩溶水	垂直水动力分带	水平水运动分带	构造	涌水方式	涌水动态			
岩脚隧道（贵昆铁路）	长 2.714km，隧道标高东口 1349m，西口 1375m，单坡，埋深 150~250m	隧道呈南西西向，穿越大煤山岩溶分水岭，北侧发育黑塞暗河，高出隧道 40m，南侧发育龙潭暗河，高于隧道 50~150m	西口共 250m，T_2 灰岩段	黑塞暗河系统 $Q=0.3~8m^3/s$	隧道处于季节动力变化带	处于暗河径流排泄带	横张裂隙及走向断层	枯水期平导洞遇溶洞无水时填渣，洪水时出大水	季节性涌水，大雨后突水，旱期无水	1959 年 6 月 26 日大雨后，涌水量 $14×10^4 m^3/d$，雨后减小	暗河洪水流量大减
			西口共 750~890m，T_1 灰岩段	龙潭暗河系统 $Q=0.1~1m^3/s$	隧道处于压力饱水带，水头 70m	处于暗河径流排泄带	沿层间裂隙发育岩溶	压力突水	降雨后水量增加	约 $1.5×10^4 m^3/d$	暗河流量减少
华蓥山隧道（广安～重庆高速公路）	长 4.7km，隧道一标高 505~510m，埋深 35~800m	隧道穿越华蓥山分水岭，总体构造为北东向复背斜，由二迭系、三迭系碳酸盐岩为主，断层发育。岩溶槽谷、落水洞，暗河发育	西口 ZK32+049，$T_1~P_1$ 灰岩段	洞湾暗河 $Q_{洪}=1.2m^3/s$	隧道处于浅饱水带	处于暗河径流排泄带	大背斜西翼上盘断层主压，溶洞发育，突水集中点	溶洞大股突水泥突水	初始涌水量大，平时涌水量接近暗河流量	初始涌水来自静储量，汛期 $Q_{洪}=35×10^4 m^3/d$，突砂 $1000m^3$	暗河干涸，地面塌陷
			西口 ZK33+034 段，$T_1~P_1$ 灰岩段	广洞湾暗河 $Q_{洪}=3.15m^3/s$	处于压力饱水带	处于暗河径流排泄带		溶洞大股突水泥突水		汛期 $Q_{洪}=32×10^4 m^3/d$，涌砂 $3000m^3$	暗河干涸，地面塌陷

续上表

隧道名称	几何特征	地质概况	岩溶水文地质要素					涌水特征			涌水量及来源	环境影响
			岩溶层段	岩溶水	垂直水运分带	水平水运分带	构造	涌水方式	涌水动态			
大瑶山隧道（京广铁路复线隧道）	长14.295km，隧道标高180m，埋深100~910m	隧道近东西向穿越武水河湾分水岭，山顶发育岩溶槽谷，标高300~800m，谷内岩溶发育，岩溶泉众多，总体构造为斑岣向斜核部，为泥盆系灰岩	隧道中部D_2灰岩段	斑岣合岩溶水系统为溶洞裂隙水	处于岩溶地下水位以下400m的岩溶高压力饱水带	隧道在岩溶水排泄带通过	涌水点集中在九峰山大断层上盘	多处断层带高压突泥突水	涌水流量大，呈指数曲线下降，雨后出现涌泥涌水，总涌水量最大4×$10^4 m^3/d$左右		初始主要来自静储量，汛期反复出现涌泥涌水，最大增大水位由隧道底升至标高405m	地面塌陷，泉水干涸，地面裂缝
山西引黄隧道群	最长隧道20km，标高1110~1200m，埋深50~500m	隧道穿越吕梁山分水岭，山体为吕梁山青斜，产状平缓，古岩溶发动	隧道在O_2灰岩通过	神头泉水域	处于包气带	地下水补给区	断层注古岩溶及地古溶洞	基本无大的涌水，主要是洞穴充填塌陷	雨季渗水使充填物塌陷加剧		大量古溶洞充填红土，多处坍塌，最大可达1000m³	掩埋隧道及机具，井引起地面民井干涸

四、岩溶隧道突水的基本规律

从上述典型岩溶隧道及其他隧道突水特征分析,可以确定,岩溶隧道突水是受一定因素控制的,是有规律可循的。

1. 岩溶隧道突水的原因

岩溶隧道突水是因为隧道在地下揭露岩溶水系统通道(包括溶洞、溶隙等)并与岩溶地下水系统产生耦合碰撞的必然结果。

我国南方岩溶区,特别是西南岩溶区岩溶水系统按其含水介质及水流特征,一般分为两种类型,一是地下河系统,二是岩溶泉系统。我国西南地区分布 3000 多条地下河,其特征是地下水流集中于地下通道或管道,具有紊流运动状态,有时具有河流特征,其动态变化受当地降水影响明显,具有河水快涨快落的特点,由地下河的干流与支流组成地下河系统。岩溶泉系统的特征是地下水分散于岩溶裂隙及小型管道之中,以层流运动为主,其动态变化较地下河平稳,含水介质中可以发育成渗透性大的强径流带,但不具备地下河性状。根据调查分析,我国岩溶长隧道的重大型涌突水($\geq 5 \times 10^4 \text{m}^3/\text{d}$)、特大型涌突水($\geq 10 \times 10^4 \text{m}^3/\text{d}$)都是由于隧道揭穿地下河系统的主通道、支通道或者有相当大通水能力的溶洞管道而引起的。像地表河道一样,不仅涌水而且涌泥沙。因此,在岩溶隧道涌突水研究中,对水源的判断应分清水源是岩溶泉系统还是地下河系统,而后者才是造成重大和特大涌突水的根源。对与隧道有关地下河系统的调查研究,是隧道岩溶涌水研究的重点。

2. 岩溶垂直水动力分带与隧道涌水可能性、涌水动态有密切关系

隧道都是穿越分水岭或河间地块,隧道的高程与岩溶水系统分布的高程之间的关系是涌水预报必须加以研究的要素。处于不同垂直水动力分带的隧道,涌水及地质灾害特点不同,评价方法也不同。根据近年来的研究,提出如下的垂直水动力分带模式(图 6-2)。

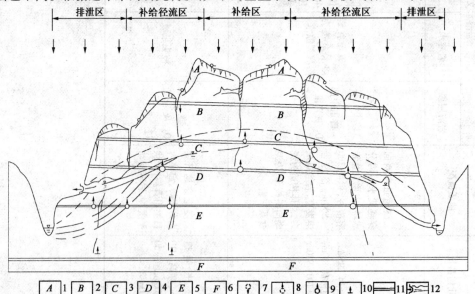

图 6-2 分水岭(河间地块)岩溶水动力分带与隧道涌水

1-表层岩溶带;2-包气带;3-季节交替带;4-浅饱水带;5-压力饱水带;6-深部缓流带;7-季节性下渗管流水;8-季节性有压管流涌水;9-有压管流涌水;10-有压裂隙水;11-隧道;12-地下河

岩溶水动力垂向分带：

(1) 表层岩溶带

表层岩溶带水是储存于可溶岩地表溶隙及溶孔中的岩溶水。其下界面是溶蚀相对微弱的完整可溶岩面，一般厚度为 5~30m。表层岩溶带水可形成表层岩溶泉，一般流量较小，但分布广泛，出露高程随地形而变。在森林植被好的地区，表层岩溶泉流量稳定，成为山区人畜用水和农田灌溉的重要水源。表层岩溶泉与饱水带之间没有直接水力联系，但与包气带有一定关系。当隧道埋深浅时，可能影响表层带，对人畜用水及生态造成影响。

(2) 包气带

包气带即垂直下渗带，位于表层岩溶带以下，丰水期区域地下水位以上的地带。此带通过溶隙、溶蚀管道、竖井与地表的洼地、漏斗、槽谷相通，可以将大气降水及地表水导入地下。在暴雨期间，大量洪水携带泥沙通过包气带进入地下。与碎屑岩区不同，岩溶区的包气带可以很厚，从十余米到几百米，此带水流在时空方面是个连续水流，一般不具静水压力，但在管道中短时间的灌入压力有时很大。此带中多有垂直状态的溶隙及溶洞，但也存在一些水平干溶洞，有时被黏土、碎石充填。

当隧道通过此带时，会受到季节性地表水灌入的威胁，洞穴充填物塌陷也需引起重视。

(3) 季节交替带

季节交替带又称过渡带，由于季节变化而引起的地下水位升降波动的地带，位于包气带与饱水带之间。当雨季潜水面升高时，构成饱水带的一部分；旱季潜水面下降，则成为包气带的一部分。在岩溶山区，季节变化带的厚度可达几十米。隧道在此带雨季将受到自下而上的有压涌水、涌泥的威胁。贵昆铁路岩脚隧道的出口段平行导坑遇到溶洞，平时无水，施工时用渣填埋，一场暴雨后，溶洞冒大水，将石渣、机具冲溃。以后每场大雨后均发生溶洞冒水，雨后逐渐减少。贵昆铁路梅花山隧道平行导坑遇地下河，枯水期河水面低于隧道，但洪水期水位上涨淹没隧道。

(4) 浅饱水带

浅饱水带又称水平管道循环带，指枯水期地下水位以下，地下河排水口影响带以上的饱水含水带。本带处于岩溶含水层的上部，岩溶强烈发育，一些水平的洞穴，地下河主通道常发育在此带。此外一些大的充水溶洞、宽大的溶缝、深潭、地下湖均发育在此带，对隧道涌水的威胁很大，一般为有压突水、突泥。此带厚度各地不同，取决于补给区到排泄区的相对高差，水力坡降及构造条件，其厚度可达 500m 以上。

沪蓉西高速公路的很多隧道处于这一带。如野三关隧道区的高丝洞—白岩洞地下河，在补给区水位标高 1125m，在排泄区出口标高 480m，高差达 600 余米，隧道洞身在暗河补给区处于地下水位以下 50~60m，处于浅部岩溶发育带。这里存在一个认识上的错觉，认为隧道处于地下河口以上，即处于包气带或季节变化带，便不会产生大的涌水。事实上，补给区地下水位往往比排泄区高很多。特别是在西南岩溶山的向斜汇水区，这种情况十分常见。

(5) 压力饱水带

压力饱水带是在浅饱水带之下，即暗河口排水面以下，当地主要河流排水基准面影响带以上的含水层。在我国南方岩溶区，当地的岩溶地下水多以泉水或暗河在当地的槽谷、坡立谷或河流陡壁上出口排泄，高出附近主要河流的河水面几十米或几百米。人们往往误认为在暗河口以下的含水层岩溶发育微弱，属于"深部缓流带"，不会产生严重的溶洞涌水。事实上，这部分含水层不属于"深部缓流带",而是受当地主要河流排水基准控制的岩溶水循环带。尽管此带岩溶洞穴化强度不如浅饱水带,但沿着断裂带和各种结构部,岩溶可以发育很强,也可以发育很深。并且由于水头高,压力大,隧道涌水威胁很大,很多特大型突水、突泥都出现于此带。如襄渝铁路大巴山隧道北口 1500m 处的大突水(最大涌水量 150000m^3/d),就是发生在当地暗河口以下 110m 深部的断层带溶洞部位;京广线大瑶山隧道 DK1994+213 竖井突水点在当地岩溶泉口以下 170m 的断裂带,涌水量达 8200m^3/d,并产生涌泥。隧道洞身高于当地主要河流武水 80m。勘测阶段人们曾认为暗河口是当地岩溶水排水基准,暗河口以下岩溶不会发育。

(6)深部缓流带

深部缓流带是指饱水带之下,不受当地排水基准面影响并向远方缓慢运动的岩溶水带。一般情况下岩溶发育较弱,但在大的构造断裂带处亦可形成溶洞或溶蚀断裂带。这种情况对水电工程很重要,交通隧道一般不会涉及此带。

3. 岩溶水动力水平分带与岩溶涌水的关系

岩溶水系统的水动力水平分带对隧道涌水也有重要影响。从河间地块的分水岭至河谷可以分为补给区、补给径流区、排泄区。

补给区地下水位高,季节变化带厚度大,但饱水带岩溶发育相对弱,发育深度也较浅。

补给径流区,地下水埋深增大,浅饱水带管道发育强烈,岩溶发育深度较浅。

排泄区,包气带厚度大,饱水带水平管道发育。特别是岩溶发育深度加大,可以在暗河口以下或河水面以下形成倒虹吸循环带。在暗河口或河床岸边,随钻孔深度加深,钻孔水头不断升高,说明地下水有向上运动的趋势。此带岩溶发育深度可达暗河口以下一百至数百米。隧道在暗河排泄区下面通过,往往会遇到高压涌水。如大巴山隧道、华蓥山隧道都是在暗河排泄区下面遇到特大涌水,并导致暗河口干涸。

4. 隧道洞身岩溶及岩溶结构面发育强度与空间位置是决定隧道岩溶涌水可能性及涌水规模的关键要素

由于岩溶发育的复杂性,使隧道揭露溶洞有一定的不确定性。现在的勘探技术没有完全的把握确定每个溶洞、溶隙的确切位置及规模大小。但据国内典型岩溶隧道的施工实践,可以认为绝大部分涌水溶洞、溶隙几乎都与各种岩溶结构面有关,特别是深部岩溶几乎全部与岩溶结构有关,主要规律是:

V_1 逆冲断层的上升盘,如大巴山、大瑶山、华蓥山等隧道。我国很多隧道穿越背斜分水岭,往往产生逆冲挤压断层带,断层的下盘受压,虽破碎但挤压紧密,不易透水,而上盘(即主动盘)由于牵引作用,张裂隙发育,多成为导水通道,岩溶极为发育。

V_2 张性及张扭性断层,如大巴山隧道第 2 含水段,引黄工程隧道,紫金山隧道,岩脚隧道以及北方的大水矿井,横张断裂溶蚀带几乎全部导水。

V_3 碳酸盐岩层层间滑动面。我国西南岩溶区,在地质构造应力作用下坚硬的厚层石灰岩、白云岩层面之间多产生层间滑移破裂面,由于地层错断位移不明显,地表很难发现。但极易发生强裂溶蚀生成溶洞,很多沿地层走向发育的地下河都处在层间滑动面上。

V_4 可溶岩层与非溶岩层界面。在石灰岩、白云岩与碎屑岩或煤系地层的接触面上最易汇集地下水而形成溶洞,溶蚀带及地下河,这种情况屡见不鲜。

V_5 膏溶面。我国西南有些地层中含石膏层,如三迭系石灰岩中夹多层石膏,溶蚀后形成溶塌角砾层,沿该层可发育溶洞、溶蚀带,在深部会有较多的硫酸根离子,对隧道衬砌有腐蚀作用。

V_6 混合溶蚀带。根据最新的研究,我国西南地区深部岩溶相当发育,已突破所谓"侵蚀—溶蚀基准面"的概念。原因之一是地下发生混合溶蚀作用,即不同温度,不同矿化度,不同水化成分的地下水混合后,溶蚀能力加强,形成强溶蚀带,有时可形成深 1000m 的深岩溶。

V_7 古岩溶面。在西南、华北岩溶区都存在多期古岩,在西南岩溶区存 4—5 期古岩溶面,往往在深部有古溶洞,一般多被充填,但在隧道揭露时,充填物塌方漏水,造成危害。

第三节　岩溶隧道涌水超前地质预报

由于岩溶地下水而造成的隧道突水、突泥经常给隧道工程带来灾害性事故。为了避免灾害性事故的发生,掌握隧道掌子面前方的水文地质情况非常重要,确切地说,掌握掌子面前方出现岩溶地下水甚至大量涌水的可能性非常重要。在隧道涌水量预测方面,水文地质学科领域内的学者们提出了包括近似方法、专业理论方法、数值方法、随机数学方法、非线性理论方法等不同类型的许多方法,但是,由于隧道涌水的复杂性和多变性,以及人们对现场水文工程地质条件的认识不完善,这些方法总是存在这样或那样的问题,难以获得准确的结果,因而也就难以得到广泛的认同。因而,隧道施工过程中,主要采用超前地质预报方法预防、预测隧道施工过程中的突然涌水。

一、岩溶超前预报的基本方法

隧道施工期地质超前预报由来已久,国外如英、法、日、德等国家均将此列为隧道工程建设的重要研究内容。在我国隧道施工期地质超前预报研究始于 20 世纪 50 年代末,但真正应用于隧道工程建设(包括其他地下工程)是在 20 世纪 70 年代。以我国工程地质界老前辈谷德振教授等根据矿巷施工进度和掌子面地质性状做出的矿巷前方将遇到断层并将引发塌方的成功预报为序,开始了我国隧道施工期地质超前预报的研究和应用,现在已取得了很大的进步。纵观国内外隧道施工期地质超前预报技术方法,常用的基本方法有以下几种[6-7]:

1. 地质法

地质法主要包括地质素描法和超前平行导洞(坑)法。地质素描法主要是根据施工期掌子面地质条件,如岩体结构面产状及发育状况、岩体破碎程度、岩石风化程度等的变化特征进行超前预报,主要预报隧道掌子面前方存在的断层、不同岩类间的接触界面、隧道前方围岩的稳定性及失稳破坏形式等;超前平行导坑(洞)法主要是利用施工前的平行导坑的地质资料,推测隧道将遇到的地质情况,从而进行预报。这两种方法都是以地质资料为基础,采用推测、对比等手段对隧道进行地质超前预报。它们的定量水平虽然不高,但简单易行,成本低廉,不占用施工时间,是目前隧道施工期地质超前预报的一种常用方法,尤其是平行导洞法。贵遵高速公路的凉风垭隧道主要是采用平行导洞法结合物探技术进行预测预报,效果较好。该方法比较直接,成本低,在岩溶发育极不规律的地区,如与物探技术结合,可收到较好效果。

2. 钻探法

随着钻探技术的发展,一些常见的钻探技术方法和设备也应用到隧道的地质超前预报上来。目前常用的钻探方法为水平钻速法。水平钻速法是根据台车水平钻速(一般指每钻进 20cm 所需的时间)的快慢和钻孔回水的颜色,来判断前方掌子面围岩的岩性、构造及岩石的破碎程度。通过同一断面至少三个不在同一直线上的钻孔的钻速情况，运用实体比例法投影可确定结构面的形状并实施预报。该方法简单可行，快速实用，不占施工时间，是一种较受欢迎的方法。但该方法也受到一些因素的影响，诸如钻机钻压的不稳定，钻孔的平行性，钻孔过程中卡钻现象等。大瑶山隧道突水和哥伦比亚某隧道突水、洞内泥石流灾害，都是在水平钻检修和因钻进困难而停止超前预报后发生的。

3. 物探法

物探法是目前隧道地质超前预报较为先进的方法，主要有声波测井法、声波透射法和波反射法。声波测井法和声波透射法主要是根据声波在不同岩性、不同岩体结构中传播的速度差异来确定岩体的好坏程度及相关的力学参数，再经过实际工程的检验优化波速等判定依据来进行预报。声波法具有轻便简易、快速经济、测试精度易于控制和提高等优点，应用较广，但占用一定施工时间，有一定的局限性。波反射法主要是利用声波、超声波、地震波及电磁波在地层中传播、反射，然后通过信号采集系统接收反射信号，借助分析软件解译隧道掌子面前方反射界面（断层、软弱夹层等）距隧道掌子面的距离进行预报。波反射法应用最广，也是目前隧道地质超前预报最先进的方法。同时人们也根据这些方法研究生产了许多先进的仪器设备，如声波探测仪、地震仪、红外线探测仪、地质雷达和目前最先进的TSP系统。

4. 综合方法

综合方法主要是根据隧道的水文地质环境、地形地貌特征、岩溶发育特征等因素而采取多种方法结合对隧道进行地质超前预报的方法，在应用中讲究因地制宜，具体问题具体分析，所以需要做大量详尽的地质工作。

二、地质雷达在岩溶探测中的应用

1. 地质雷达的基本工作原理

地质雷达是利用高频电磁波以宽频带短脉冲形式，由地面通过天线T送入地下，经地下地层或目的体反射后返回地面，为另一天线R所接收，电磁波在介质中传播时，其电磁波强度与波形将随所通过介质的电性质及几何形态而变化。因此，根据接收到波的旅行时间（亦称双程走时）、幅度及波形资料，可推断介质的结构。雷达图形常以脉冲反射波的波形形式记录，波形的正负峰分别以黑、白表示，或者以灰阶或彩色表示。这样同相轴以等灰度或等色线即可形象地表征出地下反射面。

2. 雷达波在岩溶区特征

通常岩溶与其周围的介质存在着较明显的物性差异，尤其是溶洞内的充填物与可溶性岩层之间存在的物性差异更明显。这些充填物一般是碎石土、水和空气等，这些介质与可溶性岩层本身由于介电常数不同形成电性界面。无疑探测出这个界面的情况，也就知道了岩溶的位置、范围、深度等内容。当有岩溶发育时，反射波波幅和反射波组将随溶洞形态的变化横向上呈现出一定的变化。一般溶洞的反射波为低幅、高频、细密波型，但当溶洞中充填风化碎石或有水时，局部雷达反射波可变强。溶蚀程度弱的石灰岩雷达反射波组为高频、低幅细密波；素填土的雷达反射波特征为低幅高频短波长，同相轴较连续；杂填土中的雷达反射波具有强幅低频，同相轴不连续的特点。

事实上，电磁波在地下介质中传播，其能量将因介质的吸收而损耗，特别是在高电导岩性介质中,如含水多、含盐度高的岩石或土壤中损耗更大。岩石和土体对电磁波的吸收就成了影响地质雷达探测深度的主要因素。一般说来岩石的电导率与其含水量、湿度、密度及矿物成分等有着密切的关系。通常,两种介质间的相对介电常数差别越大,则反射的电磁波能量越多。但是,在同样的介质中,电磁波的频率越高,穿透的深度越小,而分辨率越高,反之则相反。

3. 应用地质雷达进行溶洞、暗河探测工程实例

苏会锋、陈进杰在文献[8]中介绍了武隆隧道应用探地雷达进行岩溶、暗河探测的情况。

该项目采用美国(GSSI)推出的最新一代 SIR—20 型地质雷达。雷达探测的主要目的是探明武隆隧道两侧集水廊道的边墙和底板在 15m 范围内是否存有溶洞或暗河或发育的裂隙。为此,在两侧集水廊道的左侧集水廊道的左右边墙和底板、右侧集水廊道的左边墙和底板各布置雷达测线 1 条。

(1)参数设置

采样频率:2100～8000MHz;采样点数:512～1024 点;叠加次数:10 次;触发方式:时间触发。

雷达波速度确定在探测中极为重要,由下列公式确定:

$$v = c/\sqrt{\varepsilon}$$

$$h = \frac{vt}{2}$$

式中:c——$c = 3 \times 10^8 \text{m/s}$ 为常数;

t——电磁波往返探测面所需的时间;

ε——介质的相对介电常数。

相对介电常数是计算被测目标深度的必不可少的参数,一般情况下可以查表求得,然而介质水分的变化起到左右其大小的关键作用。此次探测地区裂隙极为发育,且由于 2 号暗河常年流水,并且水位面基本上在探测集水廊道中上部,所以绝大部分地区为极富水的灰岩。集水廊道的边墙和底板最外侧是已施工完的衬砌混凝土,厚度是已知的;此外,为排水需要在衬砌中均匀地布置了细硬管,所以可以认为衬砌富水且含水均匀。从雷达反射图像上来看,可以明显看出衬砌混凝土的反射波形单一均匀,与围岩的界面清晰,于是由往返探测时间可求出其 ε 约为 16。正常情况下灰岩的相对介电常数为 4.0～8.0 和含钢筋混凝土的 4～8 较为接近,富含水情况下可以认为其与富含水钢筋混凝土一样,也取 16,则波速为 0.75m/μs。通过后期的钻孔探测发现所设置的波速基本上是吻合的。

(2)检测方案

①由于当时集水廊道的衬砌还没有全部完成,现场施工干扰比较大,采用轮测法无法准确计算采集速度,所以采用了打标法。在集水廊道的壁上每隔 10m 用红油漆打上点,以便采集过程中准确计算位置。

②因探测深度须达到 15m,所以采用了 100MHz 的天线,同时又用 400MHz 的天线作为补充,以详细探测近距离的地质情况。

③为提高空间分辨率,天线运行速度控制在每分钟约 10m 左右,并尽可能紧贴表面,沿所确定方向滑行,以连续剖面记录方式采集数据。

④为能达到探测深度,尽量克服水的影响,采用时变增益,使雷达波反射的深层能量尽可能地得到改善和提高。

（3）数据处理

现场采集的雷达信号包含许多干扰波,如噪声干扰、周围电缆线干扰以及衬砌内钢筋的干扰等,淹没了许多有用信号。因此必须对采集的原始数据进行处理,以便使得有效波得以突出,干扰波被压制和剔除。通过认真分析对比原始资料,利用 RADAN 后处理软件 WindowsNT,有针对性地选用了一些富有成效的处理手段和方法,取得了一定的效果,其中关键技术如下：

①采用区域滤波,消除水平干扰。

②利用反褶积技术,细化图像、信噪比和清晰度。

③采取相对振幅保持处理方式,消除地表条件造成的振幅差异。

（4）探测成果分析

图 6-3 ~ 图 6-6 为左侧集水廊道右边墙四个位置的探测图像。从图 6-3 中可看出,在右边墙往右 3m 位置雷达波能量表现出强衰减异常特征,与两侧较强的电磁波反射区形成鲜明的对比,同相轴中断,且在图像中部电磁波强衰减区有向两侧侵入的迹象,异常图像直至雷达所能探测深度范围 15m 以外。因为右边墙越往右越靠近正洞,而根据钻探资料,此段正洞正好在溶洞充填物中穿过,所以此反射波形应该为含有碎石、黏土的反射波。图 6-4 反映情况也类似,只是溶洞充填物的边界较前一位置更靠近正洞。

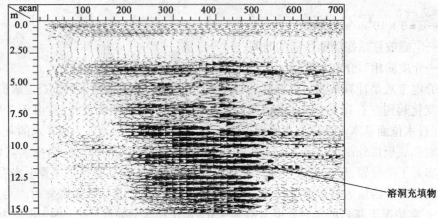

图 6-3　左侧集水廊道右边墙 263 ~ 265 处雷达剖面

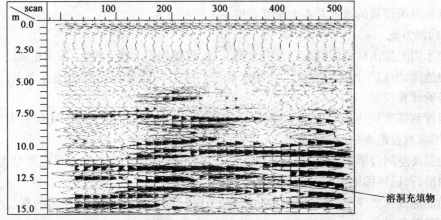

图 6-4　左侧集水廊道右边墙 270 ~ 285 处雷达剖面

断裂带不仅本身是岩体中的破裂面,而且由于断裂作用引起两侧岩层裂隙发育,造成岩体严重破碎,断裂面构成了地下水的通道,在灰岩中这类断面会由于地下水的溶蚀形成断裂溶蚀带。2号、3号暗河在历次涌水过程中,发现有一定水力联系,但一直没有找到确定的溶蚀通道。由于2号暗河水位面基本上在集水廊道中上部,而3号暗河的正常水位面在集水廊道底板以下10m左右,在探测左、右侧集水廊道底板时,雷达图像上基本上在不同位置同一深度(约在10~12.5m)发现一个弯曲的可追逐的强反射波同相轴。又根据此区域的地质条件即近乎水平的单斜构造,因此可判定该强反射波应为溶蚀通道的反射波,而在往下基本上无雷达反射波存在。鉴于此次探测的极限深度为15m,可大致断定2号、3号暗河形成的溶腔范围深度在整个区域基本上为集水廊道底板以下12.5m。这也和先期不同位置的钻孔探测结果相吻合。

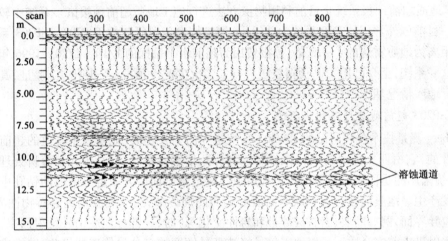

图6-5　左侧集水廊道底板293~295处雷达剖面

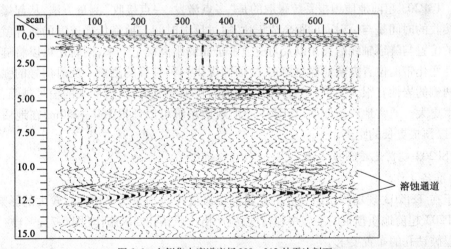

图6-6　左侧集水廊道底板308~312处雷达剖面

(5)应用效果评价

①地质雷达与常规的钻探工作相比,地质雷达在探测岩溶方面有其他物探方法无法比拟的优点。它是一种高效、直观、连续无破坏性、分辨率高的物探方法,提供的资料图件为连续的平面和剖面形态,对溶洞的分布范围、埋深、大小及连通情况一目了然,为实现勘察手段的现代

化提供了行之有效的科学途径,对于在岩溶区隧道的探测领域具有强大的生命力和广阔的应用前景。

②在地质雷达探测前,首先应进行常规的工程地质调查,了解场地的地形地貌、地质构造、岩溶发育情况等,有条件时可适当布置少量控制性的钻孔,最好事先能了解各种目标体的地质雷达图像特征,使其后的地质雷达探测成果的解释更为准确可靠。

③由于大自然的变化无常,岩溶在雷达图像上的反映形态更是复杂多样的。在实际工作中,地质雷达仪操作人员的经验和技术水平及仪器参数选择的是否得当,是能否取得良好探测效果的关键因素。

三、TSP 地质超前预报系统在岩溶探测中的应用

TSP 地质超前预报系统是目前利用物探方法进行施工地质超前预报诸多系统中较为有效的一种。目前国外常用的 TSP 系统为 Amberg 测量技术公司研制的 TSP202、TSP203 系统。它的预报距离为地质雷达的 4～12 倍,预报费用为超前水平钻探的 1/10～1/20。1996 年我国首次引进这一系统,至今已用 TSP 预报系统进行了多次生产性预报,经开挖施工验证,其预报结果与实际地质情况基本吻合。

1. TSP203 超前地质预报方法原理

Amberg 测量技术公司研制的 TSP203 系统是专门为长距离、地质复杂隧道的超前地质预报而设计的,它由四大部分构成,分别是人工震源、传感器单元、记录单元和分析处理解释单元,该系统采用的是回声测量原理[9]。地震波在隧道掌子面后方一定范围内的钻孔中用小量炸药激发产生。地震波在岩石中以球面波形式向四周传播,当地震波遇到岩石物性界面(即波阻抗差异界面,例如断层、岩石破碎带和岩性变化等)时,一部分地震信号反射回来,另一部分信号透射进入前方介质。反射地震信号将被高灵敏度的三分量传感器接收,转换成电信号并放大。TSP203 超前地质预报系统采取的是"多点激发、一点接收"测量方法,从起爆到发射信号被接收的时间是与反射面的距离成正比,通过反射时间与地震传播速度的换算就可以将反射面的位置与隧道轴线的夹角以及与隧道掌子面的距离确定下来,同时还可以将隧道中存在的岩性变化带的位置方便地探测出来,故而能提供一种精确的测量。反射信号的强弱与反射界面两侧的岩性有很大关系,反射界面两侧的岩性差异越大,反射回来的信号越强,预报的范围也就更大。通常地质条件下,TSP203 超前地质系统可以预报 150～250m,在地质条件较好时,可以预报更长的距离。

2. TSP203 超前地质预报方法

(1) 准备工作

由于在 TSP203 现场测试时钻孔的质量和爆破效果对预报结果精度有较大的影响,为了提高 TSP203 超前地质预报的准确率和精度,应严格按照钻孔要求施作(图 6-7)。

①爆破钻孔的布置要求

预报断层构造时,爆破钻孔应根据断层走向布置在与断层夹角较小一侧的隧道边墙上。预报岩溶则隧道两侧边墙都应布置爆破钻孔进行重复测量。

每一次预报的炮数应为 24 个(特殊情况下至少 18 个),炮间距 1.5m。炮眼高度为距隧底 1m,所有炮眼与接收器的高度应相同。

炮眼孔深 1.2～1.5m(孔深应尽量一致),向下倾斜 10°～20°,垂直于隧道轴向,或向前与

掌子面成 10°夹角。

钻孔完成后应注意保护,防止塌孔。

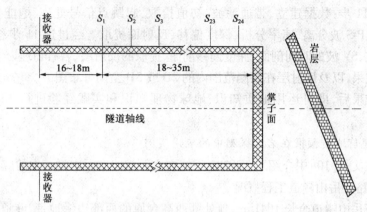

图 6-7　TSP203 钻孔示意图

②爆破要求

遵守《爆破安全规程》的规定;使用毫秒级无延迟电雷管;炸药量应大于 200m 探测距离要求,一般 50g 左右,最多不大于 75g。应保证炸药与炮孔严密耦合。

③接收器钻孔的布置要求

距掌子面约 50m,距第一个爆破孔 16~18m;必须在隧道两壁各安置 1 个接收器,接收器安置高度与炮孔一致;孔径 42~45mm,孔深 2m,应根据采用的耦合材料确定接收孔上倾还是下倾(当采用环氧树脂进行耦合时,接受器孔应向上倾 5°~10°;当采用水泥砂浆进行耦合时,接受器孔应向下倾 5°~10°)。

④在传感器孔和爆破孔全部钻好后,由测量班提供每个孔的三维坐标,同时用水平角度尺和钢尺测量每个孔的角度和深度,并记录下来。

⑤接受器套管的埋置与爆破孔装药

接受器套管的埋置关系到接受器所收集的地震波信息的准确性。在传感器孔钻好后把环氧树脂药卷塞人孔中,然后用风枪将套管埋入孔中,环氧树脂凝固很快,5min 后即可凝结牢固。当所有的爆破孔钻好后,为防止塌孔,应立即在每个孔内装炸药,每孔装药量为 100g,用瞬发电雷管连接好,装入爆破孔的底部。

以上所有准备工作都可以与隧道施工平行作业,不占用隧道施工时间。但进行数据采集时,为减少噪音对地震波信号的影响,要求隧道内的各工作面均要暂停 30~45min。

(2)现场测试

在所有准备工作完成后,即可进行现场测试。为了尽量少占用施工时间和减少进行现场测试时的干扰,现场测试时间一般选取在喷锚结束和钻爆开始之间的交接班时间。爆破采用逐个爆破,在爆破孔注满水后立刻进行爆破,接收器接收到的数据保存在电脑里(如图 6-8)。

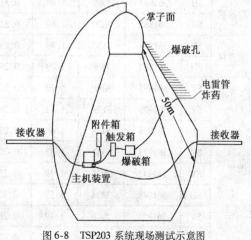

图 6-8　TSP203 系统现场测试示意图

(3) 预报分析与提高

数据采集完成之后,系统记录单元自带的笔记本电脑里的 TSPwin 程序对原始数据进行程序处理,共分为 11 步:数据建立、带通滤波、初值拾取、起跳点信号处理、炮能量平衡、Q—估计、反射波提取、P-S 波分离、速率分析、深度偏移、反射面提取。经过这 11 步程序处理,就可得到 P 波、SH 波、SV 波的时间剖面、深度偏移剖面、提取的反射层、岩石物理力学参数、各反射层能量大小等成果,以及反射层在探测范围内的 2D 或 3D 空间分布图。

得到上述成果后,即可运用地质知识、地球物理知识和实践经验进行 TSP 处理成果的解释。

3. TSP203 超前地质预报在岩溶探测中的应用实例

王法岭等在文献[10]中介绍了 TSP203 系统在宜万铁路齐岳山隧道中的应用情况。

(1) 宜万铁路齐岳山隧道工程概况

宜万铁路齐岳山隧道全长 10415m,地处鄂西高台原的西部边缘地带,隧道所在的齐岳山零星分布有大规模漏斗洼地、坡角槽谷落水洞、溶洞、暗河发育,属前期碳酸盐岩溶蚀地貌,是典型的构造溶蚀剥蚀高中地区。洞身主体基本以 III ~ IV 级围岩为主。

(2) 数据采集

由于宜万铁路所在的齐岳山地表出露为岩溶发育地区,为避免出现塌方、突泥、突水等地质灾害,因此在隧道开挖过程中采取了 TSP203 系统全程跟踪预报。下面通过介绍在齐岳山隧道的超前地质预报工作来详细说明该系统在岩溶地区的应用情况。

在宜万铁路齐岳山隧道共进行了 5 次 TSP 超前地质预报,通过预报结果与实际开挖情况的对比分析来看,二者基本吻合。

(3) 预测结果与对比分析

通过超前地质预报分析成果(图 6-9 和表 6-2)和实际开挖情况对比分析如下。

表 6-2 齐岳山隧道平导(PDK361+870 ~ PDK362+102 段)岩石力学参数

区段	波形	里程	波速	v_p/v_s	泊松比	密度	剪切模量	拉梅常数	体积模量	动态杨氏模量	静态杨氏模量
正常区	SV	361881	3224	1.75	0.26	2.8	29	31	50	76	58
溶洞区	SH	361883	3049	1.88	0.31	2.8	28	34	52	73	55
	SH	361885	3026	1.89	0.32	2.8	27	34	52	72	54
正常区	SY	361888	3150	1.70	0.25	2.8	28	33	52	73	55
	SH	361892	3106	1.79	0.26	2.8	27	37	55	71	53
断层区	SV	361895	3098	1.79	0.27	2.8	27	37	54	71	53
	SV	361909	3179	1.72	0.24	2.8	28	33	52	74	56
	P	361928	5428	1.69	0.22	2.8	26	28	46	70	引
	SH	361931	3331	1.57	0.20	2.8	31	20	41	80	61
	SV	361942	2930	1.79	0.27	2.7	23	33	49	63	45
	SH	361948	3334	1.57	0.20	2.8	31	20	41	80	61
	SV	361951	2908	1.79	0.28	2.7	23	34	49	62	44
	SV	361955	3003	1.78	0.27	2.8	25	51	68	68	50

续上表

区段	波形	里程	波速	v_p/v_s	泊松比	密度	剪切模量	拉梅常数	体积模量	动态杨氏模量	静态杨氏模量
正常区	SV	361959	3210	1.70	0.24	2.8	29	26	45	75	56
	SV	361993	3099	1.75	0.26	2.8	27	33	51	71	52
	SH	361994	3272	1.71	0.24	2.8	30	28	48	78	60
断层区	SV	361996	3259	1.73	0.25	2.8	30	29	49	78	59
	P	361999	5578	1.77	0.28	2.8	26	34	51	69	51
	P	362002	5573	1.74	0.25	2.8	29	29	48	75	57
	SH	362006	3077	1.77	0.28	2.8	26	33	50	69	51
	SH	362025	3231	1.74	0.25	2.8	29	30	49	76	58
	SH	362036	3152	1.78	0.27	2.8	28	32	50	73	54
	P	362050	5631	1.75	0.26	2.8	29	31	50	76	57
	SH	362050	3164	1.69	0.23	2.8	28	24	42	72	54
	P	362050	5321	1.71	0.24	2.8	27	25	42	70	51
	SV	362071	3243	1.74	0.25	2.9	28	30	50	77	58
正常区	P	362074	5632	1.75	0.26	2.8	29	31	50	76	57
	SV	362076	3220	1.74	0.26	2.8	29	30	49	76	57
	P	362080	5631	1.75	0.26	2.8	29	30	50	76	58
	P	362102	5619	1.72	0.24	2.8	30	28	48	78	60

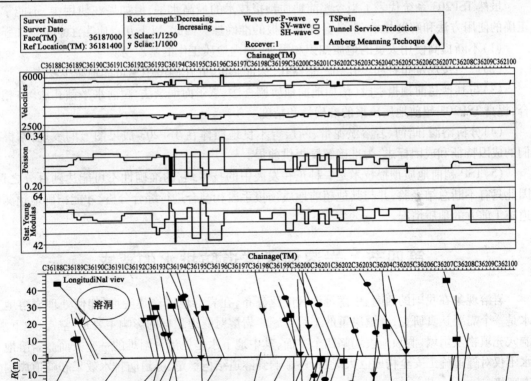

图 6-9 齐岳山隧道地质超前预报 2D 图

①正常区

在PDK361+870~PDK361+883、PDK361+888~PDK361+892、PDK361+955~PDK361+994和PDK362+071~PDK362+102段各类岩石力学参数较为稳定，且2D图显示出这些地段反射面变化很少，故推断这些地段围岩较稳定，石质较好。

在实际开挖中，该段为泥质灰岩夹少量泥质白云岩，薄层~中层状，围岩整体较稳定，与预报结果基本吻合。

②溶洞区

在PDK361+883~PDK361+888段v_s值突然降低，v_p/v_s和泊松比值突然升高，在波速分析图和2D图中，也显示出该段异常，故推断为溶洞区。在实际开挖中，该段为一溶洞，其内充满岩溶水，水压力达0.22~0.27MPa。

③断层区

在PDK361+892~PDK361+955和PDK361+994~PDK362+071段各类岩石力学参数变化频繁且幅度较大，且2D图显示出这些地段反射面变化很多，故推断这些地段围岩为断层破碎带。在实际开挖中，该段围岩软硬互层，变化频繁，但由于预先采取了有效的支护措施，没有发生塌方事故。

4. 使用TSP203系统应当注意的问题

虽然TSP203系统代表了当今超前地质预报技术的最高水平，但如果在使用中，不能掌握正确的使用方法和解疑技术，常常会降低预报的准确性。因此，以下几点应当注意予以加强：

(1) 不断提高使用人员的地质知识和野外、洞内地质工作的基本功。

(2) 严格按规定布置起爆孔和传感器孔，保证质量，并在测试中尽可能地减少噪声。

(3) 与其他超前预报手段（诸如地面地质调查法、掌子面编录法、超前水平钻孔法等）相结合，提高TSP203超前地质预报的准确性和精度。

(4) 分析溶洞、暗河、岩溶淤泥带、断层等不良地质体在TSP203成果图上的表现，掌握它们的成因特征和成因标志，为准确解疑提供前提。

(5) TSP超前地质预报技术是一种正在发展中的技术，它的准确性不可能达到百分之百。因此只有不断总结经验，并与其他超前地质预报手段相结合进行综合分析，才能精确地预测隧道施工前方的地质情况。

第四节 岩溶地区隧道防排水的要求

岩溶现象在我国的西南、中南等地区广泛分布，在岩溶地区修建隧道，如何处理岩溶地下水是一个需要认真研究、谨慎决策的工程难题。岩溶对隧道工程的影响主要是：空穴、地下水、洞穴充填物及坍塌、洞顶地表塌陷四个方面，其中地下水是处治最困难的一个方面。岩溶地下水不仅对隧道施工安全构成巨大威胁，还影响到隧道结构稳定、隧道防排水效果和隧道周围生态环境。

对于溶洞与采空区隧道，我国《公路隧道设计规范》(JTG D70—2004)做出如下规定：

(1) 通过岩溶地区的隧道，可采用跨越、加固洞穴、引排截流岩溶水、清除或加固充填物、回填夯实、封闭地表塌陷、疏排地表水等综合治理方案。

(2) 对于规模较大的溶洞、或暗河通道、或有松软充填物的溶洞、或基础处理工程修建困难的地段,应采用跨越通过。

(3)对于跨径较小、无水的溶洞,可根据其与隧道相交的位置及其充填情况,采用混凝土、浆砌片石予以回填封闭。

(4)当隧道拱顶部有较大规模空溶洞时,可视溶洞洞壁的岩石稳定程度,在溶洞顶部采用喷锚加固,并采用隧道护拱及拱顶回填的办法处治。

(5)当个别溶洞处理困难时,可采取迂回导坑绕过溶洞的方法。

(6)对隧道底部溶洞充填物应根据具体情况采取桩基、注浆、换填等措施进行加固。

(7)对管道岩溶水应采取宜疏不宜堵的原则处理。对裂隙岩溶水应根据实际情况采用相应的处治措施。

(8)对穿越采空区的隧道,应根据采空区的分布范围、大小、深度、积水及其上覆岩层稳定情况,采取加固、回填、封闭地表塌陷、疏排水等综合处治措施。

对于岩溶地下水,在隧道发展的不同过程中,先后提出过全封闭原则、全排放原则和目前采用的限量排放原则。全封闭原则施工难度大,造价高,增大隧道外衬砌水压力,给隧道结构安全和防排水埋下隐患。全排放原则改变地下水运动途径,隧道洞顶地表水位逐步流失,恶化生态环境,影响附近居民生产、生活等。随着隧道修建技术的发展和防水材料工艺的革新,限量排放原则得以提出和实施,并得到了较为广泛的认可。

所谓"限量排放"原则,其核心是根据实际情况,按"以堵为主,防排结合"的原则来设计隧道防排水,排放流量根据具体的工程要求、水文地质特征、周边环境等因素加以控制。但是,按"限量排放"原则来设计隧道,衬砌结构受力和围岩稳定性影响是否需要考虑外水荷载的作用和如何考虑外水荷载等问题,现行规范基本上尚无这方面的理论和依据可用。因而,排放水的流量控制和外水荷载大小的规律是工程设计急需解决的问题,尤其是对于岩溶地区的隧道修建则更成为防排水技术的难点,仍需要进一步进行深入研究。

岩溶地区隧道防排水多采用"多道防线,层层设防"的办法,其主要工程措施有:围岩注浆堵水、溶洞回填堵水、加强排水和防水。

1. 围岩注浆堵水

在岩溶地区修建隧道,应特别加强超前地质预报。对于可能发生涌水的局部地区,为了保护地下水、地表水环境,应当根据实际情况,选择全断面深孔预注浆、部分断面深孔预注浆、深孔周边预注浆、开挖后周边注浆及开挖后局部注浆等堵水措施。

溶洞注浆堵水应有专门的注浆堵水队伍,足够的技术工人和熟练工人以及必要的打孔、注浆机具,加强管理,确保施工安全和注浆效果,已取得较好的经济和社会效益。

2. 溶洞回填堵水

对于隧道穿越溶洞、溶缝等流动水量较小,对岩溶水采用封堵方法进行处理时,应当做好溶洞等的回填堵水工作。溶洞回填采用以喷射混凝土、素混凝土、浆砌片石等为主要材料。当溶洞空腔较大时,还需要采用型钢支护或模注混凝土护拱等支护措施,在封闭溶洞空腔后,对混凝土外侧未完全充填的空洞泵送混凝土、砂子等进行回填。为了减小回填结构物的水压力,在回填时应当埋设相应的排水管道,并引至排水通道。图6-10是某隧道的溶洞回填封堵横断面图。

3. 加强排水和防水

对于岩溶地区的小量岩溶地下水,以及经过注浆、回填堵水后存在的岩溶地下水,应当以疏排为主,加强隧道衬砌外和衬砌内的排水措施,防止水压升高,增大衬砌压力和防水压力。同时,也应做好防水处理。

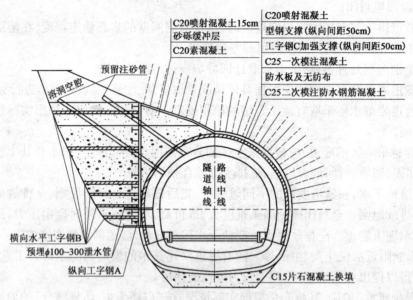

图6-10 某隧道的溶洞回填封堵横断面图

岩溶地区加强排水的措施有:
(1)利用岩溶自然通道排水

当岩溶水主要存在于岩溶管道、暗河等中时,隧道施工应尽量保持原有的岩溶水排泄通道,对于与隧道相交的排水通道,可采用设涵恢复排水的办法。

(2)新增人工通道排水

人工修建新的排水通道种类较多,主要有:泄水洞与集水廊道、衬砌外的环向与纵向排水管道、隧道内的排水边沟与中央排水沟等。这些排水设施的排水能力应根据水力计算确定,必要时应加大。除此之外,不设仰拱的隧道内,可加厚垫层混凝土并在垫层混凝土内加设排水盲沟。

岩溶地区隧道防水措施应当注意:

①富水段、周边水压力较高的区段,应进行专门的抗水压力衬砌设计,保证隧道衬砌在水压力作用下不开裂,不发生过大变形。

②岩溶地区隧道初期支护和二次衬砌应当采用防水混凝土施作,其防水等级以能抵抗水压力为准。

③岩溶地区隧道应当特别注意防水层施工质量,在仰拱(或无仰拱的垫层混凝土)外设置防水层,与上部防水层形成全外包防水层。必要时,可以设置双层防水板。

第五节 岩溶地区隧道防排水工程实例

文献[11]介绍了渝怀铁路圆梁山隧道处理岩溶地下水的情况,具有较强的代表性,可供岩溶地区隧道防排水设计、施工参考之用。

一、圆梁山隧道水文地质概况

圆梁山隧道全长11070m,是渝怀线的重点、难点和控制工程之一。隧道进口位于细砂河东岸的詹家坝,出口位于麻旺河源头。隧道预留复线条件,平行导坑超前施工为单线人字坡隧道,隧道最大埋深为800m。隧道穿越乌江水系与沱江水系的分水岭毛坝、冷水河、铜麻岭——圆梁山地区。隧道所在地区地形条件复杂,主要发育毛坝向斜、铜麻岭背斜及其伴生断裂等构造。主要工程地质问题有高压富水、岩溶及断层、高应力软岩大变形、煤层瓦斯、石油天然气等,施工难度极大。

毛坝向斜区域为封闭的可溶性不透水盆状构造,地层岩性主要为可溶性灰岩、灰岩夹煤地层,岩溶形式在近地表以岩溶为主,向下逐渐以溶蚀孔洞为主,深部局部地段溶蚀裂隙相当发育,岩溶水也非常发育。根据地质勘探资料,存在两层承压水,静水压力高达4.42~4.6MPa,设计资料预计正常涌水量55000m^3/d,最大涌水量83000m^3/d。隧道进口端毛坝向斜高压富水区DK353+200~DK355+400段,长2200m。

铜麻岭背斜区域的地层为寒武、奥陶系地层,岩性以灰岩、白云岩、灰质白云岩为主,局部夹有页岩、泥岩、泥灰岩,并横穿F1、F2、F01断层。铜麻岭背斜可溶岩段长(DK362+533~DK357+665)4868m,其中DK358+750~DK358+825段为冷水河浅埋段,存在地表水渗漏。隧道位于岩溶水季节变化带和水平循环带,岩溶和岩溶水发育。

施工中共揭示5个溶洞体和2段天然气储气层,曾发生数次涌水涌泥甚至突泥和天然气突燃喷发事故,均给施工造成了很大的困难。

二、圆梁山隧道岩溶涌水突泥及处治方案

圆梁山隧道进口端毛坝向斜段揭示了3个溶洞体,分别给施工带来了相当大的困难甚至于灾害,其中以第三个DK354+879溶洞最为严重。3个溶洞体的位置分布如图6-11所示。

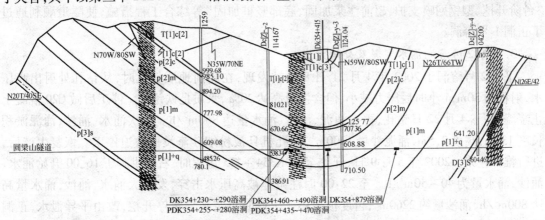

图6-11 圆梁山隧道毛坝向斜核部溶洞分布纵剖面图

1. 平导1号溶洞涌水突泥及处治方案

平导1号溶洞位于PDK354+255~PDK354+280段。揭露前超前地质预报准确地探测到了该溶洞的存在,填充介质及规模。溶洞充填介质为淤泥,无自稳能力。并且在溶洞体和岩层交界面有大量地下承压水存在,施工中最大涌水量为12000m^3/d。该溶洞在平导中横断面及

平面布置如图6-12所示。针对该溶洞,在施工中采用了"全断面超前预注浆+超前大管棚+超前小导管支护"综合支护技术。依靠注浆加固(范围为开挖轮廓外3m),将溶洞充填物改造成稳定构造体并阻水,然后在大小管棚的强力支护下进行开挖支护并顺利通过。

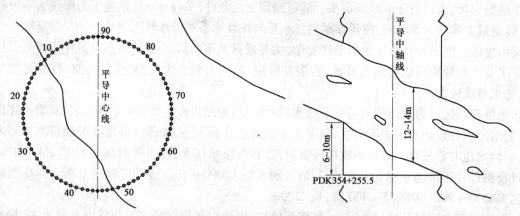

图6-12　1号溶洞在平导中横断面及平面布置图

2. 正洞1号溶洞涌水突泥及处治方案

正洞1号溶洞位于 DK354+230~DK354+290 段。该溶洞体充填介质为淤泥质粉质黏性土,夹杂部分漂石和砾石。距溶洞20m处揭露了一直径为2~3m的大型岩溶管道,最大涌水量10000m³/d。由于该岩溶管道泄水作用,使得正洞第一溶洞填充介质受水的影响不大,有一定的自稳能力。

该溶洞的治理原则是"以堵为主,限量排放,排堵结合"。在施工中采用了人工台阶法开挖、型钢拱架、网喷初支、全断面超前预注浆加固及超前小导管支护等技术措施进行开挖;开挖完成后,又对结构上部进行径向补注浆,底部用15m竖直钢管注浆加固。由于合理地采取了"台阶开挖、型钢网喷支护、超前注浆加固、底部竖桩加固"等综合工程措施,使隧道顺利通过了正洞1号溶洞。

3. 平导2号溶洞涌水突泥及处治方案

平导2号溶洞于2002年4月21日8时被发现,在超前地质钻孔时,从钻孔处射出高压水,射程约30m,4小时后压力减小,但含沙量高达20%,水质是铁锈色。停工后做C20混凝土止浆墙,并于4月22日钻孔,再次涌泥、涌沙、涌水量达860m³/h。此次涌水、涌沙、涌泥淤积长度130m,高度2.5m,涌泥沙量1300m³,钻孔机具被粉细砂淹没而被迫停工。恢复生产后,进行帷幕注浆。2002年5月9日,开挖至PDK354+435里程时,右侧拱脚于16:00开始涌水、涌沙,涌水量为40~50m³/h。至22:00时注浆体被高压水击穿,发生大涌水、涌沙,涌水量高达800m³/h,涌沙量约2260m³,再度被迫停工。此时决定平导暂停开挖,改由平导泄水,正洞采用下导坑超前开挖穿越2号溶洞体。后确认平导溶洞里程为PDK354+435~PDK354+490。同年7月平导恢复施工,施工中采取全断面深孔超前预注浆和上半断面TSS管超前预注浆等措施,开挖上半断面至PDK354+460里程,下半断面采取台阶上部垂直TSS管注浆措施,并采用了中台阶施工开挖。至2002年10月22日,中台阶开挖至PDK354+447时,右侧边墙下部发生大量涌水、涌沙。砂粒组成属中细砂,含量约20%,涌水量为120m³/h。10月23日凌晨5:00,涌水、涌沙裸露点转移至中间部位,涌水、涌沙量增大到180mm³/h。涌沙淹没平导掌子面至5号通道约400m轨道。涌水向前发展到PDK354+455处右侧边墙部位。至10月24日10:40,发生大量涌水、涌沙,最大涌水量4000m³/h,持续时间约15min。筛分确认其含砂量为60%,致使3号横通口的涌沙深度近1m,决定封闭平导工作面。2003年3月,平导恢复施工。2003年4月18日高压水又将注浆体击穿,发生大量涌水、涌沙,最大涌水量5000m³/h,被迫停工后决定在正洞侧设泄水洞泄水降压。

4. 正洞2号溶洞涌水突泥及处治方案

正洞在DK354+460～DK354+490遇到2号溶洞,填充介质为粉细砂层,与平导地质情况相同,并有较强的水力联系。施工中采取了泄水降压,全断面TSS管超前帷幕预注浆、径向注浆及局部补注浆堵水等一系列措施。在开挖到DK354+465里程时,掌子面右下角暴露出砂层,观察到砂层得到了有效固结。当断面开挖成形后立拱时,右侧拱腰部位出现渗水～流水～少量流砂的现象,立拱困难,少量流砂持续流出1.5h后突然增大,形成大量涌水、涌沙,涌沙量约600m³。流砂中含有部分双液浆凝胶体,流砂持续4h后稳定。经注浆后,正洞下导坑穿越该动水砂层溶洞体,历时95天。2002年9月10日,下导坑遭遇到3号溶洞被迫停工。抢险恢复生产后,2002年10月22日下导坑在该溶洞段DK354+471处底部被高压水击穿,喷出大量的粉细砂和风化严重的块石,并伴随涌出浆液凝胶体,涌出的岩石溶蚀严重,最大直径40cm,涌沙量约150m³,涌沙向外流,淹没轨道。此后,涌水量增大,最大涌水量为1500m³/h。喷射高度80cm,之后就地施作止浆墙封闭。2002年11月26日止浆墙底部又被高压水击穿,被迫在DK345+440处又重新施作止浆墙封闭。至此,2号溶洞正洞下导被迫封堵。

2号溶洞位于正洞下导DK354+460～DK354+490段,充填大量的水和粉质细砂,核部存在高压水。据物探资料,岩溶和溶洞水相当发育,为向斜东翼最大的蓄水构造,因数次超前探孔中都出现了成孔困难的问题。故2号溶洞施工是圆梁山隧道施工中难度最大的,应采取最为稳妥的施工方案。经过多次专家会议论证及方案比选,确定了以"泄水洞汇水降压,全断面帷幕注浆,以堵为主"的排堵相结合施工方案。在施工中采取了"泄水洞泄水降压,施工迂回导坑形成溶洞两端夹击,顶水注浆封堵大型岩溶管道,全断面超前帷幕注浆加固砂体,超前大管棚实现刚性支护,CRD分步开挖稳扎稳打"的综合施工措施,通过了这一困难地段。

5. 正洞3号溶洞涌水突泥及处治方案

正洞3号溶洞是灾害最严重的一个溶洞,中心里程为DK354+879,但在正洞下导坑施工时,TSP202、红外线以及5m超前风钻探孔均未探测到该溶洞的存在。2002年9月10日10:15,爆破后掌子面右侧底部渣堆有轻微移动,至14:30左右,突发巨响,溶洞中充填的硬塑—软塑状黏性土瞬时以巨大的压力从掌子面向外挤压喷出,迅速塞满DK354+879～DK354+635计244m的下导坑空间,涌泥量高达4200m³,造成了严重后果。至2002年9月12日涌泥至DK354+550计329m,其后基本稳定,随后在DK354+700设置了混凝土止浆墙并停工。在此期间,3号溶洞最大涌水量为72000m³/d,总突泥量20700m³/d。

自2003年9月在迂回导坑绕过该溶洞后,对该溶洞的发育范围、规模、现状等进行了大量地质探测后表明:3号溶洞不会再存在大规模突泥的危险性,溶洞形态已发生了较大的变化。经专家会议多次讨论,以及施工、设计、科研等单位多方论证后,采取了"超前大管棚支护、预注浆和密排小导管补充注浆加强支护、台阶法开挖、初支背后塌腔回填、径向注浆加强"等施工技术穿越了该溶洞。

6. 4号、5号溶洞涌水突泥及处治方案

4号、5号溶洞位于出口端铜麻岭背斜区。4号溶洞正洞里程DK356+850~DK356+960段有多个岩溶管道群,由于相互连通性极好,设计上只做了管道注浆堵水,而衬砌是普通衬砌;按设计施工后,于2002年雨季形成了较高的压力水将衬砌压裂,被迫钻孔泄压。5号溶洞里程为DK361+752~DK361+765,为一填充性溶洞,填充物是泥、砂、碎石、块石及水;2001年雨季施工期间多次发生涌水、涌泥、砂、石块,给施工带来了巨大的影响。鉴于此,决定在正洞右下方设1800m长的泄水洞,将4号、5号溶洞的水排出洞外。

三、圆梁山隧道穿越特殊地质段综合施工技术

1. 信息反馈及超前探测

在特殊地质地段施工中进行了洞内涌水量、洞内水平收敛、围岩与初支各向压力、钢拱架应力、地表降雨量、地表井泉水水位、地表沉降监测等,同时对地表水及洞内涌水进行了水质分析,进行了洞内与地表水力连通试验,并利用物探和钻探对2号溶洞进行全面的探测。通过对所取得的监测和探测数据进行综合分析,决定:(1)打泄水洞,排水降压是必需的;(2)因平导开挖已进入雨季,永久衬砌必须紧跟;(3)在地表建立气象观测站,及时监测天气变化,同时根据监测数据进行天气预报,指导平导开挖;(4)要求施工人员一旦挖开止浆墙后,必须快挖、快支、快喷、快封闭,确保开挖一米成型一米,稳扎稳打,步步为营;(5)对2号、3号溶洞绕行迂回贯通,两面夹击处理溶洞,以确保合同工期。

利用信息反馈及超前探测技术,较为准确地得到了2号溶洞洞体形状、走向以及与隧道的位置关系(图6-13)。

2. 迂回绕行、两面夹击

在迂回绕行方案确定后,2003年4月30日在DK345+473处开挖迂回导坑;2003年6月15日1号迂回导坑与正洞下导贯通之后,立即在DK345+500处做止浆墙封闭;2003年8月6日8时2号迂回导坑与出口工区对应在正洞DK354+880处贯通,随后又通过6-1号和6-2号横通道分别向2号和3号溶洞开挖。特殊地质地段迂回导坑设计布置如图6-14所示。

在圆梁山隧道采用迂回导坑贯通后,形成了对施工较为有利的局面,此时2号、3号溶洞施工态势如图6-15所示。

迂回导坑贯通后,形成了对两个溶洞夹击之势。平导3号溶洞采用全断面开挖、φ108大管棚、型钢支撑、网喷支护,2003年10月28日于PDK354+919.5处贯通;平导2号溶洞采用台阶法人工开挖、φ108大管棚、型钢支撑、TSS管超前注浆、网喷支护、径向补注浆,2003年12月26日于PDK354+469贯通,至此圆梁山平导全隧贯通。

3. 全断面帷幕注浆堵水加固

为确保溶洞区的安全施工,要进行超前预注浆施工,加固开挖面及开挖轮廓线外5~8m。首先施工止浆墙,注浆工艺采取前进式分段注浆,注浆分段长度5m。即钻孔5m,注浆5m,循环注入,直到完成整个注浆段。钻孔深度以钻入岩层3m为原则。注浆结束标准以定压为主,注浆终压为水压2~3MPa。当注浆过程中长时间压力不上升时,应缩短浆液的凝胶时间,并采取间歇注浆措施,同时控制注浆量。无论是圆梁山隧道的岩溶注浆,还是其他工程实例中所列举的岩溶注浆,都体现了注浆防渗加固帷幕的作用,这个加固圈的形成有利于隧道施工和结构

的安全可靠。因此,采用高压深孔帷幕注浆工艺进行超前和径向浅孔帷幕注浆时,应针对前方地质情况,区别对待。纵向超前预注浆的注浆段长应取 20~30m,径向帷幕注浆的注浆段长应取 5~10m。其封堵加固范围是周边处延 5~10m,形成帷幕防渗体系。注浆压力为水压或受注地层压力的 2~3 倍,注浆前必须施作足够厚度的止浆墙。也可视现场情况,采用浅孔预注浆,短进尺开挖、注浆导管密排、结合大管棚钢拱架支撑。注浆段长不低于 7~8m,扩散范围 2~5m,注浆压力为水压或地层压力的 2.5 倍。

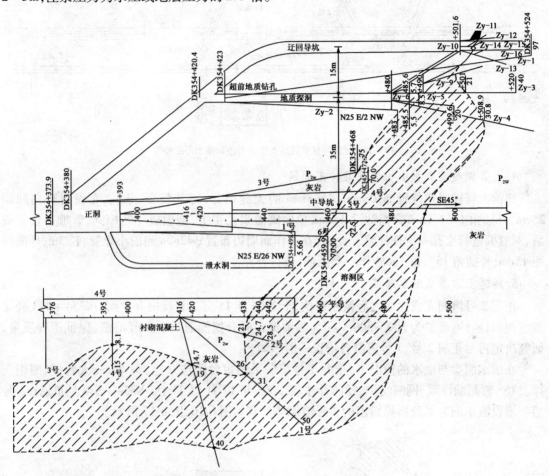

图 6-13 2 号溶洞洞体形状、走向及与隧道位置关系

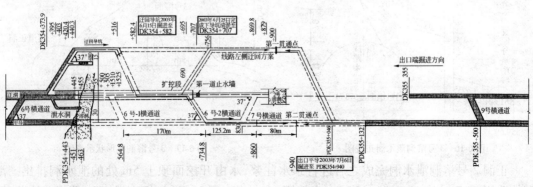

图 6-14 3 号溶洞迂回绕行导坑布置图

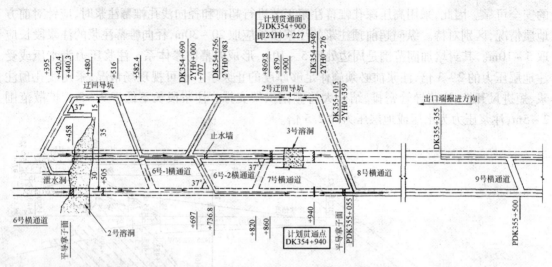

图 6-15 迂回导坑贯通后 2 号、3 号溶洞施工态度势图

4. 大管棚超前支护小导管注浆补充加强

超前大管棚采用外径 $\phi 108mm, \delta = 8mm$ 的无缝钢管,每节长 2~3m。布设时环向间距 25cm,外插角 1.5°,每节管棚钻设 $\phi 8mm$ 单向阀溢浆孔 4 个,施做成 TSS 模式,管棚布设完成后,对管棚进行全孔一次性注浆。此后,在工作面周边布置 $\phi 42mm$ 超前小导管,长 3m,环向间距 15cm,外插角 15°,每 1m 施作一个循环,进行补充注浆。

5. 隧道上方源头泄水降压

正洞 2 号溶洞完成注浆之后恢复开挖,于 2003 年 11 月 2 日反向开挖面 DK354+493 处又发生涌水、涌沙,流量为 300~500 m^3/d。为确保正洞开挖能通过 2、3 号溶洞,保证工程质量,研究决定再对正洞 2 号、3 号溶洞各增设一泄水洞。

在泄水洞参与泄水的情况下,正洞 3 号溶洞采用短台阶法开挖、$\phi 108mm$ 大管棚、型钢支撑、TSS 管超前注浆、网喷支护、径向补注浆,2003 年 12 月 11 日于 DK354+888 处贯通。3 号溶洞增设泄水洞方案及所揭露出的 3 号溶洞体分别如图 6-16、图 6-17 所示。

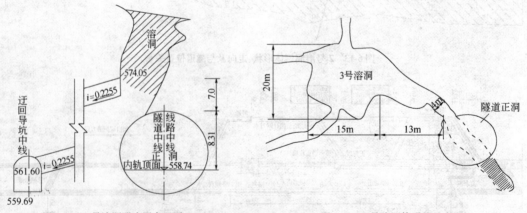

图 6-16 3 号溶洞泄水洞布置图　　　　图 6-17 3 号溶洞体形状示意图

正洞 2 号溶洞泄水洞完成之后进行顶水注浆,水由开挖面顶上 5m 处的泄水洞排出。溶洞体采用 CRD 法人工开挖、$\phi 108mm$ 大管棚、中~中间距 30cm、型钢支撑、TSS 管超前注浆、网

喷支护、径向补注浆。于2004年2月24日8:00上半断面贯通,于2004年4月12日15:00下部仰拱贯通。2号溶洞所采用CRD法工艺如图6-18所示。

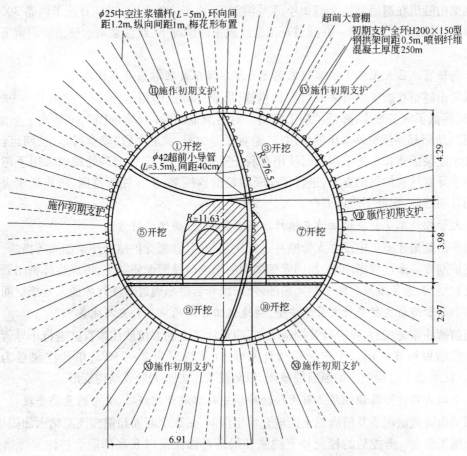

图6-18　2号溶洞CRD开挖及工艺图(尺寸单位:m)

四、圆梁山隧道穿越特殊地质地段施工体会及经验

1. 地质超前预报准确性非常重要

准确预测、预报工程地质是合理选择施工措施和对策的前提。针对圆梁山隧道地质复杂、地层多变的特点,采用超前钻探为主要手段,辅以掌子面地质素描、TSP202、地质雷达、HSP和CT声波、工程地质测绘、水文地质测试、围岩受力、变形量测及岩石物理、力学指标试验等综合手段,获取大量的地质信息,并建立地质综合预测、预报系统,通过计算机对地质信息的综合分析、判断,可以比较准确地获取掌子面前方地质情况,从而为施工服务,防止灾害发生。

地质预报在长大隧道施工中是不可缺少的重要工作,要将地质预探预报与施工进度有机结合起来,就必须将物探与钻探相结合,即用物探大范围探测发现目标—判识—排除或释疑,然后用钻孔验证确认。一旦确认岩溶就要把岩溶发育规模与洞室之间的关系、溶洞填充物及压力搞清楚,最后对症采取措施。圆梁山隧道在2号、3号探测实践中取得了初步效果。当我们发现1号溶洞规模比较小时,随即决定正面突破。当我们发现2号、3号溶洞的规模远大于隧道洞体时,随即决定迂回导坑绕过溶洞。在隧道开挖的同时,对溶洞进行分割注浆处理,确保了工期。

　　2. 遭遇大型溶洞采用迂回绕行,对溶洞进行两面夹击是有效的

　　圆梁山隧道在遭遇到特大型 2 号、3 号溶洞后,由于决策及时,迅速开挖了两条 300m 长的迂回导坑,及时绕开了溶洞。在隧道开挖继续施工的情况下,给注浆堵水整治溶洞留下了足够的时间。

　　3. 高压富水区大型填充性溶洞采用源头泄水降压处理溶洞是有效的

　　圆梁山隧道在施工中所采取"排"的措施,形成"降压"作用,对溶洞开挖和下一步"封堵加固"处理降低了施工难度,降低了施工费用。对溶洞范围的"封堵加固",一是为了形成"注浆固结圈",从而起到抵抗外水压的作用;二是对底部加固,满足今后"安全行车,长期运营"的需要。鉴于注浆措施和支护手段同时使用有利于安全施工,在 2 号溶洞处理中采用了超前长管棚支护小导管注浆加强的方案,进行了全断面超前预注浆,扩大注浆范围,防止涌水突泥。所采取的各项措施,保证了施工安全。

　　4. 大管棚施工是解决粉细沙充填性溶洞开挖安全、快速的好方法

　　圆梁山隧道在施工中设立大管棚并进行注浆加固,管棚支护结合注浆加固等措施,增加了管棚支护刚度。通过管棚注浆,加固管棚周围的粉细砂及淤泥质黏土,形成连续密闭管棚喇叭桶形支护结构,避免或减少施工期间粉细砂、淤泥和岩溶水通过管棚间隙涌入开挖空间。

　　5. 小导管超前支护是对大管棚安全、快速施工方法的重要补充与完善

　　超前预注浆完成后,在进行开挖施工前,应对注浆个别部位或注浆盲区进行小导管补充注浆。注浆结束标准采用定压定量相结合原则,注浆终压为 $2\sim 3$ MPa,单孔注浆量为 $0.2\sim 0.3\mathrm{m}^3$。注浆施工过程中应加强监控量测,以防注浆压力过大造成结构变形。

　　6. 全断面超前帷幕预注浆是解决粉细砂填充性溶洞开挖经济、安全的重要手段

　　圆梁山隧道淤泥质及粉质黏土深地充填型深洞,采取全断面超前预注浆堵水加固措施,可以保证施工安全。开挖后的径向补充注浆和局部补强注浆以及底部钢管桩注浆等措施的采取,可以有效地提高注浆质量。其注浆加固机理是浆液在土体中进行挤密劈裂,胶结体挤压地层减少泥化过程,改良土层渗水性,有一定的稳定性,起到了改良地层的效果。粉细砂层深埋充填型深洞,除采用全断面超前预注浆措施外,还应考虑开挖支护后的二次衬砌采取全抗水压结构。

　　7. 合理选择注浆材料是克服粉细砂充填性溶洞难题的重要环节

　　超细水泥:适用于粉细砂地层,但黏土含量不宜过大,当黏土含量大于 2% 时(国外资料介绍),浆液的扩散形式以劈裂为主;普通水泥+水玻璃:仅适用于前方涌水严重时临时使用,该材料在粉细砂地层中也无法渗透,只能形成劈裂的脉状结石体;HSC 超细型高早强水泥:通过大量的室内试验和模型试验,选取了适宜于圆梁山地质特点的注浆材料 HSC 超细高早强型特种水泥。该材料在岩溶地区粉质砂黏土和硬塑状黏土和淤泥质土层的条件下,可以有效注入地层,实现注浆效果可控可靠,有效防止坍方,注入地层后所形成的脉状网络胶结体结构明显多于其他材料。由于它所具有早强、速凝等特点,在使用时不需加水玻璃调凝而进一步保证了注浆加固圈的耐久性。除此之外,该材料的早期强度明显大于普通水泥,对于隧道掘进注浆来讲,是非常重要的特性。该材料适用于粉细砂地层和粉黏土,室内试验和模型试验结果认为,该材料具有良好的可注性、分散性、浸润性,并且有早强的特点,耐久性好无污染,可以保证注

浆效果,做到材料在岩溶条件下注入时效果的可控可靠。

通过对圆梁山隧道高压、岩溶涌水的处理经验表明:

(1)由于岩溶结构形态多样,岩溶处理是一项复杂的工作,任何单一的处理方法要取得良好的治理效果都是非常困难的,必须采取综合措施。因此在制定处理措施时,必须"因地制宜、综合治理"。

(2)注浆是隧道岩溶重要、有效的治理手段,通过注浆能显著改善土体的物理力学特性。但在诸如粉细砂类致密岩溶充填物中注浆以劈裂注入为主,不易形成连续均匀的胶结体结构。

(3)岩溶处理,特别是高压水作用下存在突水、突泥危险的岩溶,应采取全断面深孔预注浆。小导管超前和径向补充注浆、大小管棚密排、型钢及网喷支护。分步短进尺开挖、衬砌紧跟等综合手段。

(4)注浆材料可选择普通水泥、超细水泥、HSC 特种灌浆水泥,宜以具有良好的可灌性、可控的流动性、细颗粒、早强为宜。

(5)在水压极大水量丰富时,可采取导坑(导洞)、导管等临时泄水降压措施,降低治理的难度。

参 考 文 献

[1] 李斌.公路工程地[M].2 版.北京:人民交通出版社,2002.
[2] 蒋爵光.隧道工程地质[M].北京:中国铁道出版社,1991.
[3] 于书翰,杜谟远.隧道施工[M].北京:人民交通出版社,1999.
[4] 蒙彦,雷明堂.岩溶区隧道涌水研究现状及建议[A].2004 年岩溶地区隧道修筑技术专题研讨会论文集.北京:人民交通出版社,2004.
[5] 韩行瑞,等.我国典型岩溶隧道突水分析及专家评判系统的探讨[A].2004 年岩溶地区隧道修筑技术专题研讨会论文集.北京:人民交通出版社,2004.
[6] 蒋树屏.公路隧道技术与公路隧道设计规范[A].2004 年岩溶地区隧道修筑技术专题研讨会论文集.北京:人民交通出版社,2004.
[7] 丁浩,等.岩溶地区隧道修筑关键技术探讨[A].2004 年岩溶地区隧道修筑技术专题研讨会论文集.北京:人民交通出版社,2004.
[8] 苏会锋,陈进杰.探地雷达在武隆隧道岩溶、暗河探测中的应用[A].2004 年岩溶地区隧道修筑技术专题研讨会论文集.北京:人民交通出版社,2004.
[9] 赵西民,等.TSP203 系统在齐岳山隧道超前地质预报工作中的使用和探讨[A].2004 年岩溶地区隧道修筑技术专题研讨会论文集.北京:人民交通出版社,2004.
[10] 王法岭,等.TSP203 系统在岩溶地区超前地质预报中的应用[A].2004 年岩溶地区隧道修筑技术专题研讨会论文集.北京:人民交通出版社,2004.
[11] 张继奎.圆梁山隧道特殊地质地段施工[A].2004 年岩溶地区隧道修筑技术专题研讨会论文集.北京:人民交通出版社,2004.

第七章 城市地铁工程防排水

城市地铁是城市快速轨道交通的一部分，具有运量大、快速、正点、低能耗、少污染、乘坐舒适等特点，享有"绿色交通"的美誉。当前，世界各国都在大力发展城市地铁、轻轨交通等大型公共交通系统。地铁工程的渗漏水也十分常见，高水位情况下在结构形式的转换处，该问题尤为突出，本章对地铁区间隧道、车站等的防排水技术进行讨论。

第一节 城市地铁工程简介

一、世界城市地铁的发展

1. 世界城市地铁的发展

自1863年世界上第一条地铁在伦敦建成通车以来，城市地铁经过100多年的发展，已经成为大中城市客运的主要交通工具，是城市生活不可或缺的部分。

1863年1月10日，用明挖法施工的世界上第一条地铁在伦敦建成通车，列车用蒸汽机车牵引，线路全长约6.4km。1890年12月8日，伦敦首次用盾构法施工建成第一条电气化地铁。1900年7月9日，巴黎建成世界第六、欧洲第二条电气化地铁。1901年12月10日，纽约建成第七条蒸汽驱动地铁，该条地铁直到1904年10月27日才实现电气化。1902年2月18日柏林建成世界第八、欧洲大陆第三条电气化地铁。20世纪上半叶，东京、莫斯科等几座大城市也相继修建了地铁。截至1963年的一百年间，世界上建有地铁的城市共有26座。1964年到1980年的17年中又有30座城市修建了地铁，到1985年世界大约共有60座城市正在有计划地修建地铁，当时全世界地铁运营的里程总计3000km。据1994年7月德国出版的《地铁世界》一书统计，到1990年世界有98个城市约5300km轨道交通投入运营，另有29个城市、94条线约1000km在建。近20年来增加的线路是1863年到1963年这一百年地铁建成总长度的3倍。运营线路长度排名前十位的城市依次为纽约、伦敦、巴黎、莫斯科、东京、芝加哥、墨西哥城、柏林、波士顿、圣彼德堡，线路总长2300km，占世界轨道交通的43%。表7-1为国外著名城市地铁。

国外著名城市地铁　　　　　　　表 7-1

城市(国家)	开始通车年代	当时人口(万人)	线路条数	线路长度(km)		车站数目	轨距(mm)	牵引供电	
				全长	地下			方式	电压(V)
伦敦(英国)	1863	670	9	408	167	273	1435	第三轨	630
纽约(美国)	1867	730	29	443	280	504	1435	第三轨	600(650)
巴黎(法国)	1900	210	15	199	175	367	1440	第三轨	750
柏林(德国)	1902	320	10	134	106	132	1435	第三轨	750
马德里(西班牙)	1919	320	10	112.5	107	154	1445	架空线	600
雅典(希腊)	1925	300	1	28.8	3	23	1435	第三轨	1500
东京(日本)	1927	1190	10	219	182	207	1067	第三轨	600
							1372	架空线	1500
莫斯科(前苏联)	1935	880	9	246	200	143	1524	第三轨	825
多伦多(加拿大)	1954	220	2	54.4	42	60	1495	第三轨	600

2. 中国城市地铁的发展

我国内地于 1965 年 7 月在北京开始修建第一条地铁线路,一期工程全长 22.17km,于 1971 年投入运营,二期地铁工程环线 16.1km 也建成通车。到 2010 年,北京地铁已超 300km 投入正式运营。2012 年北京轨道交通全部覆盖中心城,运营里程达到 440km。上海是我国内地第二个大规模修建城市地铁的城市。截至 2011 年 6 月,上海轨道交通线网已开通运营 11 条线、275 座车站,运营里程达 420km。除此之外,广州、深圳、天津、南京、西安等城市也在开展城市地铁建设,武汉、济南等多座城市都完成了市区地铁轨道交通的路网规划。

我国香港和台湾地区也修建了发达的地铁交通网络。香港地铁公司目前经营 4 条地铁线(观塘线、荃湾线、港岛线和东三角线)和机场铁路。快速轨道交通系统全长 70km,共有 44 个车站和 4 个车厂,总造价约为 611 亿港元。台湾省台北市都会区快速轨道系统初期路网共 6 条线路,全长 86.8km,设有 79 个站,为台北市 12 个行政区及台北县的 16 个市镇提供客运服务,服务范围以台北车站为中心,服务面积达 837km^2。

二、城市地铁的建筑组成与结构形式

1. 城市地铁的建筑组成

城市地铁是一个规模浩大的公共建筑体系。根据地铁的功能、使用要求和设置位置的不同,地铁建筑可以分为车站、区间和车辆段三个部分。地铁线路及车站设置如图 7-1 所示。

车站是地铁系统的一个重要组成部分,乘客乘坐地铁必须经过车站,它与乘客的关系最为密切。与此同时,车站还是地铁大部分运营设施、机电设备和管理系统的设置场所,对地铁的运营安全、服务质量具有十分重要的作用。

地铁区间是连接相邻车站、车辆段等的部分,它直接关系到列车的运行安全。区间部分包括行车隧道、渡线、折返线、地下存车线、联络线以及其他附属建筑物。区间设计的合理性、经济性对地铁总投资的影响很大,对乘客乘坐列车的舒适感和列车运行速度的提高也有影响。

车辆段是地铁列车停放和进行日常检修维修的场所,它也是技术培训的基地。由各种生产、生活、辅助建筑及各专业的设备和设施组成。

2. 车站的结构形式

地铁车站由车站主体、出入口及通道、通风道及地面通风亭等三大部分组成。车站主体是列车在线路上的停车点，是乘客上下、换乘的集散地，由站台、站厅、生产、生活用房构成。出入口及通道是供乘客进、出车站的建筑设施。通风道及地面通风亭的作用是保证地下车站具有一个舒适的地下环境。

按照站台的设置形式，地铁车站可以分为岛式站台和侧式站台，如图 7-2 所示。

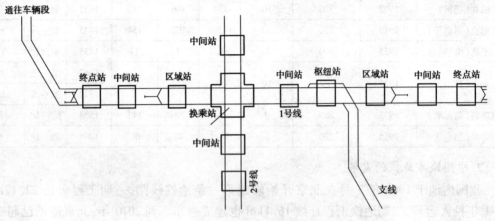

图 7-1　地铁线路及车站设置示意图

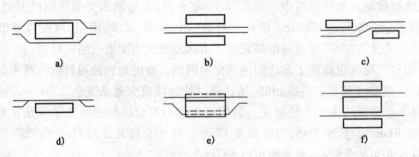

图 7-2　地铁车站形式分类图

a) 岛式站台；b) 平行相对式侧式站台；c) 平行错开式侧式站台；d) 上下重叠式侧式站台；e) 上下错开式侧式站台；f) 岛、侧混合式站台

车站的结构形式主要由车站站台形式、车站功能和施工方法决定。为了实现车站施工的社会、经济和环境效益，根据车站地质、地形和场地条件不同，可以择优选用明挖法施工、新奥法施工和盾构法施工。施工方法不同，车站结构形式也不同。

(1) 明挖法施工的车站

明挖法施工的地铁车站，除了要满足管线敷设要求之外，对车站埋深没有特别限制，特殊条件下可以做得很浅，甚至将结构顶板与路面合二为一，或者做成半地下结构。这种方式出入口可以灵活布置，十分方便乘客出入，吸引客流。明挖车站具有很强的适用性，能够与城市环境协调布置，充分利用地下空间。

从技术上看，明挖施工具有施工方法简单、技术成熟、工程进度快、造价低等优点；缺点是施工易受天气影响，对地面交通和居民正常出行有较大影响，容易造成噪声、粉尘和废弃泥浆、污水等污染。明挖施工还需要拆除地面建筑，在饱和的软土地层中，深基坑开挖引起的地面沉降较难控制,边坡失稳经常威胁施工安全和周边建筑物安全。

在工程实际中,考虑到车站功能、造价和工期等对地铁的社会效益和经济效益的重要影响,而施工期间对环境的影响只是一种短期效应,所以浅埋地铁仍多采用明挖车站。

明挖法施工的车站经常采用矩形框架结构。根据功能要求,车站可以设计成单层、双层、单跨、双跨或多层多跨等形式。侧式车站一般采用双跨结构,岛式车站多采用三跨结构,站台宽度小于或等于10m时,站台区宜采用双跨结构,有时也采用单跨结构;在道路狭窄的地段修建地铁车站,也可采用上、下行线重叠的结构。图7-3是典型矩形框架车站的横断面。

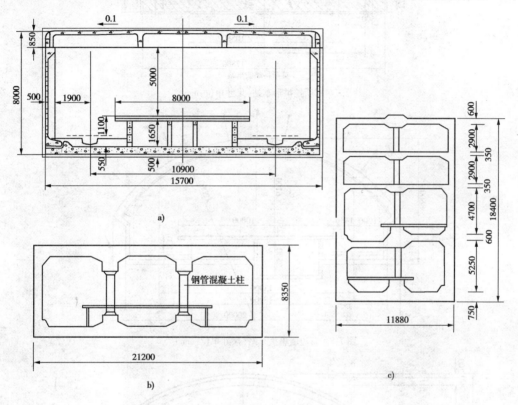

图7-3 明挖矩形框架车站(尺寸单位:mm)
a)单跨单层车站;b)单跨三层车站;c)上下重叠型车站

除采用矩形框架结构以外,也有部分明挖法施工的地铁车站采用拱形结构。拱形结构一般用于站台宽度较窄的单跨单层或单跨双层车站。拱形结构除了对结构受力有利之外,还能获得比较好的建筑艺术效果。莫斯科地铁车站即采用明挖拱形结构,如图7-4所示。

(2)新奥法施工的地铁车站

地铁车站常常修建于城市经济、政治和文化中心地区,这些区域往往禁止进行明挖施工,此时,新奥法就成为车站暗挖施工的主要方法。新奥法施工的车站,为了保持围岩和支护结构的稳定性,一般都采用拱形结构。在施工时,视地层条件、开挖方法及其功能要求的不同,其结构形式主要包括单拱式、双拱式或三拱式结构。

单拱式车站根据边墙的曲直不同可以分为直墙单拱车站和曲墙单拱车站。曲墙单拱车站又可以根据拱圈的几何形状分为单心圆、三心圆和五心圆单拱。图7-5~图7-7是几种常见的单拱车站的横断面。

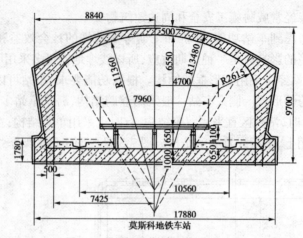

图 7-4 明挖拱形车站（尺寸单位：mm）

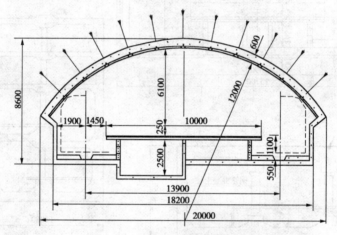

图 7-5 直边墙单拱车站（尺寸单位：mm）

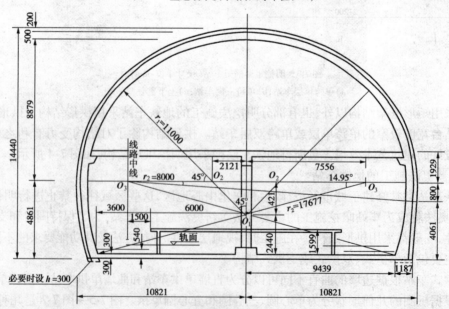

图 7-6 三心圆单拱车站（尺寸单位：mm）

双拱车站有两种基本形式:双拱塔柱式和双拱立柱式。当两个主隧道之间有较大的间隔,一般大于一倍主隧道开挖宽度时,常常采用双拱塔柱式(图7-8)。两个主隧道之间的土体不全部开挖,而是间隔一定距离用横向联络通道连接,双层车站可在其中布置楼梯。双拱立柱式车站(图7-9)早期多在岩石地层中修建,随着新奥法的出现,这种形式逐步被单拱车站取代。施工时先分步开挖两个主隧道之间的部分,施作初期支护并浇筑上下纵梁和立柱,然后进行主隧道开挖。

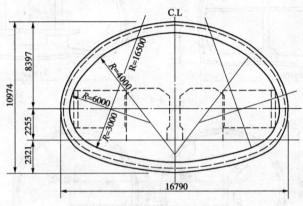

图7-7　五心圆单拱车站(尺寸单位:mm)

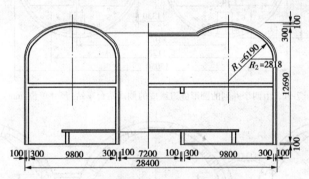

图7-8　双拱塔柱式车站(尺寸单位:mm)

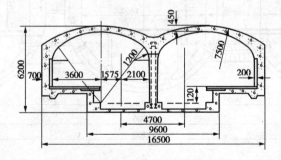

图7-9　双拱立柱式车站(尺寸单位:mm)

三拱车站在结构上与双拱车站类似,也分为塔柱式和立柱式。三拱塔柱式车站已经很少见,三拱立柱式车站结构如图7-10所示。

(3)盾构法施工的地铁车站

盾构车站的结构形式主要取决于盾构机的类型、施工方法和站台形式。传统的盾构车站是采用单圆盾构或单圆盾构与半圆盾构结合或单圆盾构与矿山法结合修建。近年来开发的

"多圆盾构"等新型盾构,进一步丰富了盾构车站的形式。盾构车站主要可以分为以下几类:①由两个并列的圆形隧道组成的侧式站台车站;②由三个并列的圆形隧道组成的三拱塔柱式车站和立柱式车站。它们的横断面结构如图 7-11 ~ 图 7-13 所示。

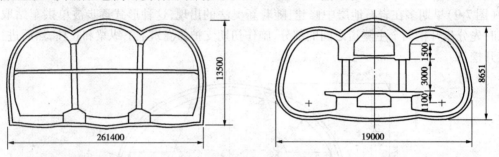

图 7-10 三拱立柱式车站(尺寸单位:mm)

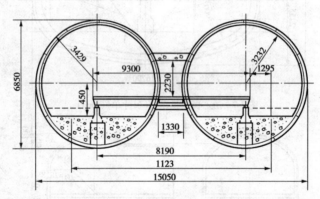

图 7-11 由两个并列的圆形隧道组成的侧式站台车站(尺寸单位:mm)

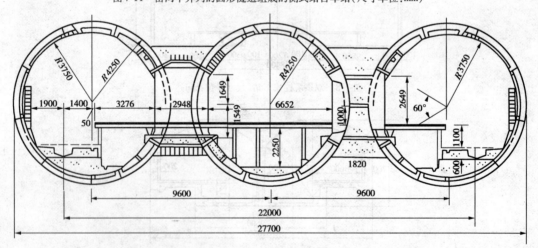

图 7-12 由三个并列的圆形隧道组成的三拱塔柱式车站(尺寸单位:mm)

3. 区间隧道的结构形式

地铁区间隧道包括行车隧道、渡线、折返线、地下存车线、联络线以及其他附属建筑物,其中区间隧道是最主要的部分。地铁区间隧道衬砌结构与构造主要取决于隧道的用途、沿线地形、地物、水文地质、工程地质条件、施工方法、环境要求、维修管理、工期要求及投资高低等因素。区间隧道的主要施工方法有明挖法、新奥法、盾构法和其他特殊方法。

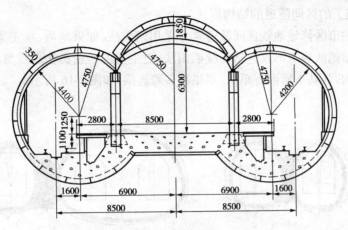

图 7-13 由三个圆形隧道组成的三拱塔柱式车站(尺寸单位:mm)

(1)明挖区间隧道的结构形式与构造

和明挖地铁车站一样,明挖区间隧道只适合场地开阔、建筑物稀少、交通及环境允许的地段。明挖区间隧道的结构形式也多采用矩形断面,一般为整体浇筑或装配式结构,这种结构形式接近地铁建筑限界,内部净空得到充分利用,结构受力合理,顶板便于敷设城市地下管网和设施。整体式结构(图 7-14)整体性好,防水性能容易得到保证,适合各种工程地质和水文条件。其缺点是工序较多,速度较慢。预制装配式结构(图 7-15)施工工业化水平高,衬砌施作速度快,衬砌质量容易控制。由于装配式衬砌整体性较差,设计时除了要考虑强度、刚度、防水性能等方面的要求,还要求构造简单、装配方便等。在区间喇叭口隧道、渡线、折返线、联络线等区段,由于其线形、功能等要求,其结构一般要单独设计。

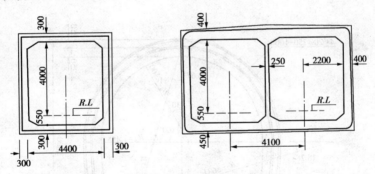

图 7-14 明挖整体式区间隧道横断面(尺寸单位:mm)

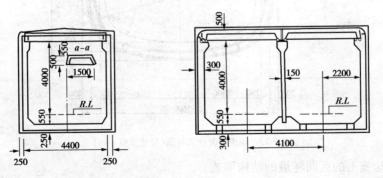

图 7-15 明挖预制装配式区间隧道横断面(尺寸单位:mm)

(2) 新奥法施工的区间隧道的结构形式

在交通繁忙的市区修建地铁区间隧道常常采用暗挖法,如果地质、水文条件允许,一般采用新奥法施工。暗挖法施工不仅包括传统矿山法,更主要的是新奥法。新奥法施工的区间隧道一般为拱形结构,其基本断面有单拱、双拱和多跨连拱,如图7-16所示。

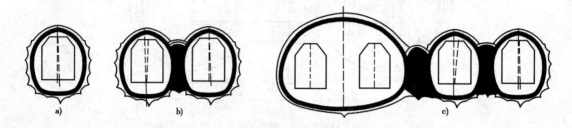

图7-16 新奥法施工的区间隧道横断面

在软弱围岩中采用新奥法施工,一般都采用复合式衬砌(图7-17)。复合式衬砌由初期支护、防水隔离层和二次衬砌所组成。外层为初期支护,一般采用锚杆、喷射混凝土,其作用为加固围岩,控制围岩变形,防止围岩松动失稳,是结构承载的主要部分。复合式衬砌内层为二次衬砌,一般在初期支护基本稳定,变形较小时施作,它的主要作用是安全储备,并承受静水压力,以及在围岩蠕变、围岩稳定性恶化或初期支护腐蚀、失效后继续承载。在围岩稳定性好,地层渗漏水少的区段,区间隧道也可以采用单层模注混凝土整体式衬砌(图7-18)。整体式衬砌一般不可能与围岩密贴,因而要求在衬砌完成后向衬砌背后注浆,充填空隙,改善衬砌受力状态。

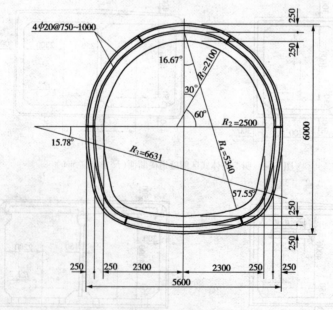

图7-17 新奥法复合式衬砌(尺寸单位:mm)

(3) 盾构法施工的区间隧道的结构形式

盾构法修建的区间隧道有预制装配式衬砌、预制装配式衬砌和模注混凝土整体式衬砌相结合的双层衬砌以及挤压混凝土整体式衬砌三大类(图 7-19)。

预制装配式衬砌可采用钢筋混凝土、钢、铸铁以及多种材料组合而成的管片拼装而成。钢筋混凝土耐压性和耐久性都较好,随着其制作工艺水平的提高,其制作精度、抗渗能力有较大的提高,因而越来越被广泛采用。当采用单层拼装管片衬砌不能满足工程需要时,为防止隧道渗水和衬砌腐蚀,修正管段拼装误差,减少噪音和振动,可以在装配式衬砌内再做一层整体式混凝土衬砌。挤压混凝土衬砌是随着盾构向前掘进,用一套衬砌施工设备在盾尾同步灌注混凝土或钢筋混凝土整体式衬砌。挤压混凝土可以是素混凝土、钢筋混凝土或钢纤维混凝土,多采用钢纤维混凝土。挤压式衬砌一次成型,内表面光滑,衬砌背后无空隙,无需注浆,对控制地层变形特别有效。但是需要较多的施工设备,在渗漏水严重地段难于保证抗渗性能,因而应用不广泛。

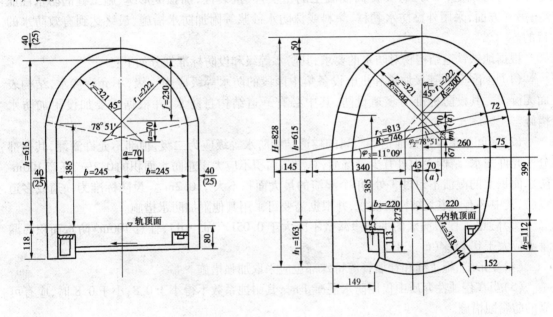

图 7-18 新奥法整体式衬砌(尺寸单位:cm)

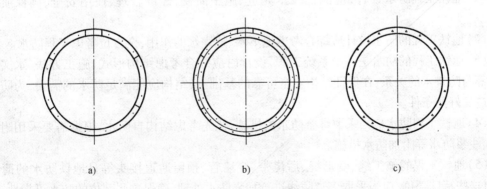

图 7-19 盾构法区间隧道衬砌形式
a)单层装配式衬砌;b)双层衬砌;c)挤压混凝土整体式衬砌

第二节　城市地铁构造特点与防排水要求

一、城市地铁防排水总体要求

1. 防水等级与设防标准

根据《地铁设计规范》(GB 50157—2003)、《地下工程防水技术规范》(GB 50108—2008)和《地下防水工程质量验收规范》(GB 50208—2011)，地铁工程应遵循"以防为主，刚柔结合，多道设防，因地制宜，综合治理"的原则，精心设计，精心施工。地铁结构物的防水措施应根据场地的水文地质条件、地形条件、施工方法、结构形式、防水标准、使用要求和技术经济指标等综合考虑确定，一方面，要提高混凝土的密实性、抗裂性，加强变形缝、施工缝的防水性能等；另一方面，采用外贴防水卷材、涂料或抹防水砂浆等附加防水措施，最终达到有效防水的目的。

根据地铁铁道结构物对防水的要求，其防水等级和设防标准划分如下：

(1) 地下车站、连接通道和机电设备集中区段的防水等级应为一级，不允许渗水，结构表面无湿渍。其设防标准为多道设防，其中必有一道结构自防水，并根据需要加设附加防水措施。

(2) 区间隧道及连接通道等附属的隧道结构防水等级应为二级，顶部不允许滴漏，其他部分不允许漏水，结构表面可有少量湿渍，总湿渍面积不应大于总防水面积的 0.2%，任意 100m^2 防水面积上的湿渍不超过 3 处，单个湿渍的最大面积不大于 0.2m^2。设防标准为一道或多道设防，其中必有一道是结构自防水，并根据需要可采用其他附加防水措施。

(3) 隧道工程中漏水的平均渗漏量不应大于 0.05L/(m^2·d)，任意 100m^2 防水面积渗漏量不应大于 0.15L/(m^2·d)。

(4) 变形缝、施工缝和穿墙管等特殊部位应采取加强措施。

(5) 当在侵蚀性介质中仅用防水混凝土时，其耐蚀系数不得小于 0.8；小于 0.8 时，应有可靠的防腐蚀措施。

2. 城市地铁工程防水的一般要求

(1) 地铁工程防水设计，应满足技术先进、施工简便、经济合理、使用安全、确保质量的要求。

(2) 地铁工程的防水设计应综合考虑地下水、地表水的作用，全方位考虑工程防水。

(3) 地铁工程的防水是一个系统工程，设计时应综合考虑结构形式、施工方法、水文地质条件等与防排水的关系，在保证结构安全可靠的基础上，结构应能满足防水的需要，为防水工程创造良好的条件。

(4) 地铁工程防水应当采取综合防水的措施，优先考虑结构自防水，根据需要采用附加防水层、注浆防水等附加防水措施。

(5) 地铁工程的施工缝、变形缝、后浇带、穿墙管、预留通道接头等是地铁防水的薄弱环节，对这些特殊部位，应当采取多道防线进行加强防水处理，确保这些部位的防水可靠性。

(6) 地铁工程防水材料应当优先选用质量可靠、耐久性好、物力力学性能优越、符合环保要求、施工简便的材料。

(7) 地铁工程具有防水要求高、渗漏治理困难的特点,应当进行施工,严格控制防水材料质量和施工质量,层层把关,不留隐患。

二、城市地铁构造特点与防排水要求

1. 明挖法施工的构造特点与防排水要求

明挖法施工与地面建筑施工技术相近,相对于暗挖法施工,具有技术成熟、施工较为方便、质量容易控制,便于防排水措施的实施等优点。明挖法施工的车站多采用整体式结构,这种现浇钢筋混凝土结构防水性和抗震性能好,能适应结构体系的变化,有利于结构的防排水。对于外部结构,其防排水重点是结构底板、侧墙和顶板;在结构内部,重点是施工缝、变形缝、穿墙管、后浇带等细部结构的防水,需要精心施工。对于明挖装配式结构,预制构件的防水等级一般容易达到,装配构件之间的连接结构是防水的薄弱环节,应加强防水措施。

明挖法施工的防排水要求:

(1) 基坑开挖时,做好基坑坡顶的截水工作,防止边坡顶的水流入基坑;基坑内如果有地下水,采取基坑内降水或注浆堵水等措施。浇筑垫层混凝土之前基坑底部不得有明水,保证垫层混凝土的浇筑质量,以满足其不小于 S6 的抗渗等级。

(2) 采用桩墙或地下连续墙支护的明挖结构,桩墙和地下连续墙应具有一定的抗渗能力,其抗渗等级不得小于 S6。地下连续墙槽段之间的接缝宜采用十字钢板接头或橡胶止水带接头,保证接头部位的防水效果。

(3) 垫层混凝土采用强度等级不小于 C15 的混凝土,厚度不小于 150mm,要求垫层混凝土坚固密实,并且基本平整。

(4) 结构采用全外包膨润土防水板或柔性防水层,防水材料采用膨润土防水板或两层各 4mm 厚的聚酯胎体改性沥青防水卷材。防水板或防水层施工应做到材质优良、搭接牢固、完整无缺陷。

(5) 对施工缝、变形缝、穿墙管、后浇带、预留孔等防水薄弱部位和施工拐角部位,应采取附加防水措施的方法进行防水处理。

2. 盖挖法施工的地铁构造特点与防排水要求

盖挖法按照基坑开挖与结构浇筑的顺序不同,有 3 种基本的施工方法,即盖挖顺作法、半逆作法和逆作法。在结构上,盖挖顺作法与明挖顺作法并无不同,而半逆作法与逆作法相近。盖挖逆作法的构造特点有:

(1) 施工过程中需要大量临时结构,结构的主要受力构件常兼有临时结构和永久结构的双重功能。这些结构在基坑开挖和形成结构过程中,由于垂直荷载的增加和土体卸载的影响,将会引起边、中桩的沉降,不仅影响其受力性能,也影响结构的防水性能。

(2) 逆作法和半逆作法是在上部混凝土达到设计强度后再浇筑下部混凝土,由于混凝土的收缩和析水,不可避免施工缝开裂。这些裂缝对结构强度、刚度、防水性和耐久性产生不利影响,必须采用特殊施工方法和处理技术。

盖挖法施工的防排水要求有:

(1) 地下连续墙是防排水的第一道防线,其抗渗等级不得小于 S6。同时地下连续墙槽段之间的接缝应采用防水接头形式(十字钢板接头或橡胶止水带接头),保证连续墙防水的整体可靠性。

(2)为保证防水施工的顺利实施及防水的可靠性,内衬结构与地下墙之间尽量不采取拉接筋的叠合墙(或板墙连接)的方案,否则会给防水方案的制订及防水施工带来不利的影响,或不易保证柔性防水层的连续性,采用膨润土防水毯防水可克服其不利影响。当必须采用整体墙方案时,也可将侧墙的水泥基渗透结晶型刚性防水涂层涂刷在内衬墙的内表面。

(3)穿过结构的柱桩与结构的连接部位、上部先浇结构与下部后浇结构的连接部位、施工缝、变形缝等部位是防水的薄弱环节,应采取多种措施来保证防水效果。

3. 新奥法施工的地铁构造特点与防排水要求

新奥法是暗挖法施工的主要方法。暗挖法施工的地铁结构存在以下对结构防水不利的特点:

(1)结构施工复杂,防水板铺设的作业面小,施工条件较差。

(2)防水板的接缝部位过多,由此带来的渗漏机率较大。

(3)结构施工缝较多,接缝部位的开裂易导致渗漏。

(4)防水板的预留搭接部位较多,绑扎钢筋和浇筑混凝土时对预留搭接部位的保护不易做好。

(5)施工环境较差,混凝土浇筑和振捣的质量不易保证。

(6)顶纵梁和底纵梁的柔性防水层不宜做到完整无损,易产生渗漏部位。

针对以上特点,为满足结构一级防水的要求,需要采取以下不同于明挖和盖挖法施工的特殊防水处理方法,对暗挖法施工的车站进行防水。

(1)对于地下水较多和地质状况较差的地区,应采用小导管超前支护和预注浆。开挖后对喷射混凝土初次衬砌背后进行均匀注浆,保证初次衬砌的防水密实性。

(2)对顶纵梁部位的喷射混凝土初次衬砌进行背后注浆,注浆范围应高于隧道拱顶的最高部位,以免在顶纵梁的上部形成积水槽,一旦发生渗漏不易进行堵漏处理。

(3)顶纵梁的膨润土或柔性防水层采取多道设防,除采用膨润土板或塑料防水板进行全外包防水外,还应在顶纵梁部位,施作刚性防水砂浆抹面处理和铺设双层膨润土板或 SBS 改性沥青防水卷材加强层,同时采用钢板覆盖的方法对柔性防水卷材的预留接头部位进行有效的保护,保证塑料防水板的连续性和搭接部位的防水可靠性。

(4)对喷射混凝土表面进行找平处理,保证喷射混凝土基面尽量平整,减少初次衬砌对二次衬砌的约束,减少二次衬砌结构的开裂,这是保证结构混凝土自防水的关键,应切实做好。

(5)柔性防水层采用 1.5mm 厚的塑料防水板(EVA 或 PVC),缓冲层和侧墙、顶板的保护层采用 $400g/m^2$ 的土工布。防水层采用双焊缝无钉孔铺设工艺,保证防水层的连续性和搭接部位的可靠性。

(6)底板采用 7cm 厚的细石混凝土作为防水层的保护层,保证在绑扎钢筋和浇筑混凝土时不会对底板防水层造成破坏。

(7)浇筑结构拱顶部位的二次衬砌混凝土时,应在拱顶中心部位沿隧道纵向每隔 4~6m 设置一个预留注浆管,结构混凝土浇筑完毕并达到设计强度后,利用预埋注浆管进行初期支护与二次衬砌之间的回填注浆。

(8)顶纵梁和拱顶部位的混凝土不易浇筑和振捣密实,必要时可在这些部位浇筑自密实混凝土。

4. 盾构法施工的地铁构造特点与防排水要求

目前盾构法施工的地铁衬砌绝大部分仍然采用由单层钢筋混凝土管片拼装而成的衬砌结构。预制管片拼装衬砌结构不仅要满足结构强度和刚度要求,还应解决好防水问题。盾构隧道的施工特点决定了盾构隧道衬砌难以实现其外全包防水措施。因此,管片及其接缝在很大程度上决定了盾构隧道的防水性,而螺栓孔、注浆孔等施工残留的孔洞成为衬砌防水的隐患。除此之外,盾构机竖井的防水、盾构推进过程期间盾尾密封和渗漏处理也是防水重点。

盾构法施工的防排水要求如下:

(1)衬砌管片结构自防水是重点。管片本身的抗渗等级应当满足要求,管片混凝土施工时级配合理,严格控制水灰比,加强养护以减少管片微裂缝。对于管片制作,采用高精度钢模,减少制作误差是保证管片接头密贴的前提。

(2)管片接缝位置防水的主要手段有密封垫防水、嵌缝防水、螺栓孔防水、二次衬砌防水等多种方法,施工时根据需要采取几种或全部防水措施,确保防水效果。

(3)为了防止隧道周围土体变形,控制管段的不均匀沉降,防止地表沉陷,在盾构施工过程中,应及时对盾尾和管片衬砌间的建筑空隙进行压浆处理。

第三节　明挖法与新奥法施工的地铁工程防排水

一、明挖顺作法施工的地铁防排水设计与施工

1. 基坑开挖防排水

采用明挖法进行城市地铁施工,基坑开挖是第一步。虽然只有在地形开阔、建筑物稀少的地方才采用明挖法进行施工,基坑开挖仍然要注意保持基坑边坡的稳定。基坑失稳会对施工各方面产生影响,不仅影响施工安全,也影响施工质量、施工速度,以及周围建筑物的安全。水对基坑稳定有巨大影响,因此,在基坑开挖时应切实做好基坑截水、排水和降水。

无论是放坡开挖还是有围护结构支撑开挖,都应当防止地表水汇流进入基坑区域,以免因地表水冲刷坡面、渗透浸泡坡体导致基坑坡体或维护结构失稳。因此,在雨季进行明挖施工,或者施工时间较长,应当在基坑四周修建截水沟引排地表水,或者修筑土堤阻挡地表水。施工时土体含水率较高或地下水位较高,都可能导致开挖后的基坑渗水、漏水甚至涌水。此时,如果渗水量较小时,可采用喷射防水混凝土护坡,在开挖工作面开挖排水沟、集水井,将渗漏水汇集排走;渗水严重时,应先采取注浆堵水、人工降低地下水位等措施,再进行基坑开挖。截水沟、排水沟和集水井如图 7-20 所示。

排水沟、集水井应当设置在地铁结构边缘以外净距 0.4m 外,并设在地下水走向的上游。根据地下水量大小、基坑平面形状及水泵能力,集水井每隔 30~40m 设置一个。排水沟深为 0.3~0.4m,沟底宽度不小于 0.3m,坡度为 0.1%~0.5%。排水沟边缘层离开边坡坡脚不小于 0.3m。集水井的容积须保证水泵停转 10~15min 时集水不会溢出,井距构筑物边线的距离必须大于井的深度。为防止井壁塌落,可用挡土板加固或用砖干砌加固。集水井的深度随着挖土的加深而加深,要经常低于挖土面 0.7~1.0m。当基坑挖到设计高程后,井底应低于坑底 1~2m,并铺设 30cm 碎石作反滤层,以免在抽水时将泥沙抽出,并防止坑底的土被搅动。沟、井截面根据排水量确定。

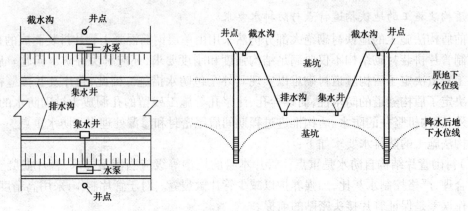

图 7-20 基坑防排水措施分布图

2. 主体结构的防水设计与施工

明挖结构应采用外贴全包防水，防水层构造如图 7-21 所示。

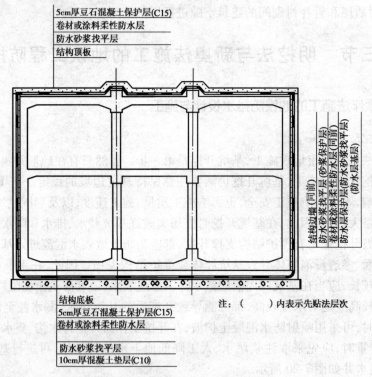

图 7-21 明挖结构的全外包防水层构造图

（1）结构底板防水

结构底板浇筑前，首先应在基底浇筑底板垫层。浇筑垫层混凝土时应保证基坑底部不得有明水，保证垫层混凝土的浇筑质量，以满足其不小于 S6 的抗渗等级。垫层混凝土采用强度等级不小于 C10 的混凝土，厚度不小于 10cm。要求垫层混凝土坚固密实，并且基本平整。

垫层上面敷设膨润土防水板或柔性防水层，防水材料采用膨润土防水板或两层各 4mm 厚的聚酯胎体改性沥青防水卷材。当采用满黏法铺设防水卷材时，底板垫层上应施作厚度不小于 2cm 的水泥砂浆找平层。当采用空铺法铺设柔性防水卷材时，可不施作水泥砂浆找平层，但要求浇筑混凝土垫层后用铁抹子进行二次收水压实抹平,使垫层混凝土表面平整密实。底板防水层宜采用空铺法施工。SBS 防水层的搭接宽度为 10cm,搭接部位应密实可靠。采取有效的措施对分段铺设的防水层两侧的预留搭接部位进行保护,防止施工过程中将预留搭接部位破坏而导致渗漏水现象。

防水层施工完毕后,应及时施作防水层的细石混凝土保护层。保护层厚度不小于 5cm,保护层混凝土宜采用豆石(细卵石),防止石料划伤防水层。保护层达到一定强度后,方可进行底板施工。

(2) 侧墙的防水设计与施工

侧墙防水层采用满黏法施工,铺设防水层前应在侧墙外表面上抹厚度不小于 2cm 的水泥砂浆找平层(砂浆保护层),侧墙第二层(靠近回填土)铺膨润土防水板,或防水卷材宜表面覆砂的改性沥青卷材,以便在铺设完的防水层表面抹 2cm 厚的防水层的水泥砂浆保护层。侧墙的保护层也可采用厚度不小于 5cm 的聚乙烯泡沫塑料等材料。

(3) 顶板的防水设计与施工

顶板的膨润土防水板或改性沥青防水卷材也应采用满铺满黏法施工,但应注意的是顶板混凝土浇筑完毕后,应进行二次收水压平抹实,不得在顶板结构表面抹水泥砂浆找平层,以免由于找平层的开裂将防水层拉断。

3. 结构内变形缝、施工缝、后浇带、穿墙管等的防水设计与施工

(1) 变形缝

变形缝防水构造形式和材料应根据工程特点、地基和主体结构变形情况,以及水压和防水等级等因素确定。缝宽一般为 20~30mm。水压较大的变形缝通常均采用埋入式橡胶止水带。对防水等级较高的工程,根据施工条件,可在变形缝外侧或内侧采用其他防水材料,如采用嵌缝材料或高分子卷材进行加强。

(2) 施工缝

凿毛清洗干燥后,在结构断面中部附近放置遇水膨胀腻子条,可靠、经济。也可用橡胶或塑料止水板等,但施工比较麻烦。

(3) 后浇缝

后浇缝应在其两侧结构混凝土的龄期达 6 周以后再施工。施工前应将接缝处的混凝土凿毛,清洗干净,保持润湿并刷水泥浆,或凿毛洗后等其干燥,在结构断面中部附近安放遇水膨胀腻子条。采用补偿混凝土将后浇缝浇筑满,其强度等级和抗渗等级均不低于两侧主体结构混凝土,养护时间不小于 28d。

(4) 穿墙管

穿墙管应在浇筑混凝土前埋设,并加止水环,环与主管要满焊。如需更换墙管,则采用套管法。穿墙管线较多时,可采用穿墙盒,盒的封口钢板应与墙上的预埋件焊牢,从钢板上的浇筑孔注入密封材料。

变形缝、施工缝、后浇带和穿墙管等细部构造的防水见本章第六节。

二、盖挖逆作法施工的地铁工程防排水

盖挖法施工包括盖挖顺作法、盖挖半逆作法和盖挖逆作法,其防水结构也应采用全外包防水方法,其构造与明挖法相似。盖挖顺作法与明挖法施工无本质区别,其防水技术也基本相

同;盖挖逆作法和半逆作法相近,与顺作法相比,其防水尤其应当注意地下连续墙的防水、上部先浇部分与下部后浇结构的连接部位裂缝的防水。

1. 结构顶板的防水设计与施工

结构顶板防水层可以采用防水卷材或防水涂料。采用防水卷材时,其层数、厚度按水文地质条件与工程防水要求确定。防水卷材的种类有膨润土防水板、改性沥青卷材、橡胶塑料类卷材等。改性沥青卷材厚度不小于6mm,橡胶塑料类卷材厚度不小于1.5mm。采用防水涂料时,应选用防水、抗菌、无毒或低毒、刺激性小的涂料,性能要求符合防水标准《聚氨酯防水涂料》(GB/T 19250—2003),施工时要求基面平整、清洁、无浮浆,溶剂型涂料含水率小于9%。涂刷时应确认其性能是否符合规定,配料是否准确,搅拌是否均匀。涂刷厚度保持一致,分层涂刷时,后一次涂刷方向应与前一次涂刷方向垂直。

为了保护防水层,在浇筑顶板防水层的混凝土保护层前,应在防水层上铺设防水层的隔离层。

2. 围护结构及侧墙防水设计与施工

盖挖法侧墙有两种形式:一种是地下连续墙或桩墙和内衬所组成的复合墙;另一种是只有地下连续墙的单层墙。无论哪种构造类型,侧墙以及侧墙的接缝处都是防水重点部位。地下连续墙或桩墙本身应具有一定的抗渗能力,其抗渗等级不得小于S6,地下连续墙槽段之间的接缝宜采用十字钢板接头或橡胶止水带接头,保证连续墙防水的整体可靠性。

当采用复合墙结构时,在连续墙与内衬之间应设置夹层柔性防水层。这种柔性防水层不仅防水效果好,还可以消除连续墙对现浇混凝土内衬收缩的约束作用,减少内衬的收缩裂缝。柔性防水层可采用膨润土防水板、改性沥青防水卷材、EVA防水板等。为保证防水层施工的顺利实施及防水的可靠性,内衬结构与连续墙之间尽量不采取拉接筋的叠合墙(或板墙连接)的方案,这会给防水方案的制订及防水施工带来不利的影响,或不易保证柔性防水层的连续性,采用膨润土防水毯防水可克服其不利影响。同时应重点处理好柔性防水层在顶板下表面的刚柔过渡做法和在底板与桩的收口密封做法。

采用单层整体墙方案时,一般采用涂抹式防水结构。即在单层墙的内表面(经过处理的),涂抹一层防水砂浆或其他防水涂料的刚性防水层。防水砂浆可以用普通硅酸盐水泥为基料,也可以用膨胀水泥为基料配制而成。采用防水涂料时,水泥基渗透结晶型刚性防水涂层效果较好,这种涂料在一定的时间后可渗入混凝土表面下50mm,并在混凝土的孔隙内产生一种不溶解的结晶,堵塞毛细水的渗漏通道。

3. 结构底板的防水设计与施工

盖挖逆作法施工的车站由于存在穿过底板的柱桩,其周围属防水薄弱环节,因此特别要求底板的垫层尽量采用较高强度等级的混凝土(尽量不小于C20),厚度不小于150mm,以利于安放的遇水膨胀橡胶条发生作用。同时垫层混凝土密实不透水,也能给铺设防水板和处理柱桩节点部位的防水创造良好的施工条件。底板防水层的设计、施工与明挖法相同。

4. 上部先浇混凝土与下部后浇混凝土之间施工缝防水设计与施工

采用逆作法、半逆作法施工时,应特别注意混凝土施工缝的处理问题。由于混凝土的收缩和析水,上部先浇混凝土与下部后浇混凝土之间施工缝不可避免地会出现3~10mm的裂缝,对防水产生不利影响。

处理这种施工缝开裂的办法有直接法、注入法和充填法,如图7-22所示。其中直接法是传统的施工方法,不易做到完全紧密接触;注入法是通过预先设置的注浆孔向缝隙内注入水泥浆或环氧树脂;充填法是在下部混凝土浇筑到适当高度时,清除浮浆后再用无收缩或微膨胀的混凝土或砂浆充填。待充填的高度,用混凝土充填时为1.0m,用砂浆充填为0.3m。为了保证施工缝的良好充填,一般在柱中最好设置V形施工缝,在墙中设V形施工缝,其倾斜角易小于30°。注入法和充填法能保证结构的整体性,在构件破坏前不会出现施工缝滑移破坏。

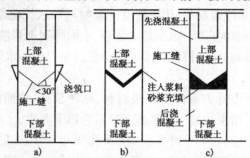

图7-22 先浇混凝土与后浇混凝土间施工缝处理方法
a)直接法;b)注入法;c)充填法

三、新奥法施工的地铁工程防排水

新奥法是暗挖地下工程的主要方法之一。相对于明挖施工,暗挖法具有很多不利于结构防水的特点:

(1)城市地铁尤其是区间隧道施工工作面狭长,结构构造复杂,施工工序多,防水施工条件较差。

(2)新奥法施工难以实现全外包防水,多数采用复合衬砌夹层防水,防水层接缝部位多,施工困难,质量难以保证,容易出现渗漏水隐患。

(3)狭长结构施工缝、变形缝较多,这些接缝部位容易开裂,造成防排水失败,引发渗漏。

(4)由于结构构造的特殊性,地铁结构的边墙底部、顶纵梁上方、双拱结构的连接处以及其他角隅位置容易发生充填不密实、振捣不充分的问题,使地下水在这些地方聚集、渗透,引发严重渗漏。

因此,新奥法施工的地铁工程防排水不仅要采取多种措施,分层综合防水,还应注意精心施工,确保防水措施的施工质量。新奥法施工的地下结构防水的几道防线为结构外的注浆堵水、支护衬砌的防水以及衬砌结构内部的堵水和排水措施。

1. 围岩注浆堵水

围岩注浆不仅是加固围岩的重要措施,也是地铁防水的一种手段。围岩注浆一方面可以充填围岩孔隙,胶结松散地层,使围岩强度得到提高;另一方面,围岩注浆充填结构外围岩体的渗流孔隙,在结构外形成环形保护层,可以显著减轻结构承受的地下水压,减少地下水向临空面的汇集和渗出。对于地下水较多和地质状况较差的地区,应采用小导管超前支护和预注浆,开挖后,也可对喷射混凝土初期支护外进行均匀注浆,保证初衬的水密性。

在进行围岩注浆前,应当做好以下工作:收集工程地质资料、水文资料,如围岩孔隙率、渗透系数、涌水量、水压等物理力学指标;观察开外工作面围岩的岩性、岩层产状、节理发育程度等;分析渗漏水的原因、渗漏形式、位置、水量大小等;进行预注浆时,应事先按要求施作完成止浆墙(垫)结构并达到设计强度,回填注浆应确保衬砌混凝土达到设计强度的70%;在岩溶发育地区,应从勘测、选料、布孔等多方面进行专业设计。只有切实做好注浆前的准备工作,针对不同的渗漏情况,进行围岩注浆方案设计和施工,才能达到预期的效果。

注浆防水选材应当遵循以下原则:原料来源广,价格适宜;具有良好的可灌性;可以调节获得适当的胶凝时间;固化时收缩小或具有微膨胀性,与注浆介质具有较好的黏结力;耐久性好,耐侵蚀性好;无毒,低污染;工艺简单,操作方便、安全。

常用注浆材料有水泥系注浆材料、化学浆液注浆材料和水泥化学浆液混合注浆材料。水泥系注浆材料包括水泥浆、水泥砂浆、水泥黏土浆液、水泥膨润土浆液等;化学浆液注浆材料包括水玻璃系、木质素系以及高分子材料系;水泥化学浆液主要包括水泥水玻璃浆液和水泥丙烯酰胺浆液。

注浆施工时,应当按照设计方案配置注浆材料,钻注浆孔,按照设计的速度、压力进行注浆,达到注浆结束条件方可结束注浆。注浆施工应符合以下要求。

(1)预注浆钻孔误差应符合下列要求:注浆孔深小于10m时,孔位最大允许偏差为100mm,钻孔偏斜率最大允许偏差为1%;注浆孔深大于10m时,孔位最大允许偏差为50mm,钻孔偏斜率最大允许偏差为0.5%。

(2)岩石地层或衬砌内注浆前应将钻孔冲洗干净。

(3)注浆前,应进行压水试验,测定注浆孔吸水率和地层吸浆速度。

(4)回填注浆时,对岩石破碎、渗漏水量较大的地段,宜在衬砌与围岩间采用定量重复注浆法分段设置隔水墙。

(5)回填注浆、衬砌后围岩注浆施工顺序,应符合下列要求:应沿工程轴线由低到高,由下往上,从少水处到多水处;在多水地段,应先两头,后中间;对竖井应由上往下分段注浆,在本段内应从下往上注浆。

(6)注浆过程中应加强监测,如发生围岩、衬砌变形,堵塞排水系统、串浆、危及地面建筑物等异常情况时,可采取下列措施:降低注浆压力或采用间歇注浆,直到停止注浆;改变注浆材料或缩短浆液凝胶时间;调整注浆实施方案。

(7)注浆结束前,应在分析资料的基础上,采取钻孔取芯法对注浆效果进行检查,必要时进行压(抽)水试验。检查指标满足结束条件时,结束注浆,并将注浆孔及检查孔封填密实。

2. 喷射混凝土防水设计与施工

锚喷支护是新奥法施工常用的初期支护方法,喷射混凝土有施工速度快、灵活、省工、省料的特点,具有承载早,及时封闭岩面、封堵地下水、防止围岩风化等作用。在富水围岩进行锚喷支护,喷射混凝土应采用防水混凝土。喷射混凝土的材料可以分为素混凝土和钢纤维混凝土。素混凝土具有强度增长快、黏结力强、密度大、抗渗性好的特点,钢纤维混凝土中掺加的钢纤维能弥补喷射混凝土的脆性破坏缺陷,改善喷射混凝土的物理力学性能。

进行喷射混凝土设计,不仅要满足喷射混凝土在强度增长、力学变形性能、抗风化和侵蚀等方面的性能要求,还应注意改善喷射混凝土的抗渗性能。提高喷射混凝土抗渗性能的主要方法有:

(1)掺入外加剂

喷射混凝土外加剂主要包括明矾石膨胀剂、早强剂、减水剂和速凝剂,适量掺入膨胀剂、早强剂、减水剂都可以改善喷射混凝土的抗渗和防水性能,速凝剂则会降低喷射混凝土的后期强度和抗渗性能。明矾石膨胀剂由天然明矾石和无水石膏按适当比例共同磨细而成,一般为水泥用量的20%。通过加入明矾石膨胀剂,可以取代部分水泥,不会增加造价,而且可以改善各项技术指标。明矾石膨胀剂可以使喷射混凝土产生微膨胀,补偿混凝土收缩,提高抗裂、抗渗性能和抗压强度。但是应当注意控制膨胀剂的掺量,避免因过量而导致胀裂,此外,施工时应加强养护。早强剂的掺入有利于喷射混凝土尽早发挥承载能力。在围岩有渗漏水的情况下,提高喷射混凝土的早期强度特别重要,早期强度高,有利于抵抗压力水的渗透。一般采用三乙醇胺作早强剂,这种材料来源广,使用方便,掺量小,增加造价极微。减水剂的掺入有利于提高混凝土的和易性,减少用水量,使游离水分减少,由多余水蒸发造成的毛细渗水孔道减少,从而提高了喷射混凝土的强度和抗渗性。同时,由于减水剂的分散作用,使水泥加水后不再凝聚成团,因此扩大了水泥颗粒与水接触面积,有利于水泥水化的进行,有利于水泥浆包裹砂子和石子,从而提高了喷射混凝土的强度和抗渗性。喷射混凝土掺用的减水剂,最好采用无缓凝作用、低引气型、高效能的减水剂。一般不采用木质磺酸钙减水剂,因其有缓凝作用。膨胀剂、减水剂、早强剂三种外加剂可以单独使用,也可复合使用,复合使用的喷射混凝土防水效果更好。

(2)采用水泥裹砂造壳喷射法施工

我国早期使用的喷射混凝土设备和喷射工艺均为干式喷射混凝土,水泥、砂、石和水在喷嘴附近才混合,因此很难混合均匀,很难使水泥浆充分包裹砂子和石子,回弹率高、粉尘大,更是影响喷射混凝土防水性能的一个重要因素。水泥裹砂造壳是将砂子先通过水分调节机,使砂子表面含水率控在一定范围内,先掺进去一部分水泥,进行拌和,使其与砂均匀混合,在砂子表面包裹一层水泥浆壳(造壳作用)。水泥浆壳形成后,再将余下的材料进行混合,搅拌均匀送至喷嘴与石子混合,喷射到岩面上。水泥裹砂造壳喷射法的工艺流程如图7-23所示。

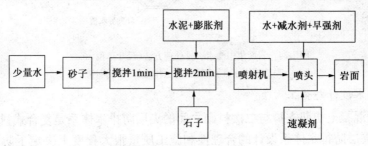

图7-23 水泥裹砂造壳喷射法的工艺流程

水泥裹砂造壳喷射法施工时,可提前对堆砂场浇水,也可在搅拌投料时,先投砂,再加入少量水,搅拌1min,然后投入水泥、石子。这样水泥颗粒也可以均匀地包裹在砂、石表面,并吸收砂中水分,开始水化作用。这不仅可以提高喷射混凝土的强度和抗渗性,而且可以减少施工粉尘。但在拌料时,不可加入过多水分,以免影响速凝剂效果。因此,砂子预湿应严格控制水量,一般以控制水灰比在0.2左右为宜,而且要靠岩层喷射。当岩层渗水时,须掺入速凝剂,此时水灰比可适当小些。岩层不渗水时,面层喷射可不掺速凝剂,但要适当增加水量。国产SP-3型喷射机可将干料预湿到水灰比0.25~0.3。

喷射混凝土施工时,应根据岩面渗水程度,调整施工方案。当岩面无集中水时,根据岩面的潮湿程度调整适当的水灰比进行施工。如果岩面有集中渗水时,应当做好排水引流处理,其主要方法有弹簧管法排水、半圆铁皮法排水、钻孔引流排水、边喷边排法处理等,如图7-24所示。弹簧管法适用在裂隙水成线形分布的地段。制作弹簧管时,首先用12~14号镀锌铁丝绕成弹簧,直径视裂隙水量的大小而定。弹簧圈外包塑料布(或玻璃布),塑料布外用铁窗纱保护,将弹簧用14~20号铝丝固定在裂隙处形成导水管。弹簧两侧用速凝水泥砂浆封闭,然后进行喷射混凝土作业。为防止弹簧管外的喷射混凝土开裂,可增设一层直径4mm的钢筋网。半圆铁皮法适用于裂隙水量较大,而岩壁比较平整的部位。将薄铁皮做成半圆形,固定在岩壁裂隙处,两侧用速凝水泥砂浆封闭,用14号铁丝固定,然后喷射混凝土。当围岩有明显渗漏点时,可先在漏水处钻孔或凿槽,将漏水引流集中,然后用速凝止水材料封闭,插入导管,将水集中导出。边喷边排水法是在喷射混凝土的同时,用速凝材料将橡皮管固定在岩壁上,然后边喷混凝土边抽去橡皮管,这样喷射混凝土与岩壁间形成渗流通道,使裂隙水从通道中排水。

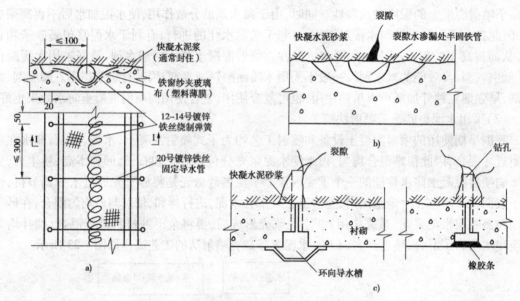

图 7-24　岩面集中渗水引排处理方法(尺寸单位:mm)
a)弹簧管排水;b)半圆铁皮法排水;c)钻孔引流

3. 夹层防排水设计与施工

设置在喷射混凝土初期支护与二次衬砌之间的夹层防排水体系是复合式衬砌防水系统的主要组成部分,夹层防排水体系设计的合理性和施工质量很大程度上决定了防排水的整体效果。复合式衬砌中的夹层防排水体系主要包括:由土工布和防水板组成的堵水结构;由环向排水盲管、纵向排水管、横向排水管和排水边沟(或中央排水管)组成的集水、排水结构。堵水、集水和排水结构有机结合,互相影响,任何一个环节的缺陷都将影响到其他环节,直接导致其他环节防排水压力增大,甚至彻底失效。

初期支护完成并达到一定强度后,首先施工环向排水盲管、纵向排水管和预埋横向排水管。环向排水管通常采用由涂塑弹簧外包玻璃纤维布或塑料滤布构成的弹簧排水管。在施工前应检查玻璃纤维布或塑料滤布是否套紧;弹簧涂塑层是否均匀,是否出现老化。施工时,根据渗水量大小调整环向排水管的间距,安装时应尽量紧贴渗水岩壁,减小地下水由围岩到弹簧排水管的阻力。环向排水管应尽量圆顺,尤其在拱顶部位不得起伏不平。安装时用钢筋卡或铁丝固定,应注意处理好钢筋卡、铁丝端头,避免刺穿防水板。纵向排水管一般也采用弹簧排水管,其尺寸较环向排水管大,材质要求基本相同。铺设纵向排水管的基面应采用素混凝土夯实,满足强度、平整度、坡度要求。纵向排水管铺设要平整、顺畅,外部用土工布包裹,防止泥沙进入排水管。此外,应做好纵向排水管与环向排水盲管和横向排水管的连接,保证渗水通过排水系统通畅外排。

在施工防水板之前,必须先施工防水板缓冲层。防水板缓冲层兼有缓冲、滤水和排水作用。缓冲层设在喷射混凝土和防水板之间,可以较好地整平喷射混凝土基面,防止防水板在长期使用过程中被刺破;同时,缓冲层属于多孔材料,能较好地滤除渗水中的泥沙,防止泥沙堵塞排水系统;另外,缓冲层与防水板在夹层中共同构成一个排水通道,使地下渗水能自由地向环向排水盲管、衬砌底部的纵向排水管汇聚外排。常用的缓冲层材料有土工布和聚乙烯泡沫塑料卷材。

土工布系用合成纤维经热压针刺无纺布工艺制成。合成纤维的主要原料有聚丙烯、聚酯、聚酰胺等。厚度 3~5mm,幅宽 2m,按单位面积质量分有 $300g/m^2$、$400g/m^2$、$500g/m^2$ 和 $600g/m^2$ 几种。其中 $300g/m^2$ 无纺布的主要性能指标如下。

(1) 厚度:(2.8 ± 0.15)mm。
(2) 拉伸强度:横向≥380N/5cm,纵向≥350N/5cm。
(3) 撕裂强度:横向≥200 N,纵向≥220 N。
(4) 延伸率:横向$(40 \pm 10)\%$,纵向$(50 \pm 10)\%$。
(5) 顶破强度:≥800N。

聚乙烯(PE)泡沫塑料卷材,系由化学交联、化学发泡制成的闭孔 PE 泡沫塑料,其主要技术性能指标如下。

(1) 厚度:(4 ± 0.5)mm。
(2) 幅宽:(1200 ± 50)mm。
(3) 表观密度:$(45 \pm 5)kg/m^3$。
(4) 拉伸强度:≥0.4MPa。
(5) 断裂延伸率:≥100%。

防水板缓冲层应采用暗钉圈固定在基层上,其固定方法如图 7-25 所示。缓冲层的连接可根据实际工程情况,采用缝合法或搭接法。缝合宽度不应小于 0.1mm,缝线抗拉强度应达到缓冲层抗拉强度的 60% 以上;采用搭接法时,搭接宽度不应小于 0.3m。

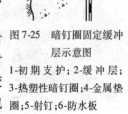

图 7-25 暗钉圈固定缓冲层示意图
1-初期支护;2-缓冲层;3-热塑性暗钉圈;4-金属垫圈;5-射钉;6-防水板

防水板是夹层防水体系的关键部分。防水板是阻止渗水向二次衬砌渗透的主要方法,不仅防水效果好,它还可以隔离初期支护和二次衬砌,减少二次衬砌的收缩裂缝。防水板材料种类很多,大致可分为橡胶沥青类、合成橡胶类、塑料类等。目前大量使用的塑料类防水板主要包括 EVA、聚氯乙烯(PVC)、聚乙烯(PE)等。

EVA:抗拉强度及抗裂强度大,相对密度小,操作方便,伸长和耐磨损性能良好、耐菌性也好,是日本使用最多的材料。

ECB:2.0mm 厚的 ECB 防水板具有伸长性和焊接性良好的特点,其表面有一层彩色薄膜,一旦破坏容易发现。

PVC:耐水、碱、酸,焊接性好,欧洲自 1965 年开始使用厚度 1.5~3.0mm 的 PVC 板,日本用的是 1.0~1.5mm。PVC 板在我国也广泛使用,但是施工焊接时有氯化氢气体逸出,不利于工作人员健康。

PE:可分为低密度和高密度两种,前者虽然强度较低,但操作方便、价格便宜,后者强度和硬度较高,但加工困难,需要用专用焊枪。

塑料类防水板的性能指标应满足以下要求:
(1)幅宽宜为2~4m。
(2)厚度宜为1~2mm。
(3)耐刺穿性好。
(4)耐久性、耐水性、耐腐蚀性、耐菌性好。
(5)塑料防水板的物理力学性能应符合表7-2规定。

塑料防水板物理力学性能 表7-2

项目	拉伸强度(MPa)	断裂延伸率(%)	热处理时变化率(%)	低温弯折性	抗渗性
指标	≥12	≥200	≤2.5	-20℃无裂纹	0.2MPa,24h不透水

塑料防水板铺设应当满足以下要求:
(1)防水板应在初期支护基本稳定并经验收合格后进行铺设,铺设基面的强度、干燥程度均要达到设计要求。
(2)铺设防水板的基层宜平整、无尖锐物。基层平整度应符合$D/L=1/6\sim1/10$(D——初期支护基层相邻两凸面凹进去的深度;L——初期支护基层相邻两凸面间的距离)的要求。锚喷支护基层的锚杆、注浆管等外露端头应进行端头处理,以免刺穿防水板。
(3)铺设防水板前应先铺缓冲层。
(4)铺设防水板时,边铺边将其与暗钉圈焊接牢固。两幅防水板的搭接宽度应为10cm。搭接缝应为双焊缝,单条焊缝的有效焊接宽度不应小于10mm,焊接严密,不得焊焦、焊穿。环向铺设时,先拱后墙,下部防水板应压住上部防水板。
(5)防水板的铺设应超前二次衬砌混凝土的施工,其距离宜为5~20m,并设临时挡板,防止机械损伤和电火花灼伤防水板。
(6)内衬混凝土施工时应符合下列规定:①振捣棒不得直接接触防水板;②浇筑拱顶时应防止防水板绷紧。
(7)局部设置防水板防水层时,其两侧应采取封闭措施。

4.结构混凝土防水设计与施工

为了提高地铁主体结构的防水性能,结构主体一般采用防水混凝土浇筑。防水混凝土结构应当满足以下要求:
(1)防水混凝土应通过调整配合比,掺加外加剂、掺合料配制而成,抗渗等级不得小于S6,土层及软弱围岩中防水混凝土的设计抗渗等级应符合表7-3的规定。

防水混凝土设计抗渗等级 表7-3

工程埋置深度(m)	设计抗渗等级	工程埋置深度(m)	设计抗渗等级
<10	S6	20~30	S10
10~20	S8	30~40	S12

(2)防水混凝土的施工配合比应通过试验确定,抗渗等级应比设计要求提高一级(0.2MPa)。
(3)防水混凝土结构其结构厚度不应小于250mm,裂缝宽度不得大于0.2mm,并不得贯通,迎水面钢筋保护层厚度不应小于50mm。

防水混凝土选材方面应满足以下要求。

(1) 防水混凝土使用的水泥,应符合下列规定:①水泥强度等级不应低于32.5MPa;②在不受侵蚀性介质和冻融作用时,宜采用普通硅酸盐水泥、硅酸盐水泥、火山灰质硅酸盐水泥、粉煤灰硅酸盐水泥、矿渣硅酸盐水泥,使用矿渣硅酸盐水泥必须掺用高效减水剂;③在受侵蚀性介质作用时,应按介质的性质选用相应的水泥;④在受冻融作用时,应优先选用普通硅酸盐水泥,不宜采用火山灰质硅酸盐水泥和粉煤灰硅酸盐水泥;⑤不得使用过期或受潮结块的水泥,并不得将不同品种或标号的水泥混合使用。

(2) 防水混凝土所用的砂石,应符合下列规定:①石子最大粒径不宜大于40mm,泵送时其最大粒径应为输送管径的1/4,吸水率应大于1.5%;不得使用碱活性集料。其他要求应符合《普通混凝土用碎石或卵石质量标准及检验方法》(JGJ 53—1992)❶的规定;②砂宜采用中砂,其要求应符合《普通混凝土用砂、石质量及检验方法标准》(JGJ 52—2006)的规定。

(3) 拌制混凝土所用的水,应符合现行《混凝土拌合用水标准》(JGJ 63—1989)❷的规定。

(4) 防水混凝土可根据工程需要掺入减水剂、膨胀剂、防水剂、密实剂、引气剂、复合型外加剂等外加剂,其品种和掺量应经试验确定。所有外加剂应符合国家或行业标准一等品及以上的质量要求。

(5) 防水混凝土可掺入一定数量的粉煤灰、磨细矿渣粉、硅粉等。粉煤灰的级别不应低于二级,掺量不宜大于20%;硅粉掺量不应大于3%,其他掺合料的掺量应经试验确定。

(6) 防水混凝土可根据工程抗裂需要掺入钢纤维或合成纤维。

(7) 每立方米防水混凝土中各类材料的总碱量(Na_2O当量)不得大于3kg。

防水混凝土施工应满足以下要求。

(1) 防水混凝土的配合比,应符合:①水泥用量不得少于320kg/m^3;掺有活性掺合料时,水泥用量不得少于280kg/m^3;②砂率宜为35%~40%,泵送时可增至45%;③灰砂比宜为1:1.5~1:2.5;④水灰比不得大于0.55;⑤普通防水混凝土坍落度不宜大于50mm。防水混凝土采用预拌混凝土时,入泵坍落度宜控制在(120±20)mm,入泵前坍落度每小时损失值不应大于30mm,坍落度总损失值不应大于60mm;⑥掺加引气剂或引气型减水剂时,混凝土含气量应控制在3%~5%;⑦防水混凝土采用预拌混凝土时,缓凝时间宜为6~8h。

(2) 防水混凝土配料必须按质量配合比准确称量。计量允许偏差不应大于下列规定:①水泥、水、外加剂、掺合料为±1%;②砂、石为±2%。

(3) 使用减水剂时,减水剂宜预溶成一定浓度的溶液。

(4) 防水混凝土拌合物必须采用机械搅拌,搅拌时间不应小于2min。掺外加剂时,应根据外加剂的技术要求确定搅拌时间。

(5) 防水混凝土拌合物在运输后如出现离析,必须进行二次搅拌。当坍落度损失后不能满足施工要求时,应加入原水灰比的水泥浆或二次掺加减水剂进行搅拌,严禁直接加水。

(6) 防水混凝土必须采用高频机械振捣密实,振捣时间宜为10~30s,以混凝土泛浆和不冒气泡为准,应避免漏振、欠振和超振。掺加引气剂或引气型减水剂时,应采用高频插入式振捣器振捣。

(7) 防水混凝土应连续浇筑,宜少留施工缝。

(8) 防水混凝土终凝后应立即进行养护,养护时间不得少于14d。

---

❶目前《普通混凝土用碎石或卵石质量标准及检验方法》(JGJ 53—1992)已作废。
❷目前《混凝土拌合用水标准》(JGJ 63—1989)已作废。

第四节 盾构法施工的地铁隧道防排水

盾构法是在软土、软岩地区修建地铁隧道的主要方法。在防水特点上,盾构法施工除了具有与新奥法施工一样的工作面狭小、结构施工缝多、难于实现结构的全外包防水等特点外,还面临管段不均匀沉降、所处围岩水压普遍较高、沉井防水等困难。盾构法施工的地铁应做好以下几方面的防水措施:管片自身防水、管片接缝防水、螺栓孔与注浆孔密封防水、施工沉井及盾尾自身的防水等。不同防水等级盾构隧道的结构衬砌防水应符合表7-4要求。

不同防水等级盾构隧道的衬砌防水措施　　　　　　表7-4

措施选择 防水等级	高精度管片	接缝防水				混凝土内衬或其他内衬	外防水涂料
		密封垫	嵌缝	注入密封剂	螺孔密封圈		
一级	必选	必选	应选	可选	必选	宜选	宜选
二级	必选	必选	宜选	可选	应选	局部宜选	部分区段宜选
三级	必选	必选	宜选	—	宜选	—	部分区段宜选
四级	可选	宜选	宜选	—	—	—	—

一、管片自身防水

管片自身防水包括管片本体防水和管片外涂防水。管片本体的防水性能对盾构隧道防水有重要作用,管片设计和施工应满足以下要求:

(1)管片应采用防水混凝土制作,抗渗等级一般不小于S8,渗透系数不宜大于5×10^{11}cm/s,规范、国标有相应规定的按规范、国标设计。当隧道处于侵蚀型介质的地层时,应采用相应的耐侵蚀混凝土或耐侵蚀涂层。

(2)预制管片混凝土级配应采用密集配,严格控制水灰比(一般不大于0.4),可以通过掺入减水剂来降低混凝土水灰比。

(3)管片生产时,应采用合理的制作工艺,对混凝土振捣方式、养护条件、脱模时间,以及防止混凝土因温度应力而产生裂缝等提出明确、有效的工艺要求。

(4)管片制作应当采用高精度钢模,减少制作误差,避免造成接缝渗漏水。钢模宽度及弧弦长允许偏差为±0.4mm,混凝土管片制作尺寸允许偏差:宽度为±1mm,弧、弦长为±1mm,厚度为−1~3mm。

(5)采取严格的管片生产质量管理制度,减少管片堆放、运输和拼装过程的损坏率。

管片外防水涂层应根据管片材质确定,对钢筋混凝土管片,一般要求如下:

(1)涂层应能在盾尾密封钢丝刷与钢板的挤压摩擦下不损伤。

(2)当管片弧面的裂缝宽度达0.3mm时,仍能抵抗0.6MPa的水压,长期不渗漏。

(3)涂层应当具有良好的抗化学腐蚀性能、抗微生物侵蚀性能和耐久性。

(4)涂层应当具有防迷流的功能,其体积电阻率、表面电阻率要高。

(5)涂层要有良好的施工季节适应性,施工简便,成本低廉。

二、管片接缝防水

尽管高精度管片能极大地减小管片接缝宽度,但是,如果不采取接缝防水措施,仍不能保证混凝土管段不渗漏水。管片接缝防水主要有:密封垫防水、嵌缝防水、螺栓孔防水、二次衬砌防水等。

1. 密封垫防水

(1)密封垫圈的功能要求

在制作混凝土管片时,管片至少设置一道密封垫沟槽,在含水砂层或薄弱部位可设二道,对于大直径隧道,因管片厚度较大,也可设置三道。密封垫沟槽截面积应大于或等于密封垫截面积,当环缝张开量为0时,密封垫可完全压入储于密封垫沟槽内。尺寸关系如下:

$$A = (1 \sim 1.15)A_0 \tag{7-1}$$

式中:A——密封垫沟槽截面积;

A_0——密封垫截面积。

密封垫应能承受实际最大水压的3倍,衬砌环缝的密封垫应在衬砌产生变形时,保持在规定的水压下不渗漏水,即密封垫在设计水压下的允许张开值应大于衬砌在产生纵向绕曲时环缝的张开值,表示为:

$$\delta \leq \frac{B \cdot D}{\rho_{\min} - \frac{D}{2}} + \delta_0 + \delta_s \tag{7-2}$$

式中:δ——环缝中弹性密封垫在设计水压下允许的缝张开值;

D——衬砌外径;

B——管片宽度;

$\rho_{\min}$——隧道纵向绕曲的最小曲率半径;

δ_0——生产和施工可能造成的环缝间隙;

δ_s——隧道邻近建筑物及桩基沉降等引起的隧道绕曲和接缝张开值。

同时,还要求密封垫传给密封槽接触面的应力大于设计水压力。接触面应力是由扭紧连接螺栓、盾构千斤顶推力、密封垫膨胀等因素产生的。此外,当密封垫一侧受压力作用时也会产生一定的接触面应力,即所谓"自封作用"。

(2)密封垫材料要求

实践证明,密封垫的材料性能极大地影响接缝防水的短期或长期效果,因此,对它有严格的要求。密封垫应当具有良好的回弹性或遇水膨胀性、耐久性、耐水性、耐动力疲劳性、耐干湿疲劳性、耐化学侵蚀性等。常用的弹性密封橡胶垫与遇水膨胀橡胶密封垫的性能要求见表7-5、表7-6。

弹性橡胶密封垫材料物理性能 表7-5

序号	项目		指标	
			氯丁橡胶	三元乙丙橡胶
1	硬度(邵氏)(度)		45±5~60±5	50±5~70±5
2	伸长率(%)		≥350	≥330
3	拉伸强度(MPa)		≥10.5	≥9.5
4	热空气老化 (70℃×96h)	硬度变化值(邵氏)(度)	≤+8	≤+6
		拉伸强度变化率(%)	≥-20	≥-15
		扯断伸长率变化率(%)	≥-30	≥-30

续上表

序号	项 目	指 标	
		氯丁橡胶	三元乙丙橡胶
5	压缩永久变形(70℃×24h)(%)	≤35	≤28
6	防霉等级	达到与优于2级	达到与优于2级

注：以上指标均为成品切片测试的数据，若只能以胶料制成试样测试，则其伸长率、拉伸强度的性能数据应达到上述指标的120%。

遇水膨胀橡胶密封垫材料物理性能　　　　　　　　　　表7-6

序号	项 目		指 标			
			PZ-150	PZ-250	PZ-400	PZ-600
1	硬度(邵氏A)(度*)		42±7	42±7	45±7	48±7
2	拉伸强度(MPa)	≥	3.5	3.5	3	3
3	扯断伸长率(%)	≥	450	450	350	350
4	体积膨胀倍率(%)	≥	150	250	400	600
5	反复浸水试验	拉伸强度(MPa) ≥	3	3	2	2
		扯断伸长率(%) ≥	350	350	250	250
		体积膨胀倍率(%) ≥	150	250	500	500
6	低温弯折(-20℃×2h)		无裂纹	无裂纹	无裂纹	无裂纹
7	防霉等级		达到与优于2级			

注：*硬度为推荐项目。
　1. 成品切片测试应达到标准的80%。
　2. 接头部位的拉伸强度不得低于上表标准性能的50%。
　3. 体积膨胀倍率 = $\dfrac{膨胀后的体积}{膨胀前的体积} \times 100\%$。

(3) 密封垫的种类

密封材料大致可以分为：单一的，如未硫化的异丁烯类、硫化的橡胶类、海绵类、两液型的聚氨酯类等；复合的，如海绵加异丁烯类加保护层、硫化橡胶加异丁烯类加保护层等；水膨胀的，如水膨胀橡胶，它是在橡胶（天气橡胶或氯丁橡胶）中加入水膨胀剂（如吸水性树脂、水溶性聚氨酯等）而制成的。

目前我国最常用的弹性密封垫有：硫化橡胶类弹性密封垫和复合型弹性橡胶密封垫。

图7-26所示几种形式的硫化橡胶类弹性密封垫具有高度的弹性，复原能力强，即使接头有一定量的张开，仍处于压密状态，有效地阻挡了水的渗漏。将它们设计成不同的形状，不同的开孔率和各种宽度、高度，以适应水密性要求的压缩率和压缩的均匀度，当拼装稍有误差时，密封垫的一定长度可以保证有一定的接触面积防水。为了使弹性密封垫正确就位，牢牢固定在管片上，并使被压缩量得以储存，应在管片的环缝及纵缝连接面上设有粘贴及套箍密封垫的沟槽，沟槽在管片上的位置、形式等对防水密封效果有直接关系，沟槽可沿管片肋面四周兜一圈，也有兜半圈（L形）及3/4圈（∏形）的。一般来说兜一圈的水密效果好，尤其是T缝及十字缝接头处。沟槽按防水要求，又分为单密封沟槽与双密封沟槽两种。沟槽断面为倒梯形，槽宽一般为30～50mm，槽深15～30mm。沟槽尺寸要与密封垫相适应，如图7-27所示。

复合型密封垫是由不同材料组合而成的,它是用诸如泡沫橡胶类,且具有高弹性复原力材料为芯材,外包致密性、黏性好的覆盖层而组成的复合带状制品。芯材多用氯丁胶、丁基胶制作的橡胶海绵(也称多孔橡胶、泡沫胶),覆盖层多用未硫化的丁基胶或异丁胶为主材的致密自黏性腻子胶带、聚氯乙烯胶泥带等材料。复合型弹性密封垫的优点是集弹性、黏性于一身,芯材的高弹性使其在接头微张开下仍不失水密性,覆盖层的自黏性使其与接头面的混凝土之间和密封垫之间的黏结紧密牢固。图7-28是几种类型的复合型弹性密封垫。

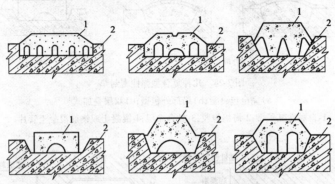

图7-26 硫化橡胶类弹性密封垫
1-硫化橡胶弹性密封垫;2-钢筋混凝土衬砌管片

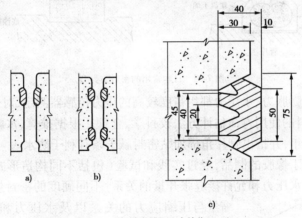

图7-27 密封沟槽(尺寸单位:mm)
a)单密封沟槽;b)双密封沟槽;c)密封沟槽详图

在国外,日本普遍使用水膨胀橡胶制品(图7-29)。经过实践和试验(不同材质的水膨胀橡胶在不同温度、水质、时间下浸泡的质量变化率;不同硬度和构造形式的水膨胀橡胶密封垫在长期压缩下,应力松弛特性以及压缩时间和复原率关系;膨胀、干缩循环后材料以上特性的变化),其结论为:

①接触面上必须设置密封垫沟槽,其体积应为密封垫体积的1~1.5倍。

②为确保密封垫完全压密,初始接触面应力应小于螺栓拧紧力和千斤顶顶力,长期接触面应力必须大于水压力。

③吸水性聚氨酯类比丙烯酸盐吸水性树脂好。

④密封垫构造形式和硬度对止水性影响很大。

⑤接缝张开量为"0"时,其压缩量也应达到30%~40%。

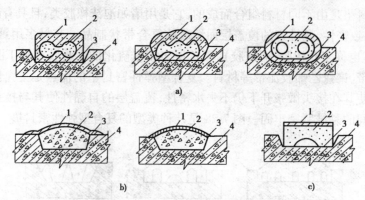

图7-28 几种复合型弹性密封垫
a)完全包裹型;b)局部外包型;c)双层叠加式
1-自黏性腻子带;2-海绵橡胶;3-黏合涂层;4-混凝土或钢筋混凝土管片

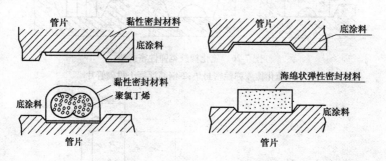

图7-29 日本常用的密封垫类型

日本在试验时对膨胀力、水压力都用精度较高的压力传感器测定,对硬度与止水性关系研究较深入,尤其对材料的使用寿命估计方法较科学、合理。根据推算,水膨胀橡胶密封垫在隧道内寿命为50~100年,并指出管片角部加贴密封腻子条有利于防水。

德国主要采用聚丁橡胶的制品,经过实践和试验(包括不同构造形式的密封垫压缩量和压缩应力的关系以及水压力和允许接缝张开量的关系;不同硬度的密封垫在低温和常温下压缩量与压缩应力的关系以及水压力和允许张开量的关系等),他们认为:中间开四孔形式的密封垫更为合理;硬度对密封垫的压缩量和压缩应力的影响很大,氯丁橡胶密封垫硬度HRC取65较为合理。4孔形密封垫如图7-30所示。

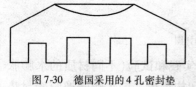

图7-30 德国采用的4孔密封垫

(4)密封垫施工

弹性密封垫一般为预制品,也可现场涂抹。无论采用何种方法,施工前都要将密封构槽内的浮灰、油污除去、烘干,并涂刷底层涂料以保证黏结良好。

对预制的密封垫,尤其是二道以上密封沟槽时,应注意"对号入座",避免装错。嵌入沟内的密封垫要用木锤敲击,以提高黏性,不致在管片运输和拼装时脱落。

对于K形管片,在纵向或径向插入时,密封垫容易被拉长或剥落,此时,宜在密封垫上涂一层减摩剂,最好选用能凝固止水的减摩剂。

在曲线推进或纠正蛇行需要加设楔形垫板时,其厚度应与密封垫板相匹配,以确保接缝满足防水要求。

2. 嵌缝防水

嵌缝防水是密封垫防水的补充措施,即在管片环缝、纵缝中沿管片内侧设置嵌缝槽,用止水嵌缝料在槽内填充来达到防水目的。嵌缝槽深宽比大于2.5,槽深宜为25~55mm,单面槽宽宜为3~10mm。比较合适的嵌缝槽构造如图7-31所示。

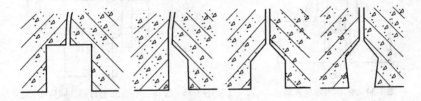

图7-31 管片嵌缝槽构造形式示意图

嵌缝填料要求具有良好的不透水性、黏结性、耐久性、延伸性、耐药性和抗老化性,适应一定变形的弹性,特别要能与潮湿的混凝土结合良好,具有不流坠的抗下垂性,以便于在潮湿状态下施工。定形嵌缝材料应有与嵌缝槽能紧贴密封的特殊构造,具有良好的可卸换性、耐久性。目前采用较多的嵌缝料有环氧树脂系、聚硫橡胶系、聚氨酯或改性的环氧焦油系及尿素系树脂材料。若盾构隧道采用二次衬砌,仅要求暂时止水时,也可选用无弹性的廉价的水泥、石棉化合物。

嵌缝作业应当在衬砌变形基本稳定后,且不在千斤顶推力影响范围内进行,一般距盾尾20~30m。嵌缝前应将嵌缝槽内的油、锈、水清除干净,必要时用喷灯烘干,不得在渗水情况下作业。先涂刷底层涂料后,再进行填塞嵌缝料,进行捣实。

此外,国外发展了一种简便的嵌缝方法,即先在嵌缝槽内涂上树脂胶浆,然后嵌填适当尺寸的异形橡胶条(图7-32)。凭借橡胶的复原力,可以吸收隧道竣工后运营期间产生的振动。

3. 螺栓孔、注浆孔防水

管片安装完成之后,如果管片接缝螺栓孔外侧防水密封垫止水效果好,一般不会再从螺栓孔发生渗漏。但是,如果外侧防水密封垫失效,管片安装精度差的部位的螺栓孔仍会发生渗漏。这使得螺栓孔、注浆孔成为渗水的重要通道。

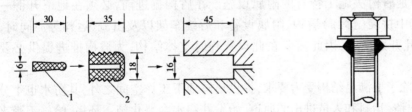

图7-32 异形橡胶条嵌缝(尺寸单位:mm)
1-橡胶皮制穿心楔;2-异形空心橡胶条

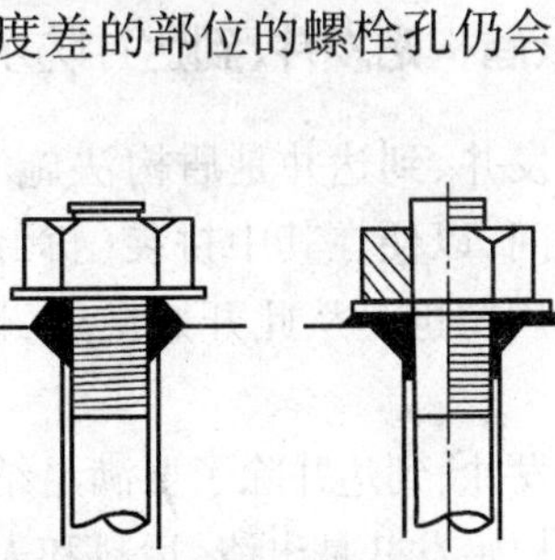

图7-33 螺栓孔防水

螺栓孔、注浆孔防水的一种方法是用塑性(合成树脂类、石棉沥青或铅)和弹性(橡胶或聚氨酯水膨胀橡胶等)密封垫圈安装在螺栓与螺孔口之间,依靠拧紧螺栓时的挤压作用,使其充填到螺栓孔间,起到止水作用(图7-33)。在隧道曲线段,由于管片螺栓插入螺孔时常出现偏斜,螺栓紧固后使防水垫圈局部受压,容易造成渗漏水。此时,可以采用图7-34所示的防水方法,即采用铝制杯形罩,将弹性嵌缝料束紧到螺母部位,并依靠专门的夹具挤紧,待材料硬化后,拆除夹具,治水效果很好。除此之外,也可采用注浆方法二次防水。

另一种螺栓孔、注浆孔防水方法是采用塑料螺栓孔套管,在浇筑混凝土时预埋在管片内,与密封圈结合起来使用(图7-35),防水效果更佳。

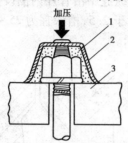

图7-34　铝杯罩螺栓孔防水
1-嵌缝料;2-止水铝质罩壳;3-管片

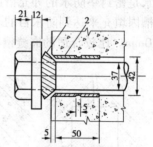

图7-35　螺栓孔套管和密封圈共同防水(尺寸单位:mm)
1-密封圈;2-所料套管(厚4mm)

4. 二次衬砌防水

以拼装管片作为单层衬砌,其接缝防水措施仍不能完全满足止水要求时,可在管片内侧再浇筑一层混凝土或钢筋混凝土二次衬砌,构成双层衬砌,以使隧道衬砌符合防水要求。

采用二次衬砌的盾构隧道,应当根据水文地质条件、地下水渗透情况和外层衬砌的防水效果采取必要的防水措施。在二次衬砌施工前,应对外层管片衬砌内侧的渗漏点进行修补堵漏,污泥必须冲洗干净,最好凿毛。当外层管片衬砌已趋于基本稳定时,方可进行二次衬砌施工。

二次衬砌防水做法各异,当水文地质条件好,外层管片即能达到较好的防水效果时,可以在外层管片衬砌内直接浇筑混凝土内衬砌;当单层管片不能满足防水要求时,可在外层衬砌内表面先喷注一层15~20mm厚的找平层后,粘贴油毡或合成橡胶类的防水卷材,再在内贴式防水层上浇筑混凝土内衬。采用较多的是按照新奥法复合式衬砌设置夹层防水的办法来进行防水,其设计、施工要求可参照新奥法施工时防水层设计、施工要求。混凝土内衬砌应采用防水混凝土,其厚度应根据防水和混凝土内衬砌施工的需要决定,一般约为150~300mm。防水混凝土设计、施工应满足规范要求。

三、盾构始发井、到达井防水

始发井、到达井是盾构法施工特有的附属设施。在盾构掘进前,必须在地下开辟一个地下空间,以便在其中拼装(拆卸)盾构、附属设备和后续车架以及出渣、运料等。同时,拼装好的盾构也是从此开始掘进,因此需要在此设置临时支撑结构,为盾构推进提供必要的反力。

始发井、到达井除了要满足结构受力要求,提供足够地下工作空间之外,其防水也十分重要。盾构始发井是出渣、运料和人员进出的通道,始发井渗水会恶化施工环境,给施工带来诸多不便,大量的涌水还可能造成严重的事故,如淹没、浸泡盾构设备,引起始发井侧壁失稳等。根据不同的地质条件,始发井可采用地下连续墙法、沉井法、冻结法或普通矿山法施工。始发井采用地下连续墙法、冻结法和普通矿山法施工时,其防水参照相关施工方法的防水设计与施工,此处只对沉井法的防水要求进行讨论。

1. 沉井防水的基本要求

(1)沉井主体应采用防水混凝土浇筑,分节制作时,施工缝的防水措施应根据其防水等级按要求进行处理。

(2)沉井施工缝的施工应符合《地下工程防水技术规范》(GB 50108—2008)有关规定。固定模板的螺栓穿过混凝土井壁时,螺栓部位的防水处理应符合有关规定。

(3)沉井的干封底应符合下列规定:①地下水位应降至底板底高程500mm以下,降水作业应在底板混凝土达到设计强度,且沉井内部结构完成并满足抗浮要求后,方可停止;②封底前井壁与底板连接部件应凿毛并清洗干净;③待垫层混凝土达到50%设计强度后,浇筑混凝土底板,应一次浇筑,分格连续对称进行;④降水用的集水井应用微膨胀混凝土填筑密实。

(4)沉井水下封底应符合下列规定:①封底混凝土水泥用量宜为350~400kg,砂率为45%~50%,砂宜采用中、粗砂,水灰比不宜大于0.6,骨料粒径以5~40mm为宜,水下封底也可采用水下不分散混凝土;②封底混凝土应在沉井全部底面积上连续均匀浇筑,浇筑时导管插入混凝土深度不宜小于1.5m;③封底混凝土达到设计强度后,方可从井内抽水,并检查封底质量,对渗漏水部位进行堵漏处理;④防水混凝土底板应连续浇筑,不得留施工缝,底板与井壁接缝处的防水措施按有关规定选用,按要求施工。

(5)当沉井与位于不透水层内的地下工程连接时,应先封住井壁外侧含水层的渗水通道。

2. 沉井结构防水设计与制作

(1)井壁防水设计与制作

井壁应当有足够的强度和抗渗性,在地层侧压力、地下水渗透压力和盾构推力作用下,不致发生破坏或渗漏。井壁制作一般采用强度高、防水性能好的防水钢筋混凝土预制,井壁厚度不小于0.4m,一般为0.4~1.5m。井壁预制时采用分节制作,第一节沉井的混凝土高度以1.5~2.0m为宜,以后每节的高度不超过8~10m。井壁混凝土浇筑时应注意:①第一节井壁混凝土达到设计强度的70%以上,方可施工第二节混凝土;②每节沉井的混凝土应分层均匀浇筑,一次浇完。浇筑时应沿着井壁四周对称进行,避免混凝土面高低相差悬殊,形成压力不均而造成不均匀沉陷,使沉井断裂;③混凝土强度达到设计强度的75%~80%时方可拆模。

(2)刃脚防水设计与制作

沉井最下端的刃脚构造有利于减少下沉阻力,避免下沉过程损坏沉井并发生渗漏。刃脚是沉井受力最集中的部位,为了保证沉井顺利下沉,刃脚要有足够的强度。刃脚一般采用防水钢筋混凝土制作,内倾斜角为45°~60°。刃脚一般根据土层的软硬程度、沉井质量、厚度等设计成不同的形状,踏面根据需要进行局部加固,其厚度一般不超过15cm。

3. 沉井下沉时的防水要求

沉井下沉应做到以下几点,保证沉井结构不受损伤,避免引发渗漏。

(1)沉井混凝土达到设计强度的70%,方可拆除垫木,挖土下沉。

(2)沉井下沉应将下沉速度控制在一定范围内,下沉过程要平稳、均匀,及时纠偏。

(3)有条件时应尽量采用排水挖土下沉,这种方法劳动条件好,容易控制和纠偏,便于进行干封底。

(4)沉井下沉尽量做到均匀挖土,平衡下沉,井体倾斜时,可在高处挖土,进行纠偏。

第五节 盾尾间隙注浆

盾构在一定深度地层中推进,若以地表上某点作参照点,可根据盾构与该点垂直截面的相对距离,将盾构掘进过程分成5个子过程。即:到达前、到达时、通过、脱出、脱出后。其中到达前、到达时的地面沉降可以通过优化施工参数将其控制在允许范围内,但由于有建筑空隙(盾构外径与管片外径之差)的存在,盾构推进产生盾尾间隙,若不采取任何措施,一般地面有明显的沉降,此时的速率是最大的,对周围构筑物的不利影响也最明显,严重时会有地表突沉的现象发生。要减小此阶段地表的沉降,通常采用注浆的方式将建筑空隙填充,注浆方式有同步注浆与及时注浆二大类,使用的浆液一般也有单液浆和双液浆两类。

为了控制地表沉降,有利隧道防水,需要合理地使用压浆系统,选择好压浆方式和压浆压力、流量等参数,且应按照施工工况,因地制宜地调整,并能根据所选取的参数预估地表的可能沉降范围。

一、注浆材料

1. 单液注浆

砂浆是使用较早的盾尾注浆材料。为了提高砂浆的流动性,使用发泡剂制成充气砂浆,不仅改善了填充效果,而且同后方车架之间实现了管道输送。然而,由于这种流动性好而流动度高的砂浆的使用,反过来在敞开型盾构中引起了流向开挖面的麻烦,在泥水盾构中还产生了泥水性能劣化的问题。

另外,砂浆达到规定强度的硬化时间较长,硬化期间管片环的圆度保持也相当困难,而且土压力造成砂浆脱水压密,砂浆体积缩小。由于上述原因,沉降会进一步增大。此外充气砂浆还有随之而来的气泡的消失问题,对地面的影响也会加大。解决上述问题的措施就是添加速凝剂,可缩短硬化时间。但是,如采用单液式注浆,其硬化时间的缩短是有限的。如果时间缩得过短,一旦发生什么故障,就立即会造成管道或其他部位的堵塞。于是,就出现了双液注浆法,通过别的途径来输送速凝剂。为提供参考,现将单液注浆的配方实例列于表7-7。

单液注浆的配方实例(单位:kg)   表7-7

	每1m³ 标准配比				
配比一	水泥	粉煤灰	膨润土	砂	水
	150	50	100	1 300	400
配比二	水泥	膨润土	砂	减水剂	水	混合材料
	250	30	1 330	21	420	12

2. 双液注浆

该法将A液和B液两者从两根管子送入,在注浆口同时排出,在使两者混合的同时注入盾尾空隙。其中A液是砂浆,B液是速凝剂(水玻璃系列),由此可控制硬化时间。与单液注浆相比,双液注浆还可缩短硬化时间。用以加固地基的化学注浆法中有一种叫做筒式双重管注浆方式。该方式如图7-36所示,在注浆管的口上使A液和B液混合。此法由于两液的混合效果存在问题,故目前尚未得到普遍认可。

在盾构工程中的双液注浆,虽然是同样的方式,但因为是向盾尾空隙注浆,所以混合效果较好。然而,它凝胶时间较短,在注浆口附近易出现凝胶和凝结现象,存在不能充分填充的可能性。特别是为了采用同步注浆方式,在盾构的钢壳外侧安装双重管时,排

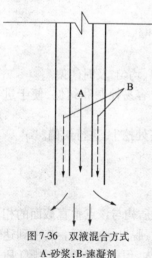

图7-36 双液混合方式
A-砂浆;B-速凝剂

出口附近很容易产生凝结堵塞,为了清扫困难,严重时不得不停止从该处注浆。

双液注浆材料配方的几个实例见表7-8。

双液注浆的配合比(单位:kg)　　　　　　　　　　表7-8

A液				B液	
水泥	膨润土	砂	水	水玻璃3号	水
130	84	700	393	140	175
A液				B液	
水泥	膨润土	水	—	水玻璃3号	水
300	100	797	—	70	20
A液					B液
水泥	黏土砂	发泡剂	稳定剂	充气量(m³)	水(L)	速硬剂
250	250	2.0	2.5	31	360	150

采用上述配比,1h单轴压缩强度为0.04~0.05MPa,从保证早期强度的要求来看是合格的,但从施工角度来看尚有不足。

二、注浆方式

1. 事后注浆

在初期的盾构工程中,由于采用的是敞开型盾构,所以人们的目光都集中在防止开挖面上土体的崩塌。而且,由于认为掘进是关键,所以后方运输车的安排也是以挖掘土方的运输最为优先。因此,注浆材料的搬运常常会被延误。例如,最初以5环后方注浆为标准投入施工,但是由于上述原因渐渐延迟,结果成了10环前后的追补注浆,而且有的甚至因过分延误而停止掘进,然后突击注浆,以赶进度。随着人们对保持管片环圆度、防止地面沉降的重要性认识的提高,开始注意采用尽可能快地注浆的及时注浆方式。

2. 同步注浆

由于盾构的盾尾密封技术的发展,特别是钢丝密封刷的开发,使从紧靠盾尾处的注浆得以实现。通过在钢丝密封刷内充满高黏性润滑脂的方法,基本上解决了盾尾密封问题。同步注浆主要有下列两种方式:

(1)从盾壳外侧注浆管注浆

将注浆管设在盾壳外侧的情况如图7-37~图7-39所示。

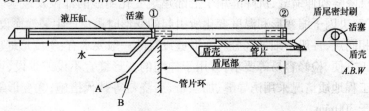

图7-37　注浆管设在盾壳外侧

注浆顺序:先将活塞置于图7-37中①的位置,然后按先A液后B液的顺序开始注浆。注浆结束时则按先B液后A液的顺序停止,将活塞推到②的位置,并将缸内残留的浆液从盾尾排出。接着向管道内充水,清扫缸体及A液管和B液管。然后将活塞复归①的位置,一个注浆周期就此结束。目前,工程上该装置的实际应用最多,A、B两液的混合效果不错,可靠性也高。

图7-38 注浆时的状态　　　　图7-39 清扫时的状态

(2) 从管片注浆孔注浆

上述同步注浆方式由于在盾壳外侧安装了高约12cm的注浆管,将对切入地层形成一个很大的阻力。另外,该管子故障率也较高。考虑到万一不能正常使用时的麻烦,现改进成一种更为简单可靠的方式,即如图7-40所示的从管片注浆孔进行的同步注浆方式。

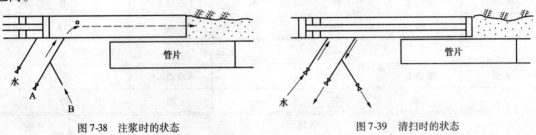

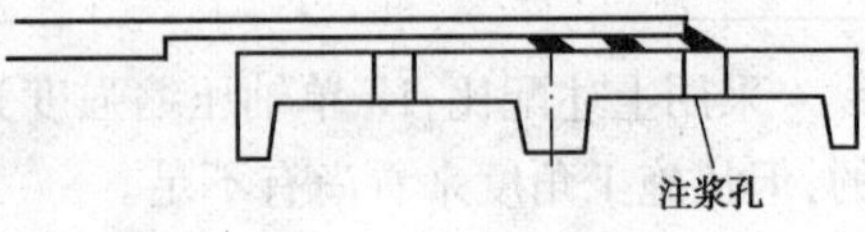

图7-40 同步注浆用的管片注浆孔

该方式按照管片注浆孔的浆料能到达钢丝密封刷的原则设计盾构长度。盾构开始推进后,即从注浆孔移位时开始注浆。如每推进一环需要30~40min,推进约5min后就可以开始注浆。

第六节　地铁工程细节构造防排水

城市地铁尤其是地铁车站构造复杂,各种机电设备多,地下管线多,结构防水要求又高,因而要特别注意变形缝、施工缝、穿墙管等细节部位的防水。在很多工程中,隧道防水层、排水系统、结构混凝土施工都能达到防水要求,往往因为一些细节部位的防水失效而导致地铁结构渗漏水,既影响建筑美观,也给机电设备带来安全隐患,甚至威胁整体结构的安全。因此,在这些细节构造部位,防排水要精心设计,精心施工。

一、变形缝处理

1. 变形缝设置、变形缝防水设计及止水带材料的一般要求

变形缝包括沉降缝和伸缩缝,沉降缝用于上部建筑变化明显的部位及地基差异较大的部位,伸缩缝是为了解决因干缩变形和温度变化所引起的变形时避免产生裂缝而设置的,两者的防水做法有很多相同点,一般不细加区分。变形缝设置的一般要求有:①变形缝应满足密封防水、适应变形、施工方便、检修容易等要求;②用于伸缩的变形缝宜不设或少设,可根据不同的工程结构类别及工程地质情况采用诱导缝、加强带、后浇带等替代措施;③变形缝处混凝土结构的厚度不应小于300mm。

用于沉降的变形缝其最大允许沉降差值不应大于30mm。当计算沉降差值大于30mm时,

应在设计时采取措施。用于沉降的变形缝的宽度宜为 20~30mm，用于伸缩的变形缝的宽度宜小于此值。变形缝的防水措施可根据工程开挖方法、防水等级按现行《地下工程防水技术规范》（GB 50108—2008）规定选用，其主要措施有采用中埋式止水带、外贴式止水带以及中埋式和外贴式复合使用。对环境温度高于50℃处的变形缝，可采用2mm厚的紫铜片或3mm的不锈钢等金属止水带。变形缝的几种防水构造形式见图7-41~图7-46。此外，在止水带的相交、转角部位还应当使用专用的止水带配件（图7-47）。

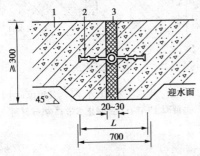

图 7-41 中埋式止水带（尺寸单位：mm）
1-混凝土结构；2-中埋式止水带；3-填缝材料

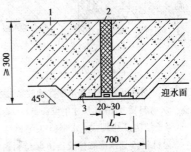

图 7-42 外贴式止水带（尺寸单位：mm）
1-混凝土结构；2-填缝材料；3-外贴式止水带

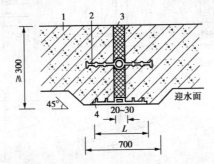

图 7-43 中埋式止水带与外贴式止水带复合使用（尺寸单位：mm）
1-混凝土结构；2-中埋式止水带；3-填缝材料；4-外贴式止水带

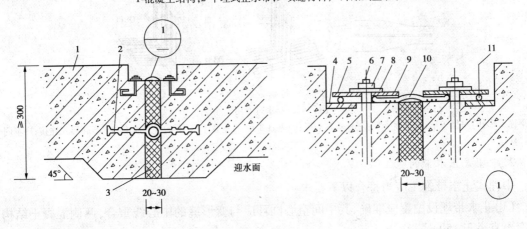

图 7-44 中埋式止水带与可卸式止水带复合使用（尺寸单位：mm）
1-混凝土结构；2-中埋式止水带；3-填缝材料；4-预埋钢板；5-紧固件压板；6-预埋螺栓；7-螺母；8-垫圈；9-紧固件压块；10-Ω形止水带；11-紧固件圆钢

橡胶止水带的外观质量、尺寸偏差、物理性能应符合《橡胶止水带》(HG 2288—1992)的规定。钢边橡胶止水带、遇水膨胀橡胶条的物理力学应能应符合《地下工程防水技术规范》(GB 50108—2008)中的有关规定。

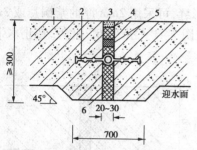

图7-45 中埋式止水带与遇水膨胀橡胶条、嵌缝材料复合使用(尺寸单位:mm)
1-混凝土结构;2-中埋式止水带;3-嵌缝材料;
4-背衬材料;5-遇水膨胀橡胶条;6-填缝材料

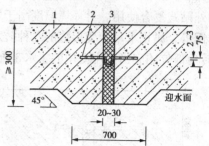

图7-46 中埋式金属止水带(尺寸单位:mm)
1-混凝土结构;2-金属止水带;3-填缝材料

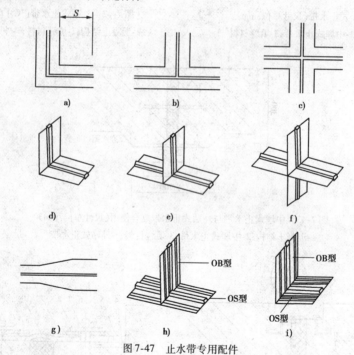

图7-47 止水带专用配件
a)平面L形;b)平面T形;c)平面十字形;d)垂直L形;e)垂直T形;f)垂直十字形;g)宽度变化;h)不同形式连接;i)不同形式连接

2. 中埋式止水带的施工

中埋式止水带施工应当符合以下要求:

(1)止水带埋设位置应准确,其中间空心圆环应与变形缝的中心线重合,两侧混凝土结构厚度不宜小于150mm。

(2)止水带应妥善固定,顶、底板内止水带应成盆状安设。止水带宜采用专用钢筋套或扁钢固定。采用扁钢固定时,止水带端部应先用扁钢夹紧,并将扁钢与结构内钢筋焊牢。固定扁钢用的螺栓间距宜为500mm,见图7-48。

(3) 中埋式止水带先施工一侧混凝土时,其端模应支撑牢固,严防漏浆。止水带的接缝宜为一处,应设在边墙较高位置上,不得设在结构转角处,接头宜采用热压焊。

(4) 中埋式止水带在转弯处宜采用直角专用配件,并应做成圆弧形,橡胶止水带的转角半径应不小于200mm,钢边橡胶止水带不小于300mm,且转角半径应随止水带的宽度增大而相应加大。

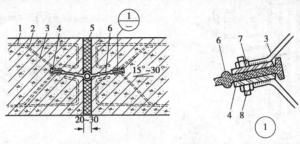

图7-48 中埋式止水带的固定

1-结构主筋;2-混凝土结构;3-固定用钢筋;4-固定止水带的扁钢;5-填缝材料;6-中埋式止水带;7-螺母;8-双头螺杆

可排水止水带是一种新型中埋式止水带,兼有堵水、排水的功能。当可排水止水带与隧道排水系统有效连通时,可以有效地将渗水通过排水系统排走,做到无压止水,具有很好的应用前景。可排水止水带应用于隧道环向施工缝,应先在衬砌基础预埋排水管道,二次衬砌施作时,将止水带固定于先浇混凝土一端。止水带的排水通道应朝向围岩,并对准变形缝,施工时应保证止水带固定于衬砌厚度中央。可排水止水带的固定工艺如图7-49所示,下部连接构造如图7-50所示。

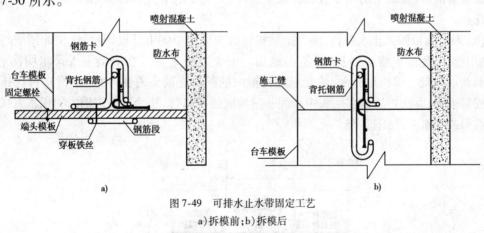

图7-49 可排水止水带固定工艺

a)拆模前;b)拆模后

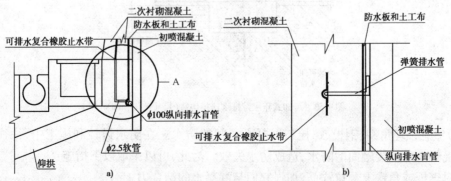

图7-50 可排水止水带下部连接构造

a)工作缝排水系统连接图;b)A大样

3. 外贴式止水带施工

外贴式止水带是安装在迎水面一侧的结构表面上的止水带。使用外贴式止水带时,在相交部位、转角部位,应当使用专用配件。外贴式止水带常用的专用配件如图 7-51 和图 7-52 所示。

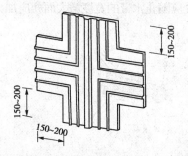

图 7-51　外贴式止水带在施工缝与变形缝相交处的专用配件(尺寸单位:mm)

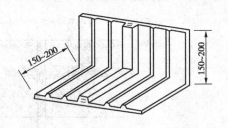

图 7-52　外贴式止水带在转角处的专用配件(尺寸单位:mm)

4. 可卸式止水带

可卸式止水带是安装在防水结构内侧的一种止水带。这种止水带一般用于防水要求不高或设置中埋式、外贴式止水带有困难的变形缝、施工缝,也常用于隧道渗漏水治理。施工可卸式止水带,首先应在结构内部预埋钢板和螺栓,待混凝土达到一定强度,变形较为稳定后,再进行止水带的安装。

根据朱祖熹在《地下防水工程设计施工禁忌》一文中的研究,可卸式止水带安装应当注意以下几点:

(1)为安装可卸式止水带,在混凝土结构底板变形缝两侧上开设凹槽,应使此凹槽与排水沟、槽相通,以免渗水堵塞淤积,并溢出地面。解决办法之一是在侧墙下设排水明沟(或暗沟),其沟底应低于结构地板面,使变形缝沟槽内的积水先溢至两侧排水沟(管),再疏排至横截沟或集水井;办法之二是在底板中预埋一定坡度的排水管,使变形缝沟槽内的积水直接疏排至横截沟或集水井,见图 7-53。

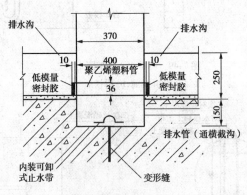

图 7-53　可卸式止水带排水连接构造(尺寸单位:mm)

(2)注意预埋角钢、钢板、螺栓与混凝土之间的防水。在防水设计和施工中,往往忽略钢构件与混凝土之间接触面的防水,造成防水失效。为此,可以采取以下措施:

①对钢板或角铁上预拉锚筋,加强它们与混凝土的结合力。

②在钢板或角铁上设止水铁片(呈 T 字)或黏合遇水膨胀橡胶条,以阻挡渗漏通道。

③浇筑混凝土时,采用高效减水剂、膨胀剂等抗裂防渗的外加剂,同时改善振捣工艺,提高混凝土的密实性,减少或消除收缩。

(3)为了确保可卸式止水带与混凝土结构密贴接触,可采取以下措施:

①将混凝土槽角部设计成135°或者半径大于300mm的圆角,后者压件也需呈圆形,较困难。

②折角与圆角的止水带底面铺设丁基橡胶腻子薄片,起到填平补齐及止水的作用。

③对于断面尺寸不是很大的变形缝构造,可以预制加工八边形金属框架,作为变形缝构造内面,见图7-54。

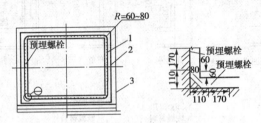

图7-54 可卸式止水带安装的角部结构处理(尺寸单位:mm)
1-内装可卸式止水带;2-埋入式钢边橡胶止水带;3-外防止水带

5. 嵌缝材料设计与施工

嵌缝材料最大拉伸强度不应小于0.2MPa,最大伸长率应大于300%,拉伸—压缩循环性能级别不应小于8020。嵌缝材料施工时,应符合以下要求:

(1)缝内两侧应平整、清洁、无渗水,并涂刷与嵌缝材料相容的基层处理剂。

(2)嵌缝时应先设置与嵌缝材料相隔离的背衬材料。

(3)嵌缝应密实,与两侧黏结牢固。

二、施工缝处理

1. 施工缝设置

浇筑混凝土应连续进行,当需要间歇时,间歇时间应在前层混凝土凝结之前,将次层混凝土浇筑完毕。混凝土从搅拌机卸出或从混凝土泵卸出到次层混凝土浇筑压茬的间歇时间,当气温小于25℃,不应超过3h,气温大于或等于25℃,不应超过2.5h;如超时,应设置施工缝。当混凝土中掺入外加剂时,需通过试验确定。由于施工中先后浇筑的混凝土之间黏结较差,施工缝是构筑物上的一个薄弱环节,实际上,大部分的地下工程渗漏水都是通过施工缝发生的。因此,一般应尽量避免设施工缝,只有当混凝土的浇筑能力或施工顺序不能保证混凝土连续浇筑时,才设置施工缝。为了方便施工,有利于结构受力和防排水,施工缝设置应符合以下要求(图7-55):

(1)和板连成整体的大断面梁,设置在板底面以下20~30mm处。当板下有梁托时,设在梁托下部。

(2)单向板,设置在平行于板的短边的任何位置。

(3)双向受力板、厚大结构、拱、薄壳、蓄水池、斗仓、多层钢架及其他结构复杂的地下工程,施工缝的位置应按设计要求设置。

(4)尽量避免留置竖向施工缝(不包括加止水带、片等特殊措施)。因为竖缝处靠新浇混凝土的侧向压力来保证两者的良好结合,效果较差,不如水平施工缝有保证。

（5）施工缝是防水薄弱部位之一，应不留或少留施工缝。顶板、底板不宜留施工缝；墙体必须留设时，只准留水平施工缝，并且应留在距底板表面以上大于200mm，距穿墙孔洞边缘大于300mm处；拱墙结合的水平施工缝宜留在起拱线以下150~300mm处。垂直方向如需留设施工缝，应尽量与变形缝结合，并按变形缝处理。即除满足防水要求外，还应能适应接缝两端结构产生的差异沉降及纵向伸缩。

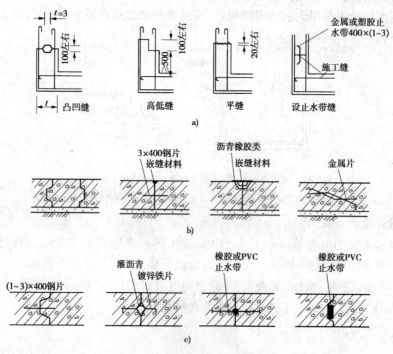

图7-55 施工缝设置（尺寸单位：mm）
a）壁底施工缝；b）底板施工缝；c）壁施工缝

2. 施工缝防水设计

施工缝防水处理的主要措施有：①将混凝土做成异形缝（如凹凸型）；②在施工缝处增设钢板止水带；③在施工缝设置膨胀橡胶止水条；④在施工缝处设置可排水止水带或外贴式止水带。

异形缝和设置钢板止水带（图7-56）是传统的施工缝防水措施，其防水效果都很差。膨胀橡胶止水条、可排水止水带是针对传统止水方法提出来的新型止水措施，防水效果较好。膨胀橡胶条止水条用于水平施工缝防水，具有防水效果好、施工简便、造价较低的特点。可排水止水带应用于竖直施工缝，能有效地改善膨胀橡胶止水条防水失效的状况。

图7-56 传统施工缝止水措施
a）凹凸型接缝；b）止水钢板接缝

膨胀橡胶止水条是采用改性橡胶为主要原料制成的一种新型条状止水材料。改性后的橡胶除了保持原有橡胶防水制品良好的弹性、延伸性、密封性外，还具有遇水膨胀的特性。当结构变形量超过了止水材料的弹性复原尺寸时，结构与材料之间就会形成一道微缝，膨胀橡胶条遇到微缝中渗水后，其体积能在短时间内膨胀，将缝隙胀填密实，阻止渗漏水通过，从而起到止水作用。常用的膨胀橡胶止水条有：SPJ 型遇水膨胀橡胶止水条和 BW 型膨胀橡胶止水条。SPJ 型遇水膨胀橡胶的技术性能见表 7-9。

SPJ 型遇水膨胀橡胶的技术性能指标 表 7-9

项　　目	性能指标	项　　目	性能指标
邵氏硬度（邵尔 A）（度）	40±5	拉伸永久变形（%）	≤15
扯断强度（MPa）	≥4	静水膨胀率（%）	≥200
伸长率（%）	≥600	膨胀扯断强度（在膨胀 100% 时）（MPa）	≥0.5
膨胀延伸率（10d）（%）	≥260		

可排水止水带与外贴式止水带的设计参见"变形缝"设计。

3. 施工缝防水施工

SPJ 型膨胀橡胶止水带施工：

（1）清理混凝土施工缝基层。混凝土浇筑完并脱模后，用钢丝刷、凿子、扫帚等工具将基层不平整的部分凿平，扫去浮灰等杂物。

（2）涂刷黏结剂。将黏结膨胀橡胶的黏结剂均匀地涂刷在清理干净的待黏结基层部位。

（3）在遇水膨胀橡胶止水条表面涂刷缓膨剂。遇水膨胀橡胶在浇筑下一流水段混凝土的过程中，为不影响其使用性能，应避免碰到水。但在浇筑混凝土时，不可避免地会遇到拌合水。为了在混凝土凝固前，不使其因遇到拌合水促使其预先膨胀而失去止水效果，应在黏结安装 SPJ 型遇水膨胀橡胶条时，在其周身表面涂刷一层缓膨剂。待到浇筑完混凝土约 24h 后，膨胀橡胶条外层缓膨剂会自动失效，遇水膨胀橡胶就会逐渐恢复其遇水膨胀止水性能。

（4）固定遇水膨胀橡胶条。遇水膨胀橡胶条黏结安装后，如不进一步加以固定，很有可能会脱落，特别是位于垂直施工缝和侧立面施工缝的胶条[图 7-57a]，在浇筑混凝土时，由于振捣而将其振落。所以，还需用水泥钢钉将其钉压固定，水泥钢钉的间隔宜为 1m 左右。

（5）遇水膨胀橡胶条的连接方法。遇水膨胀橡胶条用重叠的方法进行搭接连接[图 7-57b]，搭接处应用水泥钢钉固定。

BW 型膨胀橡胶止水带施工：

（1）清理基层。方法与 SPJ 型遇水膨胀橡胶清理基层方法相同，见图 7-58a）。

（2）粘贴止水条。将 BW 膨胀橡胶止水条沿施工缝伸展方向展开，有包装隔离纸的一面朝上，通过隔离纸向止水条均匀施压，利用其自身的黏性直接粘贴在清洁干净的基面上。粘贴应牢固，且每隔 1m 左右加钉一个水泥钢钉，见图 7-58b）。

（3）止水条连接方法。止水条的连接应采用搭接的方法，搭接长度在 50mm 以上，搭接头应用水泥钉钉牢。止水条应沿施工缝回路方向形成闭合环路，不得有断点处。

（4）浇筑混凝土。BW 止水条安装完毕后，即可浇筑混凝土。止水条四周被混凝土覆盖的宽度应在 50mm 以上，见图 7-58c）。如覆盖宽度能得到保证时，也可将两条止水条紧靠在一起用拼接的方法进行连接，见图 7-58d），两个拼接头分别用水泥钉固定。

用SPJ型遇水膨胀橡胶或BW水膨胀橡胶止水条对施工缝进行防水处理,应在晴天无雨、无雪的天气施工。如在粘贴完至浇筑混凝土前的一段时间内估计会下雨、下雪时,应停止粘贴。混凝土的浇筑应在止水条未受雨水、地下水浸泡的条件下进行。如在浇筑前,止水条已遭受雨水、地下水或其他水源的浸泡,则应揭起重新粘贴新的止水条。

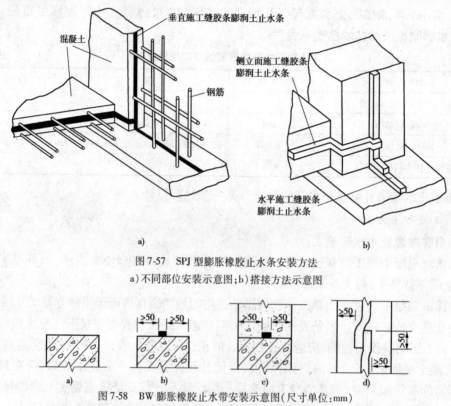

图 7-57　SPJ 型膨胀橡胶止水条安装方法
a)不同部位安装示意图;b)搭接方法示意图

图 7-58　BW 膨胀橡胶止水带安装示意图(尺寸单位:mm)
a)基层;b)粘贴止水条;c)混凝土覆盖宽度;d)拼接方法

对于隧道内二次衬砌的环形施工缝、接缝安装BW型膨胀橡胶止水条,属于安装在竖直面上,其固定难度较大,主要表现在:

(1)上一循环混凝土端面不平整,使止水条不能紧贴基面,浇筑下一循环时混凝土的浆料可能进入止水条与原混凝土界面之间而形成夹层。

(2)隧道二次衬砌混凝土施工时,由于重力作用(混凝土)隧道的环向施工缝处的重力和压力均较小,其振捣密实工作难度较大,使止水条缺乏较好的约束环境。

(3)采用水泥钉固定止水条,在强力振捣下,止水条容易脱落或偏移,使其不能发挥作用。因此,止水条用在竖直面上应精心施工,或者改用可排水止水带防水。可排水止水带的安装工艺参见变形缝防水方法。

三、后浇带处理

后浇带是一种刚性接缝,适用于不允许留柔性变形缝的工程。为了防止后浇带影响整体结构受力和防水,后浇带应设在受力较小的部位,间距宜为 30~60m,宽度宜为 700~1000mm。后浇带可做成平直缝,结构主筋不宜在缝中断开,如必须断开,则主筋搭接长度应大于45倍的主筋直径,并应按设计要求加设附加钢筋。后浇带防水施工应按下列要求进行:

(1) 混凝土浇筑要求

后浇带应满足以下要求：①在两侧已浇的混凝土收缩或沉降基本稳定以后再进行浇筑，普通结构在其两侧混凝土龄期达到42d后再施工，高层建筑的后浇带应在结构顶板浇筑混凝土14d后进行；②浇筑前将接碴处的混凝土表面凿毛，清除松动石子，用水冲洗干净，并保持充分润湿；③后浇带（缝）应优先选用补偿混凝土浇筑，其等级应与两侧混凝土相同；④后浇带混凝土施工温度应低于两侧混凝土施工时的温度，且宜选择气温较低（但不能结冰）的季节施工；⑤后浇带混凝土的养护时间不得少于28d。

(2) 防水措施实施

后浇带防水一般采用膨胀橡胶止水条进行防水，其防水构造如图7-59～图7-61所示，如需超前止水时，后浇带部位混凝土应局部加厚，并增设外贴式或中埋式止水带（图7-62）。防水措施实施时，应注意：①选用的遇水膨胀止水条应具有缓胀性能，其7d的膨胀率应不大于最终膨胀率的60%；②遇水膨胀止水条应牢固地安装在缝表面或预留槽内；③采用中埋止水带时，应确保位置准确、固定牢靠；④后浇带混凝土施工前，后浇带部位和外贴式止水带应予保护，严防落入杂物和损伤外贴式止水带。

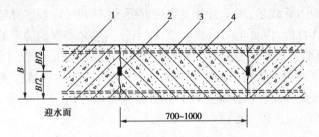

图7-59 后浇带防水构造（一）（尺寸单位：mm）

1-先浇混凝土；2-遇水膨胀橡胶止水条；3-结构主筋；4-后浇带补偿收缩混凝土

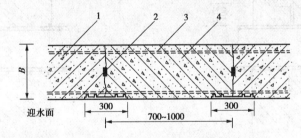

图7-60 后浇带防水构造（二）（尺寸单位：mm）

1-先浇混凝土；2-结构主筋；3-外贴式止水带；4-后浇带补偿收缩混凝土

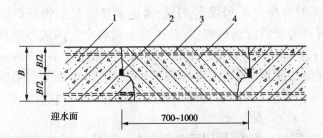

图7-61 后浇带防水构造（三）（尺寸单位：mm）

1-先浇混凝土；2-遇水膨胀橡胶止水条；3-结构主筋；4-后浇带补偿收缩混凝土

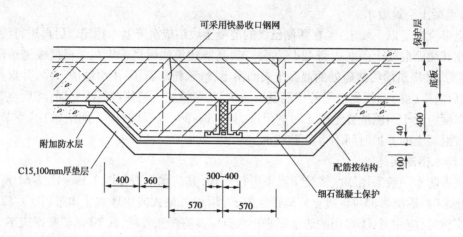

图 7-62 后浇带超前止水构造(尺寸单位:mm)

四、穿墙管处理

城市地铁由于地下管线多,地下管线要穿过混凝土结构时,应预埋穿墙管或穿墙盒。为了保证地下管线的工作性能,保证电力设施安全,应十分注意穿墙管的防水处理。

根据《地下工程防水技术规范》(GB 50108—2008),结构变形或管道伸缩量较小时,穿墙管可采用主管直接埋入混凝土内的固定式防水法,槽内用嵌缝材料填密实。其防水构造见图7-63 和图 7-64;结构变形或管道伸缩量较大或有更换要求时,应采用套管式防水法,套管应加焊止水环,见图 7-65。

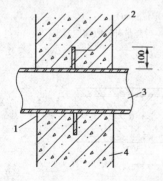 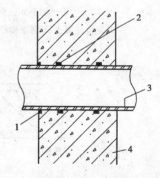

图 7-63 固定式穿墙管防水构造(一)(尺寸单位:mm)　　图 7-64 固定式穿墙管防水构造(二)(尺寸单位:mm)
1-嵌缝材料;2-止水环;3-主管;4-混凝土结构　　　　　　1-嵌缝材料;2-遇水膨胀橡胶条;3-主管;4-混凝土结构

穿墙管防水施工时应符合下列规定:①金属止水环应与主管满焊密实,采用套管式穿墙管防水构造时,翼环与套管应满焊密实,并在施工前将套管内表面清理干净;②管与管的间距应大于 300mm;③采用遇水膨胀止水圈的穿墙管,管径宜小于 50mm,止水圈应用胶黏剂固定于管上,并应涂缓胀剂;④当工程有防护要求时,穿墙管除应采取有效防水措施外,尚应采取措施满足防护要求;⑤穿墙管伸出外墙的部位,应采取有效措施防止回填时将管损坏。

穿墙管线较多时,宜相对集中,采用穿墙盒方法。穿墙盒的封口钢板应与墙上的预埋角钢焊严,并从钢板上的预留浇筑孔注入改性沥青柔性密封材料或细石混凝土,见图 7-66。

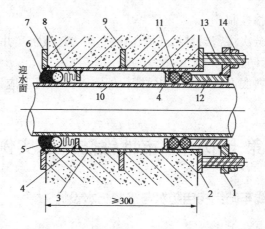

图 7-65　套管式穿墙管防水构造(尺寸单位：mm)
1-法兰盘；2-翼盘；3-套管；4-挡圈；5-背衬材料；6-嵌缝材料；7-翼环；8-填缝材料；9-止水环；10-主管；11-橡胶圈；12-短管；13-双头螺栓；14-螺母

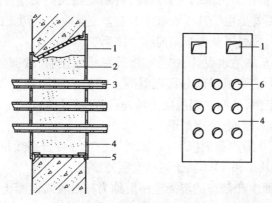

图 7-66　穿墙群管防水构造
1-浇注孔；2-柔性材料或细石混凝土；3-穿墙管；4-填口钢板；5-固定角钢；6-预留孔

五、预埋件与预留凹槽防水处理

预埋件、预留凹槽构造防水应满足以下基本要求。

(1)围护结构上的埋设件宜预埋，并应预留凹槽，槽内用嵌缝材料嵌填密实。

(2)埋设件的防水施工应符合下列规定：

①埋设件端部或预留孔(槽)底部的混凝土厚度不得小于 250mm；当厚度小于 250mm 时，必须局部加厚或采取其他防水措施。

②预留地坑、孔洞、沟槽内的防水层，应与孔(槽)外的结构防水层保持连续。

③固定模板用的螺栓必须穿过混凝土结构时，螺栓及套管应满焊止水翼环。采用工具式螺栓或螺栓加堵头做法，拆模后应采取加强防水措施，将留下的凹槽封堵密实。

(3)密封材料的防水施工应符合下列规定：

①检查黏结基面的表面情况、干燥程度以及接缝的尺寸，接缝内部的杂物、灰砂应清除干净，对不符合要求的接缝两边黏结基层应进行处理。

②热灌法施工应自下向上进行并尽量减少接头，接头应采用斜搓；密封材料熬制及浇灌温

度应按不同材料要求严格控制。

③冷嵌法施工应先分次将密封材料嵌填在缝内,用力压嵌密实并与缝壁黏接牢固,密封材料与缝壁不得留有空隙,防止裹入空气,接头应采用斜茬。

④接缝处的密封材料底部应嵌填背衬材料,外露密封材料上应设置保护层,其宽度不小于100mm。

第七节　城市地铁防排水实例

一、上海地铁二号线车站结构自防水与接缝防水设计[4]

1. 车站结构混凝土自防水

(1) 混凝土自防水的由来

上海地区的地铁车站建造于松软饱和含水土层中,因此车站的整体防水处于十分重要的位置。而钢筋混凝土结构作为防水的主要屏障,特别受到人们关注。经过多年的研究与工程实践表明,混凝土裂缝主要是由于其干燥收缩和温差变化收缩这两大因素所造成的,而正是这些细小裂缝产生的渗漏,破坏了整个车站的防水体系。

上海地铁二号线的车站防水设计,在总结地铁一号线经验、教训的基础上,采用了一系列新的技术措施,其中一个重要组成部分即在混凝土结构中添加补偿收缩混凝土外掺剂,以减少、抑制混凝土裂缝的产生,从而达到混凝土结构自防水的目的。

(2) 外掺剂品种、防水原理、应用范围

二号线车站中选用 U 形膨胀剂(UEA)、特密斯(TMS)复合高效抗渗防水剂及 Harex 铣削钢纤维三种材料,其中 UEA 和 TMS 属于同一类型外掺剂。

掺入 UEA 或 TMS 而生产制造的混凝土一般称为补偿收缩混凝土。它是一种适度膨胀的混凝土,因膨胀而产生拉应力。在限制条件下,导入预压应力值 $0.2 \sim 0.7$ MPa,这就等于提高了混凝土的早期抗拉强度,推迟了混凝土收缩的产生过程。抗拉强度在此期间,经浇水养护获得了较大幅度的增长,当混凝土开始收缩时,其抗拉强度已增长到足以抵抗收缩产生的应力,从而防止和大大减少了收缩裂缝的产生,达到抗裂防渗的目的。另外,因水化早期形成的大量钙矾石晶体,增加了混凝土的密实性,并较大地提高了结构强度。

根据地铁一号线车站施工情况来看,顶板及站厅层内衬产生裂缝现象较为严重,而底板和站台层内衬基本无明显裂缝存在。据此,二号线车站主要在结构顶板及其与之共同浇捣的站厅层内衬采用补偿收缩混凝土。

二号线杨高路车站、人民公园车站的结构顶板分别设计了圆形和方形的开孔。此类孔处为易产生集中应力的部位,极易造成开裂。采用补偿收缩混凝土不足以抑制裂缝的产生,而通过在混凝土中加入钢纤维后搅拌生成的钢纤维混凝土不仅能有效地防止混凝土的塑性开裂,还能明显的提高混凝土的抗弯拉强度,这是因为杂乱排列的高强度钢纤维经搅拌后可均匀分布在混凝土内,各个方向任意分布的钢纤维提高了混凝土的整体抗裂性。

(3) 施工要点

现场施工时,各种外掺剂因各具特点,故需区别对待,确保施工质量。补偿收缩混凝土在浇捣前须进行试配,技术人员根据设计中所述混凝土指标(坍落度≤12cm±2cm,限制膨胀率$\geq 1.8 \times 10^{-4}$,自应力值≥ 0.2MPa),对配合比进行调整直至达到要求,然后再开始大规模生产。另外,因补偿收缩混凝土坍落度损失较大,在试配、生产、运输时需予以充分考虑。混凝土浇捣完毕后,养护是极其重要的步骤,因为只有在充分潮湿的情况下,才能更好地发挥其膨胀作用。在条件允许的情况下,应首先采用蓄水养护,若无法做到则采用盖湿草包浇水养护的方法。而内衬侧墙采用在其表面喷涂养护液的方法来保证不使水分蒸发流失。夏季施工中养护问题尤其需引起重视,若在冬季施工,需采取保湿措施,防止水分挥发。养护期限不得少于14d。

作为同一类型的外掺剂UEA、TMS,两者之间还有一些差别。

首先,UEA为单一产品,一般掺加量为水泥的10%~14%,而TMS为系列产品,主要有膨胀型(P型)、泵送型(B型)等几大类型。膨胀型的掺量为8%~12%,主要用于易开裂,接缝间距较大的混凝土中。泵送型的掺量为4%~6%,其特点为有补偿收缩作用,但限制膨胀率值相对较低,主要用于补偿收缩要求不太高的混凝土中。因此,TMS的泵送型外掺剂养护要求也较低,与普通混凝土养护条件相同即可。

其次,TMS还有减水剂的成分,所以称其为复合型防水剂,对于现场搅拌混凝土的施工场所提供了便利条件,而UEA须在搅拌过程中再加入减水剂。也正是由于上述原因,TMS产品的单位售价较高,UEA的单位售价较低。

钢纤维混凝土在生产前,需在满足混凝土抗压强度、抗折或抗拉强度的要求下进行试配,其掺量一般为30~60kg/m^3。杨高路车站顶板11~14轴间因圆孔的存在,此段混凝土采用了掺量为60kg/m^3钢纤维混凝土,而人民公园站14~18轴间方孔周围的混凝土则采用两种掺量的钢纤维混凝土,靠近开口部位采用掺60kg/m^3钢纤维混凝土,在远离开口部位则采用掺30kg/m^3钢纤维混凝土。同时,还需检验此配比的稠度、黏聚性等性能是否符合施工要求。在搅拌过程中,因钢纤维含量较少且要求其分布均匀,故搅拌时间应比普通混凝土延长半分钟左右。施工时,要保持混凝土浇捣的连续性,钢纤维混凝土养护方法与普通混凝土一致。

(4)应用效果及相关因素

根据施工中及施工后的跟踪调查,我们认为在地铁二号线车站中全面推广采用的补偿收缩混凝土及钢纤维混凝土基本上达到了预期的效果。尤其是车站顶板和站厅层侧墙产生的裂缝与地铁一号线车站的相比大大减少,车站顶板开孔周边也未发生开裂现象。因此,补偿收缩混凝土及钢纤维混凝土的应用是成功的。

同时我们也看到,虽然补偿收缩混凝土及钢纤维混凝土显示出其明显的效果,但它们还不能完全杜绝裂缝产生。车站所采用的结构形式会对其产生不小的影响。如地铁龙东路车站采用围护结构与内衬脱开的分离式构造,内衬不受围护结构的约束,处于自由状态,加上其埋深较浅,采用补偿收缩混凝土后整个车站无裂缝生成,工程质量极佳。而车站围护结构与内衬连为一体的复合式结构,因围护结构与内衬相互间的共同作用,当车站顶板产生干燥收缩和温差收缩时,内衬受到围护结构的牵制,无法与顶板产生相适应的作用。故顶板与内村相接处有多处开裂,补偿收缩混凝土在此处无明显效用。围护结构同时作为内衬的单层式衬砌结构无上述问题的存在,裂缝的产生也较少。

另外,车站施工步骤的紧密衔接也是减少裂缝产生,保证补偿收缩混凝土产生良好效果的重要因素。如静安寺车站,因其处于交通繁忙地段,车站采用盖挖法施工,顶板补偿收缩混凝土浇捣后,立即进行顶板附加防水层和保护层的施工,然后回填覆土,整个车站顶板受温差及其他因素影响极小,故顶板(未)产生明显裂缝。反观浦东东方路车站,顶板浇捣完毕后采用蓄水养护时间长达三个月之久,在此期间,顶板无裂缝产生。但三个月之后,本应进行附加防水层的施工,因防水层的材料选择等问题悬而未决,施工拖延,此时顶板暴露于日光照射下而未采取任何养护措施,致使多处裂缝产生,需花费大量人力、物力进行防水堵漏工作,影响了车站防水效果。因此在补偿收缩混凝土浇捣后,及时进行附加防水层、保护层的施工和覆土是采用补偿收缩混凝土减少裂缝的重要步骤。

综上所述,为使车站达到良好的防水效果,除了采用补偿收缩混凝土、钢纤维混凝土外,还应对车站的结构形式加以选择,同时对施工程序做出规定,以避免因附加防水层的施工不及时造成不良后果。只有多方面因素综合考虑,才能使补偿收缩混凝土、钢纤维混凝土达到理想的使用效果。

(5)其他

在钢纤维混凝土的使用中,有人提出再加入补偿收缩混凝土外掺剂,是否可达到更加好的施工效果。根据实验表明,钢纤维混凝土本身延长了泵送时间,若加入补偿收缩混凝土外掺剂,并不能提高混凝土的抗折强度,且会造成坍落度的损失,使混凝土浇捣更加困难,故目前不宜把两者掺和在一起使用。

2. 接缝防水

车站接缝形式主要分为诱导缝和施工缝。

1)诱导缝

(1)诱导缝的作用

诱导缝的作用在于沿车站纵向长度设置若干接缝薄弱环节,接缝处纵向钢筋的含量为纵向钢筋总量的30%。当车站结构因温差或混凝土干缩等原因引起内力变化时,使诱导缝先行开裂,从而控制了混凝土结构随意出现裂缝的情况。

从车站施工跟踪调查情况来看,诱导缝的设置达到了预期的目的。车站顶板、侧墙结构的不规则裂缝较一号线车站大为减少。诱导缝一般均有5~6cm的接缝张开量,这就使得诱导缝处的防水设计显得尤其重要。

(2)诱导缝的防水构造

诱导缝的防水构造以止水带、嵌缝密封胶两种材料为主设置多道防线,从而满足裂而不漏的原则,其具体防水构造见图7-67。

①止水带及其设置

在工程中止水带按使用的结构部位分为外防水止水带、埋入式止水带,其材质为氯丁橡胶。在双层衬砌结构中,外防水止水带设置于底板素混凝土垫层上,至地下墙处垂直翻至顶板面收头,虽不能形成封闭圈,但采取了与顶板附加防水层相接的方法,效果尚好。而埋入式止水带设置于顶板、底板、内衬的中部位置,正好可形成一封闭体系。

外防水止水带设置时,在地下墙与底板相交的转角处宜配以预制止水带直角件。若无预制件,应以氯丁水泥砂浆抹成一圆弧面与外防水止水带相贴,以减少止水带齿牙的绕曲,使之与混凝土咬合牢固。外防水止水带于地下墙上固定,可将此处地下墙以氯丁水泥砂浆找平,再用黏结剂粘贴于找平面的方法固定;也可用一木模板紧靠地下墙,然后将止水带用钉子固定于木模上的方法达到目的。另外,外防水止水带至顶板处的端头封口也十分重要,因顶板表面与地下墙相接处需制成40mm×40mm氯丁水泥砂浆倒角,以利于顶板附加防水层的施工,故外防水止水带的端头应充分埋入其中,从而达到封闭目的(在实际施工中,有止水带未连根割平的现象,造成氯丁水泥砂浆产生裂缝)。

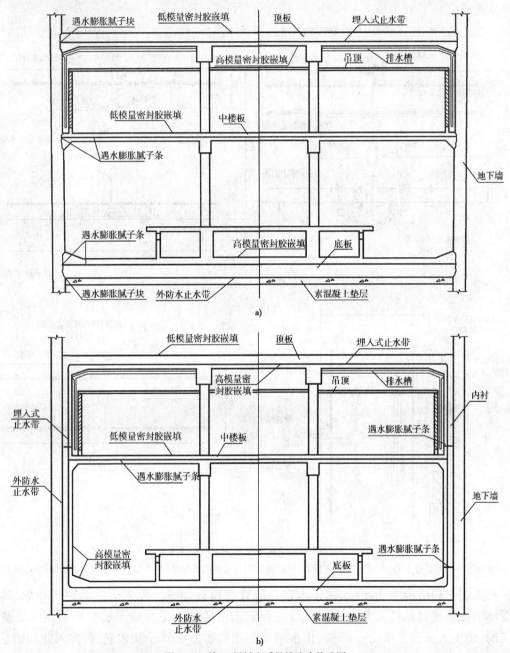

图7-67 单、双层衬砌诱导缝防水构造图
a)单层衬砌诱导缝防水构造图;b)双层衬砌诱导缝防水构造图

埋入式止水带则以细铁丝悬吊于钢筋上固定其位置,在顶底板水平安装时使止水带形成盆式以避免止水带下的气体在混凝土浇捣时无法逸出形成空隙(图7-68)。在柱头处,钢筋必须绕开(从结构上应有加强措施),以便埋入式止水带顺利穿过。

止水带的接头处采用现场热接或冷接的方法以维护其连贯性、整体性,整个施工过程中,勿使止水带被钢筋扎破,止水带设置时不可翻转、扭曲,如发现止水带有破损现象,必须立即更换。除此之外,二次混凝土浇捣前止水带表面杂质须清理干净,以免混凝土与其咬合不紧密造成渗水通道。

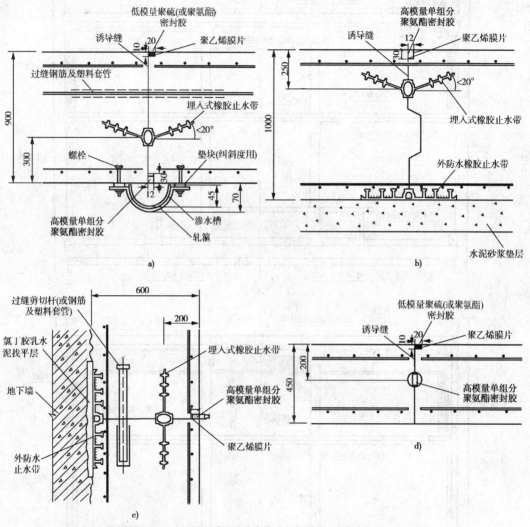

图 7-68 双层衬砌诱导缝防水构造细部详图(尺寸单位:mm)
a)顶板诱导缝及其排水槽(纵剖面);b)底板诱导缝(纵剖面);c)侧墙诱导缝(平剖面);d)中楼板诱导缝(纵剖面)

在单层衬砌结构中,因埋入式止水带只能设在顶板、底板,故无法形成封闭环形,其与地下墙的接头密封就显得尤为重要。目前我们采用的方法是当地下墙与顶板接头处凿毛施工时,施工人员预先凿出一凹槽,止水带端部用遇水膨胀腻子块包裹,再伸入此凹槽紧靠地下墙(图 7-69),整套设计构思是新颖的,但实际操作困难较大,止水带不易与地下墙密贴。若将止水带伸入地下墙 20cm 左右,割除钢筋,然后浇捣混凝土,这样可使止水带端头得到良好地封闭。

诱导缝止水带宽度除了从渗径考虑外,还应顾及其安装偏位时与混凝土咬合的范围,不能过窄,本工程设计的诱导缝止水带在 320mm 左右是适当的,这在实践中获得了证明。

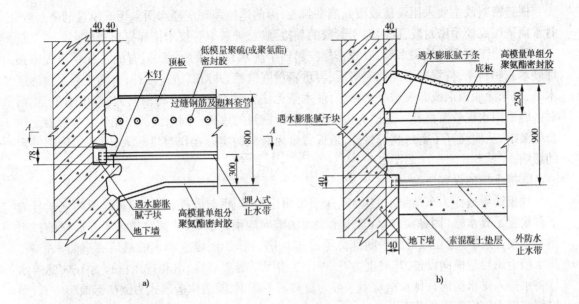

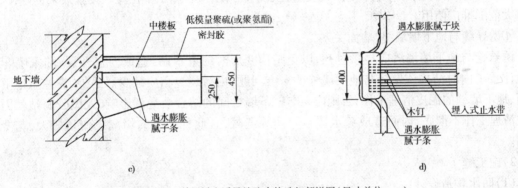

图 7-69 单层衬砌诱导缝防水构造细部详图(尺寸单位:mm)

a)单层衬砌顶板诱导缝与地下墙接头防水构造;b)单层衬砌底板诱导缝与地下墙接头防水构造;c)单层衬砌中楼板诱导缝与地下墙接头防水构造;d)A-A 剖面

纵向水平施工缝止水条应设置在诱导缝埋入式止水带的外侧(如果两者不能充分搭接成一体),这样埋入式止水带的功效才能充分体现。

以上这些措施是作为对地铁一号线车站接缝止水带的改进。带有诱导功能的止水带有待开发,对于间距较宽的顶板诱导缝可避免在缝前开裂。止水带端齿位置是否设孔悬挂,是否要专用箍架固定扎紧均有待研究。另外,可设置附有诱导器的止水带装置来加强诱导。

②嵌缝密封

与地铁一号线相比,二号线在诱导缝嵌缝上是做了充分的研究与实践的。

嵌缝槽设置于顶板、中楼板、底板、内衬,并细分为迎水面嵌缝槽及背水面嵌缝槽。迎水面嵌缝槽设计为宽且浅,背水面设计为窄且深。这是因为迎水面密封胶受水压影响后,会更密地与沟槽相贴。而背水面密封胶因其承受的水压相对较大,加上其自重,会使密封胶向沟槽外鼓出或蠕变,故沟槽须窄且深,嵌缝槽应采用预先涂过脱模剂的硬木或硬塑料条设置于成槽处,然后浇捣混凝土,待混凝土初凝时,剔除成槽。

嵌缝密封胶主要采用聚硫或聚氨酯密封胶,因前述原理规定迎水面采用低模量的密封胶,背水面采用高模量密封胶,同时对密封胶的黏接强度,伸长率等技术指标提出了要求。

从已建工程实施效果来看,嵌缝密封胶起到了防水、止水的效果,但有的工程中事先未预埋硬木或塑料系,待混凝土浇捣完毕后,再重新凿嵌缝槽,并对其进行修补,有的工程虽预埋了木条,但未涂脱模剂或非硬木吸水膨胀,使木条无法正常剔除,又得将槽凿大,挖出木条,然后对嵌缝槽用水泥砂浆修补。这已失去了原先嵌缝密封的意义。因水会从水泥砂浆与混凝土结合处渗出,从而绕开了密封胶。另外,顶板背水面嵌缝的实际操作难度较大,给施工带来一定的影响。

③排水槽的设置

顶板诱导缝作为车站防水的重点,除了采用止水带、密封胶外,还在顶板纵梁两侧诱导缝下部设置了排水槽(因纵梁的存在,排水槽无法准确地预留槽口,使其穿越纵梁与后设的排水槽相衔接,故诱导缝在纵梁的中间部分不设排水槽),作为诱导缝渗水的最后一道防水措施。排水槽沿诱导缝横向设置,其坡度为0.3%,至站厅层隔离墙后,由和排水槽连为一体的落水管将水排入排水沟内。排水槽材质一般为塑料或不锈钢,断面构造形式为倒梯形或小半圆形,以膨胀螺丝固定于顶板背面。

从现场施工情况来看,排水槽因其质量轻、设置方便,众多施工单位反映设置效果良好,今后可大范围推广使用。

④诱导缝与地下墙墙缝、墙面关系

诱导缝与地下墙墙缝应尽量对齐,以免结构变形时约束牵制,造成内衬开裂,陆家嘴车站就注重了内衬结构诱导缝与地下墙缝的对准问题,内衬裂缝相应减少。另外,需注意地下墙面、地下墙缝的泥皮清理工作,否则内衬与地下墙之间的结合会受到影响,人民公园站就因泥皮清理工作不彻底,因而造成渗水通道至诱导缝处,且此种情况的堵漏工作量较大,花费较高。

2)施工缝

(1)防水构造设计

施工缝防水线的道数一般设置一至二道,过多地设置,经济上不合理,客观效果反而差(过多的材料影响混凝土浇捣密实性),具体防水构造形式有采用止水带或遇水膨胀腻子止水条。

止水带的种类分为橡胶、塑料、钢片,其原理为通过渗水路径的延长以及止水带受挤压变形与混凝土基面压密来达到止水的目的;而遇水膨胀腻子条则通过其本身的膨润土与水发生反应,使其体积膨胀,从而与混凝土界面紧密地贴合,达到止水目的。另外,如龙东路车站为离壁式构造,不受围护结构约束,可自由收缩变形,其施工缝处的外防水涂层本身也是道防水线,很有效果。本工程设计中以遇水膨胀腻子条作为施工缝的主要防水材料,并辅以密封胶加强防水。

(2)遇水膨胀腻子条的特点与应用技术

整个车站所采用的遇水膨胀腻子条的断面形式分为两种,一种为12mm×30mm,另一种为6mm×30mm,一般可设置预留槽的施工缝处均采用12mm×30mm的遇水膨胀腻子条,而衬砌顶板、底板与地下墙相接的施工缝处,因地下墙无法预留连贯性的沟槽,且此处遇水膨胀腻子条为垂直设置,故其尺寸制作较小,为6mm×30mm,既避免设置时因其自重而坠落,又防止浇筑混土时被冲落(图7-70)。实践表明,纵向竖缝设置遇水膨胀腻子条是必需的,而有条件时预留腻子条沟槽更为有利。

在施工过程中,施工界面因水冲刷后的积水会导致遇水膨胀腻子条在混凝土还未浇捣前就预先膨胀,失去了其后期的膨胀止水功能,所以如何防止遇水膨胀腻子条的预膨胀是此种材料应用的关键,现在通常采用两种方法来达到此目的,一是腻子条表面涂刷缓膨胀剂(一般是酯类隔离剂,在混凝土碱性作用下产生皂化反应,使起隔离作用的缓膨胀剂层溶解或与外力挤压下使隔离膜产生破裂)。涂刷后,要求其膨胀速率明显下降,待二次混凝土浇捣时,仅达到其膨胀能力的二分之一左右,从而为后期膨胀提供了一定的空间;二是在生产制作遇水膨胀腻子条的过程中,加入缓膨胀成分,制成具有缓膨胀功能的止水条,其产生的效果应优于缓膨胀剂的使用(后者因施工时可产生外形变化,涂层易破坏,总的效果不如缓膨胀型止水条)。

遇水膨胀腻子条的设置采用预留槽与直接黏合两种方式固定,预留槽的成槽方法与密封胶沟槽的成槽方法一致,即保证槽口平整、无缺损;而采用黏结剂黏合时,其涂刷后应有足够的干燥时间,唯此方能黏结牢固。另外,在遇水膨胀腻子条暴露面涂刷缓膨胀剂时,必须涂满三次,否则缓膨胀剂的效用发挥不明显。

遇水膨胀腻子条设置于纵向水平施工缝时,因其水平位置,易造成遇水膨胀腻子条沟槽内的积水,故在施工缝凿毛时,应避开沟槽,在其两边凿毛,使沟槽突出于凿毛面(图7-71)。同时,需注意沟槽部分与地下墙之间形成的凹槽是否积水,若积水应凿孔、筑坡设法排去,以免遇水膨胀腻子条预先膨胀。此外,须尽可能迟设置腻子条,尽可能迟地去除腻子条的隔离纸。

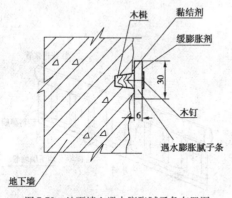

图7-70 地下墙上遇水膨胀腻子条布置图
(尺寸单位:mm)

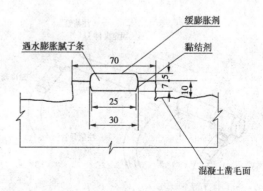

图7-71 双层衬砌水平施工缝遇水膨胀腻子条布置图
(尺寸单位:mm)

遇水膨胀腻子条在横向施工缝应采用与密封胶相结合使用的方法来达到防水的目的。

(3)纵向水平施工缝

在本工程中水平施工缝摒弃了企口式接头,因对于一侧为地下墙结构的内衬混凝土不论制成凹口或凸口都会影响垃圾、积水的清理。多数车站在混凝土的浇捣中都注意了搅拌车的运作与水平施工缝表面先浇一水泥砂浆接浆层。

在施工中,有施工单位提出在水平施工缝处采用钢板止水带,其益处在于毋须担心施工缝处的积水会对止水带造成不良影响,且设置不受时间影响,操作方便,为传统做法。但因钢板止水带存在一定的高度,所以其设置完成后,若在钢板止水带与地下墙之间有垃圾需清除,将变得十分困难;同时,车站结构为百年大计工程,钢板止水带一般未作镀锌处理,其防腐蚀年限恐怕达不到要求,故其应用须慎重。

(4) 楼板施工缝位置

车站内衬的内侧中楼板混凝土浇捣时,一般浇筑出一垫梁,在垫梁上砌砖墙作分隔墙用。但中楼板之上的内衬水平施工缝位置较低,相对而言,垫梁的高度较高,一旦水平施工缝产生渗漏,需对其进行堵漏处理,因垫梁的存在,对施工会造成不便。如东方路车站,其内衬水平施工缝留于中楼板面,若需在此处防水堵漏将十分困难。故在今后的施工要求中,须提出内衬水平施工缝的位置应高出垫梁,以便为以后的堵漏工作创造条件。

(5) 预埋式或注浆止水带与可注浆管的加强防水

预埋式可注浆橡胶止水带在河南中路站获得试用,在可注浆止水带设置妥当后,端口封闭处引入注浆导管,当有渗水现象产生时,注浆导管与注浆设备相连,浆液通过端头中空部的注浆孔压出,与水反应凝固而堵塞渗水通道,预埋式可注浆止水带的设置方式与埋入式止水带完全一致,此次在河南中路站顶板诱导缝中的预留埋设试验段工程实践检验,证明其压注方便、灌注流畅。

预埋可注浆管是近年来发展的新型注浆管,石门一路站、河南中路站诱导缝与地下墙接头处、东方路站出入口施工缝均进行了试用,在施工中,将其预埋于结构易开裂、变形,造成渗水通道的薄弱环节处,留出注浆导管于结构处,若发现渗水,只需接上注浆泵,即可压浆止水。预埋可注浆管有两种形式:①内部衬有钢丝环,外部由塑料纤维包裹而成的全断面出浆注浆管;②由一塑料硬管贯穿,通过硬管将浆液输送至其下部间隔式排列,与基面接触的海绵上出浆止水注浆管(图7-72),且价格较前者便宜,也是可尝试的方式。

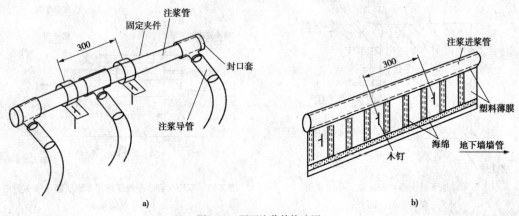

图7-72 预埋注浆管构造图

预埋可注浆管可由其自身附带的配件固定于混凝土基面,也可用细铁丝固定于埋入式止水带,或用木樽固定的方法达到稳定设置的目的。总的说来,预埋可注浆管的优点在于压注方便,为预先设置的补救措施,今后可在结构防水薄弱环节使用,以加强此处的防水。

3) 后浇带设置的方式与效果

(1) 后浇带设置的方式

后浇带是指在现浇整体钢筋混凝土结构中,只在施工期间保留的临时性温度收缩变形缝。在保留一定时间后,再进行填充封闭,后浇成连续整体的结构。后浇带宽度一般大于600mm,

钢筋连续不断,宜采用微膨胀水泥作为填充材料,且混凝土的强度等级要比原结构强度等级高。龙东路站、人民公园站均设有后浇带,施工中,后浇带应贯通整个结构。因其只在施工期间存在,所以可看作是一种特殊的施工缝。此处的防水设计与前述施工缝的防水设计一致,一般设置遇水膨胀腻子条或施工缝橡胶止水带,具体设置方法不变。

(2)后浇带设置的利弊

后浇带的应用,简化了结构构造,减少了因温度变化、结构变形而造成的结构开裂现象,对防水较为有利。但因施工工期的要求,后浇带的保留时间往往少于应有天数,如龙东路站因二号线铺轨的时间限制,使车站结构中预留的后烧带不可能保护很久时间(地面有很大负载),从而降低了其产生的作用效果。另外,后浇带处钢筋不断,给后浇混凝土前的垃圾清理、凿毛工作带来了一定的困难。因此,施工工期紧,后浇带保留时间达不到规定期限的结构不宜设置后浇带。

4)其他

(1)钢筋连接器、支撑预埋件处渗水情况不少,如静安寺站、中山公署站均有此现象,在渗水后,如堵漏得当虽能解决此问题,但不如事前采取措施,如加焊止水钢片或以遇水膨胀腻子条兜绕钢筋连接器以杜绝渗水现象。

(2)诱导缝止水带应做到分段隔开,谨防一处渗漏,地下水沿止水带全线流淌,可以将遇水膨胀腻子条间隔一定距离搭接于止水带上,这样即使基本处渗漏也不会影响整个诱导缝的防水体系。

二、广州地铁二号线结构防水原则[5]

广州地铁一号线处于工程地质和水文地层非常复杂的地层,既有不同风化程度的岩层,又有饱和含水软弱的土层,在结构防水的设计和施工方面,取得了不少成就,满足了使用要求。但在一些车站和矿山法区间隧道出现了许多裂缝和渗漏问题,虽然后来采取了化学灌浆进行整治,但对今后工程使用的要求和工程耐久性会有一定影响。

现代化的地铁工程采用了大量先进的机电系统,采用架空接触网授电,防水抗渗效果的好坏,对于保证地铁安全运营、吸引客流和工程的耐久性关系极大,是衡量地铁工程的标准和质量的重要指标之一,目前已普遍引起了人们的重视。地铁使用寿命超过百年,应保证结构具有足够的耐久性,现有各种防水材料的使用寿命都够不上混凝土。广州地铁二号线所处的工程地质更加复杂,岩层起伏大,岩性变化多,地域性水文条件差别大,穿越多条断层破碎带,全部地下结构工程均埋设于地下水位以下。因此,如何提高广州地铁二号线地下工程的结构抗裂、防水抗渗的效果,是二号线结构设计与施工要解决的主要问题。

从设计、施工两方面综合考虑,现提出广州地铁二号线工程的结构防水原则,在二号线的设计和施工中推广应用。

1.一般要求

(1)结构防水应满足国家颁布的《地下工程防水技术规范》(GB 50108—2008)的有关规定,并充分考虑广州地表潜水丰富和潮湿多雨气候条件对施工操作的影响。防水方案和防水材料应适应高温、潮湿、多雨的气候特征。

(2)地下车站结构物和明挖区间的防水设计应遵循"以防为主、防排结合、因地制宜、综合治理"的原则。以结构自防水为主,附加外防水为辅,关键是处理好施工缝、变形缝等的防水。

(3)区间隧道结构防水应遵循"以防为主、防排结合、多道设防、因地制宜、综合治理"的原则。

(4)结构防水应按《地下工程防水技术规范》(GB 50108—2008)进行设计,且在结构设计中考虑渗漏水的有组织排水系统。

(5)地下车站和人行道均按一级防水等级要求设计,车站和通道顶板不允许出现渗水,结构表面不得有湿渍。

(6)区间隧道和辅助隧道的结构防水等级为二级,结构表面可有少量、偶见的湿渍,特别应确保顶部的防水效果。

(7)地下结构的防水应优先采用防水混凝土,其抗渗等级不得小于 0.8MPa,并可根据需要增设附加防水层或采用其他防水措施。有侵蚀性地段,混凝土的抗侵蚀系数不得低于 0.8。

(8)在工程中应用的材料必须经过试验和鉴定。防水工程应由经过培训的有资质和合格证书的专业防水队伍施工。优先选用名牌企业的防水材料,以确保材料质量的可靠性。

(9)选用的外防水材料应有足够延续性、适应混凝土结构的伸缩变形、方便施工并具有抗微生物和耐腐蚀的性能。

(10)现浇混凝土结构设计和施工要求有切实有效的防裂、抗裂措施,并保证混凝土良好的密实性、整体性,减少结构裂缝的产生,提高结构自防水能力。

(11)裂缝宽度。普通钢筋混凝土结构在永久荷载和可变荷载组合作用下最大裂缝宽度允许值:车站结构背水面为 0.3mm;车站结构迎水面原则上不应大于 0.2mm,当设计中有附加外防水措施时,可放宽至 0.3mm。对于保护层厚度较大的围护结构(地下连续墙、排桩),在验算裂缝宽度时,保护层厚度 C 采用 30mm 计算。

结构最大裂缝宽度验算时,内力计算不应有荷载的分项系数,一般宜按偏心受压构件计算,连续墙施工阶段验算应按受弯构件计算。

对于叠合式结构的叠合面不验算裂缝宽度(施工阶段);重合式结构的重合面按背水面验算裂缝宽度。

(12)抗浮。车站结构按最不利情况进行抗浮验算,其抗浮安全系数在不考虑侧壁摩擦力时不小于 1.05。当结构抗浮不能满足要求时应采用相应的工程措施,一般采用设置抗拔桩、底翼板、压顶梁等措施解决抗浮问题。

泄水盲沟减压排水措施不宜作为永久性结构考虑,可作为施工中降水工程措施和结构安全储备。

(13)高性能防水混凝土的应用。围护结构采用 C25 混凝土和钢筋混凝土,主体结构采用 C30、抗渗等级不小于 S8 的钢筋混凝土,立柱根据设计需要可提高钢筋混凝土等级。

车站大体积浇筑的混凝土避免采用高水化热水泥,必须使用 42.5 级以上的硅酸盐水泥时,混凝土必须采用双掺技术(掺高效减水剂加优质粉煤灰或磨细矿渣)。地下车站顶、底板,侧墙应采用高性能防水混凝土,在必要部位采用微膨胀混凝土。

严格控制水泥用量:C30 高性能混凝土配合比的单位水泥用量一般不大于 320kg/m³。

限制水灰比:水灰比的最大限值为 0.45,控制入模温度不大于 20℃。

(14)结构形式。本工程技术要求优先采用在围护结构和内衬之间设置隔离层的重合式结构形式或采用分离式结构形式。有条件的地方都应在围护结构和内衬之间设置隔离层,并采用全封闭的防水措施。水下或泥浆下灌注的混凝土一般不作为永久性结构考虑。

2. 车站结构防水

(1) 采用明挖法施工的车站围护结构及主体结构均应采用防水混凝土,顶板、侧墙及底板均宜设置外防水层及其保护层。如有需要,车站顶板在防水层上面铺设顶板疏水层。

(2) 对于复合墙或有构造层的车站,侧墙围护结构必须做到无渗漏水才能施作内衬混凝土。当采用单一式地下连续墙时,其槽段之间应有可靠的防水措施。

(3) 当围护结构与内衬组合重合式墙时,在围护结构与内衬墙间应设置一道防水隔离基层,与顶板、底板的防水材料组合成全包的柔性防水层,且材料的选择宜一致。

(4) 采用矿山法施工的车站隧道,应特别加强注浆堵水和相交、相接处等薄弱环节的防水,初期支护与二次衬砌之间铺设全包柔性防水层(防水卷材),二次衬砌采用钢筋混凝土结构,考虑承受全部静水压力,形成复合式防水。

(5) 结构变形缝(伸缩缝)和施工缝应有可靠的防水措施,车站与区间隧道宜采用紫铜片止水带。变形缝(伸缩缝)的宽度一般为20mm,原则上采用Ω形的中置式止水带。顶板变形(伸缩)缝两侧结构在横向应找坡(0.5%),结构设计时变形(伸缩)缝内侧的两边需留槽,考虑后装式止水带和接水槽的安装。

明挖车站施工缝可选择钢板止水带、钢板腻子止水片、缓膨型遇水膨胀止水带(腻子型)、缓膨型遇水膨胀橡胶止水条(制品型);现浇混凝土垂直施工缝应加设端头模板,宜结合永久性混凝土模板——快易收口网一起使用。暗挖车站隧道优先选用缓膨型遇水膨胀止水带(腻子型),不使用钢板(腻子)止水片。

(6) 采用人工挖孔桩的围护结构与内衬设计考虑结合时,挖孔桩必须搭接,桩身咬合止水。施工时先挖捣一号圆桩,完成桩芯浇灌,在混凝土强度达70%设计强度以后,再开挖二号桩,并将与一号桩相接处护壁凿去,拉出预留钢筋使之与二号桩钢筋驳接,用钢刷、清水清理桩壁后,浇灌二号桩。人工挖孔方桩可设计成阴榫和阳榫,并在榫头中设置钢板(腻子)止水片止水。

(7) 钻孔桩密排的围护结构可在桩间外侧用水泥搅拌桩或高压喷射注浆止水防渗。

(8) 围护结构的入土深度必须考虑墙底止水要求,一般应嵌入不透水地层,否则应采用基坑外墙隔水式止水帷幕。

(9) 地下车站顶、底板侧墙应采用高性能防水混凝土,优先采用重合式或分离式结构形式,设置温度伸缩缝或诱导缝等工程措施,减少温度裂缝的产生,确保结构自防水能力。围护结构中预埋的受力接驳器宜采用中间隔断的防水措施,防止渗漏水沿钢筋渗向板内。

(10) 要特别注意车站与区间接头处、明暗结合区等(变形)缝的防水设计,暗挖车站结构的防水设计和措施与矿山法区间隧道相同。

(11) 柔性涂料可使用于明挖施工的主体结构顶板和侧墙外面,材质宜为非焦油聚氨酯涂油,用于顶板厚度不应小于2.5mm,侧墙厚度不小于2mm;不宜用于地下水中含有矿物油或有机溶剂的地下环境中。

(12) 柔性卷材也可使用于明挖施工的主体结构顶板和侧墙的外面,以及采用"条黏"的底板防水层。柔性卷材在顶板施工时必须与基面黏牢,不得空铺,搭接接头必须黏结牢固。

(13) 塑料防水板可使用于暗挖施工的车站和区间隧道,以及明挖施工的地下连续墙、排桩等围岩结构内面及主体结构的底板下面。材质宜为宽幅PVC或ECB类,要注意材料的抗穿刺性、柔软性和焊接接头的质量,厚度≥1.5mm。

(14)无机结晶渗透性涂料可以作为防水堵漏材料选用,适用于混凝土基层上,作防水过滤层,地下连续墙、排桩等围护结构的渗漏水处理。渗透性结晶体防水材料主要用于单一墙体结构和复合墙体结构的内侧防水。材质宜选择 PQ-200 渗透性结晶体防水材料,并与 PQ-130 瞬间止水剂和 PQ-300 等辅助材料一起构成完整防水系统。

3. 区间隧道防水

(1)明挖结构的附加层设置与明挖车站一致。

(2)矿山法施工隧道的防水设计应符合下列要求:

①初支喷混凝土应严格按照工艺要求喷射,尽量使初支喷射面平整。要求初支表面凹凸不平的 D/L 值不能高于 1/6,拱顶 120°角范围表面的 D/L 值不能高于 1/8。

②设计中适当增加仰拱的矢跨比,矢跨比不得小于 1/6。车站隧道、双线隧道及三线隧道的矢跨比一般为 1/8 左右,不得小于 1/10。

③初期支护和二次衬砌之间必须在全断面(包括仰拱)设置全包防水板,内衬按受力配置钢筋,并且至少要满足最小配筋率的要求。

④车站与隧道接口处,隧道防水应做收口处理。

(3)矿山法施工隧道的复合式衬砌宜在初期支护与二次衬砌之间设置全包式防水层,并配合注浆防水;二次衬砌应采用防水混凝土,必要时可采用补偿收缩混凝土。

(4)注浆防水,不仅在Ⅰ、Ⅱ类围岩中,且在Ⅲ类以上围岩中适当加大初支结构的刚度和厚度,使初期支护能最大限度地止住水。

(5)二次衬砌应考虑承受全部静水压力,并根据计算结果确定二次衬砌的配筋。另外在模注二次模注衬砌混凝土时应预留注浆孔,当二次衬砌完成后压注水泥砂浆,填充空隙,防止二次衬砌渗漏水。

(6)车站和区间,以及区间分段采取措施隔离地下水通道,防止地下水沿隧道纵向连通。初期支护的拱背注浆深入围岩中 1~3m,3m 宽左右全断面的注浆固结范围隔断初支外的地下水通道,PVC 防水板内侧焊一圈外贴式塑料止水带,与内衬混凝土相嵌隔断防水板内的通道,防水板与初支之间隔断措施是用缓膨型遇水膨胀止水条(腻子型)沿初支整圈设置。

(7)全包防水板与初期支护之间纵向铺设两条 ϕ50mm 软式透水管,位置在仰拱与拱墙的施工缝位置,高于道床水沟高度不小于 300mm。纵向坡度与线路坡度一致,但不得小于 0.1%。纵向每隔 45m 左右,用 ϕ40mm 给水 PVC 管将水排入隧道内侧沟,PVC 管在内衬边设闸阀,有控制地排水。在隧道的最低点也可以采用根据水压变化而自动开闭的减压阀。

施工期间可在仰拱初期支护的底部加设临时排水盲沟,确保初期支护的质量,而且内衬在施工时一定要先排除防水板与初期支护之间的积水,确保仰拱的厚度和质量。

(8)矿山法隧道选用柔软性好的聚氯乙烯增塑型彩色 PVC 高分子防水卷材(厚 1.5mm,幅度 2.05m)。在喷混凝土表面和卷材之间铺设土工布($\geqslant$400g/m³)作为缓冲层,仰拱部位用 C20 细石混凝土抹平初期支护(中间最厚为 100mm 且设水沟)。另在防水卷材与内衬混凝土之间加一道土工布作为保护层,仰拱部位则用保护板或砂浆保护层保护防水板(图 7-73)。

(9)盾构法施工装配式衬砌接缝的密封防水应按"多道设防、综合治理"的原则设防。

盾构法施工隧道各部位防水等级应满足表 7-10 要求。

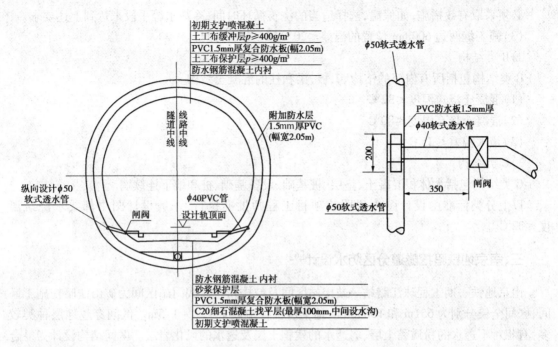

图 7-73 矿山法隧道标准断面防水设计图(尺寸单位:mm)

隧道防水等级标准　　　　　　　　　　　　　　　　表 7-10

防水等级	渗 漏 标 准	工 程 部 位
A	不允许漏水,结构表面无湿渍	管片
B	不允许漏水,结构表面偶见湿渍	隧道上半部
C	有少量渗漏水,不得有线流和漏泥沙,实际渗漏量 $<0.1L/(m^2 \cdot d)$	隧道下半部联络通道、洞口

4.结构混凝土的分类标准

结构自防水就是有效地控制结构混凝土的品质,防水混凝土的开裂和渗漏,首先在于提高混凝土本身的质量和施工水平。混凝土的密实性是结构防裂与防水的首要保证,防止混凝土的开裂要通过合理的施工组织及优质的施工工艺来实现。因此,将广州地铁二号线工程的结构混凝土分成 A、B、C 三类。

1)A 类结构

A 类结构包括所有周界混凝土(除去地下连续墙、钻孔排桩,有一面与土或地下水相连)、钢筋混凝土与水接触、所有地面以上钢筋混凝土结构。

(1)混凝土浇筑温度。

①浇筑温度≤(-5℃)平均气温,过去 24h。

②浇筑温度≤30℃。

必须采取有效措施,如预冷集料和水来控制混凝土的浇筑温度。

(2)混凝土最高温度和温差(浇筑后 3 周内)。

①浇筑时与地层接触混凝土:最高温度≤70℃;最大温差≤20℃。

②浇筑时不与地层接触混凝土:最高温度≤65℃;最大温差≤15℃。

必须采取有效措施,如保温,选择适当的浇筑循环时间,冷却水等手段来达到上述要求。

(3)施工缝两边600mm位置的温差≤20℃(2~14d时间)。

2)B类结构

B类结构包括所有内部的结构墙、板、梁和柱的混凝土结构。

(1)混凝土浇筑温度≤32℃。

(2)混凝土最高温度≤80℃。

(3)最大温差≤25℃。

3)C类结构

C类结构包括大体积混凝土、垫层、桩基础、设备基础、桩和地下连续墙。

以上分类标准由设计图中说明或项目工程师批准执行,一般设计图中都要求浇筑温度≤32℃。

三、南京地铁暗挖隧道分区防水设计[6]

南京地铁一期工程珠江路站—鼓楼站区间及鼓楼站—玄武门站区间为矿山法暗挖施工区间,区间全长分别为651m和1063.6m,地下水位在地表下1.2~1.5m。区间穿越地层种类较多,有相对不透水的粉质黏土层、弱透水的残积土层及透水的风化岩层。区间结构设计为复合衬砌;防水设计采用全包PVC防水板并设防水分区,预埋注浆设施;二次模筑衬砌采用抗渗防水混凝土进行综合防水。

1. 工程地质与水文地质

(1)工程地质

区间范围内地层由上至下依次为:

人工填土层:松散—稍密,碎石、碎砖及粉质黏土混填,层厚0.3~3.5m。

粉质黏土层:可塑—软塑状,中等压缩性,层厚4.3~15.5m。

残积土层:可塑状,中低压缩性,层厚1.0~9.3m。

风化岩层:砂砾岩、细砂岩、强风化岩为砂土状。

地铁区间穿越主要地层为粉质黏土层、残积土层和局部强风化岩层。

(2)水文地质

区间地下水位在地表下1.2~1.5m,为松散层孔隙潜水,主要富存于人工填土层、粉质黏土层及残积土层中,靠大气降水、地下管道渗水补给。

2. 防水方案选择

依据《地铁设计规范》(GB 50157—2003)"以防为主,防排结合、因地制宜、综合治理"的原则,结合地质、地下水管渗漏等具体情况,提出三种方案进行比较论证。

方案一:以排为主,以堵为辅。即在初期支护背后进行注浆堵水;防水板采用半包(拱、墙)设置;将初期支护表面的渗漏水用排水盲管引至洞内水沟排出。

方案二:以堵为主,以排为辅。即在初期支护背后进行注浆堵水;防水板采用全包(周边)设置;在防水板与二次模筑衬砌间布设盲管,将防水板破损后的渗漏水引至洞内水沟排出。

方案三:以堵为手段,分区防水。即在初期支护背后进行注浆堵水;防水板采用全包设置;

在防水板与二次模筑衬砌间设防水分区,并在每个防水分区内预埋注浆设施(注浆嘴、注浆管);二次模筑衬砌施工完毕后,对局部的渗漏水部位通过预埋注浆设施进行注浆堵水。

在方案比选中,实地考察了采用方案一、方案二设计的已建地下工程的漏水情况,从设计中分析其存在的缺陷,经过经济分析,决定采用方案三。

3. 分区防水设计

1)初期支护背后注浆堵水

初期支护施工完毕后,在其表面有渗水处进行背后均匀注浆堵水,注浆材料可选用黏土浆或膨润土浆液,注浆压力 0.3MPa 左右。

2)设置全包防水板

在初期支护与二次模筑衬砌间设置全包的 1.5mm 厚 PVC 防水板(图 7-74)。防水板采用无钉铺设,其搭接部位采用双焊缝连接。为防止初期支护表面的渗水汇集于仰拱最低处,使防水板形成鼓包,在仰拱最低处设置临时纵向排水盲管引排该部分积水,待二次衬砌仰拱施工完成并达到设计强度后,再向纵向盲管内注入水泥砂浆将其封填。

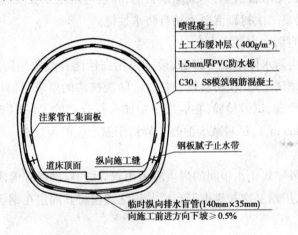

图 7-74 区间隧道横断面防水

3)分区防水设计

(1)分区方法

在环、纵向施工缝外设置外贴式 PVC 止水带,因外贴式 PVC 止水带与 PVC 防水板材质相同,故可将其一侧热焊于防水板上,另一侧埋于二次衬砌中(图 7-75),这样由环、纵向外贴式止水带在防水板内侧分隔成一个个防水分区(图 7-76)。

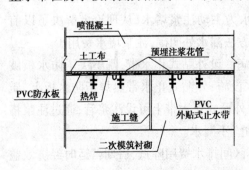

图 7-75 外贴式 PVC 止水带安装示意

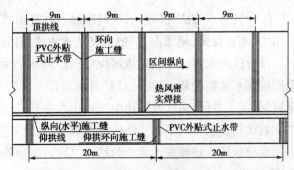

图 7-76 分区防水纵断面

(2)预埋注浆设施

在每个防水分区内埋设注浆嘴和注浆软管(图7-77),具体方法为:将用PVC材料制成的专用注浆圆嘴局部点焊于防水板上,并将其周边用胶带封口,防止二次衬砌施工时水泥浆液堵塞注浆嘴;把注浆软管一端接在注浆嘴上,另一端引至二次衬砌内表面集中面板上,逐一编号,待二次衬砌背后某处漏水需要注浆时,根据该处编号进行注浆堵水。

(3)注浆堵水

二次衬砌施工完毕后,若局部地段有渗、漏水现象,则可通过预埋注浆设施进行注浆堵水。其原理是:浆液通过注浆管进入注浆嘴,由注浆嘴向四周扩散,将防水板与二次衬砌间的空隙填实,阻止防水板

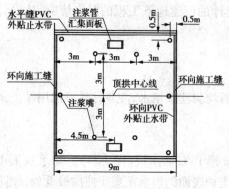

图7-77 单个分区段注浆嘴布置

局部破损后渗漏水进入防水板内侧,达到堵水目的,并且可填充二次模筑衬砌由于捣固不密实而形成的局部空洞,提高二次衬砌混凝土的自防水性能。

4)设置二次模筑自防水混凝土

二次模筑衬砌作为防水体系的一部分,设计采用高性能补偿收缩防水混凝土(C30,S8)。混凝土配合比设计必须满足强度、密实性、耐久性、防裂抗渗的要求,且具有较好的和易性(满足泵送要求),经材料比选、试验检验,在混凝土中加入复合型的JM-III(改进型)高效增强剂,控制水泥用量(≤320kg/m³),尽量减少混凝土凝结干缩产生的裂纹。

5)施工注意事项

①防水板间或与外贴式止水带间的焊接应采用双焊缝,以确保焊缝质量。

②布置注浆管时,应沿二次衬砌钢筋布设并用细铁丝将其固定在钢筋上,防止二次衬砌灌筑时注浆管脱落。

③二次模筑混凝土灌筑前,要对防水板、注浆嘴、注浆管等防水设施进行全面检查,确保防水设施的施工质量。

6)防水效果

二次模筑衬砌施工完毕后,其表面8处湿渍或渗水,但通过预埋注浆设施注浆后,渗水现象消失,二次模筑衬砌验收时,整个区间防水等级达到一级防水等级要求。

4.体会

①分区防水方法变以前二次衬砌漏水后被动堵水为主动注浆堵水,从理论上解决了以前防水中"堵这漏那,堵那漏这"的被动防水方式,且该方法漏水处明确,注浆堵水费用少。

②分区防水方法能较好地解决"三缝"漏水的通病。设外贴式止水带,既解决了防水板破损后渗漏水乱窜问题,又在"三缝"外侧增设一道防水设施;外贴式止水带热焊于防水板上,质量可靠,施工方便,防水效果比中埋式止水带好,加之外贴式止水带上可设注浆管,通过注浆将二次衬砌与止水带间不密实处的缝隙填满,确保"三缝"不漏水。

③分区防水将渗漏水完全封堵于二次衬砌以外,区间排水费用降低,后期营运时经济效益显著。

参 考 文 献

[1] 薛绍祖.地下建筑工程防水技术[M].北京:中国建筑工业出版社,2003.
[2] 鞠建英.实用地下工程防水手册[M].北京:中国计划出版社,2002.
[3] 施仲衡.地下铁道设计与施工[M].西安:陕西科学出版社,2002.
[4] 陆明.地铁二号线车站结构自防水与接缝防水设计的探讨[C]//第九次防排水学术交流会论文集,1999.
[5] 丁建隆,史海欧.广州地铁二号线结构防水原则[J].世界隧道增刊,2000.
[6] 翟可.地铁矿山法暗挖区间分区防水设计[J].现代隧道技术,2003,40(4).

第八章 沉管隧道防排水

第一节 概　述

随着交通科学技术的发展，人们越来越清楚地认识到在跨河、跨海交通线路中隧道方案的重要性。在江河下游、海湾(峡)修建桥梁，为了保证航运船只的通行，桥下净空要求很高，桥梁跨度很大，这使得桥梁造价升高、难度增大；沿海地区的跨海桥梁还将面临台风、暴雨等的考验；在沿江城市修建跨河交通线时，由于城市规划的限制，桥梁方案都受到两岸线路衔接的限制。为此，人们提出了另一种跨越江河及海湾(峡)的新方式，这就是用水下隧道来实现跨越江河及海湾(峡)的方式。修建水下隧道可以采用矿山法、盾构法、围堰明挖法、沉管法等方法，这些方法各有优缺点和适用条件：矿山法修建水下隧道技术简单、成熟，但是要求穿越基岩地层，埋深较大，不利于接线；盾构法主要适用于软岩、软土地层，造价高，需要成套机械设备；围堰明挖法是一种较为简易的工法，主要用于水深不大或有枯水期出现的江河；沉管法则具有工期短、对航道影响小、可浅埋、与靠近两岸道路衔接容易以及可设计多线车道等特点。沉管隧道修建于水体之下，防水工程对沉管隧道的重要性是不言而喻的[1]。

一、沉管隧道的发展

沉管法是20世纪初发展起来的一种修建水下隧道的新方法。自1910年美国修建第一座沉管隧道以来，目前全世界已建成沉管隧道有100多座。国际隧协(ITA)在20世纪90年代中统计的各国沉管隧道分布见表8-1，其中中国的8座沉管隧道分布如下：香港5座，台湾1座，中国内地2座。进入21世纪，我国沉管隧道得到了新的发展，宁波常洪沉管隧道和上海外环线沉管隧道相继建成通车。

各国修建沉管隧道座数表　　　　　　　　　　　　表8-1

国家	美国	荷兰	日本	德国	加拿大	法国	比利时	瑞典	丹麦
数量	25.5	22	20	7	2.5	5	3	2	3
国家	阿根廷	俄罗斯	英国	希腊	澳大利亚	爱尔兰	古巴	西班牙	中国
数量	1	1	2	1	1	1	1	1	8

二、我国沉管隧道简介

1. 香港沉管隧道[2]

(1) 香港跨港隧道

香港跨港隧道为双孔四车道公路隧道,管段全长1602m,由15节管节组成,于1972年建成通车。隧道结构为钢壳型,断面形式为双圆结合型。沉管最大宽度为22.16m,高度为11.0m。

(2) 香港港湾隧道

香港港湾隧道为双孔地铁隧道,1979年建成。隧道沉管段长1400m,由14节100m长的管节组成。隧道结构为钢筋混凝土型,断面形式为双圆结合型。沉管最大宽度为13.1m,高度为8.8m。

(3) 香港东区隧道

香港东区隧道为公(路)、铁(地铁)合用沉管隧道,由15节管节组成,其中长122m管节10节、长128m管节4节、长126.5m管节1节,管段全长1859m,于1990年建成并投入使用。隧道结构为钢筋混凝土型,断面形式为5孔矩形(两孔地铁、两孔公路、一孔通风道)。沉管最大宽度为35.45m,高度为9.75m。

(4) 香港西区公路隧道

香港西区公路隧道为六车道沉管隧道,1996年建成。隧道沉管段长1363m,由12节长113.5m管节组成,隧道结构为钢筋混凝土型,断面形式为4孔矩形(两孔三车道公路、两孔通风道)。最大宽度为33.4m,高度为8.57m。

(5) 香港西区铁路隧道

香港西区铁路隧道于1996年建成,为双孔铁路隧道。隧道沉管段长1260m,由10节长126m管节组成。隧道结构为预应力钢筋混凝土,断面形式为双孔矩形。沉管最大宽度为12.42m,高度为7.65m。

2. 国内沉管隧道建设[3]

1994年建成的广州珠江隧道是我国内地修建的第一条用于交通用途的沉管隧道。该隧道为公、铁合用沉管隧道。沉管段长457m,由5节管节组成,最长的管节长120m,最短的管节长22m。隧道结构为钢筋混凝土型,断面形式为矩形,沉管最大宽度为33m,高度为7.95m。

宁波甬江隧道是继珠江隧道之后我国大陆修建的又一条沉管隧道,隧道于1995年建成通车。该隧道沉管段全长420m,由5节沉管段(85m+80m+85m×3)相连接而成,管段内壁净宽10.20m,路面宽7.5m,净高4.5m。

宁波常洪隧道是我国大陆第三条沉管隧道,也是国内第一条采用桩基础的沉管隧道。该隧道于1999年6月8日奠基动工,2002年3月正式建成通车。隧道全长1053.5m,过江沉管段长395m,由4节管段组成,其中1节长95m,其余3节各长100m。

穿越上海黄浦江的外环沉管隧道是我国沉管隧道建设的又一杰作。外环隧道全长2882m,其中沉管段736m,由7节的管段拼接而成,每节管段高达9.55m,宽43m,长100~108m,自重4.5万t。上海外环隧道不仅是我国国内最大的沉管隧道,也是亚洲第一、世界第二大沉管隧道。该隧道共有8条机动车道,2条公共管廊和人行安全通道,车道呈3:2:3排列,隧道内光线通透明亮,视觉效果极佳。

2004年2月,长约200m,由6节管片组成的我国第一条海底沉管隧道在杭州湾施工完成。

三、沉管隧道的优点

沉管法在世界各国得到广泛应用,技术日益成熟,主要有以下优点:

(1)隧道结构的主要部分(沉管管节)由于在干坞或半潜驳船上浇筑,施工条件好,场地开阔,质量容易保证,并可方便施作外防水层,不需像其他工法修建隧道那样,在遭受到土压力或水压力荷载作用下的狭窄空间内进行施工,能保证隧道质量和安全,防水性能较好。如采用平行作业(两岸上段、基槽开挖、干坞、管节预制同步施工)方案,则管节沉放对接,基础处理水上作业时间短,对航运与环境的影响不大,同时可大大缩短工期。

(2)沉管隧道的单位体积密度小,有效质量小,再加上附加压重以及混凝土防水层,隧道总质量比基槽内挖掘出来的土体要轻(除直接放置河床的情况外),可有效控制隧道沉降。对地质条件适应性强,要求低,广泛适用于各种地层(各种地层的承载力几乎都能满足),甚至能在流沙与软弱地基中施工,而不需采用特殊设备或措施。

(3)沉管法可用于修建大断面水底隧道。迄今,盾构法一般只用于修建3车道水底隧道,而沉管法则可以用于修建双管6车道,甚至四管8车道的水底隧道。

(4)管节长度可达100~185m,且可以整体浇筑,水密性好。与盾构法的拼装管片相比较,单位长度内沉管法接头缝数量仅为盾构法的1/100左右,渗漏减少,不足盾构法的1%。

(5)沉管隧道可浅埋在最小限度的深度上,从而使隧道全长缩短至最小限度,水底道路隧道则易于与岸边道路衔接;而盾构施工隧道需一定的覆盖层,埋设较大,隧道较长。

(6)因管节制作采用预制方式,且浮运与沉放施工机械装置已集成大型化,施工安全与质量可控,可大大缩短工期,满足快速交通建设的需求。

(7)隧道埋深较浅,与两岸道路距离较短,衔接容易,总工程量较小,并且沉管隧道能充分利用净空,可节省土建投资和通风运营费用,建筑单价和工程总价均可降低。

(8)综合工期短。两岸工程、基槽开挖、管节预制可同时施工,管节的浮运、沉放、水下对接和基础处理等工序的工期均较短。

四、沉管隧道的发展趋势

纵观沉管隧道的发展,目前沉管隧道发展正呈现以下趋势:

(1)每节管段长度越来越大,管段中的车道数越来越多。
(2)从单一用途向多用途发展。
(3)沉管隧道的地基适用性越来越广。
(4)管段材料逐步由钢壳转为钢筋混凝土。
(5)钢筋混凝土预制管段正在采取越来越多的裂缝控制技术。
(6)钢筋混凝土管段的预制由传统干坞预制发展到工厂化流水线生产。

第二节 沉管隧道构造及防排水特点[4-6]

沉管隧道一般由敞开段、暗挖段、岸边竖井及沉埋段组成,如图8-1所示。在沉管隧道发展早期,水下沉埋段多数采用圆形或近似圆形结构,而随着沉管隧道设计、施工技术的进步,矩形断面逐步取代了圆形断面,成为沉管隧道的主流形式。圆形断面具有结构受力好,便于管节制作的优点,同时也具有断面大、利用率低、压重不方便等缺点;矩形断面则相反。

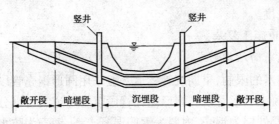

图 8-1 沉管隧道结构组成

一、圆形断面沉管隧道构造

1. 圆形沉管隧道横断面形式

圆形隧道一般只适用于车道数少、附属市政管线少的情况。对于只有两条车道的道路交通隧道,可以采用单圆形断面;如果车道数增加至四条,则可采用双圆形断面。单圆形沉管隧道横断面如图 8-2 所示,双圆形段面沉管隧道横断面如图 8-3 所示。

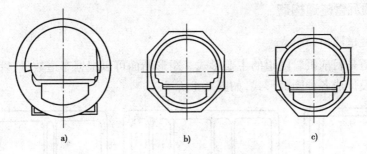

图 8-2 单圆形沉管隧道横断面
a) 圆形;b) 八角形;c) 花篮形

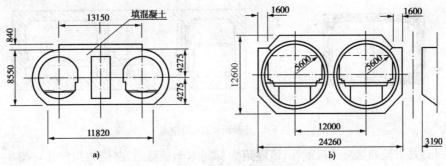

图 8-3 双圆形沉管隧道横断面(尺寸单位:mm)
a) 单层钢壳圆形断面;b) 双层钢壳圆形断面

圆形横断面的优点有:
(1) 结构受力非常有利,在静水压力作用下结构全断面受压。
(2) 圆形断面中建筑限界以外的上下两部分可用于通风、管线铺设。
(3) 圆形断面采用钢外壳时,管段浮运、混凝土浇筑和结构外防水都容易施工。

圆形横断面的缺点有:
(1) 横断面与建筑限界不一致,断面利用率低。
(2) 为保证建筑限界,沉管高度显著增加,造成隧道埋深增加,不仅增加基槽开挖量,也增加隧道长度和连接线长度。

(3)圆形断面的压重施工复杂。

2. 圆形沉管隧道横断面结构形式

由于设计和施工技术的限制,早期沉管隧道一般采用圆形钢壳管段,随着混凝土防水技术的提高,出现了钢筋混凝土圆形管段。圆形钢壳管段沉管隧道又可以分为单层钢壳、双层钢壳结构。单层钢壳的管段,外层为钢壳,内层为钢筋混凝土环,钢壳为防水层,其防水性能的好坏取决于钢壳大量焊缝的质量。外层的钢壳与内部钢筋混凝土环共同承受静水压力和覆土荷载,如图8-3a)所示。这种结构一般用于直径较小的单筒或双筒隧道,例如城市快速轨道运输系统的隧道。这种管节的抗浮、压重层一般设置在管节的顶部,以尽量减少管节横断面尺寸。双层钢壳的管节,内层为圆形钢壳,为了增加其刚度和强度,在钢壳内还需设置钢筋混凝土衬环,以形成主要承载结构。外层为多边形钢壳,并用钢横隔板与内层钢壳焊接为一整体结构,内、外层钢壳之间浇筑抗浮压重混凝土,如图8-3b)所示。

二、矩形断面沉管隧道构造

1. 矩形沉管隧道横断面形式

矩形沉管隧道是目前沉管隧道的主要形式。矩形断面可以根据车道数量、管线铺设情况、隧道运营要求等设计成各种断面形式,如图8-4所示。

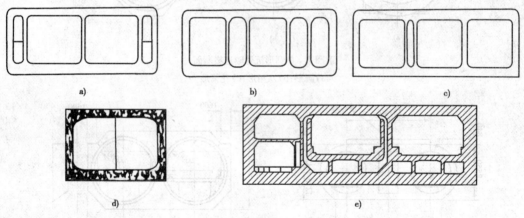

图8-4 矩形断面的沉管隧道

图8-4a)是香港西区隧道横断面,该隧道为双向六车道隧道,两侧为检修孔。图8-4b)是香港东区隧道,该隧道为五孔六车道,右边两孔为地铁线,中间一孔和左边一孔为双车道机动车道,左边第二孔为检修道。图8-4c)为广州珠江隧道,中孔和左孔为双车道机动车道,右孔为广州地铁一号线的上下行线,另外一孔为设备管线廊道。图8-4d)是较常见的双向交通沉管隧道,我国香港机场隧道、宁波甬江隧道都采用的是这种断面。图8-4e)展示的是荷兰马斯河隧道横断面,这是一个十分复杂的矩形断面,在2×2车道交通空间及自行车道和人行道(还有横向通风道)范围内混凝土结构贴合得十分紧密,除此之外,还有足够的空间来布置市政管线。

2. 矩形沉管隧道横断面结构形式

矩形沉管隧道横断面结构一般由底部防水钢板、底板、侧墙、顶板、顶部防水层以及隧道内设施构成,图8-5是广州珠江隧道横断面。矩形断面的出现是基于钢筋混凝土结构防水技术的发展,因而,矩形断面的沉管隧道一般不采用钢外壳防水结构。但是,为了增强管段的整体性,控制管段预制时管段侧墙下部、底板出现裂缝,同时与钢端壳、管节混凝土表面防水层组成完整的外辅助防水体系,在矩形管段底部一般都要设置底部防水钢板。管段钢筋混凝土底板在底部防水钢板上预制,底板、侧墙和顶板构成管段的受力结构。在顶板上方还要设置外防水钢板和防锚保护层。隧道压载层可以根据实际情况设置在矩形截面内部或者顶部。隧道内孔根据需要设置路面混凝土、轨道或其他设施。

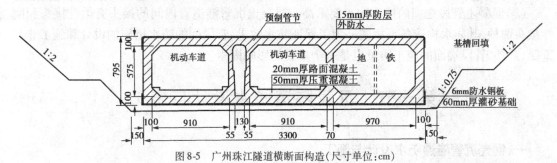

图 8-5　广州珠江隧道横断面构造(尺寸单位:cm)

三、沉管隧道的防水特点

沉管隧道在施工工艺、水文地质条件、结构形式等各方面都不同于矿山法、盾构法等方法施工的隧道。在防水方面,沉管隧道也具有与其他隧道不同的特点:

(1)沉管隧道修建于水下浅埋层,防水要求很高。沉管隧道采用开挖基槽沉埋管段,其埋深一般都很小,隧道整体结构都浸泡在水中。隧道在施工和长期运营中,任何时刻出现渗漏,都将造成严重的后果。

(2)隧道管段在干坞预制,防水质量容易保证。干坞良好的施工条件,不仅给隧道施工带来了比矿山法、盾构法好得多的施工环境,有利于防水措施的实施,也给管段预制采取比暗挖法更为有效的防水措施创造了条件,还可以更有效地进行施工质量控制、检查。

(3)沉管隧道浸泡在水下,防水的整体性尤为重要。为了保证隧道的防水效果,需要对沉管隧道的钢外壳(底部钢板)、管段混凝土、施工缝、接头等部位实施全方位的防水措施。

1. 钢壳沉管隧道的防水特点

钢壳沉管隧道由于具有钢壳保护层,相对而言,具有较大的防水优越性,但是,仍然不能对防水工作掉以轻心。钢壳沉管隧道防水应注意做好以下几点:

(1)做好钢壳防水工作。外包钢壳(有些还有内层钢壳)是沉管隧道防水的最主要措施。外包钢壳防水需要注意以下两点:

①注重钢壳的接缝施工质量,保证不在焊缝位置发生渗漏。

②需要采取措施控制钢外壳在长期运营过程中的腐蚀速度。

(2)做好管段接缝的防水措施。钢壳沉管隧道接缝包括管段之间的标准接缝,还包括为特别目的而设计的其他接缝,如最终闭合时设置的闭合接缝,沉管隧道岸边端部和陆地部分之间的终端接缝,钢壳管段和岸上段隧道之间的水下接缝,缓冲三维地震位移的地震接缝。这些接缝都是防水的薄弱环节,容易造成防水失效。

(3)做好隧道基础处理及抗震措施,减小隧道因基础过大沉降、不均匀沉降、地震等引发接缝防水失效。

2. 混凝土沉管隧道防水特点

混凝土沉管隧道依靠的是良好的混凝土防水技术,在设计、施工过程中,应当注意以下几点:

(1) 结构混凝土抗渗要求高。为了使抗渗防水混凝土达到设计要求,需要采取多种混凝土裂缝控制技术,如降低水灰比,降低混凝土施工温度,减小混凝土施工温差等。

(2) 注重混凝土施工缝的防水。混凝土管段结构庞大,需要分多次浇筑成型,多次浇筑的混凝土间留下的施工缝是防水薄弱环节,需要采取措施提高防水效果。

(3) 混凝土管段之间的接头防水要求高。混凝土沉管隧道管段间的接头有柔性接头和刚性接头两种,其防水构造各不相同。为了保证防水效果,管段间的防水措施的设计和施工非常重要,此外,管段端面的施工质量也是一个重要的影响因素。

第三节　沉管隧道防水设计与施工

一、钢壳沉管隧道防水设计与施工

钢壳沉管隧道在早期应用较多,随着混凝土沉管隧道的发展而逐渐减少,目前只有在美国等少数国家应用较多。对于钢壳沉管隧道的防水设计与施工,本书只作简要介绍。

1. 钢壳防水设计与施工

钢壳沉管隧道钢板一般都较厚,如某单层钢壳沉管隧道的钢壳钢板厚度为8mm,内部钢筋混凝土厚度约为450mm。如此厚的钢板,自身的防水性能毫无疑问能够达到一般水深的防水要求。钢壳的防水重点有两个:一是钢壳加工过程中的焊缝;二是钢壳在长期运营过程中的防腐蚀问题。

2. 焊缝处理

在一般水深条件下,焊缝质量并不是由强度控制,而是由焊缝的水密性控制。因为当水深不是特别大时,钢壳在使用状态下的应力通常都不大,焊缝的强度很容易满足要求。为确保焊缝的水密性,在加工钢壳时,必须采取机械焊接。焊缝的水密性应满足在最高水压下仍具有一定的安全储备。

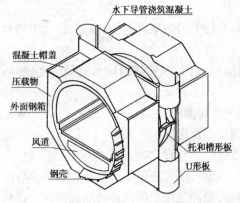

图 8-6　钢壳沉管隧道接头构造及施工工艺

3. 钢壳的防腐保护

钢壳的防腐措施是保证钢壳在长期运营条件下不至于因化学腐蚀、静电腐蚀而导致渗漏的主要办法。在杂散电流条件下,钢壳的防腐可以采用涂料防腐(如煤焦油环氧树脂涂刷钢壳)和镀惰性层的方法进行处理。在确定有杂散的直流电流存在时,如电气化的快速交通、轻轨交通、地铁交通隧道,除需要做好杂散电流处理之外,还可以为钢壳提供特殊的防护措施——感应电流阴极保护系统。

4. 管段间的接缝处理

钢壳沉管隧道管段间的接缝一般为刚性连接(图 8-6)。新沉放的管段由潜水员通过每侧的连接板和螺丝套用销子固定到先前安放好的管段顶面上。此时先安放的管段端头槽形板也搭接到新安放的管段的端头底部,板之间环形空间由潜水员进行封堵。通过沉放大型U形钢板沿接头再次形成一个隔仓,并在其每一侧用板桩锁紧,然后通过水下导管浇筑混凝土。管段沉放、对接并处理好接头后,即可拆除管段两端的端封盖板,并在管段内把相邻两管节焊接起来,再浇筑接头内的混凝土内环。导管法灌注的混凝土接缝有一个显著的好处:它在管段之间形成很强的刚性连接结构。同时,它也存在缺陷。在接缝两侧安装模板后,用导管法灌注密实的混凝土,将接缝完全包围住,希望充分地密封,以便将内衬板焊接。然而,情况并不总是这样,因为导管法灌注的混凝土往往是不完善的。接缝可能还有漏隙甚至更糟,混凝土就会渗入接缝内部并且凝固,而需要费时的"铲挖"作业将其清除掉。

5. 混凝土要求

钢壳隧道管段的基本优点之一在于其防水性不像混凝土隧道管段那样主要依赖于混凝土抵抗开裂的能力。从结构观点来看,混凝土强度是重要的,而且要考虑随机的因温度和收缩的开裂。然而,从漏水的观点来看,钢壳管段在其混凝土衬砌上比混凝土管段能够容许较大的开裂。

此外,混凝土隧道管段不如钢壳隧道管段那样能适应变化的地层沉降。因此,钢壳隧道管段不需要用一般在混凝土隧道管段中使用的那种有柔性的中间接缝。应该注意这种情况可能导致设计者在控制钢壳管段内的温度和收缩变形上掉以轻心,而且这样会在已完工的饰面板表面上引起过分开裂的不良效果。

二、混凝土沉管隧道防水设计与施工

钢筋混凝土沉管隧道防水主要依靠混凝土结构自防水功能的发挥。因此,混凝土沉管隧道的防水应从以下几个方面入手:钢筋混凝土裂缝控制,钢筋混凝土外附加防水层防水施工缝止水带防水,管段接头处理。下面一一介绍这些防水措施。

1. 钢筋混凝土裂缝控制

钢筋混凝土管段属于大体积混凝土结构。大量的工程实践都表明,大体积混凝土几乎不可避免地会出现各种裂缝。导致混凝土产生裂缝的最重要原因是不均匀收缩,其主要原因包括:

(1)混凝土干缩

在干坞预制时,管段混凝土逐渐干涸,混凝土体积缩小,其外部可能出现裂缝。当沉放就位后,这些裂缝会由于混凝土在水中的膨胀而部分闭合。

(2)温度应力作用

混凝土管段预制干坞场地温度随周围环境温度变化而变化,而这种变化在管段的各个部位并不一致,管段的侧墙、顶板和底板会出现温度梯度,通常这一温度梯度太大会引起很大的应力。在气温较高的条件下预制管段,白天,混凝土管段整体温度都上升很快,到了夜间,混凝土的表面温度可能降低很多,而混凝土内部温度下降缓慢,这种温差容易引发裂缝。通过计算得出,像沉管这种混凝土结构,15~20℃的温差就会产生裂纹,实践经验也证实了这一点。在冷却期间随着应力区扩大,典型裂缝就会进一步向内发展,当中心部位的温度也下降时,开裂就会闭合。

(3)水泥水化热导致温度变化

水化热是在新浇灌的混凝土凝固期间,由于化学反应而产生的热。水化热产生的过程会导致大型混凝土结构的中心部位出现温升。对于比较细长的结构,这部分热量会大量散发到周围的环境中,因此,温升不高。管段施工中,水化热可能会引起两类问题:

①同期混凝土之间因为水化热导致温度不均匀而引发裂缝。底板、侧墙及顶板中心部位的温升将比其外层的要高。由于温度梯度的原因,外层结构先冷下来,这会使外层混凝土的收缩率比中心部位混凝土的要高,因而将产生拉应力而有开裂危险。

②不同龄期混凝土之间的性能差异引发裂缝。在浇灌底板以上的侧墙期间,由于新浇筑的混凝土与底板已浇筑混凝土表现的动态不一样而带来工程问题,这部分新浇的混凝土结构的变形受到底板的影响。在侧墙内,由于水化作用将使温度开高,散发到底板的热量是有限的,同时,底板的温升是滞后的。最初,侧墙可以自由膨胀,但在混凝土变硬的过程中,与底板黏结就开始起作用。由水化作用导致的侧墙内温度进一步升高,在侧墙就会产生压应力而底板产生拉应力。在冷却期间,情况恰好相反,即在底板将出现压应力,在侧墙内出现拉应力,而且侧墙将产生裂缝。在这种情况下,因为整幅混凝土侧墙必须首先冷却下来,与上述的关于中心部位和外层间相互作用的实例相比,应力将产生在更后的阶段,与此同时抗拉强度增加。在侧墙分节的末端,应力为零,但抗拉强度会增加,超过强度极限段并在此处开始产生裂缝。这个过程在管段本身纵向上重复。在侧墙的上部和顶板内,压应力区可能扩大,由于这个原因,收缩裂缝将不会扩展到顶板。研究证明在底板附近布置纵向钢筋不能防止裂缝。然而,这种方法可使裂缝的宽度受到限制,使裂纹沿管段长度分布更均匀。

控制混凝土裂缝需要从设计到施工到养护,采取多种措施,才能取得令人满意的效果。主要措施有:

(1)合理配置纵筋

从理论和调查情况表明,工程的降温及干缩裂缝都是横向的。说明与纵向(即水平)配筋方式有很大关系。在满足规范的条件下,纵向筋直径小而间距密的配置,使混凝土的干缩变形更趋均匀化,提高极限拉伸,减少干缩变形。广州珠江沉管隧道预制第一节管段后出现裂缝,通过提高纵向配筋率,减轻了管段开裂程度。

(2)合理优化混凝土配合比

优化工作主要有:

①降低混凝土中的单位用水量,减小混凝土干缩裂缝。国内外资料表明,水泥水化所需的水仅为其质量的20%~25%,其余的水,完全是为了和易性要求,其中一部分被离析出来,相当大一部分留在孔隙中,对混凝土的干缩起着决定性的作用。在满足施工要求和易条件下,应尽量减少单位用水量。其措施有:a.掺减水剂。在混凝土中掺入适量减水剂,不仅可以减少单位用水量10%~15%,减少水泥用量8%~10%。而且还可以提高混凝土的强度和抗渗等级,是一举多得的好措施。目前,我国的减水剂品种较多,根据其收缩性能,应当选用减少混凝土收缩,不增加混凝土收缩或增加极微的减水剂;b.选用需水量较低的水泥,通过有关单位的试验表明,普通硅酸盐水泥用水量较少,其次是矿渣水泥、火山灰水泥,用水量最大的是赤泥硫酸盐水泥,根据实际工程的特殊要求可以适当选用。但尽量选水量较低的水泥,雨中不宜浇筑混凝土,否则应采取技术措施,保证质量。

②严格控制水泥用量。根据国内外的研究表明,混凝土的干缩变形随单位水泥用量增加而增大,混凝土的龄期在3个月和6个月时,其强度分别提高1.25和1.50,混凝土后期的抗渗性有显著的提高,水灰比为0.55以下,180d的抗渗等级大大超过B10,因而应该提出:严格控

制水泥用量,提高发挥混凝土的后期强度,如利用60d和90d的强度。必须纠正常见的一种错误观点,即水泥用量越多,标号越高,安全度越大,可以补偿一切施工过程中的缺陷。根据处理裂缝的经验,水泥用量为 $350\sim480kg/m^3$ 的基础和地下工程出现裂缝漏水的概率最高,而且裂缝出现的延续时间达2~3年之久。

③选择水化热较小的水泥。水泥的化学成分对水化热有较大的影响,特别是含潜伏水硬性胶结剂的水泥,例如含火山灰、粉煤灰、磨细的火山石粉或矿渣粉(鼓风炉的矿渣)的水泥可产生较小的水化热。

④控制混凝土粗集料。当使用粗集料时,如果颗粒尺寸级配合适,就可以采用较少量的细粒材料(水泥等)。为了使钢筋周围的混凝土的密度符合要求,需要用限制最大粒度的混凝土浆。而另一方面,为获得合理的工作性能,要求用一定数量的细粒材料。为此,除了水泥以外,还可采用石粉、火山灰、冰川河沙等。在工程施工中,应该严格控制集料中的含泥量及其他杂质,将混凝土振捣密实,最佳振捣时间为5~10s。泵送混凝土仍然需要振捣,控制拆模时间,一般来说晚些较好(如14d以上)。拆模后,立即掩盖,防止暴晒和风吹,并要有不少于15d的湿养护期。

(3)降低混凝土结构各部分的温差

应用各种方法来减少侧墙、底板和顶板中心部位与外层同及两侧施工缝时的温差,可以显著减少裂缝的出现,其主要手段有:

①通过冷却来降低混凝土浆的初始温度。冷却混凝土浆有两个作用,即降低混凝土浆的最高温度和延长混凝土的凝固时间,使产生的热量可在一段较长时间向外扩散。通过冷却原材料和用冰水作为混合水来实现降温,但这在管段施工中很少采用,因为这种方法要用很多设备。

②冷却侧墙新浇灌的混凝土。冷却混凝土的方法在大坝等大体积混凝土浇筑中的应用证明是成功的,其方法是在管段侧墙厚度中间埋置冷却管,在混凝土浇筑过程中用一套自动冷却系统泵送冷却水,通过预埋在混凝土内的管道系统来实现冷却,从而实现混凝土结构整体温度均衡。

③加热底板。通过加热底板,例如使热循环流过预埋钢管,亦可有效地降低底板和侧墙之间的温差。这种方法很少采用。在斯德哥尔摩的地铁隧道施工实例中,在用作预应力钢筋的纵向钢缆管内通过循环热水。加热底板的方法可以与冷却侧墙的方法联合使用,即从侧墙上部流下的水被加热,再循环通过底板内的管子,随后,水又被冷却。

(4)施工措施

通过采取多种施工措施,也可以减少裂缝的出现。

①延迟拆除模板,顶板的顶部作隔热处理。采用隔热性能合适的模板,可降低侧墙中心部位与外层之间的温差,同时可使温度梯度减缓。由于木质的隔热性能比钢质好,建议采用木模板。拆除模板应延迟至整个管段冷却到适当温度为止,因此,模板板壁不要太厚,顶板新浇筑的混凝土可以覆盖一层隔热材料。

②连续浇筑。用连续浇筑整管段的方法,可使将新搅拌混凝土浇灌到旧混凝土上所碰到的问题得以圆满解决。通常,这种方法在较小的隧道管段可以很容易做到,但对于宽大型的道路隧道管段就难以实现。

③采用厂拌混凝土。商品混凝土的搅拌站供应混凝土的质量对大体积混凝土的裂缝控制

具有重要作用。考虑到一系列大体积混凝土的特点,采取如降温,减少收缩,有利于抗裂的外加剂及级配等措施,确保连续均质混凝土供应措施和稳定无误的称量装置等。

④加强施工管理。许多控制裂缝成功的经验证明,设计施工和搅拌站的良好配合是主要因素,而制订的技术措施是否认真执行又是决定性的因素。施工时应加强技术管理,全过程都必须有详细施工记录,实行严格责任制。

(5)养护措施

加强保温养护,预防寒潮袭击,避免激烈冷热和剧烈的干湿交替,不宜采取泡水养护又急剧干燥的措施,一般采用一层塑料薄膜(贴混凝土表面),二层草袋方法,有时还要增加挡风棚,设碘钨灯,泡沫塑料保温层,喷涂珍珠岩及保温被等措施,每天降温1~2℃。

(6)其他措施

①尽可能减少约束作用。为了减少由于不均匀变形产生的裂缝,在有条件的情况下,尽量减少结构约束,即采取以"放"为主的控制法。当无法减少约束时,采取以"抗"为主的控制法,即提高抗裂性能的优选材质级配,增加构造钢筋,减少温差与收缩作用。

②在极其不利的条件下,采用"后浇带"控制裂缝,即释放部分应力,抗放兼施。

③在上述措施效果不理想的情况下,采用混凝土外附加防水层措施。

2. 钢筋混凝土外附加防水层防水

实际上,钢筋混凝土不是百分之百防水的,总有一些水会渗过密实的混凝土漏出。这种水可能是看不见的,因为水会在隧道结构的内表面被蒸发。如果水中含盐,盐将遗留在混凝土内,几年后,可能使结构内侧的钢筋发生锈蚀。为此,在有些条件下,在采取混凝土裂缝控制技术的基础上,还需要采用附加防水层进行防水。附加防水层有薄膜防水和涂料防水两种。

(1)薄膜防水

薄膜防水是将防水材料制成的薄膜安装在钢筋混凝土管段外部,彻底包裹管段,起到防水作用。常用的薄膜有沥青薄膜和聚合物片材薄膜。

沥青薄膜一般是用聚酯树脂或玻璃纤维织品加固预制成的垫席状薄膜。制作期间可以把热的沥青黏在垫席上或以加热的沥青层黏铺在垫席上。这种沥青可以是热熔化的,也可以是聚合物改性沥青,后者比前者有更好的弹性。就隧道防水而言,聚合物改性沥青薄膜优于一般的沥青薄膜,因为它减少了塑性变形和释放了压紧板下的压力。这种薄膜必须完全黏附在其基底下的混凝土表面上,以防止水通过薄膜中的缝流入薄膜和混凝土结构之间的空隙。沥青薄膜一般由两层充满沥青的垫席组成。

沥青薄膜防水要求如下:

①沥青薄膜材料应符合相关规范。

②铺设垫席至少搭接100mm,而且两层的接缝是错开的。

③为了避免水从薄膜后面渗出,必须将薄膜所有的自由边缘用压条压紧。

④当把薄膜安装在隧道顶板上时,最先用100~150mm厚的混凝土板保护沥青薄膜。因为沥青薄膜不能传递长时间的剪力,因此需要用锚钉将防护混凝土板锚固。

⑤在隧道两侧使用薄膜时,为减少来自回填的剪力传递就要施做一层软的沥青滑动层,或用锚在墙上的100mm厚的混凝土板进行保护。

⑥在隧道的底部把薄膜固定在混凝土上是困难而复杂的,故仍然使用钢板防水。应按要求施工钢板与沥青薄膜的连接。

沥青薄膜有以下优点：①比钢板薄膜便宜；②已证明性能是良好的；③铺设两层薄膜比较耐用；④可以用来连接正常的缝隙；⑤可以铺设在难于安设钢板薄膜的顶板上。

沥青薄膜也有下列缺点：①边缘处防水和锚固混凝土保护层的螺栓处防水成功与否，取决于工人的经验；②只有在结构混凝土经适当养护并已干燥后才能使用这种薄膜，所以这项作业是关键；③不能在薄膜平面上传递剪力；④在伸缩缝上可能需要设专门的装置（如钢的Ω密封带或类似的装置）；⑤要做到与混凝土表面完全黏着并能耐久有困难；⑥从薄膜中的一条裂缝处渗入的水可渗透到远离薄膜发生裂缝地方的隧道里。

聚合物片材薄膜可以是热塑性材料[如聚氯乙烯（PVC）、聚乙烯（PE）、氯化聚乙烯（PEC）和聚异丁烯（PIB）]，弹性材料氯化硫化聚乙烯（CSM）、聚氯丁烯（氯丁橡胶）（CR）和异戊二烯—异丁烯（丁基橡胶）（IIR）]。利用热气或热烙铁可以把热塑性材料的接头焊接起来，这种作业非常简单。弹性材料的接头则是黏接的。而橡胶类型（氯丁橡胶、丁基等）材料可以用硫化作用来连接的，虽然相当昂贵，但是硫化作用提供了牢固的连接。

聚合物片材薄膜的优点是：①与沥青薄膜相比，成本低；②在铺设布置上接头较少，可减少失误；③施工期间和施工后很少受到损坏；④能够保持较好的混凝土质量；⑤可减少施工时间；⑥有利于简明和直接的设计。

丁基橡胶薄膜的缺点是：①存在片材接头的工艺问题；②只铺设一层薄膜很容易损坏（特别是铺设后马上使用）；③超过时限接缝出现老化；④超过时限片材也出现脆裂和老化；⑤抗折强度和抗穿刺强度不足；⑥难以持久地、完全地黏在混凝土表面上；⑦薄膜上的裂缝能使水渗透到远离薄膜出现裂缝处的隧道里；⑧薄膜的裂缝不可能修复。

（2）涂料防水

在混凝土外使用防水涂料具有成本低，涂层连续没有接头，可以传递剪力等优点。常用的涂料防水层可以分为无机类防水涂料和有机类防水涂料。无机类防水涂料包括水泥基防水涂料、聚合物改性水泥基涂料、水泥基渗透结晶型涂料；有机涂料包括反应型、水乳型、水泥聚合物基防水涂料。两类涂料的性能指标见表 8-2、表 8-3。

无机防水涂料性能指标　　　　表 8-2

涂料种类	涂层厚度（mm）	抗折强度（MPa）	黏结强度（MPa）	抗渗性（MPa）	冻融循环	耐水性（%）	收缩率
聚合物改性水泥基涂料	2~3	>3.5	>1.4	>0.8	>D50	≥80	<1.5
水泥基防水涂料	1~3	>4	>1.0	>0.8	>D50	≥80	—
水泥基渗透结晶型防水涂料	—	≥3	≥1.0	>1.0	>D50	≥80	—

涂料防水层施工要求如下：

①基层表面的气孔、凹凸不平、蜂窝、缝隙、起砂等，应修补处理，基面必须干净、无浮浆、无水珠、不渗水。

②涂料施工前，基层阴阳角应做成圆弧形。阴角直径宜大于 50mm，阳角直径宜大于 10mm。

③涂料施工前应先对阴阳角、预埋件、穿墙管等部位进行密封或加强处理。

有机防水涂料性能指标 表8-3

涂料类型	使用期（min）	潮湿基面黏结强度（MPa）	抗渗性（MPa）			断裂延伸率（%）	拉伸强度（MPa）	耐水性（%）	表干（h）	实干（h）
			涂膜	砂浆迎水面	砂浆背水面					
反应型	≥20	≥0.3	≥0.3	≥0.6	0.2	≥300	≥1.65	≥80	≤8	≤24
水乳型	≥50	≥0.2	≥0.3	≥0.6	0.2	≥300	≥0.5	≥80	≤4	≤12
聚合物水泥基	≥30	≥0.6	≥0.3	0.8	0.6	≥150	≥1.5	≥80	≤4	≤12

注：1. 耐水性指标是指材料在浸水168h后取出擦干即进行试验，其黏结强度及抗渗性的保持率。
2. 浸水168h后的拉伸强度和断裂延伸率指在浸水取出后只经擦干即进行试验所得的值。

④涂料的配置及施工，必须严格按涂料的技术要求进行。

⑤涂料防水层的总厚度应符合设计要求。涂刷或喷涂，应待前一道涂层实干后进行；涂层必须均匀，不得漏刷漏涂。施工缝接缝宽度不应小于100mm。

⑥铺贴胎体材料时，应使胎体层充分浸透防水涂料，不得有白茬及褶皱。

3. 施工缝防水处理

混凝土管段预制时，从横断面来说，一般先灌筑底板混凝土，后灌筑侧墙，最后浇筑顶板混凝土，因此在侧墙靠近底板、顶板（距离顶板、底板200~500mm）会产生形成施工接缝，该施工缝为纵向水平缝；从管段长度方向来说，需分成几个节段施工（每节15~20m），节段之间留有横向施工缝（变形缝）。混凝土管段纵向、横向施工缝如图8-7所示。

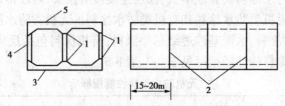

图8-7 管段横向、纵向施工缝
1-纵向施工缝；2-变形缝；3-底板；4-侧墙；5-顶板

由于横向施工缝是垂直缝，其水密性难于确保，一般要采取较慎重的防水措施。横向施工缝一般按照变形缝设计，为了保持管段的整体性，各分节混凝土间也有后浇带进行施工。后浇带的两侧仍需要作为施工缝处理，宽度应根据操作空间、施工技术水平等因素确定，一般宜为1.0~1.5m。后浇带的混凝土应掺入微膨胀外加剂，其他要求按照《地下工程防水技术规范》（GB 50108—2008）执行。

横向变形缝构造（图8-8）应满足三个主要要求：①能适应一定幅度的线变形和角变形；②施工阶段能传递弯矩，使用阶段能传递剪力；③变形前后均能防水。

为了满足结构的变形要求，并保持管段的整体性，通常采用二种措施：①把变形缝处所有的管壁内、外纵向（水平）钢筋切断，另设临时预应力筋承受浮运时的纵向弯矩；②只将变形缝处所有管壁外排纵向钢筋切断，内排纵向钢筋保持连续并通过变形缝，待管段沉放完后再予切断，使之成为完全的变形缝。

目前,也有不少工程实例中通过变形缝的纵向钢筋截面积仅为管壁纵向钢筋截面积的 2/3～3/4,而且在变形缝前后各 15d 范围内用套管隔开,使其与混凝土脱离接触。为了满足防水要求,变形缝由外到内设置硫橡胶、橡胶—金属止水带、泡沫橡胶、Doubledam 橡胶带、耐热泡沫塑料、PVC 板、油毛毡衬条、水密盖层。橡胶—金属止水带构造如图 8-9 所示。

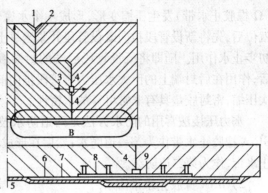

图 8-8 分段施工的管节间的变形缝构造
1-硫橡胶;2-堵排空隙;3-橡胶—金属止水带;4-泡沫橡胶;
5-水密盖层;6-油毛毡衬条;7-PVC 板;8-Doubledam 橡胶带;
9-耐热泡沫塑料

底板与侧墙、侧墙与顶板之间设置纵向施工缝,为了确保纵向施工缝的防水效果,一般在施工缝中设置两道止水带,其中一道为金属止水带。止水带的材料、安装位置应满足《地下工程防水技术规范》(GB 50108—2008)。在浇筑底板时,应先将止水带预埋在底板混凝土中,浇筑侧墙时注意保持止水带完好,保证止水带位置不偏移,施工缝处混凝土振捣密实,不漏浆走模。纵向施工缝构造如图 8-10、图 8-11 所示。

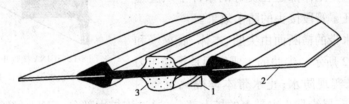

图 8-9 橡胶—金属止水带构造
1-橡胶带体;2-薄钢板(0.7～0.8mm);3-塑料

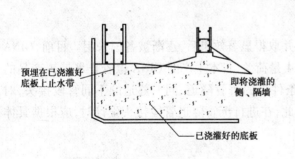

图 8-10 底板与侧墙纵向施工缝构造

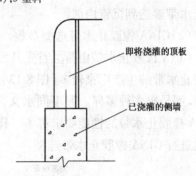

图 8-11 侧墙与顶板纵向施工缝构造

4. 管段接头防水

20 世纪 50 年代末,加拿大迪斯隧道首创水力压接法;接着,20 世纪 60 年代初开工的荷兰鹿特丹市地铁沉管隧道采用了这种水力压接法,并开发了 GINA 橡胶止水带,改进了沉管隧道管段接头防水技术。自此以后,几乎所有的沉管隧道都采用这种简单可靠的水下连接方法,并取得显著的防水效果。GINA 橡胶止水带的开发使沉管隧道技术向前迈进了一大步。

1)水力压接法的原理

水力压接法就是利用作用在管段上的巨大水压力使安装在管段前端的周边上的一圈胶垫

（Ω橡胶止水带）发生压缩变形，形成一个水密性相当可靠的管段接头。施工时，当管段沉放就位后，先将新设管段拉向既设管段并紧密靠上，这时接头胶垫发生第一次压缩变形，并具有初步止水作用。随即将既设管段后端的封端墙与新设管段的封端墙之间的水排走。排水之后，作用在后封端上的巨大水压力将管段推向前方，使接头胶垫产生第二次压缩变形。经过二次压缩，密封胶垫具有非常可靠的水密性。

水力压接法常用的防水方法是两道防水技术：采用水力压接法来形成初始密缝，即采用GINA橡胶止水带作为第一道防水；然后在形成水密性的沉管隧道内，在各接头上安装Ω橡胶止水带，作为第二道防线。

2) GINA橡胶止水带防水

(1) GINA橡胶止水带

GINA橡胶止水带是荷兰针对沉管隧道管段接头防水而专门开发的一种止水带，首次应用于鹿特丹南北地铁线。这一新的防水方法使得两个管段间的防水连接所要求的时间由几个月降至不到1个小时。尽管设置Ω橡胶止水带及完成GINA橡胶止水带的内部连接仍需要几周时间，但是这些工作都是在良好的条件下从隧道内部实施，从而保证了管段接头的防水效果。

GINA橡胶止水带的横断面由尖肋、本体、底翼缘和底肋构成，如图8-12所示。尖肋的主要作用是承受压力并发生压缩变形来实现防水；止水带本体隔离沉管内

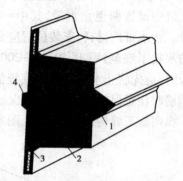

图8-12 GINA橡胶止水带的构造
1-尖肋；2-止水带本体；3-底翼缘；4-底肋

外，防止发生渗漏；底翼缘是止水带上的扩大部分，通过该扩大部分，GINA橡胶止水带可以牢固地预埋于预制管段的一端；底肋是底翼缘上的突起部分，起到增加渗透难度，避免外部水绕过止水带渗透到沉管内部。

(2) GINA橡胶止水带选型参数

GINA橡胶止水带由荷兰首先开发利用并取得显著效果后，逐渐被各国采用。目前，GINA橡胶止水带的生产厂家较多（图8-13、图8-14是荷兰、日本生产的GINA橡胶止水带），产品的品种、型号也多种多样。而不同水文、地质条件下的沉管隧道、同一隧道的不同管段接头，对GINA橡胶止水带的性能要求都不一样。为此，在进行沉管隧道管段接头设计时，应根据具体情况进行GINA橡胶止水带选型。

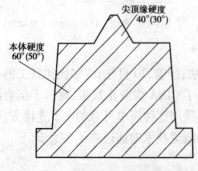

图8-13 荷兰GINA橡胶止水带横断面

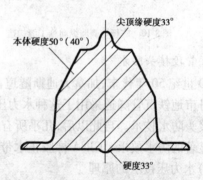

图8-14 日本GINA橡胶止水带横断面

影响 GINA 橡胶止水带选型的主要参数有：

①各接头缩进处位置的水深

各接头缩进处位置的水深包括最低水位时的最大压接水深（管段底部）和最小压接水深（管节顶部），最高水位时的最大压接水深（管段底部）和最小压接水深（管节顶部）。最低水位和最高水位应根据设计年限从有关部门获取统计数据。

②每圈 GINA 橡胶止水带的几何参数

a. 管段高度 $h(m)$、宽度 $B(m)$、角部转弯半径 $R(m)$。

b. GINA 橡胶止水带周长 C，可以近似取为 $(h+B) \times 2$。

c. 水压作用面积 $S = B \times h(m^2)$。

③管段变形参数

a. 温度变化引起的伸缩位移量：

$$C_i = \varepsilon \cdot \Delta t \cdot L_i \tag{8-1}$$

式中：ε——混凝土的线膨胀系数；

Δt——为温度变化，需要根据气象部门提供的数据确定；

L_i——第 i 节管段的长度。

b. 混凝土干燥收缩产生的轴向位移量：

$$\varphi_i = \varepsilon_s \cdot L_i \cdot 0.2 \tag{8-2}$$

式中：ε_s——干燥收缩率；

0.2——残余收缩率。

c. 地震引起的轴向位移量 H_i，可以根据不同的地震计算模型计算而得。

d. 基础的不均匀沉降产生的接头水平开度：

$$E_i = \theta \cdot H/2 \tag{8-3}$$

式中：θ——不均匀沉降引起的管段断面转角；

H——管段高度。

④GINA 橡胶止水带变形性能

GINA 橡胶止水带的变形性能一般用压力—压缩量曲线来表示。压力—压缩量曲线反映了 GINA 在不同荷载作用下的变形量。

(3) GINA 橡胶止水带选型计算

GINA 橡胶止水带选型一般根据经验法或工程类比法从一系列的产品中选取基本合适的型号，其选型计算主要为校核 GINA 橡胶止水带在本工程荷载作用下的变形是否能满足工程要求。GINA 橡胶止水带选型满足要求的标准为：GINA 橡胶止水带在水压力、拉合力作用下的压缩变形大于管段接头在各种因素影响下产生的位移。

接头每延米 GINA 橡胶止水带上的平均荷载为：

$$G_i = S \times h_i \times \frac{10}{C} (kN/m^2) \tag{8-4}$$

式中：S——水压作用面积(m^2)；

h_i——第 i 接头水面至水压力梯形中线的距离(m)；

C——GINA 橡胶止水带周长；

10——水重度。

根据计算荷载 G_i，查厂家提供的该型号 GINA 橡胶止水带的压力—压缩量曲线，可以获得 GINA 橡胶止水带的压缩变形量 δ_i。

各接头的总轴向位移量（各种变形量的组合，并考虑各因素不可能同时发生）为：

$$M_i = A_i + B_i + \varphi_i + \sqrt{D_i^2 + E_i^2} + \sqrt{C_i^2 + H_i^2} \tag{8-5}$$

式中：A_i——GINA 橡胶止水带松弛量，由厂家提供；

B_i——水密性要求的最低压缩量，见表8-4；

φ_i——温度变化产生的轴向位移量；

D_i——端钢壳端面允许误差；

E_i——基础不均匀沉降引起的接头开度；

C_i——管段混凝土干燥收缩产生的轴向位移；

H_i——地震引起的轴向位移量。

上述各因素产生的位移量可分别根据前文所述的公式计算获得或者根据相关资料选定，最终计算出组合总位移量 M_i。

水密性要求的最低压缩量　　　　表8-4

水密性要求的最低压缩量 B_i(mm)	水压(MPa)	水密性要求的最低压缩量 B_i(mm)	水压(MPa)
3	0.1	25	0.3
15	0.2		

如果计算得出 $\delta_i > M_i$，则 GINA 橡胶止水带选型满足要求，否则应重新选定 GINA 橡胶止水带型号，并进行校核，直至满足要求。

3) Ω 橡胶止水带防水

Ω 橡胶止水带是沉管管段接头的第二道防水措施，其作用是承受隧道在长期运营过程中可能产生的轴向、垂直、横向位移量。广州注浆隧道采用荷兰 VREDESTEIN 公司的 B300-701 型 GINA 橡胶止水带，其构造如图 8-15 所示，性能参数见表 8-5。

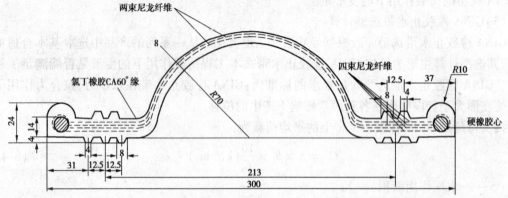

图 8-15　B300-701 型 Ω 橡胶止水带横断面构造（尺寸单位：mm）

Ω 橡胶止水带选型较简单，根据接头所处的水深，计算出接头承受的最大水压，即可选取合适的 Ω 橡胶止水带类型。

300-701型Ω橡胶止水带水压—位移量参数 表8-5

水压(Pa)	位移量(mm)			
	X_1	X_2	Y	Z
1	40	50	40	40
2	30	40	30	30
3	25	30	25	25
4	20	25	20	20

第四节　广州珠江沉管隧道防水措施[7-8]

一、沉管隧道管段混凝土裂缝控制

1. 裂缝产生情况

广州珠江沉管隧道分五个管段,依次为 E_1(105m)、E_2(120m)、E_3(120m)、E_4(90m)、E_5(22m)。每个管段纵端面分段预制,横断面按底板→侧墙→顶板的顺序制作。

尽管在管节预制过程中采取一定的防裂措施,但第一节管(E_1)预制后仍有裂缝出现。观察结果是:侧墙在施工段的 $L/2$ 或 $L/3$(L 为施工段长)处出现垂直于底板的微裂缝,裂缝的宽度小于 0.13mm。

顶板有两种情况:一是先浇筑混凝土的段块在 $L/2$ 处出现平行 33m 边的微裂缝;二是后浇筑混凝土的段块,除有前一种位置的裂缝外,段块四角还出现与管边成 45°交角的微裂缝,其裂缝宽度均小于 0.13mm。底板未发现裂缝。

2. 裂缝产生的原因

管节发生裂缝的原因甚多,根据观察及综合分析,认为引起管节裂缝的原因是多方面的,主要因素如下:

(1)沉管管节是多孔箱形的大型预制构件,构件的特性决定了内应力分布的复杂性,施工阶段中的许多因素均会引起内应力的变化,当内应力超过混凝土抗拉应力值时,就引起了裂缝产生。

(2)沉管管节长(E_1 管节长 105m),施工中以施工工作缝进行施工分段,工作缝两侧的混凝土硬化时间不同,硬化过程内应力互相影响,特别是先浇筑的混凝土对后浇筑混凝土产生约束作用,从而产生边界的约束应力,E_1 管节分成 5 个施工段,段长 19~21m,分段长度偏大,约束应力较大。

(3)沉管管节预制时采用了泵送混凝土工艺,为满足坍落度要求,必然增加水泥用量及用水量,因而影响温升及混凝土收缩量,从而增大了温度应力及收缩应力。

(4)由于地区条件所限,低热水泥难于找到,在水泥用量大的情况下,混凝土硬化过程中的水化热增高,混凝土内部温升增大(经测定最高达 62℃),温度应力亦随之增大。

(5)沉管管节规模大(单节管混凝土超过 10 000m³),施工周期长,致使管节长期裸露,日晒雨淋,混凝土表面温度变化大。

(6)干坞两侧高楼耸立形似谷口,风流大、风速快及昼夜温差大等不利因素组合,引起混凝土的急剧收缩并影响混凝土温升峰值后的降温速度,诱导内应力变大。

(7)混凝土存在着湿胀收缩、热胀收缩、减缩、干缩,施工时还会产生颗粒下沉的沉缩、塑性收缩及碳化收缩等,这些都会引起内应力的变化。

3. 裂缝控制的技术措施

E_1 管节预制后产生了裂缝,经分析研究,认为裂缝产生的原因是多方面的。因此,控制裂缝的措施也必须是综合性的,主要从控制混凝土浇筑温度,减少温度应力和干缩应力等方面着手,在研讨了原有的防裂措施后进行了补充、完善,主要措施有:

(1)集料实行高堆内取,集料的堆放高度不低于 6m,并通过料堆底部地陇取料。集料入料仓,须存放 48h 后才能使用,使集料温度趋向于月平均温度。

(2)设置防雨遮阳棚,在料堆仓面及皮带运输机范围内设置防雨遮阳棚,防止太阳辐射,有利于控制混凝土的浇筑温度。

(3)在满足混凝土的力学、物理指标的前提下,调整混凝土的配比,用粉煤灰作掺合料,减少水泥用量,降低水化热。

(4)掺冰水拌和混凝土,降低混凝土的浇筑温度,在炎热的夏天季节,可以使混凝土温度降低 6℃左右。

(5)利用自然气候规律,选择浇筑混凝土的时间,避开当天高温时段,选择在温度较低的夜间浇筑混凝土。

(6)用泡沫塑料包裹混凝土的输运管,减少已冷却混凝土在输送过程中的温度回升。

(7)调整施工作业段长度,将原来的施工作业段长度由 19.2m 调整控制在 15m 左右。

(8)设置后浇带,在每一施工作业段间设置 1.4m 宽的后浇带,待混凝土浇筑 30~42d 后,才浇筑后浇带的混凝土。

(9)缩短施工作业段内的侧墙与顶板混凝土的浇筑间隔时间,减少相邻混凝土块的温差及相应产生的温度应力。

(10)控制混凝土内外温差,延长拆模时间,因为胶合板模板对混凝土有一定的保温作用,并在混凝土表面覆盖尼龙薄膜及麻袋进行保温。

(11)调整箱体结构的纵向钢筋率,由 20% 提高到 25% 左右(按横向受力配筋量计),增强混凝土的抗裂能力。

此外,在个别地方进行了埋设冷却水管和混凝土掺入微膨胀材料等试验,同时加强混凝土浇筑后的养护工作。

4. 裂缝控制效果

本工程通过采取上述技术措施后,除第一管节外,其他管节裂缝都在控制范围内。由此可见,混凝土作为一种弹塑性材料,混凝土构件出现裂缝是普遍现象,但采取适当施工技术措施后,裂缝是可以控制的。

二、沉管隧道 GINA 橡胶止水带选型及校核

1. 几何参数

广州珠江沉管几何参数如下:

(1) 隧道最大宽度 $B=33\text{m}$。

(2) 管段高度 $h=7.95\text{m}$。

(3) 水压作用面积 $S=B\times h=268.95\text{m}^2$。

(4) 止水带周长 $C=(h+B)\times 2=82.3\text{m}$。

2. 各接头水深及水压作用荷载

隧道各接头所处位置的水深、平均水深和水压见表8-6。

各接头位置水深及压接荷载   表8-6

接头\项目	最低水位(103.79m) 管段计算水深(m)		平均压接水深(m)	压接荷载(kN/m)	最高水位(108.47m) 管段计算水深(m)		平均压接水深(m)	压接荷载(kN/m)
	底板	顶板			底板	顶板		
J0	13.80	5.85	9.825	314.69	18.48	10.53	14.505	464.60
J1	16.95	9.00	12.975	415.59	21.63	13.68	17.655	565.49
J2	16.51	8.56	12.535	401.50	21.19	13.24	17.215	551.40
J3	12.91	4.96	8.935	286.19	17.59	9.64	13.615	436.09
J4	10.91	2.96	6.935	222.13	14.89	6.94	10.915	349.61

3. 轴向位移计算结果(表8-7)

轴向位移量计算结果   表8-7

方向	场地	项目数量	±10℃ 温度变化	混凝土 干燥收缩	地层下沉	地震	合计
轴方向	黄沙侧	缩短量	−20mm	−8mm	−4mm	−1.4mm	−33.4mm
		伸长量	+20mm	−8mm	+4mm	0	+16mm
	芳村侧	缩短量	−20mm	−8mm	−4mm	−0.25mm	−32.25mm
		伸长量	+20mm	−8mm	+4mm	0	+16mm
水平方向	黄沙侧	—	—	—	—	相对±2.9mm	±2.9mm
	芳村侧	—	—	—	—	相对±2.7mm	±2.7mm
垂直方向						±0.6mm	±2.1mm

4. GINA橡胶止水带选型及校核

选用荷兰VREDESTEIN公司的G150-125-60型GINA橡胶止水带。考虑止水带的长期松弛量和止水带在不同水压下的水密性所要求的最小压缩量,根据该型号止水带的压力—压缩量关系图8-16可知,各接头在荷载作用下的压缩量大于各种位移量的组合值。该类型GINA橡胶止水带能够满足防水要求[10]。

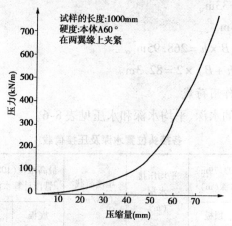

图 8-16 荷兰 VREDESTEIN 的 G150-125-60 型 GINA 橡胶止水带压力—压缩量关系曲线

参 考 文 献

[1] 陈韶章. 沉管隧道设计与施工[M],北京:科学出版社,2002.
[2] 沉管隧道考察组. 赴香港、广州考察沉管隧道报告[J]. 世界隧道,1996(6).
[3] 于书翰,杜谟远. 隧道施工[M]. 北京:人民交通出版社,1999.
[4] WALTER. C. Grantz. G. Liongtan, EGONA. SφRensen etc. Waterproofing and Maintenance[J]. 王华,译. Tunnelling and Underground Space Technology,1993,8(2):151-174.
[5] Ir. W. Janssen OGEM Building Division. Waterproofing of the Tunnel Structure[J]. 陈韶章,译.
[6] 鞠建英. 实用地下工程防水手册[M]. 北京:中国计划出版社,2002.
[7] 任孝思. 珠江沉管隧道接头设计及处理技术[J]. 世界隧道,1996(6).
[8] 刘应海. 珠江沉管隧道管节预制技术[J]. 世界隧道,1996(6).
[9] 蔡秀科. 甬江沉管隧道建造成功[J]. 世界隧道,1996(6).
[10] 世界隧道编辑部. 荷兰沉管隧道工程的发展概况[J]. 世界隧道,1996(6).

第九章 隧道渗漏水治理

第一节 概　述

改革开放以来,我国隧道建设得到了蓬勃发展,在公路、铁路和城市交通中,隧道的作用越来越显著。隧道的大量修建,促进了我国交通运输业的迅速发展,同时,由于隧道建设技术和管理水平等方面的原因,许多隧道的运营情况并不乐观。目前,我国有大量的隧道正进入养护和维修期,隧道的各种病害开始困扰隧道的正常运营[1]。

渗漏水是隧道最为常见的病害之一。在上世纪 80 年代之前,我国隧道主要集中在铁路交通上,在很长的一段时间内,对铁路隧道渗漏水现象并没有给予足够的重视,大部分铁路隧道都存在不同程度的渗漏水现象,素有"十隧九漏"之称。对铁路隧道渗漏病害的逐步重视是基于以下两点:①早期修建的大量隧道,经过数十年的运营,隧道渗漏水已经开始影响到隧道的结构安全;②铁路电气化对隧道运营环境提出了更高的要求,渗漏水对电气化铁路的运营安全、运营质量构成严重威胁。

防水要求高是公路隧道的特点之一。渗漏水会使路面湿滑,威胁行车安全;渗漏水会增加洞内湿度,降低风机和灯具的工作效率。在寒区渗漏水还会引发各种冻害,进一步恶化隧道的运营环境。在我国东北及西北寒冷地区有铁路公路隧道 30 多座,受渗漏水和寒冻破坏的病害相当普遍与严重。例如,新疆的天山二号隧道,建成后渗漏严重,反复冻融使衬砌破坏,该隧道几近报废;吉林省在 20 世纪 80 年代末和 90 年代初先后修建了密江隧道和五虎岭隧道,在春夏秋三季渗漏如雨,隧道变成"水帘洞",冬季滴水成冰,隧道变成"冰湖"。渗漏水对城市交通隧道、地铁隧道的影响更是不言而喻。

隧道渗漏水及由此带来的寒区隧道冻害的危害主要表现在:

(1)在渗漏水的长期作用下,可能造成隧道的侵蚀破坏。地下水长期渗流,大量泥沙流失,导致围岩强度和稳定性降低、隧道衬砌背后出现空洞,威胁结构安全。隧道运营时间越长,这种现象越显著。我国早期修建的许多铁路隧道都出现这类问题。

(2)在围岩有地下水并且有侵蚀性的情况下,对衬砌与隧道内的设备的腐蚀更严重。渗漏水不仅腐蚀衬砌内的钢筋,更严重腐蚀隧道内的运营设施。为了提高隧道服务质量,现代隧道内增添了大量的运营设施,这些设施大部分都对水比较敏感,渗水、潮湿环境下电气设备运营效率降低,设备腐蚀与损耗增大,寿命明显降低,并可能引发安全事故。

(3)路面积水恶化行车环境。隧道渗漏水对公路隧道路面影响很大,路面潮湿甚至积水,降低了轮胎和路面的附着力,使公路隧道内安全事故增加。此外,潮湿、漏水对铁路轨道、地铁轨道的安全性也有一定影响。

(4)由渗漏水带来的寒区隧道冻害对隧道结构安全的影响比一般隧道更为显著。反复的冻融循环,在衬砌内部造成衬砌混凝土冻胀开裂破坏;在衬砌和围岩之间,造成冻胀,引起拱墙变形破坏。

(5)隧道冻害还造成拱墙上悬挂冰柱、冰溜,侵入净空;在隧底,可能冻起并形成冰坡、冰锥,使行车滑溜;渗漏水滴至路面,则易形成"冰湖",威胁行车安全。

总而言之,隧道渗漏水是一个普遍存在而又危害严重的病害。虽然隧道防水越来越受到隧道界的重视,但是由于种种原因,隧道渗漏水还是不同程度的出现。为此,隧道渗漏水治理也成为隧道科研一个热点问题。本章将讨论隧道渗漏出现的原因及常用治理方法。

第二节 隧道与地下工程防水等级

目前,我国尚无隧道防水等级的专用标准,但隧道作为地下工程的一类,防水设计与渗漏水治理时通常参考地下工程的有关规范与标准。文献[2]国家标准《地下防水工程质量验收规范》(GB 50208—2011)规定的地下工程防水等级标准见表9-1。根据我国的防水标准,国内外一些盾构隧道的渗漏水定级见表9-2。

地下工程防水等级标准　　　　　　表9-1

防水等级	标　准
1级	不允许渗水,结构表面无湿渍
2级	不允许渗水,结构表面可有少量湿渍; 工业与民用建筑:湿渍总面积不应大于总防水面积的1%,单个湿渍面积不大于0.1m²,任意100m²防水面积湿渍不超过1处; 其他地下工程:湿渍总面积不应大于总防水面积的6%,单个湿渍面积不大于0.2m²,任意100m²防水面积湿渍不超过4处
3级	有少量漏水点,不得有线流和漏泥沙; 单个湿渍面积不大于0.3m²,单个漏水点的漏水量不大于2.5L/d,任意100m²防水面积湿渍不超过7处
4级	有漏水点,不得有线流和漏泥沙; 整个工程平均漏水量不大于2L/(m²·d),任意100m²防水面积的平均漏水量不大于4L/(m²·d)

国内外若干盾构隧道的渗漏水量定级　　　　　　表9-2

编号	国名	隧道名	用途	渗漏水量[L/(m²·d)]	按CIRIA标准	按我国防水等级标准	备　注
1	中国	塘桥隧道	试验	0.31	A	3级	饱和淤泥质粉土,φ4.2m
2	中国	打浦路越江隧道	公路	1.16~2.28	B	4级	淤泥质黏土,淤泥质粉质黏土,砂质粉土
3	中国	延安越江东路隧道	公路	0.06	O	1级	淤泥质黏土,淤泥质粉质黏土,砂质粉土

续上表

编号	国名	隧道名	用途	渗漏水量 [L/(m²·d)]	按 CIRIA 标准	按我国防水等级标准	备注
4	中国	芙蓉江路雨水排水隧道	排水	未能测出漏水量	O	1级	淤泥质黏土及粉砂；φ4.2m
5	中国	上海地铁新村实验段	地铁	0.02~0.1	O~A	1级	淤泥质黏土；φ6.2m
6	德国	慕尼黑易北河下地铁段	地铁	0.07~0.2	O~A	1~2级	黏土、石灰质黏土，粉砂；φ6.9m
7	匈牙利	布达佩斯地铁2号线	地铁	0.2	A	2级	砂黏土层；φ6.3m
8	英国	第2条达脱福隧道	公路	3	B	大于4级	
9	英国	伦敦地铁	地铁	0.4	A	3级	黏土层；φ3.5m
10	新加坡	新加坡地铁	地铁	0.12	A	2级	风化沉积岩，洪积砂岩，海相粉砂；φ5.23~φ5.4m
11	中国	上海合流污水工程隧道	污水	0.12	A	2级	淤泥质黏土，黏土，砂质粉土；φ4.9m

第三节 渗漏现象及其发生原因

隧道内出现渗漏水时，主要会出现以下一些漏水现象：湿渍、渗水、水珠、滴漏及线漏等。湿渍主要是指地下混凝土工程背水内表面，呈现明显色泽变化的潮湿斑；渗水指水从地下混凝土结构内表面渗出，在背水的墙壁上可观察到明显的流挂水膜范围；水珠指悬垂在地下混凝土衬砌结构背水的顶板的水滴，其滴落间隔超过1min的称为水珠现象；滴漏指地下混凝土衬砌结构拱顶渗漏水的滴漏速度，每分钟至少一滴，称为滴漏现象；线漏指渗漏成线或喷泉状。

一、设计、施工引起的渗漏水

从埋下渗漏隐患的过程看，渗漏可能由于设计、施工等方面的因素引起。

(1) 属于防水设计的原因有：设计人员不能全面掌握构造物地区的地下水状况，造成防水设计不合理；没有根据隧道洞室的性质与防水部位的结构特点而合理选择防水材料；对地下防水工程的防水标准等级未能做到合理确定，未能正确确定防水方法；对地下水的危害认识不够等[3]。

(2) 属于防水施工的原因有：施工队伍不正规，施工人员不能按设计正确施工，偷工减料，擅减卷材防水层数，搭接不规范，黏结不密实，涂抹层厚薄不均匀及节点未做密封处理；使用的防水混凝土强度过高，收缩性大而产生裂缝，或防水混凝土抗渗强度等级过低，无法抵抗压力的渗漏；施工现场混乱，施工材料中混入泥土等杂物等[4]。

二、防排水失效引起的渗漏水

从防排水失效位置看，隧道渗漏原因有以下几种：

1. 隧道结构外防水失效

隧道结构外防水是隧道防渗漏的一道重要防线。从采用结构外防水的本意来看，就是用防水材料在结构的迎水面形成一个隔水屏障，拒水于结构之外，但是常有不尽如人意的后果。众所周知，市场上供应的防水材料均称其能在多少水头下起到防水作用，那么为何在工程中却会失效？除材料本身有问题外还有以下几个方面的原因：

（1）结构变形过大或裂缝过宽，超过了材料的延伸性，以致防水膜断裂。这类问题多见于变形缝处。

（2）防水层的完整性有缺损，致使地下水通过缺损部位渗入结构内部。在铺设防水层时，存在一个防水膜的搭接问题，这是防水层施工中的薄弱环节，如果搭接不良就会给地下水提供渗漏通道。另外，喷射混凝土基面不平整以及基面上外露的锚杆、钢管等尖锐物也是造成防水层破损的重要原因。

（3）防水层与基面黏接不良，在浇筑二次混凝土衬砌时造成防水层的空鼓、脱落等问题，并由此导致了防水层的破损。

2. 结构接缝变形使外防水失效

为便于施工而设置施工缝，为适应结构变形的需要，避免防水混凝土超过允许的拉应力而设置变形缝。而地下工程最令人头痛的渗漏部位正是变形缝和施工缝。目前国内既有隧道的渗漏水有70%以上表现在衬砌结构的"三缝"上，即伸缩缝、沉降缝、施工缝。施工缝和结构裂缝一样一旦出现渗漏，处理起来还比较容易，一般采用注浆就可堵漏。可是变形缝的渗漏很难根治，用常见的化学注浆治理在短期内可以见效，但时间久了，又旧病复发，究其原因，关键在于结构仍在温度和沉降等因素的变化下产生相对运动，而浆体不能适应，所以堵水也不能长久。

隧道的变形缝为保险起见，通常设有三道防线，即迎水面处缝内嵌有弹性密封膏，中间是中埋式止水带，结构内面又是弹性密封膏嵌缝。尽管设了三道防线，变形缝的渗漏机会仍然很高，究其原因有以下两个方面：

（1）弹性密封膏普遍不易做好。原因之一是支承面不平整，弹性密封膏在承受外水压力下由于无可靠的支承而超出了其弹性范围。原因之二是黏接面没有处理好，密封膏没有与结构的基面很好黏接，浇筑下一阶段的混凝土时很容易使其松动脱落。

（2）中埋式止水带与防水夹层一样也存在搭接问题，不易形成一个封闭的防水圈。止水带破损，位置设置不正以及止水带周围混凝土未能振捣密实，尤其是在拱部止水带的下侧会疏松和积聚相当多的气泡以致形成水的通路，这些都是造成变形缝渗漏的重要因素。

3. 衬砌混凝土结构自防水失效原因

钢筋混凝土结构既能承载又能防水，称之为结构自防水。防水混凝土根据其配制方法的不同，可分为三类，即普通防水混凝土、外加剂防水混凝土和膨胀水泥防水混凝土。目前隧道上应用较多的是后两类。衬砌混凝土结构自防水是隧道防渗漏的第二道防线，也是最后一道防线。尽管采用了种种方法和措施配制了防水混凝土，但是最终混凝土结构还是出现了渗漏，究其原因主要有以下几个方面：

（1）对混凝土结构自防水的认识有些片面。在工程实际中，往往只侧重于混凝土的抗渗等级，认为混凝土的抗渗等级越高结构越能自防水，而忽视了施工与养护的重要性。其实，结构自防水并非单纯提高混凝土的抗渗等级就能做到，后面的原因就说明了这一点。

（2）混凝土结构本身存在缺陷，如混凝土表面呈蜂窝麻面。防水混凝土必须认真施工，才能防水，那种在混凝土中夹杂泥，振捣不够，漏振、跑模、漏浆等因素都有可能导致自防水失效。

(3)衬砌混凝土结构出现裂缝。隧道的裂缝一般表现为拱部、墙部的环向裂缝和纵向裂缝。如果衬砌结构一旦出现贯穿裂缝,那么抗渗等级再高的混凝土也做不到自防水,所以从某种意义上说抗裂比抗渗更为重要。至于裂缝产生的原因,除结构设计原因外,还有以下几个方面:

①混凝土水灰比过高,养护不当,使得混凝土中的水泥在硬化过程中体积收缩引起干缩裂缝。

②施工中较大的温差导致了混凝土的收缩裂缝。由于混凝土的早期抗拉强度很低,因此,如果混凝土的水泥用量、入模温度、水泥标号过高就会导致混凝土的早期温度过高,随着混凝土温度的下降,裂缝也就随之产生。

不同类型的隧道渗漏,其引发原因也不同。隧道内渗漏主要可以分为两大类:一是隧道内混凝土结构上出现的渗漏,二是隧道内各种管线、预埋件等细部构造上出现的渗漏。

三、隧道内混凝土结构渗漏水形式

隧道内混凝土结构上出现的渗漏形式可分为三类,即点、线、面渗漏。

1. 点渗漏

点渗漏指不连续的、无规律的渗漏现象,主要表现形式为蜂窝、孔洞渗漏水。其产生原因有:混凝土施工不当造成的孔洞,模板对穿螺栓孔及对成品保护不善,尤其是二次衬砌施工或装修施工不慎破坏原防水层等;其他孔眼未及时封堵,钢筋锈蚀,穿墙管等细部构造处理不当而引起的渗漏等。

2. 线渗漏

线渗漏指连续的或有一定规律的,并以渗漏作为主要表现形式的渗漏现象。渗漏线可分为变形缝和非变形缝两种,主要包括伸缩缝、沉降缝、施工缝和裂缝等。线渗漏产生的原因有:变形缝防水设计不当,未按施工规范设计要求留设施工缝,或未对新老混凝土结合处进行严格处理而造成施工缝渗漏;混凝土配合比不当,或结构变形、温度应力等使混凝土产生裂缝而导致渗漏;不同材质之间接缝处理不当所产生的裂缝渗漏等。

3. 面渗漏

面渗漏指混凝土大面积潮湿或微渗水。面渗漏产生的原因有:基坑降水未达到设计要求,为抢进度,混凝土带水浇筑,在水压力作用下,形成渗水通道;混凝土浇筑过程中,混凝土拌和不均匀、振捣不实,出现蜂窝、麻面等引起渗漏;混凝土养护不当造成早期失水严重,形成毛细管空隙,形成渗水通道等。

总之,隧道渗漏水的形式多种多样,引起隧道渗漏水的原因多种多样,渗漏水治理的方式也不尽相同。找准引起隧道渗漏的原因,将隧道渗漏水准确定性,是隧道渗漏水治理的前提。

第四节 渗漏治理要点

一、渗漏治理的一般规定

依照《地下工程防水技术规范》(GB 50108—2008),隧道渗漏水治理应符合以下规定:

(1)地下工程渗漏水治理应遵循"堵排结合、因地制宜、刚柔相济、综合治理"的原则。

(2)渗漏水治理时应掌握工程原防、排水系统的设计、施工、验收资料。

(3)治理施工时应按先顶(拱)后墙而后底板的顺序进行,应尽量少破坏原有完好的防水层。

(4)有降水和排水条件的地下工程,治理前应做好降水和排水工作。

(5)治理过程中应选用无毒、低污染的材料。

(6)治理过程中的安全措施、劳动保护必须符合有关安全施工技术规定。

(7)地下工程渗漏水治理,必须由防水专业设计人员和有防水资质的专业施工队伍完成。

二、治理顺序

隧道渗漏治理应按照以下顺序进行。

(1)隧道与地下工程渗漏水治理前,应调查下列内容:

①渗漏水的现状、水源及影响范围。

②渗漏水的变化规律。

③衬砌结构的损害程度。

④结构稳定情况及监测资料。

(2)渗漏水的原因分析应从设计、施工、使用管理等方面进行。

①掌握工程原设计、施工资料(包括防水设计等级、防排水系统)及使用的防水材料性能、试验数据。

②工程所在位置周围环境的变化。

③运营条件、季节变化、自然灾害对工程的影响。

(3)渗漏水治理过程中,应严格遵守每道工序的操作,上道工序未经验收合格,不得进行下道工序施工。

(4)随时检查治理效果,做好隐蔽施工记录,发现问题及时处理。

(5)竣工验收应符合下列要求:

①施工质量应符合设计和规范要求。

②施工资料齐全(包括施工技术总结报告、所用材料的技术资料、施工图纸等)。

三、材料选用

隧道渗漏治理材料主要有以下几类:

1. 速凝型防水材料

速凝型防水材料主要适用于点渗漏或较大的涌漏,属于初步治理类型。该类型材料品种繁多,性能差异也很大,在使用前一定要进行材料性能检测,并做好配合比设计。表9-3是常用的几种速凝型防水材料。

2. 膨胀型防水材料

膨胀型防水材料主要适用于地下结构工程施工缝的防水,同时也能在混凝土结构裂缝、变形缝、冷缩缝等慢渗水和渗漏水压较小的情况下应用,效果仅次于化学浆液,但成本要更低。表9-4是常用的几种膨胀型防水材料。

几种常用速凝型防水材料　　　　　　表9-3

种　类	产品名称	特　性	适用范围
硅酸钠防水剂	五矾胶泥、水泥速凝浆材、水玻璃浆材	易操作,可调性好,黏结性强,固化强度高,水中作业效果较差	孔洞漏水封堵
有机硅防水剂	HG301 防水剂	无毒无味,固化强度高,抗渗性好	孔洞漏水封堵一般用防水层
无机铝盐防水剂	BS3 型	酸性无毒,速凝耐压,能水中作业,抗老化性好	孔洞和表面渗漏,砂浆性能好
无机高效防水材料	堵漏灵、堵漏停、防水灵	粉状,无毒,不易老化,施工简便,耐温高,黏结强度高,固化强度一般	单点渗漏

几种常用膨胀型防水材料　　　　　　表9-4

名　称	特　性	适用范围
BF 防水橡胶	膨胀率为40%~250%,强性、延伸性优,耐水、耐化学介质,易成形操作	水压较小,时漏时不漏的混凝土缝
TS 型防水板材	质量轻,延伸率大,柔性好,强度高,耐老化	地下防水层的修补,施工缝漏水的处理
膨胀水泥(胶凝)浆材	膨胀率较小,强度高,操作方便,黏结性强,快凝	微细缝慢渗的凿槽封
塑料止水材料	成本低,耐久性好	

3. 渗透型防水材料

渗透型防水材料一般都有很强的渗透性能,与混凝土表面的碱性物质起化学反应生成乳胶体,填充堵塞孔隙,形成永久性防水体,该种材料主要适用于结构表面的大面积慢渗。表9-5是常用的几种渗透型防水材料。

几种常用渗透型防水材料　　　　　　表9-5

名　称	特　性	适用范围
M1500 水泥密封防水剂	无毒,渗透性较好,提高强度,吸水性一般	主要适用于防慢渗,治理成效较差
TG-A 防水剂	无毒无味,渗透较慢,吸水性强	适用于表面渗漏较大的工程
赛柏斯-PS 型防水剂	无毒,易操作,渗透性强,吸水性强,反应快,但成本高	治理表面渗漏成效好,但结构表面泛白

4. 灌浆型防水材料

化学灌浆法施工适用于任何一种类型的渗漏形式,灌浆型防水材料同样也适用于各种渗漏的治理。该类型的防水材料属于柔性体,一般都和水快速聚合反应,对水有亲和性是其共同的特点,反应产生的聚合体堵塞结构内部裂缝或孔洞,从而达到堵漏止渗的目的。表9-6是常用的几种渗透型防水材料。

材料可按以下方法选取：

(1)衬砌后注浆宜选用特种水泥浆,掺有膨润土和粉煤灰等掺合料的水泥浆、水泥砂浆。

(2)衬砌内注浆宜选用超细水泥浆液,环氧树脂、聚氨酯等化学浆液。

(3)防水抹面材料宜选用掺各种外加剂、防水剂、聚合物乳液的水泥净浆、水泥砂浆、特种水泥砂浆等。

几种常用渗透型防水材料　　　　　　　　　　表 9-6

名　称	特　性	适用范围
丙凝	遇水反应快,发气膨胀,凝固体韧性好,但强度一般,且易老化,单浆作业施工方便	主要适用于防慢渗,治理成效较差
水溶性聚氨酯	良好的亲水性,膨胀且胶凝时间可调性好,凝固体强度较高,无毒,双浆型施工简单,黏结性一般	适用于表面渗漏较大的工程
改性环氧树脂	良好的亲水性,凝胶时间可调性强,韧性高,黏结性强,固化体强度高,有补强的功能,但配制较复杂	治理表面渗漏成效好,但结构表面泛白

(4) 涂料防水材料宜选用水泥基渗透结晶型防水涂料、聚氨酯类、硅橡胶类、水泥类。聚合水泥类、改性环氧树脂及丙烯酸酯类、乙烯—醋酸乙烯共聚物类(EVA)等涂料。

(5) 卷材防水材料宜选用天然钠基膨润土板(毡),或膨润土与高性能薄板(HDPE)压制成型的双重防水板(毡),及膨润土防水条、粉等高性能永久防水材料。

(6) 导、排水材料宜选用塑料排水板,铝合金、不锈钢金属排水槽,土工织物与塑料复合排水板、渗水盲管等。

(7) 嵌缝材料宜选用钠基膨润土类、聚硫橡胶类、聚氨酯类、硅酮类、丙烯酸酯类等柔性或弹性密封材料,遇水膨胀类止水条。

四、治理措施

(1) 大面积严重渗漏水可采用下列处理措施:

①衬砌后和衬砌内注浆止水或引水,待基面干燥后,用掺外加剂防水砂浆、聚合物水泥砂浆、挂网水泥砂浆或防水涂层等加强处理。

②引水孔最后封闭。

③必要时采用贴壁混凝土衬砌加强。

(2) 一般大面积渗漏水和漏水点,可先用速凝材料堵水,再做防水砂浆抹面或防水涂层加强处理。

(3) 渗漏水较大的裂缝,可用速凝浆液进行衬砌内注浆堵水,渗水量不大时,可进行嵌缝或衬砌内注浆处理,表面用防水砂浆抹面或防水涂层加强。

(4) 结构仍在变形、未稳定的裂缝,应待结构稳定后再进行处理,处理方法按前面第 3 条的措施治理。

(5) 有自流排水条件的工程,除应做好防水措施外,还应采用排水措施。

(6) 需要补强的渗漏水部位,应选用强度较高的注浆材料,如水泥浆、超细水泥浆。环氧树脂、聚氨酯等浆液处理,必要时可在止水后再做混凝土衬砌。

(7) 锚喷支护工程,可采用引水带、导管排水,喷涂快凝材料及化学注浆堵水。

(8) 特殊部位渗漏水处理可采用下列措施:

①变形缝和新旧结构接头,应先注浆堵水,再采用嵌填膨润土止水条、遇水膨胀止水条、密封材料或设置可卸式止水带等方法处理。

②穿墙管和预埋件可先用快速堵漏材料止水后,再采用嵌填密封材料、涂抹防水涂层、水泥砂浆等措施处理。

③施工缝可根据渗水情况采用注浆、嵌填密封防水材料及设置排水暗槽等方法处理,表面采用增设水泥砂浆、涂层防水层等加强措施。

五、隧道渗漏治理注意事项[5]

1. 查找渗漏点

隧道内渗漏较为严重的部位用肉眼很容易观察出来。对细微不易查找的渗漏点,一般采取以下方法查找:

(1)首先将隧道内墙壁或地面擦干,然后进行通风,以判断是否因洞内外温度差或潮湿引起的结露。

(2)如果不属于上种情况,即可在潮湿面擦干后,均匀的撒一层干水泥粉,观察有无湿点或印湿线,如果有即可确定渗漏水的孔、缝部位,此法适宜大面积渗漏水部位的检查。

(3)如果(2)法不易实现时,可用速凝水泥胶浆(水泥:促进剂=1:1),在基层表面均匀涂抹一层,再撒干水泥粉一层,如发现湿点或湿线,即为渗漏水裂缝。

(4)对于大面积漫渗漏水部位,可用喷灯烘烤,渗漏水孔、缝亦容易被发现。

(5)用毛笔或毛刷查漏。此法适用于渗水和滴水。例如在有渗水的内壁上,将一支毛笔的笔头贴壁面压开,笔杆稍向下倾斜,水就会沿笔流淌,慢慢移动笔杆,观察沿笔头流淌的水量,水量最大的地方,就是渗漏水的滴水处。用毛刷沾吸工程漏水处表面水珠,在漏水处很快就会出现亮光,亮光处就是渗漏点。

2. 确定渗漏水情况,制订渗漏水方案

(1)查找并隔离水源,尽量使治理渗漏施工在无水的状态下进行。

(2)从结构上分析渗漏原因。治理渗漏水必须先治理好结构渗漏水,结构治水是根本,一般情况下应先补强结构,而后做防水堵漏。

(3)确定方案时,必须对施工过程中搅拌、浇筑、振捣、养护等各个环节以及施工缝及变形缝的留设位置、处理方法等进行了解,以判断工程渗漏水的原因。还可以通过工程蜂窝、麻面和孔洞的数量间接了解施工质量对工程渗漏的影响。

(4)检查防水材料是否选择不当或质量不好。

(5)按照现场实地勘察结果,确定采用堵、注、涂、抹中的哪些施工方法,以达到治漏和防水的综合功能。地下工程渗漏水治理一般都无法在迎水面施工,而应在背水面处理,大都需要多道设防。

(6)堵漏时本着"大漏变小漏,线漏变点漏,片漏变孔漏,使漏水汇集一点或数点,最后集中堵塞渗漏点"的原则。堵漏程序应采用"先大漏后小漏,先高处后低处,先拱顶后墙身"的做法。注浆堵漏,应由下而上进行。

3. 刚柔结合

多道防线、刚柔结合中的多道防线,并不是指防水层的层数愈多愈好,而是要把回填土、结构自防水和附加柔性防水层、地面排水等措施,都看成防水的防线来认真对待,严格施工以减弱地下水的危害。所谓"刚柔结合"是将结构自防水混凝土作为主要防水屏障,同时以柔性防水材料予以补充和完善,以适应各种外力和内力可能带给混凝土结构的不利影响,尽量不使混凝土结构产生有害裂缝而导致渗漏水。

目前隧道与地下工程堵漏材料及堵漏技术有很大的发展,只要对各种堵漏材料的性能及作用认真了解,再结合具体渗漏水情况,采用恰当的堵漏技术措施,就能达到理想的效果。

第五节 混凝土衬砌渗漏常用治理技术

隧道混凝土衬砌结构的渗漏可以分为点渗漏、线渗漏和面渗漏。依照渗漏治理程序,首先应当进行渗漏水调查和资料收集,充分掌握渗漏水情况和发生原因后,根据不同的渗漏类型进行选材,再进行渗漏治理施工。

一、渗漏水调查

隧道渗漏水调查按以下规定进行:

(1)渗漏水调查前,应当收集工程防水等级,设计文件等相关资料,绘制"背水内表面的结构工程展开图"。

(2)隧道渗漏水调查的内容应包括隧道各个部分,重点是隧道衬砌上半部分。

(3)在"背水内表面的结构工程展开图"上详细标示以下调查结果:

①发现的渗漏水位置、宽度、长度和渗漏水现象,渗漏水现象描述用的术语、定义和标示符号见表9-7。

②渗漏水出现位置的防水等级。

③渗漏水治理完成后,在图上标示治理位置、效果等。

渗漏水现象描述用的术语、定义和标示符号　　　　表9-7

术　语	定　义	标示符号
湿渍	地下混凝土结构背水内表面呈现明显的色泽变化的潮湿斑	#
渗水	水从地下混凝土结构衬砌内表面渗出,在背水的墙壁上可观察到明显的流挂水膜范围	○
水珠	悬垂在地下混凝土结构衬砌背水顶板(拱顶)的水珠,其滴落间隔超过1min	◇
滴漏	地下混凝土结构衬砌背水顶板(拱顶)渗漏水的滴落速度每分钟至少一滴	↓
线漏	渗漏成线或喷水状态	§

(4)渗漏水的检验方法如下:

①地下工程防水等级对"湿渍面积"与"总防水面积"的比例作了规定。应按不同防水等级区分湿渍标准。

②湿渍的现象。湿渍主要是由混凝土密实度差异造成毛细现象或由混凝土容许裂缝(宽度小于0.2mm)产生,在混凝土表面肉眼可见的"明显色泽变化的潮湿斑",一般在人工通风条件下可消失,即蒸发量大于渗入量的状态。

③湿渍的检测方法。检查人员用手触摸湿斑,无水分浸润感觉。用吸墨纸或报纸贴附,纸不变颜色。检查时,要用粉笔构划出湿渍范围,然后用钢尺测量高度和宽度,计算面积,标示在"展开图"上。

④渗水的现象。渗水是由于不允许的混凝土密实度差异或混凝土有害裂缝(宽度大于0.2mm)而产生的地下水连续渗入混凝土结构,在背水的混凝土墙壁表面肉眼可观察到明显的流挂水膜范围。在加强人工通风的条件下也不会消失,即渗入量大于蒸发量的状态。

⑤渗水的检测方法。检查人员用手触摸可感觉到水分浸润,手上会沾有水分。用吸墨纸或报纸贴附,纸会浸润变颜色。检查时,要用粉笔构划出渗水范围,然后用钢尺测量高度和宽度,计算面积,标示在"展开图"上。

(5)隧道上半部的明显滴漏和连续渗流,可直接用有刻度的容器收集量测,计算单位时间的渗漏量(如L/min,或L/h等)。还可用带有密封缘口的规定尺寸方框,安装在要求测量的隧道内表面,将渗漏水导入量测容器内。同时,将每个渗漏点位置、单位时间渗漏水量,标示在"隧道渗漏水平面展开图"上。

(6)若检测器具或登高有困难时,允许通过目测计取每分钟或数分钟内的滴落数目,计算出该点的渗漏量。经验告诉我们,当每分钟滴落速度3~4滴的漏水点,24h的渗水量就是1L。如果滴落速度每分钟大于300滴,则形成连续细流。

(7)为使不同施工方法、不同长度和断面尺寸隧道的渗漏水状况能够相互加以比较,必须确定一个具有代表性的标准单位。国际上通用$L/(d \cdot m^2)$,即渗漏水量的定义为隧道的内表面,每平方米在一昼夜(24h)时间内的渗漏水立升值。隧道内表面积的计算应按表9-8所列方法求得。

隧道内表面积计算方法　　　　　　　　　　　　　　表9-8

隧道类别	隧道内表面积计算
竣工的区间隧道验收(未实施机电设备安装)	通过计算求出横断面的内径周长,再乘以隧道长度,得出内表面积数值。对盾构法隧道不计取管片嵌缝槽、螺栓孔盒子凹进部位等实际面积
即将投入运营的城市隧道系统验收(完成了机电设备安装)	通过计算求出横断面的内径周长,再乘以隧道长度,得出内表面积数值。不计取凹槽、道床、排水沟等实际面积

(8)隧道总渗漏水量的量测。隧道总渗漏水量可采用表9-9所列的4种方法,然后通过计算换算成规定单位$L/(d \cdot m^2)$。

隧道渗漏水的量测方法　　　　　　　　　　　　　　表9-9

集水井积水量测	量测在设定时间内的水位上升数值,通过计算得出渗漏水量
隧道最低处积水量测	量测在设定时间内的水位上升数值,通过计算得出渗漏水量
有流动水的隧道内设量水堰	靠量水堰上开设的V形槽口量测水流量,然后计算得出渗漏水量
通过专用排水泵的运转计算	隧道专用排水泵的工作时间,计算排水量,换算成渗漏水量

二、材料类型

针对点渗漏、线渗漏和面渗漏等不同类型的渗漏,需要选取不同类型的渗漏治理材料。隧道渗漏治理必须依靠具有可靠防水性能的材料来实现,防水材料质量的优劣直接关系到渗漏防治的效果。渗漏治理选材不仅要考虑防水材料的性能能否满足设计要求,还需要考虑材料的环保性能、耐久性和经济性。隧道与地下工程的渗漏治理材料在功能上有以下几点基本要求:

(1)具有良好的耐候性,对光、热、臭氧等应具有一定的抵抗能力。

(2)具有一定的抗水渗透和耐酸碱性能。

(3)对外界温度和外力具有一定的适应性,即材料的拉伸强度要高,断裂伸长率要大,能承受温度变化以及各种外力与基层伸缩、开裂所引起的变形。

(4)有良好的整体不透水性。既能保证自身的黏结性,又能承受地下水的不断侵蚀及较大的水压。

按照施工和适用渗漏类型的不同,常用的渗漏治理材料可以分为:表面外敷类防水材料、涂刷类防水材料、防水抹面材料、注浆堵漏材料等。下面选取几种代表性的材料进行介绍。

1. 表面外敷类材料

工程上曾有采用玻璃钢作为表面外敷材料进行隧道渗漏治理的先例。这种外敷类材料相当于在隧道净空内增设了一道防水层,避免渗水直接影响隧道使用,可以取得很好的防水效果。但是玻璃钢造价高,难于大面积应用。吕康成等[8]曾用铝膜进行隧道大面积渗漏的治理,通过加敷铝膜,能够取得明显的防水效果。

铝的原矿是矾土,从原矿中分离出 Al_2O_3 后经过电解制成纯度铝,再经加工制成不同型号的铝合金。使它的性能更加符合工程要求。铝合金可制成各种型材,供航空和土建工程使用。加工成的管材、铝箔可供医疗、卫生、食品包装等用。铝合金具有良好的力学和物理性能,具体如下:

(1) 质轻。相对密度 $2.7 \sim 2.8 g/cm^3$,用铝加工的构件自重小。

(2) 富于延展性。易加工成各种形状、各种尺寸的构件。

(3) 强度高。可以减小部件的断面尺寸。

(4) 抗拉强度可达 5.0MPa。

(5) 线膨胀系数约为钢材的 2 倍,因此由温度引起的伸缩率也是钢材的 2 倍。

(6) 伸长率可达 30% ~ 50%。

(7) 耐腐蚀,表面光亮美观。

(8) 抗老化性能好,使用寿命长。

(9) 没有污染,阻燃,有火情时不放出有害气体和烟雾。

2. 涂刷类防水材料

(1) SWF 混凝土密封胶

SWF 混凝土密封胶是一种含有特殊复合体的水基溶液,具有较强的渗透能力,可渗透到水泥结构物内部和混凝土内部碱起反应,在内部生成凝胶体,填充混凝土内部的毛细孔,达到密封防渗,并可提高混凝土强度。它还可以防止酸和二氧化碳、二氧化硫对水泥结构的侵蚀。施工工艺简单。其具体性能如下:

① 外观:无色、透明,水基液。

② PH 值:9。

③ 抗渗性:使混凝土抗渗压力提高 0.2MPa。

表 9-10 是某工程对三种混凝土表面涂刷材料进行的抗渗试验结果,该试验显示了 SWF 混凝土密封胶的优越性能。

三种涂刷材料的防水性能　　　　　表 9-10

类　　别	压力(MPa)	渗水高度(cm)
空白	1.0	全透(15)
968 胶	1.2	12
SWF 密封胶	1.2	8.2
SA 防水剂	1.2	12.2

(2) XYPEX 赛柏斯——水泥基渗透型防水材料

XYPEX(赛柏斯)产品是用加拿大 XYPEX 化学公司的专有技术生产的产品,它是由波特兰水泥、硅沙和多种特殊的活性化学物质组成的灰色粉末状无机材料。其工作原理是 XYPEX 特有的活性化学物质利用水泥混凝土本身固有的化学特性及多孔性,以水做载体,借助渗透作用,在混凝土微孔及毛细管中传输、充盈,再次发生水化作用,而形成不溶性的枝蔓状结晶并与混凝土结合成为整体,从而使任何方向来的水及其他液体被堵塞,达到永久性防水。

XYPEX(赛柏斯)的主要性能及特点有:

①能长期耐强水压。对 50mm 厚的混凝土试件涂两层 XYPEX 的试验结果表明,至少能承受高 123.4m 的水头压力(即 1.2MPa)。

②XYPEX 晶体渗透深度是很大的。涂刷了 XYPEX 的混凝土试件在室外放置 12 个月,然后测量,其渗透深度达 30cm。

③XYPEX 能增强混凝土强度,防止化学腐蚀,防止冻融循环对混凝土的破坏。试验表明,经 XYPEX 处理的试样的抗压强度比未经处理的试样提高 20%~29%。其耐受酸碱腐蚀程度 pH 值为 3.0~11.0。

④XYPEX 防水具有很强的自我修复能力。当混凝土结构产生新的细微裂缝发生渗漏时,XYPEX 中独特的催化剂遇水就激活,使水泥再产生新的晶体,从而将水堵住。

⑤XYPEX 施工方法简便。

图 9-1 是三张电子显微镜照片,它充分显示了 XYPEX 在混凝土毛细管和微小通道中的结晶过程和效果。

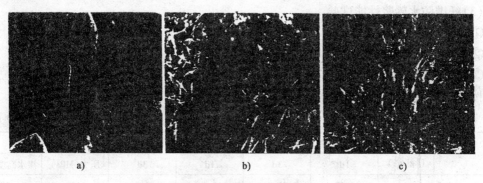

图 9-1 XYPEX 显微镜照片
a)照片 1;b)照片 2;c)照片 3

图 9-1a)照片 1 中看到的是未经 XYPEX 处理的混凝土试样中水泥由于水化反应产生的氢氧化钙立方体和六方体微粒的凝胶体。图 9-1b)照片 2 中看到的是经 XYPEX 处理的混凝土试样中结晶反应的初始状况。图 9-1c)照片 3 所示是经 XYPEX 处理后第 26d 的混凝土,可以看到混凝土毛细管中已生成了致密的、发展充分的结晶体结构,这种结晶大大增强了混凝土的密实度,并完全切断了水的流动通道。

3. 防水抹面类材料

砂浆是防水工程中不可少的,用量最多的一种刚性防水材料,它价格便宜,施工方便简单。提高它的防水效果和技术一直是防水工程中研究的项目。以往的防水砂浆大都按密实,膨胀增水,化学反应原理配制。纤维防水砂浆是近期大家关注的一种防水效果显著的新型复合性半刚性防水材料。它的防水原理是借助物理加筋的作用,依靠大量的微细纤维在砂浆中乱向分布,形成一种乱向网,并和水泥基体紧密结合,乱向网在砂浆中形成骨架,支撑着整个体系,并有效牢固的控制着它,使它难以收缩,也难以离析。由于杜拉纤维的抗拉强度高达27.6MPa,它可以阻止截断裂缝的出现和发展,防止细孔的形成,使砂浆保持密实而稳定,从而具有了卓越的防水性能和优良的韧性及抗裂和抗冲击力。它比一般的柔性防水材料有更好的抗老化能力。下面是美国杜拉纤维砂浆在室内的详细试验结果:

(1)组成材料

①水泥:硫铝酸盐水泥,42.5级,微膨胀,有补偿收缩作用。

②纤维:美国杜拉纤维,束状、单丝,$l=19mm$ 左右,相对密度0.91,抗拉强度27.6MPa,拉伸极限15%,弹性模量3793MPa,含湿率 $<0.1\%$,熔点160℃,掺量一般为每立方混凝土用 $0.7\sim1.0kg$。

③砂:细砂,最大粒径2mm。

④促硬剂:CNC 型,淡黄色,粉末状,用时溶在水里搅匀,用量一般为水泥用量的 $3\%\sim5\%$。

⑤水:干净水。

(2)砂浆的拌制工艺

①为使纤维在砂浆中呈单丝状均匀分布,拌和前将束状纤维分成单丝。

②将水泥和砂的混合料拌均匀后,再加纤维拌匀。

③加水拌和,比一般砂浆要多拌几分钟。

(3)纤维防水砂浆性能试验

①配比:水泥:砂 = 1:2.5。

②水灰比:0.56。

③砂浆稠度:7~9cm。

按上述配比进行了强度和抗渗试验结果见表9-11。

纤维砂浆的技术性能　　　　　　　表9-11

配比	纤维掺量(kg/m³)	抗压强度(MPa)		抗折强度(MPa)		抗渗	
		1d	3d	1d	3d	压力(MPa)	渗水高度(cm)
水泥:砂=1:2.5	—	26.7	31.0	6.2	7.2	12	10
水泥:砂=1:2.5	1	28.9	35.2	6.7	7.9	12	6

从表9-11结果看出,加纤维后砂浆的强度明显地提高了,在渗水压力相同时,加纤维的渗水高度降低了40%,说明抗拉纤维砂浆有明显的防水作用,超过了要求的抗渗等级。

4. 注浆堵漏材料

注浆就是将一定的材料配制成浆液,用压送设备将其灌入缝隙或孔洞中,使其扩散,胶凝或固化,以达到防渗堵漏,确保工程防水的目的。用于防水的注浆材料主要有颗粒状(如水泥)注浆材料和无颗粒的快凝注浆材料(即化学注浆材料)两种。

对于注浆材料,有如下要求:

①可灌性好。

②凝结时间易于调节。

③渗透性和防渗性强。
④附着力强,固结强度高。
⑤操作简单,价格适中,无毒性。

(1)TZS-Ⅱ水溶性聚氨酯堵漏剂(用于有水时堵漏)

该材料是由甲苯二异氰酸酯和水溶性聚醚进行聚合反应生成的高分子化合物,为单液型注浆材料,浆液遇水会发生膨胀,体积可增大2~5倍,对水质的适应性强。施工简单,不需加入促进剂与固化剂,与水的混合性好,遇水自行分散乳化并进行聚合反应,聚合固结体具有良好的延伸性、弹性和抗渗性,无污染,对人体无害,是比较理想的注浆堵漏材料,其技术性能如下:

①外观:透明、淡黄色、液体。
②密度:$1.03 \sim 1.10 g/cm^3$。
③诱导固化时间:10s 至数 10s。
④黏结强度≥1.0MPa。
⑤固结体抗压强度≥1.5MPa。
⑥固结体抗渗性≥0.8MPa。

(2)水泥—水玻璃双液堵漏剂(用于无水时或无流动水时的堵漏)

这种浆液堵漏效果好,固结强度高,可对结构起补强作用,备料容易,操作简单,价格便宜。组成材料:

①水泥:42.5 级普通硅酸盐水泥、细度尽量细些。
②水玻璃:波美度(25~35)°Bé。

配比:

①水泥浆水灰比:0.6:1~0.8:1。
②水玻璃:水泥浆 = 1:3~1:4(体积比)。

凝结时间:2~3min(可根据现场条件进行调节)。

5.嵌缝类防水材料

嵌缝类防水材料的典型代表是遇水膨胀腻子条。它是由橡胶、膨胀土等无机及有机吸水材料、高黏性树脂等十余种材料经密炼,混炼,挤制而成的自黏性遇水膨胀型条状密封材料。其断面形状为矩形,物理性能如下:

①吸水膨胀率:300%~500%;
②抗渗压力:1.5MPa;
③耐酸碱 pH 值:3~12;
④耐温性能:150℃耐高温性能,不流淌;-20℃耐低温性能,不发脆。

三、施工工艺

1.点渗漏治理

对点渗漏的处理,有表面封堵、浅孔注浆和埋管引排三种办法。表面封堵用于衬砌表面有渗漏痕迹、范围小或当前无渗漏的部位。浅孔注浆用于表面有湿渍或渗漏轻微流淌的部位。埋管引排则用于当前有明显渗漏,且渗漏量较大,出水点位于变形缝、施工缝或边墙上。

1)表面封堵(图9-2)

表面封堵是直接用防水材料在渗漏孔洞外进行封堵的一种渗漏治理方法,一般用于点渗漏水量较小,水压不大的情况。

(1)材料

遇水膨胀腻子条,杜拉纤维防水砂浆。

(2)施工工艺

①将待修补点表面凿毛,使修补处下陷1cm,并以出水孔为轴,凿直径3cm,深2cm的锥形孔穴。

②用钢丝刷除去表面浮渣,并用水清洗干净。

③用遇水膨胀腻子条填充锥形孔穴。

④用杜拉纤维防水砂浆抹面。

⑤涂刷两遍SWF混凝土密封胶。

2)注浆堵漏(图9-3)

注浆堵漏主要用于混凝土内部不密实的形成的点渗漏。造成混凝土不密实的原因有振捣不密实、混凝土发生离析泌水、混凝土水泥浆不足走模漏浆等。

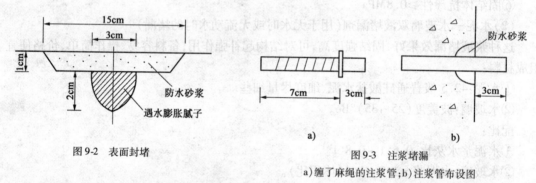

图9-2 表面封堵

图9-3 注浆堵漏
a)缠了麻绳的注浆管;b)注浆管布设图

(1)材料

TZS-Ⅱ水溶性聚氨酯和无水丙酮,缠了麻绳的注浆管(管长10cm,管内径为5mm,外径7mm)。

(2)施工工艺

①在渗水孔位置将衬砌表面凿毛。

②用电钻钻眼,钻孔直径为22mm,孔深为12~15cm。

③用钢丝刷刷除表面浮渣,并用水清洗钻孔。

④用快硬纤维防水砂浆固定注浆管。

⑤用手压泵灌TZS-Ⅱ水溶性聚氨酯与丙酮的混合液。TZS-Ⅱ水溶性聚氨酯与无水丙酮的质量比为5:1,注浆压力≤0.6MPa。注浆过程要求缓慢进行,以使浆液充分挤入渗漏部位。

⑥注浆结束后用小木条将注浆管尾堵塞住,以免浆液外流,一周后将注浆管外露部分用气割枪割除,并用快硬防水砂浆抹平表面。

⑦涂刷两遍SWF混凝土密封胶。

3)埋管引排

埋管引排的施工工艺与缝渗漏治理的暗埋PVC管的施工工艺基本一样,只是针对渗漏部位不同而已,它的施工工艺将在缝渗漏治理那一部分进行详细论述。

2. 缝渗漏治理

隧道的渗漏缝可分为循环施工缝、变形缝和衬砌混凝土受力后出现的乱向裂缝。缝渗漏治理措施主要有：

①混凝土裂缝的渗漏处理采用化学注浆或 XYPEX(赛柏斯)堵漏。

②循环施工缝的渗漏治理采用外排法，可以采用铝槽外排或 PVC 管外排。

③变形缝的渗漏治理采用暗埋 PVC 管排水法。

现在把这些治理措施及施工工艺叙述如下。

1)裂缝渗漏治理

(1)化学注浆

化学注浆分为骑缝埋嘴注浆法和斜缝埋嘴注浆法。注浆材料与点渗漏相同，可采用 TZS-II 水溶性聚氨酯堵漏剂。

①骑缝钻孔注浆

该方法主要针对裂缝延伸方向基本与衬砌表面垂直的裂缝，施工步骤如下：

a. 沿缝凿毛衬砌表面，用水清洗干净，并观察裂缝走向。

b. 间隔 30~40cm，用电钻沿缝钻眼，孔深 12~15cm，孔径 22mm。

c. 用水清洗钻孔后，用快硬防水砂浆固定注浆管，并抹压缝的表面。

d. 待防水砂浆有一定强度时，向钻孔注水清洗裂缝。

e. 用手压注浆泵灌注 TZS-II 水溶性聚氨酯与丙酮的混合液，注浆过程应缓慢进行，注浆顺序为由下而上(针对拱部和墙部的竖向裂缝)，注浆压力 $\leqslant 1$MPa。

f. 一周后用气割枪割除注浆管外露部分，并用防水砂浆抹平表面。

g. 涂刷两遍 SWF 混凝土密封胶或 XYPEX 浓缩剂灰浆。

②斜缝钻孔注浆

该方法用于裂缝延伸方向与衬砌表面有一定角度的裂缝。它的施工工艺与骑缝钻孔注浆法基本一致，只是注浆孔的布置不一样，如图 9-4 所示。

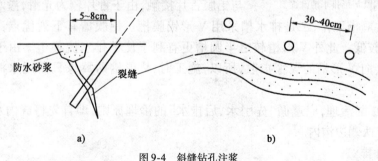

图 9-4 斜缝钻孔注浆

a)斜缝注浆剖面图；b)斜缝注浆孔布置图

采用化学注浆前，应先向注浆孔内压水，一方面检测注浆管的固定、密封情况，如果密封不好，则水会从管周流出，注浆时也可能发生漏浆；另一方面，压水可以清洗裂缝，以免钻孔粉末堵塞裂缝，影响注浆效果。

(2)XYPEX(赛柏斯)堵漏

①XYPEX 浓缩剂灰浆的调制

涂刷时，按体积比料：水 = 5:2 调和；抹面时，按体积比料：水 = 6:1 调和。一次不宜调多，要在20min内用完,混合物变稠时要频繁搅动,中间不能加水。

②XYPEX堵漏的混凝土基面条件及气候

a. XYPEX不能在雨中或环境温度低于4℃时使用。

b. 混凝土基面要湿润,但不能有明水,并且基面应当粗糙、干净。

③施工工艺

a. 沿缝凿25mm宽,30~50mm深的"U"形槽。

b. 用钢丝刷除掉浮碴,并用水浸湿基面。

c. 用毛刷在槽内和沿槽口的两侧宽100mm处涂刷一层5份料2份水调和的XYPEX灰浆。

d. 当灰浆涂层干燥约10min,但仍然有黏着性的时候,用XYPEX浓缩剂6份料1份水调和的干面团填满槽并与表面齐平。

e. 稍微用水洒湿填缝的表面,然后在所修复的区域上再涂一道XYPEX灰浆。

f. 养护。在两天内定期喷雾水养护。

2)施工缝渗漏治理

对于运营隧道内已有渗漏水的环向施工缝,由于衬砌随季节变化而胀缩,施工缝的渗漏一般不宜采用注浆的方法进行封堵,而应采用疏排的方式进行处治。常用的疏排方法有两种,即暗排与明排。暗排法需要沿环向施工缝凿槽,埋管和表面封堵,一般来说,费工费时,治理费用较高,并且由于环向施工缝的变形,表面封堵难以严实,治理的效果通常不甚理想。明排法实施比较简单,排水管(槽)不易受环向施工缝变形的影响,通常治理效果较好。图9-5是吕康成在治理某洞库环向施工缝渗漏时采用的排水构造图。其特点有二:一是沿环向施工缝埋置铝膜舌片,其作用是收水,即在衬砌拱顶,渗水在环向施工缝与铝膜舌片接触,由于舌片较为光滑,渗水会沿舌片滴入排水槽内,并顺槽下排;二是排水槽采用V形铝膜槽。铝膜槽有下列优点:耐久性好、容易成型和成本较低。此外V形槽较之半圆槽更有利于使下排水流集中。由于下排水没有压力,一般不会向V形槽的翼缘扩散,所以,施工时,V形槽两翼缘只需用水泥砂浆简单封堵即可。

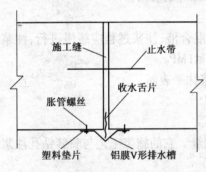

图9-5 铝膜V形排水槽设置

施工缝的渗漏治理,应遵循"先引水、后排水"的治理原则,即首先将缝内水引至铝槽或PVC管,再排至两侧边沟内。

(1)铝槽外排

铝膜外排是近些年渗漏治理中提出的新方法。使用铝膜不但能渗漏治理效果良好,而且治理后的隧道美观。

①材料准备

a. 制作铝槽。用自制的模具将铝材压制成V字形,尺寸如图9-6示,V形槽的宽度取决于施工缝的宽度,应能完全包住施工缝,在两侧有2cm左右的富余,每条铝槽长4.0~5.0m。

b. 铝膜。将0.2mm厚的铝膜剪成长40cm/条,并人为将其打皱,如图9-7所示。

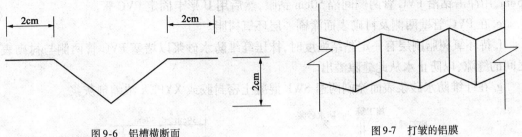

图9-6 铝槽横断面　　　　　　　　图9-7 打皱的铝膜

②施工工艺（图9-8）

a. 凿 U 形槽。凿除施工缝内失效的旧防水材料和松散混凝土。

b. 用钢丝刷刷除浮碴，并用水冲洗干净。

c. 敷设铝膜舌片。用砂浆固定铝膜，抹砂浆时应尽量抹压槽的两侧，并抹至与衬砌表面齐平。还应尽量将打皱的铝膜插至槽的底部。

d. 安装铝槽。铝槽的安装顺序是先拱顶后两侧，接茬部位是下节压上节，接茬长度为 10~15cm，用冲击钻沿铝槽两翼间隔 50cm 钻眼，然后用胀管螺丝固定铝槽。

e. 铝槽两侧与衬砌表面接缝处抹压纤维防水砂浆，可防止水从铝槽两翼与衬砌表面之间的缝隙溢出。

f. 在铝槽两侧所抹的防水砂浆上刷两遍 SWF 混凝土密封胶或 XYPEX 浓缩剂灰浆。

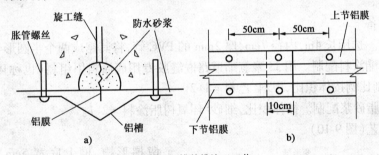

图9-8 铝槽外排施工工艺
a) 铝槽安装横断面；b) 铝槽接茬方法

（2）PVC 管外排

PVC 管外排法是传统的施工缝渗水外排方法，它是通过在施工缝上凿槽安装 PVC 半管来排泄施工缝渗水。

①材料准备

a. PVC 管。选用长 4m，内径 7cm，厚 2mm 的 PVC 管，将其锯成两个半圆形半管。

b. 环氧树脂涂料配制。用 JS 聚氯酯道路嵌缝胶专用底涂料甲组料（也称环氧树脂）和乙组料配制，配制比例按体积比，甲：乙料 = 1:2。

c. 环氧树脂砂浆配制。按体积比，细砂：环氧树脂涂料 = 2:1。

②施工工艺（图9-9）

a. 凿梯形槽。槽上底宽 5cm，下底宽 6cm，高 4cm。

b. 用钢丝刷刷除浮碴，并用水冲洗干净。

c. 敷设铝膜舌片，方法同铝槽外排法。

d. 安装 PVC 管。安装顺序是先拱顶后两侧，接茬部位是下节压上节，接茬长度为 10~

15cm,用冲击钻沿 PVC 管两侧间隔 50cm 钻眼,然后用 U 形卡固定 PVC 管。

e. 在 PVC 管壁两侧及衬砌表面涂刷一层环氧树脂。

f. 待环氧树脂刷层有一定黏结强度时,抹压纤维防水砂浆以堵塞 PVC 管两侧与衬砌表面之间的缝隙,以防止水从此缝隙溢出。

g. 在纤维防水砂浆表面涂刷两遍 SWF 混凝土密封胶或 XYPEX 浓缩剂灰浆。

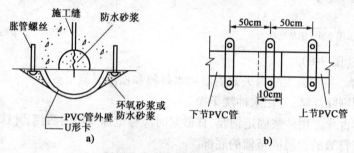

图 9-9　PVC 半管外排施工工艺
a) PVC 半管安装横断面;b) PVC 半管接茬方法

3) 变形缝渗漏治理

变形缝渗漏宜采用暗埋 PVC 管排水法进行治理。该方法是一种刚柔堵排相结合的治理方法。从外观上来看,该方法比外排法要美观,受外界环境的影响小,防渗漏效果较显著,但施工工艺较复杂。

① 材料准备

a. PVC 管。选用长 4m,内径 7cm,厚 2mm 的 PVC 管,将其锯成两个半圆形半管。

b. 环氧树酯涂料配制。用 JS 聚氯酯道路嵌缝胶专用底涂料甲组料(也称环氧树脂)和乙组料配制,配制比例按体积比,甲料:乙料 = 1:2。

c. 环氧树脂砂浆配制。按体积比,细砂:环氧树脂涂料 = 2:1。

② 施工工艺(图 9-10)

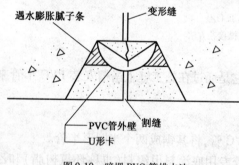

图 9-10　暗埋 PVC 管排水法

a. 凿梯形槽,槽上底宽 5cm,下底宽 6cm,高 4cm。

b. 用钢丝刷刷除浮碴,并用水清洗干净。

c. 用砂浆敷设铝膜舌片。

d. 安装 PVC 管。安装顺序是先拱顶后两侧。接茬部位是下节压上节,接茬长度 10~15cm,用 U 形卡和胀管螺丝固定 PVC 管,间距 50cm。

e. 在 PVC 管外壁及槽的两侧涂刷一层环氧树脂。

f. 待环氧树脂涂层有一定黏结强度时,在 PVC 管两侧挤压一层遇水膨胀腻子条,然后抹纤维防水砂浆,抹至与衬砌混凝土表面齐平。

g. 待纤维防水砂浆有一定强度后,沿变形缝割缝。

h. 涂刷两遍 SWF 混凝土密封剂或 XYPEX 浓缩剂灰浆。

3. 面渗漏治理

面渗漏的治理方法有深孔注浆、浅孔注浆、表面涂刷和外敷防水层等方式。隧道衬砌出现大面积渗漏的原因有:①衬砌背后水压大,渗水量大,混凝土防渗等级不能满足要求;②混凝土本身存在质量缺陷,密实度不够,存在大量孔洞、裂隙或蜂窝麻面。

衬砌背后水压较大,长期渗漏导致衬背与围岩间出现空洞时,需要采用深孔注浆;如果衬背水压不大,没有出现衬砌与围岩剥离空洞的现象,仅由于衬砌混凝土出现大量孔洞、裂隙,则可以采用浅孔注浆;混凝土表面蜂窝麻面、微裂缝引发的大面积漫渗则可以采用表面涂刷进行治理;当隧道渗漏水彻底治理有困难时,唯一的方法就是在隧道净空内附加新的防水层,减少渗漏水对隧道运营的影响。

1)深孔注浆

(1)注浆材料

常用的注浆材料有水泥水玻璃浆液、水泥砂浆、水泥粉煤灰砂浆、水泥黏土砂浆。一般选用水泥水玻璃浆液,当衬背孔隙过大,注浆量大时,可以采用水泥砂浆、水泥粉煤灰砂浆、水泥黏土砂浆等。

(2)注浆机具

深孔注浆需要用到的机具有风动凿岩机、手持冲击电钻、移动式空气压缩机、注浆系统、搅拌机等。

(3)施工工艺

①施工准备。包括动力系统准备,搭脚手架和人员培训。

②放线定位。在注浆段按注浆孔布置平面图和注浆孔布置剖面图确定钻孔位置,钻孔密度和深度应根据隧道渗漏水情况决定,一般按梅花形布置。

③电钻探筋。当注浆孔穿过钢筋混凝土衬砌时,为了避免截断钢筋,防止钢筋锈蚀,可以采用电钻探筋。用风钻钻注浆孔前,先用手持电钻探测拟钻孔位是否有内层钢筋。

④风钻钻孔。在确定好的孔位上,用电动凿岩机钻孔,方向与衬砌表面垂直。

⑤注浆管安装。注浆管按图9-11所示埋设。注浆管前端0.5m为花管,插入钻孔后然后用止浆塞堵住注浆管与孔壁间的空隙,外接注浆设备。

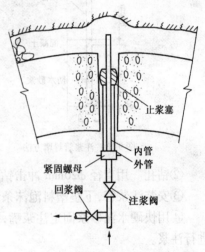

图9-11 注浆管埋设

⑥接管注浆。用胶管把注浆管与注浆泵相连,先注水试机,再注浆止水,根据注浆压力或已注浆量确定是否结束该孔注浆,注浆工艺如图9-12所示。

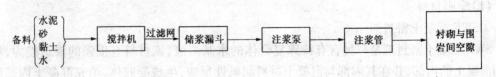

图9-12 注浆工艺流程

⑦封堵注浆孔。用气割枪割除注浆管尾部,用快硬水泥砂浆填充注浆管。在管口2cm处,封堵快硬纤维砂浆,最后用SWF密封胶涂刷两遍。注浆管的封堵方法如图9-13所示。

(4)注浆注意事项

①注浆压力不宜过高,只要能克服管道阻力即可,控制在 0.2~0.3MPa。因为注浆压力过大,容易引起衬砌变形。

②注浆顺序。由低处向高处,由无水处向有水处依次压注,以利于充填密实,避免浆液被水稀释离析。当漏水量较大时,应分段留排水孔,以免水压抵消注浆压力。最后处理排水孔。

③注浆需要连续作业,不得任意停泵,以防砂浆沉淀,堵塞管路,影响注浆效果。

④注浆过程中发现施工缝、变形缝、混凝土裂缝跑浆,可以采用快凝砂浆勾缝堵漏后继续注浆,当冒浆或跑浆严重时,应关泵停压,待 2~3d 后进行二次压浆。

2)浅孔注浆

浅孔注浆主要是针对混凝土本身的缺陷而进行的治理。

(1)注浆材料

注浆材料可采用水泥水玻璃浆液、速凝水泥浆液、化学浆液等。

(2)施工工艺

①布点。按梅花状布设孔位(图9-14),孔间距为 60~80cm。

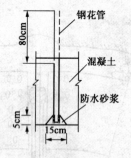

图 9-13 注浆管封堵方法

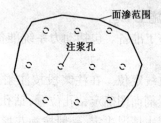

图 9-14 浅孔注浆孔布置

②钻孔。用直径 $\phi 20mm$ 冲击钻打孔,孔深 20cm,并将孔内清洗干净。

③安装注浆管,下垫塑料泡沫条,再安装直径 $\phi 20mm$、长 4cm 的钢管,外端有丝扣。

④用快硬水泥砂浆固定注浆嘴,并在注浆嘴周围抹一层砂浆以形成防水层,待强度形成后进行注浆。

⑤接管注浆。

⑥表面涂刷两遍 SWF 混凝土密封胶。

3)表面涂刷

由于表面涂刷难于深入混凝土内部,尽管有些防水涂料可以逐步深入混凝土深层,表面涂刷仍主要局限于处理隧道拱顶和墙面的轻度渗漏。

(1)涂刷材料

①SWF 混凝土密封剂

SWF 混凝土密封剂是一种含有特殊复合体的水基溶液,该材料有很强的渗透能力,可渗透到混凝土的内部,并在其内部与混凝土材料起碱性反应,生成凝胶体,填充混凝土内部的毛细孔,阻塞渗漏通道。

②XYPEX

XYPEX 是一种对水有亲和力的防水材料,它以灰浆的形式涂刷到混凝土的表面。其防水过程的独到之处在于它是一种催化剂,它能利用混凝土本身的成分在混凝土内部发生反应,反应的产物是不溶性纤维状的结晶生成物,该生成物遍布于混凝土表层的微孔和毛细孔中。由于它和水有良好的亲和性,所以可以顺着混凝土基层的微小裂缝扩散,并和毛细孔中的渗漏水反应,逐步向内层发展并生成枝蔓状结晶体堵塞细小的渗漏水通道,从而起到提高混凝土强度和堵水防水的效果。

(2)施工工艺

①基面处理:凿平、打毛、冲洗。

②渗漏严重处进行浅孔注浆。

③涂刷或喷涂防水材料。

④按材料要求进行养护。

4)外敷铝膜

(1)材料

铝膜。铝膜是渗漏治理的一种新材料,其特点在防水性能好,无污染。此外,与高分子防水卷材相比,铝膜具有抗老化性能好、价格低和无污染等优点。铝膜规格:厚度0.3mm,幅宽可选,但不宜过小。

龙骨架。铝膜通过龙骨架固定在衬砌表面,龙骨架采用铝合金制成。使用时按隧道断面弯制并向凹槽内灌注轻质纤维水泥砂浆。

轻质纤维水泥砂浆。凝固后具有可锯、可刨、可钉和质轻等特点,将它灌注于铝合金凹槽,凝固后用来固定铝膜的龙骨,给铝膜的安装施工创造有利条件,并保证安装质量。轻质纤维水泥砂浆的配比为:快硬水泥:珍珠岩:玻璃纤维 = 1:0.5:0.1(质量比)。

铝压条。用于在龙骨上外压防水铝膜。铝压条断面规格:10mm×4mm,每隔50mm钻ϕ5mm孔。

硅胶。用作水平导水槽与衬砌壁面的嵌缝材料,所用硅胶为单组分防水材料,施工十分方便。

(2)施工工艺

①从设计铝膜防水区段的一端起,在铅垂断面内用安装龙骨架,间距80~100cm。龙骨架由拱顶伸向两侧拱脚线。

②清除龙骨架间的突出物与尖锐棱角。

③从铝膜卷裁剪长铝膜片,在铝膜片上标出横向中线。

④环向铺设铝膜。将铝膜中线与隧道拱顶中线重合,自拱顶向两侧用铝条压住铝膜。两片铝膜压茬10cm,后铺片压前铺片,接茬位置与龙骨位置重合(图9-15)。

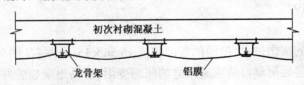

图9-15 铝膜压茬

⑤用自攻螺丝穿过铝压条小孔固定压条,借助铝压条固定铝膜(图9-16)。

⑥在拱脚线下,用卡子近水平固定龙骨架作导水槽,龙骨架凹口朝上。在贴壁侧上沿,用硅胶作防水密封(图9-17)。

⑦每隔10~12m,在两导水槽之间用U形卡固定φ50PVC竖向排水管,其上端与导水槽相接,下端与边墙竖向排水管连接(图9-18)。

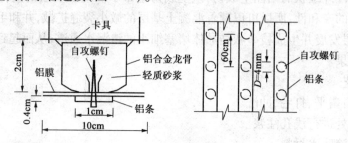

图9-16 铝膜固定

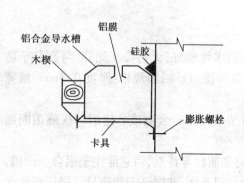

图9-17 边墙导水槽固定

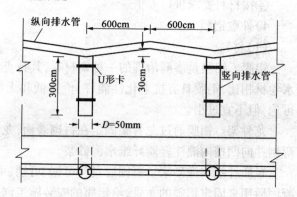

图9-18 边墙竖向排水管设置

第六节 隧道衬砌渗漏水微创处治技术

隧道渗漏水主要是衬砌施工循环缝渗漏水和裂缝渗漏水,个别隧道有衬砌表面渗水。针对发生的类型与发生点,文献[6]重点对衬砌循环缝渗漏水和裂缝渗漏水的处治进行了研究。

一、衬砌循环缝渗漏水处治

现有的隧道施工缝处治方法主要是:沿渗漏施工缝的两侧用常用的混凝土切割机各切一缝,用钢凿凿除切缝间的混凝土,并延伸槽底使之形成半圆状断面;然后横断面半圆状的塑料管扣在混凝土槽的底部,由两个半圆形成一个完整的圆形断面的过水通道;最后用砂浆等材料封盖塑料半管(图9-19)。

现有方法的不足:

(1)对衬砌结构的损伤过大,凿槽的断面积达15cm×15cm左右(图9-20)。

(2)砂浆等封盖层后期难以适应施工缝的胀缩变形,容易出现裂缝并致封盖层脱落。

(3)无法进行工间检测。进行渗漏水处理施工作业多选择枯水期进行,治理效果及处治工程中存在问题不能及时发现。

(4)隧道运营期间不能对排水不畅的通道进行疏通维护,特别是在可熔岩地区,若析出的碳酸盐类将排水通道堵塞,无法进行有效地疏通,多年过后势必导致治理工作的反复。

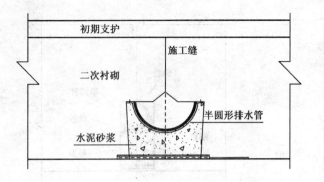

图9-19 国内隧道施工缝渗漏常见处治构造

图9-20 常用方法对衬砌结构破坏严重

二、衬砌循环施工缝渗漏水微创处治构造

经过研究,吕康成[18]开发了一种隧道与地下工程衬砌施工缝渗漏水的处治方法,它能在对衬砌结构仅有微小创伤的情况下简便可靠处治施工缝渗漏水,并可实现对处治情况的工间检测,还赋予处治构造以可维护功能。微创伤处治技术的施工步骤如下:

1. 切缝成槽

首先从衬砌施工缝渗漏水的最高出水点略上的部位开始,用专用的混凝土切缝机在施工缝两侧向下切两条平行切缝,缝间距由待埋设的排水管确定,其次用钢凿凿除切缝间的混凝土,形成底面为平面,施工缝位于底部中央的凹槽(图9-21)。再用切割机稍加修整,使凹槽的底部略宽于口部,最后紧贴凹槽的两壁交错向槽底钻孔并插入螺钉并拧紧(图9-22)。

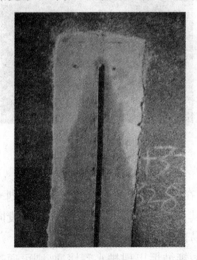

图9-21 沿施工缝切出的凹槽

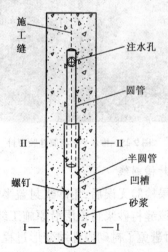

图9-22 施工缝渗漏水处治正面

2. 埋管封胶

将半圆塑料管坎入凹槽底部,形成半圆状排水通道(图9-23),通道下部与隧道的排水系统相连;用硅胶封闭塑料半管与槽壁之间的三角区;在半圆管的上端,插入一段直径与前述半圆管半径相当的铝塑管(图9-24)。铝塑管的上端带有弯头,弯头有内丝扣,铝塑管段的固定与封盖方法同半管的类似,铝塑管所带弯头的外端与衬砌表面平齐。

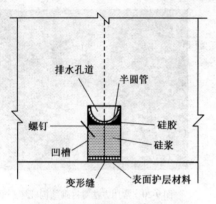

图 9-23 循环缝渗漏水微创处治横断面

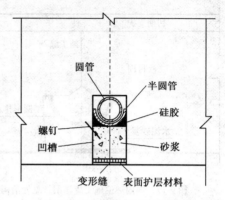

图 9-24 铝塑管插入段断面图

3. 效果检验

施工缝处治的封胶结束后(图 9-25),通过顶部弯头向人工孔内注水,冲洗孔道并检验其有无阻塞(图 9-26)。若无阻塞,可人为封堵下部的排水通道,并从顶部向孔道内再次注水并持续一段时间(9-27)。检验硅胶封闭效果,有问题则处理,无问题进行砂浆回填。

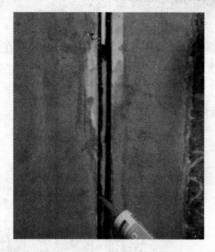

图 9-25 排水半管两侧硅胶密封

图 9-26 施工缝处治后注水检验

4. 封槽刻线

效果检验无误后,用砂浆封盖半管与铝塑管,最后在砂浆封盖层的中央用金属片划一道变形缝。该缝将砂浆封盖层沿原施工缝分开,变形缝使其两侧的砂浆层与两侧的衬砌段同步变形,从而避免了衬砌段涨缩变形过程中砂浆封盖层容易出现裂缝的现象。

隧道运营一段时间后,若经过处治的施工缝因碳酸钙结垢出现排水管堵塞,则可通过弯头向孔道内注水或钢丝等进行疏通(图 9-28)。从而实现对疏排系统的维护,节约隧道的运营成本。对于寒区隧道,必要时可在排水孔内设置电热带并供热,使排水孔免受冰冻影响。

三、沿衬砌施工缝切槽技术

欲实现微创治漏,关键在于在衬砌混凝土表面切出规整的小槽,而规整的小槽则有赖于在混凝土表面的规整割缝。

现有的隧道与地下工程衬砌结构割缝方法是:人工手持混凝土切割机在结构表层割缝。其不足之处:①工人劳动强度大,不仅要持续托举质量较大的切割机,而且还要施加切割压力;②操作危险性大,工人的着力部位临近飞速旋转的切割刀片;③割缝质量差,所割之缝深浅不一,左右扭曲。

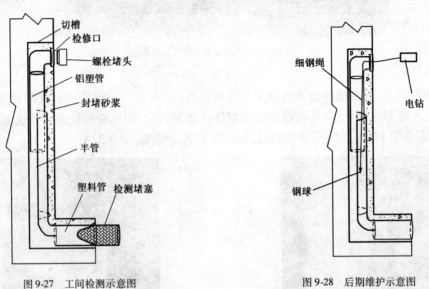

图 9-27 工间检测示意图　　　　　图 9-28 后期维护示意图

吕康成[18]开发了一种隧道衬砌混凝土割缝方法,它能轻松、安全、优质地完成隧道与地下工程衬砌混凝土的割缝作业。该方法分三步实现:①加工切割机导架,②安装导架并使切割机就位,③切割作业。

1. 割缝装置

新的隧道衬砌混凝土割缝技术是借助简易导架实现的,切割机导架为四边形框架,左右两侧为导轨,上下两端为连接片。导轨能紧贴混凝土壁面,其曲率与欲割缝壁面相同。导轨上设有导槽,导槽可使切割机底板在其内滑动。导轨的上下各设一安装槽。连接片的功用是将左右两侧的导轨连接在一起(图 9-29)。混凝土切割机包括底盘、驱动电机、张合转轴、锯片和操作手柄等(图 9-30)。

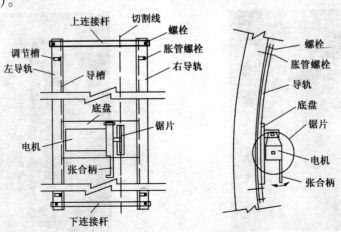

图 9-29 混凝土割缝装置结构示意图

图 9-30　衬砌混凝土切割机及导架

2. 导架设置

导架固定前,根据割缝的位置和导架的几何尺寸,在混凝土上确定安装孔的位置并钻孔。将切割机装入导架,并用连接片将导架连成整体。导架就位,用胀管螺栓通过导轨上的安装槽固定导架(图 9-31)。沿导轨空移切割机,检查安装固定情况(图 9-32)。

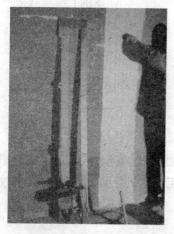

图 9-31　安装割缝机导架

图 9-32　调节导架

3. 割缝操作

切割开始前,先连接切割机的电路水路。然后利用切割机自身的张合功能,切割机定点向导架平面的垂直方向切割,达到要求深度后,通过切割机的锁定装置锁定切割深度。轻扶切割机的手柄,使切割机沿导轨方向割缝,直到完成切割作业(图 9-33～图 9-35)。

图 9-33　割缝操作示范

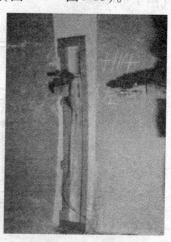

图 9-34　割缝机自动行进

四、小规格 PVC 半管加工技术

处治渗漏水的主要方法是在混凝土内埋管引排。由于对所埋之管的基本要求是一侧能开口汇水,另一侧密不透水,所以通常埋设的是半圆状横断面的塑料排水管,简称塑料半管。

目前市场上没有现成的塑料半管成品,工程上使用的塑料半管要由人工采用切割机手工将塑料圆管一分为二解剖而得。但是,手工加工塑料半管有不足之处:一是塑料半管成型极不规整,规格难以保证;二是材料浪费严重;三是工效低。

本项目试制出了一种塑料管解剖机,它能简便、安全、优质地将塑料圆管沿其纵向解剖,获得理想规格的塑料半管(图9-36、图9-37)。该塑料半管简易解剖机由两大部分组成:一是专用解剖机底盘,二是混凝土切割机。

图9-35 规整切缝后凿出的切槽

专用解剖机底盘主要由"井"字形四块角钢组成,两两平行,其中两块与锯面垂直,称之为垂直角钢,另两块与锯面平行,称之为平行角钢。四块角钢用螺栓相连,与两块平行角钢之间的距离可以调节,以适应解剖不同规格的塑料圆管。垂直角钢上开有条形槽,连接螺栓可沿条形槽移动,从而实现平行角钢间距的调节。平行角钢上也开有条形槽,两角钢的条形槽间穿以螺栓,螺栓可上下调节,待螺栓外表面至垂直角钢表面的距离与平行角钢的间距相等时拧紧螺栓,保证进料口为正方形且其边长与待解剖塑料圆管的外径相当。

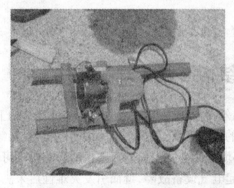

图9-36 自制的半管切割机

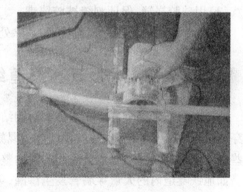

图9-37 PVC 圆管切割成半管

塑料管的解剖机具为混凝土切割机,其上安装金刚石锯片。切割机的底盘上设有连接孔,通过螺栓与切槽导架连接在一起。

五、衬砌裂缝渗漏水处治

渗漏水衬砌裂缝的处治方法有两类,一是埋管引排,二是注浆封堵。前者用于处治出水量较大甚至有一定水压的裂缝;后者则用于处治出水量较小的裂缝。经对陕西的千阳岭隧道、山东的济南隧道、山西的晋城隧道病害处治的调研,两类方法在工程实践中都可能出现一些问题。

埋管引排法经常出现的问题是对衬砌结构破坏严重。埋管引排需要在衬砌表层开槽,工程上常常埋设的排水半管的直径大于 50mm,这就要求开凿宽度和深度均在 60~80mm 的切槽,对衬砌结构损伤很大;埋管引排需要有排水出口,如果裂缝出现在衬砌段的中间上部,这时为了有排水出口,还需在没有问题的衬砌下部凿槽,对衬砌结构的无谓损伤更是严重。所以,应试验研究新型处置方法,避免此类问题的出现。

注浆封堵法经常出现的问题是注浆效果差封堵不严。注浆封堵旨在通过向裂缝内注浆,浆液凝结固化,充填裂缝间隙,阻止渗水。由于裂缝的宽度往往很小,普通的水泥浆难以注入,勉强使用则效果不佳。即使用化学浆液,浆液在缝隙内扩散仍无法控制。加之仅从表面裂缝的外形,根本无法确定裂缝在衬砌内部的实际产状,设置的注浆孔与注浆管不易准确定位。所以,用于衬砌裂缝渗水封堵的注浆法实际应用很少。

文献[18]试验了衬砌裂缝的微创堵漏法(图9-38)。该方法这样实现:

图9-38 衬砌裂缝微创堵漏示意

(1)沿裂缝用手持切割机割缝。随弯就弯,缝宽5～8mm,缝深8～12mm,割缝向裂缝两端各延长30mm。

(2)冲洗割缝,然后风干或晾干。

(3)用硅胶填缝,保证割缝被胶填满。

(4)待硅胶生效后进行表面处理,消除处理痕迹。

第七节 隧道细部结构渗漏治理

隧道内渗漏水除了发生在混凝土衬砌结构上以外,还经常发生在隧道的一些细部结构上,如穿墙管与混凝土的接缝渗漏、预埋件与混凝土间的接缝渗漏、衬砌钢筋暴露引发的渗漏等。这些细部结构的渗漏一般不会引起隧道内整体大环境的改变,但是,它对隧道的影响仍不可忽视。如地铁隧道内的大量穿墙管发生渗漏,可能引起电气设备故障,继而引发灾难性后果。本节专门讨论一些细部构造发生渗漏时的处治办法。

一、净保护层不足或结构内部钢筋凸出混凝土面引起渗水

在隧道施工时,有时由于钢筋太靠近模板,这时候应加垫块以保证净保护层的厚度。如果漏加垫块,则很容易造成钢筋偏移,净保护层不足,从而造成钢筋凸出混凝土面,地下水就会突破薄弱处混凝土锈蚀钢筋,随着时间的发展,逐渐沿钢筋深入混凝土内部甚至贯穿混凝土结构,引起渗漏(图9-39)。这种渗漏的特征是:渗水处不仅有水迹,而且有大片黄渍,这是钢筋锈蚀形成的铁锈的颜色。渗水不仅影响结构的安全和内部卫生,而且还影响混凝土面层的美观。

类似的渗水现象也发生在拉杆处,拆模后如果拉杆头处理不好,水分也会锈蚀钢筋并沿着拉杆进入结构内部,引起渗漏。这种现象在明挖法、盖挖法施工的地铁隧道中容易

出现。

这种渗漏的治理方法是:
(1)凿除钢筋头附近的混凝土,暴露钢筋头 2～3cm。
(2)用氧炔焊烧掉暴露钢筋头。
(3)用补偿收缩混凝土填补凿出部分空洞。
(4)在混凝土表面涂刷两遍 SWF 混凝土密封胶。

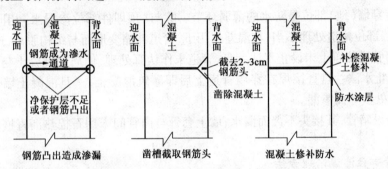

图 9-39　钢筋凸出引发的渗漏及其治理

二、预埋件部位漏水

预埋件部位是隧道渗漏水多发部位,设计、施工或运营过程中的任何疏忽都可能引发预埋件部位的渗漏。

1. 预埋件部位渗漏原因

(1)没有认真清除预埋件表面侵蚀层,致使预埋铁件不能与混凝土黏结严密。
(2)预埋件周围,尤其是预埋件密集处混凝土浇筑困难,振捣不密实。
(3)施工时对预埋件周边抹压不仔细,底部出现漏抹现象,防水层抹压遍数少,交工时防水层软,都可能使周边防水层产生收缩裂缝,引发渗漏。
(4)在施工或使用时,预埋件受振松动,与混凝土间产生缝隙。
(5)预埋件受热后发生胀缩变形,或受力、受振后松动,与周边防水层接触处产生裂隙而漏水。

2. 预埋件部位渗漏治理方法

(1)对预埋件周围出现的渗漏,可将预埋件周边剔成环形沟槽并洗净后,将水泥胶浆搓成条形,待胶浆开始凝固时,迅速填入沟槽中,用力向槽内和沿沟槽两侧将胶浆挤压密实,使之与槽壁紧密结合。如果裂缝较长,可分段堵塞。堵塞完毕后经检查无渗漏,用素浆和砂浆把沟槽找平并扫成毛面,待其达一定强度后,再做好防水层。

(2)因受振使预埋件周边出现的渗漏,处理时需将预埋件拆除,并剔凿出凹槽供埋设预埋块,将预埋件制成预埋块(其表面抹好防水层)。埋设前在凹槽内先嵌入快速砂浆(水泥:砂 = 1:1 和水:促凝剂 = 1:1),再迅速将预埋块填入。待快凝砂浆具有一定强度后,周边用胶浆堵塞,并用素浆嵌实,然后再分层抹防水层补平。

(3)若预埋件密集,出现渗漏后,在剔除预埋件后渗漏水增多,这是因该部位混凝土浇捣不严,内部松散所致。如修堵困难,可先按"混凝土蜂窝、孔洞渗漏水"的处理方法。

(4)水泥压浆法。灌入快速水泥浆,待凝固后,在渗漏水量明显减少时,再参照以上(1)、(2)方法进行处理。

三、穿墙管部位渗漏水

跟预埋件一样,穿墙管部位也是渗漏水多发部位。

1. 穿墙管部位渗漏原因

(1)管道穿墙(地)部位是防水的薄弱环节。除与"预埋件部位渗漏水"相同原因外,还因热力管道穿墙部位构造处理不当,在温差作用下,管道伸缩变形而与结构脱离,产生裂缝漏水。

(2)穿墙管道位置上未设止水法兰盘,管道未作认真处理,使周围混凝土与管道黏结不牢而渗漏;或将止水法兰盘直接焊在穿墙管道上后即灌筑混凝土,一旦混凝土墙发生不均匀沉降,容易在此处损坏而渗漏。

(3)墙内设暗管,其接头不严而漏水;墙上套管与内管间未用石棉热沥青嵌填严实而在两管间漏水等。

2. 穿墙管部位渗漏治理方法

(1)一般管道穿墙(地)部位渗漏水的处理方法与"预埋件部位渗漏水"的处理方法相同,要用膨胀水泥捻口。

(2)热力管道穿墙部分渗漏水处理时,需要先将地下水位降至管道高程以下,然后采用橡胶止水套的方法处理。

(3)快硬水泥胶浆堵漏法。即用快硬水泥胶浆对漏水部位逐点封堵(堵前要用塑料软管将漏水引出),堵完后再在胶浆表面涂抹水泥素浆和水泥砂浆各一道,厚约6～7mm;待有一定强度后再涂刷两道柔性防水涂料,厚约2mm;再用无机铝盐防水砂浆做两道保护层,厚约15～20mm。抹平压光湿润养护7d。在确认除引水软管外穿墙管四周已无渗漏时,将软管拔出注入丙烯酸胺浆材堵水,待漏点封住后用快硬水泥封孔,如图9-40所示。

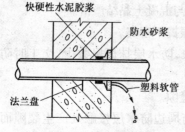

图9-40 快硬水泥胶浆堵漏法

(4)遇水膨胀橡胶堵漏法。具体做法类似(1),但用遇水膨胀橡胶条绕管一周封堵,经一昼夜橡胶已充分膨胀,渗水点已被封住,再喷涂1～1.5mm厚水玻璃浆液,并沿管道接缝处涂刷两遍厚3～5mm的聚氨酯或硅橡胶防水涂料,随即洒热干砂,最后用阳离子氯丁胶乳水泥砂浆涂抹厚15mm的刚性防水层。堵漏一侧墙体或底板若有卷材时,在堵漏完毕后,可将管道根部的堵漏砂浆抹成直径不小于50mm的圆角,将卷材按转角要求铺贴严实。

第八节 寒区隧道渗漏治理[7-13]

渗漏是长期困扰包括公路隧道在内的地下工程的一项技术难题。在严寒地区渗漏还会在公路隧道内引发各种冻害,如路面结冰、洞顶吊冰柱、边墙挂冰溜等,威胁安全行车;衬砌渗漏会因反复冻融使混凝土强度降低,衬砌背后含水区的冻胀会增加衬砌上的荷载,这些都对衬砌结构的长期稳定极为不利。在我国北方,已有不少公路隧道因渗漏和冰冻造成了一定的经济损失和大量的交通事故。

一、寒区隧道渗漏水对隧道的危害

(1)地下水通过隧道衬砌的裂缝渗漏到隧道内,结成冰柱,浸入隧道建筑限界,影响车辆通行。

(2)渗漏到铁路隧道道床上的水结冰冻胀,会加大或缩小轨距,冰面若超过轨面将危及行车安全;渗漏水在公路隧道路面结冰,严重影响隧道行车安全。

(3)衬砌背后积水,增加了衬砌结构的负荷,积水结冰膨胀还会给衬砌增加更大的额外荷载,严重者造成衬砌变形、开裂、漏水。

(4)渗入衬砌混凝土裂隙内的地下水结冰,会使衬砌裂隙加大,甚至贯通;裂隙中积水的反复冻融循环损坏了混凝土结构,降低混凝土强度,严重的甚至破坏衬砌整体结构。

(5)渗入公路隧道道路面层和路基的水发生冻胀,使路面开裂、鼓起破坏,进入春融季节发生翻浆冒泥,严重影响隧道运营环境。

(6)隧道排水系统下游,尤其是出口的冻结,导致隧道排水不畅,春融期排水系统上游、隧道衬砌背后水压增大。一方面增加衬砌承受的荷载,另一方面,迫使高压水从衬砌薄弱部位渗出。

二、寒区隧道出现渗漏水与冻害治理措施

1. 围岩注浆

围岩比较破碎且衬砌混凝土强度薄弱地段的渗漏水采用压注水泥浆的方法,使衬砌外围形成一道防水帷幕。压浆面积不宜过大,并要避开原有排水盲沟。

2. 疏通原有排水管

原有排水盲沟不通的应将其疏通。先观察漏水地段的横洞,若横洞无水流出即可确定该处盲沟堵塞。用风枪在边墙上钻孔查找堵塞位置,判断堵塞原因,然后根据堵塞的不同情况,采取开挖或其他的方法使之疏通。

3. 堵水

对渗水、小量漏水采取堵的方法来整治。

(1)孔点漏水的处理

当水头在2m以内时,在漏点用风枪钻出深15cm的洞,观察漏水情况,若出水的深度小于10cm时,要重新在附近钻孔找水,找到出水深度大于10cm的再进行处理。方法是将氰凝胶泥放在一片直径略小于钻孔的水膨胀橡胶上面,胶泥面朝孔底迅速塞入孔中,同时用木棒将速凝水泥胶泥捣入孔中封压住水膨胀橡胶,并支撑4h,确认无渗漏水时,再用木棒将硫铝酸盐水泥砂浆挤压入孔内厚4.5cm,终凝后,用膨胀水泥砂浆压实至表面。如果堵水失败,须将孔洞清除干净后重做。

当水头在2m以上时采用另一办法。钻孔和找水方法同前,然后用力向孔内打入一个比钻孔孔径大2~3mm的浸油木塞,木塞尾端要没入衬砌表面5cm以上,经检查不漏水时,再用膨胀水泥砂浆压实至原衬砌表面。

(2)缝隙漏水的处理

将漏水缝凿成深15cm、底宽4cm的梯形槽,用压力水将槽壁冲洗干净。将预先剖开的

$\phi 4cm$ 的半圆硬塑料管罩住槽底。随即填入厚 2cm 的速凝水泥胶泥，挤压密实，再抹压 3cm 硫铝酸盐水泥砂浆，待其终凝后再用膨胀水泥砂浆分层抹压至原衬砌表面。每隔 1.0~1.5m 留一个 5cm 孔洞作为注浆孔，填入速凝水泥胶泥和抹压膨胀水泥砂浆时不要将注浆孔堵塞。当表层砂浆具有一定强度（10MP 以上）后，用速凝水泥胶泥将 $\phi 2cm$ 高压橡胶管埋设在预留的注浆孔中作为注浆嘴。注浆嘴埋入部分不少于 10cm，外露部分不少于 15cm。埋设半圆塑料管和注浆嘴的操作必须保证结合紧密不漏水。

当确认封闭砂浆具有一定强度，注浆嘴埋设紧密牢固后，用颜色水试注以检查封闭情况和各孔与通道是否畅通，记下注水量、注水时间、注水压力等数据，供注浆时参考。注浆材料为氰凝注浆液，根据注水量确定其配制数量。注浆顺序是：水平缝自一端向另一端，垂直缝先下后上。启动注浆泵，当浆液从注浆管口流出时，立即插到注浆嘴上往通道注浆，发现相邻的注浆嘴出浆时，停止注浆。拔出注浆管，堵住本注浆嘴，从相邻注浆嘴继续注浆，以此类推直到全部注完。最后一孔注浆时，用木塞堵住，静压 10min 后方可停止。注浆 48h 后，检查无渗漏时，切去注浆嘴用膨胀水泥砂浆将孔口封实。

(3) 成片渗水处理

成片渗水的处理方法是，将渗水部位衬砌凿除 5cm，而压力水冲洗干净，用喷灯烘至将干时，用油发刀刮一道氰凝胶泥。随即抹水泥浆一道、速凝水泥胶泥（终凝时间调至 5min 左右）一道、硫铝酸盐水泥砂浆一道，24h 后重复一遍上述工序，最后用膨胀水泥砂浆分层抹压至原衬砌表面。

对成片渗水量较大者，需先将渗漏水部位衬砌凿除 10cm，再用风枪在渗漏面上钻若干个孔对水流加以疏导，必要时将其中水流最大的孔钻至围岩。在水流量较大的孔中插入塑料管使漏水集中导出，然后用压力水将凿除面冲洗干净，用速凝水泥胶泥压堵一遍，压堵后仍然渗水的部位应凿除重抹或增加钻孔。当全部漏水集中从塑料管中流出时，用硫铝酸盐水泥砂浆一次抹压厚 2cm，24h 后，刮氰凝胶泥一道。随即抹水泥砂浆一道、速凝水泥胶泥一道、硫铝酸盐水泥砂浆 2cm。再 24h 后，用膨胀水泥砂浆分层抹压至原混凝土表面。当表面砂浆具有一定强度时（一般为 7d），拔掉塑料管，按孔点漏水处理办法堵塞排水孔。

4. 引排

对较大流量的季节性漏水和用堵的方法难以整治的常年漏水宜采取埋管引排的办法进行处理。

(1) 季节性较大流量渗漏水的处理

季节性漏水指暖季漏水而寒季不漏水的现象。从漏水点按排水路径将衬砌表层凿成上口宽 15cm、下底宽 4cm、深至少 15cm 的梯形槽，沟槽下端与隧道原有的排水系统如侧沟、盲管或中心水沟相连。然后用压力水将沟槽冲洗干净，将预先剖开的 $\phi 4cm$ 的半圆硬塑料管罩住槽中水流。用速凝水泥胶泥将塑料管挤压固定，经撒干水泥粉检查确无漏水时，用硫铝酸盐水泥砂浆抹压 2cm，终凝后，再用膨胀水泥砂浆作保护层，表面修抹平整。

(2) 大流量的常年漏水的处理

在漏水处凿槽，槽的下底宽 10cm，深度不得小于隧道衬砌的最小厚度且不小于 30cm，槽的下部与隧道的泄水洞或中心水沟相连。用压力水将槽内冲洗干净，将预先剖开的 $\phi 10cm$ 的半圆硬塑料管罩住槽底。被覆以蛭石或珍珠岩砂浆的保温层（厚 15cm），再用速凝水泥胶泥挤压固定，使胶泥、半圆塑料管和槽壁紧密结合。经撒干水泥检查确不渗水时，用硫铝酸盐水泥砂浆抹压 3cm。终凝后,铺设 SWER 水膨胀橡胶(要注意设置必须平整且与槽壁间留有一定的压缩范围),随即用速凝水泥胶泥沿槽长度方向将水膨胀橡胶分点固定,再用硫铝酸盐水泥砂浆抹压 3cm。终凝后,再用膨胀水泥砂浆分层抹压至原衬砌表面。

5. 重新施作防水层、保温层和衬砌混凝土

当隧道长年受渗漏水和冻害影响,隧道衬砌破化严重,或采用其他方法无法治理时,为保证隧道使用性能,只能在原有衬砌内重新施作防水层、保温层和衬砌混凝土。

防水层和衬砌混凝土设计和施工应按照规范规定进行。张建勋等人在文献[14]介绍了"硬质聚氨酯在寒冷地区梯子岭隧道冻害防治中的应用"。

(1) 硬质聚氨酯泡沫塑料及其加工工艺[14]

硬质聚氨酯泡沫塑料是用聚醚或聚酯与多异氰酸酯为主要原料,再加入阻燃剂、稳泡剂和发泡剂等,经混合搅拌、化学反应而形成的一种微孔发泡体。闭口孔隙率达 80%~90%,表观密度仅为 30~60mg/m³,抗压强度 >0.2MPa,导热系数最低可达 0.016W/(m·℃),有一定的自熄性,使用温度一般为 -100~100℃,常用作保温材料。使用时既可预制成板状或管壳状等制品,也可以现场喷涂或灌注发泡。

硬质聚氨酯泡沫塑料的加工按照施工方式,可分为注入成型和喷涂成型两种工艺。注入成型是将 A 组分各原料混合均匀后,再与 B 组分混合立即注入模具,在化学反应的同时进行发泡,固化后得到所需形状的制品。该法又可分为手工发泡和机械浇注发泡。喷涂发泡成型是将原料混合均匀后直接喷射到需作绝热的设备表面,并在此表面上发泡固化。

(2) 硬质聚氨酯板材的安装

按照设计要求,板材在防水层上铺装时,要确保防水层不受损坏。为此,在施工中采用黏结法,即采用胶黏剂,将绝热材料黏附到绝热基面上的一种施工方法。寒区隧道内温度一般较低,为保证黏结效果,必须采用特制防冻胶黏结。

(3) 硬质聚氨酸技术性能

① 硬质聚氨酸泡沫塑料的技术指标

硬质聚氨酸泡沫塑料应符合《建筑物隔热用硬质聚氨酯泡沫塑料》(GB/T 3806—1999)的要求,见表 9-12。

硬质聚氨酯泡沫塑料的技术指标　　　　表 9-12

检验项目	计量单位	标准要求
密度	kg/m³	≥30
压缩性能	kPa	≥150
吸水率	%	3
导热系数	W/(m·K)	≤0.027

② 硬质聚氨酸板材的强度

硬质聚氨酯板材的强度主要取决于表观密度,二者的关系为:

$$\log R = \log A + B\log\frac{\gamma}{16.02} - 2.153 \tag{9-1}$$

式中:R——强度(MPa);

γ——表观密度(kg/m³);

A、B——常数,见表 9-13。

硬质聚氨酯泡沫塑料强度公式常数值　　　　　　表9-13

强度	常数值				备注
	A	B	B	B	
抗压强度	12.8	1.42	1.6	1.6	不同资料报道的B值略有不同
抗弯强度	19.0	1.38	1.4	1.3	
抗拉强度	23.0	1.11	1.3	1.2	
抗剪强度	14.9	1.08	1.1	1.3	

可以看出其强度随着密度的增大而增大。在实际工程应用中，可依据此特性，生产出满足不同强度要求的硬质聚氨酯。

6. 附加保温[15]

为减轻隧道冻害，在设计时应当考虑在隧道内表面设置保温层，在发生渗漏冻害后，也可在隧道内表面加设保温层。常用的保温层有PU泡沫塑料型材保温层、PU泡沫塑料喷涂保温层、FBT稀土保温保温层、干法硅酸铝纤维板（复合保温及防火层）和玻璃钢（保护层）复合保温结构等。

第九节　隧道与地下工程渗漏水治理技术方案的制订

随着隧道与地下工程的不断增加，既有工程服务年限的增长，渗漏水的治理将是一项长期而大量的工作。薛绍祖[16]根据多年来的工作经验，以上海的渗漏水为例，提供了一个"渗漏水治理技术方案"的格式文本，可供制定渗漏水治理方案时参考。

一、渗漏水治理方案编制依据

1. 工程概况

（1）工程名称。

（2）工程规模。

（3）施工时间。

2. 渗漏水现状

渗漏水是建筑工程的质量通病。为了保障渗漏水治理工程质量，必须查清渗漏水部位，分析渗漏水原因。渗漏水治理对保障结构安全和使用功能，至关重要。

据＿＿＿年＿＿＿月的现场观察，渗漏水表现为：

（1）施工缝、伸缩缝渗漏水。

（2）结构拱顶、侧壁贯通性裂缝渗漏水。

（3）裂缝条数：＿＿＿＿；裂缝宽度＿＿＿＿～＿＿＿＿mm。

（4）结构衬砌混凝土面渗。

（5）结构衬砌混凝土滴漏。

（6）结构衬砌混凝土连续渗流。

3. 规范标准及参考书目

（1）《地下工程防水技术规范》（GB 50108—2008）。

(2)《地下防水工程质量验收规范》(GB 50208—2011),表3.0.1地下工程防水等级标准,附录C地下防水工程渗漏水调查与量测方法。

(3)上海市工程建设规范《市政地下工程施工质量验收规范》(DG/TJ 08-236—2006),第84页8.7地下工程渗漏水治理。

(4)叶琳昌,薛绍祖.《防水工程》[M].2版.中国建筑工业出版社,1995。

(5)杜嘉鸿,张崇瑞,何修仁,熊厚金.《地下建筑注浆工程简明手册》[M].科学出版社,1992。

4. 渗漏水治理的质量标准

掌握原设计的防水等级资料和业主的渗漏水治理要求,参照《地下防水工程质量验收规范》(GB 50208—2002)表3.0.1地下工程防水等级标准的规定,在合同中明确渗漏水治理的质量验收标准。

一般情况下,渗漏水治理应达到原设计的防水等级。

二、渗漏调查

1. 渗漏调查目的

渗漏调查是渗漏水治理的起步工作。本阶段调查的主要目的是:确定工程量,提出施工进度计划的调整,报监理工程师认可。

2. 调查内容

(1)业主提供工程设计资料的确认和质疑。

(2)有关结构工程施工资料的确认和质疑。

(3)渗漏水发展情况调查产生或发现时间,发展过程。

(4)渗漏水现状的调查位置、部位、形式[点漏,线漏,面渗(微渗、显著渗水、大面积渗水),渗漏量,有无漏泥沙]。

(5)与渗漏有关的其他调查,包括孔眼、裂缝、蜂窝,麻面以及混凝土或砂浆的剥落等外观损伤,钢筋锈蚀。

3. 调查方法

渗漏情况调查均应标注在"工程渗漏水平面展开图"上。报监理工程师备案。调查方法详见《地下防水工程质量验收规范》(GB 50208—2002)。

三、渗漏水治理顺序

1. 渗漏水治理顺序的确定

根据渗漏水调查的情况,调整治理方案的渗漏水治理顺序。

2. 渗漏水治理顺序

(1)混凝土衬砌裂缝的切割、开槽、埋管引水。

(2)混凝土衬砌裂缝部位的屏障性涂料施工。

(3)混凝土衬砌裂缝的引水管注浆止水。

(4)施工缝、伸缩缝的柔性处理构造。

(5)施工缝、伸缩缝的止水工艺。

(6)衬砌的面渗漏整治。

(7)部分线流部位的导水处理。

(8)衬砌内表面装饰恢复作业。

四、渗漏水治理内容与基本方法

1. 裂缝

规范规定,对防水混凝土结构出现宽度大于 0.2mm 的裂缝,应及时进行修补。根据经验,凡贯通性的、渗漏水的裂缝,均大于 0.2mm。对大于 0.2mm 的裂缝,原则上要进行化学注浆处理。注浆材料根据渗漏水状况可用环氧树脂注浆材料或与水反应的聚氨酯注浆材料。

裂缝处理施工程序,详见图 9-41。

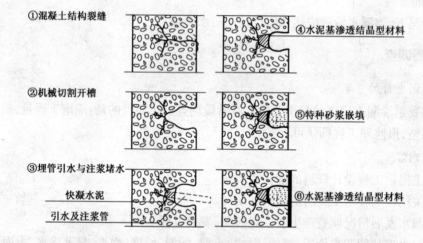

图 9-41 裂缝处理施工程序

施工时,对大于 0.5mm 的裂缝可考虑灌注超细水泥浆液。在注浆前,要将裂缝扩大成宽 6mm,深 12mm 的 V 形槽,先用快凝材料嵌填深 7mm,再用聚合物砂浆作 5mm 厚的保护层。

2. 施工缝渗漏

施工缝渗漏水是多发的质量通病。可参照裂缝渗漏水的治理方法进行处理。但接缝的"造槽"不必采用机械切割。必须手工将施工缝处的疏松混凝土彻底清理。一般按下述两种方法酌情处理:

(1)混凝土衬砌施工缝为较大渗漏时,将缝凿成深宽各 70mm 的 V 形槽,先填塞开孔型 $\phi=30$mm 的 PE 泡沫条,用防挡水材料或 SH 外渗剂水泥或超早强膨胀水泥封缝,并每隔 1.5m 埋设 1 根注浆管,灌注聚氨酯注浆材料堵漏,再贴涂塑无纺布(涂塑面在内侧),用氯丁胶乳水泥抹面,并超出两边缝口各 50mm。

(2)混凝土衬砌施工缝轻度渗水时不注浆只作嵌缝处理,即凿缝(深、宽度同上)后填塞膨润土腻子(888 或 BW 型),再用防挡水材料或 SH 外渗剂水泥或超早强膨胀水泥抹填 20mm,待干燥后涂刷 1.5mm 厚的防水涂料,再用氯丁胶乳水泥抹平,宽度为 100mm。

3. 衬砌混凝土面渗

参考叶琳昌、薛绍祖编著《防水工程》第 218 页处理"高压慢渗"的基本做法。慢渗是地下建筑防水中常见的多发病。通常的做法是,采用刚性抹面治理,或者先抹面防渗,变面渗为点漏,而后用化学浆材进行堵漏。一般情况下,对于一个单位工程来说,不可能彻底治理。特别是混凝土底板。往往是这里堵好,那里又漏。因此,地下工程的底板排水系统整治,必须列为渗漏水治理的重要内容之一。反之,追求渗漏水治理的"滴水不漏"既不经济,也难以实现。

4. 化学灌浆

用化学灌浆法对地下工程混凝土结构的贯通性渗漏水裂缝进行处理的技术要点是,化学浆液具备结构补强的性能和在有水情况下与混凝土黏结的能力。同时要求化学浆液对结构外的对应土体具有良好的加固作用,以致还要求它和土体的化学反应固结能力。目前具有代表性的化学浆液是以聚氨酯、环氧树脂为基料的浆液和以丙烯酸酯为基料的浆液。施工操作的技术关键是注浆设备、特殊止浆塞、管件、布孔技巧、压注工艺等。

5. 伸缩缝

地下工程伸缩缝发现渗漏水,则首先应考虑"引排导水"。引排导水法分为埋入式和外贴式两种。

① 埋入式引排导水法,系将混凝土衬砌的漏水缝隙凿成 V 字形,埋入半圆形塑料或金属片、泡沫塑料条等,造成暗埋的引水通路,将水排入落水系统。

② 外贴式引排导水法,多用于地下工程的拱顶裂缝渗漏水。该法是在水平的渗漏水缝隙下面,安装不锈钢导水槽,将水引入排水系统。

引排导水法可以兼顾地下工程装修的完整性,避免了这里封堵,彼处又渗漏的重复处理弊病。

五、施工实施时间

除业主特别要求外,通常建议渗漏水治理工程尽可能在冬季施工作业。冬季气温低,混凝土收缩,各种裂缝张开,注浆和表面封堵等治理措施效果好。当然,在严寒地区,冬季气温很低,可能影响一些材料的性能和正常施工,因而治理时间可选在晚秋或早春季节。

六、工程量估算及工期测算

(1) 按渗漏调查结果,及业主确认的"表观渗漏水工程量",一般可按下列三种形式估算工程量,确定施工预算。

① 按面渗计算,每平方米直接费可协定一个数值。

② 按渗漏水缝的长度计算,每米直接费可协定一个数值。

③ 按渗漏水点的个数计算,每点直接费可协定一个数值。

(2) 治理渗漏水的工程应计算加班费,数额双方协商。

(3) 工期测算参考经验资料,渗漏水按缝长度计算,若在 200 延米左右时,通常的计划工期为 30d 左右。

七、施工安全防护措施

施工安全防护措施包括:

(1) 对易燃易爆的危险物品应严加保护,所有溶剂必须用密封容器包装。

(2) 施工现场应备有粉末灭火器和消防设备,定出防火措施和防火标志。

(3)施工时,严禁烟火。操作工要求使用保护手套,尽可能不使防水材料接触皮肤,万一沾染,要及时清洗干净。施工后充分洗手和漱口。

(4)使用手持式电动装置必须装有漏电保护装置,操作时必须带绝缘手套。

另外,还必须遵守国家建工系统的有关安全生产规定。

八、特殊条款

一般情况下,特殊条款包括下列内容:

(1)在业主方审查确认方案,并签订施工协议后,编制详细的施工组织设计和施工进度计划。

(2)特种化学灌浆等,因系乙方专项技能,必须由乙方专业施工人员实施。

(3)远征施工费、开办费、专用设备购置费,和必需的备料款(协商确定)。

(4)乙方负责的指导施工项目,需要具体商定指导技术工的费用。

(5)业主的配合工作十分重要,必须详细商定具体条款,包括施工方面应支付给业主方面的费用,如电费、施工配合人员的费用等。

九、主要施工机具

主要施工机具一般包括:

(1)手提混凝土切割砂轮。

(2)电钻。

(3)混凝土凿除机具。

(4)注浆机具。

(5)专用脚手架。

(6)运输、出渣设备。

十、主要材料

主要材料见表9-14。

主要材料一览表　　　　表9-14

材料名称	单价	数量及供货单位	材料名称	单价	数量及供货单位
①防挡水系列	—		⑪水膨胀橡胶腻子		
②黏性防挡水系列	—		⑫注浆嘴(易耗品)		
③稳挡水系列	—		⑬注浆管(易耗品)		
④注浆管	—		⑭不锈钢板		
⑤聚氨酯注浆材料	元/t		⑮膨胀螺钉 $\phi 12mm$		
⑥聚氨酯膨胀腻子	元/kg		⑯双快水泥		
⑦合成胶乳	元/kg		⑰PE泡沫条 $\phi = 30mm$		
⑧水护保系列	元/kg		⑱低发泡PE衬垫层		
⑨水膨胀橡胶条	元/m		⑲无纺布		
⑩内部可卸式止水带	元/m		⑳紧固材料、铁丝铁钉等		

十一、施工概算

1. 预算依据

预算依据为现行工程预算定额费用标准及工期定额等。

2. 施工套用费用标准

费用标准由直接费(包括其他直接费)、综合间接费、利润、开办费、税金、其他费用组成。

(1)直接费指施工过程中耗费的构成工程实体和有助于工程形成的各项费用,包括人工费、材料费、施工机械使用费。

(2)其他直接费组成内容:

①生产工具用具使用费。

②检验试验费。

③工程定位复测、工程点交、场地清理费。

④临时设施费。

其他直接费取费标准:直接费×3.5%。

(3)综合间接费组成内容:

①工作人员的工资。

②工作人员工资附加费。

③办公费。

④差旅交通费。

⑤固定资产使用费。

⑥行政工具使用费。

⑦职工教育经费。

⑧劳动保险费。

⑨工作人员劳动保护费。

⑩税金。

⑪现场材料采购保管费。

⑫贷款利息支出。

⑬房改支出。

⑭业务活动经费。

⑮其他费用。

综合间接费取费标准:(直接费+其他直接费)×(12%~30%)。

(4)利润:(直接费+综合间接费)×(7%~9%)。

(5)开办费组成内容:

①现场安全、文明施工的措施费。

②技术措施费。

③二次驳运费。

④赶工措施费。

⑤工程提前竣工奖。

⑥特殊条件下的施工增加费。
⑦代办费。
⑧工程保险费。
⑨其他。

开办费按合同形式或现场签证加以确认。

(6)其他费用组成内容：
①定额编制管理费：直接费×0.05%。
②工程质量监督费：直接费×0.15%。
③上级(行业)管理费：直接费×0.15%。

(7)税金：(直接费+综合间接费+利润+开办费+其他费用)×3.41%。

3. 造价计算顺序表

(1)定额直接费。
(2)其他直接费：(1)×3.5%。
(3)直接费小计：(1)+(2)。
(4)综合间接费：(3)×(12%~30%)。
(5)费用合计：(3)+(4)。
(6)利润：(5)×(7%~9%)。
(7)开办费。
(8)其他费用。
①定额编制管理费：(3)×0.05%。
②工程质量监督费：(3)×0.15%。
③上级(行业)管理费：(3)×0.15%
(9)税金：[(5)+(6)+(7)+(8)]×C。其中，C取值如下：
①$C=3.41\%$(市区)。
②$C=3.35\%$(县镇)。
③$C=3.22\%$(其他)。
(10)总造价：(5)+(6)+(7)+(8)+(9)。

参 考 文 献

[1] 中华人民共和国国家标准. GB 50108—2008 地下工程防水技术规范 [S]. 北京：中国计划出版社，2008.
[2] 中华人民共和国国家标准. GB 50208—2002 地下防水工程质量验收规范 [S]. 北京：中国建筑工业出版社，2002.
[3] 中华人民共和国行业规范. JTG D70—2004 公路隧道设计规范[S]. 北京：人民交通出版社，2004.
[4] 中华人民共和国行业规范. JTG F60—2009 公路隧道施工技术规范 [S]. 北京：人民交通出版社，2009.
[5] 鞠建英. 实用地下工程防水手册[M]. 北京：中国计划出版社，2002.
[6] 吕康成，等. 公路隧道防治水若干新技术[C]//国际隧道研讨会论文集，2002.
[7] 方梁正. 公路隧道渗漏与冻害防治研究[D]//长安大学硕士学位论文，2001.
[8] 洞库渗漏治理技术研究课题组. 某洞库渗漏水治理技术研究报告[R]//长安大学科研报告，2001.
[9] 吕康成，等. 小盘岭隧道渗漏与冰冻综合防治技术[C]//防排水专业委员会第九次学术交流会论文

集,1999.
- [10] 丁靖.浅谈地下结构工程渗漏水的治理[C]∥防排水专业委员会第九次学术交流会论文集,1999.
- [11] 赵永胜,周顺华.上海市地铁1号线延伸段消防通道、2号线敞开段及电缆隧道渗漏水原因分析[C]∥防排水专业委员会第九次学术交流会论文集,1999.
- [12] 吕康成,等.温度对寒区隧道渗漏的影响分析[J].东北公路,2001(3).
- [13] 李树刚,何建祥.严寒地区铁路隧道渗漏水的整治[J].铁道建设技术,1994(1).
- [14] 张建勋,等.硬质聚氨酯在寒冷地区梯子岭隧道冻害防治中的应用[C]∥2003年全国公路隧道学术会议论文集,2003.
- [15] 张勇.高寒地区隧道水害综合治理技术[J].西部探矿工程,2000(6).
- [16] 薛绍祖.地下建筑工程防水技术[M].北京:中国建筑工业出版社,2003.
- [17] 沈秀芳,朱祖熹.上海地铁车站防水新材料、新技术应用心得九则[C]∥防排水专业委员会第九次学术交流会论文集,1999.
- [18] 长安大学,等.寒冷地区隧道冻害雪害防治技术研究[R].科研报告,2011.10.

第十章　隧道防排水材料

隧道防排水是一个系统工程,防水质量取决于设计、施工、管理和材料等诸多方面。优质的隧道防排水材料是保证隧道防排水工程质量的前提。隧道防排水材料种类繁多,生产厂家星罗棋布,产品质量良莠不齐,给隧道防排水选材带来不少的困难。因此,掌握隧道与地下工程防排水材料的品种与性能要求,对合理选择材料,科学检测材料和正确使用材料具有重要意义。

第一节　注　浆　材　料[1]

注浆防水是利用压力将能固化的浆液通过钻孔注入岩土体孔隙或混凝土结构裂隙中的一种防水方法。注浆所用的材料一般由主剂(原材料)、溶剂(水或其他溶剂)及外加剂混合而成,此处着重讨论主剂。

一、注浆材料的特点

注浆材料的性能对注浆工艺、注浆效果有决定性作用。理想的注浆材料要求具有以下特点:
(1)浆液的初始黏度低,流动性好,可注性强,能渗透到细微的裂隙或孔隙内。
(2)胶凝时间可以在几秒到数小时之间任意调整,并能准确控制。
(3)稳定性好,在常温、常压下较长时间存放不改变其基本性质。存放不受温度、湿度变化的影响。
(4)无毒、无臭、不污染环境。对人体无害,属非易燃、非易爆品。
(5)浆液对注浆设备、管道、混凝土结构物等无腐蚀性,并容易清洗。
(6)浆液固化时无收缩现象,固化后与岩体、混凝土等有一定的黏结力。
(7)结石体具有一定的抗压、抗拉强度,抗渗性好,抗冲刷及耐老化性能好。
(8)材料来源丰富,价格便宜。
(9)配制方便,操作简单。
目前,已有的浆液不可能同时满足上述全部要求。一种浆液只能符合上述几项要求,因此,在注浆施工时,应根据具体情况选用较为适合的浆液。

影响注浆材料性能的基本参数包括密度、pH 值、黏度、凝结时间、结石率等,此处不详细介绍。材料密度对浆液配制、结石体的密度和强度都有影响;pH 值决定浆液的固结环境,同时也能显示浆液本身是否污染环境;黏度大小影响浆液的注入性能、扩散半径等,黏度小,扩散半径大,注浆效果好,但容易造成浪费,反之则难以注入;胶凝时间是控制注浆半径和注浆效果的最重要因素,胶凝时间应当具有可调性并可准确控制。

注浆材料可以按原材料分为粒状材料和化学材料,也可按照材料性质分为无机类注浆材料和有机类注浆材料,下面介绍常用的一些注浆材料。

二、水泥类注浆材料

1. 纯水泥浆

采用水泥浆作为注浆堵水材料已经有近百年的历史。作为一种基本注浆材料,它具有来源丰富、价格低廉、浆液结晶度高、抗渗性能好、耐久性强、无毒、工艺简单等优点。纯水泥浆最常用的是普通硅酸盐水泥,某些情况下也采用矿渣水泥、火山灰水泥等,当有侵蚀性水时,宜用耐蚀性高的水泥,还可以采用膨胀水泥。水泥强度一般不低于 32.5MPa。

水泥的细度是决定水泥性能的重要因素之一。水泥的颗粒越细,其比表面积越大,水化反应速度越快,标准强度越高,其渗透性也越好。注浆工程一般要求筛余量(水筛法的 0.080mm 方孔筛)不大于 5%。

水灰比是表征水泥浆浓度的参数。水灰比对水泥浆的黏度、密度、结石率、胶凝时间和抗压强度都有较大的影响,是注浆设计中要重点控制的一个参数。水灰比应当根据岩(土)层裂隙发育程度进行选择,一般控制在 0.5~2.0 之间,小于 0.5 时,压浆困难,大于 2.0 时,则易被地下水冲走。不同水灰比下纯水泥浆的性质见表 10-1。

不同水灰比下纯水泥浆的基本性能 表 10-1

水灰比	黏度(s)	密度(g/m³)	结石率(%)	凝胶时间		抗压强度(MPa)			
				初凝	终凝	3d	7d	14d	28d
0.5:1	139	1.86	99	7h41min	12h36min	4.14	6.46	15.3	22.0
0.75:1	33	1.62	97	10h47min	20h33min	2.43	2.60	5.54	11.2
1:1	18	1.49	85	14h56min	24h27min	2.00	2.40	2.42	8.90
1.5:1	17	1.37	67	16h52min	34h47min	2.04	2.33	1.78	2.22
2:1	16	1.30	56	17h7min	48h15min	1.66	2.56	2.10	2.80

注:1. 采用 42.5 级普通硅酸盐水泥。
2. 测定数据为平均值。

因纯水泥浆易沉淀析水、稳定性差、凝结时间较长,在地下水流速较大的条件下注浆时,浆液易受水的冲刷和稀释。为了改善水泥浆的性质,常在水泥浆中掺入各种附加剂,见表 10-2,附加剂对水泥浆的性能影响见表 10-3。为了使水泥颗粒能较长时间悬浮于水中,需加入悬浮剂。为了降低水泥浆液黏度,提高浆液的注入能力,往往要加入分散剂,分散剂、悬浮剂对水泥浆稳定性的影响见表 10-4。这些添加剂可单独加入到主剂中,也可细混合后再加入到主剂中,所有外加剂能溶于水的均以水溶液状态加入。根据不同的需要,可配制出各种性能的浆液。

水泥浆的附加剂及掺量　　　　　　　　　　　表10-2

名　称	试　剂	用量(占水泥质量)(%)	说　明
速凝剂	氯化钙	1~2	加速凝结和硬化
速凝剂	水玻璃	1~5	加速凝结
速凝剂	硅酸钠　铝酸钠	0.5~3	加速凝结
缓凝剂	木质磺酸钙	0.2~0.5	增加流动性
缓凝剂	酒石酸	0.1~0.5	增加流动性
缓凝剂	糖	0.1~0.5	增加流动性
流动剂	木质磷酸钙	0.2~0.3	—
流动剂	去垢剂	0.05	产生空气
流动剂	钠磺酸盐甲醛缩合物	0.2~1.5	
加气剂	松香树脂	0.1~0.2	产生约10%的空气
膨胀剂	铝粉	0.005~0.02	约膨胀15%
膨胀剂	饱和盐水	30~60	约膨胀1%
防析水剂	膨润土	2~10	—
防析水剂	纤维素	0.2~0.3	—
防析水剂	硫酸铝	约20	产生空气

掺加附加剂后水泥浆的基本性能　　　　　　　表10-3

水灰比	附加剂名称	用量(%)	凝结时间 初凝	凝结时间 终凝	抗压强度(MPa) 1d	抗压强度(MPa) 3d	抗压强度(MPa) 7d	抗压强度(MPa) 28d	备　注
1:1	—	—	14h56min	24h27min	0.8	2.0	5.9	8.9	①水泥为42.5级普通硅酸盐水泥;②附加剂用量为占水泥质量的百分数;③氯化钙用量一般占水泥5%以下;④水玻璃用量一般占水泥3%以下
1:1	水玻璃	3	7h20min	14h23min	1.0	1.8	5.5	—	
1:1	氯化钙	2	7h10min	15h4min	1.0	19	6.1	9.5	
1:1	氯化钙	3	6h50min	13h8min	1.1	2.0	6.5	9.8	
0.4:1	"711"	3	1min	2min	15.1	—	30.9	47.8	
0.4:1	"711"	5	4min	5min	19.8	—	35.9	47.1	
0.4:1	阳泉一型	2	3min	6min	0.6	—	—	34.1	
1:1	三乙醇胺(氯化钙)	0.05(0.5)	6h45min	12h35min	2.4	3.9	7.2	14.3	
1:1	三乙醇胺(氯化钙)	0.1(0.1)	7h23min	12h58min	2.3	4.6	9.8	15.2	
1:1	三异丙醇胺(氯化钙)	0.05(0.5)	11h3min	18h22min	1.4	2.7	7.7	12.0	
1:1	三异丙醇胺(氯化钙)	0.1(0.1)	9h36min	14h12min	1.8	3.5	8.2	13.1	

　　根据注浆工程需要,为改善纯水泥浆的性能,同时降低工程造价,水泥浆中可掺入下列掺合料。

　　砂:应为质地坚硬的天然砂或机制砂,粒径不宜大于2.5mm,细度模数不宜大于2.0,SO_3含量宜小于1%,含泥量不宜大于3%,有机物含量不宜大于3%。

　　黏性土:塑性指数不宜小于14,黏粒(粒径小于0.005mm)含量不宜低于25%,含砂量不宜大于5%,有机物含量不宜大于3%。

分散剂、悬浮剂对水泥浆稳定性的影响   表10-4

附加剂		水灰比	最终析水率（%）	全析水时间（min）	备注
名称	用量(%)				
—	—	1:1	42.8	60	水泥为42.5级矿渣硅酸盐水泥,加水搅拌5min后,放置于250ml量筒中,每隔10min观测一次析水率,直至稳定为止
$FeSO_4$	1	1:1	23.5	50	
$FeSO_4$	3	1:1	15.1	50	
$FeSO_4$	5	1:1	12.6	30	
膨润土	3	1:1	27.05	50	
膨润土	5	1:1	24.58	70	
膨润土	8	1:1	20.4	50	
纸浆废液	1	1:1	34.41	120	
纸浆废液	5	1:1	32.58	120	
Na_2PO_4	1	1:1	31.55	70	
Na_3PO_4	3	1:1	28.2	70	

粉煤灰：应为精选的粉煤灰,烧失量宜小于8%,SO_3含量宜小于3%,细度不宜低于同时使用水泥的细度。

水玻璃：模数宜为2.4~3.0,浓度宜为(30~45)°Bé。

掺入掺合料的水泥浆液常称为混合浆液。塑性屈服强度大于20Pa的混合浆液则称为膏状浆液。

2. 水泥黏土浆

黏土的粒径一般极小(0.005mm),而比表面积较大,遇水具有胶体化学特性。黏土矿物的特征是其原子呈层状排列,不同的排列形式组成了不同的黏土矿物,最常见的是高岭石、伊利石、蒙脱石。其中蒙脱石晶格与晶格之间联结力很弱,水分子可无定量地进入晶格之间而产生膨胀,吸水性极强,吸水后体积可增大数倍,土颗粒变得更细。这是一种水化能力极强、膨胀性极大和分散性高的活性新土,被广泛地采用在工程中。

水泥浆中掺入黏土可使浆液结石率提高,还可改善水泥分层离析程度,但掺入黏土过多会降低结石体的强度,凝结时间延长。黏土用量对浆液性能的影响见表10-5。

此外,水泥黏土浆也可掺入其他附加剂,如水玻璃、速凝剂等。

3. 水泥—水玻璃浆

水泥—水玻璃浆液(CS浆液)是以水泥和水玻璃为主剂,两者按照一定的比例采用双液注浆方式注入,必要时可以加入速凝剂或缓凝剂。

水玻璃不是一种单一的化合物,而是氧化钠(Na_2O)与无水二氧化硅(SiO_2)以各种比例结合的化学物质。水泥浆中加入水玻璃,当掺入量少时(3%~5%),作为速凝剂使用;掺入量较多时,则作为主剂使用。通过掺入水玻璃,可以克服水泥浆液凝结时间长且不能控制、结石率低等缺点,改善注浆效果。

水玻璃主要性能参数有模数和浓度(波美度)。模数为水玻璃中SiO_2克分子数与Na_2O克分子数的比值。模数小,二氧化硅含量低,凝结时间长,结石体强度低;模数大则相反。模数过大或过小都不利于注浆,一般注浆用的水玻璃模数在2.4~3.4较为合适。另一个参数为浓度,用波美度表示。一般水玻璃出厂浓度为(50~56)°Bé,注浆使用的水玻璃浓度为(30~45)°Bé。因此,在使用前都需要对水玻璃进行稀释。

黏土用量对浆液性能的影响   表10-5

水灰比	黏土用量占水泥(%)	黏度(s)	密度(g/cm²)	凝胶时间 初凝	凝胶时间 终凝	结石率(%)	抗压强度(MPa) 3d	抗压强度(MPa) 9d	抗压强度(MPa) 14d	抗压强度(MPa) 28d
0.5:1	5	滴流	1.84	2h42min	5h52min	99	11.85	—	33.2	13.6
0.75:1	5	40	1.65	7h50min	13h1min	93	4.05	6.96	7.94	7.89
1:1	5	19	1.52	8h30min	14h30min	87	2.41	5.17	4.28	8.12
1.5:1	5	16.5	1.37	11h5min	23h50min	66	1.29	3.45	3.24	7.36
2:1	5	15.8	1.28	13h53min	51h52min	57	1.25	2.58	2.58	7.85
0.5:1	10	不流动	—	2h24min	5h29min	100	—	—	20.3	—
0.75:1	10	65	1.68	5h15min	9h38min	99	2.93	6.96	5.12	—
1:1	10	21	1.56	7h24min	14h10min	91	1.68	4.55	2.88	—
1.5:1	10	17	1.43	8h12min	20h15min	79	1.56	2.79	3.30	—
2:1	10	16	1.32	9h16min	30h24min	58	1.25	1.58	2.52	—
0.75:1	15	71	1.70	4h35min	8h50min	99	0.40	2.40	2.95	—
1:1	15	23	1.62	6h20min	14h13min	95	1.30	1.56	2.18	—
1.5:1	15	19	1.51	7h45min	24h5min	80	0.85	0.97	1.40	—
2:1	15	16	1.34	9h50min	29h16min	60	0.73	1.13	2.24	—

水玻璃浓度对浆液胶凝时间有较明显的影响,浓度越大,胶凝时间越长,反之越短。水泥浓度(用水灰比表示)的影响则相反,水灰比越小,水泥浓度越大,胶凝时间越短,反之越长。而决定水泥—水玻璃浆液结石体抗压强度的主要因素是水灰比,其影响见表10-6。从表中可以看出,其他条件相同时,水泥浆浓度越大,抗压强度越高。

水灰比对水泥水玻璃浆液结石体抗压强度的影响   表10-6

水玻璃浓度(°Bé)	水泥浆浓度(水灰比)	水泥浆与水玻璃体积比	抗压强度(MPa) 7d	抗压强度(MPa) 14d	抗压强度(MPa) 28d
40	0.5:1	1:1	20.4	24.4	24.8
40	0.75:1	1:1	11.6	1.7	18.5
40	1:1	1:1	4.4	10.6	11.3
40	1.25:1	1:1	0.9	4.4	9.0
40	1.5:1	1:1	0.5	0.9	2.3

水玻璃浓度对强度的影响较复杂。当水泥浆浓度较大时,随着水玻璃浓度的增加,抗压强度增高;当水泥浆浓度较小时,随着水玻璃浓度的增加,抗压强度降低。但当水泥浆浓度处于中间状态时,则其抗压强度变化不大。

水泥浆与水玻璃体积比对结石体抗压强度有一定的影响。当水泥浆与水玻璃体积比在1:0.4~1:0.6时,其抗压强度最高,说明水泥浆与水玻璃有一个适当的配合比,在这个配合比的范围内,反应进行得最完全,强度也就最高。实际上,浓水泥浆需要浓水玻璃;稀水泥浆需要稀水玻璃,水玻璃过量对其抗压强度将产生不良影响。

综合考虑凝胶时间、抗压强度、施工及造价等因素,当采用42.5级或52.5级普通硅酸盐水泥配制浆液时,水泥水玻璃浆液的常用配方:

(1)水泥浆的水灰比为$0.8:1 \sim 1:1$。
(2)水泥浆与水玻璃的体积比为$1:0.6 \sim 1:0.8$。
(3)水玻璃模数为$2.4 \sim 3.4$,浓度为$(35 \sim 40)°Bé$。

水泥水玻璃浆液的组成及配制方法见表10-7。

水泥水玻璃浆液组成及配方　　　　　　表10-7

原料	规格要求	作用	用量	主要性能
水泥	42.5级或52.5级普通矿渣硅酸盐水泥	主剂	1	凝胶时间可控制在几十秒至几十分钟范围内。抗压强度$5 \sim 20MPa$
水玻璃	模数:$2.4 \sim 3.4$ 浓度:$(30 \sim 45)°Bé$	主剂	$0.5 \sim 1$	
氢氧化钙	工业品	速凝剂	$0.05 \sim 0.20$	
磷酸氢二钠	工业品	缓凝剂	$0.01 \sim 0.03$	

水泥—水玻璃浆液的特点:

(1)浆液胶凝时间可控制在几秒至几十分钟范围内。
(2)结石体抗压强度高,可达$10 \sim 20MPa$。
(3)凝结后结石率可达100%。
(4)结石体渗透系数为$10^{-3}cm/s$。
(5)可用于裂隙为0.2mm以上的岩体或粒径为1mm以上的砂层。
(6)材料来源丰富,价格较低。
(7)对环境及地下水无毒无污染,但有NaOH碱溶出,对皮肤有腐蚀性。
(8)结石体易粉化,有碱溶出,化学结构不够稳定。

4. 超细水泥浆

普通水泥颗粒较大,渗透能力有限,一般只能渗入大于0.1mm的裂隙或孔隙。为解决细小孔隙的注浆问题,有时不得不使用价格较贵、耐久性差、结石体强度低、存在环境污染的化学注浆材料。为解决普通水泥颗粒较大、渗透能力有限的问题,一种渗入性与化学浆液相似,强度高于一般化学浆液,且对地下水和环境无污染的注浆材料被研制出来,那就是超细水泥。

超细水泥是一种性能优越的注浆材料(物理特性见表10-8、化学组成见表10-9),其颗粒的最大粒径为$12\mu m$,平均粒径为$4\mu m$,比表面积相当大,因而在非常细小的裂隙中,其渗透能力远高于普通水泥。如在其中加入一些助剂,可改善超细水泥浆液的可注性能。国内外的注浆实践证明,在细小的孔隙中,超细水泥具有较高的渗透能力,能渗入细砂层(渗透系数为$10^{-4} \sim 10^{-3}cm/s$)和岩石的细裂隙中,与一般化学浆材相比具有较高的强度和较好的耐久性能,表10-10是超细水泥与其他水泥的结石强度对比。由于其比表面积很大,同等流动性条件下用水量增加,欲配制流动性较好的浆液需水量较大,而保水性又很强的浆液中多余的水分不易排除,将影响结石体的强度。所以当采用超细水泥注浆时,浆液的水灰比应控制在一定范围内,往往需要掺入高效减水剂来改善浆液的流动性。目前超细水泥价格较贵,影响其使用范围。表 10-11 为 3 组有代表性的配方,可供注浆设计和施工控制参考。

超细水泥的物理特性 表 10-8

项 目	指 标	项 目		指 标
外观	浅灰色粉末	味		无
比重	3.00±0.1	细度	比表面积(cm^2/g)	—
单位重量(kg/L)	1.00±0.1		50%颗粒粒径(μm)	—

超细水泥的化学组成 表 10-9

烧失量	SiO_2	Al_2O_3	Fe_2O_3	CaO	MgO	SO_3	总 量
0.4	30.6	12.4	1.1	48.4	5.8	0.8	99.5

细水泥和其他水泥浆结石强度 表 10-10

项 目	抗弯强度(MPa)				抗压强度(MPa)			
龄期	3	7	28	91	3	7	28	91
超细水泥	5.1	6.4	8.3	8.8	25.6	39.8	54	62.3
胶体水泥	2.9	4.4	7.1	7.4	12.8	20.5	44.8	51.6
高早强硅酸盐水泥	5.5	6.5	8.1	8.3	24.5	33.9	46.6	49.8
普通硅酸盐水泥	3.4	4.9	7.0	7.3	13.7	23.4	41.2	49.1

超细水泥浆配方及性能 表 10-11

编号	配方(重量比)			密度(g/cm^3)	凝结时间		抗折强度(MPa)			抗压强度(MPa)		
	水泥	水	助剂		初凝	终凝	7d	28d	90d	7d	28d	90d
1	100	60	1	1.71	5h55min	7h10min	4.92	6.28	5.25	34.2	37.3	37.5
2	100	80	1	1.59	7h2min	8h40min	4.82	5.74	5.78	20.9	23.5	25.8
3	100	100	1	1.50	7h53min	9h3min	3.99	5.59	5.73	20.5	23.1	24.5

三、水玻璃类注浆材料

水玻璃又称硅酸钠($Na_2O \cdot nSiO_2$),在某些固化剂作用下,可以瞬时产生凝胶,因此可作为注浆材料。水玻璃类浆液是以水玻璃为主剂,加入胶凝剂,反应生成凝胶。它因为来源广泛,价格便宜,对环境无害而被广泛采用。它既可作为单一浆液灌注,还可用作为水泥注浆的速凝剂使用。一般用于注浆的水玻璃模数以 2.4~3.4 为宜。

水玻璃浆液用作主剂时,可以根据工程需要采用不同的固化剂,其凝胶时间及性能可通过不同的配方试验来确定。作水泥掺加剂时,也应依不同目的与要求通过试验确定。现介绍几种应用较多的浆液。

1. 水玻璃—氯化钙浆液

水玻璃、氯化钙两种浆液在土体中相遇时发生反应而生成二氧化硅胶体,与土颗粒一起形成整体,起到防渗和加固的作用。这种浆液主要用于建筑、交通部门的地基加固或无黏性土的堵水。

加固每立方米土体所需浆液视土体的孔隙率而定。加固后的地基承载力：砂土为1500～3000kPa，粉砂约为500kPa，黏性土约为800kPa。

水玻璃—氯化钙浆液可用一根管交替注入，但在换液前必须清洗管路；也可用双管注入法，即一根管注入水玻璃，另一根管注入氯化钙浆液，使两种浆液在地基中相遇而起化学反应凝胶。为提高浆液的扩散能力，可为两根管通直流电，称为电动硅化法。需要说明的是，两种浆液在相遇时的瞬间可产生化学反应，凝胶时间不好控制，因此注浆效果受操作技术及施工经验影响较大。

2. 水玻璃—铝酸钠浆液

水玻璃与铝酸钠在地基中反应而生成的凝胶物—硅胶和硅酸铝盐可以胶结土颗粒。这种浆液主要用于堵水或加固地基。改变水玻璃模数、浓度、铝酸钠含铝量可调节凝胶时间。水玻璃模数越高，凝胶时间越短；浓度越低，凝胶时间越短；铝酸盐含铝量增加，凝胶时间缩短。高浓度浆液的黏度虽高，若被地下水稀释时，反而具有凝胶时间缩短的性质。其次，铝酸盐含量的多少会影响结石体的抗压强度。

3. 水玻璃—氟硅酸浆液

氟硅酸（H_2SiF_6）水溶液无色，呈强酸性，能侵蚀玻璃，需保存于塑料容器中。浆液的凝胶时间主要受水玻璃、氟硅酸用量多少的影响，水玻璃浓度降低，或水玻璃用量减小均使凝胶时间缩短。固结体抗压强度随水玻璃浓度的增加而增加，随氟硅酸用量的增加而增加。这种浆液配方简单、操作方便。使用时，水玻璃与氟硅酸两者可等体积注入，氟硅酸不足部分可加水补充。工程中应注意的是：两种药液相遇时会有絮状沉淀物产生，可能影响浆液在地基中的扩散能力，并且氟硅酸有腐蚀性，成本较高，浆液凝胶体的耐久性尚没有可靠的资料说明。

4. 水玻璃—乙二醛浆液

水玻璃—乙二醛浆液是一种性能良好的水玻璃浆液，但其成本较高且受来源的限制，因而使用上受到了影响。影响凝胶时间的因素有乙二醛用量、浓度，水玻璃用量和浓度等。几种浆液的组成、性能及主要用途见表10-12。胶凝剂的品种较多，有些胶凝剂与水玻璃的反应速度很快，如氯化钙、磷酸和硫酸铝等，它们和主剂必须在不同的注浆管或不同的时间内分别注入，所以称双液注浆法；另一些胶凝剂如盐酸、碳酸氢钠和铝酸钠等与水玻璃的反应速度较慢，因而主剂与胶凝剂能在注浆前预先混合注入同一钻孔中，所以称为单液注浆法。

双液法中两种化学剂的反应几乎是立即发生，而单液法中浆液的凝胶时间较长，黏度增长速度较慢，故单液法的有效扩散半径比双液法大，但单液法的凝胶强度一般比双液法低。为克服单液法的这一缺点，近年来用有机物作为胶凝剂的研究和应用得到迅速发展，这些有机剂包括乙二醛、醋酸乙酯、甲酸胶等。

四、有机类注浆材料

有机类注浆材料的品种很多，包括丙烯酰胺类、聚氨酯类、木质素类、不饱和聚酯类、热沥青类、环氧树脂类等。本节仅叙述几种在工程中常用的注浆材料。

1. 丙烯酰胺类浆液

丙烯酰胺类浆液，国内简称丙凝浆液，国外称为AM-9，是以有机化合物丙烯酰胺为主剂，配合其他药剂而制成的液体。其黏滞性与水接近,且凝结前维持基本不变。以水溶液状态注入土中,发生聚合反应后形成具有弹性的、不溶于水的聚合物。

水玻璃浆液的组成、性能及主要用途　　　　　表10-12

浆液	原料	规格要求	用量	凝胶时间	注入方式	抗压强度（MPa）	主要用途	备注
水玻璃氯化钙浆液	水玻璃氯化钙	模数:2.5~3.0 浓度:(43~45)°Bé 密度:1.26~1.28 浓度:(30~32)°Bé	45% 55%	瞬间	单管或双管	<3.0	加固	注浆效果受操作技术影响较大
水玻璃铝酸钠浆液	水玻璃铝酸钠	模数:2.3~2.4 浓度:40°Bé 含铝量:160~190g/L	1 1	几十秒至几十分	双液	<3.0	堵水或加固	改变水玻璃模数、浓度、铝酸钠含铝量和温度,可调节凝胶时间。铝酸钠含铝量多少会影响其抗压强度
水玻璃硅氟酸浆液	水玻璃氟硅酸	模数:2.4~3.4 浓度:(30~45)°Bé 浓度:28%~30%	1 0.1~0.4	几秒至几十分	双液	<1.0	堵水或加固	两液等体积注入,硅氟酸不足部分加水补充。两液相遇时有絮状沉淀物产生
水玻璃乙二醛浆液	水玻璃乙二醛乙酸	模数:32 浓度:42°Bé 浓度:35% 浓度:90%	1 0.2~0.6 0~0.02	几秒至几十分	双液	<2	堵水或加固	两液等体积注入,乙二醛不足部分加水补充,乙酸为速凝剂

(1) 组成

主剂丙烯酰胺(简称A)是白色结晶粉状物质,相对密度1.12,极易溶于水,易聚合,在温度30℃以下的干燥环境中可长期保存。

交联剂为N-N′-亚甲基双丙烯酰胺(简称M)。因丙烯酰胺在适当的条件下易生成水溶性的线性聚合物,而这种聚合物作为注浆材料是不合适的,所以要加入N-N′-亚甲基双丙烯酰胺,使聚合物成为不溶于水的凝胶物。A和M合起来称为MG-646。

引发剂过磷酸胺(简称AP)为水溶性粉状材料,相对密度为1.98,在某些还原剂作用下可生成游离基而使丙烯酰胺聚合。

促进剂二甲氨基丙腈(简称DAP)为黄色液体,常温下相对密度为0.86。近年来常用性能相当的三乙醇胺代替二甲氨基丙腈。DAP和AP都属于催化剂,它们掺量的多少决定了丙烯酰胺浆液的凝胶时间,对浆液的黏度及稳定性也有重要影响。

缓凝剂铁氰化钾(简称KFe)是赤褐色粉状物质,用以延缓浆液的凝胶时间。

丙烯酰胺类浆液的组成及配方见表10-13。

(2) 浆液及凝胶体的特点

①浆液黏度小,与水接近,常温标准浓度下为1.2×10^{-3}Pa·s,且在凝胶前保持不变,因此具有良好的可注性。

丙烯酰胺浆液的标准配方   表10-13

试剂名称	代号	作用	浓度（重量%）	黏度（×10⁻³Pa·s）	凝胶时间	抗压强度（MPa）
丙烯酰胺	A	主剂	95	1.2	十几秒至几十分钟	0.4~0.6
N-N'-亚甲基双丙烯酰胺	M	交联剂	0.5			
过磷酸胺	AP	引发剂	0.5			
二甲氨基丙腈	DAP	促进剂	0.4			
铁氢化钾	KFe	缓凝剂	0.01			

②凝胶时间可准确地控制在几秒至几十分钟之间，且凝胶是在瞬间发生并在几分钟之内就达到其极限强度，聚合体体积基本上为浆液体积的100%。

③凝胶体抗渗性好，其渗透系数为 $10^{-10} \sim 10^{-9}$ cm/s。

④凝胶体抗压强度较低，约 0.2~0.6MPa，一般不受配方的影响，在较大裂隙内的凝胶体易被挤出，因此仅适用于防渗注浆。

⑤丙凝浆液及凝胶体耐久性较差，且具有一定的毒性，对神经系统有毒害，对空气和地下水有污染。

⑥丙烯酰胺浆液价格较贵，材料来源也较少。

⑦丙凝浆液与铁质易起化学作用，具腐蚀性，凡浆液所流经的部件均宜采用不与浆液发生化学作用的材料制成。

(3) 浆液配比实例

①丙烯酰胺与 N-N'-亚甲基双丙烯酰胺溶液 (MG-646) 的配制。根据试验和应用经验，国内外均以 10% 作为主剂标准浓度。先将丙烯酰胺和 N-N'-亚甲基双丙烯酰胺按 95:5 的比例称量好，配制成 25% 浓度的溶液。

例：欲配制 1000ml MG-646 溶液，按 25% 计算需 MG-646 为 250g，其中丙烯酰胺为 95%，计 237.5g，N-N'-亚甲基双丙烯酰胺 5%，计 12.5g。操作顺序是先将 N-N'-亚甲基双丙烯酰胺用少量温水溶好，再将丙烯酸胺逐渐加入，待全部溶解后过滤，再加水稀释到 1000ml。

②过磷酸胺 (AP) 的配制。一般情况下过磷酸胺在总浆液中的浓度为 0.3%~1.2%，体积占全浆液体积的 1/2。在配制时先固定一个浓度。如欲配制 1000ml 溶液，实际浆液体积为 2000ml，先确定 AP 的浓度为 1%，实际需先配 2% 浓度的溶液，即取 AP20g，溶解在少量水中，然后倒入量杯中，再加水稀释到 1000ml 即可。

③二甲氨基丙腈 (DAP) 的配制。一般情况下二甲氨基丙腈的浓度为浆液总浓度的 0.3%~1.2%，其在甲液中应为 0.6%~2.4%。在配制时要先配制最浓的浆液，其他浓度的溶液可用浓溶液稀释获得。如 1000mL 溶液中，二甲氨基丙腈取 100ml，实际配制二甲氨基丙腈的浓度为欲配浓度的 10 倍。即欲配 1.2% 的浓度，实际上先配 12% 的浓度，称取 12g 二甲氨基丙腈，小心倒入 100ml 量杯中，用水反复冲洗几次，冲洗的水都应倒入量杯中，最后加水稀释到 100ml。

2. 聚氨酯类浆液

聚氨酯类浆液采用多异氰酸酯和聚醚树脂等为主要原材料，加入各种外加剂配制而成。

浆液注入地层后与水发生反应生成聚氨酯泡沫体,起加固地基和防渗堵水作用。它分为非水溶性聚氨酯浆液(简称 PM)和水溶性聚氨酯浆液(简称 SPM)。

(1)非水溶性聚氨酯类浆液

非水溶性聚氨酯类浆液只溶于有机溶剂。其浆液组成及配方见表 10-14。

PM 型浆液组成及主要性能　　表 10-14

原料	外观	作用	凝胶时间	黏度(10^{-3}Pa·s)	抗压强度(MPa)
甲苯二异氰酸酯(TDI)	浅黄色液体,有刺激性臭味	制成预聚体为主剂	十几秒至几十分钟	十几至几百	6.0~10.0
丙二醇聚醚(N-204)	无色透明液体,无味	制成预聚体为主剂			
丙三醇聚醚(N-303)	浅棕色注液体,无味	制成预聚体为主剂			
邻苯二甲酸二丁酯(DBP)	无色液体,无味	溶剂			
丙酮	无色液体	溶剂			
发泡灵	棕色黏稠液体	表面活性剂			
三乙胺	无色液体,有刺激性臭味	催化剂			

PM 型浆液的配方变化较大,甲苯二异氰酸酯(TDI)可用二苯基亚甲基二异氰酸酯(MDI)或多苯基多亚甲基多异氰酸脂(PAPI)代替,聚醚也可选用其他型号。聚氨酯浆液的特点:

①浆液相对密度 1.036~1.125,是非水溶性的,遇水开始反应,因此不易被地下水冲稀,可用于动水条件下堵漏,封堵各种形式的地下、地面及管道漏水,止水效果好。

②浆液遇水反应时,放出 CO_2 气体,使浆液产生膨胀,向四周渗透扩散,直到反应结束时止。由于膨胀而产生了二次扩散现象,因而有较大的扩散半径和凝固体积比。

③浆液黏度低,可注性好,可与水泥注浆相结合;采用单液系统注浆,工艺设备简单。

④固结体抗压强度高,一般在 0.6~1.0MPa 之间,渗透系数可达 10^{-8}~10^{-6}cm/s。

⑤不污染环境。

⑥浆液遇水开始反应,所以受外部水或水蒸气影响较大,在存放或施工时应防止外部水进入浆液中。

⑦注浆后,管道、设备需用丙酮、二甲苯等溶剂清洗。

(2)水溶性聚氨酯类浆液

水溶性聚氨酯与非水溶性聚氨酯的主要区别在聚醚。PM 浆液所用的聚醚是环氧丙烷聚合物,而 SPM 浆液所用的聚醚是环氧乙烷聚合物,后者具有亲水性。SPM 浆液的组成、配方及主要性能见表 10-15。

SPM 型浆液的组成、配方及主要性能　　表 10-15

原料	作用	用量(质量比)	凝胶时间	抗压强度(MPa)	备注
甲苯二异氰酸酯聚醚	制成预聚体为主剂	1	<2min 可调	<1.0	SPM 与 PM 的主要区别在于聚醚。SPM 中的聚醚是环氧乙烷聚合物,分子量控制在 3000~4000
邻苯二甲酸二丁酯	溶剂	0.15~0.5			
丙酮	溶剂	0.5~1			
2,4-二氨基甲苯	催化剂	适量			
水	反应剂	5~10			

水溶性聚氨酯也采用预聚体法,即将聚醚(固体)加热溶化,而后与甲苯二异氰酸酯按一定比例混合摇匀,在80℃条件下保持4h,即得到蜡状预聚体。使用时先加热溶化后,再加入一定量的溶剂即可注浆。其浆液特点:

①浆液能均匀地分散或溶解在大量水中,凝胶后形成包有大量水的弹性体。
②浆液相对密度1.10,黏度0.1Pa·s左右。
③凝胶时间几秒至几十分钟,凝胶体的抗压强度与包水量有关。
④可用于水工建筑物及地下工程的防渗堵漏。

3. 木质素类浆液

木质素类浆液是以纸浆废液为主剂,加入一定量固化剂所组成的浆液。为了加快凝胶速度和提高结石体抗压强度,往往加入促进剂。木质素类浆液包括铬木素和硫木素两种浆液。

(1)铬木素浆液

铬木素浆液的固化剂是重铬酸钠,由于重铬酸钠的毒性较大(饮水中的允许含量<0.05mg/L),因此这种浆材难以大规模使用。最早的铬木素浆液只有纸浆废液和重铬酸钠两种组成。由于这种浆液凝胶时间较长,为缩短其凝胶时间,采用三氯化铁作为促进剂。为提高其强度,又用铝盐和铜盐作为促进剂,但未减小其毒性。随后东北大学又研制出铬渣木素浆液,从而使其毒性大幅度降低,成本也大大降低。由于这几种浆液按不同情况均有实用价值,所以现将各浆液的组成、配方及性能列于表10-16及表10-17。

纸浆废液重铬酸钠浆液组成、配方及主要性能 表10-16

体系	原料	作用	浓度(%)	用量(体积比)	注入方式	凝胶时间	抗压强度
甲液	纸浆废液	主剂	20~45	1	双液	几分钟至几小时	0.4MPa
乙液	重铬酸钠	固化剂	100	0.1~1			

注:甲、乙两液等体积注入,重铬酸钠用量不足部分加水补充。

纸浆废液—三氯化铁—重铬酸钠浆液组成、配方及主要性能 表10-17

体系	原料	作用	浓度(%)	用量(体积比)	注入方式	凝胶时间	抗压强度
甲液	纸浆废液	主剂	20~45	1	双液	几十秒至几十分钟	0.4MPa
乙液	重铬酸钠	固化剂	100	0.1~0.5			
	三氯化铁	促进剂	100	0.1~0.5			

注:1. 甲、乙两液等体积注入,乙液不足部分加水,三氯化铁量增加会降低强度。
2. 重铬酸钠和三氯化铁的用量之比对凝胶时间有很大影响。

(2)硫木素浆液

硫木素浆液是在铬木素浆液的基础上发展起来的,是采用过硫酸铵完全代替重铬酸钠,使之成为低毒、无毒木质素浆液,这是一种很有发展前途的注浆材料。其浆液组成、配方见表10-18。

纸浆废液亦可以采用氢氧化钠调节pH值,以后直接用过硫酸铵进行固化。其结果见表10-19。

4. 环氧树脂浆液

环氧树脂是一种高分子材料,具有强度高、黏结力强、收缩性小、化学稳定性好、能在常温下固化等性能。作为注浆材料则存在一些问题,如浆液黏度大、可注性小、憎水性强、与潮湿裂缝黏结力差等。某些浆液的配方见表 10-20,力学性能见表 10-21。由中国水利水电科学研究院研制出黏度低、亲水性能好、与潮湿裂缝黏结力强的 SK-E 浆液在许多混凝土结构加固防渗工程中得到应用,其浆液配方及力学性能见表 10-22。

硫木素浆液组成、配方及性能　　表 10-18

材料	性状及规格	配比	用途	基本性能
纸浆废液	黑色黏液,固体物含量40%	50ml	主剂	①凝胶时间可控制在几十秒至几十分钟范围内; ②黏度为 $4\times10^{-3}\mathrm{Pa\cdot s}$; ③其固结体强度为 0.5MPa 左右
过硫酸铵	白色粉末,化学纯或工业品	7g	固化剂	
氯化锌	白色粉末,浓度 0.5g/ml	4ml	催化剂	
氯化铵	白色结晶,浓度 0.2g/ml	16ml	催化剂	
氯化铜	绿色结晶,浓度 0.1g/ml	2~3ml	催化剂	
氨水	无色透明液体,含氨25%	4ml	催化剂	
水		加至 100ml	溶剂	

氢氧化钠、过硫酸铵对凝胶时间的影响　　表 10-19

甲液			乙液		乙液	
30%纸浆废液（ml）	50%氢氧化钠（ml）	水（ml）	50%过硫酸铵（ml）	凝胶时间	50%过硫酸锁（L）	凝胶时间
25	5	0	15	43s	30	2min16s
25	4	1	15	57s	30	3min31s
25	3	2	15	1min30s	30	5min48s

环氧树脂浆液配方　　表 10-20

配方	6101 环氧树脂	501 号环氧丙烷丁基醚	662 号甘油环氧树脂	丙酮	糠醛	651 号聚酰胺	二乙烯三胺	三乙胺	六次甲基四胺	DMP-30
	主剂	稀释剂	亲水剂	稀释剂	稀释剂	固化剂	固化剂	固化剂	固化剂	固化剂
1-1	100	30	—	—	—	40	—	—	—	—
2-2	100	40	—	—	—	50	—	—	—	—
13-2	100	40	30	—	—	20	16	—	—	—
15-2	100	40	30	—	—	—	18	—	—	—
22-1	100	30	30	20	20	—	15	—	—	10
23-2	100	—	—	35	35	—	15	5	—	—
24-3	100	25	50	50	—	—	20	—	2	—

环氧树脂浆液结石体强度　　表 10-21

配方	抗冲击强度（MPa）	抗压强度（MPa）	抗拉强度（MPa）	黏结强度（MPa）		备注
				干缝	湿缝	
1-1	3.83	8.82	25.5	1.85	1.51	—
2-2	4.08	8.72	34.4	1.84	—	—
13-2	6.20	12.15	50.5	1.67	1.07	抗压变形较大
15-2	5.61	6.75	41.5	2.03	1.16	
22-1	—	8.15	—	1.97	1.90	
23-1				1.68	1.59	聚合物较软
24-1				1.42	1.42	聚合物较软

SK-E 浆液配方及主要性能　　　　　　表 10-22

材　料	用量(g)	黏度 (Pa·s)	抗压强度 (MPa)	抗拉强度 (MPa)	黏结强度 (MPa)
环氧树脂主剂(6101 号)	100	$6 \times 10^{-3} \sim 12 \times 10^{-3}$	$60 \sim 80$	$70 \sim 80$	$1.2 \sim 2.8$
稀释剂	25 ~ 80				
增塑固化剂	20				
促进剂	5 ~ 15				

5. 甲凝浆液

甲凝是以甲基丙烯酸甲酯为主要成分,加入引发剂等组成的一种低黏度的注浆材料。甲基丙烯酸甲酯是无色透明液体,黏度很低,在 25℃ 时,仅为 $5.7 \times 10^{-4} \mathrm{Pa \cdot s}$,渗透力很强,可注入 0.05 ~ 0.1mm 的细微裂隙,在一定的压力下,还可渗入混凝土材料中一定距离。聚合后的强度和黏结力较高。但甲凝是憎水性材料,在液态时,它怕水,也怕氧,同时浆液黏度的增长和聚合速度都较快,在湿度较高的环境中更是如此。所以,在注浆前,必须用风吹干裂缝和在浆液内加入一定的阻聚剂等,以取得较好的注浆效果。

6. 丙凝浆液

丙凝浆液注浆是在丙凝浆液基础上发展起来的,它主要是以丙凝与脲醛树脂作为注浆材料的一种化学注浆浆液。丙凝浆液及其聚合体既基本保存了丙凝的特性,又因脲醛树脂的存在而提高了强度。因此,丙凝具有防渗和加固的双重作用。丙凝浆液的黏度比丙凝大,约为 $(5 \sim 6) \times 10^{-3} \mathrm{Pa \cdot s}$,相对密度为 1.19 ~ 1.20。聚合体的渗透系数可达 $10^{-8} \mathrm{cm/s}$,经丙凝灌注的砂,其聚合体的抗压强度可达 8MPa。

五、注浆材料评价

理想的注浆材料应能满足工程力学性能要求,浆液应具有良好的可注性,凝胶时间可任意调整,价格低廉,无毒、无污染,施工方便等。虽然要找出满足所有这些条件的注浆材料是很困难的,但上述的每种浆材都有其可取之处。因此需要在熟悉各种注浆材料特性的基础上,按工程需要,选择一种合适的注浆材料或几种浆材配合使用。

水泥浆具有结石体强度高和抗渗性强的特点,既可用于防渗又可用来加固围岩,而且原材料成本较低,无毒性和环境污染问题,因而被广泛采用。但水泥浆析水性大,稳定性差,注入能力有限,且凝胶时间长,在地下水流速较大的条件下,浆液易受冲刷和稀释,影响注入效果。

由于水泥的颗粒性,一般只能灌注岩土的大孔隙或裂隙(0.2 ~ 0.3mm)。为提高水泥浆的可注性,采用各种细水泥可提高浆液的注入能力。目前粒径最细的超细水泥掺入适当的分散剂后,可注入 0.05 ~ 0.09mm 的岩石裂隙,但超细水泥的高成本影响了其应用范围。为改善水泥浆液的析水性、稳定性、流动性和凝结特性,可掺入适当的助剂进行改性。某些方面的性能也可通过一定的工艺技术得以改善。

在冲积层或基岩裂隙堵漏注浆时,往往采用水泥水玻璃浆液,该种浆液具有水泥浆和化学浆液的特点,成本和来源都比纯化学浆液优越。水泥、水玻璃等为无机硅酸盐材料,来源丰富,价格低廉,是基本的注浆材料。化学浆液具有一些独特性能,如浆液黏度低,可注性好,凝胶时间可准确控制等,但化学浆材价格比较昂贵,且往往有毒性和污染环境的问题,所以只在必要时才采用化学浆液注浆。

总之,对注浆材料的选择应根据工程的具体要求、地质条件、浆液性能、注浆工艺及成本等因素综合考虑,选择最适合的浆材,使工程达到理想的技术经济指标。现将各种注浆材料的基本性能、应用范围、主要成分、用途和成本汇总成表10-23及表10-24,供注浆选择时参考。

各种注浆材料基本性能、成分及适用范围 表10-23

浆液名称	黏度(10^{-3}Pa·s)	可注最小粒径(mm)	渗透系数(cm/s)	胶凝时间	抗压强度(MPa)	注入方式	扩散半径(m)	适用范围	主要成分	备注
水泥浆	15~140	1	10^{-3}~10^{-1}	6~15h	10~25	单液	20~30	地面、工作面预注浆,岩石裂隙注浆	水泥及其他附加剂	—
水泥水玻璃浆	15~140	1	10^{-3}~10^{-2}	数秒至几十分钟	5~20	双液	20~30	地面、工作面预注浆,岩石裂隙注浆,及壁后注浆,封堵涌水,地基加固等	水泥及水玻璃	—
水玻璃类	3~4	0.1	10^{-2}	瞬间至几十分钟	<3	双液	30~40	地基加固。冲积层注浆	水玻璃及助剂	有些助剂成本高
铬木素类	3~4	0.03	10^{-5}~10^{-3}	十几秒至几十分钟	0.4~2	单液或双液	30~40	冲积层注浆、壁内或壁后注浆	纸浆废液、重铬酸钠、过硫酸铵等	重铬酸钠对地下水有污染
丙烯酸胺类	1.2	0.01	10^{-6}~10^{-5}	十几秒至几十分钟	0.4~0.6	双液	50~60	冲积层注浆、壁内或壁后注浆	丙烯酸肽过硫酸按 N-N'-亚甲基双丙烯酸胺	—

岩石裂隙中注浆材料及浆液浓度选择 表10-24

项目	裂隙含水岩层中注浆孔涌水量(m^3)					岩层中冲洗液漏失量(m^3)		
	<6	6~12	12~30	30~60	>60	<3	3~4.8	4.8~6
浆液类型	单液水泥浆	单液水泥浆	水泥水玻璃浆	水泥水玻璃浆	水泥水玻璃浆	单液水泥浆	单液水泥浆	水泥水玻璃浆
水灰比	1:1~0.8:1	0.8:1~0.6:1	1:1~0.8:1	0.6:1~0.8:1	0.6:1	1:1~0.8:1	1:1~0.8:1	1:1~0.8:1
水泥外加剂用量	氯化钙3%~5%或水玻璃3%~5%或三乙纯胺0.05%及食盐0.5%					氯化钙3%~5%或水玻璃3%~5%或三乙纯胺0.05%及食盐0.5%		—
水玻璃浓度°Bé	—	—	35~40	35	30~35	—	—	35~40
水泥浆与水玻璃体积比	—	—	1:1~1:0.8	1:0.8~1:0.6	1:0.6~1:0.3	—	—	1:0.5
凝胶时间(min)	300~400	2~3	1~2	<1	600	300~400	2~3	

第二节 防水涂料

防水涂料是通过涂刷或喷涂方式能够在防水基面上形成防水层的一类材料的总称。防水涂料可以分为无机类和有机类防水涂料。按照成膜物质可将防水涂料分为沥青类、高聚物改性沥青类(也称橡胶沥青类)、合成高分子类、无机类、聚合物水泥类。按照涂料的状态,可以分为反应型、水乳型、聚合物水泥防水涂料[2]。

《地下工程防水技术规范》(GB 50108—2008)规定防水涂料应符合以下规定:具有良好的耐水性、耐久性、耐腐蚀性及耐菌性;无毒、难燃、低污染;无机防水涂料应具有良好的黏结性、耐磨性和抗刺穿性,有机防水涂料应具有良好的延伸性及较大的适应基层变形能力。无机防水涂料和有机防水涂料的材料性能应符合表10-25、表10-26的要求。

本节重点介绍几种地下工程常用防水涂料[3]。

无机防水涂料的性能指标　　　　　　　　　　　　　　　　　表10-25

涂料种类	抗折强度(MPa)	黏结强度(MPa)	抗渗性(MPa)	冻融循环
水泥基防水涂料	>4	>1.0	>0.8	>D50
水泥基渗透结晶型防水涂料	≥3	≥1.0	>0.8	>D50

有机防水涂料的性能指标　　　　　　　　　　　　　　　　　表10-26

涂料种类	可操作时间(min)	潮湿基面黏结强度(MPa)	抗渗性(MPa) 涂膜(30min)	砂浆迎水面	砂浆背水面	浸水168h后拉伸强度(MPa)	浸水168h后断裂延伸率(%)	耐水性(%)	表干(h)	实干(h)
反应型	≥20	≥0.3	≥0.3	≥0.6	≥0.2	≥1.65	≥300	≥80	≤8	≤24
水乳型	≥50	≥0.2	≥0.3	≥0.6	≥0.2	≥0.5	≥350	≥80	≤4	≤12
聚合物水泥	≥30	≥0.6	≥0.3	≥0.8	≥0.6	≥1.5	≥80	≥80	≤4	≤12

一、沥青类防水涂料

沥青类防水涂料是以沥青为基料配制而成的溶剂型或水乳型防水涂料。未经改性的石油沥青直接溶解于汽油等有机溶剂中而配制的涂料称为溶剂型沥青涂料,这类涂料其实质是一种沥青溶剂。由于此类涂料形成的涂膜较薄,沥青又未经过改性,因而一般不单独用作防水涂料,仅作为某些防水涂料的配套材料使用,此处不详细介绍。水乳型沥青类防水涂料是将石油沥青分散于水中,形成稳定的水分散体构成的涂料。

1. 水性沥青基薄质防水涂料

水性沥青基薄质防水涂料是以化学乳化剂配制的乳化沥青为主要成膜物质的一类沥青乳胶体防水涂料。水性沥青基薄质防水涂料其品种根据所采用的乳化剂的类型可分为阴离子型乳化沥青防水涂料,阳离子型乳化沥青防水涂料,非离子型乳化沥青防水涂料,两性离子型乳化沥青防水涂料等几类,这几种乳化沥青中的乳化剂大都为有机的表面活性物质。

(1)皂液乳化沥青

皂液乳化沥青是以定量的石油沥青置于含有一定浓度的皂类复合乳化剂的水溶液中,通过分散乳化设备,使石油沥青均匀分散于水中所形成的一种相对稳定的沥青乳液。产品常温时为褐色或黑褐色液体,应无肉眼可见的沥青颗粒和硬的聚块。根据《皂液乳化沥青》(JC/T 797—1996)行业标准,其外观质量要求和物理性能指标见表10-27。

皂液乳化沥青的外观质量要求和物理性能指标[4]　　　　表10-27

项　　　目	指　　　标
固体含量(质量)(%)	≥50.0
黏度(沥青标准黏度计,25℃,孔径5mm)(Pa·s)	≥6
分水率(经3500r/min,15min后分离出水相体积占试样体积的百分数)(%)	≤25
粒度(沥青微滴粒平均直径)(μm)	≤15
耐热性,(80±2)℃,5h,45°坡度(铝板基层)	无气泡、不滑动、不流淌
黏结力(20℃)(MPa)	≥0.30
外观质量要求	①常温时,为褐色或黑褐色液体; ②应无肉眼可见的沥青颗粒、硬的聚块

皂液乳化沥青可与玻璃纤维毡片或玻璃纤维布配合使用,亦可与再生橡胶乳液混合使用,作为一般建筑工程的防水材料,可用于建筑屋面的防水、渠道和下水道的防渗、材料的表面防腐,以及隧道喷射混凝土表面的防水等。目前我国生产的阴离子乳化沥青防水涂料的沥青含量一般为50%左右。

皂液乳化沥青所采用的乳化剂是由洗衣粉、肥皂、烧碱和水配制而成的,烧碱要用纯度在95%以上的工业用碱,水要用洁净的自来水,洗衣粉和肥皂可用市售产品。乳化剂的配合比为:肥皂:洗衣粉:烧碱:水=1.1:0.9:0.4:97.6(质量比)。按照配合比将肥皂、洗衣粉、烧碱用热水溶解,搅拌均匀即成乳化剂,并保温60~80℃备用。皂液乳化沥青的配合比为:10号石油沥青:60号石油沥青:皂液乳化剂=30:70:100(质量比)或60:40:10。

将混合沥青在200℃以下熔化脱水,并保温在160~180℃待用,配制时现将肥皂或洗衣粉的水溶液倒入乳化机中,开动机器进行循环清洗,检查各机件运转正常与否,然后开始配制工作,先将60~80℃的皂液乳化剂倒入乳化机中喷射1~2s后,即以均匀速度将160~180℃的热沥青在1min左右的时间内加入乳化机中,加沥青时压力表应控制在0.5~0.8MPa,继续乳化3min左右,即成乳化沥青。

(2)松香皂乳化沥青

松香皂乳化沥青的松香皂乳化剂是由松香、烧碱和水配制而成的,松香要求选用淡黄色、透明、质地纯净的,在使用前要磨细,颗粒小于5mm,烧碱和水的要求与皂液乳化沥青中烧碱和水的要求相同。松香皂的配合比为:松香:烧碱:水=4:1.25:5(质量比)。其具体的配制方法是将定量的水放入搪瓷盆内,不能用铝盆或铁锅,加热至沸腾,把烧碱打成碎块投入水中使其溶解,再将磨细的松香陆续加入到沸腾的碱溶液中,不断地搅拌,并在搅拌过程中加入适量的热水,以补充水分散失量,熬制约90min,冬季可适当延长,冷却后呈淡黄色膏状物即为松香皂。将熬制好的松香皂按配比(松香皂:水=1:3.5)用水稀释,并继续加热到沸腾,即成松香皂乳化剂。

松香皂乳化沥青的配合比为:60号石油沥青:松香皂乳化剂:水=100:36:100。将沥青在

180℃熔化脱水至无气泡,保温在180~200℃备用,先把沸腾的乳化剂倒入搅拌筒内,再把沥青液徐徐地加入,开动搅拌机,约2~3min,再加入80~100℃的热水,继续搅拌约4~5min即成乳化沥青,此时温度应为82~84℃左右,乳液呈深褐色,有滑腻感。

2. 水性沥青基薄质防水涂料的施工要求及方法

(1) 基层要求

①基层应牢固无松动现象,并保持干燥。

②基层表面要平整,用2m长的靠尺检查时,尺与基层面的空隙不超过7mm,空隙仅允许平缓变化,每米长度内不得多于一处。基层凹陷处应用同样的材料填平,鼓凸处应修平,0.2~0.4mm宽的裂缝可用乳化沥青加20%滑石粉调成油膏嵌补。铺毡前基层要清扫干净。

③基层宜用中砂或细砂拌制的砂浆,表面要抹光。

(2) 乳化沥青玻璃丝毡片的施工

②涂刷冷底子。玻璃丝毡片铺设前,应用冷底子涂刷在基层上,以提高防水层与基层的黏结力。将30%的洁净水徐徐倒入70%的乳化沥青中,随倒随搅,搅到新稠状即成冷底子。涂刷冷底子要在基层基本干燥后才能进行。

②乳化沥青施工方法。乳化沥青的施工有喷雾法和涂刷法两种。用喷雾法喷涂乳化沥青,仍可使用沥青乳化机,只要在出料管路上接上橡皮管子,管子的另一端接上喷嘴即可。动力可用空气压缩机或喷白灰浆的手压唧。将乳化沥青装入乳化罐内,开动齿轮泵,并把出料管路打开,即可进行喷涂工作。喷雾法施工应注意的主要问题是防止喷嘴堵塞,因此在喷射前,必须将乳化沥青过筛除去杂质。喷射暂停时,要用乳化剂将设备及喷嘴冲洗干净。喷雾法适用于大面积施工。涂刷法是用胶皮板刷蘸上乳化沥青进行涂刷。要求涂刷均匀,刷子不能沾染杂物,不能泡水或用水冲,也不可长时间暴露在大气中,否则容易变硬。暂时不用的刷子需放在乳化沥青中,用完后,及时用机油或汽油清洗。不宜用棕刷来涂刷,否则容易形成闪点,而形不成油膜。涂刷法适用于小面积施工。

(3) 铺贴玻璃丝毡片

玻璃丝毡片是用8~15μm的玻璃丝制成毡片、浸黏结剂后烘干而成,厚度约为0.3~0.4mm,幅宽1m,质量一般为60~80g/m²,拉伸强度710kg/cm²。

铺贴时,首先在屋面细部做好一毡一乳附加层,即涂刷乳化沥青(加5%~20%的滑石粉)一道,随即铺贴事先剪好的毡片,用软刷反复刷平、贴实、刮平。在车站与隧道洞室立墙转角处铺贴高度应不小于25cm。不允许有皱纹、气泡、空鼓或张口现象。如毡片未被乳化沥青浸透,应补刷。毡片破损部位应加铺一层。

铺贴玻璃丝毡片时应注意以下几点:

①冬季温度低于零度时,不宜施工。

②乳化沥青在干透以前不能淋水,否则会被水冲掉。

③铺毡要压牢,不允许有张口、空鼓、皱褶及白茬等现象存在。

3. 水性沥青基厚质防水涂料

水性沥青基厚质防水涂料是以无机矿物乳化剂配制的乳化沥青为主要成膜物质的一类沥青悬浮体防水涂料。水性沥青基厚质防水涂料执行中华人民共和国行业标准《水性沥青基防水涂料》(JC 408—1991)中AE-1类的指标,本品按其质量可分为一等品和合格品两个等级,其性能要求见表10-28。

水性沥青基厚质防水涂料的技术质量标准 表10-28

项　目		质　量　指　标 AE-1类	
		一等品	合格品
外观		搅拌后为黑色或黑灰色均质膏体或部稠体，搅匀和分散在水溶液中无沥青丝	搅拌后为黑色或黑灰色均质膏体或黏稠体，搅匀和分散在水溶液中无明显沥青丝
固体含量(%)		≥50	
延伸性(mm)	无处理	≥5.5	≥4.0
	处理后	≥4.0	≥3.0
柔韧性		(5±1)℃	(10±1)℃
		无裂纹、断裂	
耐热性(℃)		(80±2)℃,5h,无流淌、起泡和滑动	
黏结性(MPa)		≥0.20	
不透水性		0.1MPa,30min 不渗水	
抗冻性		20次无开裂	

注：摘自《水性沥青基防水涂料》(JC 408—1991)。

水性沥青基厚质防水涂料品种根据所采用的无机矿物乳化剂的类型可分为石灰乳化沥青防水涂料、石棉乳化沥青防水涂料、膨润土乳化沥青防水涂料等几类。

(1) 石灰乳化沥青防水涂料

石灰乳化沥青防水涂料是以石油青(主要用60号)为基料，以石灰膏(氢氧化钙)为分散剂，以石棉为填充料加工而成的一种沥青浆膏(冷沥青悬浮液)，是在热状态下用机械强力搅拌而制成的一种灰褐色膏体厚质防水涂料。它属于水性涂料，可在潮湿基层施工，冷作业，工地配制简、方便，价格低廉，有一定防水、防渗能力。其优缺点如下。

① 优点：原材料来源充分，生产工艺简单，成本较低；生产及施工操作安全；容易做成厚涂层，涂层有较好的耐候性。

② 缺点：涂层基本呈刚性，伸长率较低，容易因基层变动而开裂，使防水失效；由于材料中沥青未经改性，在低温下易变脆；对施工环境温度范围要求较苛刻；为达到防水效果，单位面积涂料耗用量较大，对板缝等部位必须用嵌缝材料等预先进行处理。

(2) 石棉乳化沥青防水涂料

石棉乳化沥青防水涂料又称水性石棉沥青防水涂料，是将熔化沥青加到石棉与水组成的悬浮液中，经强烈搅拌制得的厚质防水涂料。石棉乳化沥青防水涂料无味、无毒、无污染，水性冷施工，可在潮湿而无积水的基层上涂布；具有良好的耐热、耐候、耐水和抗裂性能，可形成较厚的涂层；防水效果好，并且原材料价廉易得。其不足是对施工环境温度要求较窄，一般以15℃以上为宜，气温低于10℃，则不宜施工；气温过高，则易黏脚。

(3) 膨润土乳化沥青防水涂料

膨润土乳化沥青防水涂料是以优质石油沥青为基料，膨润土为乳化剂，经机械搅拌而成的水乳型厚质防水涂料。其特点是：采用冷施工，可在潮湿但无积水的基层上涂布，能形成厚质防水涂膜，耐久性好；黏结力强，耐热度高，防水性能好，易于操作，不污染环境；在应用时，须加衬玻璃纤维布或网,使之形成有一定透气性能的防水层,其涂膜不易拉裂,自重轻,大坡度屋面不会流淌。

膨润土乳化沥青防水涂料所用材料的技术要求如下:
①沥青:软化点45~52℃,针入度60,延度>30cm。
②膨润土:胶质价60mL,膨胀容积大于1.8mL/g。

膨润土乳化沥青防水涂料物理性能要求如下:
①固体含量:不小于50%。
②耐热度:[(80±2)℃×5h]无流淌、起泡和滑动。
③柔性:[(10±1)℃,绕φ20mm圆棒]无裂纹。
④黏结性:[(20±2)℃]不小于0.15MPa。
⑤不透水性:[(20±2)℃,动水压0.1MPa,30min]不渗水。
⑥延伸性:无处理不小于4mm;处理后不小于3mm。
⑦抗冻性:(-20~20℃,20次循环)无开裂。

二、高聚物改性沥青防水涂料

高聚物改性沥青防水涂料一般是以沥青为基料,用高分子聚合物对其进行改性,配制而成的溶剂型或水乳型涂膜防水材料。

1. 溶剂型高聚物改性沥青防水涂料

溶剂型高聚物改性沥青防水涂料是以橡胶树脂改性沥青为基料,经溶剂溶解配制而成的黑色黏稠状,细腻而均匀胶状液体的一种防水涂料,具有良好的黏结性、抗裂性、柔韧性和耐高低温性能。

溶剂型高聚物改性沥青防水涂料根据其改性剂的类型可分为溶剂型橡胶改性沥青防水涂料和溶剂型树脂改性沥青防水涂料。目前我国生产的属溶剂型高聚物改性沥青防水涂料的品种主要有氯丁橡胶改性沥青防水涂料、再生橡胶改性沥青防水涂料、SBS改性沥青防水涂料、顺丁橡胶改性沥青防水涂料、丁基橡胶改性沥青防水涂料、丁苯橡胶改性沥青防水涂料、APP改性沥青防水涂料等。

(1)溶剂型氯丁橡胶改性沥青防水涂料

溶剂型氯丁橡胶沥青防水涂料是以氯丁橡胶改性石油沥青为基料,以汽油为溶剂,加入高分子填料、无机填料、防老化剂、助剂等制成的防水涂料。溶剂型氯丁橡胶沥青防水涂料延伸性好,耐候性、耐腐蚀性优良,能在复杂基层形成无接缝完整的防水层,且适应基层的变形能力强。需反复多次涂刷才形成较厚的涂膜,形成涂膜的速度较快且致密完整,能在较低度下进行冷施工。

(2)溶剂型再生橡胶改性沥青防水涂料

溶剂型再生橡胶沥青防水涂料,又名再生橡胶—沥青防水涂料或JG-1橡胶沥青防水涂料,是以再生橡胶为改性剂,以汽油为溶剂,添加各种填料而制成的防水涂料。其特点如下:

①能在各种复杂基面形成无接缝的涂膜防水层,具有一定柔韧性和耐久性,但需要进行数次涂刷,才能形成较厚的涂膜。

②以汽油为溶剂,故涂料干燥固化迅速,但在生产、储存、运输、使用过程中有燃爆危险,应严禁烟火,并配备消防设备。

③本品可在常温和低温度下进行冷施工,施工时,应保持通风良好,及时扩散挥发掉汽油分子,故对环境有一定污染。

④本品生产所用原材料来源广泛,生产成本较低。

⑤本品的延伸等性能比溶剂型氯丁橡胶沥青防水涂料略低。

(3)溶剂型 SBS 改性沥青防水涂料

溶剂型 SBS 改性沥青防水涂料是以石油沥青为基料,采用 SBS 热塑性弹性体作沥青的改性材料,配合以适量的辅助剂、防老化剂等制成的溶剂型弹性防水涂料,具有优良的防水性、黏结性、弹性和低温柔性,因此是一种性能良好的建筑防水涂料,广泛应用于各种防水防潮工程,如工业、民用建筑的屋面防水,水箱,水塔,水闸以及各种地下、海底设施等的防水、防潮工程。对渗漏的旧沥青油毡屋面和刚性防漏面以及石棉瓦屋面修补效果特别显著。

(4)溶剂型顺丁橡胶改性沥青防水涂料

溶剂型顺丁橡胶改性沥青防水涂料是以 10 号建筑沥青与顺丁橡胶为基料,用适量的溶剂,并配以助剂制成的一种防水材料。

本品具有较强的抗张力,弹塑性和延伸性能良好,黏结力和附着力强,除了可作防水涂料使用外,还可用于油毡类或改性沥清卷材的黏贴,可在低温条件下进行冷作业施工。其涂膜高温不流淌,低温不脆裂,对基层开裂的适应性强,对混凝土、木材、金属、陶瓷等表面都有较好的附着力和黏结力,能形成无接缝的弹性防水层。

(5)溶剂型丁基橡胶改性沥青防水涂料

溶剂型丁基橡胶沥青防水涂料是以沥青为基料,以丁基橡胶为改性材料而制成的防水材料。它兼有橡胶和沥青材料的优点,其防水性好,适应性强。该涂料适于冷施工,施工安全,操作简便,且四季皆可施工。

(6)溶剂型丁苯橡胶改性沥青防水涂料

溶剂型丁苯橡胶改性沥青防水涂料是以石油沥青为基料,以丁苯橡胶为改性材料,并添加其他助剂且以溶剂为分散剂配制而成。其产品目前有Ⅰ型(-15℃),Ⅱ型(-25℃)正在进行研制中。溶剂型丁苯橡胶改性沥青防水涂料为冷作业防水涂料,广泛应用于地下室、隧道等的防水以及屋面补漏,也可与防水卷材配套使用,形成复合防水层。

(7)溶剂型 APP 改性沥青防水涂料

溶剂型 APP 改性沥青防水涂料是以无规聚丙烯(APP)等高分子聚合物为改性剂,对沥青改性并添加相应的助剂和优质溶剂而制成的一种防水材料。

产品克服了单纯的沥青热流淌、冷脆裂的缺点,具有性能稳定、耐热、耐寒、耐腐蚀、黏结性好,抗老化期长等特点,产品防水性能良好,使用方便,干燥速度快,可减轻屋面质量,延长使用寿命,缩短工期,降低工程造价。产品的耐水、耐酸碱及低温施工性能均较强。

2. 水乳型高聚物改性沥青防水涂料

水乳型高聚物改性沥青防水涂料是以沥青乳液(如乳化沥青)为基料,以合成胶乳(如氯丁胶乳、丁苯胶乳)为改性剂复合配制而成的一类防水涂料。该类产品的主要成膜物质是沥青乳液和合成胶乳,与溶剂型高聚物改性沥青防水涂料相比较,由于以水代替了汽油等溶剂,因而具备了水乳型涂料的一系列优点。

我国生产的水乳型高聚物改性沥青防水涂料的品种有氯丁橡胶改性沥青防水涂料、再生橡胶改性沥青防水涂料、SBS 改性沥青防水涂料、丁苯橡胶改性沥青防水涂料等品种。

(1) 水乳型氯丁橡胶改性沥青防水涂料

水乳型氯丁橡胶沥青防水涂料又名氯丁胶乳沥青防水涂料,是以阳离子型氯丁胶乳与阳离子型沥青乳液混合构成,氯丁橡胶及石油沥青的微粒,借助于阳离子型表面活性剂的作用,稳定分散在水中而形成的一种乳状液。

水乳型氯丁橡胶沥青防水涂料兼有橡胶和沥青的双重特性,与溶剂型同类涂料相比较,两者都以氯丁橡胶和石油沥青为主要成膜。

(2) 水乳型再生橡胶沥青防水涂料

水乳型再生橡胶沥青防水涂料是以石油沥青为基料,以再生橡胶为改性材料复合而成的水性防水材料。本品的主要成膜物质是再生橡胶和石油沥青,与溶剂型的同类产品相比较,由于以水代替了汽油,因而具备了水乳型涂料的一系列优点。本品是由阴离子型再生胶乳和沥青乳液混合构成,是再生橡胶和石油沥青的微粒借助于阴离子型表面活性剂的作用,稳定分散在水中而形成的一种乳状液。

本品主要特点如下:

①能在复杂基面形成无接缝防水膜,需多遍涂刷才能形成较厚的涂膜。

②该涂膜具有一定的柔韧性和耐久性。

③本品以水作为分散介质,具有无毒、无味、不燃的优点,安全可靠,冷施工,不污染环境,操作简单,维修方便,产品质量易受生产条件影响,涂料成膜及储存中其稳定性易出现波动。

④可在稍潮湿但无积水的基面施工。

⑤原料来源广泛,价格较低。

(3) 水乳型 SBS 改性沥青防水涂料

水乳型 SBS 改性沥青防水涂料是以石油沥青为基料,添 SBS 热塑性弹性体等高分子材料制成的水乳型弹性防水涂料。

已有研究结果表明,在石油沥青中掺入一定量的 SBS,经特定工艺加工,其共混物切片在光学显微镜下呈现出清晰的网—网相叠结构,在涂膜中形成良好的弹性中心和弹性链,从而使石油沥青的内聚强度、低温柔性和高温耐热性能得到大大改善。

本品具有优良的低温柔性和抗裂性能,涂覆和黏接性好,无臭、无毒、不燃、冷施工、干燥快。耐候性好,夏天不流淌、冬天不龟裂,不变脆。对水泥板、混凝土板、木板、砖、泡沫塑料板、油毡、铁板、玻璃板等各种质材的基层均有良好的黏结力,是一种理想的防水、防潮、防渗材料。其可与玻璃布或聚酯无纺布组合作复合防水层,用于屋面、墙体、地下室、卫生间、储水池、仓库、桥梁。地下管道等建筑物的防水防渗工程,也适用于振动较大的工业厂房建筑工程。

(4) 水乳型丁苯橡胶改性沥青防水涂料

水乳型丁苯橡胶改性沥青防水涂料是以石油沥青为基料,以丁苯胶乳等为改性剂经共混配得改性沥青,再以膨润土为分散剂经乳化而制成的防水涂料,其产品按低温柔性分为Ⅰ型(-10℃)、Ⅱ型(-15℃)。

本品其特点:涂膜具有橡胶状弹性和延伸性,易形成厚膜,冷施工,不污染环境。

三、合成高分子防水涂料

合成高分子防水涂料是以合成橡胶或合成树脂为主要成膜物质,加入其他辅助材料而配制成的防水涂料。合成高分子防水涂料的种类繁多,不易明确分类,其主要品种包括聚氨酯、丙烯酸、硅橡胶等、氯丁橡胶。合成高分子防水涂料只有聚氨酯、丙烯酸、硅橡胶等少数品种耐用年限可达到10年以上，但也不超过15年。因此，合成高分子防水涂料只能用于防水等级为Ⅲ、Ⅳ的工程一道防水，或者用于Ⅰ、Ⅱ级防水工程多道防水中的一道。此处只做简要介绍。

1. 聚氨酯防水涂料

聚氨酯（PU）防水涂料也称为聚氨酯涂膜防水材料，是以聚氨酯、树脂为主要成膜物质的一类高分子防水材料。聚氨酯防水涂料是由异氰酸酯基（—NCO）的聚氨酯预聚体和含有多羟基（—OH）或氨基（—NH_2）的固化剂以及其他助剂的混合物按一定比例混合所形成的一种反应型涂膜防水材料。聚氨酯防水涂料的优缺点见表10-29。

聚氨酯防水涂料的优缺点　　　　表10-29

优　点	缺　点
①固化前为无定形黏稠状液态物质，在任何复杂的基层表面均易于施工，对端部收头容易处理，防水工程质量易于保证； ②借化学反应成膜，几乎不含溶剂，体积收缩小，易做成较厚的涂膜，涂膜防水层无接缝，整体性强； ③冷施工作业，操作安全； ④涂膜具有橡胶弹性，延伸性好，拉伸强度和撕裂强度均较高； ⑤对在一定范围内的基层裂缝有较强的适应性	①原材料为较昂贵的化工材料，故成本较高，售价较贵； ②施工过程中难以使涂膜厚度做到像高分子防水卷材那样均匀一致。为使防水涂膜的厚度比较均一，必须要求防水基层有较好的平滑度，并要加强施工技术管理，严格执行施工操作规程； ③有一定的可燃性和毒性； ④本涂料为双组分反应型，需在施工现场准确称量配合，搅拌均匀，不如其他单组分涂料使用方便； ⑤必须分层施工，上下覆盖，才能避免产生直通针眼气孔

聚氨酯防水涂料具有较大的弹性和延伸能力及较好的抗裂性、耐候性、耐酸碱性和抗老化性，而且是冷施工作业，操作简便，能形成无缝的防水层，对任何形状复杂、管道纵横的部位都容易施工，对一定程度的基层裂缝具有较强的适应性。

聚氨酯防水涂料的技术性能指标见表10-30。

2. 丙烯酸酯防水涂料

丙烯酸酯防水涂料是以丙烯酸酯、甲基丙烯酸酯等为主要单体，同其他含有乙烯基的单体共聚合反应而生成的丙烯酸共聚树脂，再调入适当的颜填料、助剂等配制而成的一类防水材料。丙烯酸酯防水涂料具有保色性、耐候性好，光泽和硬度高，色浅且保光性好等优点。丙烯酸酯防水涂料按其聚合物的形态和性质可分为溶剂型、水乳型等类别。

3. 有机硅类防水涂料

有机硅类的防水涂料具有优良的耐高低温、耐候、耐水、耐各种气体、耐臭氧和耐紫外线降解等性能，涂刷在墙面上，既可保持墙壁的正常透气，又能抵挡水的侵蚀，使墙面防潮、防腐、耐冻融并保持光泽，只要施工得当，其防水层的寿命可达10~15年，是一种理想的建筑防水材料。

有机硅类防水涂料主要可分为有机硅防水涂料、硅橡胶防水涂料、有机硅丙烯酸涂料和有机硅防水剂等。

四、水泥基渗透结晶型防水涂料

水泥基渗透结晶型防水材料简称CCCW，是由硅酸盐水泥、石英砂、特殊的活性化学物质以及各种添加剂组成的无机粉末状防水材料。

聚氨酯防水涂料的技术性能 表10-30

试验项目		一 等 品	合 格 品
拉伸强度(MPa)	无处理	>2.45	>1.65
	加热处理	无处理值的80%~150%	不小于无处理值的80%
	紫外线处理	无处理值的80%~150%	不小于无处理值的80%
	碱处理	无处理值的60%~150%	不小于无处理值的60%
	酸处理	无处理值的80%~150%	不小于无处理值的80%
断裂时的伸长率(%)	无处理	>450	>350
	加热处理	>300	>200
	紫外线处理	>300	>200
	碱处理	>300	>200
	酸处理	>300	>200
加热伸缩率(%)	伸长	1	1
	缩短	4	6
拉伸时的老化	加热老化	无裂缝及变形	
	紫外线老化	无裂缝及变形	
低温柔性	无处理	-35℃无裂缝	-30℃无裂缝
	加热处理	-30℃无裂缝	-25℃无裂缝
	紫外线处理	-30℃无裂缝	-25℃无裂缝
	碱处理	-30℃无裂缝	-25℃无裂缝
	酸处理	-30℃无裂缝	-25℃无裂缝
不透水性(0.3MPa,30min)		不渗漏	
固体含量(%)		≥94	
适用时间(min)		≥20(黏度不大于10^5mPa·s)	
涂膜表干时间(h)		≤4(不黏手)	
涂膜实干时间(h)		≤12(不黏着)	

注：摘自《聚氨酯防水涂料》(GB/T 19250—2003)。

水泥基渗透结晶型防水材料是一种刚性防水材料，与水作用后，材料中含有的活性化学物质通过载体向混凝土内部渗透，在混凝土中形成不溶于水的结晶体，填塞毛细孔道，从而使混凝土致密、防水。按照使用方法的不同，此类产品可分为水泥基渗透结晶型防水涂料(C)和水泥基渗透结晶型防水剂(A)两大类别，除此之外，尚有其他类型如速凝、堵漏用的水泥基渗透结晶型防水材料等。水泥基渗透结晶型防水涂料是一种粉状材料，经与水拌和可调配成刷涂或喷涂在水泥混凝土表面的浆料，亦可将其以干粉撒覆并压入未完全凝固的水泥混凝土表面。水泥基渗透结晶型防水剂是一种掺入混凝土内部的粉状材料。表10-31是进入我国市场的几种水泥基渗透结晶型防水材料。

进入中国市场的水泥基渗透结晶型防水材料产品　　表10-31

商品名称	中国市场译名	经销商
FORMDEX（德国）	防挡水系列	上海基成达申防水材料有限公司
KRYSTOL（加拿大）	KRYSTOL系列防水材料	凯顿百森高效防水材料有限公司
KOESTEK（德国）	KOEEfERNBI系列防水材料	乌鲁木齐因斯特防水材料有限公司
PENETRON（美国）	膨内传系列	威德贸易（上海浦东新区）有限公司北京金禹华科贸易有限公司
PERMAQUIK（加拿大）	PQ系列	上海汇奇实业有限公司
VANDEX（瑞士）	稳挡水系列	上海基成达中防水材料有限公司
DIPSEC（法国）	滴塞系列	东伟企业有限公司
XYPEX（加拿大）	赛帕斯	北京城荣防水材料有限公司
CRYSTALSEALER（澳大利亚）	捷邦104	上海惠邦特种涂料有限公司

水泥基渗透结晶型防水材料是一种渗透结晶型的混凝土化学防水材料，一般的表面防水材料在经过一段时间的老化作用后，即开始丧失它的防水功能。而目前最为理想的防水材料就是高科技毛细管渗透结晶型防水材料，这类防水材料属于无机物，具有永久性的防水效果，该产品又是一种无毒、无味、无害、无污染的环保型产品。

水泥基渗透结晶型防水材料是由水泥、石英砂、活性化学物质等材料组成的白色或灰色粉末状材料，在水的引导下，以水为载体，借助强有力的渗透性，在混凝土微孔及毛细管中进行传输、充盈，发生物化反应，形成不溶于水的枝蔓状结晶体，其结晶体与混凝土结构结合成封闭式的防水层整体，达到能堵截来自任何方向的水流及其他液体侵蚀。该产品在达到永久性防水、耐化学腐蚀目的的同时，也起到了保护钢筋、增强混凝土结构强度的作用。该类产品的主要特性表现如下。

1. 渗透深度大，具有独特的自修复能力

水泥基渗透结晶型防水材料能长期承受强水压，在50mm厚的138MPa混凝土试件上涂刷两层其材料，即可承受高达123m的水头压力（1.2MPa）；在混凝土试件表面涂刷此类材料后，所产生的物化反应，逐步向混凝土结构内部渗透，将其试件放置在室外半年，其渗透深度可达10~15cm，且渗透深度会随着时间逐渐增大。所形成的结晶体不会产生老化，经此类材料处理的混凝土，即使在若干年后由于振动、沉降等原因而产生新的不规则裂缝，此类材料也会进行自我修复，其中的催化剂遇水渗入便会激活此类材料内部呈休眠状态的活性物质，从而产生新的晶体将缝隙密实，堵截渗漏水；凡是小于0.4mm的裂缝都可以填补，自我修复。

2. 防止化学侵蚀，对钢筋起保护作用

水泥渗透结晶型防水材料产生的不溶于水的晶体不影响混凝土的呼吸能力，它能保持混凝土结构内部的正常透气性，达到干爽、不潮且又能阻挡水分子的通过；所具有抗化学物质腐蚀的能力，其耐碱程度是长期接触pH值为3~11，间接性接触pH值为2~12；具有一定的抗辐射能力，在-32~130℃的持续温度下，保持其作用；它能够提高混凝土对钢筋的保护能力，并且防止冻融而造成的剥落、风化和其他损害。

3. 永久防水作用

此类防水材料生成的晶体不溶于水,性能稳定且不分解,防水涂层即使遭受磨损或被刮掉,也不会影响防水效果,因为有效成分已深入渗透到混凝土内部,其防水作用是永久性的。

4. 环保型产品,无毒、无公害

水泥基渗透结晶型防水材料经世界上众多国家的卫生、健康、环保部门的检验为无毒,可安全地用于接触饮用水的混凝土结构等工程。

5. 与其他材料的兼容性

水泥基渗透结晶型防水材料兼容性较好,在混凝土配料时加入,和水泥同步使用,省工省时,并且起到了混凝土的防水、防腐和其他性能;经此类材料处理过的混凝土结构在凝固后,其表面可以随意涂刷环氧树脂、水泥灰浆、石灰膏、油漆、砂浆等材料。

6. 施工方法简单

水泥基渗透结晶型防水材料对复杂混凝土基面的适应性好,对基面的要求简单,对混凝土基面不需要做找平层,也不需做保护层,只要涂层完全固化后,不怕磕、砸、剥落及磨损。做底板防水则更为简单,只需将此类材料的干粉按一定的用量撒在垫层上,一边浇筑底板混凝土,一边撒布干粉即可。

此类材料与其他水泥系防水层性能的比较见表10-32。

水泥系防水层的性能　　　　　表10-32

水泥系防水层种类	水密性	耐局压性	耐撞击耐创伤	龟裂追随性	湿润面新结性	耐冻胀性	施工性	工期	材料人工成本	安全性	可修补性
防水砂浆(掺防水剂)	×○	○	○	×	○	○	×△	×△	○	○	×△
水泥基渗透结晶型防水涂层(无机涂料)	△	○	○	×	○	○	○	○	△	○	○
聚合物水泥基涂层(有机涂料)	○	△*	△*	○	△	△	○	○	○	×	○

注:1. ○-优良;△-普通;×-较差。
　　2. △*-涂膜较薄,必须有保护层。

水泥基渗透结晶防水材料与其他水泥系防水层的配合比与施工方法的比较见表10-33。

水泥系防水层的配合比与施工方法比较　　　　　表10-33

水泥系防水层种类	主要材料及配合比	施 工 方 法
砂浆防水(掺防水剂)	①砂浆防水剂(氯化钙系、硅酸钠系、硅酸质细粉末、脂肪酸系、烷烃系、聚合物系):1~30; ②水泥:100; ③砂:200~300; ④水:65以下	用砂浆搅拌机或手提搅拌器拌和均匀,刮涂施工
水泥基渗透结晶型防水涂层(无机涂料)	日本Ⅰ型: ①预调和粉末(水泥、细骨料、硅酸质微细粉末):100; ②水:20~40。 日本P型: ①预调和粉末(水泥、细骨料、硅酸质微细粉末):100; ②水:15~20; ③聚合物分散剂:5~10	用手提搅拌器或人工拌和均匀,慢刀刮涂、刷涂、喷涂、辊涂施工
聚合物水泥基涂层(有机涂料)	①聚合物分散剂:100; ②预调和粉末(水泥、细粉粉、各种添加剂):70~160	用手提搅拌器拌和均匀,刷涂、喷涂、辊涂施工

水泥基渗透结晶防水涂料的物理力学性能见表10-34。

水泥基渗透结晶防水涂料的物理力学性 表10-34

试 验 项 目		性能指标	
		I	II
安定性		合格	
凝结时间	初凝时间(min)	≥20	
	终凝时间(min)	≤24	
抗折强度(MPa)	≥7d	≥2.80	
	≥28d	≥3.50	
抗拉强度(MPa)	≥7d	≥12.0	
	≥28d	≥18.0	
湿基面黏结强度强度(MPa)		≥1.0	
抗渗压力(28d)(MPa)		≥0.8	≥1.2
第二次抗渗压力(56d)(MPa)		≥0.6	≥0.8
渗透压力(28d)(%)		≥200	≥300

水泥基渗透结晶防水剂的物理力学性能见表10-35。

水泥基渗透结晶防水剂的物理力学性 表10-35

试 验 项 目		性 能 指 标
减水率(%)		≥10
泌水率比(%)		≤70
抗压强度(MPa)	7d(%)	≥120
	28d(%)	≥120
含气量(%)		≤12.0
凝结时间差	初凝时间(min)	> -90
	终凝时间(min)	—
收缩率比(28d)(%)		≤125
渗透压力比(28d)(%)		≥200
第二次抗渗压力(56d)(MPa)		≥0.6
对钢筋的锈蚀作用		对钢筋无锈蚀危害

水泥基渗透结晶防水材料的施工要点如下(以XYPEX材料为例):

(1)将新、旧混凝土基层表面的尘土、杂物彻底清扫干净,必要时还需将基层表面作凿毛处理,并用水冲洗干净。

(2)将水泥基渗透结晶型防水涂料或防水剂与水按规定的比例进行配比,搅拌均匀,使涂料配制成膏浆状材料,然后按顺序涂刷或喷涂在干净。潮湿而无明水的基层表面上,涂层的厚度以控制在1.5~2.0mm为宜。

(3)当涂层凝固到不会被喷洒水损伤时,即可及时喷洒水或覆盖潮湿麻袋、草帘等进行保湿养护,但不能覆盖不透气的塑料薄膜,养护时间不得少于3d,即可形成水泥基渗透结晶型的防水涂层。

五、聚合物水泥防水涂料

聚合物水泥防水涂料,又称 JS 复合防水涂料("JS"为"聚合物水泥"的拼音字头),是建筑防水涂料中近年来发展起来的一大类别。本产品是一种以聚丙烯酸酯乳液、乙烯—醋酸乙烯酯共聚乳液等聚合物乳液与各种添加剂组成的有机液料和水泥、石英砂及各种添加剂、无机填料组成的无机粉料通过合理配比,复合制成的一种双组分、水性建筑防水涂料。其性质属有机与无机复合型防水材料。

聚合物水泥防水涂料产品根据聚合物乳液和水泥的不同比例,可分为 I 型(高伸长率、高聚灰比)和 II 型(低伸长率、低聚灰比)两类产品,分别适用于较干燥、基层位移量较大的部位和长期接触水或潮气、基层位移量较小的部位。

1. 高伸长率产品

I 型产品是以聚合物为主的防水涂料,主要适用于非长期浸水环境下的建筑防水工程,I 型产品根据建材行业标准《聚合物水泥防水涂料》(GB/T 23445—2009),其断裂伸长率技术性能指标为 200%。聚合物与水泥的质量比(聚灰比)一般至少大于 1,甚至可以超过 2。

I 型产品的多数性能与单组分丙烯酸酯聚合物乳液防水涂料较为相似,成膜后其强度更大些,断裂伸长率则略低一些,但由于粉料中含有水泥,因此乳液的耐碱稳定性相对较好些,对基层的适应范围则更广。无论基面干燥或潮湿,即使有泛碱现象,一般也都能应用。由于国内防水界对高伸长率产品比较接受,加之绝大部分施工部位均可使用,故此类产品应用极为广泛。

聚合物水泥防水涂料从施工技术的角度来看,由于水泥所具有的特殊性,故应注意以下事项:

(1)聚合物水泥防水涂料的可用时间为 2~3h,夏季则还要短些,这与单组分的丙烯酸酯防水涂料是明显不同的,故要求在施工现场配料时,要注意用量,每次配料量应能满足一次涂布量即可,宁少勿多。

(2)当基面为非多孔的或非渗透性基面时,可以不做底涂。

(3)聚合物水泥防水涂料的黏结性能高于其他合成高分子防水涂料,但其伸长率则略低,相对而言,较易受基面剧烈变形的影响,因此在变形部位应当做增强处理。

(4)聚合物水泥防水涂料为双组分包装,故可以通过调整粉料与液料的配比,调制成膏状物。作为一般的密封材料,可对一些普通的小裂缝进行密封处理,施工时无需准备多种材料,现场操作更加方便。当然对于一些比较复杂的结构裂缝最好还是采用高分子防水密封胶。

2. 低伸长率产品

II 型产品是以水泥为主的防水涂料,适用于长期浸水环境下的建筑防水工程,II 型产品根据《聚合物水泥防水涂料》(GB/T 23445—2009),其断裂伸长率技术性能指标为 80%,聚合物与水泥的比例在 0.6 左右。

这一类产品由于聚合物的含量相对较低,其材性相对而言则偏于硬质材料,故从定义上来讲,也不大好把握,目前有的将其称之为涂料,有的则将其称之为柔性砂浆。一般的防水涂料在习惯上应当有聚氨酯那样的橡胶特性,故将其称之为柔性涂料似乎不合乎习惯,若将其称之为砂浆,则这类产品并不提供抗压、抗折强度,而且砂浆一般也没有弯折性能。然而,这类产品在各国得到了较广的应用。这说明了它还是具有合理之处,因此在《聚合物水泥防水涂料》(GB/T 23445—2009)标准中还是把这类产品列了进去。

低伸长率产品与高伸长率产品不同,这类产品有两个连续相,即聚合物与水泥。由于粉料的比例增加,如果继续使用较细的粉体材料,粉料的比表面积则太大,因此,粉料中的细骨料应当有一定的级配。由于粉料比例的增大,如此类涂料产品在成膜后的性能也就有所不同了,主要表现在以下几个方面:

(1)由于水泥在总配比中的比例加大,故涂膜的干燥时间缩短,即使环境比较潮湿,也能够成膜。

(2)由于水泥含量较高,其涂膜的刚性也随之增加,尽管有一定的柔性,一般不能通过通常的低温柔性试验。

(3)总体上与Ⅰ型产品相比较,Ⅱ型产品由于聚合物的含量降低,材料的伸长率则随之大幅降低。

(4)由于材料的刚性增加,黏结强度的提高和蠕变性降低,背水面防水的效果则更好,尤其在水压较高时。

(5)由于材料的刚性增加,涂料成膜后,则有很好的抗穿刺、耐磨性能,所以作为地下外防水时,回填土不会对其破坏。

由于低伸长率产品的伸长率较低,施工时则更需要注意基面的处理,除了平整等一系列要求外,基面的裂缝处理更为重要,一些显而易见的裂缝应先用密封胶进行密封处理,一些可能有变形的部位最好加以处理。由于水泥的比例大,双组分混合后黏度则很大,在进行配比时,一定要参照说明书加水,不宜任意地添加,否则砂粒可能沉淀,影响施工质量;低伸长率产品可用时间比高伸长率产品可用时间会更短,一次配料更不可太多。

3. 聚合物水泥防水涂料的技术特点

聚合物水泥防水涂料两大类型的产品主要技术特点可归纳如下:

(1)产品系水性涂料,无毒、无害、无污染,属于环保型产品,使用安全,对四周环境和人员无任何危害。

(2)产品能在潮湿(无明水)或干燥的多种材质基面上直接进行施工。

(3)涂层坚韧、强度高、耐水性、耐候性、耐久性优异,能耐140℃高温,尤其适用于道路、桥梁防水,并可加颜料以形成彩色涂层。

(4)产品能在立面、斜面和顶面上直接施工,不流淌,施工简便,便于操作,工期短,在常温条件下涂料可以自行干燥,采用本产品的涂膜防水层便于维修。

(5)产品能与基面及水泥砂浆等各种基层材料牢固黏接,是理想的修补黏接材料,对各种各样的建筑材料具有很好的附着性,能形成整体无缝致密稳定的弹性防水层。

Ⅰ型产品和Ⅱ型产品目前在国内外均有生产,总之,与其他类型的防水涂料一样,作为一种无定形的材料,其性能是一个方面,如何正确地进行施工,使之最大限度地实现其基本性能才是材料施工的根本。聚合物水泥防水涂料与其他料产品一样,不可能是一种万能的材料,它既有其自身的优点,也有其缺点,这需要我们在施工操作中认真正确地对待和处理。

4. 聚合物水泥防水涂料的性能要求

聚合物水泥防水涂料由于是有机和无机两类材料的复合组成,故该涂膜兼有了这两类材料的优点,弥补了这两类材料的弱点,既具有有机材料弹性高、伸长率大的优点,又具有无机材

料耐久性、耐水性好的特点,其主要技术性能要求如下:

(1)外观。产品的两组分经分别搅拌后,其液体组分应为无杂质、无凝胶的均匀乳液,固体组分应为无杂质、无结块的粉末。

(2)物理力学性能。产品的物理力学性能要求见表10-36。

聚合物水泥防水涂料物理力学性能　　　　　表10-36

试验项目		技术指标	
		Ⅰ型	Ⅱ型
固体含量(%)		≥65	
干燥时间	表干时间(h)	≤4	
	实干时间(h)	≤8	
拉伸强度	无处理(MPa)	≥1.2	≥1.8
	加热处理后保持率(%)	≥80	≥80
	碱处理后保持率(%)	≥70	≥80
	紫外线处理后保持率(%)	≥80	≥80①
断裂伸长率	无处理(%)	≥200	≥80
	加热处理(%)	≥150	≥65
	碱处理(%)	≥140	≥65
	紫外线处理(%)	≥150	≥65①
低温柔性,φ10mm棒		-10℃无裂纹	—
不透水性,0.3MPa,30min		不透水	不透水①
潮湿基面黏结强度(MPa)		0.5	1.0
抗渗性(背水面)②(MPa)		—	0.6

注:摘自《聚合物水泥防水涂料》(GB/T 23445—2009)。
①如产品用于地下工程,该项目可不测试。
②如产品用于地下防水工程,该项目必须测试。

第三节　高分子特性与防水材料[6]

高分子(又称高分子化合物,高聚物,聚合物)与新型建筑防水材料关系密切,可以说,没有高分子就没有新型建筑防水材料。因此,了解高分子的基本特性对防水材料的研制、选材及施工都会有很大帮助。

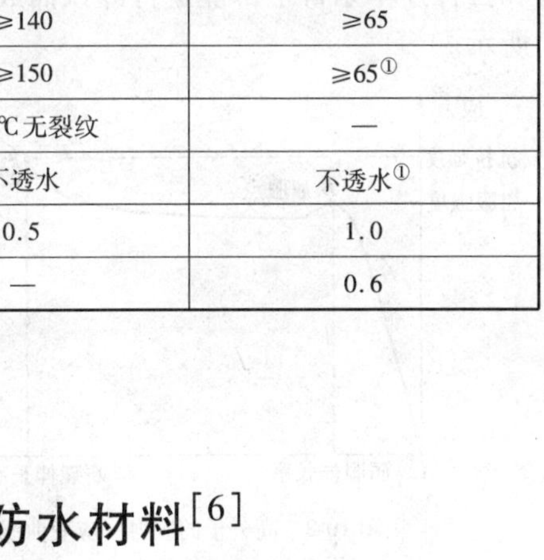

一、高分子的力学状态及转变

通常,高分子只以液态和固态存在,固态又分为非晶态(称无定形)和结晶态。对于非晶态高分子,按其力学状态又分为玻璃态、高弹态和黏流态,它们的关系可用温度—形变曲线来表示(图10-1)。

图10-1　线形无定形高分子的温度—形变曲线

图10-1中,T_1称黏流温度,T_g称玻璃化温度,它们与高分子防水材料有重要关系。若高

分子的玻璃化温度高于室温。则在室温时，无定形高分子处于玻璃态，其分子链段运动被冻结，力学性能表现与玻璃相同，高分子具有塑料特性；若高分子的玻璃化温度低于室温，则在室温时，链段运动自由度增大，有可逆的高弹性，具备橡胶特性。因此，同种高分子它可以呈橡胶性能，也可以呈塑料性能，主要看它处于哪一温度下。平时所讲的塑料和橡胶，就是按它们的玻璃化温度在室温以上还是在室温以下而言的。高分子各态的力学特征见表10-37。

高分子各态的力学特征　　　　　　表10-37

特征	高分子状态		
	玻璃态	高弹态	黏流态
断裂伸长率(%)	<1	100~1000	很大
弹性模量(Pa)	约10^9	约10^8	很小
形变	可逆	可逆	不可逆
力学性能依赖于	原子的性质	链段的性质	分子链的性质

二、高分子的应力—应变曲线

高分子的力学状态及转变决定了高分子的力学性能和特点。大多数高分子在适宜的温度和拉伸速率条件下都能进行冷拉而成颈，应力—应变曲线呈现三个完全不同的区域，如图10-2所示。

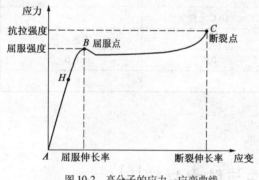

图10-2　高分子的应力—应变曲线

图10-2中，AB段为弹性区域，材料受力的大小如在该范围内，除去应力后，材料能恢复原状，不发生永久变形。BC段为塑性区域，材料在拉力机上表现出荷载(拉力)几乎不增加而形变却增加很多的特点。此时材料不均匀伸长，截面出现一个或几个细颈，细颈不断扩展、未成细颈部分逐渐减少，直到整个试件完全变为细颈，重新被均匀拉伸，应力又持续上升，最后在C点断裂。若在材料断裂前除去应力，材料不能复原而留下永久变形，这称作材料"屈服"了，故B点称屈服点。对应于C点的应力为断裂抗拉强度，应变为断裂伸长率，防水材料指标简称抗拉强度及延伸率。

不同高分子的应力—应变曲线形状不同，但其特征与其他力学性能基本相同；对温度比较敏感；弹性模量、屈服值、拉伸强度一般都随温度降低而增大；除橡胶外，延伸率一般随温度降低而减小。

三、高分子的改性

单一的高分子性能有很大局限性，它满足不了人们对防水材料的要求；所以几乎不采用单一的高分子制作防水材料。即使使用"PVC防水卷材"、"聚氨酯防水涂料"、"氯丁橡胶密封膏"等单一的名词作为称谓，也不排除掺入各种添加剂，甚至对高分子本身进行改性，以达到具有实用意义的材料性能。

前面已强调了高分子与玻璃化温度的重要意义,由此可知,改变高分子的玻璃化T_g也就改变了高分性能,高分子的改性几乎是围绕着这点进行的。引入刚性集团或极性基团,交联和结晶都可以使T_g升高。分子链刚性越大,黏流温度越高;防水材耐热度增高,抗拉强度增大。引入增塑剂或溶剂、柔性基团等都可使T_g降低。分子链柔性越好,T_g越低,防水材料低温柔性就越好,延伸率也越大。

改变高分产玻璃化温度有各种手段,最常用防水材料研制的方法有以下三种:

1. 增塑

高分子中加入高沸点、低挥发性并能与其混溶的小分子,从而改变其力学性质,称为增塑。添加的材料称增塑剂。增塑剂的加入,降低了高分子分子间作用力,分子间容易流动,可以很方便地提供链段活动时所需要的空间,降低高分子玻璃化温度并带来软化作用。玻璃化温度降低多少,与增塑剂的玻璃化温度、相容性及掺入量有关。例如纯的PVC树脂,其T_g为78℃,掺入20%的二丁酯后,T_g约降至-10℃。掺入45%的二辛酯后,T_g可降至-30℃。不同的增塑剂与高分子有不同的相容性,故最大掺入量也不相同,超过极限,多加的增塑剂不能进一步使T_g降低,而会作为分散相游离出来,所以增塑剂只有以溶解状态存在时才起作用。

高分子中添加了增塑剂,不仅使玻璃化温度降低,而且使温度转变的区域幅度变宽。

2. 交联

高分子间的交联阻碍了分子链段运动,故交联可提高高分子的玻璃化温度。例如,天然橡胶的T_g为-72℃,硫化程度不同T_g也不同。当硫化天然橡胶含硫量达到20%时,其T_g可提高至-24℃。

高分子具有高弹性的必要条件是分子链具有柔性。为了避免分子链间的滑移造成黏性流动,采取分子间轻度交联的办法,并仍保持交联点间的链段有足够的活动性,从而使材料在T_g以上具有典型的高弹形变。交联密度与交联网应力成正比,交联密度过大,交联点之间的链太短,链的柔性受限制,高分子表现出弹性模量大,甚至失去弹性的特点。因此,控制高分子的硫化程度可使防水材料具有不同的模量。

有些材料还有自然硫化的问题,这是研制及生产过程中需要注意的。

3. 共混

高分子共混物的玻璃化转变有两个主要特点:①一般有两个玻璃化温度;②玻璃化转变区的温度范围有不同程度的加宽。

高分子共混物玻璃化转变的特性主要由两种相混的均聚物的互溶性决定,如果其组分完全互溶,则共混物性质几乎与相同组分的无规共聚物的玻璃化温度一样,这时的玻璃化温度基本上符合以下两个关系式:

$$T_g = T_{g1}\varphi_1 + T_{g2}\varphi_2 \tag{10-1}$$
$$1/T_g = \omega_1/T_{g1} + \omega_2/T_{g2}$$

式中:T_{g1}、T_{g2}——组分1、2的玻璃化温度;
　　φ_1、φ_2——组分1、2的体积分数;
　　ω_1、ω_2——组分1、2的质量分数;
　　T_g——共混物的玻璃化温度。

如果两种高分子完全不相容,则共混物内部有两相存在,分别对应于两组分的玻璃化温度;如果两组分有部分互溶,则相互间产生一定程度的影响,结果使两个玻璃化温度相互靠拢,温度转变范围加宽。通常,两种高分子之间大多只是部分互溶,而采用共混法所需要的也正是两相的共混结构。要保证共混物有优良的力学性能,就要保证两种高分子之间的高度分散。

四、高分子性能与防水材料

由上述可知,高分子的玻璃化温度与防水材料性能有密切关系,它不仅直接影响防水材料的耐热性、低温柔性,由于采用不同的手段改变高分子的 T_g,还影响到防水材料的抗拉强度、延伸率、抗穿刺性、尺寸稳定性以及耐老化性等一系列性能。故熟悉高分子特性,可以指导防水材料的研制、生产、选材及施工。

氯丁橡胶的 T_g 为 -50℃,所以它在室温时呈橡胶特性。聚氯乙烯树脂的 T_g 为 87℃,所以室温时呈塑料特性,对其掺入不同的增塑剂及不同掺量,可以控制其 T_g 在一定数值,最低达 -30℃,使其也具有橡胶特性。若控制用其制成的防水材料 T_g 为 10℃(注意,该 T_g 有一个较宽的范围),则在夏季具有弹性,而冬季呈塑性,在 T_g 附近一段温度范围内呈现弹塑性,但需注意,塑料的成型、橡胶的人工硫化及胶黏剂的涂布都要在黏流态下进行。

由于气温的变化是昼夜循环、四季往复,并不处于极端的周期,因此始终是动态变化,由这种变化引起基层伸缩所产生的应力也在不断变化之中,导致防水材料的伸缩也呈动态变化,因此,高分子防水材料的屈服强度值远比抗拉强度重要。

从高分子应力-应变曲线(图 10-2)可知,防水材料受力小于屈服强度则保持高弹性,受力大于屈服强度则会产生永久形变。后一种情况降低了材料回弹率,进一步恶化了材料性能,加速了材料老化。

由上述可知,用作结构密封的材料应选择 T_g 高的材料,用于基层形变较大部位的防水材料则应选择 T_g 低的材料,选材还需注意使用温度、环境、机械力、化学介质的影响,在施工时,避免过热、绷紧或松弛,尽量维持材料的自然状态,不破坏高分子的原始性能是极其重要的。除此以外,高分子的蠕变、应力松弛、动态力学行为等也对防水材料性能有重要影响。

第四节 防水卷材

从 20 世纪 60 年代开始,弹性或弹塑性的合成高分子防水卷材在发达国家得到广泛开发和应用。高分子防水卷材与传统的石油沥青油毡相比,具有使用寿命长、技术性能好、冷施工、质量轻和污染性低等优点。我国 20 世纪 80 年代起相继研制出了三元乙丙橡胶卷材、氯丁橡胶薄膜、聚氯乙烯防水卷材和氯化聚乙烯防水卷材等。

一、氯化聚乙烯(CPE)防水卷材

氯化聚乙烯防水卷材系以氯化聚乙烯树脂和少量助剂、大量填料为原料,经密炼、混炼和压制而成。该卷材具有优良的防水、耐老化及耐油、耐腐蚀、抗撕裂等性能,可采用冷施工作业,卷材表面具有各种颜色,既有美观作用,又可减少太阳辐射热的吸收以降低夏季室内温度。

1. 氯化聚乙烯防水卷材的适用范围

氯化聚乙烯防水卷材适用于屋面、地面、外墙及排水沟、堤坝等防水工程。

2. 氯化聚乙烯防水卷材的外观质量标准(表10-38)

氯化聚乙烯防水卷材的外观质量标准(GB 12953—91) 表10-38

尺寸要求				外观要求
基本尺寸		允许偏差	允许最小单个值	
项目	数值			
厚度(mm)	1.00	+0.15 -0.05	0.90	①卷材表面应无气泡、疤痕、裂纹、黏结和孔洞; ②卷材中允许有一处接头,其中较短的一段长度不少于2.5m,接头处应剪切整齐,并加长150mm备作搭接。优等品批中有接头的卷材数不得超过批量的3%; ③卷材的平直度应不大于50mm; ④卷材的平整度应不大于10mm
	1.20	+0.15 -0.10	1.00	
	1.50	+0.20 -0.15	1.30	
	2.00	+0.20 -0.20	1.70	
宽度(mm)	900	±0.3%		
	1000			
	1200			
	1500			
面积(m²)	10			
	15			
	20			

3. 氯化聚乙烯防水卷材的物理力学性能标准(表10-39)

氯化聚乙烯防水卷材的物理力学性能标准 表10-39

序号	项目	Ⅰ型			Ⅱ型		
		优等品	一等品	合格品	优等品	一等品	合格品
1	拉伸强度(MPa)	≥12.0	≥8.0	≥5.0	≥12.0	≥8.0	≥5.0
2	断裂伸长率(%)	≥300	≥200	≥100	≥10		
3	热处理尺寸变化率(%)	纵向2.5 横向1.5	≥3.0			≥1.0	
4	低温弯折性	-20℃,无裂纹					
5	抗渗透性	不透水					
6	抗穿孔性	不渗水					
7	剪切状态下的黏合性(N/mm)	≥2.0					

4. 氯化聚乙烯防水卷材的施工要求及注意事项

(1)对基层的要求

要求基层表面坚实、平整,不得有凹凸不平及砂砾、灰尘,并认真清洗干净。

(2)卷材铺贴

①铺贴时,卷材和基层分别刷胶,胶必须涂刷均匀,约30min待溶剂挥发后才能进行铺贴。卷材搭接时,必须顺水流方向自上而下进行搭接,搭接处胶黏剂必须满涂。

②铺贴卷材时,要注意它的颜色和光度,一个房间或一个墙面,其颜色必须一致。

(3)注意事项

①现场严禁动用明火。

②施工温度要求在5℃以上,遇雨、雪、大风天气应停止施工。

二、氯化聚乙烯—橡胶共混防水卷材

氯化聚乙烯—橡胶共混防水卷材系用高分子材料氯化聚乙烯(CPE)与合成橡胶共混而制成。卷材铺贴采用冷施工,操作方便,没有环境污染。该卷材的主体材料氯化聚乙烯的大分子结构中没有双键,因此有良好的耐候性和耐老化性,并具有耐油性和耐化学侵蚀性能。又因与橡胶共混,表现出橡胶的高弹性、高延伸率,以及良好的耐低温性能,并对地基沉降、混凝土收缩有强的适应性。

1. 氯化聚乙烯—橡胶共混防水卷材的适用范围

氯化聚乙烯—橡胶共混防水卷材用于新建和维修各种建筑屋面、墙体、地下建筑及水池、水库等工程的防潮、防渗、防漏。

2. 氯化聚乙烯—橡胶共混防水卷材施工要点及注意事项

1)对施工基层的要求及处理

(1)屋面基层应用1:3(水泥、砂子体积比)水泥砂浆抹平压光(水泥强度等级不应低于32.5级)。找平层厚度为10~15mm(基层为整体混凝土);20~30mm(基层为松散材料保温层);15~20mm(装配式混凝土板、整体或板状材)。

(2)基层应牢固,表面应平整光滑、均匀一致,不得有鼓包、凹坑、起砂和掉灰等缺陷。如果预制构件接头部位高低参差不齐或凹坑较大时,可用胶乳水泥砂浆抹平。

(3)基层与突起部位相连接的阴阳角应为直角,均匀一致,平整光滑。基层与天沟、排水沟、沟管等相连接的转角处应做成光滑的圆弧形,其半径一般在100~200mm之间。

(4)平顶基层的坡度应符合设计要求,一般坡度以1/100~1/50为宜。

2)防水层施工

(1)涂刷基层处理剂。涂刷要厚薄均匀,一般涂刷后应干燥12h,才能进行下道工序的施工,阴阳角、排水口、管子根部等薄弱部位更要精心处理。

(2)铺贴卷材。在卷材上和基层表面分别涂刷BX-14胶黏剂(卷材接头部位的100mm不能涂胶),一般以手感基本干燥后才能铺贴卷材。

铺贴卷材时,卷材应按长度方向配置,尽量减少接头,从流水坡度的上坡开始,由两边向屋脊,按顺序铺贴,顺水接茬,最后用一条卷材封脊。每铺完一张卷材后,立即用长把滚刷从卷材的一端沿卷材横向顺序地用力滚压一遍,以便排除卷材与基层的空气。卷材铺贴完后,再用油漆刷在卷材的接缝部分涂刷胶黏剂,待基本干燥后,即可进行黏结,随后用手持压辊按顺序认真滚压一遍。

(3)末端收头处理。末端收头必须用密封材料封闭,当密封材料固化后,再用掺有胶乳的水泥砂浆压缝封闭。

(4)涂刷表面涂料。卷材铺贴完毕,经过认真检查,确认完全合格后,在其表面均匀涂刷表面涂料(带刚性保护层者不涂刷表面涂料)。

3)卷材防水层的质量要求

(1)卷材与基层之间,卷材与卷材的接缝部位应黏结牢固,表面应平整,不允许有皱折、孔洞、翘边和直径大于20mm的鼓泡存在。表面保护层涂料应黏结牢固,覆盖严密,颜色均匀一致,不得有漏底和脱皮现象。

(2)排水口周围和屋面与突出屋面结构的连接部位,均应封固严实。卷材端部收头必须封闭牢固。

(3)刚性保护层应黏结牢固,不允许有空鼓、脱落等缺陷存在。

4)施工注意事项

(1)当基层无明水,气温在5℃以上时,方可施工。

(2)铺贴卷材时,不允许打折和拉伸卷材;

(3)卷材铺好后,不要再在卷材表面走动,以免损坏防水卷材。

三、聚氯乙烯(PVC)防水卷材

聚氯乙烯(PVC)防水卷材系以聚氯乙烯树脂为主要成分,以红泥(炼铝废渣)经过特殊处理的黏土类矿物粉料为填充剂,掺入改性材料及增强剂、抗氧剂等,经捏合、塑合、压延(或挤出成型)、整形、冷却等主要工艺流程加工而成。该卷材属高分子材料,具有抗渗性能好、抗撕裂强度较高、低温柔性较好的特点,而且热熔性好,卷材接缝时,既可黏结,又可采用热熔焊接的工艺。采用单层防水构造,冷黏贴施工,防水可靠,操作简便,减少了施工现场的环境污染,减轻了劳动强度。

1. 聚氯乙烯(PVC)防水卷材的适用范围

聚氯乙烯防水卷材适用于大型屋面板、空心板的防水层,刚性防水层下的防水层(一毡)及旧建筑混凝土屋面的修缮。还可用于地下室、隧道及设备的防潮层和地面工程的防水防潮等。聚氯乙烯(PVC)防水卷材的外观质量标准见表10-40,物理力学性能指标见表10-41。

聚氯乙烯防水卷材的外观质量标准(GB 12952—2003)　　　表10-40

规格要求					外观要求
基本尺寸			允许偏差	允许最小单个值	
项目	类型	数值			
厚度(mm)	S型	1.8	+0.20 -0.10	1.60	①卷材表面应无气泡、疤痕、裂纹、黏结和孔洞; ②卷材中允许有一处接头,其中较短的一段长度不少于2.5m,接头处应剪切整齐,并加长150mm备作搭接。优等品中有接头的卷材卷数不得超过批量的3%; ③卷材的平直度应不大于50mm; ④卷材的平整度不大于10mm
		2.0		1.80	
		2.5	+0.30 -0.20	2.20	
	P型	1.2	+0.20 -0.10	1.00	
		1.5		1.30	
		2.0		1.70	
面积(m²)		20	±0.3%		

注:1.卷材的宽度规格为1000mm、1200mm、1500mm。
　　2.S型卷材:系以煤焦油与聚氯乙烯树脂混溶料为基料的柔性卷材。
　　3.P型卷材:系以增塑聚氯乙烯为基料的塑料卷材。

2. 聚氯乙烯(PVC)防水卷材的施工要求及注意事项

(1)对基层的要求

基层必须牢固,无松动现象,基层表面应平整、清洁、无尖硬杂物。其他要求与一般防水工程要求基本相同。

聚氯乙烯防水卷材的物理力学性能指标（GB 12952—2003）　　　表10-41

序号	项目	P 型			S 型	
		优等品	一等品	合格品	一等品	合格品
1	拉伸强度（MPa）	≥15.0	≥10.0	≥7.0	≥5.0	≥2.0
2	断裂伸长率（%）	≥250	≥200	≥150	≥200	≥120
3	热处理尺寸变化率（%）	≥2.0	≥2.0	≥3.0	≥5.0	≥7.0
4	低温弯折性	−20℃,无裂纹				
5	抗渗透性	不透水				
6	抗穿孔性	不渗水				
7	剪切状态下的黏合性	≥2.0N/mm 或在接缝处断裂				

（2）防水卷材铺贴

①黏结法。采用胶黏剂将卷材与基层黏结,铺贴方法与前述几种防水卷材相似。卷材铺贴时,其搭接宽度不得少于80～90mm,胶黏剂施工温度以5～60℃为宜,施胶量约为1.0～1.1kg/m²。

②空铺法。将卷材空铺平放在找平层上,周边用铝条及射钉锚固压紧。该方法的最大特点是卷材与找平层完全脱离,卷材受力均衡一致,不易因应力过于集中而产生破坏,能在最大限度上承受找平层的开裂走动现象。空铺法采用的固定铝条一般为3mm×30mm、2.5mm×30mm,固定间隔应视强度来确定,其范围为100～500mm。卷材搭接处可采用热焊或冷焊工艺。对于特殊部位可分别采用层叠法、缠绕法、加热张紧等方法进行加强处理。

（3）注意事项

①搭接处采用焊接时,其表面要求擦拭干净,无水露点,无油污及附属物。焊接时要保证焊接面受热均匀,有熔浆,冷焊时涂溶剂要均匀并压实。

②对焊接的部位,应用特制木柄弯针沿外露焊缝边缘适当用力勾挑,检查焊缝是否有漏焊、跳焊、不牢等现象,发现问题应作出标记,予以修正。

四、复合增强 PVC 防水卷材

复合增强 PVC 防水卷材系以聚氯乙烯防水卷材与无纺布通过黏结加工而成,是目前隧道工程中应用最多的防水卷材。该卷材为一种复合增强型结构,强度高、延伸率大、收缩率小,能适应结构较大的变形,卷材本身为银灰色,吸热系数小,采用先进的改性配方,抗老化性能好,卷材搭接、拼缝、异形部位及边部均有专用胶牢固黏结和密封,可保证施工质量。

1. 复合增强 PVC 防水卷材的使用范围

复合增强 PVC 防水卷材主要用于建筑屋面防水,也广泛应用于隧道与地下工程的防水。

2. 复合增强 PVC 防水卷材的技术性能指标（表10-42）

复合增强 PVC 防水卷材的技术性能指标　　　表10-42

项　目	测 试 方 法	指　标
抗拉强度(MPa)	GB1040	≥10
断裂伸长率(%)	GB1040	≥150
撕裂强度(N/cm)	SG75	≥700
尺寸稳定性(%)	80℃×168h 收缩率 HG75	<0.5
热老化性(%)	80℃×168h 强度变化率 GB3512	≥-5
耐水性(MPa)	HG2124	0.3
吸水性(%)	GB1034	<1.5
低温柔性(℃)	苏建规-01A 型、B 型	-20、-40

3. 复合增强 PVC 防水卷材的施工要求及注意事项

（1）对基层的要求

①基层必须牢固，无松动现象。

②基层表面应抹压平整，其平整度为用 2m 长的直尺检查，基层与直尺间的最大空隙不应超过各类工程的具体要求，空隙仅允许平缓变化。在基层平整度不符合要求时，应设法进行修补。

③基层必须干燥，铺设卷材以前必须将基层清扫干净。

（2）卷材铺贴的一般要求

①凡节点构造部位宜加铺一层卷材作附加层，附加层可单边黏结。

②黏结方法有搭接法、对接法、增强接头法。

③搭接宽度长边应不小于80mm，短边应不小于100mm。

（3）卷材铺贴

①当采用冷黏贴工艺施工时，应先处理好特殊部位。

②需铺设附加层的部位，应先铺设宽度为 150～200mm 的高分子卷材。

③根据卷材铺贴方案，弹出铺贴的标准线。

④卷材的搭接黏结。当搭接部位的点涂胶膜基本干燥时，将上面的卷材翻开，在高分子卷材两个黏结面涂刮胶黏剂，一边压合一边驱除空气。卷材黏合后，用手持压辊和其他工具顺序认真滚压。

（4）注意事项

①施工温度不宜低于5℃，如必须在负温下施工时，应采取确保铺贴质量的措施。

②施工现场严禁抽烟，以免火星烫坏卷材，或引起溶剂性胶黏剂着火。

③卷材存放时不得斜立。平卧堆放时，堆放层数不宜过多，一般不超过四层，以免卷边变形而影响使用。

五、高密度聚乙烯（HDPE）卷材

高密度聚乙烯（HDPE）卷材系以高密度聚乙烯为基料所制成，其中含有大约97.5%的聚合物的2.5%的炭黑，以及抗氧剂和热稳定物质。该卷材具有高度的韧性和优良耐化学侵蚀、抗老化性能，不易腐蚀，常暴露在野外严酷的自然环境中。使用保质期为20年，实际寿命

更长。卷材接缝采用自动热合机连接,更增加了防渗漏的保证性。

1. 高密度聚乙烯(HDPE)卷材的适用范围

高密度聚乙烯卷材广泛用于环保、冶金、建筑、市政、水利、化工、电力以及航天等部门的防污染、防渗漏及水处理等工程。建筑工程中适用于工业与民用建筑的平屋面、上人屋面、蓄水屋面、屋顶花园等的防水;可用于有酸碱或毒品等侵害的场所进行防腐蚀、防毒、防渗工程;适用于基层结构有振动或较大沉降的屋面;适用于地铁、人防地下室、水库、污水池、清水池等防水工程。

2. 高密度聚乙烯(HDPE)卷材的技术性能指标(表10-43)

高密度聚乙烯卷材的技术性能指标　　　　　表10-43

项　　目		性　能　指　标
断裂拉伸强度(MPa)		28
断裂延伸率(%)		700
屈服拉伸强度(MPa)		16
屈服拉伸率(%)		13
变脆温度(℃)		-80
吸水性(最大重量变化)(%)		0.1
抗水压能力(MPa)		厚　　度 0.5mm 1.12 2.0mm 4.57 1.0mm 2.21 2.5mm 5.69 1.5mm 3.44 3.5mm 7.94
热老化加热保持率 (80℃±2℃)(%)	拉伸强度	92
	断裂伸长率	90
渗透系数 K(cm/s)		2.7×10^{-13}

高密度聚乙烯卷材的施工要点与氯化聚乙烯的相同。

第五节　我国对复合防水板的研究

一、我国复合防水板研究的概况

近年来国内修建的铁路隧道和公路隧道一般都采用了复合式衬砌,也就是在喷锚支护层和混凝土衬砌间设置防水层。自20世纪70年代铁路系统修建大瑶山隧道以来,曾使用过喷涂防水涂料、PVC(聚氯乙烯)防水板、PE(聚乙烯)防水板等作为防水层。但是在使用中发现防水涂料和潮湿基面黏结不好,成膜性较差,塑料防水板在二次衬砌时可能被凹凸不平的喷锚混凝土基面刺破,有些防水板焊接时还会产生有害气体;而且当时用膨胀螺栓和电热焊接铺设塑料板的方法也因施工不当,破坏了防水层的完整性,而防水层一旦被破坏,将给以后隧道的维护带来很多麻烦。为了克服这些弊病,我国有关部门做了大量工作,并取得了可喜的成果。北京地铁在基面上先铺设一层泡沫塑料板以保护防水板,并采用热压法固定防水板,保证了防水层的完整性;南昆线米花岭隧道在塑料防水板后面加一层上工无纺布也起到了保护和排水作用。

国外很多国家尤其是位于高纬度的一些欧洲国家和日本、美国等国的交通隧道都实施了全面防水,采用复合衬砌防水也已有几十年的历史,他们对防水层的形式、材质、施工方法等进行了不断的试验、改进。目前国外使用的防水板主要是 EVA(乙烯—醋酸乙烯共聚物)、ECB(乙烯—醋酸乙烯与沥青共聚物)、PE 等。并在防水板和混凝土基面间加入 PP(聚丙烯)、PET(聚酯)等纤维状物质作为缓冲层,以起到保护和排水作用。但是模注衬砌时灌注混凝土产生的压力会使柔软缓冲层的排水效果大大降低。为克服这个不足,欧洲一些国家在薄膜后的缓冲层中又加入了硬质"土工隔板",以形成三维排水层,使防水层的排水性能得到改善。20 世纪 80 年代以来,我国从国外引进和自主开发了多种防水卷材生产技术,天津防水材料厂将 PVC 防水板与无纺布复合到一起,给施工带来了一定的方便。在国内防水板开发应用方面,铁道部科学研究院开发了复合防水板。

铁道部科学院参考国内外有关资料,对国内现有的材料进行了分析、比较,试验研制出了复合防水板。这种防水板由三层不同材料复合而成,一层是柔软的无纺布作为缓冲层,主要起防护、过滤作用;第二层是具有一定硬度和排水功能的塑料网格,使隧道背向水迅速排向排水沟,减轻对防水板的压力;第三层是达到一定性能要求的塑料板(膜),这层的作用是防止水浸入,达到最终防水目的。施工时先将前两层一起用膨胀螺栓固定在基面上,然后用热压法铺设塑料防水板(膜),使防水板保持完整,以获得较好的防水效果。

二、复合防水板材料的选择及性能测试

1. 防水板材料的选择

从表 10-44 可以看出,PVC 性能差一些,焊接时又会产生有害气体。HDPE 较硬,铺设比较麻烦,在隧道防水中应用较少。ECB 在 EVA 和 LDPE 的性能指标基本上都能满足隧道防水的要求,可根据现场实际情况从中选用,但从性能、价格比较来看,采用 LDPE 是比较合适的。

常用防水板性能 表 10-44

序号	项目名称		单位	材料名称				
				PVC	EVA	ECB	LDPE	HDPE
1	密度		g/cm³	1.4±0.5	>0.925	0.94±0.5	>0.9150	>0.94
2	硬度		巴氏	75.6	32.4	32		85
3	拉伸强度	纵向	MPa	5~12	19.5	19	13.8	18.9
		横向	MPa		21.6	17.3	14.2	18
4	断裂延伸率	纵向	%	150~250	650	710	520	895
		横向	%		690	725	570	900
5	直角撕裂度	纵向	N/mm	20~40	79	77	70	118
		横向	N/mm		71	74	55	117
6	耐酸碱性		—	稳定	稳定	稳定	稳定	稳定
7	适用温度		℃	-45~80	-70~110	-75~120	-60~80	-60~80
8	厚度×幅度		mm	1.8×2100	1.0×2100	1.0×21580	1.0×2100	1.0×4000
9	材料利用率		—	低	中	中	中	高
10	价格		—	低	高	较高	中	高

2. 缓冲层材料

对于全封闭防水,缓冲层主要起保护作用,为防止在施工中凹凸不平的混凝土基面刺破防水板,工程上主要用硬质泡沫塑料板作缓冲层。在隧道防水中,缓冲层起防护、过滤和一定的排水作用,这就要求用作缓冲层的材料具有较好的应力—应变性能、较高的韧性、较好的渗透性,并且耐腐蚀、耐老化。目前工程上常用土工无纺布作为缓冲层。

土工无纺布品种繁多,所用原料有丙纶、维纶、涤纶等,加工方法又分针刺、热压、黏结等,单位面积质量为 100~1000g/m² 不等。在隧道防水工程中宜选用针刺法加工的无纺布,起主要的排水作用,应选用单位面积质量大于 300g/m² 的品种。主要用于防护和过滤作用的无纺布可用 200~300g/m² 的品种。表 10-45 列出了常用的丙纶和涤纶无纺布的性能指标。从表 10-45 可以看出,在一般试验条件下,两种材料的性能差别不大,只是丙纶无纺布比较疏松,性能稍好一些。

无纺布性能指标　　　　　　　　　　　　　　　表 10-45

项　目	单　位	丙纶无纺布	涤纶无纺布
单位面积质量	g/m²	350±5	350±5
纵向拉伸强度	N/5cm	900	840
横向拉伸强度	N/5cm	950	840
纵向伸长率	%	110	100
横向伸长率	%	120	105
顶破强度	kN	1.11	0.95
渗透系数	cm/s	5.5×10^{-2}	4.2×10^{-2}

防水层有可能常年浸泡在碱性水中,在这种条件下无纺布的性能会发生怎样变化,采用的测试方法是将相同规格的上述两种材料放在封闭容器中,用 pH 值为 12 左右的石灰水浸泡一年,取出后晾干,测试其力学性能,试验结果见表 10-46。从表 10-46 数据可以看出,浸泡后丙纶无纺布的力学性能变化不大,而涤纶无纺布的强度几乎减少到未浸泡前的一半。在一般使用条件下,涤纶的耐久性大大优于丙纶,这主要是由于丙纶分子中的 C—C 键在紫外光的作用下较易发生断裂,但隧道中不存在紫外光,在碱性水环境中丙纶的耐久性反而优于涤纶,因此在隧道防水中应尽量采用丙纶无纺布。

无纺性能测试结果　　　　　　　　　　　　　　表 10-46

项　目	单　位	丙纶无纺布	涤纶无纺布
单位面积质量	g/m²	350±5	350±5
纵向拉伸强度	N/5cm	860	500
横向拉伸强度	N/5cm	850	330
纵向伸长率	%	105	70
横向伸长率	%	120	85

3. 排水网格材料

排水网格和塑料防水板压在一起时不能使塑料膜上有穿孔,因此排水网格的形状和厚度对其性能有很大影响。所用材料要求相对密度小、耐久性好、具有一定硬度,但强度要求不高。

在加工成型时,添加少量加气剂制成的泡沫聚乙烯具有相对密度小、加工方便、成本低等特点,用这种材料制成特殊形状的网格能起到很好的排水作用。表 10-47 列出了这种材料的主要性能。

泡沫聚乙烯材料的主要性能指标　　　　　　　　　　　表 10-47

项 目	单 位	实 测 值	备 注
厚度	mm	4.5	—
单位面积质量	g/m²	620±30	
单根拉断力	N	20~25	主筋
断裂伸长率	%	40~50	
孔径 L×H	mm	13.5~10	
拉断力变化率	%	-13	碱处理 28d

4. 复合防水层总体性能

复合防水层和传统防水层相比,其优点主要表现在两个方面:一是排水性能大大加强;二是它能更有效地防止塑料板被基面尖锐物刺破。根据现场实际情况做了排水率和顶破强度两个模拟试验。

(1) 比较防水层的排水性能

测试目前国内采用的塑料防水板加土工无纺布组成的防水层和复合防水层的水平渗透系数,比较二者的排水能力。参照《土工合成材料测试手册》中规定的测试方法,无纺布的水平渗透系数用宽 10cm、长 40cm 的两层无纺布叠合后测试。复合防水板试样的一侧为无纺布,另一侧用刚性板模拟塑料膜,水力比降为 1.0,试验结果见表 10-48。从以上试验数据可以看出,无纺布加网格排水层的渗透系数比无纺布排水层的大几十倍,而且压力越高增加倍数越大,可见复合防水层的排水能力远远高于塑料板和无纺布组成的防水层。

防水层排水试验结果　　　　　　　　　　　表 10-48

项 目		无纺布	无纺布加网格
压力 20kPa	渗透系数 K_{20} (cm/s)	0.21	12.2
	导水率 Q_{20} (cm³/s)	0.034	8.3
压力 20kPa	渗透系数 K_{20} (cm/s)	0.039	7.4
	导水率 Q_{20} (cm³/s)	0.0049	4.7

(2) 比较防水层抗尖锐物刺破性能

试验方法是在抗渗仪中放入待试验的防水层,防水层上面放带有凸出尖锐石块的水泥砂浆块,石块凸出约 10mm,采用单位面积质量为 300g/m² 的丙纶无纺布,防水板选用厚度为 1.0mm 的 LDPE 塑料膜。塑料膜放在最下面,然后从下面进水做水压顶破试验,起始压力为 0.05MPa,然后每隔 1h 增加水压 0.05MPa,如发现漏水即停止试验,不渗水再继续加压。直到 0.5MPa,保持水压 24h,观察防水层的漏水情况。试验结果见表 10-49。在试验中只有复合防水层在压力达 0.5MPa 时仍未发现渗漏现象,这就说明复合防水层抗刺破能力优于其他类型的防水层。

防水层抗刺破试验结果　　　　　　　表 10-49

防水层类型	压力（MPa）	渗漏情况
防水板	0.1	漏水
防水板加无纺布	0.3	漏水
复合防水层	0.5	不渗漏

第六节　防水卷材检测

合成高分子防水卷材是现代隧道防水技术中的一种重要材料，其性能的优劣将直接影响隧道的防水效果。下面介绍合成高分子防水卷材品质的检验方法。

一、取样方法

合成高分子防水卷材包括三元乙丙橡胶防水卷材、氯化聚乙烯橡胶共混防水卷材、氯化聚乙烯防水卷材以及氯磺化聚乙烯防水卷材等品种。这些卷材均应成批提交验收，同一生产厂、同一品种、规格的产品 5000m 为一批进行验收，不足 5000m 也作为一批。从每批产品的 1~3 卷中取样，抽取的试样面积应不小于 900mm×1000mm。试样应牢固地黏贴标签并用样品袋封装，标签及样品袋注明以下内容：

（1）样品名称。
（2）生产厂名称。
（3）产品批号和生产日期。
（4）取样数量、日期、地点和取样人签字。

裁取试件的部位、种类、数量及用作试验的项目，应符合图 10-3 和表 10-50 的规定。

裁取试样的数量及用作试验的项目　　　　　　　表 10-50

试验项目		试样代号	试样数量
扯断强度		A-1　A-2	6
扯断伸长率		B-1　B-2	6
300% 定伸强度		C-1　C-2	6
撕裂强度		D-1　D-2	6
热空气老化降低率	扯断强度	A-3　A-4	6
	扯断伸长率	B-3　B-4	6
	300% 定伸强度	C-3　C-4	6
	撕裂强度	D-3　D-4	6
臭氧老化		E-1　E-2	6
脆性温度		F1~30	90 以上

二、试验方法

1. 卷材长度、宽度及厚度的测量

合成高分子防水卷材的长度和宽度用卷尺测量,厚度用百分表测量,厚度测量点的选取,应符合图 10-3 的规定。

首先按图 10-4 所示尺寸裁取试样,而后按规定选取 10 个测量点,测取厚度的平均值。

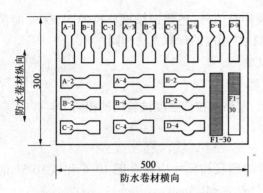
图 10-3 各种试件的种类及部位(尺寸单位:mm)

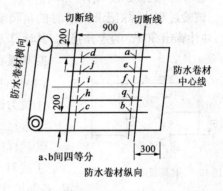
图 10-4 卷材厚度测量点(尺寸单位:mm)

2. 拉伸强度、拉断伸长率和 300% 定伸强度的试验

(1)仪器及工具

①拉力试验机。最大负荷 2kN,最小读数 10N,夹具的支持宽度不小于 50mm,夹持器的移动速度应为 (500 ± 50) mm/min。

②裁样机。

③I 形裁刀。

④卡尺。

⑤钢板尺。

(2)试件准备

试件的形状为哑铃状,其中多用 I 型(通用型),具体形状及尺寸应符合图 10-5 的规定。

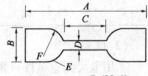

$A=115$mm; $B=(25 \pm 1)$mm;
$C=(33 \pm 2)$mm; $D=6.0$mm
$E=(14 \pm 1)$mm; $F=(25 \pm 2)$mm;
厚度=(2 ± 0.3)mm

图 10-5 哑铃状试件

(3)试验步骤

①用卡尺测量试件的厚度,测量部位不应少于 3 点,取其最低值,并划出试件标距。

②将试件对称并垂直地夹在拉力试验机的上、下夹持器上,开动机器,以 (500 ± 10) mm/min 的速度拉伸试件,并测量试件工作部分拉伸到拉断时的负荷及拉断伸长值。

(4)试验结果的计算

①拉伸强度按下式计算:

$$\sigma = F/(bd) \tag{10-2}$$

式中:σ——拉伸强度(MPa);

F——试件断裂时的负荷(N);

b——试件工作部分的宽度(mm);

d——试件工作部分的厚度(mm)。

②断裂伸长率按下式计算：

$$\varepsilon = (L - L_0)/L_0 \tag{10-3}$$

式中：ε——断裂伸长率(%)；
L——试件断裂瞬间标距线间的长度(mm)；
L_0——试件标距线间的初始有效长度(mm)。

③300%定伸强度计算

试验过程中，除记录拉断时的负荷和拉断伸长值外，还要记录试样拉伸到300%时的负荷，并计算出300%的定伸强度，其计算方法与拉伸强度的计算方法相同。

3.撕裂强度试验

(1)试件及仪器

①拉力试验机：规格与拉伸强度试验用的相同。
②卡尺、钢板尺。
③裁样机。
④裁刀。试件的形状和尺寸应符合图10-6和表10-51的规定，各部尺寸允许公差为±0.5mm。

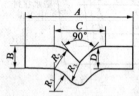

图10-6 抗撕裂试样裁刀形状

抗撕裂试样各部位尺寸 表10-51

代 号	尺寸(mm)	代 号	尺寸(mm)	代 号	尺寸(mm)	代 号	尺寸(mm)
A	100	D	20	R_3	12.8	α	32±2
B	20	R_1	25	H	0.5	β	20±1
C	56.6	R_2	20	—	—	—	—

(2)试验步骤

①用卡尺测量试件直角部位的厚度。
②把试件对称并垂直地夹持在拉力试验机上。
③开动试验机，以(500±10)mm/min的速度拉伸试件到完全撕断为止，记录撕断时的负荷。

(3)试验结果的计算

高分子防水卷材撕裂强度按下式计算：

$$\phi_S = F/d \tag{10-4}$$

式中：F——试件撕断时的负荷(N)；
d——试件直角部位的厚度(cm)。

每一样品的试件数量不应少于5个，取试验结果的算术平均值。

4.耐臭氧化试验

(1)试件准备

①试件为哑铃形，其形状尺寸应符合图10-5的规定。
②试件的表面应擦拭干净，无油污、杂质(一般可用酒精擦拭)。

(2)试验仪器

臭氧老化试验机由工作室、臭氧发生器、料架的拉伸和回转装置、气路、电器等部分组成,该仪器的主要参数如下:

①臭氧浓度:10~100000pphm。

②换气量:100~600L/h。

③工作室温度:25~50℃。

④料架拉伸速度:15或20次/min。

⑤料架回转速度:1次/min(双向)。

⑥料架拉伸距离:静态0~50mm;动态0~120mm。

(3)试验步骤

①根据试验要求,将试件夹于静态或动态试料夹上,再置于臭氧室中。对于静态拉伸的试件,夹好后应放在室温下停放30~40min,再放入工作室中。

②静态和动态试验的拉伸率为20%、40%、60%或100%。

③臭氧老化时间,可在如下系列中选取:4h、8h、12h、24h、48h等。

④臭氧浓度的选择,除特殊要求外推荐如下三种:

a.(25±5)pphm。

b.(250±50)pphm。

c.(15000±1000)pphm。

⑤接通电源,调整温度控制器,使工作室内温度升至40℃或其他要求温度;温度波动范围应不大于±1℃。

⑥启动分解、气路、回转、拉伸各部分,调节输入和输出流量,升高臭氧发生器电压,当电压升至最高值(臭氧浓度满足要求时电压值)时,记录试验的起始时间。

⑦试验过程中每60min按规定分析工作室内臭氧的浓度,取各次浓度的平均值。

⑧随时查看试件表面,并记录每个试件最早出现裂纹的时间。整个试验过程中,除查看工作室温度和试件表面情况外,都应在避光下进行。

(4)试验结果

试验结果可根据试验的性质和要求用下列方法表示:

①最早出现龟裂的时间,以浓度×时间表示(如1000pphm×168h有、无裂纹等)。

②臭氧老化系数 K 可按下式计算:

$$K = Z_1/Z_0 \tag{10-5}$$

式中:Z_0——臭氧老化前的抗张积,10N/cm²;

Z_1——臭氧老化后的抗张积,10N/cm²。

③代表每种试验品性能的试件数量。测定龟裂时间为3个,以一个试件最早出现裂纹的时间作为龟裂时间。

5. 热空气老化试验

热空气老化试验是将试件放在常压和规定温度的热空气中,经过一定时间后,测定其物理性能的变化。热空气老化试验可用来测定合成高分子防水卷材的热稳定性和抗老化性,并作为产品的一项质量指标。

(1)试验仪器

热空气老化试验箱由箱体、鼓风装置、加热调温自控装置和试件转动架等组成。
(2)试件和试验条件
①试件

试件为哑铃形,其形状和尺寸见图10-5。每种防水卷材的试件不得少于10个,其中5个试件做老化前的拉伸性能试验;另外5个试件经热空气老化后,再作拉伸性能试验。
②试验条件
a.试验温度的选取

根据试验要求,作对比试验时可选取的温度为50℃、70℃、100℃、120℃、150℃、200℃;老化时间可选择24h、48h、72h、96h、144h、168h等。
b.鼓风

采用离心式鼓风机使热空气在箱内充分循环。鼓风的作用在于使箱内温度均匀,排除老化过程中产生的挥发物和补充新鲜空气,使空气成分保持一致。鼓风量的大小,可由老化箱工作室容积确定。
(3)试验步骤

首先将老化箱调到所需的温度,并使之稳定,然后把准备好的试件自由地挂在试验箱中;每两个试件之间的距离不得小于5mm,试件与箱壁的距离不得小于50mm。把试件放入老化箱内,当老化箱到达所需要的温度时开始计算老化时间。到规定时间时,取出试件并在室温下停放4~96h,然后进行拉伸性能试验。

6.脆性温度试验

脆性温度试验是用来衡量合成高分子防水卷材耐寒性能的方法之一。当试件受外力作用后,不发生强迫高弹性而发生脆性断裂时的温度,即为脆性温度。
(1)仪器

脆性温度试验机由电气箱、变速箱、低温槽、搅拌器、试样架、冲击锤六部分组成。
(2)试件准备

试件的长度为(25±0.5)mm,宽度为(6.5±0.3)mm,厚度为(2±0.3)mm。
(3)试验步骤
①将低温槽内的介质调至所需温度。
②把试件垂直夹在试样架上(夹持不能过紧,防止试件变形),然后浸入低温槽内的冷浆介质中,并在介质中保持3min;在此时间内,温度波动不得超过±1℃。
③提出夹持的试件,并于0.5s内开动冲击锤冲击试件。试件经冲击,如出现断裂时,应提高介质的温度;否则,应降低其温度,直至使试件出现直接可见的裂口或折断,此种情况下的最高温度(在此温度的上一度要有两个不出现断裂的测定结果),就是该试件的脆性温度(℃)。

7.柔度试验
(1)仪器及材料
①冷浆箱:温度范围-50~20℃。
②圆棒:φ10mm 金属棒。
(2)试验方法

将三块试样分别绕φ10mm圆棒弯曲成半周,观察其开裂情况。

第七节 止水材料

地下工程常用的止水材料有止水条和止水带。止水条以膨胀橡胶止水条为主,止水带则形式多样,品种繁多。

一、止水条

1. 遇水膨胀橡胶

(1)种类

遇水膨胀橡胶用于止水条可以有两种形式:制品型和腻子型。

(2)特点

①遇水自膨胀橡胶既有一般橡胶的制品特性,又有遇水自行膨胀以水在止水的功能。该材料具有弹性接缝止水材料的密封防水作用,当接缝两侧距离加大到弹性防水材料的弹性复原率以外时,由于该材料具有遇水膨胀的特性,在材料膨胀范围内仍能起止水作用,膨胀体仍有橡胶性质;它还耐水、耐酸、耐碱。

②与制品一样遇水膨胀橡胶也具有遇水膨胀以水止水之功能,具有一定的弹性和极大的可塑性;遇水膨胀后塑性进一步加大,堵塞混凝土空隙和出现的裂缝。

(3)适用范围

①装配式结构构件衬砌接缝防水;建筑物变形缝、施工缝用止水带;金属、混凝土等各类预制构件的接缝防水。

②最适合于现场浇筑的混凝土施工缝;嵌入构件间(如混凝土、金属管道等各类预制构件)任意形状的接缝内,在其膨胀受到良好限制的条件下能达到满意的止水效果;混凝土裂缝漏水的治理。

(4)制品型遇水膨胀橡胶的技术性能指标(表10-52)

制品型遇水膨胀橡胶的技术性能指标　　　　表10-52

生产单位和产品牌号	硬度(邵氏)(度)	扯断强度(MPa)	扯断延伸率(%)	永久变形(%)	静水膨胀率(%)	耐水性(浸水24h)
北京化工集团橡胶制品厂	45~65	4~6	500	10~25	50~200	—
上海彭浦橡胶制品厂	49	>3.54	—	—	—	抗拉强度变化率>-15%,延伸率变化率>-13%

注:规格可按用户要求生产。

(5)腻子型遇水膨胀橡胶的技术性能指标(表10-53)

腻子型遇水膨胀橡胶的技术性能　　　　表10-53

项　目	技　术　性　能	项　目	技　术　性　能
静水体积膨胀率(%)	300~500(可根据用户需要调整)	耐低温性	低温-20℃不脆裂
耐热性	高温120℃不流淌	其他性能	耐酸、耐碱、耐老化

注:规格可按用户要求生产。

(6) 制品型遇水膨胀橡胶的施工方法

①施工方法同一般弹性接缝防水材料,但设计制品尺寸时应考虑遇水膨胀率。

②该材料宜储存在室内,不得与水接触。

(7) 腻子型遇水膨胀橡胶的施工方法

①现浇混凝土施工缝。将已施工的混凝土基面凿毛,在浇筑施工缝另一侧混凝土之前,将遇水膨胀腻子条的剥离纸去掉,沿施工缝长度方向在混凝土宽度的中部摆放,并用手在其上施加压力,使其与混凝土紧密接触,然后每隔 500~1000mm 用水泥钉钉住或用胶黏剂黏结,以免浇筑混凝土时错位。

腻子条搭接时,将欲搭接的两个端部 50mm 范围内分别压扁 1/2,上下重叠搭接,用手按压,使其与混凝土面接触,再在搭接中部用水泥钉钉住。

②预制构件之间。设计各类预制构件接缝时,要注意使其膨胀受到良好的限制。

③混凝土裂缝漏水的治理。可沿裂缝将混凝土凿成宽 40mm,深 40mm 的槽,将遇水膨胀腻子条嵌入缝内,用小工具将其压紧在槽底,约占槽深的 1/3,其余 2/3 用 1:2 水泥砂浆嵌填并捣实封严抹平。

2. BW 型止水条

BW 型止水条系以橡胶、无机及有机吸水材料、高黏性树脂等十余种材料经密炼、混炼、挤制而成。它是一种断面为四方形的条状自黏性遇水膨胀型止水条,依靠自身的黏性直接黏贴在混凝土施工缝界面,该材料遇水后会逐渐膨胀,一方面堵塞可能存在的毛细孔隙,另一方面使其与混凝土界面的接触更加紧密,从而产生较大的抗水能力,因此具有优良的阻水抗渗性能。而且施工工艺简单,耐久性也很好。

(1) BW 型止水条的适用范围

BW 型止水条适用于混凝土施工缝的阻水抗渗密封,可用于地下室、游泳池、隧道等地下建筑物的施工缝中。

(2) BW 型止水条的技术性能指标(表 10-54)

BW 型止水条的主要技术性能   表 10-54

项 目	性 能 指 标	
	BW 型	BW-91 型
膨胀率	1h≥100% 最大 500%	4h100% 最大 300~500%
剥离强度	0.01MPa	—
剪切强度	0.06MPa	—
耐水压	>0.6MPa	1.5MPa
耐高温	150℃不流淌	150℃不流淌
耐低温	-35℃不发脆	-20℃不发脆
相对密度	1.4	1.5

注:产品通用断面为 20mm×30mm 矩形。

(3) BW 型止水条的施工要点

①使用操作

施工时靠自身黏性在二次浇筑前,贴在前一次浇筑的混凝土表面,然后进行下一次混凝土浇筑,水平缝、垂直缝都可以,搭接也靠自身的黏性来完成。

②注意事项

a. 黏贴该止水条的基底应基本干燥、清洁、使之黏贴紧密。

b. 沿施工缝伸展方向形成封闭环路,不留断点。

c. 止水条定位时应考虑使其能够被混凝土包裹 50mm 以上。

d. 止水条定位后至浇筑下一道混凝土以前,要避免被水浸泡。

e. 止水条应存放在干燥处,防止挤压变形。

二、止水带

1. 彩色自黏性橡胶密封带

彩色自黏性橡胶密封带,系以特种橡胶,防老剂和无机填料等材料,经混炼压延而成。其特点是黏性好,延伸率大、密封效果好;耐久性及耐腐蚀性优良;材料无毒、无气味,使用简单,保管容易。

(1) 彩色自黏性橡胶密封带的适用范围

彩色自黏性橡胶密封带适用于:拼装式隧道衬砌的接缝防水;各种管道接缝的密封;水渠、贮水槽、卫生洁具与墙面等接缝密封防水;金属门窗、铝合金瓦楞板、玻璃、塑料、陶瓷等材料的接缝或裂缝的密封。

(2) 彩色自黏性橡胶密封带的技术性能指标(表 10-55)

彩色自黏性橡胶密封带的主要技术性能指标 表 10-55

项　　目	技术性能指标
黏结强度	>0.49MPa
抗拉强度	>0.1MPa
延伸率	>1000%
耐酸碱性	5% 盐酸溶液浸泡 7d,体积膨胀率 0; 5% 烧碱溶液浸泡 7d,体积膨胀率 <0.5%

2. 可排水型复合橡胶止水带

隧道的渗漏水多发生在衬砌的施工缝、伸缩缝和沉降缝上,内置式止水带在三缝的防水中起着关键作用。现有的内置式止水带存在两点不足:一是不具备排水泄压能力,即当地下水从围岩渗入衬砌三缝并遇止水带阻碍时,渗水沿缝下渗较难,使止水带外侧水压增加而导致渗水绕止水带渗漏;二是混凝土凝结硬化过程中要出现一定的干缩,使止水带与其周围混凝土结合不够密实,容易造成渗水沿止水带与混凝土的界面渗出。

排水型复合橡胶止水带是长安大学研制的一种专门用于隧道环向施工缝、纵向水平施工缝的止水带。排水型复合橡胶止水带克服了普通止水带的不足,它能通过自身带有的排水通道排水降压,并通过遇水膨胀橡胶条提高止水带与混凝土界面的抗渗能力,真正做到隧道堵排结合、无压排水。

(1) 排水型复合橡胶止水带的性能指标(表 10-56)

排水型复合橡胶止水带的性能指标 表10-56

产品名称	止水带		来源		—	
规　格	200×6×R10		数量	1m	依据标准	GB 18173.2—2000
生产单位	—				生产日期	—
试　验　结　果							

序号	项目	单位	指标	实测	备注
1	拉伸强度	MPa	≥12	16.3	合格
2	扯断伸长率	%	≥380	480	合格
3	压缩永久变形 70℃×24h	%	≤35	18	合格
4	硬度(绍尔A型)	度	60±5	62	合格
5	热空气老化:70℃×168h	—	—	—	—
	硬度变化	度	≤+8	1	合格
	拉伸强度	MPa	≥10	18.8	合格
	扯断伸长率	%	≥300	488	合格
6	脆性温度	℃	≤-40	-45 正常	合格
7	撕裂强度	kN/m	25	43.6	合格
8	臭氧老化 50pphm,20%,48h	—	2级	2级	合格

注:温度23℃。

(2)排水型复合橡胶止水带安装要求

①止水带的中央排水通道应当与工作缝对齐,这样才能保证从工作缝中出来的渗漏水被止水带堵住后能够透过滤水带流入排水系统。

②止水带的下部必须与排水管连接牢靠、畅通。只有这样,才能保证渗漏水顺畅的进入纵向排水管排出洞外。

③避免在施工时截断止水带。应当尽量做到一条工作缝一条止水带,避免搭接,这样可以避免接头位置的安装缺陷。

第八节　堵　漏　材　料

防水堵漏材料包括抹面防水工程渗漏水堵漏材料和灌浆堵漏材料两类。前者常使用以水玻璃为主要材料的促凝剂掺入水泥中,促使水泥快硬,将渗漏水暂时堵住,为其上面采用防水层创造条件;后者系将一定的材料配成浆液,用压送设备将其灌入缝隙内或孔洞中,使其扩散、胶凝或固化,以达到防渗堵漏的效果。通常又将堵漏灌浆材料分为水泥灌浆材料和化学灌浆材料两种。

1. 促凝灰浆

促凝灰浆系以市场上的供应的防水剂掺入水泥砂浆(或混凝土)中配制而成。工地上常用的促凝剂有两类:一类是以水玻璃为主要成分,加入各种矾剂配制而成(即通常所称的二矾、三矾、四矾、五矾促凝剂),有成品供应;另一类是快燥精促凝剂,系以水玻璃为主要材料,掺入适量的硫酸钠、荧光粉和水配成一类促凝剂。促凝灰浆补漏,方法简单,修补快速,补漏效果好,适应性强。

1) 促凝灰浆适用范围

促凝灰浆适用于一般地下结构,如地下室、水池、隧道、基础坑、沟道等的孔洞修补、较宽裂缝漏水及大面积渗漏水的修补。

2) 促凝灰浆补漏方法

(1) 孔洞漏水处理

①直接堵塞法。当孔洞较小、水压不大(水头在 2m 左右)时采用。

②下管堵漏法。当孔洞与水压较大(水头高为 2～4m)时采用。

③木楔堵漏法。当漏水孔洞不大,水压很大(水头在 5m 以上)时采用。

(2) 裂缝漏水处理

①直接堵塞法。水压较小的慢渗、快渗或急流漏水时采用。

②下线堵漏法。用于水压较大的慢渗或快渗的裂缝漏水的处理。

③下半圆铁片堵漏法。用于水压较大的急流漏水处理。

2. 环氧树脂注浆补强补漏材料

环氧树脂注浆补强补漏材料系由 6101(E-44)环氧树脂、邻苯二甲酸二丁酯、二甲苯、乙二胺及粉料等在冷状态下配制而成,品种有环氧树脂胶泥、浆液等。

(1) 环氧树脂注浆补强补漏材料的适用范围

该材料补漏不受结构形状的限制,黏结强度高、质量可靠、施工工艺简单,可用于各种结构(包括有振动、高温、腐蚀性介质作用的结构)修补 0.1mm 以上的裂缝,还可以用于混凝土结构补强加固和黏结断裂构件。但采用本材料补漏仅用于修补干燥裂缝,或湿裂缝应经干燥后修补。

(2) 注浆机具及其适用裂缝

采用的注浆机具及其适用的裂缝见下表 10-57。

环氧树脂注浆补强补漏采用的注浆机具及其适用的裂缝 表 10-57

机 具 名 称	适 用 范 围
毛笔	适用于微细裂缝的涂刷
注射器	适用于裂缝宽 1.5～2.0mm
乱刀	适用于较宽裂缝,用以填塞胶泥
风压罐	当裂缝较细、较深,结构本身需补强时,应用风压罐注浆设备,采用压力注浆方法

3. 甲凝注浆补强补漏材料

甲凝注浆补强补漏材料系以甲基烯酸甲酯为主剂,加入一些添加剂配制而成,是一种高度聚合物。

(1) 甲凝浆液特点

①黏度低、可灌性好。其黏度为 5.7×10^{-4} MPa·s,比水略低,表面张力为 2.3Pa,等于水的 1/3,有良好的渗透性,能灌 0.03mm 的混凝土细裂缝。

②凝结时间可任意控制在几分钟至数小时内。

③与构件黏结强度高,同时对光和许多化学试剂的稳定性好,耐老化,能抗水,抗稀酸和碱的侵蚀。

④该材料在混凝土中渗透能力强,扩散半径大。由于它的延伸率大,故能承受混凝土热胀冷缩的变形。材料本身对混凝土中的钢筋无锈蚀作用,并且能与混凝土及钢筋牢固黏结,增进钢筋混凝土的力学强度,延长建筑物的使用年限。

(2)适用范围

甲凝注浆补强补漏材料适用于在干燥情况下的裂缝补强,尤其是微细裂缝的补强,还适用于岩石地基注浆等工程。但该材料忌水,不宜用于直接的堵漏止水,在十分潮湿的情况下亦不得使用,因此在使用上受到一定的限制。

4. 丙凝直接补强补漏材料

丙凝是丙烯酰胺浆液的简称,又名"MG-646"浆液。丙凝直接补强补漏材料系以丙烯酰胺为主剂,添加交联剂、还原剂、氧化剂按一定的配合比加水配制而成。它分为甲、乙两液,施工时,分别用两种等量容积同时等压、等量喷射混合,合成丙凝浆液,注入补漏部位,经引发、聚合、交联反应后,形成富有弹性但不溶于水及一般溶剂的高分子硬性凝胶。

1)丙凝浆液的特点

①浆液黏度低(几乎与水相同),渗透性好,能注入 0.1mm 以下的细裂缝中,可在水压和十分潮湿的环境下凝聚。

②凝结时间可随配比准确的控制在数秒钟或几小时内,可在水速大、水量多的情况下迅速凝结。

③抗渗性好。丙凝胶的抗渗系数为 2×10^{-10} cm/s,几乎是不透水的,凝胶形成后,在水中还稍有膨胀(膨胀率为 5%~8%),干缩后遇水还可膨胀,能长期确保良好的堵水性能。

④丙凝胶不溶于水和煤油、汽油等有机溶剂,能耐酸、碱、细菌的侵蚀,亦不受大气条件的影响。

⑤具有一定的强度和较好的弹性和可变性。

2)丙凝浆液的适用范围

丙凝注浆适用于泵房、水坝、水池、隧道、岩基等工程堵水,补漏,防渗。

3)丙凝浆液的配制及其凝结快慢的控制措施

(1)浆液配制方法

甲液系将称好的丙烯酰胺、二甲基双丙烯酰胺、β-二甲氨基腈加水搅拌均匀即成。乙液系将称好的过硫酸铵加水均匀即成。

(2)丙凝胶凝结快慢的控制

需要丙凝胶结快的措施:

①加氨水,使水的酸度(pH 值)大于 3。

②用三乙醇胺代替 β-二甲氨基腈,但三乙醇胺用量不大于 2.5%。

③提高水温至 40℃左右。

④加大过硫酸铵用量,但不大于 1%。

需要丙凝胶凝结慢的措施:

①加铁氰化钾,掺量 0.05% 以内即可。

②降低水温。

③β-二甲氨基腈用量,但不应少于 0.5%。

4)注浆机具及注意事项

(1)灌注设备系统有气动和电动两种。气动机具用空气压缩机,电动机具用电动泵。
(2)注意事项:
①丙凝有一定毒性,配制溶液和灌浆时应穿戴面罩、胶鞋、手套等。如已黏上粉末或溶液,应立即用水和肥皂洗涤。
②一般配成浓度为10%的丙凝溶液作为标准浓度,使用时视具体情况可做适当的调整,其变化范围为7%~15%。

5. 氰凝注浆补漏材料

氰凝系以多异氰酸酯和聚醚树脂产生反应生成的主剂(通常称为预聚体)与一些添加剂(如凝剂、增塑剂、催化剂、表面活动性剂及填充剂等)配制而成,是聚氨基甲酸酯类注浆材料的一种。

1)氰凝注浆补漏材料特点
①遇水前是稳定的,可较长时间地在密封情况下保存。
②聚合速度快,遇水后立即反应,生成不溶于水的凝结胶体。
③浆液遇水反应时,放出二氧化碳,使浆液体积膨胀并自动地扩充而产生了较大的渗透半径和凝固体积,以至最终形成容积大、抗压强度高、渗透性能好、堵水效果显著的凝固体。
④凝胶时间可根据需要进行调配,由几秒到几十分钟均可。
⑤采用单液注浆,设备简单,使用方便。

2)氰凝浆液的配制和注浆机具
(1)浆液的配制
氰凝浆液的配制可在现场随配随用。在定量的主剂内按顺序渗入定量的添加剂,在干燥容器中搅拌均匀后倒入灌浆机内使用,其配方用量及加料顺序参考有关标准。
(2)注浆机具
采用单液注浆形式,常用风压罐和手压泵。

3)氰凝的使用方法
(1)灌浆法
灌浆法用于建筑物、地下工程堵漏、地质勘测、石油开采、水坝基础裂缝堵漏与补强等。
(2)涂层法
涂层法可用于水池、水塔、地下工程、气柜、平定屋面、办公室、车间地面涂层、金属材料防腐等。
(3)嵌缝法
嵌缝法用于所有混凝土工程三缝堵漏。
(4)缠绕法
缠绕法用于自来水管、煤气瓦斯管道、化工设备渗漏等。
(5)黏结法
黏结用于黏结金属、木材、陶瓷、大理石等。

4)氰凝注浆材料的使用操作要点
(1)基层处理
①基层应留设分格缝(变形缝)。
②基层应清扫干净,不得有砂粒存在。

③基层如有裂缝,应用氰凝水泥填充抹光;若粘有油脂,应用甲苯或二甲苯溶剂擦掉。

(2)变形缝处理

①用2mm厚的橡胶板弯成N形嵌入变形缝内,然后用氰凝水泥把橡胶板两侧与变形缝相粘贴,N形橡胶板不得超过基层面。

②第一步完成后,把厚2mm、宽60mm的橡胶板用氰凝水泥浆贴在变形缝上,然后再用氰凝水泥涂橡胶板两边,橡胶接头处应搭接。

(3)施工缝处理

将施工缝用抹刀适当划宽,然后用氰凝水泥填充,抹好后,涂刷第一遍氰凝,铺贴玻璃丝布,最后涂刷第二遍氰凝。

(4)堵洞

①施工时先将水眼四周疏松的混凝土剔掉,根据漏水处的具体情况,凿一直径30~50mm,深30~40mm的洞,清扫干净后,剪一小块油毡,其大小以嵌入洞口内10~15mm为宜。

②将拌好的适量胶泥挂抹在洞口深处,将油毡迅速堵入洞内,并立即用自制速凝剂调制的水泥膏将孔洞抹严。全部操作时间不得超过1min(可三个人同时操作,一个人抹氰凝胶泥,一个人嵌油毡,一个人抹水泥膏)。

③孔洞抹严后,立即用木板或厚橡胶板将孔洞堵住,并支撑加压,防止氰凝胶泥流出导致堵漏失败。

④4h后拆除支撑,确认水眼已堵住后,再用喷灯烘干,涂刷防潮胶液一道。

(5)施工质量要求和注意事项

①不得有渗漏现象和积水现象。

②玻璃丝布与基层应黏结牢固,表面应平整,不得有皱折、气泡超鼓和翘边,不得有漏涂处。

③涂布施工时,氰凝浆液中可适当加稀释剂——丙酮,用量不得超过30%,每个工作日的用量最好一次配好。

④涂刷氰凝时应带好手套和口罩。

6. 水溶性聚氨酯堵漏剂

水溶性聚氨酯堵漏剂系以甲苯二异氰酸酯与三羟基水溶性聚醚进行化学合成,形成端基含有过量游离异氰酸根基团的高分子化合物。该材料注入漏水部位后,以水为交联剂立即进行化学反应,并放出CO_2逆水而上,进行扩散,并与周围的砂、石、泥土等固结成弹性的固结体,最终达到止水的目的。

1)水溶性聚氨酯堵漏剂的特点

①单液注浆。在施工时不需要再配浆液,施工设备简单,操作及清洗设备方便,材料节约。

②黏度低、可灌性好、亲水性强。与水具有良好的混溶性,浆液遇水后自行分散、乳化、立即进行聚合反应。即使在低温条件下黏度亦增加不大,能正常使用。材料胶凝时间一般为2~5min,注入后发泡膨胀,具有二次渗透特点。

2)水溶性聚氨酯堵漏剂的适用范围

水溶性聚氨酯堵漏剂适用于隧道、矿井、水池及地下工程渗漏部位的堵漏。因本品固化后遇水还能继续膨胀,能进一步起到止水作用,所以对变形缝部位的堵漏效果极佳。

3)水溶性聚氨酯堵漏剂的使用操作

(1)施工要点

①将漏水部位扩缝,凿成"V",用水清洗干净。

②在V形槽内预埋导流管后,用TLJ堵漏剂拌水泥将凿开的V形缝封闭,同时预埋注浆管。

③使用专用注浆泵,将堵漏剂从注浆管中缓缓地注入混凝土裂缝,待裂缝中浆液注满后,随即扎住注浆管(一般压力控制在0.2~0.3MPa)。

④第二天,将外露的注浆管切除,将表面整平。为达到长期防水目的,在堵漏部位涂刷优质防水材料,并加贴玻璃纤维布。

(2)注意事项

①注浆时,密切注视压力,防止爆管,以防浆液溅入眼睛。

②堵漏剂应密封储藏在阴凉、干燥处;切勿与水和潮气接触,防止自聚。

③严禁接触明火与高温,以防燃烧和膨胀后引起外泄。

④远途运输时,为保证安全应购置不掺丙酮的堵漏剂,现场施工时,再根据需要另加稀释剂。

7.801地下堵漏剂

801地下堵漏剂系以多种化工原料配制而成,是一种快凝高强堵漏材料。它可以在潮湿基层上施工,施工简便,适用于钢筋混凝土地下室、地坑、隧道、地沟、水塔、水池等局部部位防水堵漏,以及厕所、卫生间等楼板打洞后渗漏修补等。

1)801地下堵漏剂的施工要点

(1)施工前准备

①先要正确找准渗漏水部位。采用的方法是用喷灯或乙炔气把潮湿表面吹干,待水迹慢慢渗出,圈出部位,凿深30~50mm,而后用水冲洗。

②不得有零碎浮石及尘土黏结在渗漏水部位。

(2)堵漏施工

①配料。该堵漏剂不能单独使用,须与42.5级以上硅酸盐水泥拌和(不能用矿渣水泥),使用前先用力摇晃均匀或用木棒搅拌均匀,一般配比(重量比)为堵漏剂:水泥=1:2~3(不得加水拌和)

②堵漏剂的凝固时间约为1min左右,所以应随用随拌,拌和量大一些(一般为5kg左右),可用铁皮拌板和铁铲拌和,二人拌和,二人堵漏。

③拌和好的堵漏水泥胶糊,在手中捏成胶泥状后,立即用力向漏缝洞处填塞,将其紧紧堵塞,再用107胶浆将渗漏部位缝口用泥刀抹平。107胶浆的配比为:107胶:水泥=1:3~4(水泥为32.5级以上硅酸盐水泥)。

2)801地下堵漏剂的材料用量

每1m缝的材料用量(缝宽70mm左右):

①堵漏剂:10~15kg。

②107胶:3.0kg。

8.901速效堵漏剂

901速效堵漏剂系粉状反应型快速堵漏材料,具有快凝快硬瞬间止水,早强高强,抗渗抗裂,无毒无害,储存运输方便等特点,而且与新老混凝土及砖、石基层黏结牢固,可带水作业,施工简便,见效快,防水耐久,可用于各种建筑屋面、地下室、水池、管道、人防洞库、国防工事、隧道、工矿井巷等工程的防水堵漏及抢修加固。

1)901 速效堵漏剂的技术性能指标(表 10-58)

901 速效堵漏剂的技术性能指标 表 10-58

项 目	性能指标	项 目	性能指标
凝结硬化时间	2~15min	1d 抗渗标号	>S10
1h 抗压强度	>10MPa	1d 黏结强度	>0.5MPa
28d 抗压强度	>30MPa		

2)901 速效堵漏剂的使用操作

(1)基面处理

①将渗漏部位表面的油污、泥沙、水垢等剔除并冲刷干净。

②当漏水孔洞较小时,凿成直径 20~80mm、深 20~60mm 的圆孔,孔壁与基面垂直。若孔洞较大或较深时,应将洞壁松动部分凿除,在其中央插入导水管,导水管周围用碎石填充。堵漏时从洞口边沿向洞中心分次封堵,最后拔掉导水管,用堵漏剂堵塞其孔口。

③处理漏水裂缝时,应沿裂缝凿成深约 30mm、宽约 20mm 的缝槽,槽壁应与其基面垂直,堵漏时可分段缝堵。

(2)配料与搅拌

根据渗漏部位大小,称取适量的速效堵漏剂置于皮碗或其他容器内,再向容器内加入堵漏剂重量约 25%~30% 的洁净水,然后迅速用腻子刀搅拌 1~2min,使堵漏剂呈塑胶状浆体,静置待用。

(3)堵孔与养护

①无渗漏水的孔洞或缝隙,可用搅拌好的堵漏剂即时缝堵并压实即可。

②当有慢渗或压力水喷冒时,应待搅拌好的堵漏剂浆体表面开始收水发干,塑性减小,用手触摸有微热感觉时,迅速用手抓起,搓成球状或条状,立即压入漏水孔洞或裂缝之中,用手向四周挤压,然后按住浆体,并保持 1~2min,待堵漏剂发热高峰过后,其浆体基本凝结硬化,即可将手脱开。

③堵漏剂硬化后,应作表面覆盖,防止太阳曝晒,保持潮湿养护 3d。

(4)注意事项

①施工时,堵漏剂浆体一次拌和量不宜过多,否则,因提前凝结硬化,造成浪费。

②长时间进行堵漏操作的人员,应佩戴橡皮手套。

③材料应储存在干燥处,严防受潮。如发现受潮结块,则不可使用。

9. 无机硅复合速凝剂

无机硅复合速凝剂系以无机硅为基料制成,是一种专供抢修堵漏等特殊用途的材料。该材料凝结硬化快,2~3min 即可硬化,如不需凝结太快,则可适当增加水稀释,以进行调节。早期强度高,一天龄期的抗压强度接近普通水泥 28d 的强度;与岩石、砖瓦的黏结力强,抗冻性能好,可在低温下操作。

无机硅复合速凝剂按以下说明使用操作:

(1)堵漏宜用素灰浆,水泥强度等级 42.5 级,液灰比 0.6:1。

(2)漏水点堵好后,抹子不要立即取下,需压注1~2min,然后再离开。

(3)该剂在使用前需摇晃均匀。

10."堵漏灵"

"堵漏灵"系以无机原料制成的粉状高效多功能堵漏防水材料。它无毒无味,不污染环境,不损害施工人员身体健康;黏结力强,能与砖、石、混凝土、砂浆等结合成牢固的整体;涂膜不脱落,不剥离,耐盐碱,抗低温,耐高温,抗渗性能好,耐候性强。在潮湿面上施工,操作简便,背水面、迎水面都能获得同等防水效果。带水堵漏,有立刻止漏之功效。

"堵漏灵"产品有02型和03型两种型号,02型用于大面积刷涂,抗渗防潮;03型用于带水堵漏。使用时直接加水调和即可。

1)"堵漏灵"的适用范围

"堵漏灵"可用于新旧建筑工程的地下室、地下仓库、地铁、坑道、矿井、隧道、人防工事、水库大坝、蓄水池、水渠、游泳池、军事设施、水族馆建筑和污水处理系统等的堵漏防水和抗渗防潮;地面、屋顶的防水层;房屋卫生间的堵漏防水;粘贴瓷片、锦砖、瓷砖等材料。

2)"堵漏灵"的配合比(表10-59)

"堵漏灵"浆料的配合比 表10-59

02 型		03 型	
浆料类别	配合比(重量比)	浆料类别	配合比(重量比)
刷涂法第一层浆料(Ⅰ号浆料)	02 粉料:水 = 1:(0.7~0.8)	堵漏湿硬料	03 粉料:水 = 1:0.15
刷涂法第二层浆料(Ⅱ号浆料)	02 粉料:水 = 1:(0.8~1.0)	堵漏灵腻子	03 粉料:水 = 1:(0.3~0.4)
刮压法刮压腻子	02 粉料:水 = 1:(0.4~0.5)		

3)"堵漏灵"施工注意事项和储存须知

(1)施工注意事项

①"堵漏灵"不宜在0℃以下,烈日下,雨天和大风天进行室外施工。

②该材料不宜用于沥青、竹木、橡胶、玻璃及太光滑的表面。

③涂刮02型防水层不能太薄,每$1m^2$施工面积02型粉料用量不得少于1kg。

④用02型"堵漏灵"做防水层的地面、屋面,应加保护层,以免踩踏损伤防水层。

⑤在无通风或通风不好的环境中施工,应采用刮压法。

⑥防水层湿养护的第一天以湿润为宜,不可喷水过大,以免涂层起皮、脱落。后两天可加大喷水量,日喷射次数要多,而且在喷水养护期间应关闭门窗,以免失水太快。

⑦室外施工应加强湿养护,涂层收水后就进行喷水养护或加盖塑料薄膜,以免过早失水产生粉化脱落。

(2)储存须知

①"堵漏灵"为粉状水性防水材料,为避免吸潮后硬化变质,应密封存放在架空垫木上并距地300mm以上,四周距墙300mm以上房内干燥,有效期6个月。

②02型和03型"堵漏灵"应分别堆放,以免错用。

11.抗渗堵漏水泥

抗渗堵漏水泥系一种水泥基的抗渗堵漏材料,呈灰白色粉末状,加水拌和后有膨胀作用,所以可用于大面积抗渗、防潮及带水堵漏。适用于混凝土、砖、石及砂浆面上的一切抗渗漏,既可堵漏水眼，又可作大面积防水层；用于混凝土管、陶管、铁管接头、打口；亦可用于维修、上下水管道的渗漏、隧道、厕浴间防水补漏或管道外围护防水补漏。

1）抗渗堵漏水泥的使用操作说明

（1）施工前应作如下准备：

①将施工基面清理干净，并用水冲刷。若有孔洞或缺损，先用砂浆或豆石混凝土补平。基面要平整，但不要太光滑。

②基面上的油漆、积尘等杂物必须清除干净。

③表面明显的漏点，须先用凿子凿成凹型沟槽或孔洞，并冲洗干净。

（2）抗渗堵漏水泥的施工方法有刷涂法、刮压法、刮压—刷涂法、填压带水堵漏法。

2）抗渗漏水泥的施工要点

（1）刷涂法

①浆料配制。用自来水配制，一般刷涂两层成活。第二层浆料要比第一层浆料稀一些。

第一层浆料配合比：堵漏粉料∶水 = 1∶0.7～0.8；

第二层浆料配合比：堵漏材料∶水 = 1∶0.7～1.0。

配制浆料时，先在容器中放入粉料，然后加入配比水量的一半，充分搅拌至糊状，在不断搅拌下再加入剩余的水，然后再搅拌 3～5min（温度低时可适当延长搅拌时间）即可使用（每次配料需在 30min 内用完）。

②刷涂操作。刷涂前应用水将基层湿润，用棕刷涂刷。每层刷 3～5 遍，每遍表面需待收水后再涂刷下一遍。第一层刷完后待 6～8h 再按上述方法涂刷第二层。一层横刷，另一层竖刷。如遇不易收水天气或通风不好等情况，可减少每天涂刷遍数，涂层过夜后需先喷水湿润后再涂刷。

③养护。第二层刷完后，喷水养护 3d，后期自然养护。

（2）刮压法

①浆料配制。将堵漏粉料加水配成腻子状。配料比为粉料∶水 = 1∶(0.4～0.5)。配后搅拌 3～5min，使其成为浆液状，放置 3～20min，成类似腻子状即可使用（配料应在 2h 内用完）。

②刮压操作。刮压前用水湿润施工表面，用腻子刀或胶皮刀将腻子均匀地刮压在基面上，要接茬紧密，防止漏刮。二层成活，每层刮 3～4 遍。第一层刮完经过 6～8h 或过夜，然后先喷水泥使其湿润再刮第二层，最好第一层水平刮，第二层竖直刮。

③第二层刮完喷水养护 3d，后期自然养护。

（3）刮压—刷涂法

二层成活，第一层用刮压法操作，第二层按刷涂法操作，要横竖交叉。

（4）填压带水堵漏法

①填料配制。将粉料与水按粉料∶水 = 1∶0.15 的比例在盆内拌成类似颗粒的湿硬料，用手做成圆块状或饼状，静置至用手压有硬感时即可使用（静置时间大约 20min 左右）。配料时水要逐渐加入，一次配料须在 1h 内用完。

②施工操作。施工前先将施工孔洞或沟槽清理干净。将手指轻压有硬感的块状或饼状填料放入孔洞或沟槽中，用铁锤击打木棒将填料挤压密实，周边处用小压子挤紧，即可立即止漏。注意孔洞与沟槽不可凿得过大，洞壁必须坚实。

3)抗渗堵漏水泥使用注意事项

①该材料系水泥产品,严防受潮,有效期一年。

②不宜在0℃以下、烈日下、雨天和大风天进行室外施工。

③不宜在竹、木、沥青、玻璃及太光滑的表面使用。

④刷涂法做的防水层最好加设防护层,以免踩、踏、损伤,影响防水效果。

⑤防水层养护的第一天,以湿润为宜,不能喷水过多,以免涂层起皮、脱落。后两天喷水要勤,以防失水过多。

12."堵漏宝"注浆堵漏材料

新型聚氨酯类注浆材料——"堵漏宝",系采用甲苯二异氰酸酯与三羟基水溶性聚醚进行化学合成反应,形成端基含有过量游离异氰酸根基团的高分子化合物。"堵漏宝"属改性聚氨酯类单组分注浆材料,该材料易溶解和分散在大量的水中,形成均匀的乳液,以水为交联剂很快和水反应、扩散,生成包水的、具有良好弹性和延伸性及抗渗性的凝胶体,并与周围的砂石、泥土、混凝土等固结成一体,从而达到止水加固的目的。"堵漏宝"具有无毒、无污染、黏度低、可灌性好、耐腐蚀、对人体及作物无害,对水质无污染,在低温下可操作,在一定范围内凝胶时间不受水量的影响而凝胶,注浆工艺简单、止水快、堵水效果好等特点。

(1)"堵漏宝"注浆堵漏材料的适用范围

"堵漏宝"注浆堵漏材料可广泛用于土木建筑工程的防水堵漏,大坝基础的注浆和坝体混凝土裂隙的防渗和补强、隧道掘进和扩井建设中涌水地带的止水以及破碎带松软地层的加固等。

(2)"堵漏宝"注浆堵漏材料的施工方法

①先将基层清理干净。

②沿缝内埋设PE聚乙烯泡沫条或板,封缝固定材料用TLJ堵漏剂或四矾配42.5级普通硅酸盐水泥拌和使用。

③在固定PE泡沫条时同时将注浆嘴按50cm间距埋入。

④用手掀泵在0.3~0.5MPa压力下将堵漏宝缓缓注入缝内或孔洞内。

⑤待下一嘴出浆时即停止注浆,然后换另一注浆嘴注浆,循序进行。

⑥注浆24h后割管处理。

⑦用PG321双组分聚硫密封膏封闭注浆缝。

(3)注意事项

①注浆时应注意通风并禁止吸烟和带入火种。

②应穿戴好工作服,佩戴防护眼镜和口罩。

③注浆完毕应立即用丙酮清洗注浆泵和所有工具。

13. TLJ堵漏剂

本产品持压先进的配方,用多种化工原料复合而成,含有密实剂、速凝剂、早强剂、抗冻剂等。掺入水泥和砂后,具有速凝、早强、提高密实度、抗压和抗冻等功效。施工简便、造价低廉、效果明显。本品属无机型快速防水堵漏材料。其特点为:棕色水溶液,微酸性、无味、无毒、无污染、不燃、不爆、化学性质稳定。可直接掺入水泥或水泥和砂中拌和,堵塞混凝土裂缝和孔洞,快速凝固后,既能堵漏防水,又能抗渗防潮。

(1)TLJ堵漏剂的适用范围

TLJ 堵漏剂可用于各种混凝土浇筑物、制品及构件的裂缝、孔洞、凹陷等的修补。

(2) TLJ 堵漏剂的技术性能指标

最快凝结时间 1~6min；1h 抗压强度大于 10MPa；1h 黏结强度大于 1MPa。

(3) TLJ 堵漏剂的施工方法

①基础要处理好，找准漏水点后，凿出 3~5cm 深的"V"或"凹"型槽，除去松动部分，然后用水冲洗干净。

②堵漏水泥或砂浆要调配好，本产品不能单独使用，须与 52.5 级硅酸盐水泥或 52.5 级普通硅酸盐水泥和砂调配使用：

a. 堵漏水泥。本产品：水泥 = 1 : (2~3)。

b. 堵漏水泥砂浆。本产品：水泥：细砂 = (0.4~0.5) : 1 : 1，也可以根据施工需要增减本产品的掺入量。

③掌握好堵漏的时间，调配好的堵漏水泥和堵漏水泥砂浆，由于干固快，要随配随用，及时嵌填到裂缝、孔洞或凿出的槽内，压实 3~5min。

(4) 注意事项

①表面要做保护层，做 2cm 的防水砂浆抹面层，调配时加 5% 的 CY 快速堵漏剂或防水剂，用水稀释后加入，干涸后喷水或盖湿草袋养护。

②密封储存在阴凉处，储存期一年以上。

参 考 文 献

[1] 中国岩石力学与工程学会锚固与注浆技术委员会. 锚固与注浆技术手册[M]. 北京：中国电力出版社,1999.

[2] 鞠建英. 实用地下工程防水手册[M]. 北京：中国计划出版社,2002.

[3] 沈春林,等. 建筑防水涂料[M]. 北京：化学工业出版社,2003.

[4] 沈春林. 建筑防水材料技术标准[S]. 北京：化学工业出版社,2003.

[5] 薛绍祖. 地下建筑工程防水技术[M]. 北京：中国建筑工业出版社,2003.

[6] 谢先. 高分子特性与防水材料[J]. 中国建筑防水,2000,78(6).